最高人民法院发布的

典型案例汇编

2009-2024年

民事卷

人民法院出版社　编

人民法院出版社

图书在版编目（CIP）数据

最高人民法院发布的典型案例汇编. 2009—2024年. 民事卷 / 人民法院出版社编. -- 北京 : 人民法院出版社, 2024. 12. -- ISBN 978-7-5109-4307-2

Ⅰ. D920.5

中国国家版本馆CIP数据核字第2024PC4194号

最高人民法院发布的典型案例汇编（2009—2024年）民事卷

人民法院出版社　编

责任编辑　尹立霞
出版发行　人民法院出版社
地　　址　北京市东城区东交民巷27号（100745）
电　　话　（010）67550637（责任编辑）　67550558（发行部查询）
　　　　　　65223677（读者服务部）
客服QQ　2092078039
网　　址　http://www.courtbook.com.cn
E-mail　courtpress@sohu.com
印　　刷　保定市中画美凯印刷有限公司
经　　销　新华书店

开　　本　787毫米×1092毫米　1/16
字　　数　1051千字
印　　张　58.5
版　　次　2024年12月第1版　2024年12月第1次印刷
书　　号　ISBN 978-7-5109-4307-2
定　　价　188.00元

编写说明

最高人民法院发布的典型案例以案例的形式将法律精神传播给社会大众，也是进一步彰显以公开促公正理念，切实推进司法公开工作的重要举措，具有十分重要的社会意义和参考价值，并具有重要的示范引导作用。

为方便各级人民法院、人民检察院以及律师等法律职业共同体和社会公众对典型案例的学习与使用，更好地发挥典型案例的价值和作用，人民法院出版社编辑出版了《最高人民法院发布的典型案例汇编（2009—2024年）》丛书。丛书收录了自2009年至2024年12月最高人民法院发布的2700余个典型案例，并对所收录案例进行全面梳理、系统整合。本丛书分为刑事卷、民事卷、商事卷、知识产权卷、民事诉讼卷、行政·国家赔偿·司法救助卷六卷。案例栏目有基本案情、裁判结果、典型意义等，通过对案情的简要介绍、裁判结果的法理评析、典型意义的权威阐释，体现了人民法院对各类型案件的法律适用标准，为各级法院法官审理类似案件提供示范参考依据，也对社会公众起到引导和教育作用。

本书具有以下几个特点：**一、全面系统。**本书收录了最高人民法院自2009年至2024年12月发布的对审判和执行工作具有示范参考意义的所有典型案例，包括刑事、民事、商事、知识产权、民事诉讼、行政、国家赔偿、司法救助等各领域。**二、权威准确。**本书所有案例来源于最高人民法院官方网站和《最高人民法院公报》，案例来源渠道权威。因属不同发布批次专题，个别案例存在重复情况，为完整地向读者呈现案例内容，书中均予以保留。**三、科学实用。**为方便读者快速查阅，我们对所收录案例按不同类别进行归类整合。读者在查阅时，根据案例公布时间即可找到所需内容。

因本书中收录的典型案例为最高人民法院2009年至2024年发布，时间跨度较大，案例所依据的法律、法规、司法解释条文有的已发生变化，书中不再逐一标注，特此说明。

本丛书是首次对最高人民法院发布的典型案例进行系统分类汇编的大型案例图书，收录的案例全面、权威、实用，有助于读者全面系统地了解最高人民法院发布的各类型典型案例，可为法学理论研究和司法审判实务工作者提供重要参考，并对司法实践具有重要的指导意义和实用价值。

编　者

2024年12月

总 目 录

目　录

一、人格权

二、婚姻家庭、继承

1. 离　婚

2. 离婚后财产

3. 离婚后损害责任

4. 撤销婚姻

5. 同　居

6. 抚　养

7. 扶　养

8. 赡　养

11. 探　望

12. 继　承

三、物　权

四、合同、准合同

1. 确认合同效力

2. 债权人代位权

3. 债权人撤销权

4. 买卖合同

5. 建设用地使用权合同

6. 采矿权转让合同

7. 房地产开发经营合同

8. 房屋买卖合同

9. 供用水合同

10. 碳排放权交易

11. 借款合同

12. 保证合同

13. 储蓄存款合同

14. 租赁合同

15. 融资租赁合同

16. 承揽合同

17. 建设工程合同

18. 运输合同

19. 保管合同

20. 委托合同

21. 中介合同

22. 合伙合同

23. 种植、养殖回收合同

24. 林业承包合同

25. 土地承包经营权合同

26. 服务合同

五、侵 权

1. 网络侵权责任

2. 违反安全保障义务责任

3. 教育机构责任

4. 性骚扰损害责任

5. 产品责任

6. 交通事故责任

7. 医疗损害责任

8. 环境污染责任

9. 生态破坏责任

10. 建筑物和物件损害责任

11. 其　他

六、劳动争议、人事争议

一、人格权

钟某芳申请诉后人身安全保护案

——诉后人身安全保护裁定制止“分手暴力”

《最高人民法院发布十起司法干预家庭暴力典型案例》第6号

2014年2月27日

【基本案情】

申请人钟某芳与被申请人陈某于2010年2月2日经法院判决离婚，子女由钟某芳抚养。判决生效后，陈某拒不搬出钟某芳房屋，还要求与钟某芳同吃、同睡，限制钟某芳的人身自由和社会交往。钟某芳稍有不从，就遭其辱骂和殴打，并多次写字条威胁钟某芳。法院强制其搬离后，他仍然借探视子女为由，多次进入钟某芳家中对其实施威胁，还经常尾随、监视钟某芳的行踪，不仅使钟某芳的身体受到伤害，还使其处于极度恐惧之中。钟某芳于2010年5月6日向法院提出了人身安全保护裁定的申请，并提交了报警证明、妇联的来访记录、被申请人威胁申请人的字条、被撕烂的衣物、照片等证明材料。

【裁判结果】

法院经审理认为，申请人钟某芳在离婚后仍然被前夫陈某无理纠缠，经常遭其辱骂、殴打和威胁，人身自由和社会交往仍受前夫的限制，是典型的控制型暴力行为受害者。为保护申请人的人身安全，防止“分手暴力”事件从民事转为刑事案件，法院裁定：禁止被申请人陈某骚扰、跟踪、威胁、殴打申请人钟某芳，或与申请人钟某芳以及未成年子女陈某某进行不受欢迎的接触；禁止被申请人陈某在距离申请人钟某芳的住所或工作场所200米内活动；被申请人陈某探视子女时应征得子女的同意，并不得到申请人的家中进行探视。该保护令的有效期为六个月。经跟踪回访，申请人此后再没有受到被申请人的侵害或骚扰。

汪某兰诉武汉某超市有限公司光谷分公司名誉权纠纷案

——消费者购物虽未遭受经济损失，但因人格受到侮辱并遭受严重精神损害的，销售者应当承担精神损害赔偿责任

《最高人民法院公布10起维护消费者权益典型案例》第5号

2014 年 3 月 12 日

【基本案情】

2011 年 10 月 18 日下午，汪某兰在武汉汉某超市有限公司光谷分公司（以下简称某超市）开办的某超市光谷店购物，见促销员推荐西麦麦片“买五赠一”活动，遂购 20 袋，并在促销员协助下，将 24 袋麦片装入购物袋。结账时，汪某兰与收银员为没有粘贴赠品标签的 4 袋麦片是否应付款而发生争执。店内的保安将原告汪某兰及选购的物品带至该店风险预防办公室。汪某兰辩解 4 袋麦片系赠品，无须付款。保安在店内两名工作人员陈述麦片没有做赠送活动后，对汪某兰及选购的商品拍照，并要其在一张表格上签名。汪某兰患有眼疾，并未看清具体内容即签名。此后，促销员将“非卖品”标签贴在 4 袋麦片上，带汪某兰结了账。

同月 19 日，汪某兰与丈夫一起到某超市光谷店要求查看其签名的表格，看见办公室内《每日抓窃记录》的“窃嫌姓名”一栏有自己的名字，汪某兰签字及所购物品的照片作为“窃嫌截图”附后。汪某兰要求道歉，但被店方拒绝。20 日上午，汪某兰在丈夫、《长江商报》记者的陪同下再次到某超市光谷店，才得知其于 18 日在《保安部报告暨收据》上签了名。该表格中将其选购的全部物品列为“遗失商品”，处理流程一栏注明“教育释放”。汪某兰提出表格中除签名是其书写外，其他内容及指印均是他人填写、加盖，要求某超市书面道歉。因该公司没有当场回复，汪某兰下跪要求还其清白。某超市遂将《每日抓窃记录》交给汪某兰。事发后因调解不成，汪某兰遂以某超市严重侵犯其人格尊严并损害其名誉为由，向湖北省武汉东湖新技术开发区人民法院起诉，请求某超市向其书面赔礼道歉并在其营业场所张贴道歉函或在媒体上刊登道歉函，消除影响，恢复名誉；某超市赔偿其精神损害抚慰金 5000 元。

【裁判结果】

受诉法院经审理认为，公民的人格尊严受法律保护。某超市最终认可4袋麦片为赠品，却在汪某兰并不知情的情况下，在其签名的表格中认定其为秘密实施的偷窃行为，将其列入“窃嫌姓名”名单，注明“教育释放”，并将表格置于进入办公地点任何人可以随手翻看的地方。某超市的上述行为侵犯了汪某兰的人格尊严，客观上造成一定范围内对汪某兰社会评价的降低，损害了汪某兰的名誉。对汪某兰要求某超市书面赔礼道歉并在营业场所张贴道歉函的诉讼请求，该院予以支持。该院遂依法判决某超市向汪某兰书面赔礼道歉，在其经营的某超市光谷店内张贴向汪某兰的道歉信，并向汪某兰赔付精神抚慰金5000元。

徐某雯与宋某德、刘某达侵害名誉权民事纠纷案

——精神损害赔偿应与侵权人的过错程度相适应

《最高人民法院公布8起利用信息网络侵害人身权益典型案例》第1号

2014年10月10日

【基本案情】

2008年10月18日凌晨1时许，著名导演谢某因心源性猝死，逝世于酒店客房内。2008年10月19日至同年12月，宋某德向其开设的新浪网博客、搜狐网博客、腾讯网博客上分别上传了《千万别学谢某这样死！》《谢某和刘××在海外有个重度脑瘫的私生子谢××！》等多篇文章，称谢某因性猝死而亡、谢某与刘××在海外育有一个重度脑瘫的私生子等内容。2008年10月28日至2009年5月5日，刘某达向其开设的搜狐网博客、网易网博客分别上传了《刘某达愿出庭作证谢某嫖妓死，不良网站何故黑箱操作撤博文?》《刘某达：美×确是李××女儿，照片确是我所拍》《宋某德十五大预言件件应验！》《宋某德的22大精准预言！》等文章，称谢某事件是其亲眼目睹、其亲自到海外见到了“谢某的私生子”等内容。2008年10月至11月间，齐鲁电视台、成都商报社、新京报社、华西都市报社、黑龙江日报报业集团生活报社、天府早报社的记者纷纷通过电话采访了宋某德。宋某德称前述文章其有

确凿证据，齐鲁电视台及各报社纷纷予以了报道。成都商报社记者在追问宋某德得知消息来源于刘某达后，还通过电话采访了刘某达。刘某达对记者称系自己告诉了宋某德，并作出了同其博客文章内容一致的描述。徐某雯以宋某德、刘某达侵害谢某名誉为由起诉，请求停止侵害，撤销博客文章、在相关媒体上公开赔礼道歉并赔偿经济损失 10 万元和精神损害抚慰金 40 万元。

【裁判结果】

上海市静安区人民法院一审认为，博客注册使用人对博客文章的真实性负有法律责任，有避免使他人遭受不法侵害的义务。宋某德、刘某达各自上传诽谤文章在先，且宋某德称消息来源于刘某达的“亲耳所闻、亲眼所见”，而刘某达则通过向博客上传文章和向求证媒体叙述的方式，公然宣称其亲耳听见了事件过程并告诉了宋某德。两人不仅各自实施了侵权行为，而且对于侵犯谢某的名誉有意思联络，构成共同侵权。诽谤文章在谢某逝世的次日即公开发表，在此后报刊等媒体的求证过程中继续诋毁谢某名誉，主观过错十分明显。宋某德、刘某达利用互联网公开发表不实言论，使谢某的名誉在更大范围内遭到不法侵害，两被告的主观过错十分严重，侵权手段十分恶劣，使谢某遗孀徐某雯身心遭受重大打击。综上，判决宋某德、刘某达承担停止侵害、在多家平面和网络媒体报醒目位置刊登向徐某雯公开赔礼道歉的声明，消除影响；并赔偿徐某雯经济损失 89951.62 元、精神损害抚慰金人民币 20 万元。宋某德、刘某达不服上诉，上海市第二中级人民法院维持原判，驳回上诉。

【典型意义】

本案是一起利用博客侵害他人名誉权的案件。正如一、二审判决所言，在公开博客这样的自媒体中表达，与通过广播、电视、报刊等方式表达一样，都应当遵守国家的法律法规，不得侵犯他人的合法权益。博客开设者应当对博客内容承担法律责任。本案二被告利用互联网和其他媒体侵犯谢某名誉，法院根据其行为的主观过错、侵权手段的恶劣程度、侵权结果等因素，判处较高数额的精神损害抚慰金，体现了《侵权责任法》的理念和精神。

蔡某明与某公司侵害名誉权、肖像权、姓名权、隐私权纠纷案

——不宜仅以侵权信息的出现即认定网络服务提供者知道侵权事实的存在

《最高人民法院公布8起利用信息网络侵害人身权益典型案例》第2号

2014年10月10日

【基本案情】

原告作为政协委员公开发表假日改革提案后，引起社会舆论关注。网络用户于某贴吧中开设的“蔡某明吧”内，发表了具有侮辱、诽谤性质的文字和图片信息，且蔡某明的个人手机号码、家庭电话等个人信息也被公布。某公司在“某贴吧”首页分别规定了使用“某贴吧”的基本规则和投诉方式及规则。其中规定，任何用户发现贴吧帖子内容涉嫌侮辱或诽谤他人，侵害他人合法权益的或违反贴吧协议的，有权按贴吧投诉规则进行投诉。蔡某明委托梁某燕以电话方式与某公司就涉案贴吧进行交涉，但某公司未予处理，梁某燕又申请做“蔡某明贴吧”管理员，未获通过，后梁某燕发信息给贴吧管理组申请删除该贴吧侵权帖子，但该管理组未予答复。2009年10月13日，蔡某明委托律师向某公司发送律师函要求该公司履行法定义务、删除侵权言论并关闭“蔡某明吧”。某公司在收到该律师函后，删除了“蔡某明吧”中涉嫌侵权的网帖。蔡某明起诉某公司请求删除侵权信息，关闭“蔡某明吧”、披露发布侵权信息的网络用户的个人信息以及赔偿损失。

【裁判结果】

北京市海淀区人民法院一审认为，某贴吧服务是以特定的电子交互形式为上网用户提供信息发布条件的网络服务，法律并未课以网络服务商对贴吧内的帖子逐一审查的法律义务，因此，不能因在网络服务商提供的电子公告服务中出现了涉嫌侵犯个人民事权益的事实就当然推定其应当“知道”该侵权事实。根据《互联网电子公告服务管理规定》，网络服务商仅需对其电子公告平台上发布的涉嫌侵害私人权益的侵权信息承担“事前提示”及“事后监

管”的义务，提供权利人方便投诉的渠道并保证该投诉渠道的有效性。某公司已尽到了法定的事前提示和提供有效投诉渠道的事后监督义务，未违反法定注意义务。某公司在 2009 年 10 月 15 日收到蔡某明律师函后，立即对侵权信息进行了删除处理，不承担侵权责任。

由于某公司已经删除了侵权信息并采取了屏蔽措施防止新的侵权信息发布，蔡某明继续要求某公司关闭涉诉贴吧于法无据，且蔡某明因公众关注的“国家假日改革”事件而被动成为公众人物，成为公众关注的焦点，出于舆论监督及言论自由的考虑，应当允许公众通过各种渠道发表不同的声音，只要不对蔡某明本人进行恶意的人身攻击及侮辱即可。而“蔡某明吧”只是公众舆论对公众人物和公众事件发表言论的渠道，以“蔡某明”命名吧名只是指代舆论关注的焦点，其本身并无侵害其姓名权的故意，对关闭“蔡某明吧”的请求不予支持。

关于蔡某明诉前要求某公司提供相关网络用户的个人信息，某公司依照《互联网电子公告服务管理规定》第十五条未直接向蔡某明提供侵权网络用户信息，并无过错。蔡某明诉讼请求某公司提供上述信息，某公司亦当庭表示在技术上可以提供，故蔡某明要求某公司通过法院向其提供涉嫌侵权的网络用户信息的诉讼请求理由正当，一审法院对此予以支持。

北京市第一中级人民法院二审认为，某公司在收到梁某燕投诉后未及时采取相应措施，直至蔡某明委托发出正式的律师函，才采取删除信息等措施，在梁某燕投诉后和蔡某明发出正式律师函这一时间段怠于履行事后管理的义务，致使网络用户侵犯蔡某明的损害后果扩大，应当承担相应侵权责任。根据本案具体情况，某公司应当赔偿蔡某明精神抚慰金 10 万元。

【典型意义】

本案涉及网络服务提供者的责任边界问题，在三个方面具有参考意义：一是通知人通知的方式及效果与网络服务提供者公示的方式存在关系，只要通知人满足了网络服务提供者公示的通知方式，网络服务提供者就应当采取必要措施。二审法院认定原告委托的代理人投诉至原告律师函送达之间这一段期间的责任由某公司承担，即以此为前提。二是判断网络服务提供者是否知道网络用户网络服务侵害他人权益，不能仅以其提供的服务中出现了侵权事实就当然推定其应当“知道”。三是要注意把握对公众人物的监督、表达自由与侵权之间的界限，实现两者之间的平衡，一审、二审法院对删除“蔡某明吧”的诉讼请求不予支持，利益衡量妥当。

北京某安全软件有限公司与周某祎侵犯名誉权纠纷案

——公众人物发表网络言论时应承担更大的注意义务

《最高人民法院公布8起利用信息网络侵害人身权益典型案例》第3号

2014年10月10日

【基本案情】

2010年5月25日至27日期间，周某祎［某某软件（北京）有限公司董事长］在其新浪微博、搜狐微博、网易微博等微博上发表多篇博文，内容涉及“揭开某公司面皮”“微点案”“某软件破坏360卫士”等。某公司认为这些微博虚构事实、恶意诽谤，诋毁原告商业信誉及产品信誉，且经网络和平面媒体报道后，造成某公司社会评价的降低。因此，请求周某祎停止侵害、在新浪、搜狐、网易微博首页发布致歉声明并赔偿经济损失1200万元。

【裁判结果】

北京市海淀区人民法院一审认为，微博的特点在于寥言片语、即时表达对人对事所感所想，是分享自我的感性平台，与正式媒体相比，微博上的言论随意性更强、主观色彩更加浓厚，对其言论自由的把握尺度也更宽。考虑微博影响受众不特定性、广泛性的“自媒体”特性，对微博言论是否构成侵权，应当综合考量发言人的具体身份、言论的具体内容、相关语境、受众的具体情况、言论所引发或可能引发的具体后果等加以判断。周某祎作为某公司的竞争对手某某公司的董事长，且是新浪微博认证的加“V”公众人物，拥有更多的受众及更大的话语权，应当承担比普通民众更大的注意义务，对竞争对手发表评论性言论时，应更加克制，避免损害对方商誉。一审法院认为，周某祎利用微博作为“微博营销”的平台，密集发表针对某软件的不正当、不合理评价，目的在于通过诋毁某软件的商业信誉和商品声誉，削弱对方的竞争能力，从而使自己任职的公司在竞争中取得优势地位，具有侵权的主观故意，其行为势必造成某公司社会评价的降低，侵犯了某公司的名誉权，应承担停止侵权、赔礼道歉、消除影响并赔偿损失的责任。但某公司并无证据证明其股价下跌与周某祎微博言论的关联性，判决周某祎停止侵权、删除相关微博文章、在新浪、搜狐、网易微博首页发表致歉声明，并赔偿经济损失 8 万元。二审法院改判赔偿经济损失 5 万元。

【典型意义】

本案是利用微博侵害企业名誉权的案件。首先，一、二审法院根据微博这一“自媒体”的特征，认为把握微博言论是否侵权的尺度要适度宽松，体现了与互联网技术发展相结合的审判思路，值得赞同。其次，一、二审法院都认为，微博言论是否侵权应当结合博主的身份、言论的内容及主观目的等因素综合认定。公众人物应当承担更多的注意义务，这一判断与侵权法的基本理念相契合。本案在利用网络侵害经营主体商业信誉、商品或服务的社会评价的现象逐步增加的背景下，更具启示意义。

赵某芝与上海某贸易有限公司、上海某化妆品有限公司侵害姓名权纠纷、肖像权纠纷案

——被侵权人的影响力是判断经济损失的重要因素

《最高人民法院公布 8 起利用信息网络侵害人身权益典型案例》第 4 号

2014 年 10 月 10 日

【基本案情】

2005 年 5 月 16 日，赵某芝与某化妆品公司签订《形象代言协议书》，约定赵某芝允许某化妆品公司合法使用其肖像为 VZI 系列化妆品进行广告宣传，合约有效期为 2005 年 7 月 31 日至 2006 年 7 月 31 日，某化妆品公司支付港币 80 万元作为酬金等。2012 年 1 月 9 日，被告某贸易公司与被告某化妆品公司签订协议书，约定某化妆品公司确认某贸易公司为“VZI 氧疗系列产品”上海区域的独家总代理商；某化妆品公司向某贸易公司提供品牌代言人赵某芝等六大明星为“VZI”产品制作的影像广告宣传资料；协议有效期自 2012 年 1 月 9 日至 2013 年 1 月 8 日等内容。2012 年，某贸易公司在其经营的网站上使用赵某芝的姓名、肖像等。赵某芝起诉请求二被告停止使用其姓名及肖像、

公开赔礼道歉并赔偿经济损失 95 万元及精神抚慰金 5 万元。

【裁判结果】

上海市浦东新区人民法院认为，某化妆品公司未经赵某芝同意，无权在双方协议约定期间届满后继续使用其姓名和肖像，也无权授权他人使用，二被告的行为侵犯了原告的姓名权和肖像权。原告作为影视明星，其姓名和形象在中国大陆具有较高知名度，加之原告良好的外形和在公众中所产生的良好声誉，使用其姓名和形象对相关产品进行宣传可提升该产品的影响力和可信度，对该产品的生产商或销售商亦可带来实际的利益。因此，原告的姓名和肖像具有一定的商业价值，对其姓名权和肖像权造成侵害，侵权人应当赔偿一定的经济损失。对于该数额的确定，法院认为，结合某贸易公司在网站上使用原告姓名和肖像的时间长短、对原告造成的影响范围、其行为的过错程度等综合因素，酌情确定被告某贸易公司应赔偿原告损失 25 万元，某化妆品公司承担连带责任。

【典型意义】

使用名人的影响力提升产品或服务的知名度，是比较常用的营销手段。基于互联网技术，未经同意使用他人肖像或姓名要比过去更容易查证。本案的特点是，法院在认定受害人的经济损失时，综合考虑了被侵权人的知名度、对相关产品进行宣传可提升该产品的影响力和可信度、对该产品的生产商或销售商可带来的实际利益、使用被侵权人姓名和肖像的时间长短、对被侵权人造成的影响范围、其行为的过错程度等因素，并据此判决较高的经济损失，贯彻了通过损害赔偿制裁违法行为、提高违法行为的成本的制度功能。

范某某与毕某功、贵州某文化传媒有限公司侵犯名誉权纠纷案

——“影射”者的责任：从信息接受者的视角判断

《最高人民法院公布 8 起利用信息网络侵害人身权益典型案例》第 5 号

2014 年 10 月 10 日

【基本案情】

2012 年 5 月 19 日，香港《苹果日报》刊登一篇未经证实的关于内地影星章某怡的负面报道。2012 年 5 月 30 日毕某功转发并评论其于 2012 年 3 月 31 日发布的微博。主要内容是，前述负面报道是“Miss F”组织实施的。2012 年 5 月 30 日 19：10，某公司主办的黔讯网新闻板块之“娱乐资讯”刊登了《编剧曝章某怡被黑内幕，主谋范某某已无戏可拍》一文，以前述微博内容为基础称：“……知名编剧毕某功在其新浪微博上揭秘章某怡被黑内幕，称范某某是幕后主谋。……”之后，某公司刊载的文章以及毕某功发表的微博被广泛转发、转载，新浪、搜狐、腾讯、网易等各大门户网站以及国内各知名报刊均进行了相关转载及衍生性报道，致使网络上出现了大量对于范某某的侮辱、攻击性言论及评价。范某某起诉，请求某公司和毕某功停止侵权、删除微博信息、公开赔礼道歉并赔偿精神抚慰金 50 万元。毕某功则辩称，“Miss F”指的是在美国电影《致命契约》中饰演“C＊”的美国女演员莉某（L＊）。

【裁判结果】

北京市朝阳区人民法院和北京市第二中级人民法院认为，在一定情况下，毁损性陈述有可能隐含在表面陈述中（即影射）。这时并不要求毁损性陈述指名道姓，只要原告证明在特定情况下，具有特定知识背景的人有理由相信该陈述针对的对象是原告即可。从毕某功发布微博的时间、背景来看，易让读者得出“Miss F”涉及章某怡报道一事。从毕某功该微博下的评论、《内幕》一文以及后续大量网友的评论和相关报道来看，多数人认为“Miss F”所指即是范某某。毕某功虽于 2012 年 6 月 4 日发表微博，称其未指名道姓说谁黑章某怡，但该微博下的大量评论仍显示多数网友认为仍是范某某实施的所谓

诬陷计划，而毕某功并未就此作出进一步明确的反驳，否认“Miss F”是范某某。毕某功提交的证据未能证明“诬陷计划”以及莉某与“诬陷计划”的关系，且毕某功在诉讼前面对大量网友认为“Miss F”就是指范某某时，也从未提及“Miss F”是指莉某，故毕某功有关“Miss F”的身份解释明显缺乏证据支持。某公司作为网络服务提供者应对其主办的“黔讯网”发布的新闻负审查、核实义务，《内幕》一文系由某公司主动编辑、发布，但事前未经审查、核实，故由此所产生的责任理应由某公司自行承担。综上，毕某功和某公司应分别承担赔礼道歉、赔偿精神抚慰金 3 万元和 2 万元。

【典型意义】

在利用信息网络侵害他人名誉权等人身权益的案件中，侵权信息往往具有“含沙射影”“指桑骂槐”的特征，并不明确指明被侵权人，尤其是在针对公众人物的情况下。如何判断网络信息针对的对象就是原告？如何判断原告因这些信息受到损害？本案的结论是，要从信息接受者的角度判断，即“并不要求毁损性陈述指名道姓，只要原告证明在特定情况下，具有特定知识背景的人有理由相信该陈述针对的对象是原告即可”。这种判断标准实质性地把握了损害后果、损害后果与侵权信息之间的因果关系，对于利用网络信息侵害名誉权案件的审理，具有启示意义。

王某与张某、北京某信息技术有限公司、海南某网络科技有限公司侵犯名誉权纠纷系列案

——媒体报道应当尊重个人隐私

《最高人民法院公布 8 起利用信息网络侵害人身权益典型案例》第 6 号

2014 年 10 月 10 日

【基本案情】

王某与死者姜某系夫妻关系，双方于 2006 年 2 月 22 日登记结婚。2007 年 12 月 29 日，姜某从自己居住楼房的 24 层跳楼自杀身亡。

姜某生前在网络上注册了名为“北飞的候鸟”的个人博客，并进行写作。在自杀前 2 个月，姜某关闭了自己的博客，但一直在博客中以日记形式记载

了自杀前两个月的心路历程，将王某与案外女性东某的合影照片贴在博客中，认为二人有不正当两性关系，自己的婚姻很失败。姜某的日记显示出了丈夫王某的姓名、工作单位地址等信息。姜某在 2007 年 12 月 27 日第一次试图自杀前将自己博客的密码告诉一名网友，并委托该网友在 12 小时后打开博客。在姜某于 2007 年 12 月 29 日跳楼自杀死亡后，姜某的网友将博客密码告诉了姜某的姐姐，姜某的姐姐将姜某的博客打开。张某系姜某的大学同学。得知姜某死亡后，张某于 2008 年 1 月 11 日注册了非经营性网站，名称与姜某博客名称相同，即“北飞的候鸟”（网址：http：//orionchris. cn/）。在该网站首页，张某介绍该网站是“祭奠姜某和为姜某讨回公道的地方”。张某、姜某的亲属及朋友先后在该网站上发表纪念姜某的文章。张某还将该网站与天某网、新某网进行了链接。

姜某的博客日记被转发在天某社区论坛中，后又不断被其他网民转发至不同网站上，姜某的死亡原因、王某的“婚外情”等情节引发众多网民的长时间、持续性关注和评论。许多网民认为王某的“婚外情”行为是促使姜某自杀的原因之一；一些网民在进行评论的同时，在天某虚拟社区等网站上发起对王某的“人肉搜索”，使王某的姓名、工作单位、家庭住址等详细个人信息逐渐被披露；更有部分网民在大某网等网站上对王某进行谩骂、人身攻击，还有部分网民到王某家庭住址处进行骚扰，在门口刷写、张贴“逼死贤妻”“血债血偿”等标语。

大某网系由某信息技术公司注册管理的经营性网站。在姜某死亡事件引起广泛关注后，大某网于 2008 年 1 月 14 日制作了标题为《从 24 楼跳下自杀的 MM 最后的 BLOG 日记》的专题网页，主要包括如下内容：对姜某自杀事件发生经过的介绍；相关帖子的链接；网民自发到姜某自杀的小区悼念的现场情况；对网民进行现场采访的内容；对姜某的姐姐、姜某的同学张某、姜家的律师进行电话采访的内容和“网友留言”“心理专家分析”等专栏。大某网在专题网页中使用了王某、姜某、东某的真实姓名，并将姜某的照片、王某与东某的合影照片、网民自发在姜某自杀身亡地点悼念的照片、网民到王家门口进行骚扰及刷写标语的照片等粘贴在网页上。

王某分别起诉张某、某信息技术公司、某网络技术公司，请求停止侵害、删除信息、消除影响、赔礼道歉并赔偿精神抚慰金。

【裁判结果】

北京市朝阳区人民法院认为，公民的个人感情生活包括婚外男女关系均属个人隐私。张某披露王某的个人信息行为侵害了王某的隐私权。某信息技术公司在其经营的大某网上对关于该事件的专题网页报道未对当事人姓名等个人信息和照片进行技术处理，侵害了王某的隐私权并导致王某的名誉权遭受损害，应当承担删除专题网页、赔礼道歉和赔偿精神损害等侵权责任。某网络科技公司经营的天某虚拟社区网根据有关法律法规制定了上网规则、对上网文字设定了相应的监控和审查过滤措施、在知道网上违法或侵权言论时采取了删除与本案有关的网络信息，已经履行了监管义务，不承担侵权责任。

【典型意义】

哪些信息是个人信息？哪些个人信息是个人隐私？那些有违公序良俗的个人信息是否应当受到保护？这些问题的答案都随着互联网时代的到来发生着深刻的变化。本案是曾引起舆论广泛关注的所谓博客自杀第一案。本案中，虽然原告王某的婚外情在道德上值得批评，但这并非公众干预其个人生活的合法理由。公民的个人感情生活包括婚外男女关系均属个人隐私，无论是个人通过互联网披露、还是媒体的公开报道，都应当注意个人隐私的保护。

闫某与北京某互联信息服务有限公司、北京某网讯科技有限公司侵犯名誉权、隐私权纠纷案

——原告有权通过诉讼方式要求网络服务提供者提供侵权人的相关个人信息

《最高人民法院公布8起利用信息网络侵害人身权益典型案例》第7号

2014年10月10日

【基本案情】

某新某博客博主发表涉及原告个人隐私的文章，原告先后向某信息服务公司和某网讯科技公司发出律师函要求采取必要措施，某信息服务公司在诉讼中未提交证据证明其采取了删除等必要措施，某网讯科技公司则提供证据

证明采取了断开链接、删除等措施。原告起诉要求两公司提供博主的个人信息。

【裁判结果】

北京市海淀区人民法院认为，某信息服务公司不能证明其已尽到《互联网电子公告服务管理规定》所规定的事前提示和事后监督义务，应承担相应不利法律后果。某网讯科技公司在其网站首页、“××知道”首页、“××百科”首页公示了权利人的投诉渠道和投诉步骤，设置了投诉链接及权利声明，并明确提示网络用户的注意义务，已尽到了法定的事前提示和提供有效投诉渠道的事后监督义务，不承担侵权责任。某信息服务公司未能举证证明接到原告通知后采取了必要措施，应承担侵权责任；某网讯科技公司则在接到原告通知后及时采取了断开链接、删除等措施，不承担侵权责任。原告要求某信息服务公司提供博主的 IP 地址和全部注册信息，包括但不限于姓名、地址、联系方式等资料，由于两个博客的内容涉及了原告的人格权益，原告有权知晓该网络用户的个人信息以便主张权利，某信息服务公司应当在网络技术力所能及的范围内，向原告披露上述两位博主的网络用户信息，以维护其保护自身合法权益的信息知情权，应予支持。

【典型意义】

网络侵权案件的一大特点就是网络的匿名性，如何确定侵权人的个人身份，常常成为阻碍原告维护自身权利的障碍。但是，另一方面，互联网公司又负有法定的对网络用户的保密义务，如何处理二者之间的关系？通过诉讼的方式，由人民法院对原告请求网络服务提供者提供网络用户个人信息的要求进行审查后并作出判断，能够较好地实现二者的平衡。

徐某敖与北京某互联信息服务有限公司侵犯名誉权纠纷案

——转载者的责任：专业媒体应承担更大的注意义务

《最高人民法院公布8起利用信息网络侵害人身权益典型案例》第8号

2014年10月10日

【基本案情】

2003年11月14日《华商晨报》发表《持伪证、民告官、骗局被揭穿》一文；同日，北京某互联信息服务有限公司在其经营的网站中转载了上述文章，并长达8年之久。另案生效判决认定华商晨报社侵犯了徐某敖的名誉权并赔偿精神抚慰金2万元。2006年6月9日华商晨报社在当日报刊尾版夹缝中刊登了对徐某敖的致歉声明，但是字数、篇幅确实过小不是很显著。徐某敖以某信息服务公司未及时更正为由请求其承担侵权责任。

【裁判结果】

北京市海淀区人民法院认为，某信息服务公司在其网站上转载《华商晨报》的侵权文章并无不妥，但在法院于2004年年底认定《华商晨报》的行为构成侵害原告名誉权且2006年6月9日《华商晨报》在报纸刊载致歉声明后，某信息服务公司仍未更正或删除该信息，但因《华商晨报》的致歉声明篇幅过小且位置不显著，因此某信息服务公司虽不具有主观恶意但却具有过失，应当承担相应的民事责任。原告主张数额明显过高，应当根据具体案情以及某信息服务公司的侵权过错程度、持续时间等情节酌情判定某信息服务公司赔偿原告经济损失人民币8万元及精神损害抚慰金人民币2万元。

【典型意义】

自媒体的发展及成熟是互联网时代的一大特征，但是这并不意味着专业媒体与自媒体之间就应当同等对待。本案的判决说明，在认定互联网时代最普遍的转载行为的法律责任时，应当区分专业媒体和非专业媒体，专业媒体的注意义务应当高于一般自媒体。所以，转载他人信息未更正仍需承担侵权责任。

曹某诉睢宁县某中学一般人格权纠纷案

《最高人民法院发布98起未成年人审判工作典型案例》第75号

2014年11月24日

【基本案情】

原告曹某系被告睢宁县某中学初中学生。2011年10月10日在上体育课期间，体育老师让原告班级学生在该校体育场塑胶跑道练习蛙跳。原告在练习过程中不慎摔倒受伤。班主任和体育老师将其送往睢宁县人民医院诊治，伤情诊断为左尺桡骨骨折。原告认为，学校未对原告尽到管理、保护的义务，被告认为校方已经尽到所有义务。由于双方不能达成一致意见，原告诉至法院，要求被告承担全部责任，赔偿原告医疗费、护理费、住院伙食补助费、营养费、二次手术费、精神损失费共计56519.80元，并由被告承担诉讼费用。另外，原告曹某曾在2011年5月间，在学校课间休息时和同学玩耍，摔倒受伤致左尺桡骨骨折，当时由语文老师送往医院，打了石膏，没有住院。

【裁判结果】

江苏省睢宁县人民法院认为，原、被告双方均存在一定过错。被告没有完全尽到管理和保护义务。在此次受伤前几个月，原告左臂在学校因摔倒骨折并打石膏这一事实，被告睢宁县某中学是知情的，初二新学期开始后原告因左臂曾受伤，又向新任班主任老师声明不能做操，且原告受伤的那节体育课，班主任也在现场。另外，体育老师在教学过程中安全保护措施没有完全到位。原告方面，由于左臂曾经骨折过，在体育老师曾明确告知身体不适可请假的情况下没有及时请假，自身也存在一定过错。原、被告应对此次校园伤害事故各自承担30%和70%的责任。依照相关法律规定，判决被告睢宁县某中学一次性支付原告曹某已经发生的医疗费、护理费、住院伙食补助费、营养费共计14618.57元。

【案例评析】

对未成年人依法负有教育、管理、保护义务的学校等教育机构，未尽职责范围内的相关义务致使未成年人遭受人身损害，应当承担与其过错相应的赔偿责任。学校在组织未成年学生进行体育活动中应当做到科学组织、合理安排，对学生的生命健康安全负有谨慎注意义务，未履行好注意义务致使学生发生人身损害的，学校应当承担相应责任。如果未成年学生在体育活动中发生人身损害，自身也有责任的，则应当减轻学校等教育机构的责任。

本案中，原告自身的特殊体质对其伤情造成一定影响，学校体育活动中保护措施欠缺，双方对于原告伤情均负有一定责任。考虑到保护未成年人的合法权益，确定学校负有70%的赔偿责任。判决后双方当事人均未上诉，学校如期履行判决。

叶某某诉刘某会一般人格权纠纷案

《最高人民法院发布98起未成年人审判工作典型案例》第77号

2014年11月24日

【基本案情】

原告叶某某（男，2002年2月14日生）和被告刘某会均居住在江苏省昆山市玉山镇南星渎村，被告在南星渎村开设一家小店（无营业执照），经营百货、冷饮等。2012年7月21日21时10分许，因天气炎热，刘某会小店开着空调两扇玻璃门关着。此时，原告叶某某快跑到小店去买冷饮，未注意到小店关着的玻璃门，便直接撞到门上，将玻璃门撞碎，原告因此受伤，后被送至昆山市第一人民医院抢救。原告伤后当天到昆山市第一人民医院住院治疗至8月10日出院。后原告又在该院和昆山市中医院门诊治疗，共计支付医药费36362.09元。2012年9月27日原告伤势经苏州同济司法鉴定所鉴定认定，原告外伤致膈肌破裂修补构成十级残疾；胃破裂修补构成十级残疾；脾破裂修补构成十级残疾，上述损伤综合评定为九级残疾。原告护理期限为伤后一人护理一个半月；补充营养期限为三个月。

【裁判结果】

江苏省昆山市人民法院判决结果为，被告刘某会赔偿原告叶某某医药费、护理费、住院伙食补助费、交通费、残疾赔偿金、精神抚慰金、营养费、鉴定费，共计 31950 元。宣判后，原、被告均未上诉，一审判决发生法律效力。

【案例评析】

原告叶某某系限制民事行为能力人，可以进行与他年龄、智力相适应的民事活动，其到被告刘某会小店买冷饮的行为应予认同。事发当时，由于天黑，小店开空调开灯关门等客观原因，原告对小店玻璃门状况疏于观察且原告跑向小店撞碎玻璃门造成伤害，其有一定的责任。原告的监护人在原告所实施的行为过程中，没能履行监护义务，致原告伤害也存在过错，故原告及其监护人应承担本案 80% 的责任。被告经营的小店虽无营业执照，但该店开设在居民区内从事营业活动，可以认定为公共场所。根据法律规定，被告作为小店的管理者负有安全保障义务，因此，认定被告作为公共场所的管理人未尽到安全保障义务，应当承担 20% 的赔偿责任。

陈某博诉钟某雄健康权纠纷案

《最高人民法院发布 98 起未成年人审判工作典型案例》第 79 号

2014 年 11 月 24 日

【基本案情】

2013 年 9 月 5 日 17 时许，原告陈某博由其母亲唐某平携带，在被告钟某雄个体经营的花艺坊购买盆栽。当唐某平与店员在收银台结账时，该店铺进出的玻璃门突然破裂倒砸下来，将站在玻璃门边的原告右小腿割伤。事发后，原告当即被送往闽东医院住院治疗，至 9 月 22 日出院。主要诊断为：右小腿皮肤撕脱伤、右小腿伸肌上支持带断裂、右小腿部分肌肉损伤。原告为此支出医疗费等损失共计 11556. 4 元。

【裁判结果】

福安市人民法院经审理认为，公民的身体健康权受法律保护。被告钟某雄作为从事经营活动场所的商户业主，未履行合理限度的安全保障义务，致使原告在其经营场所内受到损害，应当承担相应的民事赔偿责任。原告作为无民事行为能力人，其监护人未妥善履行监护职责，对事故的发生亦具有一定的过错，应适当减轻被告的责任。根据本案原、被告双方当事人的过错程度，酌情确定被告承担总损失70%的赔偿责任，30%由原告自行承担。根据责任比例，判决被告赔偿原告8089.48元。

【案例评析】

本案是一起受害者是未成年人的侵权纠纷。未成年人的监护人应当履行保护未成年人的人身安全、尽可能避免发生危险的法定监护职责。本案中，原告的监护人将年仅3岁的原告带到公共场所，疏于监管，使幼童脱离其照看，对事故的发生具有一定的过错。根据过失相抵原则适当减轻被告的责任，由原告自行承担30%的民事责任。

刘某辉诉陈某路、陈某忠、沈某琴、福建省泉港山某中学身体权纠纷案

《最高人民法院发布98起未成年人审判工作典型案例》第80号

2014年11月24日

【基本案情】

刘某辉（时年16岁）与陈某路（时年17岁）均系福建省泉港山某中学学生。2013年6月5日上午8时许，刘某辉与陈某路在该校教室内嬉闹玩耍。其间，刘某辉站在讲台桌附近，四处张望，未注意到陈某路撞袭。被撞后，刘某辉身体向后倾倒，后腰撞击讲台桌角致伤，当日中午，被家长送往医院治疗。伤经情鉴定为八级伤残。刘某辉的父亲邹某华与陈某路的父亲陈某忠在山某中学的主持下签订《协议书》一份，约定陈某路家长一次性支付刘某辉家长医药费17000元，双方家长不再互相追究其他责任，并已实际支付。2013年9月26日，刘某辉诉至福建省泉州市泉港区人民法院，要求各被告共同承担损害赔偿责任，后补充要求撤销该协议。

【裁判结果】

泉州市泉港区人民法院经审理认为，该协议内容显失公平，原告请求撤销，于法有据。陈某路对事故的发生存在主要过错，应承担主要责任。陈某

忠、沈某琴系陈某路的父母即监护人，依法应承担本应由陈某路承担的侵权行为致人损害的民事赔偿责任。刘某辉安全意识淡薄，疏忽大意，对事故发生具有一定过错，应承担次要责任。该起事故发生于校园内及正常工作时间，刘某辉和陈某路均系未成年学生，山某中学对其校园内的活动存在教育、管理疏漏，对事故的发生也具有一定过错，亦应承担次要责任。陈某忠、沈某琴与山某中学分别承担 70% 和 15% 的赔偿责任，原告自负 15% 的责任。根据案件实际，判决撤销协议书，陈某忠、沈某琴与山某中学分别赔偿刘某辉损失人民币 126681. 32 元和 30917. 43 元。

【案例评析】

本案是一起典型的限制民事行为能力的未成年学生校园伤害事故，涉及受害方、致害方与学校的责任认定。未成年学生，具有一定的辨别和认知能力，对危险行为也有一定认识。玩耍中刘某辉受到的伤害确系陈某路的撞击行为所致，故陈某路对事故发生负有主要过错，其监护人应承担主要责任。刘某辉本应预见该项危险活动可能伤害自身或他人，其疏忽大意的主观状态应受批评，负次要责任。山某中学未及时发现学生进行危险活动，施予必要的管理和制止，未尽到足够谨慎的安全注意义务，存在过错，也应承担相应责任。

康某轩诉建阳市某中心小学生命权、健康权、身体权纠纷案

《最高人民法院发布 98 起未成年人审判工作典型案例》第 81 号

2014 年 11 月 24 日

【基本案情】

2012 年 7 月 14 日上午，康某轩与康某伟、萧某宇等四人（均为未成年人）一同进入对外开放的建阳某中心小学下属的某小学校园内玩耍。因学校正处在放假期间，没有护校人员和值班老师。原告康某轩一行四人擅自进入未上锁、未粘贴警示标识、未配备灭火器等安全器材的学校仪器室。康某轩等四人用随身携带的打火机在仪器室门口点燃一些废纸等杂物玩耍。康某轩

将存放于仪器室的工业酒精等物抱出点燃玩耍，不慎将酒精沾到身上，与明火接触后，导致康某轩全身起火烧伤，引发纠纷。

【裁判结果】

建阳市人民法院一审审理认为，康某轩四人在没有监护人的监护下，擅自进入学校仪器室并将室内物品及其他杂物进行燃烧，是事故发生的主因，其监护人对此应负有主要责任。被告建阳某中心小学对外开放期间，没有安排护校人员，对原告的不当行为未能及时制止，且对某小学的仪器室疏于管理，仪器室未上门锁，未粘贴警示标识，未配备灭火器等安全器材是事故发生的次要原因。判决被告建阳某中心小学赔偿原告康某轩105241.8元。

宣判后，康某轩提出上诉。南平市中级人民法院经依法审理，撤销建阳市人民法院民事判决；判决被上诉人建阳某中心小学赔偿上诉人康某轩经济损失人民币260684元。

【案例评析】

本案是一起教育机构未尽到安全保障义务及违反安全保障义务，而导致未成年人身损害的案件，属于典型的校园安全保障义务侵权类案件。放假期间，对外开放的学校有一定的安全保障义务。教育机构特别是中小学必须履行最高的安全保障义务，包括消除危险、隔离危险、采取其他措施保障不对未成年人造成损害等义务。学校不能以放假期间校园安全难以监管，监管压力太大作为逃避责任的理由。只要学校违反了《中小学幼儿园安全管理办法》，可以判定学校违反法律或政策法规直接规定的义务，学校应承担与其过错相适应的责任。而本案的审理也反映出学校对其保护对象，特别是未成年人负有更高的安全保障义务。

罗某春、刘某女诉罗某铠、刘某坤生命权、健康权、身体权纠纷案

《最高人民法院发布98起未成年人审判工作典型案例》第83号

2014年11月24日

【基本案情】

2010年春节后，被告刘某坤非法持有一把以火药为发射动力的自制火药手枪及子弹4发，并将其中1发子弹装进枪膛内。2010年7月13日，被告刘某坤将该手枪及子弹存放在其租住房屋的床头柜内。7月16日上午，被告刘某坤的表弟罗某铠带朋友林某豪（俩人均为在校学生）至刘某坤租住处玩。当日9时30分许，罗某铠将床头柜内的手枪拿出来，误认为枪内没有子弹，拿枪朝受害人林某豪头部扣动扳机两下。在其第二次扣动扳机后，枪内子弹击中林某豪头部。随后，罗某铠打“120”急救电话将林某豪送至医院抢救。经过5个多月的治疗，受害人林某豪因头部枪击伤，心肺功能衰竭死亡。受害人林某豪在医院住院治疗期间共花费医药费296346.7元，此间罗某铠亲属支付238300元赔偿款。

【裁判结果】

永安市人民法院经审理认为，二被告的侵权行为造成受害人林某豪死亡的后果。被告罗某铠的法定代理人罗某定、刘某聘对赔偿款承担侵权赔偿责任，被告刘某坤对上述赔偿款承担连带赔偿责任。

【案例评析】

这是一起使用高度危险物枪支，造成他人死亡的伤害案件。被告罗某铠使用属于高度危险物的枪支，造成林某豪死亡，应对林某豪死亡所造成的损害后果承担侵权赔偿责任。被告刘某坤明知枪支系高度危险物，足以导致人身伤亡，但其仍然非法持有，该枪支导致了林某豪死亡，亦应对林某豪死亡所造成的损害后果承担侵权赔偿责任。被告罗某铠使用枪支的行为，与被告刘某坤非法持有枪支的行为不存在共同的意识联络，但二被告的行为相互结

合，造成林某豪死亡事实的发生，属损害结果同一不可分割的侵权行为，二被告应对林某豪死亡的损害后果承担连带赔偿责任。

王某某诉张某某生育选择权纠纷案

《最高人民法院发布98起未成年人审判工作典型案例》第85号

2014年11月24日

【基本案情】

王某某与张某某于2000年9月份认识，之后开始恋爱、同居。2001年5月，王某某经中山医科大学深圳生殖医学专科诊断为原发性不孕，双方决定采用体外授精方法生育子女。2002年2月19日双方通过医学手段，提取了精子和卵子制造出胚胎，通过代孕产下女孩王某一；随后，双方利用原有胚胎，将原有胚胎移植到王某某体内，于2003年2月6日产下一女婴王某二。

2003年11月30日，王某某提起诉讼，要求解除其与张某某同居关系、非婚生子女王某一、王某二随王某某生活、张某某支付抚养费等诉讼请求。广东省深圳市中级人民法院终审判决支持王某某的诉讼请求。2011年9月9日，王某某向广州市天河区人民法院提起诉讼，认为经双方同意由张某某提供医疗技术，使用原来的受精配子，通过代孕方式，于2008年3月20日生育一名男婴，取名王某三，由王某某抚养至今，现请求王某三由张某某抚养。

【裁判结果】

本案中，没有任何证据显示“王某三”之出生征得张某某的同意，此举违背了张某某的意愿。“王某三”之出生，侵犯了张某某的生育选择权，违背了我国的计划生育政策和生育伦理原则。广州市天河区人民法院一审判决驳回王某某的诉讼请求。广州市中级人民法院二审判决驳回上诉，维持原判。

【案例评析】

生育选择权是我国公民享有的一项基本权利，其中包括生育或不生育子女的权利，这项原则同样适用于人类辅助生殖领域。张某某应享有生育选择权，在本案中具体体现为胚胎处置权。张某某是“王某三”遗传学父亲，张某某与王某某共同拥有“王某三”胚胎的处置权，“王某三”之出生应取得张某某的知情同意，并签署书面知情同意书。张某某拥有“不能被迫成为父亲”的基本权利。“王某三”之出生，侵犯了张某某的生育选择权，违背了我国的计划生育政策和生育伦理原则。在这种情况下，张某某可视为一个单纯的捐赠精子者，其对出生的后代既没有任何权利，也不承担任何责任。王某某要求王某三由张某某抚养，理由不成立。

随着科技的进步与个人需求的多样化，“试管婴儿”已成为不孕不育夫妇普遍采用的生育方式，由此引发的新的法律问题不断增多，本案具有相当的代表性。“试管婴儿”生父应享有胚胎处置权，拥有“不能被迫成为父亲”的基本权利，对在其不知情情况下生下的“试管婴儿”，其无须负担作为父亲的法律责任。

占某钰诉被告大商集团郑州某购物广场有限公司生命权、健康权、身体权纠纷案

《最高人民法院发布 98 起未成年人审判工作典型案例》第 87 号

2014 年 11 月 24 日

【基本案情】

2012 年 10 月 14 日，原告占某钰的母亲赵某红陪同原告到大商集团郑州某购物广场有限公司某店内的某儿童乐园游玩。由于该儿童乐园游乐设施上方与超市吊顶接合处没有封闭，占某钰从游乐设施爬上超市吊顶后从吊顶上摔下，跌落在儿童乐园之外的超市地板上，郑州市中医院对其进行了院前急救，并把原告送至该院住院治疗。占某钰被诊断为头部外伤、眶底骨折、蝶骨骨折、眼外伤。经治疗，占某钰于 2012 年 10 月 27 日出院，花费医疗费 3559. 08 元。出院医嘱记载：门诊继续眼科治疗。2012 年 10 月 18 日至 2013 年 1 月 28 日期间，占某钰多次到郑州大学第一附属医院诊疗，花费医疗费 8683. 68 元。2013 年 3 月 4 日，占某钰到北京大学第三医院就医，共花费医疗费 457. 15 元。2013 年 3 月 5 日，占某钰到北京同仁医院就医，花费医疗费 100 元。占某钰请求大商集团郑州某购物广场有限公司赔偿各种费用。

【裁判结果】

河南省郑州市二七区人民法院判决被告大商集团郑州某购物广场有限公司于判决生效后十日内赔偿占某钰残疾赔偿金、鉴定费、住宿费、医疗费、住院伙食补助费、营养费、护理费、交通费、精神损害抚慰金共计46834.26元。判决已生效。

【案例评析】

从事住宿、餐饮、娱乐等经营活动或者其他社会活动的自然人、法人、其他组织，未尽到合理限度范围内的安全保障义务，致使他人遭受人身损害，受害人请求其承担赔偿责任的，人民法院应予支持。

郑某某诉耿某某、曹县常乐集乡某小学健康权纠纷案

《最高人民法院发布98起未成年人审判工作典型案例》第91号

2014年11月24日

【基本案情】

郑某某与耿某某分别系被告某小学一年级和三年级的学生。2010年3月12日上午大课间时间，耿某某用竹签扎伤原告郑某某的右眼。下午，郑某某的班主任老师载郑某某到常乐集乡卫生院进行了简单治疗。次日，原告称其右眼仍看不清东西，其亲属带郑某某先后三次到山东省省立医院治疗，实施了右眼玻璃体切除及相关治疗手术。经鉴定，原告右眼属七级伤残，且需定期更换义眼片。原告要求被告某小学、被告耿某某赔偿各项损失149074.5元。被告耿某某对伤害事实无异议，但辩称应由被告某小学承担主要赔偿责任；被告某小学辩称其已尽到主要监护责任，只承担20%～30%的责任。

【裁判结果】

菏泽市曹县人民法院认为，被告某小学的在校学生系未成年人，学校在组织学生上课间操时，没有安排老师带队，也没有发现原告郑某某和被告耿某某的异常行为。事件发生后，某小学没有及时发现和救治，也是导致本案

伤害事故发生的主要原因，应当对伤害后果承担主要赔偿责任。被告耿某某致伤他人，其监护人耿某起、郑某红应承担相应的赔偿责任。综合本案事实，结合当事人过错程度，被告某小学应承担 70% 的赔偿责任，被告耿某某的法定代理人耿某起、郑某红应承担 30% 的赔偿责任。依照相关法律规定，判决被告曹县常乐集乡某小学赔偿原告郑某某各项损失 9 万余元、被告耿某某的法定代理人耿某起和郑某红赔偿原告郑某某的各项损失 2 万余元；驳回原告郑某某其他诉讼请求。

【案例评析】

未成年人上学期间在校园内加害他人和受到伤害，学校承担过错责任，并因未成年人年龄阶段不同而举证责任分配不同。无民事行为能力人在学校受到伤害，应由学校举证证实尽到教育管理职责，限制民事行为能力人在学校受到伤害，则遵循“谁主张谁举证”原则，由其监护人负举证责任。未成年人受到的侵害是其他在校未成年人造成时，监护责任不能免除，监护人依法也应承担民事赔偿责任。学校对在校的未成年人未尽到教育、管理、保护的职能，应当依法承担与其过错相适应的赔偿责任，以上两责任之和是一个责任总量，是对受害人的完全赔偿。

周某与肖某、肖某木、永安市某中学健康权纠纷案

《最高人民法院发布 98 起未成年人审判工作典型案例》第 95 号

2014 年 11 月 24 日

【基本案情】

周某与肖某均系永安市某中附小六年级的学生。2011 年 11 月 29 日 15 时许，学生在学校球场上体育课，老师安排学生分组打篮球，周某与肖某分别被分在两个组参加篮球对抗赛。在打篮球过程中，两人在抢球时撞在一起，致原告摔倒在地，造成其左桡骨远端骨折伴下尺桡关节脱位。经鉴定损伤为十级伤残。

【裁判结果】

永安市人民法院作出民事判决：周某因本案医疗费、残疾赔偿金等各类经济损失达5万余元；原告对其经济损失应自行承担50%，即27502.76元；被告肖某木对原告周某的经济损失应承担30%，即16501.65元；被告永安市某中学对原告周某的经济损失承担20%，即11001.10元。

【案例评析】

这是一起发生在校园里的典型意外伤害案件。学校按教学大纲实施教学无过错，学生按照老师的安排进行比赛活动，亦无过错。二人在进行篮球赛活动中相互抢球发生相撞，当属常理。本案根据实际情况，由双方分担损失。综合全案，考虑原、被告父母工作情况和家庭收入情况，对因本案造成的损失，原告应自行承担50%，永安市某中学应补偿原告20%的损失，被告肖某应补偿原告30%的损失，被告肖某系无民事行为能力的人，故其应承担的补偿损失部分由监护人即被告肖某木承担。学校的行为虽无过错，但其组织之行为与受害人的受伤之损害后果之间存在一定的事实联系，具有关联度，让其分担损失也具有合理性，衡平了双方当事人利益。

张某诉程某身体权纠纷案

《最高人民法院公布49起婚姻家庭纠纷典型案例》第31号

2015年12月4日

【基本案情】

张某（女）和程某（男）于2005年登记结婚，2008年5月26日，程某因家庭琐事对张某实施家庭暴力，致张某身体多处受伤，经托克托县医院及内蒙古医学院附属医院诊断为头面部闭合伤、鼻骨骨折、鼻根部骨质缺失、左眼部损伤、双侧膝关节下损伤等综合症状。

为此，张某于2008年8月5日以程某犯故意伤害罪为由向托克托县人民法院提起刑事自诉，同时提出刑事附带民事诉讼请求，该院于2008年11月6日作出（2008）托刑初字第59号刑事附带民事判决：一、程某犯故意伤害罪，免予刑事处罚；二、程某赔偿张某医疗费2541.1元、法医检查费300元、鉴定费300元、交通费200元，合计3341.10元。2010年7月22日，张某经呼和浩特市第一医院司法鉴定所鉴定鼻骨骨折为十级伤残。程某于2008年6月11日提起离婚诉讼，呼和浩特市中级人民法院作出（2011）呼民二终字第571号民事判决，判决双方离婚。2010年8月12日，张某向托克托县人民法院提起民事诉讼，要求程某赔偿其医药费、护理费等费用共计6万余元。托克托县人民法院经审理认为，公民的生命健康权受法律保护。根据《最高人民法院关于适用〈中华人民共和国婚姻法〉若干问题的解释（一）》第三十条第二项的规定，"符合婚姻法第四十六条规定的无过错方作为被告的离婚诉讼案件，如果被告不同意离婚也不基于该条规定提起损害赔偿请求的，可以在离婚后1年内就此单独提起诉讼"。张某与程某虽然于2011年8月11日被判决离婚，但是程某于2008年6月11日提起离婚诉讼，而张某在2008年8月5日就程某对其实施家庭暴力一事已提起刑事自诉且获得了相应的民事赔偿，因而张某在与程某的离婚案件中作为无过错方的被告，已经提起了损害赔偿请求，故张某的行为便不再受上述法律的约束。根据《民法通则》第一百三十六条的规定，身体受到伤害要求赔偿的诉讼时效为一年，且该诉讼时效期间应从知道或者应当知道权利被侵害时起计算。本案中张某于2008年8月5日提起刑事自诉这一行为就应当认定为其已经知道了自己的合法权利遭到了侵害而时隔两年后对此事再行起诉，显然超过了诉讼时效，对张某的诉讼请求不予支持，判决驳回原告张某的诉讼请求。

【裁判结果】

张某不服一审判决，上诉至呼和浩特市中级人民法院，请求二审法院依法改判，支持其诉讼请求。呼和浩特市中级人民法院经审理认为，《民法通则》第一百三十六条规定，"下列的诉讼时效期间为一年：（一）身体受到伤害要求赔偿的"；第一百三十七条规定，"诉讼时效期间从知道或者应当知道权利被侵害时起算"；《最高人民法院关于贯彻执行〈中华人民共和国民法通则〉若干问题的意见（试行）》第168条规定，"人身损害赔偿的诉讼时效期间，伤害明显的，从受伤之日起算；伤害当时未曾发现，后经检查确诊并能证明是由侵害引起的，从伤势确诊之日起算"。本案中程某对张某的人身损害发生于2008年5月26日，2010年7月29日张某经呼和浩特市第一医院司法鉴定所鉴定鼻骨骨折构成十级伤残，即2010年7月29日张某的权利被侵害范围和损害数额得以确认，诉讼时效起算时间为2010年7月29日，故张某于2010年8月12日起诉请求程某承担人身损害赔偿责任没有超出诉讼时效。张某因程某的家庭暴力遭受人身损害，并经鉴定部门鉴定构成十级伤残，依照《最高人民法院关于审理人身损害赔偿案件适用法律若干问题的解释》相关规定，受害人遭受人身损害的，赔偿义务人应对受害人因人身损害产生的护理费、交通费、住院伙食补助费、必要的营养费、残疾赔偿金、被抚养人生活费、鉴定费、精神损害抚慰金等予以赔偿。综上，一审判决认定事实清楚，但适用法律错误，依法改判：一、撤销托克托县人民法院（2012）托民初字第143号民事判决；二、程某赔偿张某各项费用48664.31元。一、二审案件受理费由程某负担。

【典型意义】

本案是一起典型的家庭暴力案件，呼和浩特市中级人民法院针对家庭暴力对象的特殊性、形式的多样性、行为的隐蔽性、结果的循环性等特点，认真审理了此案。被告人程某粗鲁强势，其母目中无人，辱骂法官的行为能够印证家暴是导致他们婚姻关系破裂的主要原因，一个完整的家庭解体了，但对张某身体及精神造成的危害却无法弥补。本案中张某冷静理智，没有采用“以暴制暴”的手段来反抗，而是拿起法律这个有力的武器来捍卫自己的合法权益，其法律意识之强深深打动了每一位法官。以往因家庭暴力导致离婚的案件通常仅仅止步于婚姻关系的终止，受害人在离婚后就人身损害提起民事诉讼的情况极少。本案中张某在婚姻关系存续期间对程某的家庭暴力行为提起过刑事附带民事诉讼，获得了部分赔偿。在离婚后，对家庭暴力造成的人身损害再一次提起了民事诉讼。该案件在当地群众中产生了深远的影响，研究探讨该案例对法律适用和预防家庭暴力行为有着重要意义：

第一，受害人对家庭暴力行为能够及时收集、保留、固定证据，使案件能够顺利立案并最终判决，家庭暴力的施暴者得到了有力的惩治；

第二，该案例为家庭暴力的受害者在离婚后如何请求保护人身损害赔偿指明了道路，《最高人民法院关于适用〈中华人民共和国婚姻法〉若干问题的解释（一）》对家庭暴力行为进行了定义，对家庭暴力的范畴作出了明确表述，为法官审理此类案件提供了有力的法律依据；

第三，纠正了不正确的认识。刑事附带民事判决不能囊括全部受害人应得的人身损害赔偿，对于没有对受害人进行赔偿的部分，受害人有权另行提起民事诉讼；

第四，许多起家庭暴力案件都造成了极其严重的后果，有些甚至造成了人身伤亡事件，立法者乃至整个社会应当从此案件中反思，如何通过立法、执法行为，在家庭暴力发生前就给施暴者以威慑，从根源上遏制家庭暴力。

邓某某诉某速递公司、某劳务公司一般人格权纠纷案

《最高人民法院发布十起关于弘扬社会主义
核心价值观典型案例》第 9 号
2016 年 8 月 22 日

【基本案情】

某劳务公司在某同城网站上发布招聘信息，标题为“某速递员三千加计件”，任职资格：男。邓某某遂在线投递简历申请该职位，并于 2014 年 9 月 25 日到某速递公司进行了面试。邓某某主张其面试后并在某速递公司酒仙桥营投部试干了两天。邓某某称，根据试干结论，双方达成于 10 月 8 日签约的意向，某速递公司酒仙桥营投部主任戴某要求其先做入职体检，因此花费体检费 120 元。邓某某就此提交 2014 年 9 月 28 日其与戴某的谈话录音以及体检报告予以佐证。邓某某表示因 10 月 8 日未能签约，故其于 10 月 16 日给某速递公司人事专员打电话询问戴某的联系方式，后戴某让其联系李某。10 月 19 日邓某某给李某打电话询问不能签合同的原因，李某确认因为邓某某是女性所以某速递公司不批准签合同。邓某某就此提交 2014 年 10 月 19 日其与李某电话通话录像复制件予以证明（诉讼中，邓某某申请对该录像中画面是否经过剪辑修改、录音是否经过剪辑修改进行鉴定，邓某某交纳鉴定费 6450 元）。2015 年 3 月 31 日，邓某某向北京市长安公证处申请保全某劳务公司在其官网上发布快递员招聘单位及条件的网页，花费公证费 1000 元。邓某某称其应聘的快递员一职并不属于不适合妇女的工种或岗位，但某速递公司、某劳务公司仅因为邓某某是女性就表示不予考虑，导致邓某某受到了就业性别歧视。邓某某自从被拒后一直没有找到一份满意的工作，情绪低落、沮丧、失眠，

邓某某受歧视、遭排挤的心理阴影难以消除。综上，邓某某请求判令：某速递公司、某劳务公司向邓某某以书面形式赔礼道歉，连带赔偿邓某某入职体检费用人民币 120 元、公证费用人民币 1000 元、精神损害抚慰金人民币 5 万元、鉴定费 6450 元。

某速递公司则认为：一、我方不存在歧视邓某某就业的客观条件，也无歧视邓某某就业的实际行为。广告不是我方发布的，我方也从未委托某劳务公司发布此类广告。如果该广告存在就业性别歧视，应当由某劳务公司承担责任。假设邓某某提供的证据都是真实的，但我方的员工没有一句是对女性就业的歧视。二、投递员是法律法规禁止女性从事的负重体力劳动。关于女职工劳动保护，我国法律法规中也有规定，包括《劳动法》《女职工劳动保护特别规定》《女职工禁忌从事的劳动范围》《邮电女职工劳动保护规定实施细则》中均有规定。

某劳务公司认为：本公司与某速递公司签订了《劳务派遣协议》，由本公司为某速递公司提供劳务派遣服务。关于某同城网站登载的广告，系本公司自行发布的，未向某速递公司通报。如广告有违法情况，本公司愿承担全部法律责任。

【裁判结果】

北京市顺义区人民法院生效裁判认为：戴某作为某速递公司酒仙桥营投部主任，在招录人员上显然能够代表某速递公司。邓某某在某速递公司面试后，戴某已经代表某速递公司表明其有意愿聘用邓某某，虽然聘用形式是直接聘用还是劳务派遣在 2014 年 9 月 28 日谈话中并未明确，但能够肯定的是某速递公司给予邓某某获得在某速递公司担任快递员的机会。在邓某某未能如期签约的情形下，戴某告知邓某某联系李某，且李某在电话中亦表明邓某某的应聘资料在其处，故法院认定李某能够代表某速递公司。某速递公司在答辩意见中所援引的相关规定并不能证明快递员属于国家规定的不适合妇女的工种或者岗位。对于邓某某询问丧失应聘机会的原因是否因其为女性时，李某作了肯定的答复，能够证明某速递公司拒绝聘用邓某某的原因在于其为女性，侵犯了邓某某平等就业的权利。某速递公司对其侵权行为给邓某某造成的合理损失应予以赔偿。

某劳务公司虽然在其网站上及在某同城网站上发布的涉诉岗位的招聘信

息均表明任职资格为男性，但某劳务公司并未因邓某某系女性而拒绝提供就业机会，仍通知邓某某进行面试。本案中，邓某某并未举证证明某劳务公司对其实施了就业性别歧视的行为，故邓某某要求某劳务公司承担责任，法院不予支持。邓某某主张赔偿公证费用，缺乏依据，法院不予支持。

某速递公司不认可邓某某提交的体检报告部分内容的真实性，但未提交反驳证据，法院对其真实性予以采信。邓某某虽未提交体检费票据，但体检系应某速递公司的要求，且邓某某提交了体检报告，邓某某主张的入职体检费用符合一般市场行情，法院予以支持。鉴定费系邓某某为维权产生的合理费用，应由某速递公司予以赔偿。

某速递公司对邓某某实施了就业歧视，给邓某某造成了一定的精神损害，故法院结合某速递公司在此过程中的过错程度及给邓某某造成的损害后果酌情支持邓某某精神损害抚慰金 2000 元。邓某某所提某速递公司书面赔礼道歉的请求，依据不足，不予支持。

法院于 2015 年 10 月 30 日作出民事判决：一、某速递公司于本判决生效之日起七日内赔偿邓某某入职体检费用 120 元、精神损害抚慰金 2000 元、鉴定费 6450 元；二、驳回邓某某的其他诉讼请求。宣判后，邓某某及某速递公司向北京市第三中级人民法院提起上诉。北京市第三中级人民法院于 2016 年 2 月 23 日作出判决：驳回上诉，维持原判。

【典型意义】

社会公德

实行男女平等是国家的基本国策。《宪法》《妇女权益保障法》均规定妇女在政治的、经济的、文化的、社会的和家庭的生活等各方面享有同男子平等的权利，而《劳动法》《就业促进法》进一步具体规定劳动者就业，不因民族、种族、性别、宗教信仰不同而受歧视，妇女享有与男子平等的就业权利；在录用职工时，除国家规定的不适合妇女的工种或者岗位外，不得以性别为由拒绝录用妇女或者提高对妇女的录用标准。但现实生活中，考虑到女性特殊的生理性原因，妇女需要生育、哺乳以及有生理期等，招聘单位往往以较为隐蔽的方式（比如以只接收简历不通知面试或专业不对口等非性别原因掩盖核心的性别原因）拒绝录用女性，使得女性在就业时因性别而遭受歧视。由于应聘者和招聘单位地位不对等、信息不对称使得应聘者很难获取招聘单位实施就业性别歧视的证据，即便掌握了相关证据，出于诉讼成本及效益等方面的考虑，应聘者未必拿起法律武器维护自己的权益。

本案中，应聘者通过搜集证据形成证据链，能够证明某速递公司在已表明愿为其提供担任快递员机会并签约的情形下，又予以反悔，拒绝录用应聘者，构成就业性别歧视。在招聘单位仅仅以性别原因拒绝录用应聘者的情况下，招聘单位就构成了侵权，对由此而给应聘者造成的直接经济损失应予以赔偿，同时招聘单位的拒录行为客观上也给应聘者造成了一定的精神损害，对于应聘者主张的精神损害抚慰金可根据招聘单位的过错程度以及对应聘者造成的损害后果酌情确定。对实施就业性别歧视的单位通过判决使其承担民事责任，不仅是对全体劳动者的保护，营造平等、和谐的就业环境，更是对企图实施就业性别歧视的单位予以威慑，让平等就业的法律法规落到实处，起到规范、引导的良好作用。

华某与王某波、王某全生命权纠纷执行案

《最高人民法院发布十起关于弘扬社会主义
核心价值观典型案例》第 10 号
2016 年 8 月 22 日

【基本案情】

2014 年 7 月 6 日晚 6 时，华某与丈夫徐某民在地里看守木耳时，王某波醉酒找事，徐某民与被告发生了口角，王某波用手中的锄头将华某的丈夫徐某民打倒，徐某民住院 2 天后不治身亡。王某波经法定程序鉴定为分裂性精神病，无刑事责任能力。2014 年 9 月 2 日，黑龙江省伊春市汤旺河区人民法院决定对王某波强制医疗。华某于 2014 年 8 月 25 日到法院提起诉讼，追究王某波及其监护人王某全民事赔偿责任，要求赔偿各项损失共计 152000 元。

【裁判结果】

公民的生命权受法律保护，王某波系无行为能力人，无故殴打他人致人死亡，其民事赔偿责任应由其监护人王某全承担，故判决被告王某波及其监护人王某全赔偿华某各项损失 152000 元。判决书生效后王某全逾期未履行。

按规定经过多方工作确实无财产可供执行的案件，可以中止执行。经法院研究，本案申请人的情况符合司法救助规定的救助范围，便向申请人释明有关司法救助规定。申请人对法院的建议表示认可，提交了司法救助申请。经过向政法委以及林业局请示汇报，取得了当地政法委和林业局的支持。向华某发放 3 万元的司法救助金，但由于这些救济款除去还外债所剩无几，只能解决眼前问题，华某的今后生活问题还是没有解决。法院又积极与当地民政部门沟通协调，将其纳为低保户，为其办理了最低生活保障救助金。

【典型意义】

友善互助

考虑此案的发生确实导致申请人生活困难，法院不能放手不管。要对申请人受到的心灵创伤给予抚慰，同时体现社会主义公平正义价值观。

黄某、洪某快诉梅某育名誉权侵权纠纷案

《最高人民法院公布四起“狼牙山五壮士”等保护
英雄人物人格权益典型案例》第 1 号
2016 年 10 月 19 日

【基本案情】

2013 年第 11 期《炎黄春秋》杂志刊发洪某快撰写、黄某任责任编辑的《“狼牙山五壮士”的细节分歧》（以下简称《细节》）一文。载明：当我们深入“狼牙山五壮士”有关叙述的细节时，就发现上述人员在不同时间、不同场合下的陈述存在诸多矛盾之处。而对于同一时间，相互矛盾的描述可能都不符合事实，也可能有一个符合事实，但不可能同时都符合事实。因此，对于“狼牙山五壮士”的真相，还有待历史学家的深入研究和探讨。该文共分“在何处跳崖”“跳崖是怎么跳的”“敌我双方战斗伤亡”及“‘五壮士’是否拔了群众的萝卜”等四部分，对狼牙山五壮士英雄事迹的细节问题提出质疑。其中，“‘五壮士’是否拔了群众的萝卜”部分载明：葛振林说：“刚才忙着打仗倒不觉得，这会歇下来，才觉得又饿又渴……正巧山地里有些散种的萝卜，我们顾不得了，每人拔个吃着。”

上述文章发表后，2013 年 11 月 23 日，梅某育在经认证的新浪微博上发表博文：“《炎黄春秋》的这些编辑和作者是些什么心肠啊？打仗的时候都不能拔个萝卜吃？说这些的作者和编辑属狗娘养的是不是太客气了？”该博文被转发 360 次，被评论 32 次。

2014 年 3 月，黄某、洪某快以梅某育前述言论侵犯其名誉权为由诉至北京市丰台区人民法院，请求判令梅某育停止侵权、删除相关侵权言论、公开道歉，并赔偿精神损害赔偿金 5000 元等。

【裁判结果】

北京市丰台区人民法院一审认为，评价梅某育对《细节》一文的言论是否构成侵权，应当通过综合评价双方言论的背景及其内容、言论是否超过必要限度、因果关系以及损害后果等方面综合判断。首先，《细节》一文是对抗日战争时期出现的英雄人物“狼牙山五壮士”及其英雄事迹具体细节的分析。该文的作者和编辑，应当认识到，抗日战争是中国共产党领导中国各族人民推翻帝国主义统治并取得新民主主义革命伟大胜利的重要组成部分，中国共产党在抗日战争中发挥了中流砥柱的作用，这已经成为全民族的共识。以“狼牙山五壮士”为代表的英雄人物和英雄事迹，已经成为中华民族不畏强敌、不惧牺牲精神的典型代表，他们的精神气质，已经成为中华民族精神世界和民族感情的重要内容。对这些英雄人物和英雄事迹的不当评论和评价，都将会伤害社会公众的民族感情，将会引发社会公众的批评，甚至较具情绪化的批评。《细节》一文从形式上虽然是在讨论细节问题，但全文意在质疑甚至颠覆“狼牙山五壮士”的英雄形象，甚至是对该英雄事迹所代表的中国共产党的抗日民族统一战线的历史地位和历史作用的再评价。在此意义上，黄某、洪某快对该文引发的激烈批评及负面评价应当有所预见，也应当承担较高程度的容忍义务。其次，梅某育微博的内容并未直接指出“这样的编辑和作者”的姓名，公众需点击所转发的微博链接才能知晓该文的编辑和作者，此种方式限制了该条微博的影响。且公众作出的评论并未针对黄某、洪某快，而是主要针对《炎黄春秋》杂志。从损害后果看，不能认定被告行为降低了原告的社会评价。最后，梅某育的微博内容是带有感情色彩的评价和评论，虽然使用不文明语言显属不当，但却是社会公众普遍民族感情的直观反映，出于维护“狼牙山五壮士”英雄形象的目的，主旨和主观动机符合社会主义核心价值观，应予肯定。综上，判决：驳回黄某、洪某快的诉讼请求。黄某、洪某快不服提起上诉。北京市第二中级人民法院判决：驳回上诉，维持原判。

【典型意义】

本案是微博言论评价他人文章所引发的名誉权侵权的典型案例。本案的典型之处在于，被告的言论，系对原告所发表的关于“狼牙山五壮士”这一历史英雄人物及其历史事件的文章作出的评价和批评。被告的言论是否超出必要的限度、其妥当性以及是否侵害他人人格，涉及原告所发表文章涉及的事项、原告对于所发表文章所引发他人批评或评价的预见程度和应当负有的相应的容忍义务，以及被告所发表言论的主观状态、其言论是否导致原告社会评价降低等因素，均为被告是否构成侵权的重要考量因素，也是名誉权侵权案件中的重点和难点问题。本案中，人民法院从原告所发表文章的内容以及其涉及的历史人物及其历史事件的重大历史意义分析，认为原告对于该文所引发的言论具有较高的容忍义务，较为准确地界定了原告对于自己言论的注意义务；从被告发表言论的主观动机以及其言论所批评的对象、受众从其言论中获得信息的方式以及受众由此对原告所作出的社会评价等方面，认定被告并未构成侵权的同时，指出其言论亦有不当之处，在准确、全面适用现行法的同时，更是贯彻了侵权法平衡行为人的行为自由与保护他人合法权益的原则。

黄某、洪某快诉郭某民名誉权侵权纠纷案

《最高人民法院公布四起“狼牙山五壮士”等保护
英雄人物人格权益典型案例》第 2 号
2016 年 10 月 19 日

【基本案情】

本案亦由洪某快撰写、黄某为责任编辑的《细节》一文所引发。该文发表后，2013 年 11 月 23 日 13 时许，有网民“鲍某克”发表微博“炎黄春秋：狼牙山五壮士曾拔过群众的萝卜”，对洪某快撰写、黄某编辑的上述文章中部分内容加以转引。此后，网民梅某育在转发“鲍某克”微博后，同时发表微

博："《炎黄春秋》的这些编辑和作者是些什么心肠啊？打仗的时候都不能拔个萝卜吃？说这样的作者和编辑属狗娘养的是不是太客气了？"在梅某育微博发表后不久，郭某民将鲍某克和梅某育的微博进行转发，同时撰写微博："反对历史虚无主义，不动这帮狗娘养的就是笑话！"黄某、洪某快以郭某民前述微博言论侵犯其名誉权为由起诉至北京市海淀区人民法院，请求判令被告停止侵权、赔礼道歉，并赔偿精神损害赔偿金 1 万元等。

【裁判结果】

北京市海淀区人民法院一审认为，被告的行为是否构成侵权，应分别从双方当事人的言论及其背景、各自言论是否超过必要限度、言论所针对的对象、因果关系以及损害后果等方面综合判断。首先，抗日战争是中国共产党领导中国各族人民推翻帝国主义统治并取得新民主主义革命伟大胜利的重要组成部分，中国共产党在抗日战争中发挥了中流砥柱的作用。于此过程中产生的诸多英雄人物和英雄事迹，已经构成我国各族人民的共同历史记忆，他们的大无畏牺牲精神和坚贞不屈的民族气节，已经成为中华民族感情和精神世界的重要内容。"狼牙山五壮士"即为其中的典型代表，他们的英雄事迹，体现了中华儿女不畏强敌、不惧牺牲的伟大精神，坚定了无数中华儿女奋勇抗敌的决心。在此问题上，我国社会公众的共识是一致的。然而，《细节》一文虽然在形式上是对我国抗日战争史中的一个具体英雄事迹细节的探究，但它实质上是对这起英雄事迹所代表的抗战史尤其是中国共产党领导下的抗日民族统一战线的历史地位和历史作用的再评价。《细节》一文，从"狼牙山五壮士"从何处跳崖、跳崖是怎么跳的、敌我双方战斗伤亡数量以及是否拔了群众的萝卜等细节入手，通过强调不同史料之间的差别甚至是细微差别，试图质疑甚至颠覆"狼牙山五壮士"的英雄形象。应该说，该文在一定范围和一定程度上伤害了社会公众的民族和历史情感。在此意义上，原告作为该文的作者和编辑，应当预见到该文所可能产生的评价、回应、批评乃至公众的反应，并因此对后者负有较高的容忍义务。其次，郭某民发表的微博，其主要目的是批评以《细节》一文为代表的历史虚无主义，既是出于维护"狼牙山五壮士"英雄形象的主观目的，也是对前述社会共识、民族感情的表达，符合我国社会的主流价值观且未超出必要限度。再次，被告微博言论并非直接针对具体的个人，结合被告一贯的言论及原、被告双方并不相识等事实，被告主张涉诉微博并非针对原告的抗辩成立。最后，从涉诉微博被转发、被评价的内容来看，读者主要是对原告撰写文章的评价、或者对该文章所涉人物的看法，考虑到微博这一社交工具和网络媒体的技术特征及习惯做法，这些转发与评论行为更多的是多数网民自身对涉诉文章的认知、评论和价值判断，而非由涉诉微博所引导或决定的，不能由此认定被告发表的微博内容导致了原告社会评价的降低。所以，被告的言论不构成侵权。当然，被告在发表言论时亦应使用文明语言，以说理方式表达意见。综上，一审法院判决：驳回黄某、洪某快的全部诉讼请求。黄某、洪某快上诉后，北京市第二中级人民法院判决：驳回上诉，维持原判。

【典型意义】

本案与黄某、洪某快诉梅某育名誉权侵权案系由同一文章所引发的关联案件。本案中，人民法院在分析被告是否构成侵权时，强调以“狼牙山五壮士”为代表的民族英雄、英雄事迹以及其精神，已经成为中华民族共同历史记忆和中华民族感情及精神世界的重要内容。原告所发表文章对前述社会共识及主流价值观提出质疑，就应当预见到其可能引发的评价，亦应负有较高的注意义务。同时，结合网络媒体及互联网时代的社交媒体工具对言论容忍度带来的新变化，以及被告的言论在主观、因果关系以及损害后果方面等因素作出综合评价。应该说，这一判决准确把握了侵权法在互联网时代的新发展，妥当界分了对立言论之间的相互关系。

葛某生、宋某宝分别诉洪某快名誉权侵权纠纷系列案

《最高人民法院公布四起“狼牙山五壮士”等保护
英雄人物人格权益典型案例》第 3 号
2016 年 10 月 19 日

【基本案情】

葛某生、宋某宝分别诉洪某快名誉权纠纷案，由洪某快撰写的《细节》一文以及其于 2013 年 9 月 9 日在财经网发表的《小学课本“狼牙山五壮士”有多处不实》一文（以下简称案涉文章）所引起。《不实》一文写道：据

《南方都市报》2013年8月31日报道，广州越秀警方于8月29日晚间将一位在新浪微博上“污蔑狼牙山五壮士”的网民抓获，以虚构信息、散布谣言的罪名予以行政拘留7日。所谓“污蔑狼牙山五壮士”的“谣言”其来有自。据媒体报道，该网友实际上是传播了2011年12月14日百度贴吧里一篇名为《狼牙山五壮士真相原来是这样!》的帖子的内容，该帖子说五壮士“5个人中有3个是当场被打死的，后来清理战场把尸体丢下悬崖。另两个当场被活捉，只是后来不知道什么原因又从日本人手上逃了出来”。而后，案涉文章对诸多细节进行了考据性论述。

案涉文章发表后，“狼牙山五壮士”中的葛振林之子葛某生、宋学义之子宋某宝认为，《细节》一文，以历史细节考据，学术研究为幌子，以细节否定英雄，企图达到抹黑“狼牙山五壮士”英雄形象和名誉的目的。据此，葛某生、宋某宝分别起诉至北京市西城区人民法院，请求判令洪某快停止侵权、公开道歉、消除影响。

【裁判结果】

北京市西城区人民法院一审认为，1941年9月25日，在易县狼牙山发生的狼牙山战斗，是被大量事实证明的著名战斗。在这场战斗中，“狼牙山五壮士”英勇抗敌的基本事实和舍生取义的伟大精神，赢得了全国人民高度认同和广泛赞扬，是五壮士获得“狼牙山五壮士”崇高名誉和荣誉的基础。根据《侵权责任法》第二条及《最高人民法院关于确定民事侵权精神损害赔偿责任若干问题的解释》第三条之规定，自然人死亡后，其生前人格利益仍然受法律保护。被告撰写的《细节》一文涉及二原告的父亲葛振林和宋学义，葛某生、宋某宝均有权作为本案原告就侵害葛振林、宋学义名誉、荣誉的行为提起诉讼。

北京市西城区人民法院认为，葛振林、宋学义均是“狼牙山五壮士”这一系列英雄人物的代表人物，“狼牙山五壮士”这一称号在全军、全国人民中已经赢得了普遍的公众认同，这一称号，既是国家及公众对他们作为中华民族的优秀儿女在反抗侵略、保家卫国中作出巨大牺牲的褒奖，也是他们应当获得的个人名誉和个人荣誉。尤其是，“狼牙山五壮士”是中国共产党领导的八路军在抵抗日本帝国主义侵略伟大斗争中涌现出来的英雄群体，是中国共产党领导的全民抗战并取得最终胜利的重要事件载体。这一系列英雄人物及其事迹，经由广泛传播，在抗日战争时期，成为激励无数中华儿女反抗侵略、英勇抗敌的精神动力之一；成为人民军队誓死捍卫国家利益、保障国家安全的军魂来源之一；在和平年代，“狼牙山五壮士”的精神，仍然是我国公众树立不畏艰辛、不怕困难、为国为民奋斗终生的精神指引。这些英雄人物及其精神，已经获得全民族的广泛认同，是中华民族共同记忆的一部分，是中华民族精神的内核之一，也是社会主义核心价值观的重要内容。而民族的共同记忆、民族精神乃至社会主义核心价值观，无论是从我国的历史看，还是从现行法上看，都已经是社会公共利益的一部分。所以，洪某快撰写的文章侵害的不仅仅是葛振林、宋学义的个人名誉和荣誉，并且侵害的是社会公共利益。

关于案涉文章是否构成侵权的问题。一审法院认为，案涉文章对于“狼牙山五壮士”在战斗中所表现出的英勇抗敌的事迹和舍生取义的精神这一基本事实，自始至终未作出正面评价。而是以考证“在何处跳崖”“跳崖是怎么跳的”“敌我双方战斗伤亡”以及“‘五壮士’是否拔了群众的萝卜”等细节为主要线索，通过援引不同时期的材料、相关当事者不同时期的言论，甚至“文革”时期红卫兵迫害宋学义的言论为主要证据，全然不考虑历史的变迁、各个材料所形成的时代背景以及各个材料的语境。在无充分证据的情况下，案涉文章多处作出似是而非的推测、质疑乃至评价。因此，尽管案涉文章无明显侮辱性的语言，但通过强调与基本事实无关或者关联不大的细节，引导读者对“狼牙山五壮士”这一英雄人物群体英勇抗敌事迹和舍生取义精神产生怀疑，从而否定基本事实的真实性，进而降低他们的英勇形象和精神价值。被告的行为方式符合以贬损、丑化的方式损害他人名誉和荣誉权益的特征。案涉文章经由互联网传播，在全国范围内产生了重大影响，不仅损害了葛振林和宋学义的个人名誉和荣誉、原告的个人感情，在一定范围和程度上伤害了社会公众的民族和历史情感，同时，在我国，由于“狼牙山五壮士”的精神价值已经内化为民族精神和社会公共利益的一部分，因此，也损害了社会公共利益。被告作为具有一定研究能力和熟练使用互联网工具的人，应该认识且有能力控制前述后果的发生，仍然发表案涉文章，显然具有过错。

对于洪某快在诉讼中以言论自由作为抗辩的问题。一审法院认为，学术自由、言论自由以不侵害他人合法权益、社会公共利益和国家利益为前提。这是我国宪法所确立的关于自由的一般原则，是为言论自由和学术自由所划定的边界。任何公民在行使言论自由、学术自由及其他自由时，都负有不得超过自由界限的法定义务。这是法治国家和法治社会对公民的基本要求，也是任何一个公民应当承担的社会责任。本案中，“狼牙山五壮士”及其事迹所凝聚的民族感情和历史记忆以及所展现的民族精神，是当代中国社会主义核心价值观的重要来源和组成部分，具有巨大的精神价值，也是我国作为一个民族国家所不可或缺的精神内核。对“狼牙山五壮士”名誉的损害，既是对原告葛某生之父葛振林、原告宋某宝之父宋学义的名誉、荣誉的损害，也是对中华民族的精神价值的损害。被告完全可以在不损害“狼牙山五壮士”名誉、荣誉和社会公共利益的前提下，自由地进行学术研究和自由发表言论，包括对狼牙山战斗的某些细节进行研究，但被告却未采用这种方式，而是通过所谓的细节研究，甚至与网民张某红对“狼牙山五壮士”的污蔑性谣言相呼应，质疑五壮士英勇抗敌、舍生取义的基本事实，颠覆五壮士的英勇形象，贬损、降低五壮士的人格评价。因此，被告以侵害他人合法权益和社会公共利益的言论自由，作为其侵权责任的抗辩理由，不予支持。

综上，一审法院判决：洪某快立即停止侵害葛振林、宋学义名誉、荣誉的行为；于判决后三日内公开发布赔礼道歉公告，向原告赔礼道歉、消除影响。

洪某快对两案一审判决不服，提起上诉，主张一审判决认定的狼牙山战斗事实存在错误；认为一审判决认定“公共利益”实际是“狼牙山五壮士”后人和相关既得利益者的利益，是中国共产党的利益，不是国家、民族和人民大众的利益等，请求撤销一审判决，驳回原告诉讼请求。

北京市第二中级人民法院经审理认为，在二审阶段，洪某快一改过去引而不发的手法，在上诉状和庭审中公开否认“狼牙山五壮士”英勇抗敌、舍生取义的基本事实。洪某快的自认足以说明，一审判决认定洪某快撰写文章的行为方式是通过所谓“细节”探究，引导读者对“狼牙山五壮士”英勇抗敌事迹和舍生取义精神产生怀疑，从而否定基本事实的真实性，进而降低他们的英勇形象和精神价值，是正确的。二审法院认为，“狼牙山五壮士”英勇抗敌和舍生取义的基本事实，已被大量历史事实和本案审理过程中的证据所证明，洪某快的质疑缺乏事实依据。这些英雄人物及其精神，已经获得全民族的广泛认同，成为民族精神的重要组成部分，是社会公共利益的一部分，中国共产党是中国人民和中华民族的先锋队，代表全国人民的共同利益，没有脱离国家、民族利益之外的任何私利。中国共产党弘扬“狼牙山五壮士”的事迹和精神，体现的也是国家利益和民族利益。因此，洪某快上诉关于“狼牙山五壮士”精神仅仅是“狼牙山五壮士”后人和相关既得利益者的利益，是中国共产党的利益，不是公共利益的主张不能成立。案涉文章否认“狼牙山五壮士”英勇抗敌的事实和舍生取义的精神，不仅对“狼牙山五壮士”的名誉和荣誉构成侵害，同时构成了对英雄人物的名誉、荣誉所融入的社会公共利益的侵害。综上，洪某快的上诉请求不能成立，判决：驳回上诉，维持原判。

【典型意义】

近年来社会上通过各种形式诋毁、侮辱、诽谤英雄人物，丑化英雄人物形象，贬损英雄人物名誉，削弱其精神价值的现象时有发生，葛某生、宋某宝分别诉洪某快名誉权侵权纠纷两个案件是这种现象的集中反映。人民法院在审理此类案件中的难点有：一是通过诉讼维护英雄人物包括已经不在世的英雄人物的名誉、荣誉，需要确定原告的范围，这应以现行法及司法解释为依归；二是此类侵权行为所侵害法益的复杂性，英雄人物的个人名誉、荣誉，往往与一定的英雄事件、历史背景、社会共识以及主流价值观相关，并由此与公共利益发生关联。人民法院审理此类案件，应从更为广阔的视野出发，更为全面、准确把握社会公共利益及其表现形态；三是此类侵权行为的表现形态更为多样化，经常表现为学术文章、观点争论等，人民法院应依据现行法更为实质性地把握名誉权侵权行为的表现方式；四是此类案件涉及的利益类型更为复杂，涉及言论自由、学术自由和个人权益的关系，人民法院应在个案中审慎把握，既要保护个人权益，也要防止司法对学术问题、言论自由作出不当干预，要在多个利益之间合理界分。

葛某生、宋某宝分别诉洪某快两个案件的审判，妥当处理了上述四个问题。在确定权利人及原告资格问题上，以现行法及司法解释为依据，认定英雄人物的近亲属享有程序法上的原告主体资格和实体法上的请求权；在侵权行为侵害的法益识别上，分析了“狼牙山五壮士”获得个人名誉及荣誉的历史事实，并以这一英雄群体在我国当代史上发挥的作用为依据，将其精神归纳为民族的共同记忆、民族精神和社会主义核心价值观的一部分，因而构成了社会公共利益的一部分，法益识别准确；在侵权责任的构成上，分析了文章的写作方法、资料运用、主观目的以及所形成的损害后果，准确运用了侵权责任的构成要件；在利益衡量上，结合个案分析了学术自由、言论自由与权益保护的关系，利益平衡得当。两案的判决保护了英雄人物的名誉和荣誉，维护了社会公共利益。

邱某华诉孙某、某（中国）饮料有限公司一般人格权纠纷案

《最高人民法院公布四起“狼牙山五壮士”等保护英雄人物人格权益典型案例》第4号

2016年10月19日

【基本案情】

2013年5月22日，被告孙某在新浪微博通过用户名为“作业本”的账号发文称：“由于邱少云趴在火堆里一动不动最终食客们拒绝为半边熟买单，他们纷纷表示还是赖宁的烤肉较好。”作为新浪微博知名博主，孙某当时已有603万余个“粉丝”。该文发布后不久就被转发即达662次，点赞78次，评论884次。2013年5月23日凌晨，该篇微博博文被删除。

2015年4月，某（中国）饮料有限公司（以下简称某公司）在其举办的“某凉茶2014年再次销量夺金”的“多谢”活动中，通过“某活动”微博发布了近300条“多谢”海报，感谢对象包括新闻媒体、合作伙伴、消费者及部分知名人士。被告孙某作为新浪微博知名博主也是某公司感谢对象之一。某公司于2015年4月16日以该公司新浪微博账号“某活动”发博文称：“多谢@作业本，恭喜你与烧烤齐名。作为凉茶，我们力挺你成为烧烤摊CEO，开店十万罐，说到做到^_^#多谢行动#”，并配了一张与文字内容一致的图片。孙某用“作业本”账号于2015年4月16日转发并公开回应：“多谢你这十万罐，我一定会开烧烤店，只是没定哪天，反正在此留言者，进店就是免费喝!!!。”该互动微博在短时间内被大量转发并受到广大网友的批评，在网络上引起了较大反响。

烈士邱少云之弟邱某华以孙某的前述博文对邱少云烈士进行侮辱、丑化，某公司以违背社会公德的方式贬损烈士形象，用于市场营销的低俗行为，在

社会上造成了极其恶劣的影响为由，起诉至北京市大兴区人民法院，请求判令二被告立即停止侵害、消除影响、赔礼道歉，赔偿精神损失费 1 元。

【裁判结果】

北京市大兴区人民法院一审认为，根据《侵权责任法》第三条、《最高人民法院关于适用〈中华人民共和国民事诉讼法〉的解释》第六十九条以及《最高人民法院关于确定民事侵权精神损害赔偿责任若干问题的解释》第三条之规定，邱少云烈士生前的人格利益仍受法律保护，邱某华作为邱少云的近亲属，有权提起本案诉讼。孙某发表的言论将“邱少云烈士在烈火中英勇献身”比作“半边熟的烤肉”，是对邱少云烈士的人格贬损和侮辱，属于故意的侵权行为，且该言论通过公众网络平台快速传播，已经造成了严重的社会影响，伤害了社会公众的民族和历史感情，同时损害了公共利益，也给邱少云烈士的亲属带来了精神伤害。虽然孙某发表的侵权言论的原始微博文章已经删除且孙某通过微博予以致歉，但侵权言论通过微博已经被大量转载，在网络上广泛流传，已经造成了严重的社会影响，因此，应在全国性媒体刊物上予以正式公开道歉，消除侵权言论造成的不良社会影响。某公司发表的案涉言论在客观方面系与孙某的侵权言论相互呼应且传播迅速，产生较大负面影响；主观上，某公司在其策划的商业活动中应尽到审慎的注意义务，某公司应当对孙某发表的影响较大的不当言论进行审查而未审查，存有过错，因此，亦应承担侵权责任。但是，由于孙某和某公司已经主动删除原始侵权言论，因此只能通过赔礼道歉、消除影响的方式消除侵权所造成的后果，判决：孙某、某公司于判决生效后三日内公开发布赔礼道歉公告，公告须连续刊登五日；孙某、某公司连带赔偿邱某华精神损害抚慰金 1 元。一审判决后，双方当事人均未上诉。

【典型意义】

本案是恶意诋毁、侮辱民族英雄和革命先烈，侵害其人格利益的典型案件。本案的特点是，先有网络名人恶意侮辱、诋毁民族英雄，再有商业公司借助不法言论恶意炒作获得商业推广效果，二者行为的结合造成了同一损害后果。本案判决在如下方面值得赞同：一是对侵权言论的分析上，结合其语境及侵权言论的传播和舆论反应，认定侵权人的主观恶意和损害后果；二是对多个行为人共同侵权的把握上，注意分析多个言论的关联性及互动性，准确把握多个行为人的主观关联性及损害后果的同一性；三是在责任形态上，认定多个侵权人之间的连带责任；四是在责任方式上，根据侵权人事后删除侵权言论的事实，判决其承担赔礼道歉、消除影响和精神损害抚慰金的责任，责任形式妥当。这一判决，维护了民族英雄和革命先烈的合法权益，对于以侮辱、诋毁民族英雄和革命先烈的人格为手段，恶意商业炒作获得不法利益的侵权行为，具有鲜明的警示意义。

付某某诉某网络公司、某教育中心名誉权、隐私权纠纷案

《最高人民法院发布利用互联网侵害未成年人
权益的典型案例》第 10 号
2018 年 6 月 1 日

【基本案情】

2014 年 2 月至同年 6 月，路透社经与某教育中心联系，某教育中心口头同意路透社前往该中心进行采访。路透社与某网络公司签订协议，某网络公司于 2014 年 7 月 1 日至 2015 年 6 月 30 日期间可转载其文件。2014 年 7 月 7 日，某网络公司旗下的某网站刊出一组《探访北京戒网瘾学校》相关内容的照片和文章，相关网页第一张照片为付某某正面全身照，该图片为付某某坐在汽车后排座中间，左右各有一名成年人。付某某头微微低下，目光朝下，但图片没有打马赛克或者做其他模糊处理。该图片配有说明：“北京某教育中心是一所戒网瘾学校，学校通过军事化管理帮助青少年戒除网瘾。目前，类似这样的戒网瘾学校在中国已经多达 250 所。为了帮助孩子戒除网瘾，很多父母将孩子送到戒网瘾学校，让他们接受心理测验和军事化训练。”另，付某某全身照还出现在第二十一张照片中，该图片中付某某身穿便装，在沙发上与另外两名身着迷彩服的同龄女生交谈。付某某手托下巴，头朝向另外两名女生。该照片配有说明：“5 月 22 日，北京某教育中心，一名刚到中心的女孩子正与其他学生交谈，在父母的要求下，这名女孩到这里戒瘾。”

【裁判结果】

人民法院经审理后认为，网络服务提供者在刊载网络信息时，应特别注意对未成年人个人隐私和个人信息的保护。某网络公司旗下的某网站作为网络服务提供者，转载《探访北京戒网瘾学校》相关内容的照片和文章中，未经法定代理人同意使用未成年人付某某的正面全身照且对其面部图像未进行模糊处理。两张照片均可清晰地辨认出是付某某本人，并配有“一名上网成瘾的女孩”和“这名女孩到这里戒瘾”等文字，侵犯了未成年人隐私权。因某网络公司在国内的影响力，该组照片和文章被大量点击和转载，造成了付某某名誉权受到侵害的事实。依据民法有关规定，判决某网络公司在其某网站上发布向付某某赔礼道歉声明，赔偿付某某精神损害抚慰金 1 万元、公证费 2500 元、律师费 3 万元。

【典型意义】

本案中，某网络公司转载的是其他新闻从业机构的新闻成果，并非亲自采访所得，此时新闻转载者也要对新闻内容进行合理审查，确保真实性。某网络公司虽与路透社签订有转载新闻的协议，具有合法转载路透社新闻的权利，但这不能免除其对新闻内容进行合理审查的义务。某网络公司没有尽到善良管理人必要的注意审查义务，所转载的新闻存在基本事实错误，同时还将未成年人个人隐私予以公开，不仅侵害了未成年人的名誉权，也侵害了其隐私权，给未成年人成长带来不利影响。本案警示：新闻自由并非毫无边界，网络服务提供者在转载新闻时，应承担法律规定的审慎义务，特别是在关涉未成年人或重大敏感事件时要更加慎重，不能侵害他人的合法权益。

庞某鹏诉中国某航空股份有限公司、北京某信息技术有限公司隐私权纠纷案

《最高人民法院发布第一批涉互联网典型案例》第5号

2018年8月16日

【基本案情】

2014年10月11日，庞某鹏委托鲁某通过北京某信息技术有限公司（以下简称某信息技术公司）下辖网站去哪儿网平台（www. qunar. com）订购了中国某航空股份有限公司（以下简称某航空公司）机票1张，所选机票代理商为长沙星某票务代理公司（以下简称星某公司）。去哪儿网订单详情页面显示该订单登记的乘机人信息为庞某鹏姓名及身份证号，联系人信息、报销信息均为鲁某及其尾号××58的手机号。2014年10月13日，庞某鹏尾号××49手机号收到来源不明号码发来短信称由于机械故障，其所预订航班已经取消。该号码来源不明，且未向鲁某发送类似短信。鲁某拨打某航空公司客服电话进行核实，客服人员确认该次航班正常，并提示庞某鹏收到的短信应属诈骗短信。2014年10月14日，某航空公司客服电话向庞某鹏手机号码发送通知短信，告知该航班时刻调整。当晚19：43，鲁某再次拨打某航空公司客服电话确认航班时刻，被告知该航班已取消。庭审中，鲁某证明其代庞某鹏购买本案机票并沟通后续事宜，认可购买本案机票时未留存庞某鹏手机号。某航空公司称庞某鹏可能为某航空公司常旅客，故某航空公司掌握庞某鹏此前留存的号码。庞某鹏诉至法院，主张某信息技术公司和某航空公司泄露的隐私信息包括其姓名、尾号××49手机号及行程安排（包括起落时间、地点、航班信息），要求某信息技术公司和某航空公司承担连带责任。

【裁判结果】

北京市海淀区人民法院于2016年1月20日作出（2015）海民初字第10634号民事判决：驳回庞某鹏的全部诉讼请求。庞某鹏向北京市第一中级人民法院提出上诉。北京市第一中级人民法院于2017年3月27日作出（2017）京01民终509号民事判决：一、撤销北京市海淀区人民法院（2015）海民初

字第 10634 号民事判决；二、北京某信息技术有限公司于本判决生效后十日内在其官方网站首页以公告形式向庞某鹏赔礼道歉，赔礼道歉公告的持续时间为连续三天；三、中国某航空股份有限公司于本判决生效后十日内在其官方网站首页以公告形式向庞某鹏赔礼道歉，赔礼道歉公告的持续时间为连续三天；四、驳回庞某鹏的其他诉讼请求。

【典型意义】

随着科技的飞速发展和信息的快速传播，现实生活中出现大量关于个人信息保护的问题，个人信息的不当扩散与不当利用已经逐渐发展成为危害公民民事权利的一个社会性问题。本案是由网络购票引发的涉及航空公司、网络购票平台侵犯公民隐私权的纠纷，各方当事人立场鲜明，涉及的焦点问题具有代表性和典型性。公民的姓名、电话号码及行程安排等事项属于个人信息。在大数据时代，信息的收集和匹配成本越来越低，原来单个的、孤立的、可以公示的个人信息一旦被收集、提取和综合，就完全可以与特定的个人相匹配，从而形成某一特定个人详细准确的整体信息。此时，这些全方位、系统性的整体信息，就不再是单个的可以任意公示的个人信息，这些整体信息一旦被泄露扩散，任何人都将没有自己的私人空间，个人的隐私将遭受威胁。因此，基于合理事由掌握上述整体信息的组织或个人应积极地、谨慎地采取有效措施防止信息泄露。任何人未经权利人的允许，都不得扩散和不当利用能够指向特定个人的整体信息，而整体信息也因包含了隐私而整体上成为隐私信息，可以通过隐私权纠纷而寻求救济。

本案中，庞某鹏被泄露的信息包括姓名、尾号××49 手机号、行程安排等，其行程安排无疑属于私人活动信息，应该属于隐私信息，可以通过本案的隐私权纠纷主张救济。从收集证据的资金、技术等成本上看，作为普通人的庞某鹏根本不具备对某航空公司、某信息技术公司内部数据信息管理是否存在漏洞等情况进行举证证明的能力。因此，客观上，法律不能也不应要求庞某鹏证明必定是某航空公司或某信息技术公司泄露了其隐私信息。某航空公司和某信息技术公司均未证明涉案信息泄露归因于他人，或黑客攻击，抑或庞某鹏本人。法院在排除其他泄露隐私信息可能性的前提下，结合本案证据认定上述两公司存在过错。某航空公司和某信息技术公司作为各自行业的知名企业，一方面因其经营性质掌握了大量的个人信息，另一方面亦有相应的能力保护好消费者的个人信息免受泄露，这既是其社会责任，也是其应尽的法律义务。本案泄露事件的发生，是由于航空公司、网络购票平台疏于防范导致的结果，因而可以认定其具有过错，应承担侵权责任。综上所述，本案的审理对个人信息保护以及隐私权侵权的认定进行了充分论证，兼顾了隐私权保护及信息传播的衡平。

撞伤儿童离开被阻猝死索赔案

——刘某某、郭某丽、郭某双诉孙某、某物业公司生命权纠纷案

《人民法院大力弘扬社会主义核心价值观十大典型民事案例》案例四

2020年5月13日

核心价值：助人为乐、友善共处

【基本案情】

郭某林在某小区骑自行车时将在小区内玩耍的5岁男童罗某某撞倒在地，造成罗某某右颌受伤出血。同为该小区居民的孙某见状后，马上找人联系罗某某家长，并告知郭某林应等待罗某某家长前来处理。郭某林称是罗某某撞了自己，欲先离开。因此，郭某林与孙某发生言语争执。孙某站在自行车前阻拦郭某林，不让郭某林离开。郭某林情绪激动，称此事应交由110处理，随后将自行车停好，并坐在石墩上等候，郭某林坐下后不到两分钟即倒地。孙某拨打120急救电话，医护人员赶到现场即对郭某林实施抢救。郭某林经抢救无效，因心脏骤停死亡。刘某某、郭某丽、郭某双作为郭某林的配偶及子女，起诉请求孙某及小区物业公司承担赔偿责任共计40余万元，并要求孙某赔礼道歉。

【裁判结果】

信阳市平桥区人民法院认为，孙某见到郭某林将罗某某撞倒在地后，让郭某林等待罗某某的家长前来处理相关事宜，其目的在于保护儿童利益，该行为符合常理，不仅不具有违法性，还具有正当性，应当给予肯定与支持。孙某与郭某林在事发前并不认识，孙某不知道郭某林身体健康状况，孙某在

阻拦过程中虽与郭某林发生言语争执，但孙某的言语并不过激，其阻拦方式和内容均在正常限度之内，阻拦行为本身不会造成郭某林死亡的结果。在郭某林倒地后，孙某及时拨打 120 急救热线救助，郭某林在抢救过程中因心脏骤停而不幸死亡，孙某的阻拦行为与郭某林的死亡结果不存在法律上的因果关系，孙某亦不存在过错，其不应承担侵权责任。

关于某物业公司应否承担责任的问题。郭某林与罗某某相撞的地点为小区居民休闲娱乐广场，该地点并不是行人及非机动车的专用通道，没有证据证明罗某某及其他人员在该地点进行休闲娱乐超过一定的限度，进而影响了正常通行和公共秩序。事故的发生原因并不是小区内正常通行受阻的结果，不能归咎于物业公司管理不善。在郭某林与孙某争执过程中，某物业公司保安人员前去相劝，履行了相应的管理职责。某物业公司对郭某林的死亡不存在过错，不应承担侵权责任。

【典型意义】

一段时期以来，“搀扶摔倒老人反被讹诈”等负面新闻屡屡见诸媒体报道，公众良知不断受到拷问和挑战，引发了人们对社会道德滑坡的担心和忧虑。本案中，好心人孙某对侵害儿童权益的行为进行合理的阻止，不仅不具有违法性，反而具有正当性，值得肯定和鼓励。本案判决好心人不担责，向社会公众明确传递出法律保护善人善举的信号，消除了老百姓对助人为乐反而官司缠身的担心和顾虑，让“扶不扶”“救不救”等问题不再成为困扰社会的两难选择。本案裁判对弘扬诚信相待、友善共处、守望相助的社会主义核心价值观起到积极的宣传和引导作用。

微信群发表不当言论名誉侵权案

——某公司、黄某诉邵某名誉权纠纷案

《人民法院大力弘扬社会主义核心价值观十大典型民事案例》案例五

2020年5月13日

核心价值：社会公德、文明交往

【基本案情】

某公司在某小区开有一家美容店，黄某系该公司股东兼任美容师，邵某系该小区业主，邵某因美容服务问题在美容店内与黄某发生口角。邵某利用其小区业主微信群群主的身份，在双方发生纠纷后多次在业主微信群中散布谣言，对某公司、黄某进行造谣、诽谤、污蔑、谩骂，并将黄某从业主群中移出，某公司因邵某的行为生意严重受损。为此，某公司、黄某向法院起诉请求邵某赔礼道歉、消除影响、恢复名誉，同时要求赔偿损失及精神抚慰金共计3万元。

【裁判结果】

北京市顺义区人民法院认为，公民、法人享有名誉权，公民、法人的人格尊严受法律保护，禁止用侮辱、诽谤等方式损害公民、法人的名誉。本案中，邵某在与黄某发生纠纷后，在双方共同居住的小区业主微信群中针对某公司、黄某发表言论并使用黄某照片作为配图，其对某公司、黄某使用了贬损性言辞，但其未提交证据证明其所发表涉案言论的客观真实性，造成不当言论的传播，邵某在主观上具有过错。网络信息传播迅速，从微信群中其他用户反映情况看，涉案言论确易引发对某公司经营的美容店的猜测和误解，导致对某公司、黄某的负面认识，造成原告社会评价降低，故邵某的行为侵犯了某公司和黄某的名誉权，邵某应当就此承担民事侵权责任。一审法院酌情支持了黄某要求赔礼道歉、赔偿精神损失以及某公司要求赔礼道歉、赔偿经济损失的主张。邵某不服一审判决，提起上诉。北京市第三中级人民法院终审判决驳回上诉，维持原判。

【典型意义】

在“互联网＋”时代，微信虽为网络虚拟空间，但已成为与人们生活密不可分的交往工具。微信群、朋友圈不是法外之地，公民在微信群和朋友圈等网络空间同样需要遵守国家的法律法规，不能为所欲为、不加节制。在微信群、朋友圈中损毁他人名誉，构成网络名誉侵权，应承担相应的法律责任。本案对于规范公民网络空间行为、树立文明交往风尚、构建良好网络社会秩序具有积极意义。

原告周某诉被告张某、第三人张某某健康权纠纷案

《最高人民法院发布依法严惩侵害未成年人权益典型案例》第 5 号

2020 年 5 月 18 日

【基本案情】

第三人张某某未经行政机关许可、备案，在自住房内开办课外辅导班。被告张某在未取得相关资质的情况下，招收了原告周某等六名儿童，在张某某的培训场地开办中国舞培训班。2018 年 6 月，周某练习下腰动作时，张某指示周某应加大下腰动作幅度，但未指导其适度动作，未予扶托保护，导致周某摔倒。周某回家当晚，发现有下肢肌力改变等症状，经多家医院住院治疗，后其伤情鉴定为三级伤残。周某遂提起诉讼，要求判令张某承担主要责任，张某某承担次要责任。

【裁判结果】

法院经审理认为，被告张某未取得相关资格证书，不具备儿童舞蹈教学的资格和能力，在培训教学中，未根据未成年人的生理特点合理安排练习和休息，在原告周某已连续多次下腰练习后指示周某加大动作幅度，且未予扶托保护，导致周某受到严重身体伤害。张某对周某受伤应承担主要过错责任。第三人张某某未经主管机构批准、备案开办校外培训机构，对张某是否具备舞蹈教学的能力和资质进行审查和监督，对周某受伤应承担次要责任。判决被告张某赔偿原告周某各项损失 948168.26 元；第三人张某某赔偿原告周某

各项损失222542元。

【典型意义】

近年来，校外教育培训市场繁荣，一定程度上为未成年人的全面发展提供了更多的选择。但由于监管机制和安全保障工作的不完善，未成年人在培训机构受到损害的事件屡见不鲜。培训机构及其从业人员因未履行安全保障义务导致未成年人受到伤害的，应当依法承担侵权责任。

本案也警示广大家长，在选择校外培训机构时，应认真审查培训机构的办学许可、备案登记情况，对培训机构的安全保障机制、培训人员的从业资质要尽可能有所了解，确保孩子在合法、规范、安全的培训机构接受教育。有关主管部门应当切实强化对校外培训机构的日常监管，对未经许可擅自开办的培训机构要及时取缔，对未履行从业人员资质审查、培训场所安全保障等义务的培训机构要依法惩处。

闫某琳诉浙江某度假村有限公司平等就业权纠纷案

《人民法院服务和保障长三角一体化发展典型案例》案例五

2021年11月2日

【基本案情】

浙江某度假村有限公司（以下简称某公司）通过智联招聘平台向社会发布了一批公司人员招聘信息，其中包含有“法务专员”“董事长助理”两个岗位。闫某琳通过智联招聘手机软件就某公司发布的前述两个岗位分别投递了求职简历，其投递的求职简历中，包含有姓名、性别、出生年月、户口所在地、现居住城市等个人基本信息，其中户口所在地填写为“河南南阳”，现居住城市填写为“浙江杭州西湖区”。据杭州市杭州互联网公证处出具的公证书记载，公证人员使用闫某琳的账户、密码登录智联招聘手机客户端，显示闫某琳投递的前述“董事长助理”“法务专员”岗位被查看后，均给出岗位不合适的结论，“不合适原因：河南人”。闫某琳因案涉公证事宜支出公证费用1000元。闫某琳认为，某公司上述地域歧视行为，违反《中华人民共和国就业促进法》的相关规定，严重侵犯了其人格权，请求判令：某公司向其口头道歉、登报道歉、支付精神抚慰金 6 万元及其他相关费用。

【裁判结果】

杭州互联网法院一审认为，劳动者依法享有平等就业权，对平等就业权的侵害是对一般人格权的核心内容即人格尊严的侵害，受害人有权依照民事法律规定，请求行为人承担民事责任。就业歧视的本质特征是没有正当理由的差别对待，用人单位招用人员，不得实施就业歧视。本案中，某公司在案涉招聘活动中因“河南人”这一地域事由对闫某琳进行了不合理差别对待，损害了闫某琳平等获得就业机会和就业待遇的利益，构成对闫某琳平等就业权的侵害，主观上具有过错。杭州互联网法院一审判令某公司向闫某琳支付精神抚慰金 9000 元、公证费 1000 元，由某公司对闫某琳进行口头道歉并在国家级媒体《法治日报》登报道歉。一审判决后，双方均提起上诉。浙江省杭州市中级人民法院二审判决：驳回上诉，维持原判。

【典型意义】

就业公平关乎每一个劳动者的切身利益。本案通过依法对用人单位用工自主权的规制，对侵害劳动者平等就业权的歧视行为给予旗帜鲜明的否定，并对遭受侵害的权利依法给予及时、适当救济，通过司法的评价和确认来厘清权利的边界，维护了法律公平正义的价值秩序及公民的合法权益。

人民法院坚持以人民为中心的发展思想，践行司法为民宗旨，通过司法规范用人制度，努力消除影响平等就业的制度障碍和就业歧视，助力形成公平、效率的用工秩序和市场环境，培育相互尊重、宽容、多元的社会文化体系，努力服务和保障长三角一体化发展。

刘某某诉某景观工程公司、李某某姓名权纠纷案

《最高人民法院、中国残疾人联合会残疾人权益保护

十大典型案例》案例二

2021年12月2日

【基本案情】

刘某某系听力壹级、言语壹级多重残疾人，享受农村五保供养待遇。2018年，某景观工程公司与李某某签订制作冰灯协议，约定由李某某为其制作冰灯4组。2019年，李某某承包的工程完工，某景观工程公司告知李某某以工人工资的形式结算工程款。因李某某雇佣的工人工资不能达到工程款数额，李某某便盗用刘某某身份信息，冒充自己雇佣的工人。后某景观工程公司做工资账目时，使用了刘某某的身份信息，同时向税务部门进行了个人所得税明细申报。

2019年，民政部门对城乡低保人员复审工作期间，发现刘某某收入超标，于2019年7月开始终止对刘某某的特困人员救助供养。刘某某以侵害姓名权为由，起诉请求某景观工程公司、李某某赔偿损失。

【裁判结果】

北京市延庆区人民法院经审理认为，李某某未经刘某某同意，私自盗用其身份证复印件，某景观工程公司做工资账目时，使用了刘某某的身份信息，并用作纳税申报，导致民政部门终止对刘某某的特困人员救助供养。对因此给刘某某造成的损失，某景观工程公司、李某某应当承担赔偿责任。遂判决某景观工程公司、李某某连带赔偿刘某某2019年7月至同年12月的基本生活费9900元、生活照料费7680元、物价临时补贴300元、电价补贴42.92元、2019年的采暖补贴1800元、2019年7月至2020年1月3日的医疗费3847.44元、精神抚慰金5000元、交通费及误工费5000元。

【典型意义】

如《残疾人权利公约》序言第十三款所指出的，残疾人对其社区的全面

福祉和多样性作出了宝贵贡献。残疾人作为特殊困难群体，更需要给予特别的保护。保护残疾人合法权益是整个社会的义务和责任，也是社会文明进步的重要标志。随着个人信息领域的立法完善，社会普遍提高了对个人信息的保护力度。残疾人作为社会公众中的一员，其姓名作为个人信息的重要组成部分，是个体区分的主要标志，承载着经济意义和社会意义。侵犯残疾人个人信息的行为应当承担相应的法律责任。本案判决较好地保护了残疾人的人格权益，向社会彰显残疾人权益应当得到全方位保障的价值理念。

卢某某申请人身安全保护令案

《最高人民法院、中国残疾人联合会残疾人权益保护十大典型案例》案例四

2021 年 12 月 2 日

【基本案情】

卢某某（女）系二级智力残疾，王某某与卢某某为夫妻关系。因婚前缺乏了解，婚后感情基础差，王某某在婚姻生活中稍有不满，即对卢某某及其父母拳脚相加，实施家庭暴力。卢某某为此提起离婚诉讼，并提交了公安机关的报警回执、受案回执、询问笔录、家庭暴力告诫书等证据。案件受理后，法院邀请区残联共同走访卢某某及其家人，向当事人及其单位了解具体情况，委托区残联对卢某某遭受家庭暴力的程度以及存在家庭暴力的现实危险等进行综合评估。经调查评估后，区残联以卢某某遭受家庭暴力且受到威胁不敢申请人身安全保护令为由，代卢某某向法院申请人身安全保护令。

【裁判结果】

福建省莆田市城厢区人民法院经审查认为，卢某某系二级智力残疾，残联曾为其发放残疾人证。现残联依法履行法律赋予的救助服务职责，以卢某某遭受家庭暴力危险无法申请人身安全保护令为由代卢某某提出申请，符合法律规定。遂裁定，禁止王某某对卢某某及其近亲属实施家庭暴力，禁止王某某在距离卢某某工作单位 200 米范围内活动。

【典型意义】

残疾人是社会特殊困难群体，需要全社会格外关心、加倍爱护。在司法实践中，由于残疾人自身的生理缺陷，导致诉讼能力较弱，因受到威胁等原因不敢申请人身安全保护令。本案是全国首例由残联代为申请的人身安全保护令，较好地将最高人民法院和中国残疾人联合会共同印发的《关于在审判执行工作中切实维护残疾人合法权益的意见》融入司法审判实践中，既是反家暴审判的一次有益尝试，也是回应残疾人司法需求和司法服务的具体体现。

宋某某诉某银行人格权纠纷案

《最高人民法院、中国残疾人联合会残疾人权益保护
十大典型案例》案例五
2021 年 12 月 2 日

【基本案情】

宋某某为二级残疾人，表现为口齿不清、身体协调性差。2017 年 4 月，宋某某在某银行领取粮食补贴款，并给其父亲缴纳养老保险金时，因忘记银行卡密码，需要办理重置密码业务。工作人员告知其需到开户行办理，因交流不畅发生口角。该银行工作人员不了解宋某某身体残疾情况，见宋某某行为异常，遂启动银行报警系统。宋某某听到警铃声后，随即匆忙跑出营业场所。宋某某以侵害其人格权为由，起诉请求某银行在省级媒体上向其赔礼道歉，赔偿精神损失费 4 万元。

【裁判结果】

甘肃省平凉市崆峒区人民法院经审理认为，人格尊严是民事主体作为“人”所应有的最基本社会地位、社会评价，并得到最起码尊重的权利。《民法总则》第一百零九条规定，自然人的人身自由、人格尊严受法律保护。某银行没有证据证实宋某某在该行办理业务过程中有抢劫企图或者有危及某银行工作人员生命健康安全行为的迹象，仅是为办理业务事宜时，和某银行工作人员发生争执。宋某某作为残疾人，社会适应能力差。某银行的行为给身

为残疾人的宋某某适应社会平添了心理障碍，造成精神上严重伤害。遂判决某银行赔偿宋某某精神损害抚慰金 5000 元，并就使用警铃不当行为给宋某某造成精神伤害作出书面赔礼道歉。甘肃省平凉市中级人民法院维持一审判决。

【典型意义】

《中华人民共和国残疾人保障法》第三条第二款规定："残疾人的公民权利和人格尊严受法律保护。"残疾人在社会适应力、心理承受力方面弱于普通人，更加需要社会的理解与关怀。保障残疾人的人格尊严，需要全社会的共同参与。在民事活动中，更应弘扬社会主义核心价值观，充分关心、理解、尊重残疾人，消除偏见和歧视。尤其是社会服务行业，在工作环境设置和办理业务过程中应为残疾人充分提供便利。该案在残疾人参加社会活动受到歧视时给予充分保护，切实保障残疾人合法权益，判决结果在当地产生了积极影响，充分彰显了司法的公正性，凸显了新时代司法为民主题，有力弘扬了社会主义核心价值观。

遭遇就业地域歧视可请求赔偿精神抚慰金

——闫某某诉某公司平等就业权纠纷案

《第二批人民法院大力弘扬社会主义核心价值观典型民事案例》案例四

2022 年 2 月 23 日

核心价值：就业平等、文明用工

【基本案情】

某公司通过某招聘平台向社会发布了一批公司人员招聘信息。闫某某投递了求职简历，其投递的求职简历中，户籍所在地填写为"××省××市"。某公司查阅其投递的简历后，认为闫某某不适合招聘岗位，原因为闫某某系××省人。闫某某认为，某公司上述地域歧视行为，违反《中华人民共和国就业促进法》的相关规定，严重侵犯了其人格权，提起诉讼，请求判令：某公司向其口头道歉、登报道歉、支付精神抚慰金 6 万余元。

【裁判结果】

人民法院认为，劳动者依法享有平等就业权。对平等就业权的侵害会损害劳动者的人格尊严，受害人有权依照民事法律规定，请求用人单位承担民事责任。就业歧视的本质特征是没有正当理由地差别对待劳动者。用人单位招用人员，不得实施就业歧视。本案中，某公司在案涉招聘活动中因“××省人”这一地域事由对闫某某实施了不合理差别对待，损害了闫某某平等获得就业机会和就业待遇的权利，构成对闫某某平等就业权的侵害，主观上具有明显过错。故判令某公司向闫某某支付精神抚慰金 9000 元，由某公司向闫某某口头道歉并在国家级媒体登报道歉。

【典型意义】

平等就业权是每个劳动者依法享有的权利。《中华人民共和国就业促进法》第二十六条规定，用人单位招用人员、职业中介机构从事职业中介活动，应当向劳动者提供平等的就业机会和公平的就业条件，不得实施就业歧视。本案通过厘清权利的边界，依法对用人单位用工自主权予以规范，旗帜鲜明地否定侵害劳动者平等就业权的歧视行为，对遭受侵害的劳动者给予及时和充分救济，维护了社会公平正义，体现了文明、平等、公正的社会主义核心价值观，为助力形成公平、高效的用工秩序和市场环境，构建和谐劳动关系，更好满足人民日益增长的美好生活需要提供了有力的司法保障。

乐于助人且无过错不应承担侵权责任

——李某某诉某市第一人民医院、徐某某健康权纠纷案

《第二批人民法院大力弘扬社会主义核心价值观典型民事案例》案例七

2022 年 2 月 23 日

核心价值：助人为乐、社风文明

【基本案情】

2019 年初，徐某某与李某某在某市第一人民医院骨科陪护各自家人。

2019 年 3 月 1 日晚上 8 时许，徐某某见骨科病房开水房附近走道上有积水，就使用拖把对医院开水房进行清理，又使用该拖把对楼道走廊进行了擦拭，导致所涉地面潮湿。当晚，李某某步行至上述位置时，因地面湿滑摔倒在地。该公共区域的保洁工作由受医院委托的保洁人员负责，保洁人员的保洁时间为每天 05:30～9:30、13:00～17:00。李某某于晚上 8 时 10 分摔伤，在此之前的一段时间处于非保洁时间，案涉公共区域无人进行卫生保洁。李某某在某市第一人民医院就诊。经诊断，其右锁骨粉碎性骨折，构成十级伤残，经治疗共计花费医疗费 18136.27 元。李某某遂起诉某市第一人民医院和徐某某，要求赔偿各项损失共计 126585.87 元。

【裁判结果】

人民法院认为，李某某摔伤的时间段内，某市第一人民医院的骨科开水房及走廊等公共区域处于无人保洁的状态。李某某摔伤前，开水房有积水，开水房附近的走廊有点状或片状的水渍，经过此处的行人有滑倒摔伤的危险，具有安全隐患。某市第一人民医院存在管理上的疏忽，在较长时间内没有对走廊等公共区域的水渍进行保洁清理，未尽到安全保障义务，导致他人跌倒受伤，应承担相应责任。李某某行走时疏于注意，应自担部分损失。徐某某出于好意，用保洁人员放在走廊里的拖把清理开水房的积水及附近走廊上的水渍，并无过错，不应承担责任。故判令某市第一人民医院赔偿李某某各项损失 69599.02 元。

【典型意义】

乐于助人、善意施惠是中华民族的传统美德，也是社会主义核心价值观的应有之义。近年来，关于老人摔倒扶不扶等问题，受到社会各界热议。一度出现了公众担心承担法律责任不敢扶、不愿扶的现象，影响了人们实施善意行为的积极性。本案中，人民法院认定徐某某助人为乐的行为不具有过错，不但不应承担法律责任，反而应予提倡和鼓励，旗帜鲜明为助人为乐者撑腰，让人民群众能够感受到司法的温度、法律的温情及社会的公平正义。本案免除了乐于助人的后顾之忧，对于弘扬友善的社会主义核心价值观，培育我为人人、人人向善的社会风气，构建和谐社会具有重要意义。

媒体如实曝光食品安全问题不属于侵权行为

——某卤菜厂诉某省广播电视总台名誉权纠纷案

《第二批人民法院大力弘扬社会主义核心价值观典型民事案例》案例八

2022 年 2 月 23 日

核心价值：求实敬业、诚信经营

【基本案情】

2018 年，朱某云经营的熟菜作坊因卫生问题被某省广播电视总台曝光，后被相关部门取缔。两年后朱某云易地重开，以其女儿名义成立某卤菜厂。某省广播电视总台的记者暗访发现，某卤菜厂生产环境堪忧，遂向市场监督管理局举报。当地市场监督管理局查明，某卤菜厂涉嫌经营腐败变质食品，且存在其他违法行为，对其作出行政处罚。某省广播电视总台报道了这一事实，报道中指出：记者在某卤菜厂实地拍摄，地上血水污水混流，绿头苍蝇随处可见，包装袋上爬有白色蛆虫，工人没有任何防护直接在脏地板上操作。同时，案涉报道中插播了记者 2018 年在朱某云经营的熟菜作坊拍摄的视频，视频右上角标注了时间“2018 年 6 月”。某卤菜厂以某省广播电视总台混淆事实侵犯其名誉权为由提起诉讼，要求某省广播电视总台撤回报道、赔礼道歉、赔偿损失。

【裁判结果】

人民法院认为，某省广播电视总台报道食品卫生问题、揭露食品安全隐患是职责所系，目的是维护社会公共利益，并无侵犯他人名誉权之故意。案涉报道反映出某卤菜厂卫生环境恶劣，且工人操作极不规范，对此市场监督管理局已调查核实，并对某卤菜厂作出行政处罚。报道内容与行政处罚决定书及记者实地拍摄的视频可相互印证，故某省广播电视总台不存在捏造、歪曲事实之情形。案涉新闻系实地拍摄后经剪辑形成，内容来源准确可靠。某省广播电视总台已尽到合理核实义务。报道中的评论性用语较为公正客观，不存在恶意贬损和侮辱诽谤的情形。某省广播电视总台插播朱某云 2018 年违规经营的视频，一方面是出于讲述新闻事实前因后果的需要，另一方面意在回顾朱某云的违法行为，倡导监管机制常态化。案涉报道中对于插播的 2018 年视频进行了时间标注，并未混淆事实、误导观众。综上，某省广播电视总台实施的新闻报道并未侵犯某卤菜厂的名誉权，判令驳回某卤菜厂的全部诉讼请求。

【典型意义】

依法报道新闻事件是新闻媒体的权利。加强对问题食品的新闻舆论监督有利于保护人民群众“舌尖上的安全”。本案系媒体实施新闻报道引发的名誉权纠纷，在法律层面，涉及新闻自由与名誉权保护之间的平衡问题；在社会层面，涉及与千家万户息息相关的食品安全问题；在道德层面，涉及企业商家诚实守信的经营准则问题。食品卫生问题关乎国计民生，“舌尖上的安全”不容侵犯。本案通过对朱某云一再违规生产的行为作出否定性评价，明确了新闻舆论监督权与经营者名誉权的边界，鼓励新闻媒体通过合法合规方式揭露社会问题，维护公共利益。本案对于引导商户诚信经营、推进信用体系建设、形成良好社会风气具有积极作用，不仅弘扬了敬业、诚信的社会主义核心价值观，更彰显了人民法院保护人民群众“舌尖上的安全”、依法支持新闻舆论监督的态度和决心。

楼某熙诉杜某峰、某网络技术有限公司肖像权纠纷案

《人民法院贯彻实施民法典典型案例（第一批）》案例七

2022 年 2 月 25 日

【典型意义】

本案是人民法院依法打击网络侵权行为，保护自然人人格权益的典型案件。本案中，行为人于“七七事变”纪念日在微博上发表不当言论，并附有他人清晰脸部和身体特征的图片，意图达到贬低、丑化祖国和中国人的效果。该行为不仅侵犯了他人的肖像权，而且冲击了社会公共利益和良好的道德风尚。审理法院在本案判决中依法适用《民法典》的规定保护他人的肖像权，同时结合案情，将“爱国”这一社会主义核心价值观要求融入裁判说理，既

依法维护了当事人的合法权益，也充分发挥了司法裁判的引领示范作用，突出弘扬了爱国主义精神的鲜明价值导向，有利于净化网络环境，维护网络秩序。

【基本案情】

2021 年 7 月 7 日，杜某峰通过其名为“西格隆咚锵的隆”的新浪微博账号发布一条微博（某网络技术有限公司系该平台经营者），内容为“日本地铁上的小乘客，一个人上学，那眼神里充满自信和勇气，太可爱了”，并附有楼某熙乘坐杭州地铁时的照片，引起网友热议。次日，楼某熙的母亲在新浪微博发布辟谣帖：“我是地铁小女孩的妈妈，网传我家孩子是日本小孩！在此特此申明：我家孩子是我大中华儿女，并深深热爱着我们的祖国！……”广大网友也纷纷指出其错误。杜某峰对此仍不删除案涉微博，还在该微博下留言，继续发表贬低祖国和祖国文化的言论。后该微博账号“西格隆咚锵的隆”由于存在其他不当言论被新浪微博官方关闭，所有发布的内容从新浪微博平台清除。楼某熙以杜某峰、某网络科技有限公司侵害其肖像权为由，提起诉讼。

【裁判结果】

生效裁判认为，自然人享有肖像权，有权依法制作、使用、公开或者许可他人使用自己的肖像；任何组织或者个人不得以丑化、污损，或者利用信息技术手段伪造等方式侵害他人的肖像权；未经肖像权人同意，不得制作、使用、公开肖像权人的肖像，但是法律另有规定的除外。本案中，杜某峰发布的案涉微博中使用的图片含有小女孩的清晰面部、体貌状态等外部身体形象，通过比对楼某熙本人的肖像，以社会一般人的认知标准，能够清楚确认案涉微博中的肖像为楼某熙的形象，故楼某熙对该图片再现的肖像享有肖像权。杜某峰在“七七事变”纪念日这一特殊时刻，罔顾客观事实，在众多网友留言指出其错误、楼某熙母亲发文辟谣的情况下，仍拒不删除案涉微博，还不断留言，此种行为严重损害了包括楼某熙在内的社会公众的国家认同感和民族自豪感，应认定为以造谣传播等方式歪曲使用楼某熙的肖像，严重侵害了楼某熙的肖像权。楼某熙诉请杜某峰赔礼道歉，有利于恢复其人格状态的圆满，有利于其未来的健康成长，依法应获得支持。遂判决杜某峰向楼某熙赔礼道歉，并赔偿楼某熙精神损害抚慰金、合理维权费用等损失。

【民法典条文指引】

第一千零一十八条　自然人享有肖像权，有权依法制作、使用、公开或者许可他人使用自己的肖像。

肖像是通过影像、雕塑、绘画等方式在一定载体上所反映的特定自然人可以被识别的外部形象。

第一千零一十九条第一款　任何组织或者个人不得以丑化、污损，或者利用信息技术手段伪造等方式侵害他人的肖像权。未经肖像权人同意，不得制作、使用、公开肖像权人的肖像，但是法律另有规定的除外。

第一千一百八十三条第一款　侵害自然人人身权益造成严重精神损害的，被侵权人有权请求精神损害赔偿。

宋某祯诉周某身体权纠纷案

《人民法院贯彻实施民法典典型案例（第一批）》案例十

2022 年 2 月 25 日

【典型意义】

本案是《民法典》施行后，首例适用《民法典》第一千一百七十六条“自甘冒险”规定作出判决的案件。《民法典》施行前，由于法律规定不明确，人民法院在处理文体活动中身体受伤引发的民事纠纷时，容易出现认识分歧，进而引发争议。《民法典》确立“自甘冒险”规则，既统一了思想认识，也统一了裁判尺度。本案审理法院结合具体案情，适用“自甘冒险”规则，明确判决对损害发生无故意、无重大过失的文体活动参加者，不承担赔偿责任，亮明了拒绝“和稀泥”的司法态度，宣示了冒险者须对自己行为负责的规则，不仅弘扬了社会主义核心价值观，促进了文体活动的健康有序发展，也为《民法典》新规则的实施提供了有益的司法经验。

【基本案情】

宋某祯、周某均为羽毛球业余爱好者，自 2015 年起自发参加羽毛球比赛。2020 年 4 月 28 日上午，宋某祯、周某与案外四人在北京市朝阳区红领巾公园内露天场地进行羽毛球3对3比赛。运动中，宋某祯站在发球线位置接对方网前球后，将球回挑到周某方中场，周某迅速杀球进攻，宋某祯直立举拍防守未果，被羽毛球击中右眼。事发后，宋某祯至北京大学人民医院就诊治疗，术后5周余验光提示右眼最佳矫正视力为0.05。宋某祯遂诉至法院，要求周某赔偿医疗费、护理费、住院伙食补助费、营养费等各项费用。

【裁判结果】

生效裁判认为，竞技体育运动不同于一般的生活领域，主要目的即为争胜，此类运动具有对抗性、人身危险性的特点，参与者均处于潜在危险中，既是危险的潜在制造者，也是危险的潜在承担者。羽毛球运动系典型的对抗性体育竞赛，除扭伤、拉伤等常规风险外，更为突出的风险即在于羽毛球自身体积小、密度大、移动速度快，运动员如未及时作出判断即会被击中，甚至击伤。宋某祯作为多年参与羽毛球运动的爱好者，对于自身和其他参赛者的能力以及此项运动的危险和可能造成的损害，应当有所认知和预见，而宋某祯仍自愿参加比赛，将自身置于潜在危险之中，属于自甘冒险的行为。依照《民法典》第一千一百七十六条第一款，在此情形下，只有周某对宋某祯受伤的损害后果存在故意或重大过失时，才需承担侵权损害赔偿责任。本案中，周某杀球进攻的行为系该类运动的正常技术动作，周某并不存在明显违反比赛规则的情形，不应认定其存在重大过失，且现行法律未就本案所涉情形适用公平责任予以规定，故宋某祯无权主张周某承担赔偿责任或分担损失。2021年1月4日，一审法院判决驳回宋某祯的全部诉讼请求。二审法院判决驳回上诉，维持原判。

【民法典条文指引】

第一千一百七十六条第一款　自愿参加具有一定风险的文体活动，因其他参加者的行为受到损害的，受害人不得请求其他参加者承担侵权责任；但是，其他参加者对损害的发生有故意或者重大过失的除外。

第一千一百八十六条　受害人和行为人对损害的发生都没有过错的，依照法律的规定由双方分担损失。

钱某与某美容工作室、龙某生命权、身体权、健康权纠纷案

——为未成年人文身构成侵权，应当依法承担损害赔偿责任

《未成年人权益司法保护典型案例》案例 6

2022 年 3 月 2 日

【基本案情】

2021 年 1 月，13 周岁的原告钱某多次前往被告龙某所经营的某美容工作室玩耍，与龙某熟识后，钱某称要文身，龙某遂为钱某进行了大面积文身，并收取文身费 5000 元。2021 年 2 月，钱某的母亲送钱某前往某省入学，学校检查身体时发现了钱某身上的文身。为避免对钱某的求学及就业造成影响，钱某父母要求清洗文身，后双方因对赔偿事宜协商未果，钱某诉至法院，请求被告退还文身费 5000 元，并赔偿精神损失。

【裁判结果】

法院经审理认为，一方面，原告钱某年仅 13 周岁，属于限制民事行为能力人，以其年龄、智力状况、社会经验等尚不能判断文身行为对自己身体和人格利益带来的损害和影响，且事后其法定代理人未予追认，经营者应当依法返还价款。另一方面，被告某美容工作室在未准确核实钱某年龄身份的情况下，为钱某进行了大面积文身，存在重大过错，应当承担相应的侵权责任。最终判令被告某美容工作室返还原告钱某文身费 5000 元，并支付原告钱某精神抚慰金 3000 元。

【典型意义】

文身实质上是在人体皮肤上刻字或者图案，属于对身体的侵入式动作，具有易感染、难复原、就业受限、易被标签化等特质。给未成年人文身，不仅影响未成年人身体健康，还可能使未成年人在入学、参军、就业等过程中受阻，侵害未成年人的健康权、发展权、受保护权以及社会参与权等多项权利。因此，经营者在提供文身服务时，应当对顾客的年龄身份尽到审慎注意义务。本案作出由经营者依法返还文身价款，并依法承担侵权损害赔偿责任

的裁判结果，对规范商家经营，保障未成年人合法权益、呵护未成年人健康成长具有重要意义。

黄某某诉某某宾馆生命权、身体权、健康权纠纷案

——宾馆对未成年人未尽入住程序询问义务的应当依法承担责任

《未成年人权益司法保护典型案例》案例 8

2022 年 3 月 2 日

【基本案情】

黄某某与朱某某（均系未成年人）通过网上聊天认识后发展为男女朋友关系。2021 年 6 月，朱某某与黄某某相约见面，随后二人入住某某宾馆并发生性关系。后黄某某监护人得知，该宾馆在接待未成年人黄某某时，未询问其父母的联系方式及入住人员的身份关系等有关情况。黄某某以某某宾馆未尽安全保护义务使其遭受性侵害为由诉至法院，请求某某宾馆赔偿精神损害抚慰金 2 万元，某某宾馆的经营者承担连带责任。

【裁判结果】

根据《未成年人保护法》第五十七条规定："旅馆、宾馆、酒店等住宿经营者接待未成年人入住，或者接待未成年人和成年人共同入住时，应当询问父母或者其他监护人的联系方式、入住人员的身份关系等有关情况；发现有违法犯罪嫌疑的，应当立即向公安机关报告，并及时联系未成年人的父母或者其他监护人。"法院经审理认为，被告某某宾馆在接待未成年人黄某某入住时，未询问其父母的联系方式及入住人员的身份关系，未尽到对未成年人安全保护的法定义务，应承担一定责任。最终双方达成调解协议，被告某某宾馆同意赔偿黄某某精神损害抚慰金 5000 元，并当场履行完毕。

【典型意义】

本案警示旅馆、宾馆、酒店的经营者应严格履行保护未成年人的法律义务和主体责任，依法依规经营，规范入住程序，严格落实强制报告制度，履行安全保护义务，如违反有关法定义务，将被依法追究相应法律责任。广大

家长也应加强对未成年人的教育管理，使未成年人形成正确的人生观和价值观，自尊自爱、谨慎交友，预防此类案件的发生。有关主管部门应当强化对旅馆、宾馆、酒店的日常监管，建立健全预警处置机制，实现对未成年人入住旅馆、宾馆、酒店的风险防控，全面保护未成年人健康成长。

冯某某与柳某某人身安全保护令及物权保护纠纷案

《最高人民法院发布老年人权益保护第二批典型案例》案例一

2022 年 4 月 8 日

关键词：反家暴；人身安全保护令

【基本案情】

冯某某女儿柳某某为了霸占其名下住房用于收租，多次以冯某某有精神病、参加传销、花巨资买保健品、要“保护”母亲财产为由，逼迫冯某某搬出。冯某某希望能独立居住，独立支配自己的退休金等合法财产。2020 年，柳某某至冯某某家中大声呵斥、威胁，逼迫其搬走，持铁锤砸坏物品，抢走手机、砍断电话线以防止其报警。此后，柳某某陆续将冯某某房内冰箱、电视机、保健床垫、按摩椅等家具电器搬走并更换门锁。后经派出所调解无果。冯某某遂向人民法院提起物权保护纠纷诉讼，请求责令柳某某返还物品并停止侵害案涉住房，同时作出人身安全保护令。

【裁判结果】

广东省珠海市香洲区人民法院认为，冯某某确有面临家庭暴力的风险，裁定：一、禁止被申请人柳某某对申请人冯某某实施殴打、威胁等家庭暴力行为；二、禁止被申请人柳某某骚扰、跟踪、接触申请人冯某某；三、禁止被申请人柳某某进入申请人冯某某名下住宅。

经法院调解，双方对物权保护纠纷案达成以下调解协议：一、柳某某于三日内返还搬走的全部财物及房产证。二、协议生效起一年内双方互相不得干涉对方生活。三、柳某某于三十日内腾退案涉住房所在地的单车棚，逾期冯某某有权自行处分棚内物品。

【典型意义】

《中华人民共和国老年人权益保障法》第十六条第一款、第二款规定，赡养人应当妥善安排老年人的住房，不得强迫老年人居住或者迁居条件低劣的房屋。老年人自有的或者承租的住房，子女或者其他亲属不得侵占，不得擅自改变产权关系或者租赁关系；第二十二条第一款规定，老年人对个人的财产，依法享有占有、使用、收益、处分的权利，子女或者其他亲属不得干涉，不得以窃取、骗取、强行索取等方式侵犯老年人的财产权益；第二十五条规定，禁止对老年人实施家庭暴力。本案裁判明确，老年人对自己的财产有独立支配权，子女不得以"为父母好"等任何理由侵犯老年人的合法财产权益，不得对老年人实施谩骂、威胁、殴打、限制人身自由等家庭暴力行为。本案准确认定被申请人为侵占老年人财产实施家庭暴力行为的事实，及时作出人身安全保护令，训诫督促被申请人遵守人身安全保护令，有力保护了老年人人身、财产安全，取得了良好的法律效果与社会效果。

变更未成年子女姓名应遵循自愿和有利成长原则

——未成年人姓名变更维权案

《民法典颁布后人格权司法保护典型民事案例》案例一

2022 年 4 月 11 日

【简要案情】

2011 年 10 月，被告向某云与原告向某杉（未成年人）之母郑某离婚，约定原告由母亲郑某抚养。原告跟随郑某生活后，郑某将其姓名变更为"郑某文"，原告一直使用"郑某文"生活、学习，以"郑某文"之名参加数学、美术、拉丁舞等国内、国际比赛，并多次获奖。2018 年 12 月，被告向某云向派出所申请将原告姓名变更回"向某杉"。在原告姓名变更回"向某杉"后，其学习、生活、参赛均产生一定困扰。原告及其母亲郑某与被告向某云协商未果，原告诉至法院，请求判令被告配合原告将原告姓名变更为"郑某文"。审理中，原告到庭明确表示，其愿意使用"郑某文"这一姓名继续生活。

【裁判结果】

重庆市合川区人民法院经审理认为，姓名是自然人参与社会生活的人格标志，依照《民法典》第一千零一十二条的规定，自然人有权依法决定、使用、变更或者许可他人使用自己的姓名，但不得违反公序良俗。父母离婚后涉及未成年人利益的纠纷处理，应坚持以未成年人利益最大化为原则。本案中，原告多年来持续使用“郑某文”这一姓名，该姓名既已为亲友、老师、同学所熟知，也已成为其人格的标志，是其生活、学习的重要组成部分。原告作为年满 12 周岁的未成年人，已经能够理解该姓名的文字含义及人格象征意义，结合其多次参加国际、国内赛事的获奖经历以及自身真实意愿，继续使用该姓名，有利于原告的身心健康和成长。遂依照相关法律规定，判决被告配合原告将户籍登记姓名变更回“郑某文”。

【典型意义】

本案系适用《民法典》保护未成年人合法姓名变更权的典型案例。实务中，因夫妻离异后一方变更未成年人姓名而频频引发纠纷。本案审理法院坚持以未成年人利益最大化为原则，将《民法典》人格权编最新规定与《中华人民共和国未成年人保护法》有机结合，充分听取具有一定判断能力和合理认知的未成年人的意愿，尊重公民姓名选择的自主权，最大限度地保护了未成年人的人格利益，收到了良好的社会效果。

养女在过世养父母墓碑上的刻名权益受法律保护

——养女墓碑刻名维权案

《民法典颁布后人格权司法保护典型民事案例》案例二

2022 年 4 月 11 日

【简要案情】

原告石某连系已故石某信夫妇养女和唯一继承人，被告石某荷系石某信堂侄。石家岭社区曾于 2009 年对村民坟墓进行过搬迁，当时所立石某信夫妇墓碑上刻有石某连名字。2020 年夏，石家岭居委会进行迁坟过程中，除进行经济补偿外，新立墓碑由社区提供并按照各家上报的名单镌刻姓名。石某荷在向居委会上报名单时未列入石某连，导致新立墓碑未刻石某连名字。石某连起诉请求判令石某荷在石某信夫妇墓碑上镌刻石某连姓名，返还墓地搬迁款，赔偿精神损失。

【裁判结果】

一审山东省济南市钢城区人民法院经审理认为，根据《民法典》第九百九十条的规定，除法律规定的具体人格权外，自然人还享有基于人身自由、人格尊严产生的其他权益。逝者墓碑上镌刻亲人的名字是中国传统文化中后人对亲人追思情感的体现，对后人有着重大的精神寄托。养子女在过世父母墓碑上镌刻自己的姓名，符合公序良俗和传统习惯，且以此彰显与逝者的特殊身份关系，获得名誉、声望等社会评价，故墓碑刻名关系到子女的人格尊严，相应权益应受法律保护。原有墓碑上镌刻有养女石某连的姓名，石某荷在重新立碑时故意遗漏石某连的刻名，侵害了石某连的人格权益，应承担民事责任。一审判令石某荷按民间传统风俗习惯在石某信夫妇墓碑上镌刻石某连姓名、石某荷返还石某连墓地拆迁款 3736 元。二审济南市中级人民法院维持原判。

【典型意义】

养子女在过世养父母墓碑上刻名的权益关涉人格尊严和人格平等，符合孝道传统和公序良俗，本案将此种人格权益纳入一般人格权予以保护，回应了社会发展所产生的新型人格权益保护需求，对类似案件处理具有参考价值。

利用竞争对手名称设置搜索关键词进行商业推广构成侵害名称权

——网络竞价排名侵害名称权案

《民法典颁布后人格权司法保护典型民事案例》案例三

2022 年 4 月 11 日

【简要案情】

某公司系某搜索引擎运营商，旗下拥有搜索广告业务。甲公司为宣传企业购买了上述服务，并在 3 年内间断使用同行业“乙公司”的名称为关键词对甲公司进行商业推广。通过案涉搜索引擎搜索乙公司关键词，结果页面前两条词条均指向甲公司，而乙公司的官网词条却相对靠后。乙公司认为甲公司在网络推广时，擅自使用乙公司名称进行客户引流，侵犯其名称权，某公司明知上述行为构成侵权仍施以帮助，故诉至法院，要求甲公司、某公司停止侵权、赔礼道歉、消除影响并连带赔偿损失 30 万元。

【裁判结果】

广州互联网法院经审理认为，依照《民法典》第一千零一十三条、第一千零一十四条的规定，法人、非法人组织享有名称权，任何组织或者个人不得以干涉、盗用、假冒等方式侵害其名称权。乙公司作为具有一定知名度的企业，其名称具有一定的经济价值。甲公司擅自使用乙公司名称进行营销，必然会对其造成经济损失，已侵犯其名称权。某公司作为案涉搜索引擎运营商，对外开展付费广告业务，其对甲公司关键词设置的审查义务，应高于普通网络服务提供者。因某公司未正确履行审查义务，客观上对案涉侵权行为提供了帮助，构成共同侵权。遂判决甲公司、某公司书面赔礼道歉、澄清事实、消除影响并连带赔偿 65000 元。

【典型意义】

名称权是企业从事商事活动的重要标识性权利，已逐渐成为企业的核心资产。本案立足于数字经济发展新赛道，通过揭示竞价排名广告的商业逻辑，明确他人合法注册的企业名称受到保护，任何人不得通过“蹭热点”“傍名牌”等方式侵害他人企业名称权。同时，本案还对网络服务提供者的审查义务进行了厘定，敦促其利用技术优势实质性审查“竞价排名”关键词的权属情况等，对制约商标侵权、不正当竞争行为，规范行业竞争秩序，构筑健康的品牌经济具有积极作用。

人工智能软件擅自使用自然人形象创设虚拟人物构成侵权
——“AI陪伴”软件侵害人格权案

《民法典颁布后人格权司法保护典型民事案例》案例四

2022年4月11日

【简要案情】

被告运营某款智能手机记账软件，在该软件中，用户可以自行创设或添加“AI陪伴者”，设定“AI陪伴者”的名称、头像、与用户的关系、相互称谓等，并通过系统功能设置“AI陪伴者”与用户的互动内容，系统称之为“调教”。本案原告何某系公众人物，在原告未同意的情况下，该软件中出现了以原告姓名、肖像为标识的“AI陪伴者”，同时，被告通过算法应用，将该角色开放给众多用户，允许用户上传大量原告的“表情包”，制作图文互动内容从而实现“调教”该“AI陪伴者”的功能。原告认为被告侵害了原告的姓名权、肖像权、一般人格权，故诉至法院，要求赔礼道歉并赔偿经济损失、精神损害抚慰金等。

【裁判结果】

北京互联网法院经审理认为，案涉软件中，用户使用原告的姓名、肖像创设虚拟人物，制作互动素材，将原告的姓名、肖像、人格特点等综合而成的整体形象投射到AI角色上，该AI角色形成了原告的虚拟形象，被告的行为属于对包含了原告肖像、姓名的整体人格形象的使用。同时，用户可以与该AI角色设定身份关系、设定任意相互称谓、通过制作素材“调教”角色，从而形成与原告真实互动的体验，被告对于案件的上述功能设置还涉及自然人的人格自由和人格尊严。虽然具体图文由用户上传，但被告的产品设计和对算法的应用实际上鼓励、组织了用户的上传行为，直接决定了软件核心功能的实现，被告不再只是中立的技术服务提供者，应作为内容服务提供者承担侵权责任。因此，被告未经同意使用原告姓名、肖像，设定涉及原告人格自由和人格尊严的系统功能，构成对原告姓名权、肖像权、一般人格权的侵害。遂判决被告向原告赔礼道歉、赔偿损失。

【典型意义】

随着互联网产业模式的进一步创新，虚拟现实等新技术的不断发展，自然人人格要素被虚拟化呈现的应用日益增多。本案明确自然人的人格权及于其虚拟形象，同时对算法应用的评价标准进行了有益探索，对人工智能时代加强人格权保护具有重要意义。

具备明显可识别性的肖像剪影属于肖像权的保护范畴

——知名艺人甲某肖像权、姓名权纠纷案

《民法典颁布后人格权司法保护典型民事案例》案例五

2022 年 4 月 11 日

【简要案情】

被告某生物科技公司在其公众号上发布的一篇商业推广文章中，使用了一张对知名艺人甲某照片进行处理后形成的肖像剪影，文章中介绍公司即将迎来一名神秘“蓝朋友”并提供了大量具有明显指向性的人物线索，该文章评论区大量留言均提及甲某名字或其网络昵称。原告甲某认为被告侵犯其肖像权、姓名权，遂诉至法院要求被告立即撤下并销毁相关线下宣传物料、公开赔礼道歉、赔偿经济损失等。被告辩称，肖像剪影没有体现五官特征，不能通过其辨识出性别、年龄、身份等个人特征，不具备可识别性，不具备肖像的属性，被告未侵犯原告肖像权，且涉案文章刊载时间很短，影响范围较小，未给原告造成任何经济损失，不应承担侵权责任。

【裁判结果】

成都高新区人民法院经审理认为，《民法典》以“外部形象”“载体反映”“可识别性”三要素对肖像进行了明确界定，尤以可识别性作为判断是否为肖像的最关键要素。本案中，即便被告对原告照片进行了加工处理，无法看到完整的面部特征，但剪影所展现的面部轮廓（包括发型）仍具有原告的个人特征，属于原告的外部形象，而案涉文章的文字描述内容具有较强的可识别性，通过人物特征描述的“精准画像”，大大加强了该肖像剪影的可识别性，案涉文章的留言部分精选出的大量留言均评论该肖像剪影为甲某，更加印证了该肖像剪影的可识别性。综上，案涉文章中的肖像剪影在结合文章内其他内容的情况下，具有明显的可识别性，因此构成对原告肖像权的侵害，遂判被告赔礼道歉并向原告支付经济损失 10 万元。

【典型意义】

本案系《民法典》实施后的新类型侵犯肖像权案件，被告试图利用规则的模糊地带非法获取知名艺人的肖像利益，引发了社会关注。本案适用《民法典》人格权编的最新规定进行审理，体现了对公民肖像权进行实质、完整保护的立法精神，有利于社会公众知悉、了解肖像权保护的积极变化，也促使社会形成严格尊重他人肖像的知法守法氛围。

金融机构长期怠于核查更正债务人信用记录可构成名誉侵权

——债务人诉金融机构名誉侵权案

《民法典颁布后人格权司法保护典型民事案例》案例六

2022 年 4 月 11 日

【简要案情】

原告周某某为案外人莫某某向被告上林某银行的贷款提供连带保证担保，后经 2018 年作出的生效判决认定，周某某的保证责任被免除。三年后，周某某经所在单位领导提示，于 2021 年 4 月 25 日在中国人民银行征信中心查询个人信用，发现其已被列入不良征信记录，遂向上林某银行提出书面异议，并申请消除不良征信记录。但该银行在收到周某某提出的异议后未上报信用更正信息，导致周某某的不良征信记录一直未消除，周某某在办理信用卡、贷款等金融活动中受限制。周某某遂诉至法院，要求上林某银行协助撤销周某某的不良担保征信记录，赔偿精神损失和名誉损失费，并登报赔礼道歉、消除影响。

【裁判结果】

广西壮族自治区上林县人民法院经审理认为，依据《民法典》第一千零二十九条的规定，信用评价关涉个人名誉，民事主体享有维护自己的信用评价不受他人侵害的权利，有权对不当信用评价提出异议并请求采取更正、删除等必要措施。上林某银行作为提供信用评价信息的专业机构，具有准确、完整、及时报送用户信用信息的权利和义务，发现信用评价不当的，应当及时核查并及时采取必要措施。本案中，上林某银行未及时核查周某某已依法免除担保责任的情况，在收到周某某的异议申请后，仍未上报信用更正信息，造成征信系统对周某某个人诚信度作出不实记录和否定性评价，导致周某某在办理信用卡、贷款等金融活动中受限制，其行为构成对周某某名誉权的侵害。遂判决被告向中国人民银行征信中心报送个人信用更正信息，因报送更正信息足以消除影响，故对周某某主张赔偿损失、赔礼道歉等诉讼请求不予支持。

【典型意义】

近年来，金融机构怠于核查、更正债务人信用记录引发的名誉权纠纷案件渐增。本案依法适用《民法典》关于“信用评价”的相关规定，明确金融机构具有如实记录、准确反映、及时更新用户信用记录的义务，对督促金融机构积极作为，加强日常征信管理，优化信用环境，引导公民增强个人信用意识，合法维护信用权益，具有积极意义。

未超出必要限度的负面评价不构成名誉侵权

——物业公司诉业主名誉侵权案

《民法典颁布后人格权司法保护典型民事案例》案例七

2022 年 4 月 11 日

【简要案情】

原告某物业公司为某小区提供物业管理服务，被告吴某、案外人徐某系该小区业主。2020 年 12 月 11 日，徐某在业主微信群内发了 15 秒的短视频，并在群内发表“小区大门口动用该房屋维修金，你们大家签了字，同意了吗?”被告吴某接着发表“现在一点这个东西就这么多钱，到时电梯坏了，楼顶坏了等咋办，维修基金被物业套完了，拍拍屁股走人了，业主找谁去!”

“真要大修没钱就自生自灭了，太黑心了”“所以这个小区成立业主委员会是迫在眉睫”“不管怎样你们签的字违规，我们不认可，要求公示名单”等言论，物业公司工作人员在该群内制止吴某并要求其道歉，吴某继续发表“凭什么跟你道歉”“我说的是事实”等。原告某物业公司认为被告吴某的言论侵害其名誉权，遂诉至法院，要求吴某公开赔礼道歉并赔偿损失。

【裁判结果】

二审江西省吉安市中级人民法院经审理认为，依据《民法典》第一百一十条、第一千零二十四条的规定，法人、非法人组织依法享有名誉权，任何组织或者个人不得以侮辱、诽谤等方式侵害他人名誉权。住宅专项维修资金的使用涉及业主的切身利益，被告吴某作为小区业主，在案涉业主微信群内围绕专项维修资金的申领、使用等不规范情形对原告某物业公司所作的负面评价，措辞虽有不文明、不严谨之处，但未超过必要的限度，不足以产生某物业公司社会评价降低的损害后果。物业公司系为业主提供服务的企业法人，对业主在业主群内围绕其切身权益所作发言具有一定容忍义务。因此，被告吴某不构成对原告名誉权的侵害。同时，法院认为，业主在行使监督权利时应当理性表达质疑、陈述观点。综上，判决驳回原告某物业公司的诉讼请求。

【典型意义】

本案明确业主为维护自身权益对监督事项所作负面评价未超出必要限度的，不构成对物业公司的名誉侵权，依法合理划分了法人、非法人组织人格权的享有与公民行为自由的边界。

近距离安装可视门铃可构成侵害邻里隐私权

——人脸识别装置侵害邻居隐私权案

《民法典颁布后人格权司法保护典型民事案例》案例八

2022 年 4 月 11 日

【简要案情】

原、被告系同一小区前后楼栋的邻居，两家最近距离不足 20 米。在小区已有安防监控设施的基础上，被告为随时监测住宅周边，在其入户门上安装一款采用人脸识别技术、可自动拍摄视频并存储的可视门铃，位置正对原告等前栋楼多家住户的卧室和阳台。原告认为，被告可通过手机 App 操控可视门铃、长期监控原告住宅，侵犯其隐私，生活不得安宁。被告认为，可视门铃感应距离仅 3 米，拍摄到的原告家模糊不清，不构成隐私，其从未有窥探原告的意图，对方应予以理解，不同意将可视门铃拆除或移位。后原告诉至法院，请求判令被告拆除可视门铃、赔礼道歉并赔偿财产损失及精神损害抚慰金。

【裁判结果】

上海市青浦区人民法院经审理认为，被告虽是在自有空间内安装可视门铃，但设备拍摄的范围超出其自有领域，摄入了原告的住宅。而住宅具有私密性，是个人生活安宁的起点和基础，对于维护人格尊严和人格自由至关重要。可视门铃能通过人脸识别、后台操控双重模式启动拍摄，并可长期录制视频并存储，加之原、被告长期近距离相处，都为辨认影像提供了可能，以此获取住宅内的私密信息和行为现实可行，原告的生活安宁确实将受到侵扰。因此，被告的安装行为已侵害了原告的隐私权。被告辩称其没有侵犯原告隐私的主观意图，原告对此应予容忍等意见，于法无据，法院不予采纳。因无充分证据证明原告因被告的行为造成实际精神及物质损害，故法院支持了原告要求被告拆除可视门铃的诉讼请求，而对其赔礼道歉及赔偿损失的请求未予支持。

【典型意义】

本案就人工智能装置的使用与隐私权的享有发生冲突时的权利保护序位进行探索，强调了隐私权的优先保护，彰显了人文立场，对于正当、规范使用智能家居产品，避免侵害人格权益具有一定的借鉴和指导意义。

人民陪审员参加审理卢某某等人校园欺凌案

《人民陪审员参审十大典型案例》案例7

2022年10月11日

【案件基本情况】

2020年9月，谭某某等5名某技术学校学生在学校附近文具店无故殴打同学夏某某，后纠集被告人卢某某等强行将夏某某带往公园女厕所，共同以扯头发、扇巴掌等方式对夏某某实施殴打，并使用手机拍摄殴打过程等视频、照片，摔坏被害人夏某某手机一部。之后被告人卢某某等人通过微信群传播涉案视频、照片。经鉴定，夏某某轻微伤，医院诊断其出现急性应激反应、重度抑郁、重度焦虑症状。广州市花都区人民检察院指控被告人卢某某犯寻衅滋事罪提起公诉。由于案涉未成年人校园欺凌，广州市花都区人民法院随机抽取两名人民陪审员，与一名法官组成三人合议庭审理本案。法院经审理认为，公诉机关指控被告人卢某某犯寻衅滋事罪的事实清楚；另查明2020年10月，被告人卢某某家属赔偿被害人2.5万元，并取得被害人及其家属的谅解；综合案件性质、情节、危害后果及被告人的认罪态度和悔罪表现，经听取被害人意见，依法判处被告人有期徒刑一年。被告人不服一审判决提出上诉。二审法院认为原判认定事实清楚，定罪和适用法律准确，维持原判。

【人民陪审员发挥的参审作用】

本案人民陪审员具有多年教师从业经历，参审过程中，人民陪审员充分发挥教育学、心理学方面的专业知识优势，积极履行参审职责，切实提升审判工作质效。一是引入青少年教育工作者的视角。人民陪审员设身处地分析被告人和同案人的心路历程，深入分析被害人谅解时的所思所想，协助法官精心设计庭审问题，提示法官注意庭审发问方式和语言风格，为法庭调查提供了有益参考。庭审时，人民陪审员以富有亲和力的谈心方式发问，促使被告人全面讲出案发细节。人民陪审员还按照“教育、感化、挽救”的未成年人审判理念，从道德、人情、成长等角度进行法庭教育。二是反映社会公众普遍观感吸收民意。评议时，法官向人民陪审员详细分析讲解寻衅滋事罪与故意伤害罪等相关罪名的区别，指引人民陪审员充分发表意见。合议庭审理认为，校园欺凌案件性质恶劣，一众学生暴力殴打、拍摄并传播有辱被害人人格的视频等行为给被害人身心带来难以逆转的巨大伤害，不适宜适用缓刑。三是投身法治宣传和校园欺凌治理。本案宣判后，人民陪审员指出，本案暴露出学校、家庭、教育主管部门存在宣传教育缺位、监管预防缺失等不足，建议人民法院向教育主管部门、学校发出校园欺凌、校园安全防控的司法建议，尽可能杜绝此类犯罪再次发生。合议庭采纳了人民陪审员意见，针对建立常态化校园欺凌防控工作机制认真拟定司法建议，建议定期开展学生法治安全教育、加强校园安全监管，严防校园欺凌事件发生，保护未成年人健康成长。教育主管部门和学校收到司法建议后，积极采取了成立预防校园欺凌工作小组、开展隐患排查整治、邀请专家普法宣讲、组建“家校联合巡查队”等一系列措施，加强未成年人保护。

【典型意义】

本案人民陪审员将教育专业知识与司法审判理念深度融合，由参审之初因不了解法律知识的不敢发言，到充分认识到人民陪审员参与案件审理的价值意义后积极履职，深入思考，主动作为，亲身经历了一场法治的洗礼，也帮助案件审理工作取得了良好效果。特别是案件宣判后，人民陪审员积极延伸参审职能，主动承担起“法治宣传员”的角色，穿针引线、建言献策，有力推动形成对校园欺凌的社会治理合力，为加强未成年人司法保护贡献了力量。

叶某等诉某信息公司名誉权纠纷案

——烈士近亲属有权依法对侵害英烈名誉行为提起诉讼

《涉英烈权益保护十大典型案例》案例七

2022 年 12 月 8 日

【基本案情】

2018 年，某信息公司通过其自媒体账号“暴走漫画”，在某网络平台上发布了时长 1 分 09 秒的短视频。该视频的内容将叶挺烈士在皖南事变后于

1942 年在狱中创作的《囚歌》中“为人进出的门紧锁着，为狗爬出的洞敞开着，一个声音高叫着，爬出来吧，给你自由！”进行篡改。该视频于 2018 年 5 月 8 日至 16 日在网络上传播，多家新闻媒体予以转载报道，引起公众关注和网络热议，造成不良社会影响。叶挺烈士近亲属遂提起本案诉讼，请求判令某信息公司停止侵犯叶挺同志英雄事迹和精神的行为、在国家级媒体上公开对原告赔礼道歉、赔偿精神抚慰金等。

【裁判结果】

陕西省西安市雁塔区人民法院认为，叶挺烈士创作的《囚歌》充分体现了叶挺百折不挠的革命意志和坚定不移的政治信仰。该诗表现出的崇高革命气节和伟大爱国精神已经获得全民族的广泛认同，是中华民族共同记忆的一部分，是中华民族精神的内核之一，也是社会主义核心价值观的体现，是中华民族宝贵的精神财富。某信息公司的视频于《中华人民共和国英雄烈士保护法》施行之际在网络平台上发布并传播，造成恶劣社会影响。该视频内容亵渎叶挺烈士革命精神，侵害叶挺烈士名誉，不仅给烈士亲属造成精神痛苦，也伤害了社会公众的民族情感，损害社会公共利益，具有违法性且其主观过错明显，应当承担侵权责任。判决某信息公司在三家国家级媒体上公开发布赔礼道歉公告，向原告赔礼道歉、消除影响；向原告支付精神抚慰金 10 万元。

【典型意义】

《中华人民共和国英雄烈士保护法》明确规定，对侵害英雄烈士姓名、肖像、名誉、荣誉的行为，英雄烈士的近亲属可以依法向人民法院提起诉讼。本案系该法施行后由烈士近亲属提起诉讼的侵害英雄烈士名誉民事案件，明确侵权人除需在相关媒体上公开发布赔礼道歉公告外，还应当承担向烈士近亲属赔礼道歉、消除影响，以及支付精神抚慰金等民事责任。通过司法裁判明确亵渎英烈行为的法律责任，加强对英烈权益的保护力度。

洪某诉刘某、某报社名誉权纠纷案

——对侵害英雄烈士名誉、荣誉行为的合理回应和批评不构成侵权

《涉英烈权益保护十大典型案例》案例九

2022 年 12 月 8 日

【基本案情】

刘某系“狼牙山五壮士”所在连连长之子，于 2015 年撰写案涉文章，某报社分社在网络平台上以《心声｜“狼牙山五壮士”所在连连长的儿子为捍卫英雄名誉写的一封公开信》为标题予以发布。某报社主办的杂志发布略作修改后的该文章，标题为《狼牙山五壮士所在连连长之子刘某写给勇敢捍卫狼牙山五壮士名誉权的同志们的信》。洪某认为案涉文章中有对其侮辱、诽谤的言论，严重侵犯其人格尊严和名誉权，遂提起本案诉讼，请求判令刘某、某报社立即停止侮辱诽谤、删除侵权言论，在相关媒体上公开道歉，赔偿精神损害抚慰金。

【裁判结果】

北京市海淀区人民法院一审认为，洪某发表在先的《小学课本〈狼牙山五壮士〉有多处不实》《“狼牙山五壮士”的细节分歧》两篇文章，引导读者对“狼牙山五壮士”英勇抗敌事迹和舍生取义精神产生怀疑，从而否定基本事实的真实性和矮化“狼牙山五壮士”的英雄形象，与社会主流价值观念和历史共识相违背。刘某撰写案涉文章，某报社予以发表是对洪某文章的回应和批评，主要目的是消除洪某在先言论的不良影响，维护“狼牙山五壮士”的英雄形象，维护社会公共利益。因此，刘某、某报社未侵犯洪某名誉权，判决驳回洪某的全部诉讼请求。北京市第一中级人民法院二审判决驳回上诉，维持原判。

【典型意义】

“狼牙山五壮士”的英雄事迹和大无畏牺牲精神，已经成为中华民族精神的重要内容，成为社会主流价值观念和社会公共利益的一部分。在此情况下，

洪某发表两篇文章，用细节贬低、损毁英烈形象，否定“狼牙山五壮士”基本事实和英雄形象，明显侵犯社会公共利益，是对社会公共利益的挑战，必然招致回应、批评。本案依法捍卫了社会公众对歪曲英雄烈士事迹行为进行批评的权利，充分彰显人民法院保护英烈权益的鲜明态度。

李某良、钟某梅诉吴某闲等生命权纠纷案

《人民法院贯彻实施民法典典型案例（第二批）》案例二

2023 年 1 月 12 日

【典型意义】

见义勇为是中华民族的传统美德，是社会主义核心价值观的内在要求。“一人兴善，万人可激”，新时代新征程，更需要榜样的力量、榜样的激励。本案中，李某林在突发情况下毫不犹豫跳水救人后不幸溺亡，其英勇救人的行为值得肯定、褒扬和尊重。审理法院适用《民法典》“见义勇为损害救济规则”，肯定李某林的见义勇为精神，通过以案释法树立是非标杆，积极倡导了崇德向善的社会风尚。

【基本案情】

2020 年 6 月 2 日晚，李某林与吴某闲等四人一同就餐后，前往重庆市江津区几江长江大桥下江边码头散步。因琐事发生争执，吴某闲跳入长江，李某林跳江施救，此后吴某闲抓住岸上连接船只的钢丝线后获救，李某林不幸溺亡。吴某闲垫付打捞尸体费用 6000 元。后李某林的父母李某良、钟某梅以吴某闲等人为被告诉至法院，请求判令吴某闲等赔偿因李某林死亡产生的各项赔偿款 80 万元。

【裁判结果】

生效裁判认为，因保护他人民事权益使自己受到损害，没有侵权人、侵权人逃逸或者无力承担民事责任，受害人请求补偿的，受益人应当给予适当补偿。本案中，李某林在没有法定或者约定义务的前提下，下水救助吴某闲而不幸溺亡，属于见义勇为。吴某闲系因发生争执情绪激动主动跳水，本案

没有侵权人，吴某闲作为受益人应当给予适当补偿。遂综合考虑李某林救助行为及所起作用、原告受损情况等，判令吴某闲补偿李某良、钟某梅 4 万元，吴某闲垫付的打捞尸体费用亦作为吴某闲的补偿费用，不再进行抵扣。

【民法典条文指引】

第一百八十三条 因保护他人民事权益使自己受到损害的，由侵权人承担民事责任，受益人可以给予适当补偿。没有侵权人、侵权人逃逸或者无力承担民事责任，受害人请求补偿的，受益人应当给予适当补偿。

安徽某医疗科技公司诉安徽某健康科技公司名誉权纠纷案

《人民法院贯彻实施民法典典型案例（第二批）》案例八

2023 年 1 月 12 日

【典型意义】

党的二十大报告强调要优化民营企业发展环境，依法保护民营企业产权和企业家权益，促进民营经济发展壮大。企业名誉是企业赖以生存和发展的重要基础，依法保护企业名誉权是构建法治化营商环境的应有之义。《民法典》第一百一十条确认了法人、非法人组织享有名誉权，第一千零二十四条规定任何组织和个人不得以侮辱、诽谤等方式侵害他人名誉权。本案中，安徽某健康科技公司未经核实，采取投诉、公开发布指责声明的方式，侵犯同行业安徽某医疗科技公司名誉，致使其商业信誉降低，构成侵犯企业名誉权。人民法院依法判决安徽某健康科技公司停止侵害、删除发布在网站上的不实信息并登报赔礼道歉，既保护了被侵权企业的合法权益，也有利于维护市场竞争秩序，促进行业在良性竞争中发展。

【基本案情】

原告安徽某医疗科技公司与被告安徽某健康科技公司均生产防护口罩。2021 年 7 月，安徽某健康科技公司向安徽省商务厅投诉称，安徽某医疗科技公司盗取其公司防护口罩的产品图片等宣传资料，并冒用其公司名义在国际电商平台上公开销售产品。随后，安徽某医疗科技公司收到安徽省商务厅的约谈通知。与此同时，该公司不断接到客户电话反映称，安徽某健康科技公司在公司官网、微信公众号上发布指责其盗用防护口罩名称、包装的文章，被各大网络平台转载。经查，涉案国际电商平台设立在东南亚某国，安徽某医疗科技公司从未在该平台上注册企业用户信息，也不是该平台的卖家商户，虽然平台上确有安徽某健康科技公司防护口罩的产品信息，但网页配图中安徽某医疗科技公司的厂房和车间图片系被盗用和嫁接。为了维护自身合法权益，安徽某医疗科技公司诉至法院，请求判令安徽某健康科技公司立即停止侵犯名誉权行为并赔礼道歉。安徽某健康科技公司提起反诉，要求安徽某医疗科技公司立即停止在国际电商平台销售和宣传侵权产品，并赔礼道歉。

【裁判结果】

生效裁判认为，涉案国际电商平台上涉及两家公司的商品信息均为网站用户在其个人终端自主上传，安徽某医疗科技公司没有在该平台上注册过企业用户信息，不具备在该电商平台上销售产品的前提条件，网页配图系被他人盗用。安徽某健康科技公司发现平台用户存在侵权行为后，应当第一时间向该电商平台要求采取删除、屏蔽、断开链接等必要措施，并查清实际侵权人。但安徽某健康科技公司未核实信息来源，仅凭配发的安徽某医疗科技公司图片即向有关部门投诉。在投诉尚无结论时，安徽某健康科技公司即在公司官网及微信公众号发布不实言论，主观认定安徽某医疗科技公司假冒、仿冒其公司产品，文章和声明被各大网络平台大量转载和传播，足以引导阅读者对安徽某医疗科技公司产生误解，致使公司的商业信誉降低，社会评价下降。安徽某健康科技公司的行为严重侵犯安徽某医疗科技公司的企业名誉，构成侵权，应当承担相应的民事责任。据此，依法判决安徽某健康科技公司停止侵害、删除发布在网站上的不实信息并登报赔礼道歉，驳回安徽某健康科技公司的反诉。

【民法典条文指引】

第一百一十条　自然人享有生命权、身体权、健康权、姓名权、肖像权、名誉权、荣誉权、隐私权、婚姻自主权等权利。

法人、非法人组织享有名称权、名誉权和荣誉权。

第一百七十九条　承担民事责任的方式主要有：

（一）停止侵害；
（二）排除妨碍；
（三）消除危险；
（四）返还财产；
（五）恢复原状；
（六）修理、重作、更换；
（七）继续履行；
（八）赔偿损失；
（九）支付违约金；
（十）消除影响、恢复名誉；
（十一）赔礼道歉。

法律规定惩罚性赔偿的，依照其规定。

本条规定的承担民事责任的方式，可以单独适用，也可以合并适用。

第一千零二十四条 民事主体享有名誉权。任何组织和个人不得以侮辱、诽谤等方式侵害他人名誉权。

名誉是对民事主体的品德、声望、才能、信用等的社会评价。

孙某燕与某通信公司某市分公司等隐私权、个人信息保护纠纷案

《人民法院贯彻实施民法典典型案例（第二批）》案例九

2023 年 1 月 12 日

【典型意义】

《民法典》在总则编和人格权编对隐私权和个人信息保护作出专门规定，丰富和完善了隐私权和个人信息保护的规则。特别是第一千零三十三条第一项对群众反映强烈的以电话、短信、即时通信工具、电子邮件等方式侵扰他人私人生活安宁的行为进行了严格规制，回应了社会关切。本案中，原告孙某燕使用被告某通信公司某市分公司提供的移动通信号码，并向其支付费用，故原、被告之间存在电信服务合同关系。某通信公司某市分公司在孙某燕多次明确表示不接受电话推销业务后，仍继续向孙某燕进行电话推销，其行为

构成对孙某燕隐私权的侵犯。本案虽系依据《民法总则》作出裁判，但也充分体现了《民法典》第一千零三十二条、第一千零三十三条第一项的规定精神，其裁判结果不仅维护了当事人的隐私权，更对当前群众反映强烈的问题作出了回应，亮明了司法态度。

【基本案情】

2011 年 7 月，原告孙某燕在被告某通信公司某市分公司处入网，办理了电话卡。2020 年 6 月至 12 月，孙某燕持续收到营销人员以某通信公司某市分公司工作人员名义拨打的推销电话，以“搞活动”“回馈老客户”“赠送”“升级”等为由数次向孙某燕推销套餐升级业务。其间，原告孙某燕两次拨打该通信公司客服电话进行投诉，该通信公司客服在投诉回访中表示会将原告的手机号加入“营销免打扰”，以后尽量避免再向原告推销。后原告孙某燕又接到了被告的推销电话，经拨打该通信公司客服电话反映沟通未得到回复，遂通过工业和信息化部政务平台“电信用户申诉受理平台”进行申诉。该平台回复“在处理过程中，双方未能达成一致意见，依据《电信用户申诉处理办法》第十七、十九、二十条等规定，因调解不成，故视为办结，建议依照国家有关法律规定就申诉事项向仲裁机构申请仲裁或者向人民法院提起诉讼”。原告孙某燕遂向人民法院提起诉讼，请求被告承担侵权责任。

【裁判结果】

生效裁判认为，自然人的私人生活安宁不受侵扰和破坏。本案中，孙某燕与某通信公司某市分公司之间的电信服务合同依法成立生效。某通信公司某市分公司应当在服务期内为孙某燕提供合同约定的电信服务。孙某燕提交的证据能够证明某通信公司某市分公司擅自多次向孙某燕进行电话推销，侵扰了孙某燕的私人生活安宁，构成了对孙某燕隐私权的侵犯。故判决被告某通信公司某市分公司未经原告孙某燕的同意不得向其移动通信号码拨打营销电话，并赔偿原告孙某燕交通费用 782 元、精神损害抚慰金 3000 元。

【民法典条文指引】

第一百一十条 自然人享有生命权、身体权、健康权、姓名权、肖像权、名誉权、荣誉权、隐私权、婚姻自主权等权利。

法人、非法人组织享有名称权、名誉权和荣誉权。

第一千零三十二条 自然人享有隐私权。任何组织或者个人不得以刺探、侵扰、泄露、公开等方式侵害他人的隐私权。

隐私是自然人的私人生活安宁和不愿为他人知晓的私密空间、私密活动、私密信息。

第一千零三十三条 除法律另有规定或者权利人明确同意外，任何组织或者个人不得实施下列行为：

（一）以电话、短信、即时通讯工具、电子邮件、传单等方式侵扰他人的私人生活安宁；

（二）进入、拍摄、窥视他人的住宅、宾馆房间等私密空间；

（三）拍摄、窥视、窃听、公开他人的私密活动；

（四）拍摄、窥视他人身体的私密部位；

（五）处理他人的私密信息；

（六）以其他方式侵害他人的隐私权。

柳某诉张某莲、某物业公司健康权纠纷案

《人民法院贯彻实施民法典典型案例（第二批）》案例十四

2023 年 1 月 12 日

【典型意义】

与邻为善、邻里互助是中华民族优秀传统美德，是社会主义核心价值观在社会生活领域的重要体现。本案适用《民法典》侵权责任编的相关规定，严格审查行为与后果之间的因果关系，坚守法律底线，不因有人受伤而扩大赔偿主体范围，明确自愿为小区购买游乐设施的业主不承担赔偿责任。本案的裁判贯彻了社会主义核心价值观的要求，依法保护无过错方权益，为善行正名、为义举护航，就对与错、赔与不赔等是非问题予以明确回应，不让好人无端担责或受委屈，维护了人民群众心中的公平正义，表明了司法的态度和温度，弘扬了时代新风新貌。

【基本案情】

被告张某莲系江苏省江阴市某小区业主，因所在小区游乐设施较少，在征得小区物业公司同意后，自费购置一套儿童滑梯（含配套脚垫）放置在小区公共区域，供儿童免费玩耍。该区域的卫生清洁管理等工作由小区物业公司负责。2020年11月，原告柳某途经此处时，踩到湿滑的脚垫而滑倒摔伤，造成十级伤残。后柳某将张某莲和小区物业公司诉至法院，要求共同赔偿医疗费、护理费、残疾赔偿金、精神损害抚慰金等各项损失近20万元。

【裁判结果】

生效裁判认为，《民法典》第一千一百六十五条规定，行为人因过错侵害他人民事权益造成损害的，应当承担侵权责任。本案中，张某莲自费为小区添置儿童游乐设施，在法律上并无过错，也与本案事故的发生无因果关系，依法无需承担赔偿责任。相反，张某莲的行为丰富了小区业主生活，增进了邻里友谊，符合与人为善、与邻为善的传统美德，应予以肯定性的评价。某物业公司作为小区物业服务人，应在同意张某莲放置游乐设施后承担日常维护、管理和安全防范等义务。某物业公司未及时有效清理、未设置警示标志，存在过错，致使滑梯脚垫湿滑，是导致事故发生的主要原因。柳某作为成年公民，未能及时查明路况，对损害的发生亦存在一定过错，依法可适当减轻某物业公司的赔偿责任。一审法院判决某物业公司赔偿柳某因本案事故所受损失的80%，共计12万余元。

【民法典条文指引】

第一千一百六十五条第一款 行为人因过错侵害他人民事权益造成损害的，应当承担侵权责任。

第一千一百七十三条 被侵权人对同一损害的发生或者扩大有过错的，可以减轻侵权人的责任。

踩踏烈士墓碑底座、在墓碑前不敬摆拍应依法承担刑事和民事责任

——李某侵害英雄烈士名誉、荣誉权纠纷案

《第三批人民法院大力弘扬社会主义核心价值观典型民事案例》案例一

2023 年 3 月 1 日

核心价值：英烈保护

【基本案情】

2021 年 7 月 15 日，李某在康西瓦烈士陵园内踩踏刻有烈士陵园名称的石碑底座，斜倚碑身摆拍，后到陈祥榕（喀喇昆仑戍边烈士，2020 年 6 月在边防斗争中壮烈牺牲，中央军委为他追记一等功）烈士墓前，脚踩墓碑底座，以不雅手势对着墓碑再次摆拍。同日 12 时许，李某将上述照片在微信朋友圈公开发布。经多名微信好友指出照片内容对烈士不尊重，李某遂将该内容删除。同日 14 时许，李某再次将照片发布至今日头条个人账号，在网络上迅速传播扩散，引发社会公众对李某的强烈愤慨，造成极其恶劣的社会影响。公诉机关暨附带民事公益诉讼起诉人以李某犯侵害英雄烈士名誉、荣誉罪提起公诉并提起附带英雄烈士保护民事公益诉讼，要求李某通过全国性媒体公开赔礼道歉，消除影响。

【裁判结果】

审理法院认为，李某公然藐视国家法律，踩踏烈士陵园石碑底座，斜倚碑身，脚踩墓碑底座，摆出不雅手势和不敬姿势拍照并两次上传网络，造成大量传播扩散，引发社会公众强烈愤慨，伤害社会公众的民族情感，损害社会公共利益，情节严重，其行为已构成侵害英雄烈士名誉、荣誉罪，依法应予惩处。审理法院根据李某的犯罪事实、性质、情节、认罪态度及对社会的危害程度，判决李某犯侵害英雄烈士名誉、荣誉罪，判处有期徒刑七个月，判令李某在全国性媒体公开赔礼道歉、消除影响。

【典型意义】

习近平总书记指出，实现我们的目标，需要英雄，需要英雄精神。我们要铭记一切为中华民族和中国人民作出贡献的英雄们，崇尚英雄，捍卫英雄，学习英雄，关爱英雄。[①] 无数英雄先烈是我们民族的脊梁，是我们不断开拓前进的勇气和力量所在。英雄烈士的事迹和精神是中华民族的历史记忆和宝贵的精神财富，是实现中华民族伟大复兴的强大动力，任何歪曲、丑化、亵渎、诋毁英雄烈士的行为均应受到社会的谴责。本案充分体现了人民法院弘扬英烈精神、捍卫英烈尊严的坚定立场，对于弘扬爱国、法治、文明的社会主义核心价值观具有积极意义。

劝阻影响公交车安全驾驶行为，劝阻人挣脱抓扯对被劝阻人损伤不担责

——刘某诉史某健康权纠纷案

《第三批人民法院大力弘扬社会主义核心价值观典型民事案例》案例二

2023 年 3 月 1 日

核心价值：文明出行

【基本案情】

2021 年 3 月 23 日中午，刘某因未能在已取消的公交站台等候到公交车而心生不满，后刘某找到准确站台搭乘上公交车。在公交车行驶途中，刘某为泄愤，辱骂他人，并与公交车驾驶员发生口角。其间，史某规劝刘某不能与公交车驾驶员争吵，影响安全驾驶，刘某非但不听劝阻，反而再次与史某产生口角争执。两人在某公交车站广场处下车后，刘某故意拉住史某不让其离开，史某挣脱刘某，刘某在纠缠拉扯过程中倒地受伤，引发本案纠纷。

【裁判结果】

审理法院认为，刘某恣意妨碍公交车安全运行的行为，理应受到谴责，

---

① 习近平在颁发“中国人民抗日战争胜利 70 周年”纪念章仪式上的讲话（2015 年 9 月 2 日）。

史某劝阻行为系理性的正当、正义行为，应当得到肯定，而刘某下车后继续故意纠缠拉扯史某，从而引发本案纠纷，系不当之举。后刘某在纠缠拉扯过程中受伤，依据事发当时公安机关的调查，刘某伤势系意外造成，史某不存在违法行为。故判决驳回刘某的全部诉讼请求。

【典型意义】

刘某因在公交车上与公交车驾驶员、史某接连发生口角，后为泄愤跟随史某下车，纠缠拉扯史某不让其离开，其行为既不理性，也不正当。史某为了公共安全，好意劝阻刘某影响公交车安全驾驶行为，具有合理性、正当性，主观上不存在过错。史某好意劝阻行为应当得到肯定。本案对于倡导文明出行、鼓励好意劝阻、维护公共安全具有积极意义，弘扬了文明、法治的社会主义核心价值观。

自愿参加“广场舞”猝死，组织者无过错不担责

——张某诉李某生命权、身体权和健康权纠纷案

《第三批人民法院大力弘扬社会主义核心价值观典型民事案例》案例三

2023 年 3 月 1 日

核心价值：公正法治

【基本案情】

李某系跳舞、军鼓爱好者，常年义务为社区群众教授舞蹈、军鼓等文娱活动，同参与活动的居民一起建立了微信群并被选为群主。2022 年 1 月，张某某作为舞龙爱好者加入该群一起参与活动。同年 1 月 16 日上午 6 时，李某在微信群中通知打鼓队成员为当天表演活动进行集合彩排。张某某并非打鼓队成员但仍于上午 8 时到活动现场附近练习舞龙。上午 8 时 30 分，张某某在练习中晕倒。李某与其他成员立刻上前急救，并拨打急救电话，随后李某同救护车一起将张某某送至医院。但张某某最终抢救无效死亡，死因为心源性猝死。死者张某某之子张某认为李某对死者在活动中意外猝死存在过错，作为活动的组织者在对张某某抢救过程中未尽到救助义务，应承担侵权责任，遂将李某诉至人民法院要求赔偿各项损失共计 62 万余元。

【裁判结果】

审理法院认为，张某某事发上午练习舞龙并非受李某的邀请，其发生意外，死因系心源性猝死，并非他人行为造成。李某虽系活动的组织者但其组织行为并无过错，作为非专业医护人员，李某与活动人员对张某某进行了必要的急救措施，并跟随救护车将张某某送至医院，尽到了作为组织者的安全保障义务，与张某某意外死亡之间没有因果关系，不应承担责任。

【典型意义】

随着全民健身热潮的兴起，越来越多的人民群众投身到晨练、广场舞的队伍中。这些活动多由邻里自发组织、自愿参加，无论是参与者还是组织者对其他参与者在活动中的行为及风险往往难以准确预判。如将这种不确定性风险强加给其他人，要求他人对这种不确定性承担责任，既不符合公平原则，也会阻碍这类健身活动的正常开展。本案处理结果既符合法律规定，也符合社会公众对公正的认知，使广大人民群众更加从容地参与到全民健身活动之中，享受运动快乐，有利于倡导公正、法治的社会主义核心价值观。

谌某某违反人身安全保护令案

——人身安全保护令的回访与督促执行

《中国反家暴十大典型案例（2023 年）》案例 5

2023 年 6 月 15 日

【基本案情】

罗某（女）与谌某某（男）系夫妻关系。2018 年 12 月，罗某向法院起诉要求离婚，并在诉讼过程中，以此前谌某某经常酗酒发酒疯、威胁恐吓罗某及其家人、在罗某单位闹事为由向法院递交了人身安全保护令申请书，同时提交了谌某某此前书写的致歉书、微信记录等证据予以证实。法院审核后，于 2018 年 12 月 18 日作出了人身安全保护令裁定并送达给了本案被申请人谌某某。同时，法院向罗某所在街道社区及派出所送达了协助执行通知书及人身安全保护令裁定，要求如谌某某对罗某实施辱骂、殴打、威胁等精神上、身体上的侵害行为时，要立刻予以保护并及时通知法院。

2019 年 2 月 14 日，法院按照内部机制对罗某进行电话回访，罗某向法院反映谌某某对其实施了精神上的侵害行为。后法官传唤双方当事人到庭并查明：在法院发出的人身安全保护令的有效期内，双方多次发生激烈争执。争执中，谌某某以拟公开罗某隐私相要挟。随后，双方又因琐事发生冲突，谌某某随即找到罗某单位两位主要领导，披露罗某此前在家中提及的涉隐私内容，导致罗某正常工作环境和社交基础被严重破坏，精神受损，基于羞愤心理意欲辞职。

【裁判结果】

法院认为，谌某某前往罗某单位宣扬涉隐私内容，上述事实的传播和评价，对于女方而言，是不愿意让他人知晓的信息。男方将女方的涉隐私信息予以公开，属于侵犯其隐私。

家庭暴力的核心是控制，谌某某以揭露罗某隐私相要挟，意欲对其进行控制，属于《中华人民共和国反家庭暴力法》中对家庭暴力定义的“精神上的侵害”。最后谌某某将隐私公开，进一步造成了对罗某精神上的实际侵害。对此，2019 年 2 月 15 日，法院作出了拘留决定书，对谌某某实施了拘留五日的惩罚措施。

【典型意义】

1. 该案系法院在人身安全保护令发出后回访过程中所发现。“人身安全保护令回访制度”系该院创举，一方面该制度有利于发现家庭暴力行为，在当事人因受到暴力和精神压迫而不敢请求保护或对家庭暴力知识缺失的时候，通过司法机关主动回访及时发现并制止可能存在的或已经存在的违反人身安全保护令的行为，既能够维护司法权威，也能更好地保障家庭关系中弱势群体的合法权益；另一方面回访制度能够体现司法机关执法的温度，让当事人能够真正感受到法律并非冰冷的文字而是实实在在保护自己的有效利器。

2. 该案中，在人身安全保护令发出后，人民法院一直以纠问式审判主导该案。谌某某无视人身安全保护令，公然违抗法院裁判文书的行为已经触碰了司法底线，人民法院在此情况下主动积极作为，维护人身安全保护令的权威和实施，保护受害人的合法权益不受侵犯。

3. 在该案影响下，“宣扬隐私”亦构成家庭暴力的观点被写入地方立法，2019 年 7 月 1 日起施行的《湖南省实施〈中华人民共和国反家庭暴力法〉办法》第二条明确，“本办法所称家庭暴力，是指家庭成员之间以殴打、捆绑、……宣扬隐私、跟踪、骚扰等方式实施的身体、精神等侵害行为”。此外，“宣扬隐私”构成家庭暴力的观念在 2023 年修订的《中华人民共和国妇女权益保障法》第二十九条中也有体现。

从国际标准来看，联合国《消除对妇女一切形式歧视公约》及其一般性建议和联合国大会相关决议要求，“司法部门对针对妇女的暴力（包括家庭暴力）有足够的警觉，一致地把保障妇女的生命权和身心健康放在重要位置”（依据指标 3.1 -《公约案件 5/2005》要求），在当事人因受到暴力和精神压迫而不敢请求保护或对家庭暴力知识缺失的时候，通过司法机关主动回访及时发现并制止可能存在的或已经存在的违反人身安全保护令的行为，法院通过再次回访确保家庭中弱势群体的安全，本案做法符合这些国际准则。

冯某某申请曹某某人身安全保护令案

——全流程在线审理人身安全保护令促进妇女权益保护

《中国反家暴十大典型案例（2023 年）》案例 6

2023 年 6 月 15 日

【基本案情】

冯某某（女）与曹某某（男）系夫妻关系。申请人冯某某于 2022 年 12 月 22 日起诉要求与被申请人曹某某离婚。在诉前调解过程中，曹某某于 2023 年 1 月 13 日深夜前往冯某某住处辱骂、恐吓冯某某及其近亲属，并使用随身携带的铁锤毁坏门锁，冯某某报警；后曹某某又于 1 月 16 日至冯某某母亲张某某住处辱骂、威胁，并扬言“要在大年初一、十五上门找麻烦”，张某某亦报警。

因对人身安全及能否平安过年感到担忧，2023 年 1 月 19 日，冯某某向其代理律师咨询申请保护令事宜，代理律师表示如按传统方式线下调查取证、申请保护令、签发送达及协助执行至少需要 10 天时间，时值农历年底可能无法及时完成，但当地法院在 2022 年底上线的“法护家安”集成应用可在线申请保护令，或可尝试。冯某某遂通过其律师于当晚 21 时通过手机登录法院“法护家安”集成应用，在线申请了人身安全保护令。

【裁判结果】

2023 年 1 月 20 日，法院通过绿色通道立案受理。承办法官通过“法护家安”集成应用反家暴模块建立的反家暴数据库快速获取相关警情数据等证据材料，同时通过关联检索获知被申请人曹某某曾多次因暴力犯罪被追究刑事责任。根据上述证据，申请人面临家庭暴力现实危险的证据充分，且该起民事纠纷极有可能转化为恶性刑事案件，承办法官遂决定签发人身安全保护令，禁止曹某某对冯某某实施家暴并禁止其骚扰、跟踪、接触冯某某及张某某。在线送达双方当事人后，承办法官通过在线方式向区公安分局、区妇联等单位进行送达协助执行通知书，相关协助执行单位在线实时签收后，根据相关工作机制开展工作，协助督促被申请人遵守保护令，并对申请人进行回访，疏导、安抚。

【典型意义】

本案从当事人申请，到法院立案受理、证据调取、审查签发，再到各部门送达响应、协助执行，总用时不到 24 小时，全流程在线运行，充分落实了《中华人民共和国反家庭暴力法》第二十八条“情况紧急的，应当在二十四小时内作出”的规定。从国际标准来看，联合国《消除对妇女一切形式歧视公约》及其一般性建议和联合国大会相关决议要求，“各国确保在家庭暴力案件中，受害妇女有权申请和获得保护令，并确保这些保护令具有法律效力，并能得到有效执行”。

“法护家安”集成应用系由浙江省温州市龙湾区人民法院联合五家基层法院、区社会治理中心、区妇联，共同建设并于 2022 年 12 月 29 日成功上线。其中“反家暴人身保护模块”建立了政法委牵头，人民法院、人民检察院、公安机关、司法行政机关、社会治理中心、妇联、大数据管理机构等各部门共同参与、在线协同的反家暴工作机制，相比传统模式下，“法护家安”集成应用反家暴人身保护模块突破了当事人提交申请的时空限制，解决了当事人取证来回跑的难题，打通了各部门的数据共享通道，实现了家庭暴力事件的数据归集与分析预警，极大地缩短了各流程的操作时间，加强了与公安、妇联等部门的多跨协同，具有“法护家安”反家暴人身保护模块“申请的便利性、信息的共享性、取证的快捷性、签发的准确性、响应的及时性、保护的充分性”六大优势，对被申请人及时起到了震慑作用，将司法触角延伸至家庭暴力的萌芽之初，对全时空保障妇女权益、促进和谐家风建设具有重要意义。

从国际标准来看，“法护家安”反家暴人身保护令模块的设置符合联合国大会第65届会议（A/65/457/65/228）就针对妇女的暴力行为加强犯罪预防和形式司法应对的决议，诠释了“针对妇女的暴力（包括家庭暴力）的受害人可以获得公安部门、检察机关及法院设立专门的司法服务”这一标准。

叶某申请人身安全保护令案

——同居结束后受暴妇女仍可申请人身安全保护令

《中国反家暴十大典型案例（2023年）》案例7

2023年6月15日

【基本案情】

叶某（女）与黄某（男）是同居关系，双方于2021年生育女儿。后双方分手，女儿随叶某共同生活。叶某向法院起诉黄某同居关系子女抚养纠纷。2022年3月9日晚上，黄某去到叶某弟弟家中，并使用叶某弟弟的电话向叶某及其父母实施威胁，称：“如不交回孩子，将采取极端手段。”叶某及其家属立即于次日向所在辖区公安机关报警，同日晚上黄某通过网购平台购买了具有攻击性和伤害性的辣椒水用品，向法院解释是为了自己防身。叶某认为，结合黄某平时暴躁、极端的性格，其有可能作出恐怖、极端的行为，并已危及自己及家属的安全及生命，故于2022年4月向法院申请人身安全保护令，请求法院裁定禁止黄某骚扰、跟踪、威胁、殴打叶某及女儿。

【裁判结果】

法院经审查认为，黄某辩解因申请人藏匿女儿，导致其无法与女儿见面，心里很生气，于是想买瓶辣椒水。可见，黄某购买辣椒水并非用于防身，而是意图报复叶某。叶某提交的辣椒水购买记录、住所楼道监控录像等证据及黄某自认的事实，足以证实黄某及其亲属因女儿抚养权及探望争议对叶某进行骚扰、威胁，使叶某面临家庭暴力的现实危险，叶某的申请符合《中华人民共和国反家庭暴力法》第二十七条规定的发出人身安全保护令的条件。叶某与黄某如因女儿的抚养权及探望问题发生矛盾，应通过合法途径解决。最终，法院依照《中华人民共和国反家庭暴力法》之相关规定，作出人身安全保护令，裁定禁止黄某骚扰、跟踪、威胁、殴打叶某及其女儿。

【典型意义】

1. 同居男女朋友分手后女方遭受威胁、恐吓等暴力侵害的，可向法院申请人身安全保护令。

《中华人民共和国反家庭暴力法》第三十七条规定，家庭成员以外共同生活的人之间实施的暴力行为，参照本法规定执行。意味着监护、寄养、同居、离异等关系的人员之间发生的暴力行为也纳入法律约束。本案中，叶某与前男友黄某之间并非家庭成员关系，叶某的权益受侵害时，已结束了同居生活，但同居的结束，并不代表同居关系的结束，还有共同财产、子女等一系列问题需要解决，如机械地要求受害者必须与侵害人同住一所才能获得保护，与反家暴法的立法初衷相违背，也不符合常理。

《反家庭暴力法》的本质，是通过司法干预来禁止家庭成员、准家庭成员间，基于控制及特殊身份关系而产生的各种暴力。该法规定了非婚姻的准家庭成员关系也受其调整，那么在离婚妇女受暴后能获得司法干预的同时，同居结束后受暴妇女亦应同样能够获得保护。因此，同居男女朋友结束同居生活后若存在家庭暴力情形的，也应作为人身安全保护令的申请主体。

从国际标准来看，符合联合国《消除对妇女一切形式歧视公约》及其一般性建议和联合国大会相关决议要求，体现了国际标准中国家针对妇女的暴力的无差别保护和司法救济，不因是否具有婚姻关系，是否尚处于同居关系等加以划分和有所限制。

2. 被申请人未实施实质性人身伤害行为，申请人仅提供了被申请人购买辣椒水的淘宝订单记录，是否符合发出人身安全保护令的条件。

家庭暴力具有隐密性和突发性，对于家庭暴力行为发生可能性的证明，难度相对较高，为防止侵害行为的发生，应适当降低证明标准，即只要申请人能够提供初步证据证明存在家暴发生的现实危险即可，对于侵害可能性的标准应当从宽。《最高人民法院关于办理人身安全保护令案件适用法律若干问题的规定》第六条明确了人身安全保护令案件中，人民法院根据相关证据，作出人身安全保护令的证明标准是“申请人遭受家庭暴力或者面临家庭暴力现实危险的事实存在较大可能性”，而非民事诉讼的“高度盖然性”，降低了证明标准，从而减轻了当事人的举证负担。本案中，即使黄某尚未对叶某产生实质性伤害，但结合本案监控录像等证据及黄某自认“因原告藏匿女儿很生气，后购买了辣椒水”的事实，叶某遭受家庭暴力或者面临家庭暴力现实危险的事实存在较大可能性，因此，法院应当立即发出人身安全保护令，这对于预防及制止家庭暴力、保护家庭成员，具有重要意义，也符合反家庭暴力工作应遵循预防为主的基本原则。

3. 申请人提交的住所楼道监控录像及被申请人的淘宝购买订单可作为证实家暴的证据。

在对家暴行为的认定中，证据形式更加多样化，除了报警记录、病历、处罚决定书等，当事人陈述、短信、微信记录、录音、视频、村居委和妇联等单位机构的救助记录等均可纳入证据范围。《最高人民法院关于办理人身安全保护令案件适用法律若干问题的规定》第六条第二款第五项规定的“记录家庭暴力发生或者解决过程等的视听资料”、第十一项规定的“其他能够证明申请人遭受家庭暴力或者面临家庭暴力现实危险的证据”，均可以作为证明存在家庭暴力的证据。

体育活动培训协议的免责条款依法无效

——齐某与某文化公司、郝某健康权纠纷案

《涉体育纠纷民事典型案例》案例二

2023 年 6 月 21 日

关键词：免责条款；安全保障义务

【基本案情】

齐某与某文化公司签订《培训协议》，约定由某文化公司对齐某进行泰拳培训，除非公司存在故意或者重大过失，否则在培训中受伤的后果应由齐某自行承担。课程开始前，某文化公司临时将原泰拳教练更换为散打教练为齐某授课；课程即将结束时，教练安排齐某与另一名泰拳学员郝某进行摔跤对练，并未按照规定在旁进行指导保护。齐某在对练中倒地受伤，起诉请求某文化公司及郝某共同赔偿其医疗费等损失。

【裁判结果】

审理法院认为，《培训协议》的免责条款违反了《中华人民共和国民法典》第五百零六条及《中华人民共和国消费者权益保护法》第二十六条的规定，应当认定为无效。某文化公司作为专门从事体育运动项目培训的机构，应当尽到对学员的专业指导、安全保障等义务；其作为培训活动的组织者，无权以《中华人民共和国民法典》规定的自甘风险规则进行抗辩。现有证据不能认定齐某受伤由齐某、郝某故意或者重大过失所致，二人均不承担责任。审理法院判决某文化公司赔偿齐某医疗费等损失。

【典型意义】

全民健身在体育事业发展中具有基础性作用。随着“健身热”持续升温，社会力量办体育的积极性不断提高，越来越多的人选择到健身场所锻炼，随之产生的涉体育纠纷也成为公众关注的热点问题。体育活动培训协议有关除非培训公司存在故意或者重大过失，其不承担责任的约定将培训公司承担责任的情形仅限于存在故意或者重大过失，属于“造成对方人身损害的”免责条款无效情形，此约定依法无效。本案裁判维护了体育培训学员的合法权益，有利于提升体育培训机构安保意识、服务质量和教学水平，促使其依法依约开展培训活动，引导体育培训行业良性发展。

王某某诉梅河口市某热电有限责任公司健康权纠纷案

《人民法院抓实公正与效率践行社会主义
核心价值观典型案例》案例 2
2023 年 8 月 2 日

【基本案情】

陈某某系梅河口市某热电有限责任公司（以下简称某热电公司）职工，2020 年 7 月 25 日下阀井作业发生缺氧窒息。在阀井附近菜地干活的王某某，收到陈某某妻子求助后，迅速下井救人，但其救援并未成功，自己也因窒息昏倒在地。后王某某经救治后恢复意识，陈某某经救治无效死亡。梅河口市人民政府事故调查组将此次陈某某窒息死亡事故认定为安全生产责任事故。经吉林某司法鉴定所鉴定，王某某未构成伤残。王某某诉至梅河口市人民法院，要求某热电公司承担医疗费、护理费等。

【裁判结果】

吉林省梅河口市人民法院认为，王某某为救助某热电公司职工使自己受到缺氧窒息的侵害，其行为构成见义勇为。王某某因此受到的损害应由侵权人承担赔偿责任。据此，判决某热电公司赔偿王某某经济损失 4 万余元。

【典型意义】

该案用鲜活的案例回应了救人未果但受损亦应得到赔偿的司法理念，是弘扬“舍己为人、友善互助”的社会主义核心价值观的典型体现。王某某是为救助某热电公司的员工受到损害，其窒息原因与某热电公司管线作业环境存在危险因素直接相关，某热电公司作业环境严重缺氧客观上造成了救助人和被救助人的损害。虽然本案的加害行为非“人为”所致，但危险作业环境仍属加害行为的一种形式，故王某某的权益损害与某热电公司存在直接因果关系。梅河口市人民法院综合考量王某某受损与某热电公司的因果关系等情况，依法认定某热电公司为侵权人。本案中王某某在没有法定或约定救助义务的前提下，面对他人的危难，勇敢挺身，王某某的救助行为虽然未能成功使他人转危为安，但法律应当鼓励这种见义勇为行为，救助成功与否不影响其损害赔偿请求权的行使。

齐某某诉孙某某健康权纠纷案

《人民法院抓实公正与效率践行社会主义核心价值观典型案例》案例 13

2023 年 8 月 2 日

【基本案情】

2017 年 9 月 7 日晚 8 时左右，齐某某因感觉头晕到孙某某经营的药店买药。齐某某服下硝酸甘油药片后出现心脏骤停现象，孙某某即实施心肺复苏进行抢救。齐某某恢复意识后，由 120 救护车送往康平县人民医院住院治疗，被诊断为双侧多发肋骨骨折、右肺挫伤、低钾血症，共计住院 18 天。齐某某提起本案诉讼，请求孙某某赔偿医疗费、护理费、交通费、住院伙食补助费共计 9000 余元。

【裁判结果】

辽宁省康平县人民法院认为，孙某某系自愿实施紧急救助行为，虽然救助过程中导致齐某某身体损害，但没有证据证明齐某某心脏骤停与服用的硝酸甘油药物有关。且孙某某具有医学从业资质，给老人进行心肺复苏造成肋骨骨折及肺挫伤无法完全避免，其救助行为没有过错，不违反诊疗规范，故孙某某作为救助人对齐某某的损害不承担民事责任。

【典型意义】

善意施助，救死扶伤，是中华民族的传统美德。然而近年来，因助人为乐而惹上“官司”，为救济他人而招致自身受损等情况并不罕见，“扶不扶”“救不救”已然成为社会热议话题。《民法典》第一百八十四条规定，因自愿实施紧急救助行为造成受助人损害的，救助人不承担民事责任。本案判决符合立法本意及价值观导向，为救助人保驾护航，无需因顾虑承担责任而放弃救助，倡导社会公众互帮互助，调动民间力量，在危急关头第一时间开展救助，为挽救人民生命安全争取时间，使“救不救”的问题不再成为拷问人心的艰难抉择，对弘扬社会主义道德风尚、践行社会主义核心价值观具有积极引导意义。

张某诉上海地铁某运营有限公司、淮安市某保安服务公司健康权纠纷案

《人民法院抓实公正与效率践行社会主义核心价值观典型案例》案例 14

2023 年 8 月 2 日

【基本案情】

上海地铁 2 号线由被告上海地铁某有限公司运营管理，被告淮安市某保安服务公司负责地铁 2 号线龙阳路站的安全保障工作。2018 年 10 月 4 日，原告张某进入地铁 2 号线龙阳路站 3 号口安检区，安检人员请原告将随身携带的小包上安检机安检，原告未予配合，并强行走向地铁闸机。该安检人员进行阻拦时原告突然倒地。事发后，原告至医院就诊，诊断结果为“左膝髌骨脱位”，为此支付医疗费若干。原告认为二被告侵犯了其合法权益，故起诉至人民法院。

【裁判结果】

上海铁路运输法院认为，原告因拒绝安检遭阻拦而倒地受伤，且安检人员未使用暴力或存在其他过激行为，其阻拦原告进站系履行安检职责的行为，并无不当。被告未对原告实施侵权行为，原告要求其承担侵权损害赔偿责任缺乏依据，故判决驳回原告诉讼请求。

【典型意义】

遵守社会公共秩序，既是法律制度、公序良俗的要求，也是社会文明的标尺。地铁作为市民日常出行的公共交通工具，旅客进入地铁前接受安保人员的安全检查，既是公众达成的一项社会共识，同时也事关旅客人身安全，该规则应普遍遵守。本案审理认定了公共场所合理安全保障规则的“公序”

属性，明确了公共场所参与人员均应当受到规则约束。扰乱公共场所管理秩序，引发自身损害者，应当对损害后果承担相应责任。该案明确公共场所管理人在管理过程中既要注意管理方式，更要积极行使管理职责，树立了正确价值导向，有利于引导公共场所管理人积极参与社会治理，以核心价值观引领推动社会治理能力和治理水平现代化。

张某某诉韦某某健康权纠纷案

《人民法院抓实公正与效率践行社会主义
核心价值观典型案例》案例 15
2023 年 8 月 2 日

【基本案情】

2019 年 10 月 11 日，某大学在校学生张某某和韦某某参加学校组织的篮球比赛，分属两队。比赛过程中，张某某起跳上篮时，韦某某亦起跳防守，双方发生碰撞，张某某倒地受伤，韦某某被判犯规。事故发生后，张某某立即被送往医院，经诊断为左肩外伤。张某某诉至法院，请求判令韦某某赔偿医疗费等费用共计 6 万余元。某大学体育教学部出具《情况说明》，确认韦某某系违反体育运动精神的犯规。

【裁判结果】

上海市第一中级人民法院认为，张某某自愿参加具有相当风险的篮球比赛，韦某某的防守行为虽然构成犯规但其主观上没有故意或者重大过失。且涉案篮球比赛为学校组织的比赛，属业余性质的校内高级别赛事，对于业余参赛者能力及犯规行为不能过于苛责。遂判决韦某某无需承担侵权责任，驳回张某某诉讼请求。

【典型意义】

《民法典》第一千一百七十六条第一款明确了“自甘风险”规则适用的基本标准，首次从法律层面正式将自甘风险规则确定为法定的阻却违法性事由，保障体育活动参加者自由参加文化体育活动，促进文化活动健康有序发展。本案明确体育比赛中犯规行为并非必然导致侵害行为的违法性，确立了“自甘风险”规则在司法适用中的具体标准。本案贯彻社会主义核心价值观的理念要求，在裁判中打破了“有损必有赔”的思维模式，避免脱离具体事实情况和法律原意的“和稀泥”做法，回应了人民群众对公平正义的期待。

李某某申请人格权侵害禁令案

——为避免合法权益受到难以弥补的损害，人民法院可以依法作出人格权侵害禁令

《依法惩治网络暴力违法犯罪典型案例》案例六

2023 年 9 月 25 日

【基本案情】

自 2022 年 5 月至 2023 年 4 月，被告张某某使用其拥有 40 万粉丝的网络账号直播 40 余次，发布针对李某某的视频，其中含有大量谩骂和人身攻击言辞。引发网民围观，跟进评论、嘲讽、诋毁。同时，张某某还组建粉丝群，煽动他人辱骂李某某。李某某据此向法院提起网络侵权责任纠纷诉讼。案件审理期间，经法庭释明后，张某某仍每晚定时直播，继续针对李某某发布相关侵权言论，并公开李某某数位身份证号码。2023 年 7 月 6 日，李某某向法院提出人格权侵害禁令申请。

【裁判结果】

北京互联网法院裁定认为，结合张某某既往行为和本案实际情况，其正在实施侵害行为，且继续实施侵权行为的可能性较大。涉案直播视频播放量较高，若不及时制止，将极大增加原告李某某的维权负担，导致侵权影响范围、损害后果进一步扩大。据此，依法作出裁定，责令张某某立即停止在涉案账号中发布侵害李某某名誉权的内容。该裁定发生法律效力后，被申请人张某某已停止相关行为。

【典型意义】

网络暴力借助信息技术手段实施，与现实空间之中的侵害行为具有明显

不同。特别是，网络暴力的强度及其对被害人合法权益的损害程度，往往与网络暴力信息的传播速度、规模直接相关。基于此，阻断网络暴力信息扩散、发酵往往具有急迫性，需要采取紧急措施，避免对合法权益造成难以弥补的损害。对此，《民法典》第九百九十七条规定："民事主体有证据证明行为人正在实施或者即将实施侵害其人格权的违法行为，不及时制止将使其合法权益受到难以弥补的损害的，有权依法向人民法院申请采取责令行为人停止有关行为的措施。"据此，权利人对正在实施或者即将实施侵害其人格权的网络暴力行为，在提起民事诉讼时，还可以向人民法院申请依法适用人格权侵害禁令制度。

本案即是依法适用人格权侵害禁令的案例，被告发布相关侵权信息的持续时间较长、信息受众群体规模巨大，对原告名誉权造成严重负面影响，人民法院根据原告申请，在一周内即作出人格权侵害禁令，及时制止了被告继续实施相关行为，有力维护了受害人合法权益。

王某某等诉龚某名誉权纠纷案

——为有效维护受害人合法权益，可以判令行为人通过公开道歉等方式消除不良影响

《依法惩治网络暴力违法犯罪典型案例》案例七

2023 年 9 月 25 日

【基本案情】

王某某、高某夫妇与龚某系邻居，双方因邻里琐事产生矛盾。2022 年 6 月，龚某在成员百余人的"互帮互助群"和"邻里互助群"小区微信群内，发布针对王某某夫妇家庭生活、子女教育及道德品行方面的言论。王某某、高某认为龚某的言论给其造成了精神痛苦，导致了其社会评价降低、名誉受损等后果，向法院提起名誉权纠纷诉讼，请求判令龚某在上述微信群内公开赔礼道歉并赔偿精神损害抚慰金。

【裁判结果】

上海市闵行区人民法院判决认为：龚某在近百人的小区微信群内发布的

针对王某某、高某夫妇的涉案言论，易使涉案微信群内的其他成员陷入错误判断，造成其人格受贬损、名誉被诋毁及社会评价降低的后果，故认定龚某发表的涉案言论构成侵犯王某某、高某名誉权，判决龚某在涉案两个微信群内以书面形式公开赔礼道歉，并赔偿精神损害抚慰金1000元。判决生效后，因涉案微信群之一已解散，在执行法官见证下，龚某逐户上门说明情况，同时在楼道口张贴致歉公告。

【典型意义】

网络暴力信息往往具有传播范围广、持续时间长、社会危害大、影响消除难的特点。办案机关根据案件进展情况，及时澄清事实真相，有效消除不良影响，是遏制网络暴力危害、保障受害人权益的重要方面。对于相关民事案件，除了让被告承担相应的侵权赔偿责任外，还可以判令其通过公开道歉等方式，及时消除不良影响，实现对受害人人格权的有效保护。

本案即是判令行为人公开道歉的案例，被告涉案言论在小区微信群传播，影响受害人的日常生活，对其社会评价造成不良影响。基于此，为受害人及时消除不良影响不仅必要，而且可行。人民法院结合具体案情，在涉案微信群解散、不具备线上执行条件的情况下，由执行法官全程陪同被告逐户上门说明情况、澄清事实，不仅为受害人有效消除影响、恢复名誉，还教育引导社会公众自觉守法，引领社会文明风尚。

张某彦、张某怡诉洋县林业局生命权纠纷案

《国家公园司法保护典型案例》案例九

2023年10月17日

【基本案情】

2017年3月18日，巡山人员发现，陕西省汉中市洋县茅坪镇朝阳村十二组村民郑某海死于朝阳村十二组小河沟路边。经洋县公安局勘查检验、洋县林业局调查确认，郑某海系被国家一级保护动物羚牛致伤身亡。后洋县林业局、财政局联合向汉中市林业局、财政局上报，请求按照《陕西省重点保护陆生野生动物造成人身财产损害补偿办法》（以下简称《补偿办法》）及其实

施细则规定，对郑某海的死亡予以补偿资金 187820 元（全省 2016 年度农民人均纯收入 9396 元×20 倍），其中省级财政分担 150336 元，市、县级财政各分担 18792 元。2018 年 12 月 12 日，汉中市财政局对郑某海被羚牛致伤身亡的省级财政负担资金 150336 元划拨到位。因郑某海亲属对补偿金的分配未达成一致意见，补偿金未予兑付。郑某海的父母已亡故，郑某海生前与前妻育有两个女儿即张某彦、张某怡。张某彦、张某怡遂以生命权纠纷为由提起诉讼，诉请洋县林业局赔偿损失 216933 元。审理中，双方对补偿金额 187820 元均无异议，洋县林业局亦认可二原告系死者郑某海的第一顺序法定继承人。

【裁判结果】

陕西省汉中市洋县人民法院经审理认为，《补偿办法》第二条、第八条、第九条规定，经县级以上人民政府林业行政主管部门确认，在本省行政区域内，国家和省重点保护陆生野生动物造成人身伤害或财产损失符合规定情形的，受害人有依照本办法取得政府补偿的权利；造成死亡的，给予一次性损害补偿（含丧葬补助费），标准为全省上年度农民人均纯收入的 20 倍；人身财产损害补偿费由省级财政负担 80%，设区市、县级财政各负担 10%。据此，二原告作为郑某海之女，有权利依法向政府申请补偿。洋县林业局作为洋县人民政府的林业行政主管单位，应按照《补偿办法》规定履行法定义务。遂判决：洋县林业局向张某彦、张某怡支付省级财政已划拨到位的 150336 元补偿金；市、县级财政各分担的 18792 元补偿金，由洋县林业局向财政主管部门申报后支付；驳回原告其他诉讼请求。

【典型意义】

本案系一起发生在大熊猫国家公园区域内的国家保护野生动物致人死亡引发的纠纷案件。羚牛是国家一级保护动物，与大熊猫、朱鹮、金丝猴一并被称为“秦岭四宝”，均是生活在大熊猫国家公园的珍稀物种。随着我国生态文明建设的深入推进，野生动物栖息地和生存空间不断扩大，野生动物伤人事件时有发生。《中华人民共和国野生动物保护法》第十九条规定，因保护本法规定保护的野生动物，造成人员伤亡、农作物或者其他财产损失的，由当地人民政府给予补偿，具体办法由省级人民政府制定。本案中，人民法院参照该省补偿规定，判决被告支付相应的补偿金，较好地兼顾野生动物保护与维护人民生命财产安全的双重目标，对于构建人与自然和谐共生的良好生态环境具有积极意义。同时，人民法院及时向林业主管部门发出司法建议，督促其通过在野生动物保护区设立警示标志、在动物活跃期增强巡逻等方式，切实提高周边群众防范意识，确保周边群众的人身财产安全。

林某申请人身安全保护令案

——人身安全保护令可适用于终止恋爱关系的当事人

《最高人民法院发布人民法院反家庭暴力典型案例（第一批）》案例一

2023 年 11 月 25 日

关键词：终止恋爱关系；骚扰；暴力；不法侵害

【基本案情】

林某（女）和赵某原系情侣，后因双方性格不合，林某提出分手。此后，赵某通过使用暴力、进行定位跟踪、使用窃听设备、破坏家门锁与电闸、安装监控摄像头等多种形式对林某进行骚扰，严重影响了林某的正常生活与工作，且对林某的人身安全构成威胁。林某多次通过人民调解委员会与赵某调解，但赵某拒不改正。林某遂向人民法院申请人身安全保护令。

【裁判理由及结果】

人民法院经审查认为，妇女权益保障法明确规定，禁止以恋爱、交友为由或者在终止恋爱关系、离婚之后，纠缠、骚扰妇女，泄露、传播妇女隐私和个人信息。妇女遭受上述侵害或者面临上述侵害现实危险的，可以向人民法院申请人身安全保护令。申请人提供的证据，可以证实被申请人自双方终止恋爱关系后，以不正当方式，骚扰申请人，干扰申请人的正常生活，致申请人面临侵害的现实危险，符合作出人身安全保护令的法定条件。裁定：禁止被申请人赵某殴打、骚扰、跟踪、接触申请人林某。

【典型意义】

妇女权益遭受的侵害除了来自家庭，也常见于恋爱关系中或者终止恋爱关系以及离婚之后。为此，新修订的《妇女权益保障法》第二十九条明确规定，禁止以恋爱、交友为由或者在终止恋爱关系、离婚之后，纠缠、骚扰妇女，泄露、传播妇女隐私和个人信息。妇女遭受上述侵害或者面临上述侵害现实危险的，可以向人民法院申请人身安全保护令。该条规定将适用人身安全保护令的主体范围由家庭成员扩大至曾经具有恋爱、婚姻关系或者以恋爱、交友为由进行接触等人群，可以更好地预防和制止发生在家庭成员以外亲密关系中的不法行为。本案中，人民法院根据上述法律规定，及时签发人身安全保护令，让被申请人意识到其实施的行为已构成违法，通过人身安全保护令在施暴人和受害人之间建立起了一道无形的“隔离墙”，充分保护妇女合法权益。

李某申请人身安全保护令案

——发出人身安全保护令的证明标准是“存在较大可能性”

《最高人民法院发布人民法院反家庭暴力典型案例（第一批）》案例二

2023 年 11 月 25 日

关键词：人身安全保护令；证明标准；较大可能性

【基本案情】

申请人李某（女）与龚某系夫妻，双方于 2000 年 4 月登记结婚。婚姻关系存续期间，李某多次遭到龚某的暴力殴打，最为严重的一次是被龚某用刀威胁。2023 年 4 月，为保障人身安全，李某向人民法院申请人身安全保护令，但其仅能提交一些身体受伤的照片和拨打报警电话的记录。龚某称，李某提供的受伤照片均为其本人摔跤所致，报警系小题大作，其并未殴打李某。

【裁判结果与理由】

人民法院经审查认为，虽然李某提供的照片和拨打报警电话的记录并不能充分证明其遭受了龚某的家庭暴力，但从日常生活经验和常理分析，该事实存在较大可能性，已达到申请人身安全保护令的证明标准。裁定：禁止被申请人龚某对申请人李某实施家庭暴力。

【典型意义】

当遭受家庭暴力或面临家庭暴力现实危险时，受害人可以向法院申请人身安全保护令。该制度的创设目的在于对已经发生或者可能发生的家庭暴力行为作出快速反应，及时保护申请人免遭危害。实践中，预防和制止家庭暴力最大的障碍是家暴受害人举证不足问题。鉴于人身安全保护令作为禁令的预防性保护功能，《最高人民法院关于办理人身安全保护令案件适用法律若干问题的规定》第六条规定，签发人身安全保护令的证明标准是“存在较大可能性”。本案中，虽然受害人提供的受伤照片和报警电话记录不能充分证明存在家暴行为，但人民法院综合考量双方当事人的陈述、多次报警情况，结合日常生活经验，认定家庭暴力事实存在较大可能性，符合法律应有之义，特别关注了家庭暴力受害人举证能力较弱、家暴行为私密性等特征，最大限度发挥人身安全保护令的预防和隔离功能，以充分保护家庭暴力受害人的合法权益。

王某申请人身安全保护令案

——通过自伤自残对他人进行威胁属家庭暴力

《最高人民法院发布人民法院反家庭暴力典型案例（第一批）》案例三

2023 年 11 月 25 日

关键词：自伤自残；精神控制

【基本案情】

申请人王某（女）与被申请人李某系夫妻关系。双方因家庭琐事经常发生争议，李某多次以跳楼、到王某工作场所当面喝下农药等方式进行威胁，王某亦多次报警皆协商未果。为保证人身安全，王某向人民法院申请人身安全保护令。

【裁判理由及结果】

人民法院经审查认为，李某自伤自残行为会让申请人产生紧张恐惧情绪，属于精神侵害，王某的申请符合申请人身安全保护令的法定条件。裁定：一、禁止被申请人李某对申请人王某实施家庭暴力；二、禁止被申请人李某骚扰、跟踪、威胁申请人王某。

【典型意义】

精神暴力的危害性并不低于身体暴力的危害性。本案中，被申请人虽未实施殴打、残害等行为给申请人造成身体损伤，但其自伤、自残的行为必定会让申请人产生紧张恐惧的情绪，导致申请人精神不自由，从而按照被申请人的意志行事。该行为属于精神暴力。人民法院通过签发人身安全保护令，明确通过伤害自己以达到控制对方的行为也属于家庭暴力，这不但扩大了对家庭暴力的打击范围，也为更多在家庭中遭受精神暴力的家暴受害人指明了自救的有效路径，为个体独立自主权及身心健康的保障提供了有力的后盾。

陈某申请人身安全保护令案

——子女对父母实施家庭暴力的，父母可以申请人身安全保护令

《最高人民法院发布人民法院反家庭暴力典型案例（第一批）》案例四

2023 年 11 月 25 日

关键词：子女；殴打父母；家庭暴力

【基本案情】

申请人陈某与被申请人郑某系母子关系。2022 年 6 月，郑某前往陈某居住的 A 房屋，以暴力威胁向陈某索要钱款，陈某拨打“110”报警。2022 年 9 月，郑某再次到陈某住处向陈某索要钱款，并对陈某进行辱骂和殴打，在陈某答应给予 2 万元的前提下才允许其离开住所。为避免进一步被威胁和伤害，陈某向人民法院申请人身安全保护令。

【裁判理由及结果】

人民法院经审查认为，申请人陈某已七十高龄，本应安度晚年，享受天伦之乐，但郑某作为子女非但没有好好孝敬申请人，而是多次使用辱骂、威

胁、殴打的手段向申请人索要钱财，给申请人的身心造成了巨大打击，申请人无法正常生活。申请人的申请符合《中华人民共和国反家庭暴力法》第二十七条规定的发出人身安全保护令的条件。裁定：一、禁止被申请人郑某殴打、威胁申请人陈某；二、禁止被申请人郑某以电话、短信、微信等方式骚扰申请人陈某；三、禁止被申请人郑某前往申请人陈某居住的 A 房屋。

【典型意义】

尊老敬老爱老是中华民族的传统美德。本案中，郑某作为具有独立生活能力的成年子女，不但没有孝敬母亲，反而以殴打、威胁方式索要钱财，不仅违背了法律规定，也有悖于人伦，法院应对该行为作出否定性评价。同时，本案申请人作为年逾七旬的老人，无论是保留证据能力还是自由行动能力均有一定局限性，人民法院充分考虑这一特殊情况，与当地公安、街道联动合作，依职权调取相关证据，为及时保护申请人的合法权益织起了一张安全网。

蔡某某申请人身安全保护令案

——未成年子女被暴力抢夺、藏匿或者目睹父母一方对另一方实施家庭暴力的，可以申请人身安全保护令

《切勿以爱之名对未成年人实施家庭暴力
最高人民法院发布人民法院反家庭暴力典型案例（第二批）》案例一
2023 年 11 月 27 日

关键词：未成年人；暴力抢夺；目击者；未共同生活

【基本案情】

2022 年 3 月，蔡某与唐某某（女）离婚纠纷案一审判决婚生子蔡某某由唐某某抚养，蔡某不服提起上诉，并在上诉期内将蔡某某带走。后该案二审维持一审判决，但蔡某仍拒不履行，经多次强制执行未果。2023 年 4 月，经法院、心理咨询师等多方共同努力，蔡某将蔡某某交给唐某某。蔡某某因与母亲分开多日极度缺乏安全感，自 2023 年 5 月起接受心理治疗。2023 年 5 月，蔡某到唐某某处要求带走蔡某某，唐某某未予准许，为此双方发生争执。

蔡某不顾蔡某某的哭喊劝阻，殴打唐某某并造成蔡某某面部受伤。蔡某某因此次抢夺事件身心受到极大伤害，情绪不稳，害怕上学、出门，害怕被蔡某抢走。为保护蔡某某人身安全不受威胁，唐某某代蔡某某向人民法院申请人身安全保护令。

【裁判理由及结果】

人民法院经审查认为，国家禁止任何形式的家庭暴力。家庭暴力，是指家庭成员之间以殴打、捆绑、残害、限制人身自由以及经常性谩骂、恐吓等方式实施的身体、精神等侵害行为。当事人因遭受家庭暴力或者面临家庭暴力的现实危险，向人民法院申请人身安全保护令，人民法院应当受理。蔡某某在父母离婚后，经法院依法判决，由母亲唐某某直接抚养。蔡某在探望时采用暴力方式抢夺蔡某某，并当着蔡某某的面殴打其母亲唐某某，对蔡某某的身体和精神造成了侵害，属于家庭暴力。故依法裁定：一、禁止被申请人蔡某以电话、短信、即时通讯工具、电子邮件等方式侮辱、诽谤、威胁申请人蔡某某及其相关近亲属；二、禁止被申请人蔡某在申请人蔡某某及其相关近亲属的住所、学校、工作单位等经常出入场所的一定范围内从事可能影响申请人蔡某某及其相关近亲属正常生活、学习、工作的活动。

【典型意义】

抢夺、藏匿未成年子女行为不仅侵害了父母另一方对子女依法享有的抚养、教育、保护的权利，而且严重损害未成年子女身心健康，应当坚决预防和制止。《未成年人保护法》第二十四条明确规定，不得以抢夺、藏匿未成年子女等方式争夺抚养权。本案中，孩子先是被暴力抢夺、藏匿长期无法与母亲相见，后又目睹父亲不顾劝阻暴力殴打母亲，自己也因此连带受伤，产生严重心理创伤。尽管父亲的暴力殴打对象并不是孩子，抢夺行为亦与典型的身体、精神侵害存在差别。但考虑到孩子作为目击者，其所遭受的身体、精神侵害与父亲的家庭暴力行为直接相关，应当认定其为家庭暴力行为的受害人。人民法院在充分听取专业人员分析意见基础上，认定被申请人的暴力抢夺行为对申请人产生了身体及精神侵害，依法签发人身安全保护令，并安排心理辅导师对申请人进行长期心理疏导，对审理类似案件具有借鉴意义。

唐某某申请人身安全保护令案

——全社会应形成合力，共同救护被家暴的未成年人

《切勿以爱之名对未成年人实施家庭暴力
最高人民法院发布人民法院反家庭暴力典型案例（第二批）》案例二
2023 年 11 月 27 日

关键词：未成年人；代为申请；心理辅导；矫治

【基本案情】

2023 年 8 月，唐某某（4 岁）母亲马某对唐某某实施家庭暴力，住所所在地 A 市妇联联合当地有关部门进行联合家访，公安部门对马某出具家庭暴力告诫书。2023 年 9 月，马某全家从 A 市搬至 B 市居住。同月底，唐某某所在幼儿园老师在检查时发现唐某某身上有新伤并报警，当地派出所出警并对马某进行口头训诫。2023 年 10 月初，B 市妇联代唐某某向人民法院递交人身安全保护令申请书。

【裁判理由及结果】

人民法院经审查认为，被申请人马某对申请人唐某某曾有冻饿、殴打的暴力行为，唐某某确实遭受家庭暴力，故其申请符合《中华人民共和国反家庭暴力法》关于作出人身安全保护令的条件，应予支持。裁定：一、禁止被申请人马某对申请人唐某某实施殴打、威胁、辱骂、冻饿等家庭暴力；二、责令被申请人马某接受法治教育和心理辅导矫治。

【典型意义】

预防和制止未成年人遭受家庭暴力是全社会的共同责任。未成年人因缺乏法律知识和自保能力，面对家暴时尤为需要社会的帮扶救助。本案中，有关部门在发现相关情况后第一时间上门摸排调查；妇联代为申请人身安全保护令；幼儿园及时履行强制报告义务；公安机关依法对父母予以训诫；人民法院依法发出人身安全保护令，并联系有关部门协助履行职责，多部门联合

发力共同为受家暴未成年人撑起法律保护伞。通过引入社会工作和心理疏导机制，对施暴人进行法治教育和心理辅导矫治，矫正施暴人的认识行为偏差，从根源上减少发生家暴的可能性。

刘某某与王某某离婚纠纷案

——离婚纠纷中，施暴方不宜直接抚养未成年子女

《切勿以爱之名对未成年人实施家庭暴力
最高人民法院发布人民法院反家庭暴力典型案例（第二批）》案例三
2023 年 11 月 27 日

关键词：离婚纠纷；家庭暴力；直接抚养；子女意愿

【基本案情】

刘某某（女）和王某某系夫妻关系，双方生育一子一女。婚后，因王某某存在家暴行为，刘某某报警 8 次，其中一次经派出所调解，双方达成“王某某搬离共同住房，不得再伤害刘某某”的协议。刘某某曾向人民法院申请人身安全保护令。现因王某某实施家暴等行为，夫妻感情破裂，刘某某诉至人民法院，请求离婚并由刘某某直接抚养子女，王某某支付抚养费等。诉讼中，王某某主张同意女儿由刘某某抚养，儿子由王某某抚养。儿子已年满 8 周岁，但其在书写意见时表示愿意和妈妈一起生活，在王某某录制的视频和法院的询问笔录中又表示愿意和爸爸一起生活，其回答存在反复。

【裁判理由及结果】

人民法院经审理认为，双方均确认夫妻感情已破裂，符合法定的离婚条件，准予离婚。双方对儿子抚养权存在争议。根据《中华人民共和国民法典》第一千零八十四条规定，人民法院应当按照最有利未成年子女的原则处理抚养纠纷。本案中，9 岁的儿子虽然具有一定的辨识能力，但其表达的意见存在反复，因此，应当全面客观看待其出具的不同意见。王某某存在家暴行为，说明其不能理性、客观地处理亲密关系人之间的矛盾，在日常生活中该行为对未成年人健康成长存在不利影响；同时，两个孩子从小一起生活，均由刘

某某抚养，能够使兄妹俩在今后的学习、生活中相伴彼此、共同成长；刘某某照顾陪伴两个孩子较多，较了解学习、生活习惯，有利于孩子的身心健康成长。判决：一、准予刘某某与王某某离婚；二、婚生儿子、女儿均由刘某某抚养，王某某向刘某某支付儿子、女儿抚养费直至孩子年满18周岁止。

【典型意义】

根据《民法典》第一千零八十四条规定，离婚纠纷中，对于已满8周岁的子女，在确定由哪一方直接抚养时，应当尊重其真实意愿。由于未成年人年龄及智力发育尚不完全，基于情感、经济依赖等因素，其表达的意愿可能会受到成年人一定程度的影响，因此，应当全面考察未成年人的生活状况，深入了解其真实意愿，并按照最有利于未成年人的原则判决。本案中，由于儿子表达的意见存在反复，说明其对于和哪一方共同生活以及该生活对自己后续身心健康的影响尚无清晰认识，人民法院慎重考虑王某某的家暴因素，坚持最有利于未成年子女的原则，判决孩子由最有利于其成长的母亲直接抚养，有助于及时阻断家暴代际传递，也表明了对婚姻家庭中施暴方在法律上予以否定性评价的立场。

彭某某申请人身安全保护令案

——学校发现未成年人遭受或疑似遭受家庭暴力的，应履行强制报告义务

《切勿以爱之名对未成年人实施家庭暴力
最高人民法院发布人民法院反家庭暴力典型案例（第二批）》案例四
2023年11月27日

关键词：未成年人；学校；强制报告；家庭教育指导

【基本案情】

申请人彭某某（女）13岁，在父母离异后随父亲彭某和奶奶共同生活，因长期受父亲打骂、罚站、罚跪，女孩呈现焦虑抑郁状态，并伴有自残自伤风险。2021年4月某日晚，彭某某因再次与父亲发生冲突被赶出家门。彭某某向学校老师求助，学校老师向所在社区派出所报案、联系社区妇联。社区

妇联将情况上报至区家庭暴力防护中心，区家庭暴力防护中心社工、社区妇联工作人员以及学校老师陪同彭某某在派出所做了笔录。经派出所核查，彭某确有多次罚站、罚跪以及用衣架打彭某某的家暴行为，并对彭某某手臂伤痕进行伤情鉴定，构成轻微伤，公安机关于 2021 年 4 月向彭某出具《反家庭暴力告诫书》，告诫其严禁再次实施家庭暴力行为。后彭某某被安置在社区临时救助站。彭某某母亲代其向人民法院提交人身安全保护令申请。

【裁判理由及结果】

人民法院经审查认为，经向派出所调取证据，可以证明彭某有多次体罚彭某某的行为，抽打彭某某手臂经鉴定已构成轻微伤，且彭某某呈现焦虑抑郁状态，有自伤行为和自杀意念，彭某的行为已构成家庭暴力，应暂时阻断其对彭某某的接触和监护。人民法院在立案当天即作出人身安全保护令，裁定：一、禁止被申请人彭某殴打、恐吓、威胁申请人彭某某；二、禁止被申请人彭某骚扰、跟踪申请人彭某某；三、禁止被申请人彭某与申请人彭某某进行不受欢迎的接触；四、禁止被申请人彭某在申请人彭某某的住所、所读学校以及彭某某经常出入的场所内活动。

【典型意义】

学校不仅是未成年人获取知识的场所，也是庇护学生免受家暴的港湾。根据《未成年人保护法》规定，作为密切接触未成年人的单位，学校及其工作人员发现未成年人遭受家庭暴力的，应当依法履行强制报告义务，及时向公安、民政、教育等部门报告有关情况。本案中，学校积极履行法定义务，在接到未成年人求助后立即向所在社区派出所报案、联系社区妇联，积极配合开展工作，处置及时、反应高效，为防止未成年人继续遭受家庭暴力提供坚实后盾。人民法院受理人身安全保护令申请后，第一时间向派出所、社区组织、学校老师了解情况，当天即作出人身安全保护令裁定。同时，人民法院还通过心理辅导、家庭教育指导等方式纠正彭某在教养子女方面的错误认知，彭某认真反省后向人民法院提交了书面说明，深刻检讨了自己与女儿相处过程中的错误做法，并提出后续改善措施保证不再重蹈覆辙。

韩某某、张某申请人身安全保护令案

——直接抚养人对未成年子女实施家庭暴力，人民法院可暂时变更直接抚养人

《切勿以爱之名对未成年人实施家庭暴力
最高人民法院发布人民法院反家庭暴力典型案例（第二批）》案例五
2023 年 11 月 27 日

关键词：未成年人；直接抚养人；暂时变更

【基本案情】

申请人韩某某在父母离婚后跟随父亲韩某生活。韩某在直接抚养期间，以韩某某违反品德等为由采取木棍击打其手部、臀部、罚跪等方式多次进行体罚，造成韩某某身体出现多处软组织挫伤。韩某还存在因韩某某无法完成其布置的国学作业而不准许韩某某前往学校上课的行为。2022 年 9 月，某派出所向韩某出具《家庭暴力告诫书》。2022 年 11 月，因韩某实施家暴行为，公安机关依法将韩某某交由其母亲张某临时照料。2022 年 12 月，原告张某将被告韩某诉至人民法院，请求变更抚养关系。为保障韩某某人身安全，韩某某、张某于 2022 年 12 月向人民法院申请人身安全保护令。

【裁判理由及结果】

人民法院经审查认为，父母要学会运用恰当的教育方式开展子女教育，而非采取对未成年人进行体罚等简单粗暴的错误教育方式。人民法院在处理涉未成年人案件中，应当遵循最有利于未成年人原则，充分考虑未成年人身心健康发展的规律和特点，尊重其人格尊严，给予未成年人特殊、优先保护。韩某作为韩某某的直接抚养人，在抚养期间存在严重侵犯未成年人身心健康、不利于未成年人健康成长的行为，故依法裁定：一、中止被申请人韩某对申请人韩某某的直接抚养；申请人韩某某暂由申请人张某直接抚养；二、禁止被申请人韩某暴力伤害、威胁申请人韩某某；三、禁止被申请人韩某跟踪、骚扰、接触申请人韩某某。

【典型意义】

一般人身安全保护令案件中，申请人的请求多为禁止实施家暴行为。但对被单亲抚养的未成年人而言，其在学习、生活上对直接抚养人具有高度依赖性，一旦直接抚养人实施家暴，未成年人可能迫于压力不愿也不敢向有关部门寻求帮助。即使人民法院作出人身安全保护令，受限于未成年人与直接抚养人共同生活的紧密关系，法律实施效果也会大打折扣。本案中，考虑到未成年人的生活环境，人民法院在裁定禁止实施家庭暴力措施的基础上，特别增加了一项措施，即暂时变更直接抚养人，将未成年人与原直接抚养人进行空间隔离。这不仅可以使人身安全保护令发挥应有功效，也能保障未成年人的基本生活，更有利于未成年人的健康成长。

吴某某申请人身安全保护令案

——父母应当尊重未成年子女受教育的权利，父母行为侵害合法权益的，未成年子女可申请人身安全保护令

《切勿以爱之名对未成年人实施家庭暴力
最高人民法院发布人民法院反家庭暴力典型案例（第二批）》案例六
2023 年 11 月 27 日

关键词：未成年人；受教育权；精神暴力

【基本案情】

申请人吴某某（女）16 岁，在父母离婚后随其父亲吴某生活，于 2022 年第一次高考考取了一本非 985 高校。吴某安排吴某某复读，要求必须考取 985 高校，并自 2022 年暑期开始居家教授吴某某知识。开学后，吴某一直不让吴某某到学校上课。2022 年下半年，吴某某奶奶发现吴某将吴某某头发剪乱，不让其吃饱饭，冬天让其洗冷水澡，不能与外界交流（包括奶奶），并威胁其不听话就不给户口簿、不协助高考报名。因反复沟通无果，吴某某奶奶向当地妇联寻求帮助。妇联联合人民法院、公安、社区、教育局立即开展工作，赶赴现场调查取证。吴某某向人民法院申请人身安全保护令。

【裁判理由及结果】

人民法院经审查认为，申请人吴某某有遭受家庭暴力或者面临家庭暴力现实危险，其申请符合人身安全保护令的法定条件。人民法院在收到申请后6小时内便作出人身安全保护令，裁定：一、禁止被申请人吴某对申请人吴某某实施家庭暴力；二、禁止被申请人吴某限制申请人吴某某人身自由、虐待申请人；三、禁止被申请人吴某剥夺申请人吴某某受教育的权利。

【典型意义】

未成年子女是独立的个体，他们享有包括受教育权在内的基本民事权利。父母对未成年子女负有抚养、教育、保护义务。在处理涉未成年人事项时，应当坚持最有利于未成年人的原则，尊重未成年人人格尊严、适应未成年人身心健康发展的规律和特点，尊重未成年人受教育的权利。父母应当在充分保障未成年子女身体、心理健康基础上，以恰当的方式教育子女。本案中，父亲虽系出于让孩子取得更好高考成绩的良好本意，但其采取的冻饿、断绝与外界交流等方式损害了未成年人的身体健康，违背了未成年人的成长规律，禁止出门上学更是损害了孩子的受教育权，名为“爱”实为“害”，必须在法律上对该行为作出否定性评价。

养老机构与第三人构成共同侵权，应承担连带责任

——王某诉某养老院生命权、身体权、健康权纠纷一案

《保障老年人合法权益　引导养老产业健康发展
最高人民法院发布涉养老服务民事纠纷典型案例》案例一
2024年2月20日

【基本案情】

潘某某入住某养老院，享受一级护理。潘某某居住的房间位于三楼，房间窗户右侧墙壁上安装有烟囱，系位于一楼的某浴室的燃气热水锅炉排气管，烟囱管道与窗户的距离较近。某养老院与某浴室之间存在房屋租赁关系。

某日凌晨，护理员至潘某某的房间巡视时发现异常，遂将老人送至医院

急诊，并通知家属。潘某某经诊断为一氧化碳中毒住院治疗，后去世。经查，燃气热水锅炉在作业的过程中产生一氧化碳，通过排气管渗透至潘某某所住房间。

潘某某的继承人王某起诉，请求某养老院和某浴室共同赔偿丧葬费、死亡赔偿金、精神损害抚慰金等。

【裁判理由】

审理法院认为，某养老院作为一家养老机构，应对潘某某尽到充分的安全保护义务，对建筑物及配套设施、设备的安全性应尽更高的注意义务。浴室排气管距离潘某某房间的窗户较近，某养老院理应预见到存在一定的危险性，但其未要求浴室对排气管道进行必要整改，亦未采取相应防范措施。某浴室对排气管道的安装铺设负有责任，其明知楼上房间有老人居住，却未对排气管的位置进行整改或延伸，且在使用燃气锅炉时未采取有效的防护措施，造成一氧化碳泄漏，并渗透至潘某某所住房间。综上，某养老院、某浴室共同实施侵权行为导致潘某某一氧化碳中毒，应承担连带赔偿责任。

【典型意义】

《中华人民共和国民法典》第一千一百六十五条第一款规定："行为人因过错侵害他人民事权益造成损害的，应当承担侵权责任。"本案中，某养老院作为专业的养老机构，对于入住的老人具有安全保护义务。对于某浴室安装的排气管、烟囱等存在安全隐患的设施设备，应积极采取措施进行防范、提示，并要求进行整改，不能采取漠视、放任的态度，否则应承担相应的责任。某浴室作为燃气锅炉的使用者、受益者，明知楼上居住的均是老人，更应当提高安全意识，对存在安全隐患的配套设备、设施进行整改，避免发生有毒气体泄漏等安全事故。本案值得养老机构及其他经营者警醒，提高安全防护意识，加强对安全隐患的整改，这既是经营者对自身的保护，更是社会责任的体现。

老年人突发疾病，养老机构尽到救助义务的，不承担责任

——王某甲诉某老年公寓生命权、身体权、健康权纠纷案

《保障老年人合法权益　引导养老产业健康发展

最高人民法院发布涉养老服务民事纠纷典型案例》案例四

2024 年 2 月 20 日

【基本案情】

在王某入住某老年公寓之前，某老年公寓对其开展了健康状况评估，并作为甲方与王某（乙方）、王某甲（丙方，系王某某的子女）签订《托养服务协议书》，约定如乙方突发疾病，甲方应及时通知丙方，由丙方决定在哪个医院接受抢救和治疗，或由丙方同意及时拨打 120 急救。该老年公寓同时对老人存在的潜在意外风险等进行了告知，王某甲签署了《送养人知情承诺书》。

某日夜间，工作人员巡查时发现王某在房间内摔倒，遂扶起王某并电话通知家属。送医后，王某被诊断为“大面积脑梗死伴出血转化”等，后去世。王某甲认为某老年公寓存在管理不当，导致王某没有得到合理的救治，起诉请求赔偿。

【裁判理由】

审理法院认为，某老年公寓对王某开展了入院健康评估，《托养服务协议书》对可能出现的“自己跌倒、突发疾病”等情形的处理和责任承担进行了明确约定。从王某入住、摔倒、突发疾病、送医救治的过程看，某老年公寓的行为并无明显不当。遂判决驳回王某甲的诉讼请求。

【典型意义】

《养老机构管理办法》第十七条规定：“养老机构按照服务协议为老年人提供生活照料、康复护理、精神慰藉、文化娱乐等服务。”从全国第七次人口普查结果看，我国人口老龄化趋势明显，如何保障老年人的合法权益，同时促进养老产业的健康发展，成为整个社会必须关心和思考的问题。本案中，

养老机构对入住老年人开展了入院评估，王某甲也认可并选择了半护理的养老模式，签署了相关承诺。从王某入住、摔倒、突发疾病、送医救治的过程看，某老年公寓的行为符合《托养服务协议书》约定，尽到了及时救助的义务，审理法院据此驳回了王某甲的诉讼请求。本案裁判坚决防止“和稀泥”，对树立正确的价值导向、引导当事人依法维权等具有重要意义。

张某与峨眉山管委会健康权纠纷案

《最高人民法院发布人民法院依法审理旅游纠纷典型案例》案例一

2024 年 9 月 30 日

【基本案情】

2017 年 8 月，张某听闻峨眉山的猴子活泼可爱，与人亲近，专程来到峨眉山景区观猴，不顾游客应与猴子保持安全距离的警示要求，进入猴子聚集区逗猴、喂猴，不慎被猴子抓伤。在接受峨眉山风景名胜区管理委员会（以下简称峨眉山管委会）工作人员救护后，张某拨打四川省峨眉山市人民法院旅游环保法庭（以下简称峨眉山旅游环保法庭）的旅游纠纷热线电话，要求峨眉山管委会对其进行赔偿。峨眉山旅游环保法庭工作人员接到电话后迅速到达现场，向双方当事人释法说理，开展调解工作。

【调解结果】

峨眉山旅游环保法庭认为，根据《中华人民共和国侵权责任法》第 37 条（现《中华人民共和国民法典》第 1198 条）规定，公共场所的经营者、管理者负有安全保障义务，未尽到安全保障义务造成他人损害的，应当承担侵权责任。同时，安全保障义务应当控制在合理限度范围内。案涉景区内的野生猴子可以与游客较为自由地接触，景区在游客人身、财产安全方面应当承担更高程度的保障义务。峨眉山管委会虽然设置了栏杆、警示标语等，但并未完全尽到安全保障义务。张某未遵守景区关于保持安全距离的警示要求，进入猴子聚集区逗猴、喂猴，也未完全尽到相应注意义务。同时考虑到张某仅需接种疫苗，不构成伤残等级，由峨眉山管委会补偿张某疫苗费用 1000 元。

【典型意义】

本案是释法明理诉前化解旅游纠纷的典型案例。景区经营者、管理者对景区内可能发生的危险和损害应当有充分的预见性，全面履行通知、排查、告知、提醒、注意等义务，保障游客的人身或财产安全免受侵害，否则应当承担相应责任。游客作为自身安全注意义务的第一责任人，进入景区后应当自觉遵守安全管理制度，文明旅游、安全旅游，不主动挑逗、攻击或伤害景区内的野生动物，避免发生意外，否则亦应当承担相应责任。在妥善化解该案纠纷后，峨眉山旅游环保法庭依法延伸司法职能，推动峨眉山管委会进一步完善安全保障措施，制定《峨眉山景区陆生野生动物保护管理暨致害补偿暂行办法》，并充分运用联席会议等机制，加强与峨眉山管委会常态化协同配合。经过共同努力，峨眉山风景名胜区连续五年实现野生动物伤人纠纷“零起诉”，真正实现了“无讼”5A级景区的要求。

二、婚姻家庭、继承

1. 离　婚

郑某丽诉倪某斌离婚纠纷案

——威胁作为一种家庭暴力手段的司法认定

《最高人民法院发布十起司法干预家庭暴力典型案例》第2号

2014年2月27日

【基本案情】

原告郑某丽与被告倪某斌于2009年2月11日登记结婚，2010年5月7日生育儿子倪某某。在原、被告共同生活期间，被告经常击打一个用白布包裹的篮球，上面写着“我要打死、打死郑某丽”的字句。2011年2月23日，原、被告因家庭琐事发生争执，后被告将原告殴打致轻微伤。2011年3月14

日，原告向法院提起离婚诉讼，请求法院依法判令准予原、被告离婚；婚生男孩倪某某由原告抚养，抚养费由原告自行承担；原、被告夫妻共同财产依法分割；被告赔偿原告精神损失费人民币 3 万元。

【裁判结果】

法院经审理认为，原告郑某丽与被告倪某斌婚前缺乏了解，草率结婚。婚后被告将一个裹着白布的篮球挂在家中的阳台上，且在白布上写着对原告具有攻击性和威胁性的字句，还经常击打篮球，从视觉上折磨原告，使原告产生恐惧感，该行为构成精神暴力。在夫妻发生矛盾时，被告对原告实施身体暴力致其轻微伤，最终导致了原、被告夫妻感情的完全破裂。因被告存在家庭暴力行为不宜直接抚养子女，且婚生男孩倪某某未满 2 周岁随母亲生活更有利于其身心健康。被告对原告实施家庭暴力使原告遭受精神损害，被告应承担过错责任，故被告应酌情赔偿原告精神损害抚慰金。据此，依法判决准予原告郑某丽与被告倪某斌离婚；婚生男孩倪某某由原告郑某丽抚养，抚养费由原告承担；被告倪某斌赔偿原告郑某丽精神损害抚慰金人民币 5000 元。该判决已生效。

陈某转诉张某强离婚纠纷案

——滥施“家规”构成家庭暴力

《最高人民法院发布十起司法干预家庭暴力典型案例》第 3 号

2014 年 2 月 27 日

【基本案情】

原告陈某转、被告张某强于 1988 年 8 月 16 日登记结婚，1989 年 7 月 9 日生育女儿张某某（已成年）。因经常被张某强打骂，陈某转曾于 1989 年起诉离婚，张某强当庭承认错误保证不再施暴后，陈某转撤诉。此后，张某强未有改变，依然要求陈某转事事服从。稍不顺从，轻则辱骂威胁，重则拳脚相加。2012 年 5 月 14 日，张某强认为陈某转未将其衣服洗净，辱骂陈某转并命令其重洗。陈某转不肯，张某强即殴打陈某转。女儿张某某在阻拦过程中也被打伤。2012 年 5 月 17 日，陈某转起诉离婚。被告张某强答辩称双方只是一般夫妻纠纷，保证以后不再殴打陈某转。庭审中，张某强仍态度粗暴，辱骂陈某转，又坚决不同意离婚。

【裁判结果】

法院经审理认为，家庭暴力是婚姻关系中一方控制另一方的手段。法院查明事实说明，张某强给陈某转规定了很多不成文家规，如所洗衣服必须让张某强满意、挨骂不许还嘴、挨打后不许告诉他人等。张某强对陈某转的控制还可见于其诉讼中的表现，如在答辩状中表示道歉并保证不再殴打陈某转，但在庭审中却对陈某转进行威胁、指责、贬损，显见其无诚意和不思悔改。遂判决准许陈某转与张某强离婚。一审宣判后，双方均未上诉。

一审宣判前，法院依陈某转申请发出人身安全保护裁定，禁止张某强殴打、威胁、跟踪、骚扰陈某转及女儿张某某。裁定有效期六个月，经跟踪回访确认，张某强未违反。

李某娥诉罗某超离婚纠纷案

——优先考虑儿童最佳利益

《最高人民法院发布十起司法干预家庭暴力典型案例》第 4 号

2014 年 2 月 27 日

【基本案情】

原告李某娥、被告罗某超于 1994 年 1 月 17 日登记结婚，1994 年 8 月 7 日生育女儿罗某蔚，2002 年 6 月 27 日生育儿子罗某海。双方婚后感情尚可，自 2003 年开始因罗某超经常酗酒引起矛盾。2011 年起，罗某超酗酒严重，经常酒后施暴。女儿罗某蔚在日记中记录了罗某超多次酒后打骂李某娥母子三人的经过。2012 年 1 月 5 日，李某娥第一次起诉离婚。因罗某超提出双方登记离婚，李某娥申请撤诉。但之后罗某超反悔，酗酒和施暴更加频繁。2012 年 7 月 30 日，罗某超酒后扬言要杀死全家。李某娥母子反锁房门在卧室躲避，罗某超踢烂房门后殴打李某娥，子女在劝阻中也被殴打，李某娥当晚两次报警。2012 年 8 月底，为躲避殴打，李某娥带子女在外租房居住，与罗某超分居。2012 年 9 月 21 日，李某娥再次起诉离婚并请求由自己抚养一双子女。罗某超答辩称双方感情好，不承认自己酗酒及实施家庭暴力，不同意离婚，也不同意由李某娥抚养子女。

【裁判结果】

法院经审理认为，罗某超长期酗酒，多次酒后实施家庭暴力。子女罗某蔚、罗某海数次目睹父亲殴打母亲，也曾直接遭受殴打，这都给他们身心造成严重伤害，同时也可能造成家庭暴力的代际传递。为避免罗某蔚、罗某海继续生活在暴力环境中，应由李某娥抚养两个子女，罗某超依法支付抚养费。遂判决准许李某娥与罗某超离婚，子女罗某蔚、罗某海由李某娥抚养，罗某超每月支付抚养费共计 900 元。罗某超可于每月第一个星期日探视子女，探视前 12 小时内及探视期间不得饮酒，否则视为放弃该次探视权利，李某娥及子女可拒绝探视。一审宣判后双方均未提起上诉。

陆某诉陈某离婚案

《最高人民法院公布 10 起婚姻家庭纠纷典型案例（北京）》第 5 号

2015 年 11 月 20 日

【基本案情】

陆某、陈某系自行相识登记结婚，育有一子陈某某。2011 年陆某、陈某开始分居并持续至今。陈某某自双方分居后跟随陆某生活。陆某称陈某在此期间认识了其他女性，并已与其一起生活，陈某认可曾有此事。陆某诉至法院要求与陈某离婚；婚生子陈某某由其抚养，陈某每月支付抚育费 3500 元，至孩子满 18 周岁；陈某每月给付其帮助费 2000 元；要求陈某支付精神损害赔偿 15000 元。

【裁判结果】

法院认为，婚姻关系的存续应以夫妻感情为基础。陆某认为夫妻感情已完全破裂诉至本院要求与陈某离婚，陈某亦同意离婚，且双方持续分居已近三年，应当认为双方夫妻感情无和好可能，对陆某之离婚诉请，本院予以准许。父母对子女的抚育系法定义务。关于陈某某之抚育问题，从孩子生活习惯、利于孩子成长等角度考虑，以陆某继续抚育为宜。关于子女抚育费的数额，本案中，结合双方陈述，参照双方收入情况、北京市实际生活水平等因素，本院酌定陈某每月应支付2000元。关于帮助费问题，双方均无证据证明对方收入状况，本院参考双方所述的收入水平、财产及居住情况，该项不予支持。关于精神损害抚慰金，鉴于陈某在双方婚姻关系存续期间确与其他婚外异性存在不正当关系，应认定在导致双方感情破裂问题上，陈某具有过错，对陆某要求陈某承担精神损害赔偿，本院予以支持，数额由本院酌定。依据《婚姻法》第三十二条、第三十七条、第四十六条之规定，判决如下：一、准予陆某与陈某离婚。二、双方婚生之子陈某某由陆某自行抚育，陈某于2014年2月起每月10日前支付孩子抚育费2000元，直至陈某某年满18周岁止。三、陈某于本判决生效之日起七日内给付陆某精神损害抚慰金5000元。四、驳回陆某的其他诉讼请求。

【典型意义】

我国《婚姻法》第四条规定了夫妻的互相忠实义务。婚姻应当以感情为基础，夫妻之间应当互相忠实，互相尊重，以维护平等、和睦、文明的婚姻家庭关系。维护夫妻之间的相互忠诚，不仅仅是道德义务，更是法律义务。本案中，陈某与他人存在不正当男女关系，伤害了陆某的个人感情，损害了双方之间的婚姻关系，陈某的行为是不道德的，亦违反了我国《婚姻法》规定的夫妻之间的忠实义务。陆某作为无过错方，有权提起离婚诉讼并同时请求损害赔偿，人民法院依法予以支持。

杨某与刘某某离婚纠纷案

《最高人民法院公布10起婚姻家庭纠纷典型案例（山东）》第3号

2015年11月20日

【基本案情】

2010年12月，原告杨某与被告刘某某经人介绍登记结婚，结婚时间较短且未生育子女。婚后双方因家务琐事经常发生矛盾，难以共同生活，杨某两次向法院起诉离婚，刘某某表示同意离婚。婚前，刘某某购买了商品房一套，别克凯越轿车一辆。婚后二人签订了一份“保婚”协议，约定上述房子和车辆为夫妻共同财产，并注明若杨某提出离婚，协议无效。协议签订一年后，杨某起诉离婚，要求分割夫妻共同财产。

【裁判结果】

滨州市滨城区人民法院经审理认为，原、被告双方夫妻感情确已破裂，准予双方离婚。诉讼双方约定涉案房产、车辆为共同财产，系双方当事人真实意思表示，不违反法律规定，应予支持。对杨某、刘某某婚后共同财产，法院依法予以分割。最后，法院判决：一、准予杨某与刘某某离婚；二、杨某在刘某某处的婚前个人财产新日电动车一辆归杨某个人所有；杨某、刘某某婚后共同财产中的 42 寸海信电视一台、电视柜一个归杨某所有，澳柯玛冰箱一台、餐桌一张带四把椅子归刘某某所有；三、杨某、刘某某婚后共同财产中位于滨州市滨城区黄河五路渤海二十二路明日星城小区 42 号楼 1 单元××室的住房一套归刘某某所有（剩余贷款 16 万元左右由刘某某偿还），刘某某给付杨某该项财产分割款 6 万元；婚后共同财产中的鲁 MK××××别克凯越轿车一辆归杨某所有，杨某给付刘某某该项财产分割款 22500 元；折抵后，刘某某需支付杨某财产分割款 37500 元；以上过付事项于判决生效后十日内付清；四、驳回杨某、刘某某其他诉讼请求。

【典型意义】

这是一起涉及婚内财产协议效力的案件。当前，许多人在婚前婚内签订一纸“保婚”文书，而“谁提离婚，谁便净身出户”，往往成为婚内财产协议中的恩爱信诺，以使得双方打消离婚念头，一心一意地经营好婚姻。但是，这些协议究竟有没有效力。根据《婚姻法》第十九条第一款、第二款“夫妻双方可以约定婚姻关系存续期间所得财产以及婚前财产归各自所有、共同所有或部分各自所有、共同所有。约定应采用书面形式，没有约定或约定不明确的，适用本法第十七条、第十八条的规定。夫妻对婚姻关系存续期间所得的财产以及婚前财产的约定，对双方具有约束力”。本案中的《协议书》由当事人双方签字认可，且有见证人签字，协议书签署后双方共同生活一年以上，在刘某某无相反证据证实杨某存在欺诈、胁迫的情形时，《协议书》内容应视为双方真实意思表示，不违反法律规定，法院应予支持。对于《协议书》所附“一方提出离婚，协议无效”的约定，因限制他人离婚自由，违反法律规定和公序良俗而无效，其无效不影响协议书其他条款的效力。

陈某某与吕某某离婚纠纷案

《最高人民法院公布10起婚姻家庭纠纷典型案例（山东）》第4号

2015年11月20日

【基本案情】

原告陈某某与被告吕某某于1980经人介绍相识，双方在未办理结婚登记手续的情况下开始同居生活。1983年6月4日生育长子吕甲，1986年5月30日生育次子吕乙，1988年12月28日生育三子吕丙，现三个孩子均已成年，并已独立生活。原告陈某某系重性精神分裂症患者，患病后无法独立生活，被告吕某某不履行夫妻间的扶养义务。因此，原告陈某某提起诉讼，请求判令与被告吕某某离婚，均分夫妻财产，并要求吕某某返还工资款33000元，并给予其经济帮助金6万元。本案中，陈某系原告陈某某的姐姐，并且是原告的监护人。

【裁判结果】

枣庄市山亭区人民法院经审理认为，原告陈某某系不能辨识自己行为的精神病人，是无民事行为能力人。原告陈某某的监护人陈某作为法定代理人代为诉讼，符合法律规定。原、被告虽未办理结婚登记手续，但1980年即开始同居生活，至1994年2月1日双方已符合结婚的实质要件，属事实婚姻。原告陈某某因患精神疾病生活无法自理，被告吕某某不履行夫妻间的扶养义务，现原告陈某某请求离婚，符合法律规定，应予以准许。原告陈某某要求均分共同财产，但未提供财产清单及相关证据证明，不予支持，待权利人有证据后，可另行主张。原告陈某某要求被告吕某某偿还其2005年至2013年的工资款33000元，证据不足，法院不予支持。原告陈某某要求被告吕某某给予其6万元经济帮助金，根据《婚姻法》第四十二条的规定，结合本案实际，法院认为被告吕某某给予原告陈某某2万元经济帮助金为宜。

【典型意义】

本案中的一个焦点问题是原告陈某某的姐姐陈某，能否代为提起离婚诉讼。夫妻关系存续期间，夫或妻一方可能会因疾病或外力损伤而出现无民事行为能力或限制民事行为能力状态。一般人的离婚可以通过协商、诉讼等多种方式解决，但对于这一类特殊的人群，他们的离婚只能通过诉讼来解决。无民事行为能力人属于无法表达真实意思的人。在离婚案件中，无民事行为能力人无论是作为原告还是被告，其第一顺序监护人系配偶，如果纠结于《民事诉讼法》的规定，则会出现无民事行为能力人的合法权益受到配偶侵犯时，只要配偶不提出离婚，则其永远也离不了婚。为了保护无民事行为能力人的权益，应由除其配偶外的其他监护人代为提起离婚诉讼。本案中，原告陈某某因患精神疾病生活无法自理，被告吕某某不履行夫妻间的扶养义务，原告陈某某的姐姐作为监护人代为请求离婚，符合法律规定，应予以准许。

岳某诉曹某离婚纠纷案

——公平原则在离婚案件中的彰显

《最高人民法院公布 10 起婚姻家庭纠纷典型案例（河南）》第 7 号

2015 年 11 月 20 日

【基本案情】

岳某与曹某经人介绍于 1999 年登记结婚。婚后育有二子。婚后双方常因家庭琐事发生争吵，夫妻感情破裂。岳某要求与曹某离婚，曹某认可夫妻感情破裂，同意离婚。双方就子女抚养和部分共同财产的分配达成了一致意见。经调查，曹某系农村家庭主妇，平日里下地干活、照顾一家老小，但没有工作及固定的经济收入。

【裁判结果】

鹤壁市淇滨区法院和中级人民法院经审理认为，岳某与曹某感情破裂，应准许离婚。曹某作为家庭妇女，对家庭付出较多，没有固定收入来源，离婚后将导致其生活困难，根据《婚姻法》有关规定，判决岳某给付曹某经济帮助2万元。

【典型意义】

在婚姻关系中，女方往往处于弱势地位。一方面她们出于照顾家庭的考虑，往往以牺牲自己的工作甚至事业为代价；另一方面，在出现婚姻纠纷时，女方往往由于没有为家庭带来直接经济收入导致其合法权益得不到保障。在审理此类案件时，要充分查明案件事实，对于确实对家庭付出较多义务的女方应判决给予一定的经济帮助，使其合法权益能够得到保障。本案中，考虑到曹某在夫妻共同生活期间，抚育子女、照顾老人，付出较多，对家庭作出了较大的贡献；离婚后没有固定的经济收入，还要抚养孩子，经济压力比较大，因此判决岳某给付曹某经济帮助2万元。

邵某诉薛某离婚纠纷案

——“网恋”时代，更应惜缘

《最高人民法院公布10起婚姻家庭纠纷典型案例（河南）》第9号

2015年11月20日

【基本案情】

2012年，80后青年邵某与薛某在一次网络聊天时结识，二人通过网络进行了长期的交流，逐渐开始约会见面，经过一年多的相知、相爱，终于在2013年9月正式结婚。婚后二人感情尚好，在第二年生育了一个孩子，双方之间的问题从此开始产生。由于生活习惯不同，加上当初网络交流时，彼此对对方家庭成员和性格特点了解并不深入，作为妻子的薛某在婚后与同来家中照顾宝宝的公婆产生了矛盾，邵某与薛某也因此经常吵架拌嘴。在一次争吵过程中，薛某终于无法忍受，与公婆动了手。无奈之下，丈夫邵某在2015年4月以夫妻感情已破裂为由起诉离婚。

【裁判结果】

郑州市惠济区人民法院经审理认为，双方因产生一些家庭琐事就轻易提起离婚，着实不太严肃。家庭内部有摩擦在所难免，加上原被告是网恋而成的婚事，因此，彼此仍有进一步了解缓和的希望。成就一次完美的婚姻需要男女双方共同理解忍让，本案原被告仍有希望将婚姻关系修复重好，双方感情实际上并未完全破裂，因此判决驳回诉讼请求。原被告经法官判后释法，均未上诉。

【典型意义】

近年来，随着信息技术和交通事业的飞速发展，“网恋”“闪婚”已不再罕见，“千里之外”的异地恋也逐渐盛行，但随之而来的大量离婚纠纷，尤其是子女出生后产生家庭矛盾而引发婚姻矛盾的案件呈上升趋势。年轻人本身感情经历少，心气过重，对待婚姻关系不太严肃，稍有矛盾就诉诸离婚并不是明智之举，法院在审理时亦应当以引导当事人互相谅解、共同维护婚姻关系，不应轻易判决年轻夫妻离婚，而更应注意给闹矛盾的双方留下缓冲和解的空间。法院判决不离婚时亦在强调夫妻双方在婚姻中要注重多沟通和磨合，增强责任意识，在面临冲突时多相互体谅和宽容。同时，也要引导上一辈老人注意不可过多干涉子女的婚姻生活，应摆正自己的位置，多放手让子女自行处理婚姻中的问题，为维护子女小家庭的和谐努力。

王某诉江某离婚案

《最高人民法院公布 49 起婚姻家庭纠纷典型案例》第 2 号

2015 年 12 月 4 日

【基本案情】

王某与江某系经人介绍相识并登记结婚，婚后无子女。由于双方相识时间短，相互了解较少，结婚较为仓促，感情基础薄弱。婚后由于江某酗酒，对原告有家庭暴力，经常因为生活琐事对原告拳脚相加。2009 年，江某无缘无故将原告毒打一顿并致其离家出走。后王某提起离婚诉讼，要求判决：1. 解除双方的婚姻关系；2. 江某给付精神损失费 5 万元；3. 依法分割共同财产。该案诉讼费由江某承担。王某提供江某书写的协议书及相关证人证明在婚姻关系存续期间江某对其施加家庭暴力。

【裁判结果】

北京市通州区人民法院认为，男女一方要求离婚的，可向法院提起诉讼，如感情确已破裂，应当准予离婚。该案中，双方均同意离婚，表明双方感情已彻底破裂，故对王某要求离婚的诉讼请求，法院予以准许。王某要求江某支付精神损害赔偿金的诉讼请求，因江某在婚姻关系存续期间，确实存在家庭暴力情形，法院予以支持，具体数额由法院依法予以酌定。为此，法院判决王某与江某离婚（财产分割略），并由江某支付王某精神损害赔偿金。

【典型意义】

夫妻应当互敬互爱，和睦相处，但遗憾的是，夫妻之间实施暴力给其中一方造成人身伤害和精神痛苦的现象仍然存在，家庭暴力问题作为离婚案件的重要诱因，仍然在很大程度上影响着家庭的稳定与和谐。家庭暴力是指行为人以殴打、捆绑、残害、强行限制人身自由或者其他手段，给其家庭成员的身体、精神等方面造成一定伤害后果的行为。持续性、经常性的家庭暴力，构成虐待。根据北京法院对2013年度东城法院、丰台法院、通州法院结案的620件离婚案件抽样统计显示，涉家庭暴力类的离婚案件占选取离婚案件总数的9%，数量比例虽不高，但涉家暴案件大多矛盾激烈、调解率低、最终离异率高。我国《婚姻法》明确禁止家庭暴力，规定配偶一方对另一方实施家庭暴力，经调解无效的应准予离婚，因实施家庭暴力导致离婚的，无过错方在离婚时有权请求损害赔偿。本案就是典型的因家庭暴力导致离婚的案件，人民法院依法支持无过错方的离婚请求和赔偿请求，对于家庭暴力这样违反法律和社会主义道德的行为，旗帜鲜明地给予否定性评价。

郭某起诉与吕某离婚案

《最高人民法院公布49起婚姻家庭纠纷典型案例》第13号

2015年12月4日

【基本案情】

原告郭某起诉与被告吕某离婚，并以双方没有共同生活过为由请求返还彩礼 21200 元，被告吕某承认原告郭某所述是事实，同意离婚，但以自己是原告郭某明媒正娶的妻子为由不同意返还彩礼，河南省嵩县人民法院经过开庭审理判决双方离婚、被告返还原告彩礼 14840 元。

原告诉称：自己与被告吕某于 2009 年 8 月份经人介绍相识，因双方都到了结婚年龄，在双方父母和媒人的操持下，二人便匆匆订立婚约。两人凑合了一年多后于 2011 年 3 月 7 日登记结婚，于 2011 年 3 月 12 日举行结婚仪式。在此时间段内，男方郭某共计给付女方吕某彩礼金 21200 元。因双方没有夫妻感情，并且从相识到现在没有共同生活过，现起诉离婚，同时要求被告返还彩礼金 21200 元。

被告辩称：自己与原告郭某没有共同生活是事实，但是自己是原告郭某明媒正娶的妻子，因此同意离婚不同意返还彩礼。

法院经审理查明：原告郭某与被告吕某于 2009 年 8 月份经人介绍相识，于 2011 年 3 月 7 日登记结婚，于 2011 年 3 月 12 日举行结婚仪式。从双方相识到结婚这段时间内，被告吕某共接受原告郭某彩礼金 21200 元。另查明：双方相识 4 年来，确实未共同生活过。

【裁判结果】

嵩县人民法院于 2014 年 6 月 9 日作出（2014）嵩民五初字第 22 号民事判决书，判决如下：一、准予原告郭某与被告吕某离婚；二、被告吕某于本判决书生效后十日内返还原告郭某彩礼 14840 元；三、被告吕某的个人财产三组合皮革沙发 1 套（单人沙发 1 个、双人沙发 1 个、长沙发 1 个）、26 英寸海信牌液晶彩色电视机 1 台、茶几 1 个、棉被 4 床、毛毯 3 条、太空被 1 床、单子 16 条归被告吕某所有；四、驳回原告郭某的其他诉讼请求。判决作出后，双方当事人均没有上诉。

【典型意义】

有关彩礼与嫁妆如何返还的案件，在我国广大地区特别是农村男女离婚案件中具有一定的普遍意义。依习俗通称，彩礼是婚前男方家庭送给女方的一份礼金或财产，嫁妆是女方带给婆家的物品或钱财的总和。在传统习俗看来，没有彩礼与嫁妆，婚姻难以成立、难讲合法。有人从经济关系分析说彩礼和嫁妆是亲家之间为了建立长久的婚姻关系而采取的物质相互交换，又有人说彩礼是买卖婚姻的筹码，并使神圣的婚姻变得铜臭。彩礼与嫁妆极易导致畸形“金钱婚姻”观，败坏社会风气。彩礼飙升，嫁妆攀比，这已不仅是一个重大的社会问题，而且也是一个值得研究的法律问题。

关于彩礼返还问题，《最高人民法院关于适用〈中华人民共和国婚姻法〉若干问题的解释（二）》中有明确规定：“当事人请求返还按照风俗给付的彩礼的，如果查明属于以下情形，人民法院应予支持：（一）双方未办理结婚登记手续的；（二）双方办理结婚登记手续但却未共同生活的；（三）婚前给付导致给付人生活困难的。”

本案适用前款第二项的规定，即“双方办理结婚登记手续但确未共同生活”，返还彩礼应当以双方离婚为条件，本案的审理结果也依照上述规定。另外，男方只拿回了14000多元钱，是因为彩礼应返还多少尚没有明确法律条文进行详细规定，一般是根据双方婚姻维持时间长短，还有双方的过错确定。

刘某森诉李某梅离婚纠纷案

《最高人民法院公布49起婚姻家庭纠纷典型案例》第15号

2015年12月4日

【基本案情】

原告刘某森与被告李某梅的父亲原在一个单位工作，二人关系很好。1976年原、被告经人介绍相识，并于1980年登记结婚，于1981年12月生有一子（现已成年成家）。原、被告在30多年的共同生活期间，曾为家庭生活琐事吵架生气，因双方沟通不畅，处理矛盾不当，为此影响了原告对被告的感情，特别是被告对原告及原告父母的冷淡，促使矛盾更加激化，原告为此曾于2012年7月2日向河南省焦作市解放区人民法院提起离婚诉讼，法院于2013年8月8日作出判决，不准原、被告离婚。2014年6月12日原告第二次向法院提起离婚诉讼。

【裁判结果】

焦作市解放区人民法院认为，30余年相识、相守实属不易，双方感情基础良好，应珍惜多年来建立起来的感情和家庭，在今后的生活中，各自克服和改正自身存在的问题，互相体谅和关心对方，多做有利于夫妻和好的事，少说不利于家庭和睦的话。尤其是被告如能克服待人冷淡、不善沟通、脾气冲动的问题，在生活上对原告多些关心和照顾、多些体贴和理解，原告如能念及与被告多年的夫妻情分，念及对已故老人们的承诺，念及对子孙后代的影响，共同努力，克服当前婚姻家庭中出现的困难，双方还是具有重归于好的可能的。据此，法院裁判不准原告刘某森与被告李某梅离婚。一审宣判后，双方当事人均未上诉。

【典型意义】

本案是老年离婚的典型案件。近年来，老年离婚案件数量逐渐增多，若夫妻感情确已破裂、符合《婚姻法》第三十二条的相关规定，可判离婚，但“少时夫妻老来伴”，在年轻的感情逐渐淡去之时，老年夫妻之间所谓的感情更多的是对一份承诺的信守和由此演变而来的符合公序良俗的家庭责任和社会担当。老年婚姻关系的解除，不能简单等同于一般离婚案件，其产生的影响牵涉至其子女、甚至于孙子女在内的多个家庭，人民法院依法裁判，具有积极的导向意义，在审理老年离婚案件时，应认识到老年夫妻之间已经过数十年的磨合，实属不易，双方如能念及多年的夫妻情分，念及对自身对家庭应有的责任，共同努力，双方还是具有重归于好的可能的，从而更加慎重地审核老年夫妻离婚案件，如此才能更好地维护社会稳定、提高社会幸福指数。

彭某某与李某某离婚纠纷案

《最高人民法院公布 49 起婚姻家庭纠纷典型案例》第 24 号

2015 年 12 月 4 日

【基本案情】

1939 年 11 月出生的彭某某与 1957 年 5 月出生的李某某均系再婚家庭，各自均有子女。2008 年 11 月经媒人介绍相识，2009 年 1 月 15 日在邵阳市双清区民政局办理了结婚登记，婚后未生育子女。因被告与原告方的家庭成员相处不融洽，夫妻双方经常发生争吵。2015 年正月初二，双方发生矛盾后双方分居。原告以夫妻感情彻底破裂为由，向人民法院提起诉讼，请求人民法院判决离婚。

【裁判结果】

邵阳市双清区人民法院依法判决准予原告彭某某与被告李某某离婚。

【典型意义】

原、被告系再婚家庭，双方感情基础薄弱，婚后没有建立起真正的夫妻感情。双方因感情不和已分居至今，说明原、被告夫妻感情确已破裂，无和好可能。本案中，原、被告均有自己各自的家庭，双方均没有很好地融入家庭中，矛盾时常发生。当然，双方离婚跟各自的子女沟通不够有关。法官提醒老年人，找老伴要多与自己的子女沟通。为人子女也要站在老年人的角度，多关心自己父母，不仅是物质上，更要有精神上的，让他们有一个幸福的晚年。

孙某杰与王某萍离婚纠纷案

《最高人民法院公布49起婚姻家庭纠纷典型案例》第28号

2015年12月4日

【基本案情】

孙某杰于2014年5月6日向辽宁省辽河中级人民法院起诉称：孙某杰与王某萍于1992年经人介绍相识，1993年8月15日登记结婚，1994年6月生育女儿孙某男。婚后由于双方性格不合，在共同生活中经常吵架，甚至相互动手。从2007年3月起双方分居至今。2011年女儿高考前夕，双方签订了离婚协议书和离婚协议书补充条款，但因种种原因没有办理离婚登记。之后王某萍拖延办理离婚手续，无奈孙某杰于2012年10月、2013年7月两次到法院诉讼要求离婚，后因需要搜集证据而撤诉。现孙某杰第三次起诉要求与王某萍离婚。王某萍答辩称双方感情没有完全破裂，不同意离婚。经法院查明的事实为：孙某杰与王某萍经人介绍相识，于1993年8月15日登记结婚，婚后感情很好，1994年6月生育女儿孙某男。后因双方性格差异较大，在共同生活中产生矛盾，现因感情不和分居4年。孙某杰与王某萍于2011年5月29

日就离婚问题达成“离婚协议书补充条款”。孙某杰于 2012 年 10 月、2013 年 7 月两次到法院诉讼要求离婚，后以夫妻感情破裂证据不足为由撤诉。2014 年 5 月 6 日孙某杰第三次起诉要求与王某萍离婚。

【裁判结果】

辽宁省辽河中级人民法院审理认为，孙某杰与王某萍虽然结婚多年，但因性格差异较大，在共同生活期间产生矛盾，致使双方因感情不和分居 4 年之久，能够认定双方夫妻感情确已破裂。故孙某杰要求与王某萍离婚的诉讼请求，符合法律规定，予以支持。宣判后，王某萍不服一审判决，提出上诉。辽宁省辽河中级人民法院经依法审理认为：孙某杰与王某萍依法登记并生育子女，但因性格差异较大，在共同生活期间逐渐产生矛盾。自 2012 年起孙某杰多次起诉要求离婚，虽撤诉，但夫妻感情状况并未因此好转。通过孙某杰给王某萍留便条、发短信的行为，可以看出孙某杰与王某萍日常已经很少当面接触，结合双方曾协议离婚、孙某男的证言，可以确定双方因感情不和分居已达 4 年之久。二审期间本院试图调解双方和好，但孙某杰坚持要求离婚，可以看出双方夫妻感情确已破裂，故判决驳回上诉，维持原判。

【典型意义】

离婚诉讼中如何判断“感情确已破裂”成为本案审理的关键。《婚姻法》第三十二条第二款将“感情确已破裂”作为离婚的法定理由，该条第三款列举应准予离婚的五种情形。可见《婚姻法》采用这种概括与列举相结合的立法模式，使离婚的法定理由具有可操作性。本案中，从婚后感情来看，双方性格差异较大，在共同生活期间矛盾较多，因此二人的感情生活受到很大影响，并逐年恶化。从夫妻关系的现状来看，双方因感情不和已分居 4 年，且该期间很少接触。这符合《婚姻法》第三十二条第三款列举的应准予离婚的五种情形中的“双方因感情不和分居两年”规定。从孙某杰的离婚决心来看，孙某杰已经是第三次向法院提出离婚诉讼，且一、二审试图调解和好，均失败，可见其离婚决心。综合以上因素，可以认定孙某杰与王某萍感情确已破裂，已无和好可能，应当准予离婚。

刘某诉孔某离婚纠纷案

《最高人民法院公布49起婚姻家庭纠纷典型案例》第32号

2015年12月4日

【基本案情】

2012年10月，刘某与孔某经人介绍相识，2012年12月12日登记结婚，随即举行结婚仪式，2013年1月，刘某回娘家居住，双方分居至今。其间，刘某曾起诉要求离婚，法院以（2013）平民初字第674号民事判决未予准许，后双方仍未能和好，刘某于2013年10月31日再次以其诉求诉至法院。案经调解，双方各执己见，未能达成协议。另查明，双方无婚后共同财产及共同债权、债务。还查明，双方相识后于2012年12月初订立婚约，其间，孔某给付刘某彩礼10001元，商定结婚日期时给付1万元，举行结婚仪式时给付刘某见面礼等，并为刘某购买了戒指（8800元）、手机等物品。双方分居后，双方曾于2013年2月6日就彩礼返还事宜进行协商，刘某确认财物共计43200元。孔某所提供的彩礼清单内容包括定金等现金、为刘某购买戒指、手机、开车支出等费用共计43200元。刘某在清单上签字确认。在该清单下方，刘某之弟刘某甲注明："兹定于2013年2月07日早去平邑县民政局解决男孔某女刘某婚姻合法。（女方一手交现金为保证）男为女花43200.00女方还完之后为保证"，在清单一侧刘某甲注明："今欠孔某现金￥43200.00（为总账）借款人：刘某甲2013.2.06。"

【裁判结果】

平邑县人民法院一审认为，刘某与孔某经法院判决不准离婚后仍未能和好，双方夫妻感情确已破裂，故刘某要求离婚，予以准许。双方共同生活时间较短，孔某要求刘某返还依习俗给付的彩礼，予以支持，刘某应适当返还。故判决准予刘某与孔某离婚。刘某返还孔某彩礼款15000元。

临沂市中级人民法院二审认为，本案的争议焦点有二：一是婚约彩礼的数额问题；二是被上诉人及其弟弟刘某甲所书写的彩礼清单及欠款确认条款的效力问题。针对第一个争议焦点，因双方已于2013年2月6日对婚约彩礼的数额予以核对，上诉人孔某在庭审中提交刘某甲书写的彩礼清单应视为对清单确认数额的认可，因此，上诉人主张实际为被上诉人花费 80600 元，本院不予采信。针对第二个争议焦点，根据彩礼清单内容可以看出，被上诉人之弟刘某甲只是作为女方家人代表在该清单上签字确认，上诉人孔某与刘某甲之间并不存在真实的借贷关系。因此，上诉人主张如被上诉人不返还彩礼则彩礼应由刘某甲偿还的上诉理由本院不予支持。双方签订该彩礼偿还协议后双方并未到平邑县民政局办理离婚登记，现被上诉人刘某拒绝返还彩礼清单上载明的彩礼金额，则该彩礼偿还清单未生效。原审法院根据双方已登记结婚这一事实及婚姻存续时间等实际情况判决被上诉人刘某返还彩礼 15000 元并无不当。遂判决驳回上诉，维持原判。判决后，双方当事人均服判息诉。

【典型意义】

离婚案件当事人在离婚诉讼之前，往往对财产分割与子女抚养进行多次协商，在这一过程中，有可能会对上述问题达成一致意见并签订书面协议。对于签订协议后双方即办理离婚登记的情形，该协议成立并生效，协议内容对双方当事人均有约束力。但在签订协议后未办理离婚登记的情形下，应参照《最高人民法院关于适用〈中华人民共和国婚姻法〉若干问题的解释（三）》第十四条规定：当事人达成的以登记离婚或者到人民法院协议离婚为条件的财产分割协议，如果双方协议离婚未成，一方在离婚诉讼中反悔的，人民法院应当认定该财产分割协议没有生效，并根据实际情况依法对夫妻共同财产进行分割。这对于均衡双方当事人的合法权益，避免当事人因欠缺法律知识作出错误的意思表示提供最后的救济途径。

张某与蒋某婚姻家庭纠纷案

《最高人民法院公布 49 起婚姻家庭纠纷典型案例》第 36 号

2015 年 12 月 4 日

【基本案情】

蒋某与张某经人介绍相识恋爱后于 2004 年 3 月 4 日办理结婚登记手续。婚后于 2008 年 9 月 14 日生育一子张某某。后双方因生活琐事发生争吵，致使夫妻感情不睦。张某于2014年4月25日委托西南政法大学司法鉴定中心对张某和张某某进行亲子鉴定。该中心作出的鉴定结论为：不支持张某与张某某之间存在亲生血缘关系。张某遂向法院提起诉讼，请求依法判令原、被告离婚，由蒋某承担张某养育张某某的抚养费41387.5元并赔偿张某精神损害抚慰金10万元。同时查明，双方婚后于2006年共同购买位于大竹县某小区的门市一间，面积36.58m^2，产权人登记为蒋某。

【裁判结果】

大竹法院一审审理认为，张某与蒋某婚后常为生活琐事争吵，现经鉴定张某某不是张某亲生子，严重伤害夫妻感情，故法院认定夫妻感情确已破裂。张某请求蒋某支付精神损害赔偿应当支持，根据本案案情，确定精神抚慰金3万元为宜；张某既非张某某的生父，又非养父继父，无法定抚养义务，故张某要求蒋某支付张某某抚养费41387.5元，理由正当，法院予以支持；双方婚后购买位于大竹县某小区的门市一间应认定为夫妻共同财产，双方各分得一半。蒋某称婚后共同翻修原告父母房屋，应当对增值部分平均分割，因涉及第三人产权，本案不作处理。据此判决：一、准予原告张某与被告蒋某离婚；二、非婚生子张某某由被告蒋某抚养，被告蒋某支付原告张某养育张某某的抚养费41387.5元，被告蒋某赔偿原告张某某精神抚慰金3万元；三、夫妻婚后购买登记于被告蒋某名下的位于大竹县某小区的门市一间，原、被告各占50%产权。

宣判后蒋某以“一审法院错误采信西南政法大学司法鉴定中心的检验报告书，判决上诉人向被上诉人返还抚养费41387.5元及赔偿精神抚慰金3万元没有事实依据，属适用法律不当”等为由向达州市中级人民法院提起上诉。

达州市中级人民法院审理认为：张某委托西南政法大学司法鉴定中心作出亲子鉴定检验报告书，该检验报告结论为：不支持张某与张某某之间存在亲生血缘关系。蒋某上诉称西南政法大学司法鉴定中心的鉴定检验报告书缺乏真实性，不应采信，但在一审审理中，经原审人民法院向蒋某释明，蒋某已明确表示自己不申请重新鉴定。蒋某又无其他证据证实作出该检验报告的鉴定机构或者鉴定人员不具备相关的鉴定资格、鉴定程序严重违法或鉴定结论明显依据不足，故原审法院对该鉴定结论予以采信并无不当。蒋某上诉称自己系遭受不法侵害，但未提供证据证实，对其该项诉称理由不予采纳。张某某现经鉴定非张某的亲生子，蒋某的过错行为已严重伤害夫妻感情，蒋某上诉称与张某感情较好的理由不能成立，原审法院判决准予离婚正确。因蒋某在婚姻关系存续期间存在过错，故原审法院判决蒋某向张某赔偿精神损害抚慰金并无不当。张某某与张某并无血缘关系，对其并无法定抚养义务，故对其在婚姻关系存续期间为张某某所付出的抚养费应当由蒋某支付给张某。达州市中级人民法院据此判决：驳回上诉，维持原判。

【典型意义】

《婚姻法》第四条规定了夫妻应当互相忠实、互相尊重的义务。违反忠实义务往往对配偶的情感和精神造成非常严重的伤害。这和我国社会一般大众因为习惯、传统等原因对婚姻家庭的认识有很大关系。故《最高人民法院关于适用〈中华人民共和国婚姻法〉若干问题的解释（一）》第二十八条规定：《婚姻法》第四十六条规定的“损害赔偿”，包括物质损害赔偿和精神损害赔偿。涉及精神损害赔偿的，适用《最高人民法院关于确定民事侵权精神损害赔偿责任若干问题的解释》的有关规定。本案中张某在得知张某某并非自己的亲生子后，其精神受到伤害，要求蒋某赔偿精神损害抚慰金的理由正当合法，得到了法院的支持。而张某某因与张某并无血缘关系，张某对其并无法定抚养义务，故法院对张某要求蒋某返还自己已承担的张某某的抚养费的主张予以了支持。

原告汤某诉被告姜某离婚纠纷案

《最高人民法院公布 49 起婚姻家庭纠纷典型案例》第 39 号

2015 年 12 月 4 日

【基本案情】

2009 年 3 月，原、被告经征婚相识，同年 6 月二人办理了结婚登记。因二人均是再婚，原告婚前已有一女。婚后，双方于 2013 年 7 月 6 日生育一女姜某某。后来，原、被告因性格及生活习惯有差异，导致双方常因此发生口角，原告认为自己身心受到伤害，请求法院判令原、被告离婚。另，原告婚前已有一女汤某某，由原告抚养。

再查明，原、被告于婚前购买商品房一套，婚后，被告单位给其分配集资住房一套。

【裁判结果】

本院认为，原、被告双方结婚已达5年，且婚后于2013年生有一女，女儿在原告诉讼离婚时尚不满一周岁，双方结婚已达5年之久，有足够时间相互了解，双方具有感情基础，虽然在本院诉讼过程中，被告一度同意离婚，但本院认为，离婚的前提是感情破裂，双方在女儿出生后发生矛盾较多实际上是双方沟通较少，影响双方感情，原、被告双方均为有知识、有文化、有正当职业的国家工作人员，且双方均无不良恶习，只要双方互谅互让，多换位思考，多沟通交流，双方的矛盾是可以消除的，双方感情尚未彻底破裂。加之，双方婚生女姜某某在原告起诉离婚时尚不满一周岁，故本院对原告提出离婚的诉讼请求不予支持，根据《婚姻法》第三十二条、《民事诉讼法》第六十四条、《最高人民法院关于民事诉讼证据若干的规定》第二条之规定，判决驳回原告汤某的诉讼请求。

【典型意义】

司法实践中，法院受理的离婚案件，为利于改善双方当事人的关系，促进家庭的和睦，社会的稳定，对一些夫妻感情尚未破裂或者一方没有证据证实夫妻感情确已达到破裂程度的案件，法院会作出不准许离婚的判决，以期双方当事人审慎对待婚姻家庭问题，能够重新和好。在上述情形下，一部分离婚案件当事人能够彼此改正缺点，加强交流和沟通，增加夫妻感情密切程度，和好如初。

婚姻最本质的因素和基础应是夫妻间的感情，夫妻共同生活是基于感情的必然要求，这也是婚姻关系的重要内容。本案中，虽原告提出双方常发生口角，但双方并未提供证据证实夫妻感情确已达到破裂程度，只要双方互谅互让，多换位思考，多沟通交流，双方的矛盾是可以消除的，双方感情尚未彻底破裂。加之，双方婚生女姜某某在原告起诉离婚时尚不满一周岁，原、被告双方的离婚不利于孩子的身心健康，有可能对其生长产生不利影响，故本院对原告提出离婚的诉讼请求不予支持。

原告吕某芳诉被告许某坤离婚案

《最高人民法院公布49起婚姻家庭纠纷典型案例》第43号

2015 年 12 月 4 日

【基本案情】

原告吕某芳与被告许某坤于 2003 年经原告姑妈介绍认识后自由恋爱，2004 年 6 月 24 日经登记结婚。婚后双方于 2006 年到云南省宣威市生活并于 2009 年经营一家餐馆。双方于 2004 年 10 月 26 日生育长子，现读四年级；于 2009 年 3 月 6 日生育次子，现读学前班，现二子均随原告父母生活。婚后共同生活期间，因被告许某坤怀疑原告吕某芳与他人存在不正当男女关系双方产生矛盾，2015 年 3 月 22 日原被告发生吵打。2015 年 6 月 25 日，原告吕某芳向宣威市人民法院起诉，要求与被告离婚，原被告所生长子、次子由原告抚养，被告按月支付抚养费 4000 元直至孩子成年为止。双方有共同财产存款 50 多万元、经营餐馆价值 55000 元，由双方平均分割。另查明，2015 年 2 月 4 日至 3 月 9 日，被告许某坤从中国农业银行宣威板桥分理处销户定期一本通子账户七笔，支取金额合计 553932.14 元；双方婚后经营的餐馆已变卖均分。庭审中，原告吕某芳坚持要求离婚，次子由原告负责抚养，长子由被告负责抚养，双方互不支付抚养费。双方有共同财产存款平均分割，由被告给付原告 27 万元，并由被告承担本案诉讼费。被告许某坤同意离婚，但两个孩子要由被告抚养，不需原告支付抚养费，被告一次性补偿原告 2 万元。因双方就子女抚养问题、共同存款金额及分割意见分歧过大，调解未能达成协议。

【裁判结果】

法院认为，原告吕某芳与被告许某坤婚后共同生活期间，因家庭琐事发生争吵，致使双方相处不睦；原告吕某芳起诉要求与被告许某坤离婚，被告许某坤亦同意离婚，应准予离婚。原被告双方对婚生子的抚养问题意见分歧较大，因长子现已年满 10 岁，经法院征求其意见，其表示愿意跟随原告生活，故双方婚生长子由原告负责抚养，次子由被告负责抚养为宜。关于双方的共同财产问题，根据中国农业银行宣威板桥分理处出具的被告许某坤账号明细详单，能够证实被告许某坤自2015年2月4日至3月9日共销户定期一本通子账户七笔，金额合计553932.14元。被告许某坤辩称银行的查询结果有误，系被告重复存取后的金额，但银行的查询记录只有被告的支取记录，没有存现记录，被告许某坤的辩解不能成立；另被告许某坤主张双方只有共同存款27万余元，但已被取出用于双方的家庭开支、日常花费及被告购买彩票，被告未提交证据证实其所支取款项用于正常合理开支，被告的辩解不能成立。故被告许某坤从中国农业银行宣威板桥分理处所支取的553932.14元，系原被告婚姻存续期内取得的合法收入，是原被告双方的夫妻共同财产应予以平均分割，即每人应得276966.07元，原告吕某芳只主张由被告许某坤给付其人民币27万元，依法予以准许。被告许某坤主张原告吕某芳的二哥尚欠双方4000元，但未提交证据加以证实，本案中对该笔债权不予认定。被告许某坤主张双方有价值2万余元的火腿存放于原告吕某芳的父母家中，因被告许某坤没有提交证据加以证实，本案中不予认定。依照《婚姻法》第三十二条、第三十六条、第三十九条之规定，判决：一、准予原告吕某芳与被告许某坤离婚；二、双方婚生长子由原告吕某芳负责抚养，次子由被告许某坤负责抚养；三、由被告许某坤自本判决生效之日起五日内给付原告吕某芳人民币27万元。一审宣判后双方均未上诉。

【典型意义】

离婚诉讼中，很多当事人担心对方开始隐匿家庭共同财产，其实这个担心并不是多余的，几乎60%以上的案件都会涉及一方涉嫌隐匿财产的情况。因此，为防止对方隐匿财产，应当提前准备。比如，在起诉前，就将家庭共同财产的发票收集好，或请朋友作见证证言，兼采用影像取证技术。另外，对于银行存款、股票基金等，可以在起诉的同时申请法院调查或律师出具调查令调查，一旦查出财产下落，可以视情况采取财产保全措施等。本案中，原告申请法院调查收集证据，法院向中国农业银行宣威板桥分理处调取被告许某坤在该行的开户及账号交易明细情况，查明被告许某坤从2月4日至3月9日共销户定期一本通子账户七笔，合计553932.14元。故法院作出前述判决。

赵某花与杨某良离婚纠纷案

《最高人民法院公布49起婚姻家庭纠纷典型案例》第47号

2015年12月4日

【基本案情】

2009年8月份，原、被告相识并自由恋爱。2010年3月1日按当地习俗举行婚礼并同居生活。2010年3月31日，到婚姻登记机关补办结婚登记手续领取结婚证。婚后夫妻感情一般。2012年2月26日生有长女杨甲；2014年12月24日生有次女杨乙。原、被告婚后时因家务琐事吵闹。原告从2014年12月31日至今居住在原告父母家。被告多次到原告父母家喊原告，原告不跟随其回家。原告起诉要求与被告离婚；婚生子女杨甲、杨乙由原告抚养；夫妻共同财产一台电视机等归原告所有；共同债务由被告负责偿还。

【裁判结果】

本案中，原、被告系自由恋爱，婚姻基础较好，并生有两个小孩（尚幼），原、被告双方应加强沟通交流，克服生活中的各种困难，珍惜相互间的夫妻感情，正确处理好其婚姻家庭关系，共同营造和谐家庭关系，为小孩的健康成长提供有利条件。据此，依照《婚姻法》第三十二条之规定，判决不准原告赵某花与被告杨某良离婚。

【典型意义】

夫妻感情确已破裂是准予离婚的唯一法定理由。认定夫妻感情是否确已破裂，要根据离婚纠纷案件的客观事实来确定。《最高人民法院关于人民法院审理离婚案件如何认定夫妻感情确已破裂的若干具体意见》中规定，应当从婚姻继承、婚后感情、离婚原因、夫妻关系的现状和有无和好的可能等方面综合分析。本案中，原、被告双方系自由恋爱，婚姻基础较好，婚后双方虽因家务琐事发生吵闹，但只要双方加强沟通交流，克服生活中的各种困难，珍惜相互间的夫妻感情，另一方面双方所生两子女尚幼，从有利于小孩的健康成长出发，综合本案实际夫妻双方仍有和好可能，据此法院判决原、被告双方不准离婚。

孙某某诉田某某离婚纠纷案

《最高人民法院公布49起婚姻家庭纠纷典型案例》第48号

2015年12月4日

【基本案情】

2010年5月，孙某某与田某某经人介绍相识后，于同年7月30日在秀山县民政局办理了结婚登记。2010年8月，孙某某发现田某某在登记结婚时提供的身份证件是虚假的。事发后，田某某离开孙某某，至今下落不明。双方婚后无子女，无共同债权债务及共同财产。后孙某某诉至秀山土家族苗族自治县人民法院，要求人民法院依法判决原、被告离婚。

【裁判结果】

经法官审理后认为，感情是缔结婚姻的基础。原、被告相识仅两个月就结婚，其婚姻基础薄弱，婚后共同生活不到一个月就分开，被告至今下落不明，原、被告无法建立起夫妻感情。加之，被告在结婚登记时提供的证件材料均系伪造，其结婚的真实意愿有待商榷。现原告要求离婚，法院应予以支持。依照《婚姻法》第三十二条之规定，判决原告孙某某与被告田某某离婚。

判决送达后双方均未提起上诉，该判决已发生法律效力。

【典型意义】

伪造身份信息与他人登记结婚后，提供真实身份信息一方请求解除婚姻关系时，法院应准予其离婚。依据《婚姻登记条例》第九条之规定，可以撤销婚姻登记的仅限于一方受胁迫结婚，婚姻登记程序瑕疵并不在可撤销登记的范围之列。本案中原告孙某某在知晓被告田某某办理结婚登记时是提供的虚假身份信息后，向人民法院起诉离婚，人民法院应当将其作为离婚纠纷立案受理；被告田某某在事情败露后离家出走，至今下落不明，经法院公告送达开庭传票后仍未到庭参加诉讼，因缺乏调解基础，秀山法院依据《婚姻法》第三十二条第三款第五项判决解除原被告间的婚姻关系。

曾某某与张某某离婚案

《最高人民法院公布 10 起残疾人权益保障典型案例》第 2 号

2016 年 5 月 14 日

【基本案情】

曾某某系智残等级为二级的残疾人，2013 年 7 月与张某某登记结婚。在曾某某怀孕后，其父亲担心有遗传风险，要求曾某某流产未获曾某某、张某某同意且又有房屋拆迁利益分配问题等原因，导致曾某某、张某某与曾某某的父亲矛盾日益加深。后者遂以曾某某的法定代理人身份向人民法院提起离婚诉讼。人民法院在听取各方当事人及相关证人意见，走访社区居委会、婚姻登记管理所、计生委了解相关情况的基础上，认定曾某某虽有智力残疾，但与张某某在婚后共同生活期间夫妻关系和睦，并无感情破裂迹象，本着尊重和保护无民事行为能力人权益的考虑，依法驳回了曾某某父亲提出的离婚诉讼请求。

【典型意义】

依法切实维护残疾人的婚姻权利

维护残疾人婚姻权利是残疾人权益保障的重要内容，判决残疾人离婚与否，将会对该残疾人今后生活产生重大影响，人民法院对残疾人与其配偶之间婚姻关系是否破裂的认定要严格遵照法律规定，更加慎重。本案中曾某某为智残人员，曾某某的父亲以其法定代理人名义起诉离婚，在张某某明确表示愿意与曾某某共同生活且无充分证据证明夫妻关系确已破裂的情况下，人民法院本着维护残疾人最大利益的考虑，依法作出了不准予离婚的判决。

马某某诉丁某某离婚案

——对于家暴事实的认定应当适用特殊证据规则

《中国反家暴十大典型案例（2023 年）》案例 8

2023 年 6 月 15 日

【基本案情】

马某某（女）以丁某某（男）性格暴躁，多次对其实施家庭暴力为由诉至法院要求离婚，丁某某否认其实施了家暴行为，且不同意离婚。马某某提交了多次报警记录，证明其曾因遭受家庭暴力或面临家庭暴力现实危险而报警，并提供病历和伤情鉴定证明其受伤情况，丁某某未提交任何证据佐证其抗辩意见。

【裁判结果】

法院生效裁判认为，原告马某某主张丁某某对其实施暴力，并提交了相关佐证证据，虽丁某某予以否认，但马某某提交的病历资料及鉴定文书中均有“全身多处软组织挫伤”等表述，而丁某某对于马某某的伤情并未给予合理解释，综合双方的陈述以及马某某提交的证据可以确认，丁某某在其与马某某发生矛盾的过程中，确实动手殴打了马某某。法院根据家暴事实的认定，并综合经审理查明的其他事实，认定双方的夫妻感情确已破裂，判决准予离婚。

【典型意义】

1. 涉家庭暴力案件中，法院根据医疗机构的诊疗记录、伤情鉴定意见，可以认定申请人遭受家庭暴力或者面临家庭暴力现实危险的事实存在。本案中，马某某和丁某某对于家庭暴力发生的事实和经过的说法不一致，马某某对每一次家暴事实进行了详细且符合逻辑的描述，丁某某仅表述为双方“互有推搡”“搂抱”，基于马某某提交的病历资料及鉴定文书中均有“全身多处软组织挫伤”等表述，丁某某虽否认家暴行为，但对于马某某的伤情并未给出合理解释，考虑到马某某作为受害人能够提供相关证据并合理陈述，其陈述可信度要高于丁某某的陈述。该做法也符合 2022 年 7 月最高人民法院发布的《关于办理人身安全保护令案件适用法律若干问题的规定》中有关证据认定的制度规定。

2. 查清家庭暴力事实需要法官加大依职权探究力度。普通的民事诉讼，往往采用辩论主义，但要查清家庭暴力，则更需要法官依职权去探究相关事实及调取证据。本案中，马某某提交的证据并不足以证实其遭受到了家庭暴力，但法院根据其提交的证据，并结合其陈述，对于其主张的每一次家暴事实进行了仔细询问和追问，并对其最早一次遭受家暴以及自认为最严重的一次家暴等关键事实均进行了询问，马某某均给予了详细且符合逻辑的描述，通过对家暴细节进行主动调查，又根据受害人陈述可信度较高的原则，进而可以有助于家庭暴力事实的认定。

家庭暴力具有较高的私密性和隐蔽性，受害人普遍存在举证困难的问题。在涉家暴案件的审理过程中，法院可以通过积极举措降低家庭暴力事实的证明难度，平衡双方当事人之间的地位，对于认定家暴事实的，迅速作出离婚判决。本案中，法院适用一定条件下的举证责任转移及加大职权探知力度，更有利于保护在互动关系中处于弱势的家暴受害人，从而达到遏制并矫正家暴施暴人的强势控制行为，体现法院在处理涉家暴案件中的公正理念，保证裁判的公信力。

张某与邹某离婚纠纷案

——受暴方过错并非家暴理由，施暴方不宜直接抚养未成年子女

《中国反家暴十大典型案例（2023 年）》案例 9

2023 年 6 月 15 日

【基本案情】

张某（女）与邹某（男）于 2007 年 4 月登记结婚，自儿子邹小某出生后张某和邹某夫妻矛盾逐渐增多。2010 年 6 月，因张某与其他异性有不正当关系，邹某用几股电话线拧成一股抽打张某。此后，邹某经常辱骂张某，稍有不顺就动手打骂，张某因做错事在先，心中有愧，从来不会还手。2013 年 6、7 月，邹某怀疑张某与其他男性有不正当关系，就把张某摁在家中地板上殴

打，导致张某嘴部流血。2018 年 11 月 24 日，邹某持裁纸刀划伤张某面部、衣服，并导致张某身体其他部位受伤，张某遂报警并进行了伤情鉴定，显示构成轻微伤。张某以邹某多年来数次对其实施家庭暴力为由，向人民法院请求离婚，并请求儿子邹小某由张某抚养。邹某认为张某出轨在先，具有过错，其与张某的争吵是夫妻之间的普通争吵行为，其对张某没有严重性、经常性、持续性的殴打、迫害，不构成家庭暴力，不同意离婚，且要求共同抚养儿子邹小某。

【裁判结果】

法院生效裁判认为，张某虽有过错，但邹某不能用暴力来解决问题。根据《中华人民共和国反家庭暴力法》第二条的规定，严重性、持续性、经常性并非家庭暴力的构成要件，2018 年 11 月 24 日张某所受损伤构成轻微伤，可见邹某的暴力行为已对张某的身体造成了伤害。法院认定邹某的行为构成家庭暴力。由于邹某实施家庭暴力的行为，而且双方已经分居，张某坚持要求离婚，法院判决准许双方离婚，邹小某由张某抚养，邹某于每月 20 日前支付邹小某抚养费 1000 元，直至邹小某年满 18 周岁为止。

【典型意义】

1. 家暴行为证据的采纳与认定具有特殊性。家庭暴力往往具有私密性，目睹家庭暴力的极可能仅有未成年子女，导致许多家庭暴力难以得到及时认定和处理。本案中，人民法院委托家事调查员与邹小某进行谈话，邹小某对家事调查员表示其曾看到过一次父母在家吵架，父亲打了母亲，母亲的嘴部流血，综合邹某承认其与张某确实发生争吵伴有肢体接触，其对张某有压制行为，并看到张某嘴部流血，法院认定 2013 年 6、7 月邹某实施了家暴行为。法院采纳未成年子女提供的与其年龄、智力相适应的证言，在能与其他证据相印证达到较大可能性标准的情况下，认定施暴人的家暴行为，既有利于充分保护受暴者，同时对涉家暴纠纷审判实践也具有指导意义。

2. 受暴方是否有过错，殴打行为是否具有严重性、经常性、持续性均不是认定家庭暴力的构成要件。《中华人民共和国反家庭暴力法》第二条规定："本法所称家庭暴力，是指家庭成员之间以殴打、捆绑、残害、限制人身自由以及经常性谩骂、恐吓等方式实施的身体、精神等侵害行为。"因此，家庭成员之间一方以殴打方式对另一方身体实施了侵害行为，即构成家庭暴力。本案中，邹某以张某有过错，其行为不具有严重性、经常性、持续性为由主张不构成家庭暴力，没有任何法律依据，亦不符合《反家庭暴力法》的立法精神和目的。

3. 实施家庭暴力是离婚法定事由，应依法判决离婚，及时阻断家庭暴力。审判实践中，对于初次起诉离婚，又无充分证据证明双方感情确已破裂的，人民法院本着维护婚姻家庭稳定的原则，一般判决不予离婚。但是，根据《中华人民共和国婚姻法》第三十二条第三款第二项规定，“有下列情形之一，调解无效的，应准予离婚：……（二）实施家庭暴力或虐待、遗弃家庭成员的”。因此，对于存在家庭暴力等离婚法定事由的，即便是初次起诉离婚，也应当准予离婚。邹某在婚姻关系存续期间，对张某实施家庭暴力，张某坚决要求离婚，即使邹某不同意离婚，法院也应依法判决双方离婚，及时遏制家庭暴力。

4. 根据最有利于未成年人原则，施暴方一般不宜直接抚养未成年子女。在处理离婚纠纷涉子女抚养权归属时，是否存在家庭暴力是确定子女抚养权归属的重要考量因素。审判实践中，施暴者往往辩称家暴行为只存在于夫妻之间，并不影响其对孩子的感情，甚至以希望孩子有完整的家庭为由，拒绝离婚。但是，家庭暴力是家庭成员之间的严重侵害行为，未成年子女目睹施暴过程会给其内心造成极大的心理创伤，目睹家庭暴力的未成年人实际上也是家庭暴力的受害者。因此，若父母一方被认定构成家暴，无论是否直接向未成年子女施暴，如无其他情形，一般认定施暴方不宜直接抚养未成年子女。本案中，张某仅有邹小某一子，邹某与前妻另育有一子，加之邹小某在张某、邹某分居后一直居住在张某父母家，由外公、外婆、舅舅等照顾其日常生活起居，已适应了目前的生活、学习环境，为有利于儿童身心健康及防止家庭暴力的代际传递，法院认定邹小某应由张某抚养为宜。

从国际标准看，联合国《消除对妇女一切形式歧视公约》及其一般性建议框架要求，“在针对妇女的暴力（包括家庭暴力）案件中，决定监护权和探视权时应考虑受害人和儿童的权利安全”。本案裁判中考虑到儿童身心健康及预防家庭暴力的代际传递，判决由张某获得抚养权，这一裁判符合国际标准。

李某某与郑某某离婚纠纷案

——涉家暴案件审理必须多措并举实现案结事了

《中国反家暴十大典型案例（2023年）》案例10

2023年6月15日

【基本案情】

经李某某（女）申请，人民法院于2018年5月2日作出人身安全保护令民事裁定，禁止郑某某（男）对李某某实施殴打、威胁、谩骂等家庭暴力行为。2018年6月8日李某某起诉离婚，7月23日两位书记员上门送达诉讼资料时，郑某某多次语言威胁并将留置的资料掷回书记员。7月25日两名法官、两名法警、一名书记员一行共计5人向郑某某送达诉讼资料，郑某某继续大吵大闹，拍桌子、辱骂送达的工作人员，近一个小时未能送达诉讼资料。

李某某与郑某某共生育了三名子女，李某某提供了诊断报告书、疾病证明书、报警回执、病历、鉴定意见书、受伤照片等证据，证实2018年2月7日、2018年4月21日、2018年4月25日、2018年5月2日郑某某多次对其实施殴打。经询，三名子女均表示选择与李某某共同生活。双方要求分割的夫妻共同财产为七套房屋。郑某某在庭审中明确表示不同意离婚，如果离婚要求三个孩子的抚养权。

【裁判结果】

法院于2018年12月作出民事判决书：认定李某某提供的证据足以证实郑某某长期实施家庭暴力，准予双方离婚；尊重三个孩子的意愿，再结合郑某某存在家庭暴力的情形，从有利于子女身心健康角度出发，三名子女均由李某某直接抚养，被告郑某某每月支付孩子抚养费；四套房产归郑某某所有，三套房产归李某某所有。

【典型意义】

1. 重拳出击，让施暴人感受到司法的强硬。对李某某的人身安全保护令申请，法院发出人身安全保护令。李某某于2018年4月27日向法院申请人身安全保护令，法院于 2018 年 5 月 2 日作出人身安全保护令民事裁定，裁定禁止郑某某对李某某实施殴打、威胁、谩骂等家庭暴力行为。之后李某某又于 2018 年 10 月 18 日申请变更人身安全保护令，法院进行了审查认为李某某申请合理合法，裁定予以准许，并作出民事裁定书裁定禁止郑某某对李某某及其三个子女实施殴打、威胁、谩骂等家庭暴力行为；禁止郑某某骚扰、跟踪、接触李某某及其子女。

此外，坚决惩处郑某某阻碍司法工作的行为。法院工作人员在 2018 年 7 月 23 日、2018 年 7 月 25 日依法向郑某某送达诉讼资料时，郑某某两次对负责送达的司法工作人员进行威胁，阻碍司法工作人员执行职务。考虑到郑某某有家暴的前科，又目无法纪，威胁送达人员，如果不能坚决制止他的嚣张气焰，那么本案开庭、审理、判决都将无法顺利进行，更无法保障女方和孩子的人身安全，因此合议庭在第二次送达的现场合议后认为郑某某已经阻碍司法工作人员执行职务，符合司法拘留的情形，且现场还有刀具等物品，危险性极高，决定先将郑某某带回法院。郑某某被押回法院后仍毫无悔意，经合议庭合议，并报院长批准，决定对郑某某司法拘留十五日。司法拘留让郑某某有了敬畏之心，之后基本能理性沟通，态度明显好转，为今后案件处理打下了坚实的基础。

2. 柔性司法，让受暴人感受司法的温暖。在审理方式上，虽然司法拘留之后郑某某也没有再敢对女方及孩子实施暴力，但为了确保庭审安全，合议庭决定采取隔离审判的模式，将李某某及其诉讼代理人安排在另外一个审判庭，由专门的社工陪同，通过远程技术进行网上开庭，申请了两名法警执庭，并从大门口安检开始就对郑某某保持高度戒备。确保庭审的顺利进行。庭审后安排李某某及其委托诉讼代理人先签笔录，并从安全通道先行离开法院，避免与郑某某接触。

从国际标准看，此举措符合《联合国消除一切形式对妇女的歧视公约》要求中“司法部门对针对妇女的暴力（包括家庭暴力）有足够警觉，起诉及时，并且一致把保障妇女的生命权和身心健康放在公认的重要位置”，即从隔离审判、社工陪同、法警执庭等多方面考虑到妇女的安全，司法机关有足够的警觉并采取了积极措施，此举措符合国际标准要求。

启动心理干预程序。鉴于郑某某存在严重家暴，且现有证据已经反映家暴行为对三个孩子，尤其是大女儿造成了严重的心理创伤，在案件审理过程中，就安排心理干预老师对三个孩子和李某某进行心理干预。其中李某某、二女儿和小儿子的心理状况基本健康，大女儿的心理问题较为严重，存在情绪偏激的情况，甚至还说出：如果郑某某再对家人实施暴力就要杀了他这样的话。针对此种情况，对大女儿展开了连续五次的心理干预，使大女儿能将情绪完全发泄出来，并理性地看待整个事情，取得了较好的效果。从国际标准看，这一举措符合《消除针对妇女一切形式歧视公约》建议“针对妇女的暴力（包括家庭暴力）的受害人可以获得公安部门、检察机关及法院等部门链接的医疗、法律与社会服务”这一国际标准要求。

3. 寻求他力，合作实现案结事了。宣判当天，为了防止郑某某宣判后可能因对判决不满，而再次对李某某及孩子实施暴力，法院还给李某某住所地的派出所和居委会发出防止民转刑的函，说明郑某某所具有的高度人身危险性，请求他们共同予以高度关注，及时预警、及时出警，共同防止暴力。同时，宣判后法官、书记员引导郑某某通过上诉来表达意见，郑某某在上诉期内上诉，二审维持了一审判决，之后郑某某也没有对法官、法院、女方和孩子有暴力或威胁，实现了案结事了。

2. 离婚后财产

张某某与赵某婚约财产纠纷案

《最高人民法院公布10起婚姻家庭纠纷典型案例（山东）》第1号

2015年11月20日

【基本案情】

2013年5月，原告张某某与被告赵某经邵某介绍相识。2013年7月13日，通过证人邵某，原告给付被告现金4万元及首饰四件作为订婚的彩礼。后原告又向被告送了两箱酒、两条烟、两盒茶叶、几袋糖。后原、被告未能登记结婚，被告也未将上述彩礼退还。为此，原告诉至法院。法院在审理过程中，被告当庭将首饰四件退还原告。

【裁判结果】

济宁市高新区人民法院一审认为，原、被告经人介绍相识，后双方未能登记结婚，原告给付被告的彩礼，被告应当予以退还。证人邵某是原、被告双方的介绍人，给付彩礼的过程证人也实际参与，且证人与原、被告双方均无利害关系，其证言可信度较高，并且证人陈述的情况也符合本地的风俗习惯，因此对其证言法院予以采信。证人高某的证言与证人邵某的证言，并不矛盾，也印证了原告存在订婚给付彩礼的事实，因此对其证言法院亦予以确认。法院认为，证人邵某出庭作证只证明原告给付被告现金 4 万元，该 4 万元被告应当予以退还原告。原告主张后来又给付被告 2000 元用于购买衣服，但没有向法院提交相应的证据，因此其要求退还该 2000 元，法院不予支持。被告已将首饰退还原告，原告也已经接受，因此原告主张的首饰钱 12000 元，被告不需再返还。原告要求退还购买物品的价款 3000 元，没有提供购买物品的发票，所购物品价值不能确定，因此对原告的该项请求，法院不予支持。最后，法院判决被告赵某于判决生效之日起五日内退还原告张某某彩礼款 4 万元，驳回原告张某某的其他诉讼请求。

【典型意义】

本案是一起典型的婚约财产纠纷案件。原告与被告经人介绍认识，原告按照当地风俗习惯给予被告彩礼，但原告与被告之后未能登记结婚。关于此种情况如何处理，《最高人民法院关于适用〈中华人民共和国婚姻法〉若干问题的解释（二）》中作了明确规定，即双方未办理结婚登记手续的，法院应支持当事人要求返还彩礼的诉讼请求。彩礼虽具有赠与的外观，但法律后果与普通的赠与却大相径庭。被告关于原告给予其彩礼的行为为赠与行为的抗辩，法院不应支持。

刘某与冯某婚姻财产纠纷案

《最高人民法院公布10起婚姻家庭纠纷典型案例（山东）》第2号

2015年11月20日

【基本案情】

原告刘某与被告冯某经人介绍相识，于2012年1月30日登记结婚，婚后无子女。2012年2月2日，刘某因病住院22天，出院后双方一直分居。因感情破裂，原告刘某向法院提起离婚诉讼，冯某同意离婚，但要求对方适当返还聘礼及看病花费。双方共同生活期间，未购置共同财产，无共同债权债务，有存款2万元在刘某手中。刘某的陪嫁财产包括家电、被子在冯某处。

【裁判结果】

聊城市茌平县人民法院一审认为，根据刘某与冯某两人长期分居的实际情况和双方均不愿维持该婚姻的意愿，应视为夫妻感情确已破裂。关于存款，刘某认可有共同存款2万元。关于刘某的陪嫁财产，属于其婚前个人财产。关于冯某所述婚前的聘礼，属于以结婚为目的的有条件赠与，双方已结婚，条件已成就，应按赠与处理。关于刘某婚后住院的花费，冯某要求刘某返还，因当时处于共同生活期间，冯某有义务给作为其妻子的刘某看病。最后，法院判决准予原告刘某与被告冯某离婚，原告刘某于判决生效之日起十日内支付给被告冯某共同存款折款1万元，被告冯某于判决生效之日起十日内将原告刘某的陪嫁财产返回给原告刘某。

【典型意义】

本案争议的一个主要焦点是离婚后婚前彩礼是否返还的问题，这在广大农村是比较典型的。相当多的当事人认为彩礼是为结婚而给付的，离婚了就应返还。其实，这是个误解。最高人民法院在《关于适用〈中华人民共和国婚姻法〉若干问题的解释（二）》中规定，只有符合以下情况，人民法院才支持返还彩礼：一是双方未办理结婚登记手续的；二是双方办理结婚登记手续但确未共同生活的；三是婚前给付并导致给付人生活困难的。如果不符合这三种情况，法院不支持返还彩礼。像本案这种情况，尽管双方共同生活时间不长，但毕竟已经结婚并共同生活，被告非因给付彩礼而导致非常困难，所以其要求返还彩礼的主张，法院没有支持。这一点，希望广大家庭特别是农村家庭予以特别关注，离婚时要审慎对待这个问题，应依法去行使权利，履行义务。

张某诉陈某离婚后财产纠纷案

——莫把婚姻当作获利工具

《最高人民法院公布 10 起婚姻家庭纠纷典型案例（河南）》第 8 号

2015 年 11 月 20 日

【基本案情】

2011 年农历六月，张某和陈某经人介绍订婚，因张某所在生产组要分土地补偿款，张家为使家庭迅速“添丁进口”多得补偿，张某和陈某在交往不到一个月的情况下即登记结婚。婚后不到三天，张某继续到外地上学，陈某在张家仅住了几个月就回其娘家居住。其后，陈某因向张某索要生产组每人发放的土地补偿 58700 元而多次发生争执。2013 年，张某以夫妻相处时间较短，双方无感情基础为由两次到法院起诉离婚。在和好无望的情况下，襄城县人民法院于 2014 年 6 月以夫妻感情确已破裂为由判决二人离婚。离婚后，陈某要求张某父母返还自己的土地补偿款 58700 元，张某父母以办理结婚、待客、买家具钱已经花完的理由拒不交出。多次索要无果后，陈某以不当得利为由将张某父母再次诉讼至法院。

【裁判结果】

襄城县人民法院和许昌市中级人民法院经审理认为，土地补偿款是陈某基于合法婚姻关系而取得的按份共有财产，陈某对其份额享有所有权。对于张某父母辩称的该款全部用于办理结婚、待客、买家具的理由不予认可，支持了陈某的诉讼请求，判决张某父母偿还陈某的土地补偿款 58700 元。

【典型意义】

伴随着城镇化飞速发展的步伐，围绕农村土地的各种纠纷也出现上升趋势。如本案中的情况，张某一家把获取土地补偿款等利益作为结婚的主要考量因素和目的，这样的仓促婚姻往往因缺乏感情基础而极不稳固，对个人、家庭和社会也都是极度不负责的做法，更存在着法律和财产上的风险。金钱买不来爱情，也锁不住婚姻，终身大事还是谨慎为好。

于某某诉高某某离婚后财产纠纷案

《最高人民法院公布49起婚姻家庭纠纷典型案例》第1号

2015年12月4日

【基本案情】

于某某与高某某于2001年11月11日登记结婚，婚后于2003年9月生育一子高某。因感情不和，双方于2009年9月2日在法院调解离婚。双方离婚时对于共同共有的位于北京市某小区59号房屋未予以分割，而是通过协议约定该房屋所有权在高某某付清贷款后归双方之子高某所有。2013年1月，于某某起诉至北京市东城区人民法院称：59号房屋贷款尚未还清，房屋产权亦未变更至高某名下，即还未实际赠与高某，目前还处于于某某、高某某共有财产状态，故不计划再将该房屋属于自己的部分赠与高某，主张撤销之前的赠与行为，由法院依法分割59号房屋。

高某某则认为：离婚时双方已经将房屋协议赠与高某，正是因为于某某同意将房屋赠与高某，我才同意离婚协议中其他加重我义务的条款，例如在离婚后单独偿还夫妻共同债务4.5万元。我认为离婚已经对孩子造成巨大伤害，出于对未成年人的考虑，不应该支持于某某的诉讼请求。

【裁判结果】

北京市东城区人民法院生效裁判认为：双方在婚姻关系存续期间均知悉59号房屋系夫妻共同财产，对于诉争房屋的处理，于某某与高某某早已达成约定，且该约定系双方在离婚时达成，即双方约定将59号房屋赠与其子是建立在双方夫妻身份关系解除的基础之上。在于某某与高某某离婚后，于某某不同意履行对诉争房屋的处理约定，并要求分割诉争房屋，其诉讼请求法律依据不足，亦有违诚信。故对于某某的诉讼请求，法院不予支持。

北京市东城区人民法院于 2013 年 4 月 24 日作出（2013）东民初字第 02551 号民事判决：驳回于某某的诉讼请求。宣判后，于某某向北京市第二中级人民法院提起上诉。北京市第二中级人民法院于 2013 年 7 月 11 日作出（2013）二中民终字第 09734 号判决：驳回上诉，维持原判。

【典型意义】

本案中双方争议的焦点是在离婚协议中约定将夫妻共同共有的房产赠与未成年子女，离婚后一方在赠与房产变更登记之前是否有权予以撤销。在离婚协议中双方将共同财产赠与未成年子女的约定与解除婚姻关系、子女抚养、共同财产分割、共同债务清偿、离婚损害赔偿等内容互为前提、互为结果，构成了一个整体，是“一揽子”的解决方案。如果允许一方反悔，那么男女双方离婚协议的“整体性”将被破坏。在婚姻关系已经解除且不可逆的情况下如果允许当事人对于财产部分反悔将助长先离婚再恶意占有财产之有违诚实信用的行为，也不利于保护未成年子女的权益。因此，在离婚后一方欲根据《合同法》第一百八十六条第一款之规定单方撤销赠与时亦应取得双方合意，在未征得作为共同共有人的另一方同意的情况下，无权单方撤销赠与。

李某诉孙某离婚后财产纠纷案

《最高人民法院公布 49 起婚姻家庭纠纷典型案例》第 7 号

2015 年 12 月 4 日

【基本案情】

孙某和李某原本是夫妻，两人于 2004 年因感情不和协议离婚，双方在协议中约定：婚生子孙小某离婚后由女方抚养，孙某定期给付李某抚养费和教育费；现住公房及房屋内所有物品归女方所有；现金、存款上双方不存在共同财产，离婚时互不干涉，不需再分割；男方经营的公司、所有的汽车等财产，离婚后属男方。2014 年，李某在作为孙小某的法定代理人依据“离婚协议”要求孙某付抚养费时，发现孙某现住房是其与李某婚姻关系存续期间购买，孙某在离婚时对该房屋进行了隐瞒。故李某以此为由起诉到法院要求判决涉案房屋全部归自己所有。

被告孙某辩称，李某的起诉期早已超过两年的诉讼时效，而且当时双方因为感情不和，从2001年便已开始分居。涉案房屋是其在分居期间完全用个人的财产购买的，应属于个人财产。同时，离婚协议中的公房在离婚时已经取得完全产权，与公房相比，现住房在离婚时价值较小，而且购买此房也告诉过李某，故对于该房屋完全没有隐藏的动机和必要。况且，双方在离婚协议中明确约定“所有的汽车等财产，离婚后属男方”，自己的现住房理应属于个人财产，因此不同意李某的诉讼请求。

【裁判结果】

北京市昌平区人民法院经审理认为，涉案房屋系在双方婚姻关系存续期间购买，为夫妻共同财产，应当予以分割，判决房屋归孙某所有，孙某给付李某房屋折价款100余万元。判决后，孙某、李某均不服，向北京市第一中人民法院提起上诉。

北京市第一中人民法院经审理认为，虽然双方在离婚协议中有“男方经营的公司，所有的汽车等财产，离婚后属男方”的约定，但在房产价值远大于汽车的常识背景下，以“等”字涵盖房屋，违背常理，故该房为双方婚姻关系存续期间购买，应属于双方共同财产。对于孙某所提的李某诉讼已过诉讼时效的上诉理由，因孙某未能提供证据证明李某在诉讼时效结束之前已经知道该套房屋的存在，故李某表示其作为孙小某的法定代理人在2014年起诉孙某给付抚养费的案件中才知道有该套房屋的解释较为合理。对于房屋的分割问题，原审法院参照李某提出的市场价格及周边地区房屋的市场价格酌情确定房屋的市场价格并无不妥，同时原审法院结合孙某隐匿财产存在过错、涉案房屋登记在孙某名下等因素，判决房屋归孙某所有，孙某给付李某折价款100余万元，并无不当。综上，北京市第一中人民法院最终驳回了两人的上诉，维持了原判。

【典型意义】

随着社会的发展，传统从一而终的婚姻观念已经悄然发生改变，在法院最直接的体现便是受理离婚相关的案件越来越多。曾经如胶似漆的两人，若在分道扬镳的岔路口，也能不因感情的逝去而坦诚相待，无疑也算得上是美事一件。但是现实生活往往不同于童话小说，离婚中的双方似乎总要将感情失利的不快转移到对共同财产的锱铢必较。因此，法院在审理涉及财产分割的离婚案件中，对双方共同财产予以公平分割，无疑能更好平息双方因离婚带来的不快，促进双方好合好散。在调处涉嫌隐瞒夫妻共同财产案件时明察秋毫，既是对失信一方的惩罚，亦是对另一方合法权益的维护，无疑也对社会的安定和谐有莫大的促进。

《婚姻法》第四十七条明确规定，离婚时，一方隐藏、转移、变卖、毁损夫妻共同财产，或伪造债务企图侵占另一方财产的，分割夫妻共同财产时，对隐藏、转移、变卖、毁损夫妻共同财产或伪造债务的一方，可以少分或不分。离婚后，另一方发现有上述行为的，可以向人民法院提起诉讼，请求再次分割夫妻共同财产。本案中，在案证据能够证明孙某的现住房是其在与李某婚姻存续期间用夫妻共同财产购买的，而且其主张购买该房屋已经告知李某缺乏证据支持，因此法院将涉案房屋认定为夫妻共同财产，并依法进行了分割。同时，对于隐瞒财产的分割比例问题，需要法院依据过错大小、具体案情等综合认定，故本案中李某以孙某隐瞒夫妻共同财产存在错误为由，要求涉案房屋全部归自己所有的诉讼请求亦未得到支持。天下没有不透风的墙。在夫妻缘分走到尽头之时，双方还应坦诚相待，避免日后对簿公堂，为自己的不当行为买单，既得不偿失，也失了风度。

王某与徐某丽彩礼返还案

《最高人民法院公布 49 起婚姻家庭纠纷典型案例》第 27 号

2015 年 12 月 4 日

【基本案情】

原告王某和被告徐某丽经人介绍于 2010 年农历十一月十九日订婚，订婚时被告向原告索要彩礼款 10 万元。订婚当天被告收到彩礼款 1 万元，小相钱 2000 元，装烟钱 2000 元。2011 年 3 月 16 日原、被告办理了结婚登记手续，同年农历二月十六日原、被告举行婚礼后在原告父亲住房的西屋居住生活。

结婚前10天左右被告又收到彩礼款9万元。在原、被告结婚前原告父亲又购买豪爵银豹牌二轮摩托车一台（现在被告父母家保管，价值为2000元），其他家电、家具等由原告父母购买（现在原告家保管）。原、被告结婚后先期夫妻感情尚可。尔后因琐事原、被告曾经口角打架。2012年10月原、被告用被告收到的彩礼款购买了五菱荣光牌微型面包车一台（现由原告保管）。2013年10月双方发生口角后，被告回娘家与原告分居至今。原告为结婚向他人借款11万元至今未偿还。

【裁判结果】

辽宁省西丰县人民法院经审理认为，原告王某和被告徐某丽经人介绍相处仅两个月有余便登记结婚。由于婚前双方相互了解不够，婚后在日常生活中又未建立起真挚的夫妻感情，在共同生活期间曾因琐事而口角打架，于2013年10月双方分居至今。分居后经原、被告亲属和法庭做调解和好工作，已无和好可能，其夫妻感情确已破裂。原告的离婚请求应予支持。对在原、被告订婚时被告向原告索要彩礼的行为，已违反了我国婚姻法关于借婚姻索取财物的规定，且造成了原告家庭生活困难。因此对被告索要的彩礼款10万元应酌情予以返还。但考虑原、被告已用彩礼款购买了面包车，并由原告使用和管理的实际情况可判决该车归原告所有。对原告父亲在原、被告结婚前购买的摩托车应认定为原告婚前财产，被告也应返还给原告。故判决如下：准予原告王某和被告徐某丽离婚；原、被告用彩礼款所购买的五菱荣光牌微型面包车一台归原告所有；被告自判决生效后十日内返给原告豪爵银豹牌二轮摩托车一台（现值2000元）。

【典型意义】

近年来，离婚时索要婚前给付彩礼的案件频见报端，甚至有索要不成而故意杀人的悲剧发生。处理好此类案件，对于创造良好的人际关系，维护和谐稳定的社会秩序有着重要的意义。对此最高人民法院的司法解释有明确规定。

《最高人民法院关于适用〈中华人民共和国婚姻法〉若干问题的解释（二）》第十条规定："当事人请求返还按照习俗给付的彩礼的，如果查明属于以下情形，人民法院应当予以支持：（一）双方未办理结婚登记手续的；

（二）双方办理结婚登记手续但确未共同生活的；（三）婚前给付并导致给付人生活困难的。适用前款第（二）、（三）项的规定，应当以双方离婚为条件。”那么如何理解“生活困难”呢?《最高人民法院关于适用〈中华人民共和国婚姻法〉若干问题的解释（二）》第二十七条对“生活困难”的含义作出了这样的解释：“婚姻法第四十二条所称‘生活困难’，是指依靠个人财产和离婚时分得的财产无法维持当地基本生活水平。”

已办理结婚登记但共同生活时间较短，离婚时应当根据共同生活时间、孕育子女等事实对数额过高的彩礼酌情返还

——王某某与李某某离婚纠纷案

《人民法院涉彩礼纠纷典型案例》案例一

2023 年 12 月 12 日

【基本案情】

2020 年 9 月，王某某与李某某（女）登记结婚。王某某家在当地属于低收入家庭。为与对方顺利结婚，王某某给付李某某彩礼 18.8 万元。李某某于 2021 年 4 月终止妊娠。因双方家庭矛盾加深，王某某于 2022 年 2 月起诉离婚，并请求李某某返还彩礼 18.8 万元。

【裁判结果】

审理法院认为，双方当事人由于婚前缺乏了解，婚后亦未建立起深厚感情，婚姻已无存续可能，准予离婚。结合当地经济生活水平及王某某家庭经济情况，王某某所给付的彩礼款 18.8 万元属于数额过高，事实上造成较重的家庭负担。综合考虑双方共同生活时间较短，女方曾有终止妊娠等事实，为妥善平衡双方当事人利益，化解矛盾纠纷，酌定李某某返还彩礼款 56400 元。

【典型意义】

彩礼是以缔结婚姻为目的依据习俗给付的财物。作为我国婚嫁领域的传统习俗，彩礼是男女双方及家庭之间表达感情的一种方式，也蕴含着对婚姻

的期盼与祝福。然而，超出负担能力给付的高额彩礼却背离了爱情的初衷和婚姻的本质，使婚姻演变成物质交换，不仅对彩礼给付方造成经济压力，影响婚姻家庭的和谐稳定，也不利于弘扬社会文明新风尚。2021 年以来，“中央一号文件”连续三年提出治理高额彩礼问题。遏制高额彩礼陋习、培育文明乡风已成为全社会的共同期盼。基于彩礼给付的特定目的，一般情况下，双方已办理结婚登记手续并共同生活，离婚时一方请求返还按照习俗给付的彩礼的，人民法院不予支持。但是，也要看到，给付彩礼的目的除了办理结婚登记这一法定形式要件外，更重要的是双方长期共同生活。因此，共同生活时间长短应当作为确定彩礼是否返还以及返还比例的重要考量因素。本案中，双方共同生活仅一年多时间，给付彩礼的目的尚未全部实现，给付方不存在明显过错，相对于其家庭收入来讲，彩礼数额过高，给付彩礼已造成较重的家庭负担，同时，考虑到终止妊娠对女方身体健康亦造成一定程度的损害等事实，判决酌情返还部分彩礼，能够较好地平衡双方当事人间的利益，引导树立正确的婚恋观，倡导形成文明节俭的婚礼习俗，让婚姻始于爱，让彩礼归于“礼”。

男女双方举行结婚仪式后共同生活较长时间且已育有子女，一般不支持返还彩礼

——张某与赵某婚约财产纠纷案

《人民法院涉彩礼纠纷典型案例》案例二

2023 年 12 月 12 日

【基本案情】

张某与赵某（女）于 2018 年 11 月经人介绍相识，自 2019 年 2 月起共同生活，于 2020 年 6 月生育一子。2021 年 1 月双方举行结婚仪式，至今未办理结婚登记手续。赵某收到张某彩礼款 16 万元。后双方感情破裂，于 2022 年 8 月终止同居关系。张某起诉主张赵某返还 80% 彩礼，共计 128000 元。

【裁判结果】

审理法院认为，双方自 2019 年 2 月起即共同生活并按民间习俗举行了婚

礼，双方在共同生活期间生育一子，现已年满 2 周岁，且共同生活期间必然因日常消费及生育、抚养孩子产生相关费用，若在以夫妻名义共同生活数年且已共同养育子女 2 年后仍要求返还彩礼，对赵某明显不公平，故判决驳回张某的诉讼请求。

【典型意义】

习近平总书记强调指出，家庭是社会的基本细胞，是人生的第一所学校。不论时代发生多大变化，不论生活格局发生多大变化，我们都要重视家庭建设，注重家庭、注重家教、注重家风。[①]《民法典》规定，家庭应当树立优良家风，弘扬家庭美德，重视家庭文明建设；保护妇女、未成年人、老年人、残疾人的合法权益。人民法院在审理涉及彩礼纠纷案件中要坚决贯彻落实习近平总书记关于家庭家教家风建设的重要论述精神和《民法典》的相关规定。《最高人民法院关于适用〈中华人民共和国民法典〉婚姻家庭编的解释（一）》第五条关于未办理结婚登记手续应返还彩礼的规定，应当限于未共同生活的情形。已经共同生活的双方因未办理结婚登记手续不具有法律上的夫妻权利义务关系，但在审理彩礼返还纠纷时，不应当忽略共同生活的“夫妻之实”。该共同生活的事实不仅承载着给付彩礼一方的重要目的，也会对女性身心健康产生一定程度的影响，尤其是在孕育子女等情况下。如果仅因未办理结婚登记而要求接受彩礼一方全部返还，有违公平原则，也不利于保护妇女合法权益。本案中，双方当事人虽未办理结婚登记，但按照当地习俗举办了婚礼，双方以夫妻名义共同生活三年有余，且已生育一子。本案判决符合当地风俗习惯，平衡各方当事人利益，特别体现了对妇女合法权益的保护。

---

① 习近平在二〇一五年春节团拜会上的讲话（2015 年 2 月 17 日）。

已办理结婚登记，仅有短暂同居经历尚未形成稳定共同生活的，应扣除共同消费等费用后返还部分彩礼

——刘某与朱某婚约财产纠纷案

《人民法院涉彩礼纠纷典型案例》案例三

2023 年 12 月 12 日

【基本案情】

刘某与朱某（女）2020 年 7 月确立恋爱关系，2020 年 9 月登记结婚。刘某于结婚当月向朱某银行账户转账一笔 80 万元并附言为“彩礼”，转账一笔 26 万元并附言为“五金”。双方分别在不同省份的城市工作生活。后因筹备举办婚礼等事宜发生纠纷，双方于 2020 年 11 月协议离婚，婚姻关系存续不到三个月。婚后未生育子女，无共同财产，无共同债权债务。双方曾短暂同居，并因筹备婚宴、拍婚纱照、共同旅游、亲友相互往来等发生部分费用。离婚后，因彩礼返还问题发生争议，刘某起诉请求朱某返还彩礼 106 万元。

【裁判结果】

审理法院认为，彩礼是男女双方在缔结婚姻时一方依据习俗向另一方给付的钱物。关于案涉款项的性质，除已明确注明为彩礼的 80 万元款项外，备注为“五金”的 26 万元亦符合婚礼习俗中对于彩礼的一般认知，也应当认定为彩礼。关于共同生活的认定，双方虽然已经办理结婚登记，但从后续拍摄婚纱照、筹备婚宴的情况看，双方仍在按照习俗举办婚礼仪式的过程中。双方当事人婚姻关系仅存续不到三个月，期间双方工作、生活在不同的城市，对于后续如何工作、居住、生活未形成一致的规划。双方虽有短暂同居经历，但尚未形成完整的家庭共同体和稳定的生活状态，不能认定为已经有稳定的共同生活。鉴于双方已经登记结婚，且刘某支付彩礼后双方有共同筹备婚礼仪式、共同旅游、亲友相互往来等共同开销的情况，对该部分费用予以扣减。据此，法院酌情认定返还彩礼 80 万元。

【典型意义】

涉彩礼返还纠纷中，不论是已办理结婚登记还是未办理结婚登记的情况，在确定是否返还以及返还的具体比例时，共同生活时间均是重要的考量因素。但是，案件情况千差万别，对何谓“共同生活”，很难明确规定统一的标准，而应当具体情况具体分析。本案中，双方婚姻关系存续时间短，登记结婚后仍在筹备婚礼过程中，双方对于后续如何工作、居住、生活未形成一致的规划，未形成完整的家庭共同体和稳定的生活状态，不宜认定为已经共同生活。但是，考虑到办理结婚登记以及短暂同居经历对女方的影响、双方存在共同消费、彩礼数额过高等因素，判决酌情返还大部分彩礼，能够妥善平衡双方利益。

婚约财产纠纷中，接受彩礼的婚约方父母可作为共同被告

——张某某与赵某某、赵某、王某婚约财产纠纷案

《人民法院涉彩礼纠纷典型案例》案例四

2023 年 12 月 12 日

【基本案情】

张某某与赵某某（女）经人介绍认识，双方于 2022 年 4 月定亲。张某某给付赵某某父母赵某和王某定亲礼 36600 元；2022 年 9 月张某某向赵某某银行账户转账彩礼 136600 元。赵某某等购置价值 1120 元的嫁妆并放置在张某某处。双方未办理结婚登记，未举行结婚仪式。2022 年 9 月，双方解除婚约后因彩礼返还问题发生争议，张某某起诉请求赵某某及其父母赵某、王某共同返还彩礼 173200 元。

【裁判结果】

审理法院认为，双方未办理结婚登记，现有证据不足以证明张某某与赵某某持续、稳定地共同生活，张某某不存在明显过错，但在案证据也能证实赵某某为缔结婚姻亦有付出的事实，故案涉定亲礼、彩礼在扣除嫁妆后应予适当返还。关于赵某、王某是否系本案适格被告的问题，审理法院认为，关

于案涉彩礼 136600 元，系张某某以转账方式直接给付赵某某，应由赵某某承担返还责任，扣除嫁妆后，酌定返还 121820 元；关于案涉定亲礼 36600 元，系赵某某与其父母共同接收，应由赵某某、赵某、王某承担返还责任，酌定返还 32940 元。

【典型意义】

《民法典》第十条规定，处理民事纠纷，应当依照法律；法律没有规定的，可以适用习惯，但是不得违背公序良俗。法律没有就彩礼问题予以规定，人民法院应当在不违背公序良俗的情况下按照习惯处理涉彩礼纠纷。根据中国传统习俗，缔结婚约的过程中，一般是由男女双方父母在亲朋、媒人等见证下共同协商、共同参与完成彩礼的给付。因此，在确定诉讼当事人时，亦应当考虑习惯做法。当然，各地区、各家庭情况千差万别，彩礼接收人以及对该笔款项如何使用，情况非常复杂，既有婚约当事人直接接收的，也有婚约当事人父母接收的；彩礼的去向也呈现不同样态，既有接收一方将彩礼作为嫁妆一部分返还的，也有全部返回给婚约当事人作为新家庭生活启动资金的，还有的由接收彩礼一方父母另作他用。如果婚约当事人一方的父母接收彩礼的，可视为与其子女的共同行为，在婚约财产纠纷诉讼中，将婚约一方及父母共同列为当事人，符合习惯，也有利于查明彩礼数额、彩礼实际使用情况等案件事实，从而依法作出裁判。

3. 离婚后损害责任

周某诉张某离婚后损害责任纠纷案

《最高人民法院公布 49 起婚姻家庭纠纷典型案例》第 12 号

2015 年 12 月 4 日

【基本案情】

2003 年原告周某与被告张某登记结婚，婚后生育一女一子。2013 年 7 月，张某提起与周某离婚之诉，经法院主持调解离婚，调解书主要内容为，双方自愿离婚，张某一次性给付周某某人民币 38000 元，双方互不再追究。而 2013 年 5 月，张某与案外某女生育一女。周某诉称离婚后才发现此事，现起诉要求张某赔偿精神损害赔偿金 3 万元。

【裁判结果】

河南省滑县人民法院经审理认为，依据《婚姻法》第四条规定："夫妻应当互相忠实，互相尊重；家庭成员间应当敬老爱幼，互相帮助，维护平等、和睦、文明的婚姻家庭关系"；第四十六条规定，导致离婚的，无过错方有权请求损害赔偿；《最高人民法院关于适用〈中华人民共和国婚姻法〉若干问题的解释（一）》第二十八条规定，《婚姻法》第四十六条规定的"损害赔偿"，包括物质损害赔偿和精神损害赔偿。被告张某在与原告婚姻关系存续期间，与他人有不正当男女关系的行为，并生育一女，导致离婚，应该承担相应的民事赔偿责任，应当支持原告提出损害赔偿请求，即判令被告张某给付原告周某精神损害赔偿人民币 15000 元。宣判后，双方均未提出上诉。

【典型意义】

夫妻互相忠实，不仅是传统美德，也是法定义务。对婚姻不忠实，是难以容忍的不诚信，它不仅破坏了夫妻关系，拆散了家庭，也伤及无辜的子女，而且败坏了社会风气，是法律所禁止的行为。因此，在离婚后发现被告的婚姻存续期间的出轨行为，请求精神损害赔偿的，人民法院依法予以支持，以彰显法律的公正和道德力量。

4. 撤销婚姻

林某诉张某撤销婚姻纠纷案

《人民法院贯彻实施民法典典型案例（第二批）》案例十

2023 年 1 月 12 日

【典型意义】

本案是依法适用《民法典》相关规定判决撤销婚姻的典型案例。对于一方患有重大疾病，未在结婚登记前如实告知另一方的情形，《民法典》明确另一方可以向人民法院请求撤销婚姻。本案中，人民法院依法适用《民法典》相关规定，判决撤销双方的婚姻关系，不仅有效保护了案件中无过错方的合法权益，也符合社会大众对公平正义、诚实信用的良好期待，弘扬了社会主义核心价值观。

【基本案情】

林某和张某经人介绍相识，于2020年6月28日登记结婚。在登记之后，张某向林某坦白其患有艾滋病多年，并且长期吃药。2020年7月，林某被迫人工终止妊娠。2020年10月，林某提起诉讼要求宣告婚姻无效。诉讼中，林某明确若婚姻无效不能成立，则请求撤销婚姻，对此，张某亦无异议。

【裁判结果】

生效裁判认为，自然人依法享有缔结婚姻等合法权益，张某虽患有艾滋病，但不属于婚姻无效的情形。林某又提出撤销婚姻的请求，张某对此亦无异议，为减少当事人讼累，人民法院一并予以处理。张某所患疾病对婚姻生活有重大影响，属于婚前应告知林某的重大疾病，但张某未在结婚登记前告知林某，显属不当。故依照《民法典》第一千零五十三条的规定，判决撤销林某与张某的婚姻关系。判决后，双方均未上诉。

【民法典条文指引】

第一千零五十三条　一方患有重大疾病的，应当在结婚登记前如实告知另一方；不如实告知的，另一方可以向人民法院请求撤销婚姻。

请求撤销婚姻的，应当自知道或者应当知道撤销事由之日起一年内提出。

子女受父母胁迫结婚可请求依法撤销婚姻

——周某诉付某撤销婚姻纠纷案

《第三批人民法院大力弘扬社会主义核心价值观典型民事案例》案例五

2023 年 3 月 1 日

核心价值：婚姻自由

【基本案情】

女孩周某在其母亲安排下与付某相亲。因付某家庭条件较好，两家又系远房亲戚，周某母亲非常希望周某与付某缔结婚姻。在周某明确拒绝与付某交往后，周某母亲强行将在外地工作的周某接回家，并以死相逼，表示如周某不同意该婚事就将其赶出家门。周某害怕家庭关系破裂，又担心母亲寻短见，不得不与付某登记结婚并举办婚礼。婚后近一年时间里，双方并未建立夫妻感情，也从未有过夫妻生活。但周某母亲仍不准许周某提出离婚，母女俩多次争吵并发生肢体冲突。周某诉至人民法院，请求撤销其与付某之间的婚姻关系。

【裁判结果】

审理法院认为，《中华人民共和国民法典》第一千零五十二条第一款规定："因胁迫结婚的，受胁迫的一方可以向人民法院请求撤销婚姻。"结婚应当是男女双方完全自愿的行为，禁止任何一方对另一方加以胁迫，禁止任何组织或者个人加以干涉。在周某多次明确提出不愿意和付某恋爱、结婚的情况下，周某母亲仍以将周某赶出家门、"死给周某看"等作为要挟，导致周某在违背自由意志的情况下与付某结婚。周某母亲的行为严重干涉了周某的婚姻自由，其行为构成胁迫。现周某要求撤销其与付某之间的婚姻符合法律规定，为维护当事人的合法权益，弘扬自由、文明的社会主义核心价值观，故判决撤销周某与付某之间的婚姻关系。

【典型意义】

母亲要求女儿按自己的意愿组建家庭，虽然本意是希望女儿能有一个幸福的归宿，但以死相逼，胁迫女儿与相亲对象结婚，不仅没有让女儿获得如期的幸福，反而给女儿带来痛苦和绝望。在子女婚恋问题上，父母“该放手时应放手”，可以做好参谋但不能代作决断、强行干预，否则不但会侵害子女的婚姻自由、伤害父母子女之间的血脉亲情，也会违反法律规定。本案判决撤销周某与付某之间的婚姻关系，既保护了周某个人的合法权益，也向整个社会传达了婚姻自由的理念，有利于倡导独立、自主的婚姻观和自由、法治的社会主义核心价值观。

5. 同　居

王某诉张某同居析产案

《最高人民法院公布49起婚姻家庭纠纷典型案例》第26号

2015年12月4日

【基本案情】

原告王某与被告张某于2001年起以夫妻名义同居生活，无子女。2002年1月24日，被告张某以个人名义用3万元的价格购得弓长岭区安平街某小区10#楼3单元6层×号住宅楼一处。原、被告为购置该房屋在耿某处借款13000元，上述借款已由原、被告偿还完毕。另查，原、被告用于同居生活在耿某处借款2000元、在赵某处借款8000元。

【裁判结果】

辽宁省辽阳市弓长岭区人民法院经审理认为，同居关系是指男女双方未经结婚登记而具有较稳定的长期共同生活关系。原、被告未办理结婚登记而以夫妻名义同居生活，同居期间双方共同所得的收入和购置的财产，按一般共有财产处理；解除同居关系时，同居期间为共同生产生活而形成的债权、债务，可按共同债权、债务处理。

依照《最高人民法院关于适用〈中华人民共和国婚姻法〉若干问题的解释（二）》第一条第二款、《最高人民法院关于人民法院审理未办结婚登记而以夫妻名义同居生活的若干意见》第十条、第十一条之规定，判决如下：

一、坐落于弓长岭区安平街某小区住宅楼 10#楼 3 单元 6 层 × 号房屋归被告张某所有，被告张某于本判决生效后十五日内给付原告王某所占房屋份额折价款 51069.20 元；

二、原、被告同居期间的债务 10000 元（赵某 8000 元、耿某 2000 元），原、被告各负担 5000 元，双方互负连带清偿责任；

三、驳回原告其他诉讼请求。

案件受理费 300 元、评估费 6000 元，由原、被告各负担 3150 元。

【典型意义】

近年来，涉及解除同居关系以及分割财产的案件越趋复杂，在很多情况下，同居关系与婚姻关系非常接近，除了两张纸（结婚证），几乎没有区别。然而，在起诉同居析产的情况下，同居关系的处理与婚姻关系有着不小的区别。经过结婚登记的夫妻在婚姻关系存续期间，一方或双方所得的财产，除《婚姻法》第十八条列举的财产以外，均为夫妻共有财产，夫或妻对共有财产享有平等的处分权。同居关系析产则是以财产取得方式确定产权，共同财产未经共有人同意不得处分。其行为模式不同，后果模式也不相同。同居关系和家庭关系都是整个社会的小细胞，处理好同居关系对和谐社会的建设有着十分重要的意义。

6. 抚　养

女童罗某某诉罗某抚养权纠纷案

——人身安全保护裁定制止儿童虐待

《最高人民法院发布十起司法干预家庭暴力典型案例》第 1 号

2014 年 2 月 27 日

【基本案情】

2007 年，原告余某某与被告罗某离婚，婚生女孩罗某某（2001 年 12 月 26 日出生）由被告罗某抚养。2011 年 12 月 28 日，原告向法院诉称，被告长期在外打工，女儿罗某某与祖母和大伯共同生活期间，罗某某经常遭受殴打和辱骂，且罗某某与离异的大伯同住一室，随时可能遭受性侵犯。原告向法院提供了女儿的伤情鉴定书及其要求与母亲共同生活的书信等证据，并请求法院判令变更女儿罗某某由原告抚养。诉讼过程中，罗某某向法院申请人身安全保护。

【裁判结果】

法院经审理认为，申请人罗某某在与被申请人余某金、罗某衡共同生活期间多次无故遭受殴打，且有法医学人体损伤程度鉴定书为证。申请人罗某某的申请符合法律规定。据此，依法裁定禁止被申请人余某金、罗某衡殴打、威胁、辱骂、骚扰、跟踪申请人罗某某，裁定有效期为六个月。之后，经法院调解，双方变更了抚养权，此案在一周内结案，未成年人罗某某在最短的时间内摆脱了家庭暴力。

小丽诉张某抚养费纠纷案

《最高人民法院发布98起未成年人审判工作典型案例》第63号

2014年11月24日

【基本案情】

王某、张某于2010年9月相识，2012年2月3日，王某生育一女小丽。王某主张其与张某相识后便同居，小丽系二人所生之女，张某不予认可，并拒不给付抚养费。小丽及其法定代理人诉至法院，要求确认小丽由王某抚养；张某一次性给付小丽抚养费和王某生育小丽的费用共计人民币200万元。

【裁判结果】

一审中，双方当事人就小丽与张某之间是否具有亲子关系发生争议，小丽申请亲子鉴定，法院委托北京某司法鉴定所进行。该所出具鉴定意见书，载明“支持张某、王某是小丽的生物学父、母亲”。一审法院判决张某自判决生效之月起每月支付抚育费人民币1000元至小丽年满18周岁时止；张某于判决生效后十日内给付小丽2011年10月至2012年11月抚育费人民币13000元；张某于判决生效后十日内给付小丽医疗费人民币304.7元。

判决作出后，小丽、张某均不服，提起上诉。二审审理中，张某以身患不育症、一审鉴定程序违法为由，申请重新进行亲子关系鉴定。北京市第二中级人民法院审查认为，原审司法鉴定程序存在瑕疵，故准许另行委托鉴定机构进行鉴定。由于双方均对司法鉴定程序极不信任，北京市第二中级人民法院决定组织双方前往鉴定机构见证鉴定过程。2013年10月，张某、王某和小丽在法官带领下前往鉴定机构，全程见证了各个环节，并当场拿到DNA分型图谱和基本鉴定意见。鉴定人还向当事人详细讲解了鉴定过程，并就DNA图谱分析比对等专业问题进行详细解答。经过科学实验，再次证明小丽是张某的亲生女儿。

为彻底解开当事人心结，北京市第二中级人民法院在鉴定后再次组织开庭，为从未谋面的父女安排了“法庭亲情探望”。探望中，法官因势利导开展调解。最终，双方达成和解协议：一、自2013年12月起，张某每月给付小丽抚养费人民币1000元，至小丽年满18周岁时止；二、张某给付小丽2011年10月至2013年11月间的抚养费人民币26000元。签发调解书时，法官一并向双方送达了精心制作的“法官寄语”。

案件审结后，二审法官仍跟进案件督促执行，第二年春节前夕，安排“法庭探望”，使涉案父女团圆。张某专程送来锦旗，盛赞法官“执法为民一生正气　维护正义两袖清风”。

【案例评析】

司法鉴定被誉为“科学法官”，对查明案件事实具有重要意义。但近年来司法鉴定的权威性不断受到挑战，当事人不服鉴定意见的情形时有发生。本案中，北京市第二中级人民法院首次尝试在涉未成年人案件中组织当事人现场见证亲子鉴定试验过程，并由鉴定人当场解答当事人疑惑，消除其对鉴定意见的怀疑，保护未成年人的合法权益。《京华时报》《法制晚报》《新京报》等媒体对本案进行了广泛报道，新华网、人民网等多家网站也予以转载。本案最终以调解方式审结，取得了“胜败皆服”的良好效果。

李某诉孙某变更抚养关系纠纷案

《最高人民法院发布98起未成年人审判工作典型案例》第65号

2014年11月24日

【基本案情】

孙某与李某因感情不和协议离婚，离婚时确定孩子小明由父亲孙某自行抚养，但离婚后不久，小明就被其母李某接走，与李某共同生活。此后，孙某认为孩子年龄大了，应该与自己共同生活，遂找李某接回孩子，但双方协商未果，李某诉至法院要求变更小明的抚养权。

【裁判结果】

北京市门头沟区人民法院受理此案后，法官询问孙某的意见，孙某认为自己的抚养条件比李某好，且离婚协议明确约定小明由其抚养，故不同意李某的诉讼请求。小明已年满11岁，法官单独与小明进行了谈话，小明表示与李某其共同生活更好。为全面了解父母双方的情况，作出对小明最有利的裁判，法官向双方当事人详细释明了法院关于社会观护制度的内容及具体做法，在征得双方同意后，对本案开展了社会观护工作。

社会观护员与小明及其父母见面 5 次，电话联系 10 余次，分别到双方家中、单位、居住地的居委会、派出所进行调查和走访，并引导小明父母从孩子健康成长出发，理性对待抚养权问题。社会观护员还到小明所在学校，了解小明得知父母争夺抚养权后发生的变化，向法院提交了 4000 余字的观护调查报告，详细阐述了相关情况，客观评估了父母双方的抚养条件。法官在征求当事人意见后，与社会观护员共同开展调解工作，最终，孙某同意尊重孩子的意愿，将小明的抚养权变更给李某。

案件审结后，社会观护员再次到小明所在学校对小明进行跟踪观护，小明见到社会观护员非常高兴，表示自己再也不用担心父母为争他吵架了，要好好学习，成为父母的骄傲。学校也反映小明的情绪稳定了，成绩不再下滑，整个精神状态发生了积极向上的变化。

【案例评析】

变更抚养关系纠纷涉及家庭矛盾，未成年人及其父母往往出现负面心理状态。为呵护未成年人身心健康成长，北京市门头沟区人民法院尝试在此类案件中开展社会观护工作，聘任观护员进行社会调查，参与庭审调解，开展心理疏导，跟踪生效裁判文书执行，及时干预侵害涉案未成年人权益行为。本案中，观护员发挥了重要的作用，内容翔实的调查报告为法官裁判提供了参考依据，对当事人进行心理疏导，参与调解，促成了纠纷的彻底化解，小明也在观护员帮助下，有了良好的成长环境，个性更加健康向上。社会观护工作受到了新华社、《北京日报》、北京电视台等 30 余家媒体广泛关注，《人民法院报》《人民政协报》《北京日报》等媒体也撰文高度评价它在审判中的重要作用。

谢某某诉赵某变更抚养关系纠纷案

《最高人民法院发布98起未成年人审判工作典型案例》第66号

2014年11月24日

【基本案情】

原告谢某某、被告赵某原系夫妻关系，1999年7月生育大儿子赵某杨，2002年6月生育小儿子赵某远。2006年7月，原、被告协商离婚，约定大儿子随原告共同生活，小儿子随被告共同生活。2008年9月，原告请求法院判决赵某远随原告共同生活。

【裁判结果】

上海市长宁区人民法院（以下简称长宁法院）经审理认为，父母与子女间的关系，不因父母离婚而消除。离婚后，子女无论由父或母直接抚养，仍是父母双方的子女。根据社会观护员反映，赵某远在其祖父母处生活无忧，但其与原告及其家人更为亲近，赵某远现已满10周岁，表示愿意随原告共同生活，且原告亦有经济能力抚养赵某远。故法院判决赵某远于2012年10月起随原告谢某某共同生活，被告赵某从2012年10月起按月给付赵某远抚养费人民币1200元，至赵某远18周岁时止。

审理期间，长宁法院委托市阳光社区青少年事务中心长宁工作站对本案进行社会观护，并出具了社会观护报告。本案在开庭审理中，社会观护员出庭接受了原被告双方的质询，在案件判决以后，原被告双方均无异议，并自觉履行判决。结案之后，社会观护员进行了回访观护，认为赵某远跟随原告生活以后，身心健康，并有出国留学的准备。

【案例评析】

社会观护工作是近年来长宁法院未成年人民事审判工作中的一项创新，具有积极的意义。本案中，社会观护员对未成年人的个人情况、家庭情况、学习情况以及权益保护现状等进行社会调查；协助法院对案件进行调解，对未成年当事人进行疏导；在案件审理时出庭宣读社会调查报告，并接受原、被告双方的质询；案件审结后，对未成年当事人进行回访观护，了解裁判的履行情况，考察未成年人的权益保护情况，并及时向法院书面报告回访观护情况，实现了对未成年人民事案件的全程参与。本案是未成年人民事案件开展社会观护工作的典型案例。

张某等诉高某某等变更抚养关系纠纷案

《最高人民法院发布98起未成年人审判工作典型案例》第71号

2014年11月24日

【基本案情】

高乙与李某某系夫妻，育有一子高丙，于1998年7月30日出生。2010年1月12日高乙死亡，同年12月21日李某某死亡。高甲、计某某系高乙的父母，李某、张某系李某某的父母。2011年2月7日，上海市虹口区三门居委会依据高丙母亲生前遗嘱指定二被告为高丙的监护人。后经高丙本人要求，2011年6月21日经原、被告协商，高丙的监护人变更为二原告。现二原告身体状况欠佳，对高丙的生活、教育照顾有限，起诉要求高丙随二被告共同生活。

【裁判结果】

高丙出生于1998年7月，正处在个人成长和学业发展的重要阶段，是法律上需要给予专门权益保障的未成年人。父母的死亡对其正常的生活秩序、物质条件和身心健康都会造成极大的冲击。

本案高丙曾在遭受父母双亡的打击后沉迷网游，法官在与其多次沟通、谈心的同时，通过社工、社会观护员等对其家庭开展结构式治疗，对双方老人的抚养能力进行调查评估，也适时疏导高丙心理。调解是家庭内部事务解决最好的方式，也能让高丙感到被重视，能让其感受到父母双亡后其并未被遗弃，适时的开导更让其重拾信心，走向正确的道路。

最终本案经调解，双方达成协议：高丙随被告高甲、计某某共同生活。

【案例评析】

未成年人抚养权的确定，应从有利于未成年人身心健康，保障未成年人合法权益，并结合抚养人的抚养能力和抚养条件等因素综合考虑。

本案中，高丙年满14周岁，属于限制民事行为能力人，对事物有自己独立的认知能力和辨认能力，当其表示不愿意与抚养人一起生活时，就有了变更抚养权的必要，且当时原告有抚养高丙的意愿与身体、物质条件，因此其抚养人由被告变更为原告。但是，变更抚养权仅有未成年人的意愿是不够的，还必须有一定的条件符合抚养的基本条件，本案张某、李某曾有抚养高丙的能力，但在其身体状况发生恶化的情况下，变更抚养关系至被告处就成了对高丙次优的选择。这也是考虑到对未成年人负责，更有利于其身心发展。

丁某瑶诉丁某抚养费纠纷案

《最高人民法院发布98起未成年人审判工作典型案例》第72号

2014年11月24日

【基本案情】

丁某瑶出生于2007年6月，与丁某系父女关系。2008年11月，丁某瑶的父母协议离婚。离婚协议约定：丁某瑶随同母亲生活，丁某瑶所有费用由父母共同承担。丁某每月支付生活费人民币（以下币种均为人民币）1000元，丁某瑶的教育费、医疗费等其他费用由双方各承担50%（含无发票的费用），每月按实结算一次，男方应在给付生活费的同时将此款一起给付女方等。

2012年5月，丁某瑶曾就抚养费纠纷向法院提起诉讼，法院作出判决：丁某补付丁某瑶2009年1月至2011年12月的生活费3600元（每月按1100元计算）；丁某给付丁某瑶医疗费5622.30元、教育费1730元。2013年12月，丁某瑶再次诉至法院，要求丁某自2012年1月起将每月生活费标准调整为1200元，并支付2012年2月至2013年9月期间的医疗费450.65元及2012年2月至2013年12月期间的教育费9416.50元。

另查明，自上述判决后至本案起诉时，丁某已每月给付生活费1100元。

2012 年 2 月至 2013 年 9 月期间产生医疗费 901.30 元。2012 年 4 月至 2013 年 12 月期间产生教育、培训费用 17461 元。

【裁判结果】

一审判决：一、丁某补付丁某瑶 2013 年 1 月至 2013 年 12 月的生活费 1200 元（每月按 1200 元计算）；二、自 2014 年 1 月起，丁某每月给付丁某瑶生活费 1200 元，至丁某瑶 18 周岁止；三、丁某给付丁某瑶医疗费 450.65 元、教育费 8730.50 元；四、丁某瑶的其他诉讼请求，不予支持。一审判决之后，丁某瑶上诉。

上海市第二中级人民法院少年庭经审理，认为不能仅仅因为双方存在教育费各半负担的协议，教育费已经客观发生，而应从据实结算教育费的绝对数额与当事人意思自治平衡出发来考虑。故补充指出，据实结算教育费并不能绝对化，应当兼顾当事人的实际负担能力及未成年子女的身心健康、实际教育需求对涉及丁某瑶以后的教育费用，丁某瑶的父母应当事先沟通，以求达到一致意见，为丁某瑶今后的生活和学习提供一个良好的环境。最终二审判决：一、准许上诉人丁某瑶撤回上诉；二、驳回上诉人丁某的上诉，维持原判。

【案例评析】

随着知识经济的发展，父母都不想让孩子输在“起跑线”上，对子女的教育越来越重视。《婚姻法》及相关司法解释对于教育费的增加虽设置了“合理要求”的弹性规则，然而如何运用法官理解差异较大。

本案丁某瑶父母在离婚时约定“据实结算”丁某瑶的教育费，然而丁某瑶之母在一年多时间内，让学龄前儿童丁某瑶参加了数种教育培训班，产生了 17000 余元的教育费，是否应据实结算教育费成为丁某瑶父母双方争议的主要焦点。因此，法院从据实结算教育费的绝对数额与当事人意思自治平衡出发作出判决。

本案的典型意义在于，当法律规定为“合理要求”这种不确定概念时，法官应用类型化的方法区分出教育费增加司法裁量可能面临的两种困境，通过平衡未成年子女实际教育需要与父母负担能力、合理解释当事人意思表示及强化法官说理论证义务等，最终实现未成年人合法权益保护最大化。

庄某玉诉吴某光变更抚养关系案

《最高人民法院发布98起未成年人审判工作典型案例》第73号

2014年11月24日

【基本案情】

原告庄某玉与被告吴某光于2002年12月16日结婚，2003年7月17日生育一女吴某。吴某随原、被告及祖母居住在吴江区某小区，就读于吴江区某小学，平时由原告送其上学，祖母接其放学。后原、被告于2012年11月26日协议离婚，约定女儿吴某随吴某光生活，庄某玉每月给付抚养费，并详细约定探望权。原、被告离婚后，吴某随被告吴某光及祖母在吴江区某小区居住，平时由被告或祖母接送上学、放学。2013年6月底暑假期间，吴某按离婚约定随原告在其租住的吴江区某国际小区居住、生活，一个月后吴某未返回被告处，继续与原告共同居住、生活，并在2013年8月底、9月初随原告至某社区的男友家居住、生活，开学后，由原告送其上学、外婆接其放学。

庄某玉于2013年8月1日诉至法院，提出虽然离婚协议约定吴某由被告吴某光抚养，但与原告感情极好，离婚后，吴某多次表示希望和原告共同生活，吴某现已满10周岁，对于抚养权人有选择的权利，请求法院变更抚养权。

被告吴某光认为，离婚协议已经约定吴某的抚养权，且吴某从小由祖母带大并接送上下学，离婚未给吴某造成太大影响，原告现在无法确认有无固定住所，不利于吴某的学习、生活。

【裁判结果】

江苏省苏州市吴江区人民法院前往吴某就读的吴江区某小学，在其班主任在场的情况下，征询吴某意见，吴某表示更愿意随原告生活，但又不排斥随被告生活。吴江区人民法院认为原告与被告协议离婚仅8个月，被告的抚养能力、抚养条件并未降低；吴某表达愿意与原告共同生活愿望的同时，不排斥与被告共同生活；事实上吴某自幼即随原、被告及祖母在某小区居住生活，平时主要由其祖母照料生活起居，并就近在吴江区某小学就读，吴某之前的生活环境具有稳定性、便利性。原告现借住在某社区男友家，距吴某学校较远，且生活环境发生变化，可能会对吴某健康成长产生不利影响。故判决驳回原告诉讼请求。苏州市中级人民法院二审维持原判。

【案例评析】

父母离婚对未成年子女会造成或多或少的伤害，抚养权之争可能会再次造成伤害。关于未成年子女的抚养问题，应从有利于子女身心健康、保障子女合法权益出发。虽然相关司法解释规定准予变更抚养关系的情形之一包括10 周岁以上未成年子女的意愿且该方有抚养能力，但是，该规定中未成年子女的意愿是衡量是否有利于子女健康成长的重要参考因素，而非决定因素。

本案中虽然原、被告的女儿已年满 10 周岁，且在跟随父或者母共同生活作出选择。但法院从保障未成年子女权益出发，一方面至学校了解情况，征询其意见，另一方面围绕未成年子女开展调查，了解未成年子女的成长轨迹、成长环境、生活和学习现状。在充分调查后，综合考虑各方因素及未成年子女的辨识和责任能力，认为改变生活环境对子女健康成长明显不利，故判决驳回原告诉讼请求。

秦某洋诉秦某权抚养费纠纷案

《最高人民法院发布 98 起未成年人审判工作典型案例》第 76 号

2014 年 11 月 24 日

【基本案情】

原告秦某洋诉称：原、被告系父子关系。2008 年 1 月，原告之母与被告协议离婚，当时约定原告随母亲生活，教育费、医疗费由原告的母亲承担，对生活费没有约定。因原告的母亲无固定工作，而且其母亲又长期患病，全家生活非常困难。原告的母亲无力独立承担原告的抚养费。故原告诉至法院，要求被告支付原告每月生活费 300 元，并承担原告教育费、医疗费的一半，该费用自 2012 年 3 月起算至原告独立生活为止；支付原告近两年的生活费7200 元；本案诉讼费用由被告承担。

被告秦某权辩称：其在与原告母亲离婚时有离婚协议，在离婚协议上没有生活费的约定，而且医疗费、教育费都应当由原告的母亲承担，故认为其不应当承担抚养费。

【裁判结果】

江苏省常州市钟楼区人民法院经审理查明，原、被告系父子关系。2008年1月，原告之母与被告协议离婚，当时约定原告随母亲生活，教育费、医疗费由原告的母亲承担，对生活费没有约定。因原告的母亲无固定工作，而且其母亲又长期患病，全家生活非常困难。原告的母亲无力独立承担原告的抚养费。经钟楼区人民法院主持调解，双方当事人达成协议如下：

被告秦某权自2012年8月起每月支付原告秦某洋生活费150元至原告秦某洋独立生活止，该款由被告于每月15日前支付原告，其间，原告秦某洋的教育费、医疗费凭合法票据由被告秦某权承担50%。

【案例评析】

对于协议离婚的案件，由于当事双方自身因素的限制，对于一些法律问题不可能完全明白，所签订的协议或许会存在各种各样的漏洞。特别是对子女的抚养这方面，存在很大的误区。本案中，原告的父母在离婚时约定原告随母亲生活，教育费、医疗费由原告的母亲承担，但是对生活费没有约定。双方当时都认为抚养费就只限于教育费及医疗费，对其他费用不了解，对此存在法律认识上的偏差。后因生活变迁，原告及其母亲生活变得非常困难，已无独立抚养原告的能力。同时，虽然原告父母双方在离婚时对于一些费用进行了约定，但是根据我国《婚姻法》规定，不妨碍子女在必要时向父母任何一方提出超过协议的合理要求。故原告的诉讼请求应当予以支持。同时，由于被告也处于低保状态，如果过多支持原告的诉求，则会对被告的生活带来压力，所以对原告的诉求在考虑被告的实际情况下予以适当支持。

朱某芳诉朱某抚养费纠纷案

《最高人民法院发布98起未成年人审判工作典型案例》第84号

2014年11月24日

【基本案情】

朱某芳的母亲程某与被告朱某于1987年12月29日登记结婚，并于1989年6月10日生育原告。程某与朱某于1997年5月6日协议离婚，离婚协议约定小孩由母亲程某抚养，被告朱某则按月支付500元抚养费。但原告的母亲与被告离婚后，被告仅支付了1997年5月至1999年2月的抚养费，且未履行其他协议约定义务。原告于2007年4月25日向法院起诉要求被告支付抚养费并要求增加抚养费至1000元/月。

在审理过程中，黄埔区法院委托两名社会观护员对原告母亲、被告的经济收入状况和原告当前的生活、学习状态等情况进行了社会调查，并在庭审过程中出示。社会调查显示，被告收入状况一般，月均收入为2000元左右。原告自父母离婚后个性发生明显改变，学习成绩也因为父母长年的争执、离异等矛盾导致其学习兴趣下降，其对父母存在一定程度的误解。

【裁判结果】

在法官主持调解和社会观护员的共同劝导下，被告当庭和原告就抚养费的支付标准和支付方式等达成了调解协议，被告承诺按照500元/月的标准按时支付抚养费给原告，并立即履行其他约定义务。

【案例评析】

庭审中，广州市黄埔区少年庭启用了“社会观护员制度”和“法庭导引制度”。社会观护员制度，是广州法院系统在审理少年民事、行政案件中推出的一项新的制度，由人民法院聘请的社会观护员在庭前进行社会调查，并提交调查报告，开庭前、开庭后进行调解，判后跟踪执行情况；目的在于全面、切实保护未成年人的合法权益的，保障未成年人的身心健康成长；适用的案件主要包括抚养权纠纷、解除收养关系纠纷、探视权纠纷、变更监护权纠纷等案件。

该制度试行后，社会观护员在提交法庭的调查报告中，较为详细、全面地调查未成年人的社会、家庭、生活、学习环境等有关情况，为未成年人民事案件的审理提供了较为客观的社会资料，在很大程度上促进了案件的客观处理。将社会观护制度引入涉少民事案件庭审，能充分利用社会观护员的调查工作发现保护未成年人合法权益中存在的问题，可以更全面和直观地把握案件争执引发的原因和争议焦点。同时，社会观护员可以协助法庭从法律、社会、伦理、道德、教育、心理等方面对未成年人及其家庭进行启迪、指导、讲解，尽量减少或者避免诉讼对未成年人造成的心理压力和损害，全面、切实保护未成年人的合法权益，促使其身心健康发展，真正实现案件的法律效果和社会效果的统一。

席某闯诉席某方抚养费纠纷案

《最高人民法院发布98起未成年人审判工作典型案例》第86号

2014年11月24日

【基本案情】

被告席某方与原告席某闯是父子关系。原告父母于2007年经法院判决离婚，原告随其母亲生活，被告给付原告母亲子女抚养费12260元，被告给付原告母亲夫妻帮助费8000元。判决生效后，被告于2008年6月6日全部履行了给付金钱的义务。被告于2010年再婚，其妻带一女孩跟随其夫妻二人生活，被告再婚后又生育二个女孩。原告现在上初中，在学校住宿。原告以母亲有病，上学费用大为由，请求被告向原告每学期支付教育费、生活费2000元。

【裁判结果】

河南省泌阳县人民法院判决被告席某方于判决生效之日起十日内支付给原告席某闯2012年下半年抚养费人民币600元；被告席某方自2013年1月起到2017年12月止，在原告在校学习期间，于每学期开学后十日内支付给原告席某闯抚养费人民币600元；驳回原告席某闯的其他诉讼请求。宣判后，原、被告均未提出上诉，现已发生法律效力。

【案例评析】

关于子女生活费和教育费的协议或判决，不妨碍子女在必要时向父母任何一方提出超过协议或判决原定数额的合理要求。法院应当从子女生活和教育的紧迫性和关联紧密程度把握具体的增加数额，以有利于未成年人的健康成长。法院正是本着儿童利益最大化的原则处理本案，有力地保护了未成年人的合法权益。

马某诉朱某变更抚养关系纠纷案

《最高人民法院发布98起未成年人审判工作典型案例》第90号
2014年11月24日

【基本案情】

马某与朱某于1991年8月经人介绍认识，1997年1月10日登记结婚，1998年12月21日生一子朱某，原被告与2000年12月12日法院调解达成协议离婚，婚生子朱某由原告抚养，被告支付抚养费，后婚生子朱某一直随原告生活至今。原告于2014年3月19日诉至法院，要求变更抚养关系。案件审理中在征求婚生子朱某个人意愿时，其称“想跟随被告朱某生活，如果朱某不同意，他现在的房子应分割我一部分，多年来一直见不到被告”。未成年人朱某因先天性脑积水导致听力障碍。

【裁判结果】

泰安市岱岳区人民法院认为，未成年人朱某自幼跟随母亲马某共同生活，随母再婚后与继父亦共同生活14年之久，与现在的家庭成员建立了熟悉而稳定的家庭关系。在其成长过程中，其父朱某虽按时支付抚养费，但与朱某从未共同生活，现被上诉人朱某亦再婚再育组成新的家庭，对朱某的生活习惯不熟悉，亦未有共同生活之意愿。且未成年人朱某因身体疾病原因听力略有障碍，让多年受母亲照顾又交流略有障碍的未成年人朱某离开熟悉的家庭环境，再与新的家庭成员建立关系，显然既需要打破现有熟悉稳定的生活环境也无法获得比目前更好的关心照顾，不利于其成长。从其成长角度考虑，变更抚养关系不利于其身心健康。判决驳回马某要求变更抚养关系的诉讼请求。泰安市中级人民法院二审维持原判。

【案例评析】

在变更抚养关系纠纷案件中，应尽量充分了解并尊重有识别能力的子女随父或随母生活的意愿，并且在条件允许时，尽可能满足未成年人该意愿，保证未成年人获得父母更好的、更称心的关怀与照顾。确定抚养关系应当以有利于子女身心健康，保障子女合法权益为基本原则，考虑有识别能力的子女意愿，同时结合父母双方的抚养能力和抚养条件等具体情况妥善解决。

杨某诉苏某甲变更抚养关系案

《最高人民法院发布98起未成年人审判工作典型案例》第93号
2014年11月24日

【基本案情】

原告杨某与被告苏某甲于2005年1月10日协议离婚，约定婚生子苏某由原告抚养。随着年龄增长，苏某叛逆心理日益严重，无法与原告沟通，苏某要求随父亲苏某甲共同生活。原告经考虑，诉请法院变更抚养关系。在审理过程中，苏某已年满10周岁，经询问，其表示愿与被告苏某甲共同生活。

【裁判结果】

河南省郑州市二七区人民法院判决原告杨某与被告苏某甲的婚生子苏某由苏某甲抚养。

【案例评析】

本案是一起抚养权变更的案件。在审判涉及未成年人民事权益保护的案件中，应当始终坚持“儿童利益最大化”原则。对于夫妻双方离婚后子女抚养权纠纷案件，人民法院在审理时，应当着眼于有利于未成年人身心健康，结合父母双方的抚养能力和抚养条件予以处理。同时，对于已年满10周岁的未成年子女，还应当征求他们的意见。只有这样，才能够保障孩子更好地学习、生活，并快乐地成长。

余某某诉颜某妹抚养费纠纷案

《最高人民法院发布98起未成年人审判工作典型案例》第94号

2014年11月24日

【基本案情】

余某育与颜某妹于2011年6月13日登记结婚。次年5月4日，颜某妹生育一子。此后，颜某妹便回娘家坐月子，后又外出务工，与余某育长期分居，对其子也未尽抚养义务。2014年4月8日，颜某妹之子提起诉讼，要求颜某妹履行抚养义务。

【裁判结果】

福州市仓山区人民法院经审理认为，抚养未成年子女是父母的法定义务，余某育和颜某妹作为原告的父母，负有共同抚养和教育的义务。颜某妹产下原告后并未与原告共同生活。原告跟随父亲生活期间，被告虽陈述多次探望原告并购买生活物品，但并未提交证据证明其有支付抚养费。因被告无固定收入，参照福建省城镇居民人均可支配收入情况，结合原告的实际生活支出，酌定被告每月支付原告抚养费600元为宜。法院判决被告颜某妹一次性支付近两年的抚养费14400元。

【案例评析】

本案争议焦点在于父母分居期间，未成年子女能否要求不随其生活一方负担抚养费。父母分居期间，子女只能随其中一方共同生活，在客观上导致原本受父母双方共同爱护的子女只能得到父或母的单方爱护。而现实生活中，父母分居多因夫妻矛盾引起，跟随子女生活一方常无视子女的情感和需要，拒绝对方的看望、教育、情感交流，另一方则因此拒绝负担相应费用。这不仅剥夺了亲权，实际也侵犯了子女的合法权益。因此，父母分居期间，未成年子女主张未尽抚养义务一方履行抚养义务，依法应予保护。

王某与张某变更抚养关系案

《最高人民法院公布10起婚姻家庭纠纷典型案例（山东)》第9号

2015年11月20日

【基本案情】

原告张某与被告王某于2002年结婚，2004年6月13日生一男孩王甲，后双方于2007年协议离婚，约定王甲由王某抚养。2010年9月，王某与王乙另行组成家庭，王甲随父及王乙共同生活期间，受到继母王乙体罚、饥饿、精神虐待。2011年11月，张某探视过程中，发现孩子身体存有受伤情形，遂向公安机关报案，经鉴定，王甲身体存有十几处伤，已构成轻微伤。2011年11月21日，张某诉至法院，要求变更抚养关系，并要求对方承担抚养费用。

【裁判结果】

聊城市阳谷县人民法院审理认为，夫妻双方离婚后，针对婚生子女的抚养问题，应当有利于未成年人的健康成长。本案中，王某与张某协议离婚后，虽协议约定婚生子王甲由王某抚养，但在其抚养过程中，根据张某方举证以及涉案未成年人王甲当庭陈述、证人证言、法医鉴定，能够证明自2010年起与其共同生活人员对其存有体罚、饥饿、精神虐待等情形，对其今后健康成长明显不利，其抚养关系应当予以变更，并依法由王某支付抚养费用。王某不服提起上诉。聊城市中级人民法院经过二审审理，判决：驳回上诉，维持原判。

【典型意义】

根据《最高人民法院关于人民法院审理离婚案件处理子女抚养问题的若干具体意见》之规定，与子女共同生活的一方不尽抚养义务或者有虐待子女行为的情形，一方要求变更子女抚养关系的，应予支持。离婚是自由的，但孩子是无辜的。父母与子女间的血缘关系，是一个永远都无法改变的事实。父母双方再婚时，均要客观地、现实地考虑到孩子的实际情况和感情，均应从有利于孩子生活和学习的角度出发，给孩子一个健康、稳定的成长环境。

这样，孩子的幸福才不会因为父母的分离而削减。

王某某与王甲抚养费案

《最高人民法院公布10起婚姻家庭纠纷典型案例（山东）》第10号
2015 年 11 月 20 日

【基本案情】

原告王某某的母亲郭某与被告王甲于2011 年9 月27 日登记结婚，原告王某某出生于2012 年7 月 14 日。2014 年 11 月 20 日，郭某与被告王甲在泰安市宁阳县民政局协议离婚，并签订离婚协议书一份。协议约定婚生之子王某某由其母亲郭某抚养，被告不支付抚养费。由于原告母亲婚后一直照顾原告和家庭，没有稳定的工作收入，离婚后仅靠打零工勉强维持母子二人的生活，现原告需上幼儿园要交纳学费、生活费等费用，而被告长期工作稳定，还曾到国外务工，一直有较高经济收入，且于2013 年在宁阳县城购买楼房一处。原告父母离婚后，被告没有给付原告抚养费。为维护合法权益，原告于2015 年3 月20 日诉至法院，要求被告从2015 年1 月1 日起每年给付原告生活费7200 元，至原告独立生活为止。

【裁判结果】

泰安市宁阳县人民法院经审理认为，原告王某某系其母郭某与被告王甲的婚生孩子，双方都有抚养孩子的义务。现原告已达到入幼儿园年龄，原告的母亲无固定工作收入。被告王甲曾在新加坡务工，且于2013 年在宁阳县城购买房产。被告主张原、被告均是农村户口，应按农村居民人均纯收入从起诉之日起支付抚养费，但原告现居住宁阳县城，被告也有较好的经济能力，因此，对于被告要求按农村人均纯收入的该项主张，法院不予采信。对于被告要求从起诉之日支付抚养费的主张，符合法律规定，法院予以采信。遂判决被告自2015 年4 月1 日起开始支付原告抚养费。判决后，双方当事人均未上诉。

【典型意义】

本案是子女抚养纠纷，在这类案件中，双方当事人关系特殊。因此，在处理此类案件时，应考虑到这一特殊性，尽量协调调解结案。如果确实无法调解，对这类案件应尽快依法判决。另外，也应考虑到原告的生活环境，有时原告户口与经常居住地不一致，这时就应该考虑如何最大程度保护孩子的权益。本案中，原告虽是农村户口，但原告从出生起就生活在县城，并在县城居住上学，而且被告也在县城购买住房，考虑到这些情况，法院最终判决被告按照城镇居民人均纯收入的标准支付原告抚养费。

付某桐诉付某强抚养费纠纷案

——婚姻存续期间能否要求一方支付抚养费

《最高人民法院公布10起婚姻家庭纠纷典型案例（河南）》第2号

2015年11月20日

【基本案情】

原告付某桐的母亲韩某与被告付某强于2012年12月7日结婚，于2013年9月18日生育一子付某桐。韩某住院生育原告付某桐的医疗费用由被告付某强支付。自原告付某桐出生后，其母亲韩某即带其离开单独居住至今，被告付某强亦未支付过原告付某桐抚养费。被告付某强现无固定收入。原告诉至法院，要求被告每月支付抚养费。

【裁判结果】

郑州市惠济区人民法院认为，父母对子女有抚养教育的义务。婚姻关系存续期间，父母双方或者一方拒不履行抚养子女义务，未成年或者不能独立生活的子女请求支付抚养费的，人民法院应予支持。本案中，原告出生后，原告母亲即与被告分开居住，原告母亲带原告单独生活，被告未支付过原告抚养费，故原告要求被告支付抚养费的请求，符合法律规定，遂判决被告付某强于判决生效后十日内按照每月人民币400元的标准一次性支付原告付某桐自2013年10月份至判决生效之日的抚养费；被告付某强于判决生效后按每月人民币 400 元的标准支付原告付某桐的抚养费至其满 18 周岁；驳回原告付某桐过高部分的诉讼请求。

【典型意义】

未成年子女要求支付抚养费，基本上都是在夫妻双方离婚时或离婚后才产生的，而在婚姻关系存续期间，由于夫妻双方财产为共有财产，能否要求不尽抚养义务的一方支付抚养费，这是本案争议的要点。在《最高人民法院关于适用〈中华人民共和国婚姻法〉若干问题的解释（三）》出台之前，对此一直存在争议。而《最高人民法院关于适用〈中华人民共和国婚姻法〉若干问题的解释（三）》第三条则对此作出了明确规定：婚姻关系存续期间，父母双方或者一方拒不履行抚养子女义务，未成年或者不能独立生活的子女请求支付抚养费的，人民法院应予支持。抚养子女是父母应尽的法定义务，不管是婚内还是婚外、婚生子女抑或非婚生子女，父母的抚养义务是不变的，只要一方不履行该抚养义务，未成年子女有权利向其主张抚养费。同时，在子女抚育费数额的具体确定上，还要根据子女正常生活的实际需要，应能维持其衣、食、住、行、学、医的正常需求，并需要综合考虑父母双方的经济收入、费用支出、现有生活负担、履行义务的可能性和社会地位等因素，最终作出公平合理的判决。

博小某诉博某抚养费案

《最高人民法院公布 49 起婚姻家庭纠纷典型案例》第 4 号

2015 年 12 月 4 日

【基本案情】

原告博小某的法定代理人刘某与被告博某原系夫妻关系，于 2011 年 1 月 26 日生有一子博小某，即本案原告。原告法定代理人与被告于 2011 年 4 月 26 日在东城区民政局协议离婚，后于 2011 年 6 月 8 日复婚，2012 年 5 月 27 日二人签订了夫妻分居协议，协议约定：分居期间原告由其母刘某抚养，被告每月给付抚养费 1500 元，于每月 12 日前支付，从第二个月开始抚养费逾期未转账，则赔偿违约金 3 万元/次。2012 年 6 月至 2012 年 10 月被告每月给付原告抚养费 1500 元，2012 年 11 月开始不再给付。2014 年 5 月 28 日，原告法定代理人与被告经河北省涿州市人民法院判决离婚，判决原告随其母刘某共同生活，被告博某自 2014 年 6 月起每月给付原告抚养费 1900 元，至原告博小某 18 周岁止。后博小某将博某诉至北京市东城区人民法院，请求支付 2012 年 12 月至 2014 年 5 月间的抚养费，并依约支付违约金。

【裁判结果】

北京市东城区人民法院经审理认为，父母对子女有抚养教育的义务，不直接抚养子女的一方应负担抚养费的一部或全部。负担费用的多少和期限的长短，由双方协议。父母不履行抚养义务时，未成年的子女有要求父母给付抚养费的权利。原告法定代理人刘某与被告博某在分居期间就子女抚养费问题已经达成协议，抚养费数额的约定是双方真实意思的表示，并未违反法律的强制性规定，被告理应按约定履行给付义务，故对于原告要求支付拖欠的抚养费的诉讼请求，本院予以支持；但因为抚养费的给付并非基于合同，故双方约定的违约金条款于法无据，对于原告要求赔偿违约金的诉讼请求本院不予支持。北京市东城区人民法院依照《婚姻法》第二十一条第一款、第二款，判决如下：

一、本判决生效后七日内，被告博某补付原告博小某 2012 年 11 月至 2014 年 5 月抚养费 28500 元整；

二、驳回原告博小某的其他诉讼请求。

【典型意义】

本案中，原告的法定代理人与被告签订了夫妻分居协议，该协议约定婚生子由一方抚养，另一方每月给付抚养费，并约定了迟延履行要支付违约金的条款。抚养费的给付是基于身为父母的法定义务，而并非基于父母双方的协议，该协议可以且只能约定抚养费的数额，且该法定义务不能因父母双方的协议而免除。因此，公民法定义务的履行只能依据法律法规的约束，而不宜因公民之间约定的违约金条款而予以约束。抚养费设立的初衷是为了保护离婚后未成年人子女的合法权益，是以赋予未抚养一方法定义务的方式，努力使得未成年子女的生活恢复到其父母离婚前的状态。抚养费本质上是一种针对未成年人的保障，因此，抚养人不应以违约金的形式从子女的抚养费中获利。

郭某诉焦某变更抚养关系案

《最高人民法院公布49起婚姻家庭纠纷典型案例》第5号

2015年12月4日

【基本案情】

郭某与焦某原系夫妻关系，2012年3月30日经法院调解离婚，确定婚生女焦小某（2009年2月28日出生）由焦某负责抚育，焦某现已再婚。后郭某以焦某对焦小某照顾不周、不配合其探望等为由，向法院提起诉讼，要求变更焦小某由自己抚养、焦某每月给付抚养费3000元至焦小某年满18周岁。

【裁判结果】

在法院庭审过程中，经法庭征询焦小某意见，其表示愿意与妈妈一起居住生活。原审法院经审理后判决：一、婚生女焦小某自判决生效之日起变更由郭某抚养。二、焦某于判决生效后每月10日前给付婚生女焦小某抚养费800元，至焦小某18周岁止。三、焦某于判决生效后每个月最后一周的周六上午9时将焦小某从郭某处接走进行探望，于当日下午15时前将焦小某送回郭某处。四、驳回郭某之其他诉讼请求。

判决后，焦某不服，上诉至北京市第二中级人民法院，认为原审判决认定事实不清，证据不足，郭某在离婚时不要孩子，且不支付抚养费，没有尽到母亲的义务；焦小某现已上幼儿园，受到家人深情厚爱，原判变更抚养权不利于焦小某的身心健康；同时提出，一审法院曲解了焦小某的真实意思，其所陈述“愿意随妈妈一起生活”系指愿意随继母一起生活，而非亲生母亲郭某，故请求二审法院查清事实依法改判。郭某同意原判。

在二审法院审理中，法庭曾与焦小某见面交流，发现其就本案诉争问题，尚不具备足够的认知与表达能力。二审经审理认为焦某与郭某离婚时，关于子女抚养问题已于2012年3月经北京市朝阳区人民法院生效民事调解书确定。离婚后至今，双方亦依照此民事调解书执行。目前焦小某在焦某抚养下已经上幼儿园，平时也能够受到爷爷奶奶照顾，生活环境比较稳定。现郭某与焦某抚养能力相当，其生活条件亦未明显优于焦某，且郭某未提供有力证据证明焦某在抚养焦小某期间存在不利于未成年人身心健康的法定情形，其所提交的焦小某被烫伤照片，亦不足以证明焦某在抚养焦小某过程中存在经常性的不当行为。因此，法院认为焦小某由焦某抚养更为适宜。父母双方离婚后，在短时间内变更抚养关系不利于维护焦小某相对稳定的生活环境，也会对其正常的生活和成长产生影响，故郭某的诉讼请求，法院不予支持。焦某所提上诉理由，法院予以支持。据此，二审法院终审判决：一、撤销原判决。二、驳回郭某之诉讼请求。

【典型意义】

二审经审查后认为，关于焦小某的抚养问题已经法院生效调解确定，至今不过 1 年余，双方抚养条件并未发生较大变化。且焦小某现已在幼儿园就学，生活学习环境已相对稳定，贸然变更不利于其维持稳定生活状态。在原审法院审理过程中，法院当庭征询了焦小某（年仅 4 岁）的意见，并将其作为变更抚养关系的理由之一，但焦某一方坚持认为法庭误读了焦小某的意思，其庭上所称“妈妈”指的是焦小某的继母而非其亲生母亲郭某。二审承办法官考虑如果简单改判此案，势必进一步激化双方矛盾，使焦小某的抚养探望问题失去对话基础，加深两家之间的矛盾。

为了确定原审法院征求焦小某意见是否合适，二审承办法官及合议庭成员在与焦小某见面交流后发现焦小某对于诉讼争议的问题完全不具备相应的理解和表达能力。为了缓解双方矛盾，缓解郭某思念之情，在征得双方同意后，法官特意在法院花园内组织了一场法庭亲情探望，两个家庭的成员及焦小某在探望过程中尽享天伦之乐。在和谐的氛围中，法官借势开展劝导说服工作，最终郭某表示同意法院改判的结果，焦某也当面表示郭某可随时将焦小某接走探望，案件得以圆满解决。为了增强判决效果，法官在判决的本院认为部分单辟一段写道：“父爱与母爱对未成年人都是不可或缺的，法院希望焦某、郭某从保证未成年人健康成长出发，能够在原有离婚调解协议的基础上，妥善处理探望及抚养费问题，共同为焦小某营造融洽、和睦的氛围，创造良好的生活、学习环境。”

本案是一起当事人矛盾焦点集中在子女探望问题上的案件。虽然是离异家庭的子女，但是在感情的世界里，他们不应该有缺失。北京市第二中级人民法院在遵循有利于未成年人成长的基础上，尝试开展“法庭亲情探望”，探索因人因案而异的探望权行使形式。本案是通过该项举措成功促成纠纷化解的典型案例。法官征得双方当事人同意后，安排两个家庭在温馨平和的气氛里，对焦小某进行探望，并顺势进行辨法析理，引导当事人理性诉讼，最终促成双方达成一致意见，取得了良好的裁判效果。“法庭亲情探望”为不直接抚养子女的一方提供了与子女面对面沟通交流的机会，拉近了感情距离，有助于当事人从子女利益出发，合理解决纠纷，也有助于唤醒父母对子女的关爱，鼓励他们尽快走出离婚阴影，共同努力为子女创造一个和谐稳定的成长环境。

麻某某诉麻晓某抚养费纠纷案

《最高人民法院公布 49 起婚姻家庭纠纷典型案例》第 6 号

2015 年 12 月 4 日

【基本案情】

麻某某的法定代理人李某与麻晓某原系夫妻关系，麻某某系双方婚生子。后双方于2011 年 12 月 1 日离婚，离婚协议书中约定：双方婚生之子麻某某由女方抚养，男方每月 10 日前支付共计 1500 元人民币，抚养费每年根据情况酌情增加，麻某某在学习、医疗等各方面的开支双方共同承担。2013 年 2 月 15 日至 2 月 22 日，麻某某因间歇性外斜视、双眼屈光不正到北京儿童医院住院治疗，共支出医疗费 13422. 02 元。2010 年、2012 年麻某某参加北京某少儿围棋培训，共支出教育费 11105 元，2010 年、2011 年、2013 年麻某某参加某学校学习辅导班，共支出教育费 11105 元。2013 年，李某起诉至北京市昌平区人民法院，请求增加每月应当支付的抚养费，请求判令麻某支付麻某某的医疗费和教育培训费用。

【审理结果】

关于子女生活费和教育费的协议或判决，不妨碍子女在必要时向父母任何一方提出超过协议或判决原定数额的合理要求。根据《最高人民法院关于适用〈中华人民共和国婚姻法〉若干问题的解释（一）》第二十一条的规定，“‘抚养费’，包括子女生活费、教育费、医疗费等费用”。但不应就此一概认为每月支付固定数额抚养费后，无须再支付医疗费。而应考虑抚养费、教育费、医疗费的支出原因与具体数额，同时兼顾夫妻双方的利益公平。因此，我国规定的抚养费包含教育费、医疗费，应理解为抚养费包含基本的教育费与医疗费，而不应包含为孩子利益客观必须支出的较大数额的医疗与教育费用。

同时，为保护未成年人利益，促进未成年人身心全面发展，法律适当鼓励未成年人根据个人天赋与爱好参与一定的课外辅导课程。本案中麻某某长期参加围棋辅导班，从父母婚姻关系存续期间持续到离婚之后，麻晓某在婚姻关系存续期间对此同意，离婚后知情但未明确表示反对。目前也缺乏证据证明围棋班与麻某某兴趣不符，并不属于过分报班的情形，因而依法应予支持。

北京市昌平区人民法院作出（2013）昌民初字第 8252 号民事判决：一、麻晓某自 2013 年 8 月起每月 10 日前支付麻某某抚养费人民币 2500 元，至麻某某年满 18 周岁止；二、麻晓某支付麻某某医疗费 6711.01 元，教育费 5552.5 元，于本判决生效后十日内支付；三、驳回麻某某的其他诉讼请求。宣判后麻晓某提出上诉。北京市第一中级人民法院于 2013 年作出（2013）一中少民终字第 13395 号判决：驳回上诉，维持一审判决。

【典型意义】

本案例案情简单、诉讼标的不大，但却涉及未成年人最基本的利益需求，体现了近年来物价上涨与未成年人抚养费理念、立法相对滞后之间的冲突。审判实践中，应着眼于未成年人的合理需求，既排斥奢侈性的抚养费请求，也避免过低的抚养费给付，遵循未成年人最大利益原则。因此，在每月支付的固定数额抚养费之外另行主张的大额子女抚养费用请求是否应予准许，首先应当考虑该请求是否符合未成年人的利益以及是否有相应的法律依据；其次，该请求是否属于因未成年人合理需求产生的支出，法律不鼓励超前的或者奢侈的抚养费需求；最后应考虑夫妻的经济能力与实际负担义务，相应费用若由一方负担是否会导致夫妻双方义务负担的不平衡。

余某诉余某望抚养费纠纷案

《最高人民法院公布 49 起婚姻家庭纠纷典型案例》第 10 号

2015 年 12 月 4 日

【基本案情】

原告余某的母亲和父亲 2008 年经调解离婚，双方达成调解协议，余某由母亲抚养，其父亲余某望当庭一次性给付抚养费 23000 元。2013 年余某在某双语实验学校上小学二年级，年学费 3600 元，其母亲无固定收入，主要收入来源为打工。后余某诉至河南省驻马店市确山县人民法院请求其父余某望每月给付抚养费 1000 元，到 2023 年 6 月 30 日其满 18 岁止。

【裁判结果】

根据《婚姻法》第三十七条规定，关于子女生活费和教育费的协议或判决，不妨碍子女在必要时向父母任何一方提出超过协议或判决原定的数额的合理要求。《最高人民法院关于人民法院审理离婚案件处理子女抚养费问题的若干具体意见》第十八条规定，原定抚育费数额不足以维持当地实际生活水平的，子女可以要求增加抚育费。本案中原告余某父母离婚时间是 2008 年，当时双方协议余某父亲当庭一次性给子女付抚养费 23000 元，平均每月 62. 5 元。而 2012 年度河南省农村居民人均生活消费支出为 5032. 14 元，平均每月 419 元。根据上述情况，余某父亲原来给付的抚养费目前显然不足以维持当地实际生活水平，因此驻马店市确山县人民法院判决支持了原告余某要求增加抚养费的请求。

【典型意义】

世界许多国家和地区的婚姻家庭法立法时都遵循“儿童利益优先原则”和“儿童最大利益原则”，目前，我国的《婚姻法》和《未成年人保护法》也明确规定了保护妇女、儿童合法权益的原则。“未成年人利益优先原则”和“未成年人最大利益原则”应当成为我国婚姻家事立法的基本原则，尽可能预防和减少由于父母离婚，给未成年子女带来的生活环境上的影响及未成年子女性格养成、思想变化、学习成长等不利因素。

在婚姻家庭类案件中，人民法院在对未成年子女的抚养费进行判决、调解时，抚养费标准一般是依据当时当地的社会平均生活水平而确定。但随着经济的发展、生活水平的提高及物价上涨等因素，法院原先所判决、调解的抚养费的基础已经不存在或发生很大改变，再依据当时的条件和标准支付抚养费，已经不能满足未成年人基本的生活要求，不能保障未成年子女正常的生活和学习。因此，法律和司法解释规定未成年子女有权基于法定情形，向抚养义务人要求增加抚养费。本案正是基于最大限度保障未成年子女利益的考量，在原审调解书已经发生法律效力的情况下，准予未成年子女余某向人民法院提起新的诉讼，依法支持其请求其父增加抚养费的主张。该判决契合了我们中华民族尊老爱幼的传统家庭美德教育，符合社会主义核心价值观的要求。

付小某诉付某某抚养费纠纷案

《最高人民法院公布49起婚姻家庭纠纷典型案例》第16号

2015年12月4日

【基本案情】

原告付小某的母亲韩某某与被告付某某于2012年12月7日结婚，于2013年9月18日生育一子付小某。韩某某住院生育原告付小某的医疗费用由被告付某某支付。自原告出生后，其母亲韩某某即带其离开单独居住至今，被告付培某某未支付过原告抚养费。被告付某某现无固定收入。

原告付小某诉称，2012年8月份韩某某与被告付某某认识，韩某某系再婚，于2012年11月7日登记结婚，自韩某某怀孕后，无工作无经济来源，被告付某某对其不管不问也不给生活费，孩子出生后，被告付某某不尽丈夫及父亲的义务，韩某某自己带着孩子艰难生活。故原告诉至河南省郑州市惠济区人民法院，要求被告每月支付抚养费1500元，自2013年9月份开始支付，每半年支付一次，并承担本案诉讼费。

被告辩称：原告所诉不是事实，被告不但给原告买衣服，每月还支付生活费，一直对原告尽抚养义务，原告母亲韩某某私自带原告离家出走，致使被告不能经常见到原告，对原告成长及身心健康极为不利；原告要求被告每月支付 1500 元抚养费的诉讼请求缺乏事实和法律依据，被告现无工作，在家务农，没有固定收入和经济来源，如原告母亲养不起原告，被告愿意自己承担抚养原告的义务，并不要求原告母亲承担抚养义务；如原告不同意被告直接抚养原告，被告愿意按照河南省农村生活标准支付抚养费。

【裁判结果】

郑州市惠济区人民法院于 2014 年 3 月 19 日作出（2014）惠少民初字第 1 号民事判决：被告付某某于本判决生效后十日内按照每月人民币 400 元的标准一次性支付原告付小某自 2013 年 10 月份至判决生效之日的抚养费；被告付某某于本判决生效后按照每月人民币 400 元的标准支付原告的抚养费 18 周岁；驳回原告付小某过高部分的诉讼请求。

【典型意义】

未成年子女要求支付抚养费，基本上都是在夫妻双方离婚时或离婚后才产生的，而在婚姻关系存续期间，由于夫妻双方财产为共有财产，能否要求不尽抚养义务的一方支付抚养费，这是本案争议的要点。《最高人民法院关于适用〈中华人民共和国婚姻法〉若干问题的解释（三）》第三条对此作出了明确规定：婚姻关系存续期间，父母双方或者一方拒不履行抚养子女义务，未成年或者不能独立生活的子女请求支付抚养费的，人民法院应予支持。

另外，《最高人民法院关于人民法院审理离婚案件处理子女抚养问题的若干具体意见》第七条第一款、第二款规定："子女抚育费的数额，可根据子女的实际需要、父母双方的负担能力和当地的实际生活水平确定。有固定收入的，抚育费一般可按其月总收入的百分之二十至三十的比例给付。负担两个以上子女抚育费的，比例可适当提高，但一般不得超过月总收入的百分之五十。"这是最高人民法院对法院审理离婚时或增加抚养费案件的指导意见，这条指导意见也同样适用处理婚姻关系存续期间的抚养费案件。同时，在子女抚育费数额的具体确定上，还要根据子女正常生活的实际需要，应能维持其衣、食、住、行、学、医的正常需求，并需要综合考虑父母双方的经济收入、费用支出、现有生活负担、履行义务的可能性和社会地位等因素，最终作出公平合理的判决。

陈某琪与陈某明抚养费纠纷案

《最高人民法院公布49起婚姻家庭纠纷典型案例》第18号

2015年12月4日

【基本案情】

原告陈某琪（系未成年人）诉称，其母陈某芳与被告陈某明于2008年经衡阳县人民法院调解离婚，协议约定原告陈某琪由母亲陈某芳抚养，被告陈某明自当年起每年支付抚养费3000元至小孩独立生活时止。2009年原告之母陈某芳患精神病死亡。自此，原告一直随外祖父母生活，被告陈某明自2009年开始一直未支付抚养费。原告即将面临高中教育，原来离婚协议约定被告每年支付3000元抚养费已远远不能满足原告生活和学习需要，故请求依法判令被告陈某明向原告陈某琪支付拖欠2009年至2014年的抚养费18000元，自2015年至2019年每年按7000元支付抚养费。

【裁判结果】

经湖南省衡阳县人民法院调解，原被告双方自愿达成如下协议：被告陈某明自愿按照每年7000元的标准支付原告陈某琪2015年9月至2018年7月高中三年及陈某琪2018年7月高中毕业后至2019年9月共计四年的学习、生活费等日常开支共计28000元；本案受理费经本院院长批准予以免交。

【典型意义】

该案在审理过程中始终体现了保护未成年人合法权益这个宗旨：一是司法救助。在立案阶段即报请院长审批免交诉讼费，对追索抚养费的原告予以司法救助。二是注重调解。对该类案件注重调解，更有利于为未成年人营造一个良好的成长环境。三是维护亲情。原告之母因病去世，原告仍随外祖父母生活。承办法官在办理该案过程中，始终注重维系亲情，绝不能因为官司使双方反目成仇，亲情沦丧。希望原告在失去母爱后，被告能给原告多一份关爱，多一份责任。原告外祖父母在其负担能力范围内尽一份对外孙的抚养义务，共同抚养未成年的原告茁壮成长。同时向原告说明原告向被告追索抚养费是其权利，但是原告应多体谅父亲的难处，被告在还有 2 个小孩需抚养的情况下，仍然同意增加支付抚养费，已经是尽力而为了，平时要多注重与父亲沟通，增进父女感情。该案调解结案后，原被告都很满意，原告所在村组、学校也反映良好。

陈某某与梁某某子女抚养纠纷案

《最高人民法院公布 49 起婚姻家庭纠纷典型案例》第 20 号

2015 年 12 月 4 日

【基本案情】

原告陈某某与被告梁某某于 2009 年经他人介绍建立恋爱关系后，在未办理结婚登记的情况下，便以夫妻名义同居生活，于 2010 年 11 月 6 日生育男孩陈某乐。此后，原告陈某某常年在外打工，自小孩出生起至 2014 年 3 月，小孩随被告梁某某及原告陈某某的父母共同生活。2014 年 3 月，原、被告因感情不和，自行解除了同居关系。此后，原告陈某某仍在外地工作，被告梁某某在耒阳市区工作，该期间小孩随原告陈某某的父母生活，被告梁某某探望了小孩，小孩的学费由原告陈某某的父母与被告梁某某共同负担。自 2015 年 3 月起，小孩一直随被告梁某某生活。

【裁判结果】

原、被告未办理结婚登记手续，以夫妻名义同居生活的行为属同居关系，不受法律保护。根据相关法律规定，非婚生子女享有与婚生子女同等的权利。不直接抚养非婚生子女的生父或生母，应当负担子女的生活和教育费等，直至小孩能独立生活时止。本案中，陈某乐系原、被告的非婚生小孩，在原、被告同居关系期间，该小孩随原告父母和被告共同生活，原、被告解除同居关系后，小孩虽随原告父母共同生活了一段时间，但该期间原告一直在外打工，被告在耒阳市区工作，亦对小孩履行了抚养义务。综合考虑原、被告双方的实际情况，小孩随被告生活，由原告每月给付抚养费 600 元，能更好融洽父母子女间的亲情关系，也有利于小孩的健康成长。综上所述，湖南省耒阳市人民法院依法判决原告陈某某与被告梁某某的非婚生小孩陈某乐（男，

2010年11月6日生）随被告梁某某生活，由原告陈某某每月给付抚养费600元至小孩能独立生活时止，小孩成年后，随父随母由其自择。

【典型意义】

父母对子女均有抚养的权利和义务，关于子女的抚养问题，应坚持有利于子女身心健康、保障子女合法权益的基本原则，只有在此前提下，再结合父母双方的抚养能力和抚养条件等具体情况妥善解决。

杨某某诉汪某某变更抚养权纠纷案

《最高人民法院公布49起婚姻家庭纠纷典型案例》第25号

2015年12月4日

【基本案情】

出生于2008年2月的女童婷婷在母亲杨某某与父亲汪某某分开后，随父亲汪某某及祖父母一起生活。后汪某某与吴某某登记结婚，婚后又生育一子。此后，汪某某和婷婷的祖父母长年在外打工，家中只留吴某某照料两个幼童的生活起居。因为不满汪某某对自己和孩子的不闻不问，吴某某便对不认真做作业、吃饭磨蹭的婷婷心生怨恨，把怒气发泄在婷婷身上，多次对婷婷实施殴打，直至婷婷的伤情被老师发现，引起社会的关注。婷婷的亲生母亲杨某某不忍女儿受伤害，在法律援助中心的帮助下，向法院提起诉讼要求变更抚养权。

【裁判结果】

宝应法院受理此案后，在县妇联、村妇联的参与、配合下，充分调查了双方当事人的家庭情况，了解到原告杨某某结婚后生育了两个小孩，最大的小孩只有3岁，目前没有工作，全靠丈夫一人的收入维持家庭生活开支，虽坚持要求婷婷的抚养权，实则力不从心。被告汪某某在责怪吴某某殴打婷婷的同时，也深刻反省了自己在此次事件中的过错，但希望婷婷仍然随自己生活。调解过程中，汪某某、吴某某共同承诺一定善待女儿，保证她健康成长。婷婷本人也愿意仍然随汪某某夫妻生活。在全面分析双方当事人抚养能力和经济条件的情况下，在征求双方当事人及其亲属的意见，并得到吴某某的真诚忏悔和书面承诺的情况下，最终确定婷婷仍随汪某某生活。

【典型意义】

本案源于吴某某对婷婷的家庭暴力引发，案件处理过程中，杨某某还向宝应法院提起刑事自诉，诉请以虐待罪追究吴某某的刑事责任。为了避免双方加重对立情绪，承办法官多次与双方沟通，最终促成杨某某撤回自诉，不再追究吴某某的刑事责任，共同努力让婷婷生活在一个和谐的环境中。

原告李某霖、李某诉被告李甲抚养费纠纷案

《最高人民法院公布 49 起婚姻家庭纠纷典型案例》第 34 号

2015 年 12 月 4 日

【基本案情】

原告李某霖系被告李某甲之子，被告李某甲与原告的母亲李某于 2008 年 9 月协议离婚并到民政部门办理了离婚手续。离婚协议书约定“原告李某霖由男方抚养，女方暂代养孩子四年，男方不支付抚养费。孩子上大学、结婚费用全部由男方承担”。当时原告李某霖刚满 14 岁，此后原告李某霖一直由其母亲李某抚养。自 2012 年 9 月份，原告李某霖进入武汉科技大学学习，除每年需要交纳学费、校内住宿费、职业培训费等，还需要一大笔生活费，原告李某霖因此多次向被告要钱支付上述费用，但被告作为父亲一直拒不支付。原告李某霖、李某诉至法院，请求法院依法判令被告支付学费 27840 元、生活费用 6 万元、培训费 4770 元、购买电脑费用 6600 元、购买羽绒服费用 859 元，共计 99469 元。

【裁判结果】

山东省临沭县人民法院一审认为，本案系基于原告李某与被告李某甲离婚时所达成的离婚协议中关于子女抚养和教育费用约定的履行问题而产生纠纷，因此，首先应当就原告李某与被告李某甲关于“原告李某霖由男方抚养，女方暂代养孩子四年，男方不支付抚养费，孩子上大学、结婚费用全部由男

方承担”这一约定的合法性进行审查。《婚姻法》第三十七条第一款规定，离婚后，一方抚养的子女，另一方应负担必要的生活费和教育费的一部或全部，负担费用的多少和期限的长短，由双方协议；协议不成时，由人民判决。依照该规定，子女的生活费及教育费由一方承担部分或全部承担均可。本案原告李某与被告李某甲就原告李某霖的抚养及抚养费的承担方式、承担时间的约定不违反该条法律规定，且该约定系原告李某与被告李某甲的真实意思表示，内容并不违反其他法律的禁止性规定。被告李某甲应当按照约定承担向原告李某霖支付大学期间必要的生活费及教育费的民事责任。《婚姻法》第二十一条第一款、第二款规定：“父母对子女有抚养教育的义务；子女对父母有赡养扶助的义务。父母不履行抚养义务时，未成年的或不能独立生活的子女，有要求父母付给抚养费的权利。”该条法律所规定的是家庭关系中父母与子女之间的法定权利与法定义务，而《最高人民法院关于适用〈中华人民共和国婚姻法〉若干问题的解释（一）》第二十条关于“婚姻法第二十一条规定的‘不能独立生活的子女’，是指尚在校接受高中及以下学历教育，或者丧失或未完全丧失劳动能力等非主观原因而无法维持正常生活的成年子女”的规定，是对“不能独立生活的子女”范围的界定。上述法律及司法解释是就父母对“不能独立生活的子女”承担抚养义务属法定义务作出的规定，并不禁止父母对不属于“不能独立生活的子女”之外的子女自愿或通过约定的方式承担抚养义务。因此，被告李某甲不能依据上述法律及司法解释拒绝履行离婚时与原告李某所约定的对原告李某霖的抚养义务。原告李某霖现为在校就读的大学生，被告李某甲无证据证明原告李某霖有可维持自己在校生活、学习的收入来源，即应当按照离婚时与原告李某的约定承担原告李某霖在上大学期间的生活、学习所必需的费用。原告李某霖上大学期间的学费可根据其就读学校出具的收款收据予以确定，对于原告李某霖的生活费，法院综合考虑原告李某霖就读学校所在地的消费水平以及被告李某甲的收入等情况，酌情确定原告李某霖上大学期间，被告每年给付生活费6000元。原告李某霖没提供证据证明购买电脑和参加校外培训属于上大学期间的必要开支，被告可以不承担这部分费用。原告李某霖购买衣服的花费应从生活费中列支，对其要求被告承担该费用的诉讼请求法院不予支持。原告李某虽系与被告李某甲达成离婚协议的一方当事人，但就子女抚养费的约定，权利主体应为原告李某霖，而原告李某霖已成年且具有完全的民事行为能力，应由原告李某霖依法独立行使抚养费的请求权。原告李某并不享有所约定的原告李某霖抚养费的请求权，不是涉案抚养费的权利主体，其原告主体不适格。依照《民法通则》第四条、《婚姻法》第三十七条的规定，依法作出如下判决：一、被告李某甲给付原告李某霖上大学期间的学费 27840 元；二、被告李某甲给付原告李某霖上大学期间的生活费 24000 元；三、上述第一项、第二项于本判决生效后十日内付清；四、驳回原告李某霖的其他诉讼请求；五、驳回原告李某的诉讼请求。

【典型意义】

随着我国高等教育的逐渐普及，上大学（含各类职业技术学校）越来越成为适龄青少年的普遍选择。就我国传统习惯和绝大多数的家庭选择而言，没能经济独立的子女就读大学（含各类职业技术学校）的费用，由有经济能力的父母支付已然成为一种惯例。然而我国《民法通则》《婚姻法》《未成年人保护法》等法律，却作出了与之相悖的规定，父母没有义务支付该部分费用。这就造成了习惯做法、社会传统和法律规定的冲突。尤其是在离异家庭中，这种冲突直接导致了亲情的反目和对立。本案就是涉及大学期间学费、生活费负担问题的典型案例。

本案中，原告李某与被告李某甲的离婚协议是双方真实意思表示，双方对于孩子上大学学费、生活费和结婚费用的约定，是其离婚协议的一部分，是双方在离婚时就子女读书、婚嫁事宜作出的合理安排，且原告李某为达成离婚协议而自愿承担原告李某霖成年之前的抚养义务，并免除了被告李某甲支付抚养费的法定义务，这也可视为原告李某为争取到孩子的大学学费和婚嫁费用而在其他方面作出的让步。这种约定不违反法律的禁止性规定，合法有效，依法应当得到法律的支持和认可。如果认定离婚协议的该条款无效，则不但违背了民法的基本原则，对原告李某的权益也是一种损害。故本案一审法院本着尊重当事人意思自治的原则，依法支持了原告李某霖的合法诉求，为同类案件的审理提供了可资借鉴的依据。

弟媳向“大伯子”索要儿子抚养费纠纷案

《最高人民法院公布49起婚姻家庭纠纷典型案例》第38号

2015年12月4日

【基本案情】

曾某系刘某弟媳，双方所居住的房屋因政府征用需搬迁，曾某急需另租房居住，便托刘某帮忙找房。2012年4月，刘某谎称找到房子，曾某便随其看房，刘某将曾某带到其正帮人装修的房屋内，双方发生了性关系。一个月后，曾某发现自己怀孕后告知刘某，刘某让曾某将孩子生下来。2013年2月曾某生下一健康男婴，曾某借款缴纳了社会抚养费（该男婴系超生二胎生育）。当曾某要求刘某支付生育孩子期间的医疗费、孩子的社会抚养费等相应费用时，刘某拒绝支付，并拒绝承认该孩子系其亲生。曾某无奈自行带刘某的头发到鉴定中心鉴定，确认孩子系刘某亲生，曾某的丈夫刘某某不是孩子的生物学父亲。但刘某仍拒绝支付相应费用，曾某诉至法院，要求刘某支付医疗费、社会抚养费、生活费等相应费用。

沿滩区人民法院受理后为查明事实，经刘某申请，委托了相应鉴定机构，对曾某所生之子是否系刘某亲生进行了鉴定，经鉴定该孩子确为刘某与曾某的生物学子女。

【裁判结果】

承办人查明此事实后，向双方当事人宣传了法律，使双方认识到自身的责任和义务，双方自愿达成协议，孩子随曾某共同生活，刘某自2014年8月起每月支付孩子生活费650元至孩子独立生活时止，孩子的教育费、医疗费由双方各承担50%，刘某支付曾某垫付的医疗费、社会抚养费等各项费用34000元。“大伯子亲儿子”风波就此平息。

【典型意义】

从生物学上讲刘某系孩子的父亲，按照婚姻法规定亲生父亲有抚养教育子女的义务。但是鉴于双方都有各自的家庭，共同抚养孩子是双方家庭的不稳定因素，所以以支付抚养费的方式为宜。

马某文诉魏某红子女抚养纠纷案

《最高人民法院公布 49 起婚姻家庭纠纷典型案例》第 44 号

2015 年 12 月 4 日

【基本案情】

马某文诉称：原被告系在外打工期间相识相恋，2012 年 3 月按农村风俗举行婚礼，以夫妻名义同居生活，因未达法定婚龄，故未办理结婚登记。2012 年 6 月原被告生育女儿马某瑶，马某瑶现与原告共同生活。2013 年 12 月，因夫妻感情不和，被告离家出走，外出不归，与原告无任何联系。原告曾找过被告，但一直未找到。原、被告无共同财产，亦未有共同债权、债务。现因原、被告未办理离婚登记，且被告离家出走，外出不归，下落不明，导致女儿马某瑶无法落户，故原告特向人民法院提起诉讼，请求判令：一、解除原、被告的同居关系；二、女儿马某瑶由原告自费抚养。

【裁判结果】

根据《最高人民法院关于适用〈中华人民共和国婚姻法〉若干问题的解释（一）》第五条规定："未按婚姻法第八条规定办理结婚登记而以夫妻名义共同生活的男女，起诉到人民法院要求离婚的，应当区别对待：（一）1994 年 2 月 1 日民政部《婚姻登记管理条例》公布实施以前，男女双方已经符合结婚实质要件的，按事实婚姻处理；（二）1994 年 2 月 1 日民政部《婚姻登记管理条例》公布实施以后，男女双方符合结婚实质要件的，人民法院应当告知其在案件受理前补办结婚登记；未补办结婚登记的，按解除同居关系处理。"本案中，原、被告于 2012 年 3 月 8 日未经登记即以夫妻名义同居生活，至今未补办结婚登记，应当按照同居关系处理。根据《最高人民法院关于适用〈中华人民共和国婚姻法〉若干问题的解释（二）》第一条第一款规定："当事人起诉请求解除同居关系的，人民法院不予受理。但当事人请求解除的同居关系属于婚姻法第三条、第三十二条、第六十四条规定的'有配偶者与他人同居'的，人民法院应当受理并依法予以解除。"本案中，原、被告之间的同居关系并不属于有配偶者与他人同居的情形，不属于人民法院强制判令解除同居关系的情形。但依照法律规定，同居关系不受法律保护。

第二，同居期间生育的非婚生子女，其法律权利和义务比照婚生子女的规定。女儿马某瑶一直由原告抚养，改变其生活环境对其健康成长明显不利，且被告下落不明，故女儿马某瑶由原告抚养有利于其身心健康，便于其合法权益得到保障。原告主张由其自费抚养女儿马某瑶，不违反法律规定，法院予以支持。

综上，根据《最高人民法院关于适用〈中华人民共和国婚姻法〉若干问题的解释（一）》第五条，《最高人民法院关于适用〈中华人民共和国婚姻法〉若干问题的解释（二）》第一条，《最高人民法院关于民事诉讼证据的若干规定》第二条之规定，判决如下：

原、被告生育的女儿马某瑶由原告马某文抚养，被告魏某红不支付抚养费。

【典型意义】

事实婚实际上在我国长期大量存在，在广大农村特别是边远地区，事实婚甚至占当地婚姻相当大的比例。针对案例中这一普遍存在的现象，不仅需要当事人法律意识的提高，也需要法律工作者进行更多更广泛的法律宣传和法律教育，同时要不断促进婚姻登记制度的完善，使公民特别是广大农村边远地区的公民从思想上认识到没有登记的婚姻是不受法律保护的，以及这种同居关系对他们生活的影响，使他们在考虑婚姻缔结时能够认识到通过婚姻登记的方式给自己的婚姻关系予以法律的保护，给自己的婚后生活以法律的保障，减少类似本案例中的情况发生。

何某锦诉周某英抚养纠纷案

《最高人民法院公布49起婚姻家庭纠纷典型案例》第45号

2015年12月4日

【基本案情】

何某锦诉称，原告的父亲何某平与被告周某英于2005年8月经人介绍认识，2006 年 12 月按农村习俗举行了婚礼，以夫妻名义同居生活。2007 年 8 月 1 日生育了原告，取名何某锦。2008 年 8 月，被告与原告的父亲何某平闹矛盾离家出走未归，没有尽到母亲的责任。现知晓被告周某英回归原籍另成了家，经济条件比较好，请求判令支付 18 年的抚养费 9 万元。

被告周某英辩称现以打工为生，没有能力支付抚养费。

【裁判结果】

会泽县人民法院审理后认为，被告周某英作为何某锦的亲生母亲，在何某锦未成年或不能独立生活期间，有抚养何某锦的法定义务。何某锦要求作为亲生母亲的周某英支付抚养费的诉讼请求，法院予以支持。结合原告何某锦的现有生活状况，判决自 2015 年起至 2025 年止，由被告周某英每年 12 月 31 日前一次性支付原告何某锦抚养费 1800 元。

【典型意义】

本案的争议焦点是以没有能力抚养为由拒绝履行抚养义务是否应得到支持？父母对子女有抚养教育的义务，父母不履行抚养义务时，未成年或不能独立生活的子女，有要求父母给付抚养费的权利，这是法律赋予的权利和义务，也是中华民族的优良传统。无论以任何理由，均不能拒绝履行抚养义务，都不会得到支持。

胡某诉张某变更抚养关系案

——全国第一道未成年人“人身安全保护令”

《保护未成年人权益十大优秀案例》第 6 号

2019 年 5 月 31 日

【基本案情】

原告胡某、被告张某于 2000 年经法院判决离婚，女儿张某某（1996 年出生）由父亲张某抚养。离婚后，张某经常酗酒、酒后打骂女儿张某某。2005 年，张某因犯抢劫罪被判处有期徒刑三年。刑满释放后，张某酗酒恶习未有改变，长期对女儿张某某实施殴打、谩骂，并限制张某某人身自由，不允许其与外界接触，严重影响了张某某的身心健康。2011 年 3 月 19 日深夜，张某酒后将睡眠中的张某某叫醒实施殴打，张某某左脸受伤，自此不敢回家。同月 26 日，不堪忍受家庭暴力的张某某选择不再沉默，向司法部门写求救信，揭露其父家暴恶行，态度坚决地表示再不愿意跟随父亲生活，要求跟随母亲胡某生活。胡某遂向法院起诉，请求变更抚养关系。鉴于被告长期存在严重家暴行为，为防止危害后果进一步扩大，经法官释明后，原告胡某向法院提出了保护张某某人身安全的申请。

【裁判结果】

法院经审理认为，被告张某与其女张某某共同生活期间曾多次殴打、威胁张某某，限制张某某人身自由的情况属实，原告的申请符合法律规定。依法裁定：一、禁止张某威胁、殴打张某某；二、禁止张某限制张某某的人身自由。裁定作出后，该院向市妇联、区派出所、被告所在村委会下达了协助执行通知书，委托上述单位监督被告履行裁定书确定的义务。后本案以调解方式结案，张某某自 2011 年 4 月 28 日起由胡某抚养。

【典型意义】

本案中，湖南某法院发出了全国第一道针对未成年人的“人身安全保护令”，为加强对未成年人的保护做了有益探索，为推动“人身安全保护令”写入其后的《反家庭暴力法》积累了实践素材，为少年司法事业作出了巨大贡献。数十家媒体和电视台对该案进行了宣传报道，产生了良好的社会效果。该案还引起联合国官员及全国妇联相关领导的关注，他们对这份“人身安全保护令”作出了高度评价。

本案调解过程中，人民法院还邀请当地妇联干部、公安民警、村委会干部、村调解员共同参与对被告的批评教育，促使被告真诚悔悟并当庭保证不再实施家暴行为。本案是多元化解纠纷机制、社会联动机制在未成年人司法中的恰当运用，同时也为充分发扬“枫桥经验”处理未成年人保护案件作出了良好示范。

江某诉钟某变更抚养关系案
——依法保障未成年人的受教育权

《保护未成年人权益十大优秀案例》第 10 号
2019 年 5 月 31 日

【基本案情】

原告江某与被告钟某于 2009 年 3 月 10 日登记结婚，婚后育有一子，取名江某俊。2011 年 9 月 20 日，双方因感情不和，经法院调解协议离婚，约定儿子江某俊由母亲钟某抚养，江某每月支付抚养费 600 元，直到孩子独立生活为止。

离婚后，钟某将婚姻的不幸转嫁到孩子身上，以种种理由拒绝让父子相见。更为严重的是，钟某无工作，租住在廉租房内靠亲人接济为生，常年闭门不出，也不让江某俊上学读书。江某曾于 2015 年 6 月 8 日向法院起诉要求变更抚养权，后撤回起诉。为了孩子的成长，2016 年 10 月 11 日江某再次向法院提起诉讼要求变更江某俊抚养关系，后经法院主持调解，江某与钟某达成和解协议，江某俊抚养权依然归钟某，江某俊的生活、教育所需费用均由江某承担。江某按约履行了调解书约定的义务，但是钟某拒不履行调解书约定义务。江某俊年满 8 周岁，已达到适学年龄，经法院多次执行，钟某仍拒绝送孩子上学，严重影响了孩子的健康成长，而江某俊爷爷奶奶为了孩子上学，频繁越级上访，导致矛盾激化。

2018 年 3 月，原告江某再次向法院起诉，要求变更儿子抚养关系。为了化解矛盾，法院联合该市未成年保护办公室，妇联、团委、家调委、社区、教育等部门工作人员积极配合，多次上门调解，钟某仍拒绝送孩子上学。经与孩子沟通，孩子表示愿意上学读书，未成年保护办公室和市妇联联合取证，并作为未成年保护组织出庭支持诉讼。

【裁判结果】

法院经审理认为，适龄儿童接受义务教育是家长的义务，根据市团委、妇联作为未成年人保护组织为江某俊调取的大量证据材料，证明钟某作为法定监护人，剥夺江某俊的受教育权，严重影响了孩子的身心健康发展，侵犯了未成年人的合法权益。为保护江某俊的受教育权，保障其健康成长，法院在事实证据充分的情况下，依法变更江某俊的抚养关系。

【典型意义】

父母或者其他监护人应当尊重未成年人受教育的权利，必须使适龄未成年人依法入学接受并完成义务教育，不得使接受义务教育的未成年人辍学。与子女共同生活的一方不尽抚养义务，另一方要求变更子女抚养关系的，人民法院应予支持。本案中，江某俊随钟某生活期间，钟某不履行监护义务，拒绝送江某俊上学，不让孩子接受义务教育，严重侵犯了孩子受教育权利。钟某无工作，无住房，无经济来源，无法保障孩子生活、学习所需，且侵犯孩子受教育权，本着儿童利益最大化原则，法官判决支持江某变更抚养关系的诉求。

子女的成长是一个长期的动态过程，随着时间的推移，离婚时协商或判决所依据的父母双方的抚养能力和抚养条件可能会在子女成长过程中发生很大的变化，所以法律出于保证子女的健康成长考虑，允许离婚夫妇以协议或诉讼的方式变更与子女的抚养关系。在抚养的过程中，不光要给予生活保障，学习教育权利更应当保障，如果一方怠于履行义务，人民法院将依法进行抚养关系变更。

某妇联诉胡某、姜某某抚养纠纷案

——父母应当履行对未成年子女的抚养义务

《未成年人司法保护典型案例》第 5 号

2021 年 3 月 2 日

胡某某（2003 年 3 月 6 日出生）系胡某与姜某某非婚生女儿，后因胡某与姜某某解除恋爱关系，遂由胡某父母负责照顾、抚养、教育。2016 年 11 月 8 日，经西南医科大学附属医院诊断，胡某某患有抑郁症、分离转换性障碍。胡某、姜某某长期未履行对胡某某的抚养义务，胡某父母年老多病，无力继续照顾胡某某，多次要求户籍所在地的村社、政府解决困难。该地妇联了解情况后，向法院提起诉讼，请求胡某、姜某某全面履行对胡某某的抚养义务。

法院经审理认为，本案的适格原告胡某某系限制民事行为能力人，本应由其父母作为法定代理人代为提起诉讼，但胡某某的父母均是本案被告，不能作为其法定代理人参加诉讼。综合考虑二被告的婚姻状况、经济条件和胡某某本人的生活习惯、意愿，判决胡某某由胡某直接抚养，随胡某居住生活；姜某某从 2017 年 6 月起每月 15 日前支付抚养费 500 元；胡某某的教育费、医疗费实际产生后凭正式票据由胡某、姜某某各承担 50%，直至胡某某独立生活时止。

本案是一起典型的父母怠于履行抚养义务的案例。审判实践中存在大量与本案类似的留守儿童抚养问题，这些未成年人的父母虽未直接侵害未成年人合法权益，但怠于履行监护义务，把未成年子女留给年迈的老人照顾，子女缺乏充分的经济和安全保障，缺乏父母关爱和教育，导致部分未成年人轻则心理失衡，重则误入歧途，甚至走向犯罪的深渊。本案中，法院参照最高人民法院、最高人民检察院、公安部、民政部联合发布的《关于依法处理监护人侵害未成年人合法权益的意见》的有关精神，积极探索由妇联组织、未成年人保护组织等机构直接作为原告代未成年人提起诉讼的模式，为督促未成年人父母履行抚养义务，解决父母不履行监护职责的现实问题提供了有益参考。

胡某诉陈某变更抚养权纠纷案

——发出全国首份家庭教育令

《未成年人权益司法保护典型案例》案例 3

2022 年 3 月 2 日

【基本案情】

2020 年 8 月，原告胡某和被告陈某协议离婚，约定女儿胡小某由其母即被告陈某抚养，原告每月支付抚养费。一个月后，因被告再婚，有两三个星期未送胡小某去上学。自 2020 年 12 月 10 日起，原告为胡小某找来全托保姆单独居住，原告自己住在距胡小某住处 20 公里的乡下别墅内，由保姆单独照护胡小某，被告每周末去接孩子。原告胡某认为离婚后，被告陈某未能按约定履行抚养女儿的义务，遂将陈某诉至法院，请求法院判令将女儿胡小某的抚养权变更给原告。经法庭询问，胡小某表示更愿意和妈妈陈某在一起生活。

【裁判结果】

法院经审理认为，原告胡某与被告陈某协议离婚后，对未成年女儿胡小某仍负有抚养、教育和保护的义务。本案原、被告双方都存在怠于履行抚养义务和承担监护职责的行为，忽视了胡小某的生理、心理与情感需求。鉴于胡小某表达出更愿意和其母亲即被告一起共同生活的主观意愿，法院判决驳回原告的诉讼请求。同时，法院认为，被告陈某在无正当理由的情况下由原告委托保姆单独照护年幼的女儿，属于怠于履行家庭教育责任的行为，根据《家庭教育促进法》的相关规定，应予以纠正。裁定要求陈某多关注胡小某的生理、心理状况和情感需求，与学校老师多联系、多沟通，了解胡小某的详细状况，并要求陈某与胡小某同住，由自己或近亲属亲自养育与陪伴胡小某，切实履行监护职责，承担起家庭教育的主体责任，不得让胡小某单独与保姆居住生活。

【典型意义】

《家庭教育促进法》作为我国家庭教育领域的第一部专门立法，将家庭教育由传统的“家事”，上升为新时代的“国事”，开启了父母“依法带娃”的时代，对于全面保护未成年人健康成长具有重大而深远的意义。《家庭教育促进法》规定，父母应当加强亲子陪伴，即使未成年人的父母分居或者离异，也应当相互配合履行家庭教育责任，任何一方不得拒绝或者怠于履行。鉴于本案被告未能按照协议切实履行抚养义务、承担监护职责，人民法院在综合考虑胡小某本人意愿的基础上依法作出判决，并依照《家庭教育促进法》向被告发出了全国第一份家庭教育令，责令家长切实履行监护职责。家庭教育令发出后，取得了良好的社会反响。发布本案例，旨在提醒广大家长，《家庭教育促进法》明确规定，“父母或者其他监护人应当树立家庭是第一个课堂、家长是第一任老师的责任意识，承担对未成年人实施家庭教育的主体责任，用正确思想、方法和行为教育未成年人养成良好思想、品行和习惯”。希望广大家长认真学习这部重要法律，认真履行为人父母的重大责任，加强家庭家教家风建设，努力为未成年人健康成长营造良好的家庭环境。

父母异地共同抚养让儿童利益得到最优保障

——李某诉朱某甲变更抚养关系纠纷案

《第三批人民法院大力弘扬社会主义核心价值观典型民事案例》案例六

2023 年 3 月 1 日

核心价值：关爱儿童

【基本案情】

朱某甲与李某协议离婚，双方同城居住，约定未成年儿子朱某乙由朱某甲抚养，李某每月给付抚养费，每周末接走探望并送回，时间有变动另行商定。2020 年初，朱某甲因工作调动在未征得李某同意的情况下携朱某乙迁居至外埠生活，双方就孩子抚养问题产生争议。李某担心环境变化、两地分隔导致自己无法及时探望陪伴朱某乙，向人民法院起诉请求判决变更抚养关系。

【处理结果】

审理法院认为，朱某乙已年满 8 周岁，依照《中华人民共和国民法典》第一千零八十四条的规定，审理法院征询了朱某乙意见，其明确表示愿同朱某甲在外埠生活。考虑到孩子在父母离婚后的抚养争议中将再度面临亲情的割裂，带来新的情感和心理创伤。在充分了解当事人情感需求及孩子心理状态基础上，审理法院坚持柔性司法，通过诚挚沟通，科学规划，最终促成双方达成最有利于未成年人的协商意见：双方分段利用时间、异地共同抚养、双方共尽义务、共担探视成本、递进抚养费用。本案一揽子解决异地抚养等一系列问题，法官引用习近平总书记“七一”重要讲话内容，寄语孩子努力奋进、自强不息。

【典型意义】

婚姻破裂，受伤害最大的通常是未成年子女。父母争夺抚养权的“战争”则可能再次将未成年子女拖入“斗争泥潭”，不利于其身心健康。本案以调解实现对未成年子女的最优保护，以柔性司法巧妙化解离异夫妻对孩子的异地抚养之争，为当前人口跨地域迁徙流动增多情况下解决离异夫妻异地抚养未成年子女问题探索出成功范例。通过异地共同抚养创新方案化解纠纷，让孩子在父母双方关爱和教育下健康成长，从而得到双重关爱和全面监护，有利于促进家庭和谐和社会稳定，有利于实现未成年人利益最大化目标，有利于弘扬和谐、文明、法治的社会主义核心价值观。

樊某诉高某变更抚养关系纠纷案

《最高人民法院发布人民法院妥善化解涉汛矛盾纠纷典型案例》案例 1

2023 年 8 月 30 日

【基本案情】

2023 年 8 月 7 日，原告樊某向北京市门头沟区人民法院提交诉状，请求将与被告高某的婚生子抚养关系变更至其名下。经了解，原告樊某与被告高某离婚后，原协议约定婚生子由高某抚养，在门头沟区斋堂镇生活。因受灾情影响，被告住所地斋堂镇房屋受损严重，无法居住，年迈父母亦需要安置照顾，经济状况紧张，原告现住所因灾影响较小，更有利于孩子学习生活。得知情况后，立案窗口马上联系审判部门，组织双方当事人开展线上调解。调解过程中，充分了解被告当事人受灾情况、灾后重建、扶养受灾父母及子女的学习生活需求，从双方经济状况、子女成长重要性等角度，加强释法明理，一小时内就做好了双方工作，就子女变更为由原告樊某抚养及抚养费支付问题达成一致，并签订调解协议。

【典型意义】

此次洪涝灾害影响严重，妥善高效化解受灾群众矛盾纠纷，守护未成人身心健康，对做好灾后恢复重建、维护和谐稳定的社会环境尤为重要。本案从立案到当事人拿到生效文书，全程用时 1 小时，一纸调解书增强了当事人的安全感，消除了后顾之忧，双方当事人吃下了“定心丸”，也能安心、放心、专心投入灾后恢复重建工作中。本案中，人民法院聚焦受灾特殊群体急难愁盼问题，通过涉灾案件诉讼服务绿色通道为受灾群众提供便捷高效的司法服务，切实回应人民群众在特殊时期的特殊司法需求，同时，坚持最有利于未成年人原则，统筹考虑未成年人学习便利、生活环境等方面因素，保护未成年人健康成长，充分体现人民法院为人民司法的根本宗旨和“如我在诉”的司法理念。

7. 扶　养

黄某某与张某某婚内扶养纠纷案

《最高人民法院公布 49 起婚姻家庭纠纷典型案例》第 37 号

2015 年 12 月 4 日

【基本案情】

黄某某与张某某于 1987 年 12 月 31 日登记结婚，婚后生育一子（已成人）。黄某某、张某某婚后共同在岳池县九龙镇购置了住房两套、门市一个，其中一套住房用于一家人自住，另一套住房及门市出租。2009 年 4 月，黄某某被诊断患有“脊髓空洞症、抑郁症”，至今未愈，每月需要较多的医药费，除住院可报销部分医疗费外，其余药费需黄某某自己负担。黄某某现为四川省岳池某公司职工，因长期病休，每月领取工资 1188 元，住房及门市租金 24000 元/年均由黄某某收取。张某某系某银行下岗职工，每月领取下岗失业军转干部生活困难补助费 1476 元，患有“脂肪肝、前列腺囊肿”，有母亲需赡养。张某某下岗后常年在外务工当监理，收入较高。近年来，黄某某、张某某因性格不合及黄某某患病，双方时常发生矛盾，张某某多次起诉要求离婚，因黄某某坚决不同意离婚，张某某的离婚诉讼请求均被驳回，张某某便离家外出租房生活。2014 年 6 月 5 日，黄某某诉至岳池法院称她身患多病，每月需万元以上药费，张某某不尽丈夫义务，致使她债台高筑，请求法院判决张某某尽扶养义务，按月承担医疗费、生活补助费、护理费 6000 元。张某某辩称，黄某某每月有固定收入，有租房租金，有医保报销医疗费，其家里的多年积蓄全在黄某某处，他也身患多病，又下岗，工资低，还要赡养 90 多岁的母亲，不同意支付黄某某扶养费。

【裁判结果】

岳池法院经审理认为，夫妻有互相扶养的义务。黄某某与张某某系合法夫妻，本应相互关心，彼此扶助。现黄某某身患严重疾病，需要人照顾，而张某某离家出走，使黄某某陷入生活困难，并且现在黄某某病休期间工资收入微薄，虽尚有房屋租金收入，但治病除医保报销之外，自己需负担一部分医药费，其费用相对黄某某的收入，难以承担。故黄某某生活很困难，而张某某除了固定每月领取军转干部生活困难补助费1476元/月外，一直在外务工，因此，张某某应当付给黄某某扶养费以尽扶养义务。根据双方的情况，考虑到黄某某另外有儿子应当依法尽赡养义务等因素，酌定张某某支付黄某某1000元/月扶养费较适宜。遂判决：张某某每月付给黄某某医疗、生活补助、护理等扶养费1000元。

黄某某、张某某均不服一审判决，向本院提起上诉。黄某某上诉称，一审判决张某某给付的扶养费过低，要求二审改判张某某给付扶养费6000元/月。张某某上诉称一审判决他每月支付黄某某1000元扶养费错误，要求二审改判他不予支付。

本院认为，《婚姻法》规定，夫妻有互相扶养的义务，一方不履行扶养义务时，需要扶养的一方，有要求对方付给扶养费的权利。黄某某与张某某系夫妻，本应相互关心，彼此扶助，而张某某在黄某某身患严重疾病、特别需要丈夫照顾时，却不履行丈夫义务、离家出走。现黄某某虽有工资收入、房屋租金收入，但因其每天需服多种药，每月需负担不少的医药费，致使黄某某生活陷入困难，作为丈夫的张某某依法应对黄某某尽扶养义务。虽然张某某也患病，但张某某未提供证据证明其所患之病需大量的医药费，加之张某某除了每月固定领取军转干部生活困难补助费1476元/月外，一直在外务工，有一定的收入。黄某某也未提供充分证据证明张某某有每月支付6000元的经济能力。一审根据双方的实际情况，结合黄某某还有儿子应当依法尽赡养义务及张某某有一定的经济能力等因素，酌定张某某每月支付黄某某1000元扶养费是恰当的。遂判决驳回双方的上诉，维持原判。

【典型意义】

近年来，因夫妻一方患病导致夫妻感情淡化，因意外事故导致婚姻难以维系时，一方离家不离婚以及一方坚决离婚、不尽扶养义务，另一方坚决不离婚的情况时有发生，婚内扶养案件在婚姻家庭纠纷案件中越来越多。我国《婚姻法》第二十条规定：夫妻有互相扶养的义务。一方不履行扶养义务时，需要扶养的一方，有要求对方给付扶养费的权利。婚内扶养义务不仅仅是一个道德问题，更是夫妻之间的法定义务，有扶养能力的一方必须自觉履行这一义务，特别是在对方患病，或是丧失劳动能力的情况下更应该做到这一点。如果一方不履行这一法定义务，另一方可通过法律途径实现自己的合法权益。扶养责任的承担，既是婚姻关系得以维持和存续的前提，也是夫妻共同生活的保障。本案中，黄某某、张某某系合法夫妻，现黄某某身患疾病，需大量医疗费，而张某某撒手不管，多次提出离婚，一、二审鉴于黄某某确实需要扶养，张某某又有一定的经济能力，酌定张某某婚内每月给付黄某某 1000 元扶养费，充分保护了需要扶养一方的权利，也对那些不尽夫妻扶养义务的具有一定的警示作用。

某居委会诉吴某等人遗赠扶养协议纠纷案

《人民法院抓实公正与效率践行社会主义
核心价值观典型案例》案例 7
2023 年 8 月 2 日

【基本案情】

2003 年 9 月，无锡市梁溪区扬名街道某社区居委会与曹某及其兄弟姐妹签订协议，约定由某居委会定时定员结对子照看关心曹某，每月给予曹某基本生活费，免费看病诊治，逢年过节给予曹某各类生活补助及慰问生活用品等，养老至寿终；曹某现有的动产和不动产在曹某寿终后，产权移交某居委会。此后，某居委会按照约定履行了扶养义务。曹某去世后，曹某的四个子女要求继承遗产，与某居委会产生争议。某居委会遂将曹某的四个子女吴某等人诉至法院，请求判令：1. 确认某居委会与曹某签订的协议有效；2. 曹某名下的房屋、股权、现金、存款归某居委会所有。

【裁判结果】

江苏省无锡市梁溪区人民法院认为，老年人自愿与基层群众性自治组织签订的由该组织承担其生养死葬义务并接收、处置其遗产内容的协议，应认定为遗赠扶养协议。基层群众性自治组织承担了对该老年人的日常生活照料、精神慰藉并为其养老送终的，应认定为已经履行了生养死葬的义务，依法享有受遗赠的权利。案涉协议符合法律有关遗赠扶养协议的规定，属于有效的遗赠扶养协议，原告某居委会对被扶养人曹某已尽到扶养义务，判决被继承人曹某安置所得的房屋以及其生前遗留的股权、现金、银行存款本息归某居委会所有。江苏省无锡市中级人民法院二审维持原判。

【典型意义】

我国已经迈入老龄化社会，空巢老人、孤寡老人的养老困境越来越频繁地呈现在我们面前，亟待全社会协同破解难题。我国法律所规定的遗赠扶养协议制度的主要目的在于使那些没有法定赡养义务人或虽有法定赡养义务人但无法实际履行赡养义务的孤寡老人，以及无独立生活能力老人的生活得到保障。本案中，人民法院对居委会提供的遗赠扶养协议予以确认，对居委会的赡养行为作出认定，充分肯定了居委会对老人养老送终所起的作用。本案的审理不仅实现了个案上的公平正义，更能够倡导全社会积极助力养老，让“不尽孝者少分或者不分遗产”的司法理念深入人心，有力地弘扬尊老、敬老、爱老、助老的中华传统美德，教育引导人们增强对社会主义核心价值观的内心认同，让崇尚和践行社会主义核心价值观成为人民群众的自觉行动和全体社会的良好风尚。

8. 赡　养

郝某某诉郝某华赡养纠纷案
——人身安全保护裁定制止子女虐待老人

《最高人民法院发布十起司法干预家庭暴力典型案例》第 5 号
2014 年 2 月 27 日

【基本案情】

申请人郝某某与其妻王某某（已故）育有五个子女。现郝某某已丧失劳动能力，除每月的低保金 320 元外，无其他经济来源，其日常生活需要子女照顾。申请人郝某某轮流在除被告郝某华之外的其他子女处居住生活。因其他子女经济情况一般，住房较为紧张，申请人郝某某遂要求被告郝某华支付赡养费，并解决其居住问题。被申请人郝某华对原告郝某某提出的要求不满，经常用激烈言辞对郝某某进行言语威胁、谩骂，致使郝某某产生精神恐惧，情绪紧张。郝某某诉至法院，要求被告郝某华支付赡养费，并解决其居住问题。经法院多次通知，被告郝某华仍不到庭应诉，反而对原告恫吓威胁，致使原告终日处在恐惧之中。原告遂在诉讼期间向本院申请人身安全保护裁定，要求法院采取措施，制止被告郝某华对郝某某威胁、谩骂侮辱行为。

【裁判结果】

针对申请人提出的人身安全保护裁定申请，法院经审理认为，被申请人郝某华对申请人郝某某经常进行言语威胁、谩骂等行为，导致申请人终日生活在恐惧之中，故其申请符合法律规定，应予支持。法院裁定：禁止被申请人郝某华对申请人郝某某采取言语威胁、谩骂、侮辱以及可能导致申请人产生心理恐惧、担心、害怕的其他行为。同时，法院对被申请人进行了训诫，告知其在有效期内，若发生上述行为，则视情节轻重对被申请人采取拘留、罚款等强制措施。经跟踪回访，被申请人对申请人再无威胁行为。对原告请求被告履行赡养义务的请求，法院判决被告郝某华每月向原告郝某某支付赡养费600元。

陈某与陈甲、徐乙、徐丙赡养纠纷案

《最高人民法院公布10起婚姻家庭纠纷典型案例（山东）》第5号

2015年11月20日

【基本案情】

原告陈某与朱某于1986年登记结婚，朱某系再婚。1987年，朱某带徐乙（1975年6月8日出生）、徐丙（1978年2月10日出生）到临沂市莒南县文疃镇大草岭后村与原告陈某共同生活。1990年5月13日，陈某、朱某生育一子陈甲。1991年被告徐乙离家外出打工，1993年被告徐丙离家外出打工。2012年2月，朱某去世。原告陈某由于年事已高，且没有生活来源，基本生活困难。因三被告拒不履行赡养义务，原告陈某诉至法院，请求处理。

【裁判结果】

临沂市莒南县人民法院经审理认为，根据我国法律规定，子女对父母有赡养扶助的义务，继父母和受其抚养教育的继子女之间的权利义务与亲生父母子女关系一致。被告徐乙、徐丙随其母朱某与原告陈某长期共同生活，接受原告的抚养教育，与原告之间形成继父母子女关系，对原告陈某负有赡养义务。现原告身患疾病、生活困难，且三被告均已成年，具有赡养能力，原告的诉讼请求事实清楚，证据充分，法院予以支持。本案原告的赡养费标准应以统计部门发布的上年度当地农民年均生活消费支出为基准，考虑被告徐乙、徐丙与原告陈某的共同生活时间、感情因素及二被告目前的经济状况，法院酌定被告徐乙、徐丙负担的赡养费数额以每人每年1500元为宜。被告陈甲系原告陈某的亲生儿子，其对原告陈某负有当然的赡养义务，其自愿按照原告的请求以每年3600元的标准负担赡养费，法院予以确认。最后，法院判决被告陈甲自2014年起，于每年的6月1日前支付给原告陈某当年度赡养费3600元。被告徐乙、徐丙自2014年起，于每年的6月1日前分别支付给原告陈某当年度赡养费1500元。

【典型意义】

赡养老人是中华民族的传统美德，做好农村老人赡养工作是长期而艰巨的任务，而继父母的赡养问题更加复杂。当前农村存在很多继父母与继子女之间的关系，而这种关系问题是一个较为敏感的社会问题。正确认识继父母子女的关系性质，适用有关法律对继父母子女关系进行全面调整，具有重要的社会意义。法律规定，继父母与继子女之间有抚养关系的，继子女必须对继父母承担赡养义务。针对赡养继父母这一特殊群体，需在农村加大宣传力度，引导社会形成正确认识，及时维护农村老人合法权益，确保老人安度晚年，真正做到案结事了人和。

丁某与蒋甲、蒋乙等赡养纠纷案

《最高人民法院公布 10 起婚姻家庭纠纷典型案例（山东）》第 7 号

2015 年 11 月 20 日

【基本案情】

原告丁某生育被告蒋甲、蒋乙、蒋丙三人。现丁某已年迈力衰，身患疾病，长期卧床，生活不能自理，丧失了劳动能力，又无经济来源，生活窘迫。2014 年 8 月至 2015 年 1 月，丁某因患疾病住院治疗，住院期间共计花费医疗费 7042. 35 元。现丁某跟随被告蒋甲生活，被告蒋乙以未耕种原告土地为由，未对丁某履行赡养义务。2015 年 1 月 27 日，原告诉至法院，要求三被告履行赡养义务，按月支付赡养费，对于已支付的医疗费及以后的医疗费由三被告均摊。

【裁判结果】

济宁市泗水县人民法院一审认为，赡养老人不仅是成年子女应尽的法律义务，也是中华民族的传统美德。现原告丁某已年迈力衰，身患疾病，长期卧床，生活不能自理，丧失了劳动能力，无经济来源，生活窘迫。三被告对原告负有最基本的赡养义务。被告蒋甲、蒋丙对原告履行了部分赡养义务，值得肯定，但三被告还未完全尽到对其母亲的赡养、照顾义务。三被告理应照顾好原告的晚年生活，在物质上提供保障，精神上给予安慰，故三被告履行赡养义务，按月支付赡养费，对于已支付的医疗费及以后医疗费由三被告均摊的诉讼请求，于法有据，法院予以支持。遂判决被告蒋甲、蒋乙、蒋丙自2015年于每年4月30日前分别向原告丁某支付当年的赡养费2464.33元；被告蒋乙、蒋丙于2015年4月30日前分别向原告支付其已实际花费的医疗费2347.45元；原告丁某自2015年3月起产生的医疗费，凭正式票据由被告蒋甲、蒋乙、蒋丙各承担三分之一，该项费用由被告蒋甲、蒋乙、蒋丙于每年6月30日前支付。一审宣判后，双方当事人均未上诉。

【典型意义】

本案系赡养纠纷案件。当前农村地区的赡养纠纷案件时有发生，如何更好地维护老年人权益，增进社会对老年人的关爱，给予老年人更好的物质与精神照顾，已成为全社会的责任，也是法院审理赡养类案件的出发点和落脚点。《婚姻法》规定：子女不履行赡养义务时，无劳动能力的或生活困难的父母，有要求子女给付赡养费的权利。《老年人权益保障法》规定：赡养人应当履行对老年人经济上供养、生活上照料和精神上慰藉的义务，照顾老年人的特殊需要；赡养人应当使患病的老年人及时得到治疗和护理；对经济困难的老年人，应当提供医疗费用。对生活不能自理的老年人，赡养人应当承担照料责任；不能亲自照料的，可以按照老年人的意愿委托他人或者养老机构等照料。赡养老人不仅是成年子女应尽的法律义务，也是中华民族的传统美德。随着社会法治的不断进步，老年人依法运用法律手段维护自身合法权益，显得尤为重要和迫切。

耿某、赵某与耿甲、耿乙、耿丙赡养纠纷案

《最高人民法院公布10起婚姻家庭纠纷典型案例（山东）》第8号

2015年11月20日

【基本案情】

原告耿某、赵某生育三个儿子，分别是长子耿甲、次子耿乙、三子耿丙。现在原告二人年龄已大，无劳动能力，需要赡养。为此，二原告诉至法院，

要求三被告每人每月支付赡养费 200 元。

【裁判结果】

聊城市阳谷县人民法院经审理认为，子女赡养父母是中华民族的传统美德，也是法律规定的义务。子女不能以任何理由拒绝承担赡养义务，子女不履行赡养义务时，无劳动能力的或生活困难的父母，有权要求子女履行赡养义务。二原告均年事已高，丧失劳动能力。被告耿甲、耿乙、耿丙系二原告的儿子，二原告现在被告耿乙家居住。被告耿甲在二原告年事已高并丧失劳动能力的情况下，不履行赡养义务，显系无理。二原告要求三被告每人每月支付赡养费 200 元，符合当地农村居民的生活水平，也符合法律规定，法院予以支持。遂判决被告耿甲、耿乙、耿丙于 2014 年 10 月起每人每月给付原告耿某、赵某赡养费 200 元，限每年的 12 月 31 日前付清当年的赡养费。

【典型意义】

本案是一起典型的赡养纠纷案件。之所以发生，究其原因，在于人们法律意识的淡薄。我们不仅要提倡道德规范对人们行为的约束，更要注重法律的最终保障力。当道德约束失效时，应当有完善的法律规定予以保护。同时，法律也需要有人去维护，否则只是白纸一张。特别是面对弱势群体权益被侵害时，法院发挥公正审判职能显得尤为重要。该案告诉我们，赡养老人是中华民族的传统美德，做好农村老人赡养工作是个长期而艰巨的任务。

陈某真诉陈某领、陈某霞赡养纠纷案

——用巡回审判铸造“孝道红黑榜”

《最高人民法院公布 10 起婚姻家庭纠纷典型案例（河南）》第 6 号

2015 年 11 月 20 日

【基本案情】

2015 年 5 月 14 日，原告陈某真将儿子陈某领、女儿陈某霞告上法庭，诉称女儿陈某霞对其尽了赡养义务，但儿子陈某领不但不尽赡养义务，而且还将其拆迁补偿款和 2.9 亩承包地据为已有，更经常无故殴打原告。为此，原告陈某真将儿子陈某领、女儿陈某霞诉至法院，请求判令被告陈某领每月支付赡养费1000元，并归还原告的2.9亩承包地和1.8万元现金。

【裁判结果】

商丘市睢阳区人民法院认为，被告作为原告儿子，对原告有法定的赡养义务，对该纠纷的产生应负全部责任。原告要求被告返还其房屋的拆迁补偿款18000元和对被告陈某领给付赡养费的诉讼请求应予以部分支持；综合考虑被告陈某真家庭生活状况和2015年河南省城镇居民人均消费支出标准，被告陈某领给付原告赡养费每月360元为宜。原告已丧失劳动能力，原告名下的2.9亩承包地，被告陈某领有义务耕种，但收益应有原告的份额。因原告现在女儿陈某霞处居住，被告陈某霞已尽赡养义务，且原告已明确表示对女儿陈某霞撤回起诉。据此，依据《老年人权益保障法》第十三条、第十四条、第十五条、第十七条、第十八条、第二十二条第一款，《婚姻法》第二十一条第三款、《民事诉讼法》第六十四条的规定，判决被告陈某领于判决生效后十日内支付原告陈某真自2015年5月份（含5月份）开始以后每月的赡养费360元，该款于每月的1日支付；被告陈某领于判决生效后十日内返还原告陈某真的房屋拆迁款补偿款18000元。该案经在陈某领所在村巡回审判，陈某领当庭向父亲陈某真忏悔道歉，并跪求父亲原谅。该判决现已生效履行。

【典型意义】

乌鸦有反哺之义，羊羔有跪乳之恩。百善孝为先。子女赡养父母是中华民族的传统美德，也是法律的明确规定。家庭是社会的细胞，家庭不和谐，社会和谐便成了无本之木。本案被告陈某领不但不赡养年迈的父亲，而且还抢钱霸地，施以暴力，其不孝行为与中华民族良好的道德传统背道而驰，格格不入。

商丘市睢阳区人民法院受案后，认为这是一件“审理一案、教育一片”的典型案例，遂在原被告所在村提前张贴开庭公告，以巡回审判的方式审理此案。庭审中，法官的教育、旁听群众的议论、父亲的控诉指责，形成了一股不可辩驳的正能量，迫使被告陈某领当庭承认自己的错误做法，跪求父亲原谅，并保证认真履行法院判决义务。人民法院通过巡回审判的方式，公开对维护老年人合法权益案件进行审理，结合社会舆论打造“孝道红黑榜”，不失为审判机关在培树社会主义核心价值观道路上的一种探索形式。

张某诉郭甲、郭乙、郭丙赡养纠纷案

《最高人民法院公布49起婚姻家庭纠纷典型案例》第3号

2015 年 12 月 4 日

【基本案情】

张某与其丈夫郭某共育有三个子女，即：长子郭甲，次子郭乙，小女儿郭丙。1985 年 4 月 25 日，郭某与长子郭甲、次子郭乙签订了分家协议，就赡养问题作了如下约定："1. 长子郭甲扶养母亲，次子郭乙扶养父亲。2. 父母在 60 岁以前，哥俩每人每月给零花钱 5 元，60 岁以后每人每月给 10 元。"郭某于 2010 年 8 月去世后，次子郭乙对郭某进行了安葬，此后母亲张某独自生活。2014 年 10 月 14 日，张某将三名子女起诉至北京市怀柔区人民法院，要求随次子郭乙生活，长子郭甲给付赡养费 1000 元，其他二子女给付赡养费各 500 元。医药费由三子女共同承担。

法庭审理过程中，长子郭甲称自己一直以来赡养母亲，并承担过高赡养费；次子郭乙称分家时约定母亲由长子郭甲扶养，父亲由自己扶养，自己已经按照约定赡养了父亲，并对父亲进行了安葬，无法接受再与长子郭甲承担同样的责任；小女儿郭丙称自己并未在赡养协议里载明有责任。

【判决结果】

北京市怀柔区人民法院经审理认为，张某的长子郭甲和次子郭乙虽然于 1985 年签订了分家协议，两人也按照分家协议履行着各自的义务，但是并不能完全免除次子郭乙、小女儿郭丙对母亲的赡养义务。原告张某自己每月有 1200 元收入，并愿意由次子郭乙照顾，故判决原告张某随次子郭乙生活，长子郭甲每月给付赡养费 300 元，长子郭甲承担原告张某医药费的二分之一，次子郭乙、小女儿郭丙各负担医药费的四分之一。

【典型意义】

我国《婚姻法》第二十一条第三款规定："子女不履行赡养义务时，无劳动能力的或生活困难的父母，有要求子女给付赡养费的权利。”原告现已年迈，且体弱多病，丧失了劳动能力，确实需要子女赡养，其子女均有赡养原告的义务。

诚然，在多子女家庭，在父母不反对的情况下，签订赡养协议分工赡养父母是合理合法的，法律上也是允许的。我国《老年人权益保障法》第二十条第一款规定：“经老年人同意，赡养人之间可以就履行赡养义务签订协议。赡养协议的内容不得违反法律的规定和老年人的意愿。”但是，如果客观情况发生变化，比如某位子女明显没有能力赡养好父或母，如果父或母提出赡养要求，其他子女无法免除。这也是《婚姻法》第二十一条第三款规定的题中之义，因为赡养义务是强制性的法定义务。

现实中，很多子女之间签订赡养协议时，仍然有封建思想，尤其是农村地区，如“嫁出去的女，泼出去的水”“出嫁女无赡养父母的义务”，女儿对父母的赡养义务被人为地免除。但从法律上讲，子女对父母均有赡养义务，女儿不论出嫁与否都与父母存在法律上的赡养关系，不因任何原因而免除。而对于赡养协议中免除次子郭乙对母亲的赡养义务，属于约定免除了次子郭乙对母亲的法定义务，应属无效约定。故对原告要求三子女均需履行赡养义务的诉讼请求应当支持。

就张某的居住和日常照料问题，张某表示愿意随次子郭乙生活，而次子郭乙也表示同意，尊重当事人的意见。就赡养费的数额和医药费负担比例问题，考虑到次子郭乙已经履行了对父亲全部的赡养义务，长子郭甲应当多承担赡养费，体现法律与人情兼顾，也能更好促进家庭关系的和谐。

刘某诉刘甲、刘乙赡养费纠纷案

《最高人民法院公布49起婚姻家庭纠纷典型案例》第8号

2015年12月4日

【基本案情】

2014年6月23日，77岁的刘某以自己身患多种疾病，经济困难，两名子女不履行赡养义务为由，诉至北京市西城区人民法院要求法院判令两名子女每人每月向其支付赡养费900元。诉讼中，刘某的两名子女认可刘某医疗费支出的事实，但认为刘某有医疗保险，且其退休金足够支付医疗及生活费用，不同意刘某的诉讼请求。刘某自认其每月收入 4000 余元，刘某长子刘甲自认其每月税后工资收入为 6500 元，刘某长女刘乙主张自己无收入。

【裁判结果】

北京市西城区人民法院经审理认为，赡养父母是子女应尽的义务，在父母年老时，子女应当履行对老年人经济上供养、生活上照料和精神上慰藉的义务，子女不履行赡养义务时，无劳动能力的或生活困难的父母，有要求子女付给赡养费的权利。原告刘某起诉要求二子女负担赡养费的诉讼请求并无不当，但同时，刘某的赡养费用应与其日常生活水平相适应并应考虑子女的收入情况。

根据庭审中查明的事实，刘某长子刘甲有收入来源，刘某长女刘乙虽主张自己没有工作，但结合其年龄适合工作的事实，其没有工作并不能成为其拒绝履行赡养义务的抗辩理由，最终判决两名子女每人每月分别支付刘某赡养费 800 元、500 元。

【典型意义】

不少子女面对老人赡养诉讼请求提出各种各样的理由，但多数拒绝理由没有法律依据，如有的子女以父母有足够的收入、享受有医疗保险为由不支付赡养费；有的子女以父母离异后长期未与一方父母共同生活为由不愿意履行赡养义务；有的多子女家庭中子女之间因经济条件差异或老年人在处分财产时偏心相互推诿。这些理由都将难以被法院认可。此外，法院在审理赡养纠纷时将酌情考量被赡养人的身体情况、日常生活水平、当地消费水平、赡养人是否可以正常工作等情况对赡养费数额予以酌定。尤其在存在多名赡养人的情况下，因为经济条件不同，将可能承担不同金额的赡养费。

贾某诉刘某赡养纠纷案

《最高人民法院公布49起婚姻家庭纠纷典型案例》第11号

2015年12月4日

【基本案情】

原告贾某76岁，年事已高，体弱多病，且生活不能自理。2012年至2013年间，贾某因病住院仅治疗费就花了30多万元。贾某一生生育四子三女，其中三个儿子和三个女儿都比较孝顺，但三子刘某多年来未尽任何赡养义务。贾某某住医院期间，三个儿子和三个女儿都积极筹钱，一起分担医疗费。而三子刘某不仅对母亲病情不管不问，还不愿分担任何医疗费用。虽经村干部多次调解，但刘某均躲避不见。贾某无奈之下，走上法庭提起诉讼，请求判令其子刘某支付赡养费、承担已花去的医疗费，并分摊以后每年的医疗和护理费用。

【裁判结果】

河南省商丘市虞城县人民法院公开开庭审理了本案，并依照《婚姻法》第二十一条第三款“子女不履行赡养义务时，无劳动能力的或生活困难的父母，有要求子女付给赡养费的权利”。《老年人权益保障法》第十四条“赡养人应当履行对老年人经济上供养、生活上照料和精神上慰藉的义务，照顾老年人的特殊需要。赡养人是指老年人的子女以及其他依法负有赡养义务的人。赡养人的配偶应当协助赡养人履行赡养义务”、第十五条第一款“赡养人应当使患病的老年人及时得到治疗和护理；对经济困难的老年人，应当提供医疗费用”、第十九条第二款“赡养人不履行赡养义务，老年人有要求赡养人付给赡养费等权利”的规定，判决支持贾某的诉讼请求。

【典型意义】

赡养老人是回报养育之恩，是中华民族的传统美德，更是子女对父母应尽的法定义务。子女不仅要赡养父母，而且要尊敬父母，关心父母，在家庭生活中的各方面给予积极扶助。不得以放弃继承权或者其他理由，拒绝履行赡养义务。子女不履行赡养义务，父母有要求子女给付赡养费、医疗费的权利。当父母年老、体弱、病残时，子女更应妥善加以照顾，使他们在感情上、精神上得到慰藉，安度晚年。本案的被告刘某作为原告七个子女中的赡养义务人之一，无论从道义上、伦理上还是从法律上都应对母亲履行赡养义务，在老母亲年老体弱且患有疾病的情况下，被告应当与其他兄弟姊妹一起共同承担赡养义务，使老母亲能够安度晚年、幸福生活，而被告有能力履行赡养义务却三番五次推诿履行，并公开放言不管不顾老母亲，在当地造成恶劣影响，引起民愤。法院在确认双方关系和事实前提下，依法判令被告履行赡养义务，彰显了法治权威，同时也维护了道德风尚。

刘某某诉袁乙赡养纠纷案

《最高人民法院公布 49 起婚姻家庭纠纷典型案例》第 17 号

2015 年 12 月 4 日

【基本案情】

原告刘某某称，原告与丈夫袁某某结婚后，生育有长子袁甲（已病故）、次子袁乙、女儿袁丙。现原告身患脑梗、冠心病、高血脂、2 型糖尿病、高血压极高危组等多种疾病，需要花大量的医药费及请护工护理，除二儿子袁乙对原告尽赡养义务外，被告袁丙对原告不管不问，未尽到女儿的赡养义务，为此诉至法院，要求依法判令：1. 被告支付原告 2011 年 3 月 28 日至判决生效之前已经产生的医疗费、护理费约 18732. 7 元的三分之一即 6275. 45 元；2. 被告承担原告于 2011 年 12 月 4 日至 2012 年 2 月 22 日期间产生的医疗费、住院费、护工费等费用 13130. 22 的三分之一即 4376. 74 元；3. 被告承担本案宣判以后至原告死亡之前的生活费、医疗费、护理费等与原告相关的费用的三分之一（医疗费以医院和药店开具的正式发票为准，护理费以同时期三家家政护理公司出具的报价之和平均值为准）；4. 本案诉讼费由被告承担。

被告辩称，原告起诉被告不是其真实意思表示，被告已实际履行作为女儿对母亲的赡养义务，而原告之子袁乙从工作至今，对父母分文未花，本次起诉是袁乙一手包办。原告有医保，其本可以在医保定点单位郑州市三院治疗，而非要自费到河南省中医院二附院康复科治疗，自付费用每天高达上千元，且反复住院、出院已达半年，造成不必要的费用支出，被告对此无赡养能力。原告有稳定的退休工资，房产两处，无论是每月收入，还是用房产担保贷款或变卖一处房产，都可支付医疗费用。而原告却把其中一套房产赠给了原告儿子袁乙，原告可以将给儿子的房产卖了支付医疗费用，而被告没有支付医疗费、护理费的能力。被告作为女儿应当对父母尽赡养义务，对原告方的合理合情合法的要求，被告方予以认可，但是不符合实际情况的费用，被告不愿意承担。

【裁判结果】

河南省郑州市惠济区人民法院于2012年6月19日作出（2012）惠民一初字第197号民事判决书，判决：一、被告袁丙于本判决生效后十日内支付原告刘某某医疗费7392.4元及护理费1662元；二、被告袁丙承担本案宣判以后至原告刘某某死亡之前的医疗费、护理费的三分之一（医疗费以医院的正式发票为准，护理费以同时期河南省服务行业平均工资计算）。宣判后，双方均未上诉，该民事判决书已于2012年7月25日生效。

【典型意义】

法律规定子女有对父母赡养扶助的义务，父母经济困难时有权利要求子女支付赡养费，这里包括基本医疗支出。但这不是说，父母经济水平良好时，子女就不需赡养父母了，赡养义务是不能附加任何条件的，子女不得以任何理由拒绝履行赡养义务。本案中，原告虽有退休金和医疗保险，但原告患有大量的疾病，这些费用不能满足原告需要的医疗支出，而女儿不愿赡养原告的理由是原告有两套房产，因原告把其中一套房产给了儿子，而没有给女儿，所以被告就说如果原告把其中一套房产抵押贷款或者变卖，原告的医疗费用就不成问题了，而被告也不需要再支出费用了。原告说儿子家庭比较困难，女儿对原告帮助儿子有意见，本不想让女儿出钱，但现在病情严重，费用比较高，想让女儿承担一些医疗费用，女儿家庭也比较富裕，有能力承担一部分，于是只要求女儿支出医疗费的三分之一。

在物欲横流的现代社会，人们会为了利益不惜舍弃亲情。天下父母之爱最无私，而子女对父母之爱最吝啬，认为父母的所作所为都是应当的，当财产分配不均时会为此反目成仇。大多数赡养案件都是因为父母对财产分配不均或子女认为父母对哪个子女偏心引起的。写这个案例，就是要告诉大家，赡养父母是法定义务，是不附加任何条件的。

黎某某与被告资某祥等六人赡养纠纷案

《最高人民法院公布 49 起婚姻家庭纠纷典型案例》第 19 号

2015 年 12 月 4 日

【基本案情】

原告黎某某已年过八旬，共生育了被告资某祥等 6 个子女。原告老伴去世后，6 个子女因原告的赡养问题相互推诿，不能达成一致意见，致使原告老无所依，经家族亲属等调解均无法解决矛盾。原告无奈之下，一纸诉状将自己的 6 个子女告上法庭，要求 6 个子女承担赡养义务。

【裁判结果】

湖南省衡阳县人民法院判决被告资某祥等 6 人每人每月给付原告黎某某赡养费 200 元（支付方式：每月 5 日前支付本月赡养费）；原告黎某某的医疗费按实际支出由六被告均等负担。

【典型意义】

古语说“养儿防老”，原告好不容易将 6 个子女抚养成人，却不料晚年落到如此境地，着实让人心寒。我国法律规定，子女对父母有赡养扶助的义务。6 名被告作为原告的子女，应当履行赡养义务，照顾老年人的晚年生活。现原告年迈多病，丧失劳动能力，现有经济状况无法维持其基本生活需要，其子女应当承担相应的赡养义务。

陈某臻诉陈某程、徐某、徐某艳赡养纠纷案

《最高人民法院公布49起婚姻家庭纠纷典型案例》第33号

2015年12月4日

【基本案情】

原告陈某臻与朱某芸于1986年经政府登记结婚，朱某芸系再婚，1987年，朱某芸带徐某（1975年6月8日出生）、徐某艳（1978年2月10日出生）到山东省莒南县文疃镇大草岭后村与原告陈某臻共同生活。1990年5月13日，陈某臻、朱某芸生育一子陈某程。1991年被告徐某离家外出打工，1993年被告徐某艳离家外出打工。2012年2月，朱某芸去世。原告陈某臻由于年事已高，且没有生活来源，基本生活困难。因三被告拒不履行赡养义务，原告陈某臻遂诉来本院，请求处理。

【裁判结果】

山东省临沂市莒南县人民法院经审理认为：根据我国法律规定，子女对父母有赡养扶助的义务，继父母和受其抚养教育的继子女之间的权利义务与亲生父母子女关系一致。具体到本案，被告徐某、徐某艳随其母朱某芸与原告陈某臻长期共同生活，接受原告的抚养教育，与原告之间形成继父母子女关系，被告徐某、徐某艳对原告陈某臻负有赡养义务。现原告身患疾病、生活困难，且三被告均已成年，具有赡养能力，原告的诉讼请求事实清楚，证据充分，本院予以支持。本案原告的赡养费标准应以统计部门发布的上年度当地农民年均生活消费支出为基准，考虑被告徐某、徐某艳与原告陈某臻的共同生活时间、感情因素及二被告目前的经济状况，本院酌定被告徐某、徐某艳负担的赡养费数额以每人每年1500元为宜。被告陈某程系原告陈某臻的亲生儿子，其对原告陈某臻负有当然的赡养义务，其自愿按照原告的请求以每年3600元的标准负担赡养费，本院予以确认。

山东省临沂市莒南县人民法院依照《婚姻法》第二十一条、第二十七条之规定，作出如下判决：

一、被告陈某程于自2014年起，于每年的6月1日前支付给原告陈某臻

当年度赡养费 3600 元。

二、被告徐某、徐某艳自 2014 年起，于每年的 6 月 1 日前分别支付给原告陈某臻当年度赡养费 1500 元。

【典型意义】

赡养老人是中华民族的传统美德，做好农村老人赡养工作是个长期而艰巨的任务，而继父母的赡养问题更加复杂。当前农村存在很多继父母与继子女之间的关系。继父母与继子女间的关系问题，是一个较为敏感的社会问题。正确认识继父母子女的关系性质，适用有关法律对继父母子女关系进行全面调整，具有重要的社会意义。

法律规定，继父母与继子女之间有抚养关系的，继子女必须对继父母承担赡养义务。针对继父母这一特殊群体，法官应不断分析新情况、探索新办法、解决新问题，及时维护农村老人的合法权益，确保老人安度晚年，真正做到案结事了人和。

李某福诉李甲、李乙赡养费纠纷案

《最高人民法院公布 49 起婚姻家庭纠纷典型案例》第 35 号

2015 年 12 月 4 日

【基本案情】

李某福今年 65 岁，与妻子育有两子，李甲和李乙。2001 年妻子去世后，李某福一直未再婚，一人独居。后因土地被征收，李某福获得了政府各项补偿款近 20 万元。在过渡安置期间，李某福与李甲一起居住生活。现李某福以自己年老体弱、无生活来源为由向重庆市江北区人民法院提起诉讼，要求李甲和李乙每人每月支付其生活费 500 元；另如果将来生病产生住院医疗费，两个儿子各承担 50%。

李甲辩称，虽然自己身患残疾，妻子也长年患病，但他愿意与父亲同住。如果父亲坚持独居，他愿意每月支付 500 元生活费。如果将来父亲生病住院，他愿意承担一半医疗费。

李乙辩称，希望父亲与自己共同生活，但目前自己经济压力很大，每月只能支付父亲200元生活费。如果父亲将来住院，应当先由父亲用存款支付，不足部分自己承担50%。

【裁判结果】

法院经审理认为，子女对父母有赡养扶助的义务。李某福年事已高，没有劳动能力，其有权利要求成年子女对自己进行赡养。李某福在土地被征收后，虽然获得各项补偿款近20万元，但他没有自有房屋居住，需要租赁或购买房屋，同时还需要购买日常生活资料。李某福目前每月领取养老保险金605元，参照重庆市上年度城镇居民人均消费性支出标准，李甲和李乙每人每月还应当向李某福支付300元生活费。李甲明确表示愿意支付500元，法院予以确认。另李某福并未举示证据证明其产生了住院医疗费，可在实际产生费用后另行向义务人主张。综上，法院判决李甲每月向李某福支付生活费500元，李乙每月向李某福支付生活费300元，驳回李某福其他诉讼请求。

【典型意义】

随着社会经济发展，年轻人生活压力不断增大，面对资源相对有限的现实，相继出现“啃老族”“不管族”。“啃老族”在工作成家后，依然向父母伸手要钱；“不管族”念在父母有存款或者有生活来源，不履行赡养义务，任凭老人“自生自灭”。《婚姻法》第二十一条规定，子女对父母有赡养扶助的义务，子女不履行赡养义务时，无劳动能力或生活困难的父母，有要求子女付给赡养费的权利。《老年人权益保障法》第十四条规定，赡养人应当履行对老年人经济上供养、生活上照料和精神上慰藉的义务，照顾老年人的特殊需要。因此，子女不能因为父母有存款或者有一定的经济来源就完全将父母置之不顾，这不仅违反法律规定，也不符合中华民族“百善孝为先”的传统美德。在日常生活中，我们应当在物质上、精神上、生活上给予老人全方面关心和爱护，妥善安排老人的衣、食、住、行，鼓励老人健康生活、快乐生活，使他们在感情上得到慰藉，愉快地安度晚年。

张老太与子女赡养纠纷案

《最高人民法院公布49起婚姻家庭纠纷典型案例》第40号

2015 年 12 月 4 日

【基本案情】

父亲去世前，三子女就母亲张老太的赡养问题达成协议，约定每人每月付给母亲500元赡养费。岂料一年后，张老太将房产无偿赠与了儿子李某丙，这下大女儿李某甲、小女儿李某乙都不愿意了。

2014年12月，张老太将李某甲、李某乙、李某丙三子女起诉至乌鲁木齐市米东区人民法院，要求三被告支付每月赡养费500元（自2014年6月起）并承担本案诉讼费。开庭时，张老太因远在广东委托了代理律师出庭，小女儿李某乙委托代理人出庭声称，2013年4月所签订的赡养协议三方并没有实际履行，自己也不同意继续履行；母亲张老太自己有退休工资、存款和积蓄，经济收入较高，生活较为宽裕，不属于没有经济能力，法律上明确规定属于不需要一定给付赡养费的范畴；此外，李某乙还认为，本案是儿子李某丙假借母亲张老太名义起诉，实际是李某丙为了侵占母亲财产所为；因此不同意给付母亲张老太每月500元赡养费。

大女儿李某甲未到庭参加诉讼，但向法院提交了书面答辩意见，也不同意按照每月500元的标准支付原告张老太赡养费。理由是：第一，2013年4月的赡养协议系三子女所签订，并非与张老太签订，该协议已经于2014年11月正式解除，李某甲已于2014年11月将《解除赡养协议通知书》邮寄送达至被告李某乙、李某丙处，在李某乙、李某丙签收后，2014年11月28日，该协议即已解除；第二，本案起诉并非母亲张老太本人意思表示，起诉书上的笔迹并非母亲本人签名，是李某丙假借母亲名义将女儿告上法庭；第三，2013年4月协议中明确约定："母亲张老太养老居住房屋在有生之年不允许变卖和处分，留作晚年自用"，母亲张老太已将位于乌市价值40多万元的房屋无偿赠与李某丙，李某丙表示自愿承担赡养及照顾母亲张老太的义务，李某丙的行为导致赡养协议中的客观情况发生了根本变化，故应解除该赡养协议；第四，原告张老太每月有固定退休养老金3000多元，加之还有个人积蓄存款

7 万元，经济收入较为富裕，不需要子女再给付赡养费。

被告李某丙未到庭参加诉讼，但向法院提交了书面答辩意见，同意每月支付赡养费 500 元。

法院经审理查明，原告张老太系乌鲁木齐某公司退岗家属，每月有养老金及其他生活补贴等近 3000 元收入。张老太与其丈夫李某结婚后生育长女李某甲、长子李某丙、次女李某乙三个子女。2013 年 4 月，长女李某甲起草了一份“赡养协议”，协议约定：“一、母亲现有一套住房在有生之年不允许变卖，留作晚年自用，闲置期间可以酌情出租，但房屋租赁租金属母亲所有。二、母亲有自己的养老收入，……三子女需分别轮流承担陪伴照料义务，母亲由哪位子女照料陪伴，其他两位子女需每月支付 500 元赡养费，并于每月 30 日前汇入指定账号，……”签订该赡养协议时，原告张老太知道且同意该份赡养协议的内容。协议签订以后，母亲先在大女儿李某甲处生活，后于 2013 年 11 月底至 2015 年开庭时都在广东与儿子李某丙一同生活，之前李某丙也按月向母亲支付赡养费。大女儿李某甲和小女儿李某乙给母亲按月支付赡养费至 2014 年 5 月，后得知母亲将乌市的房子无偿赠与给弟弟李某丙之后，李某甲和李某乙不再给母亲支付赡养费用。2014 年 11 月 25 日，李某甲通过 EMS 给李某乙、李某丙邮寄了解除赡养协议通知书，李某乙收到通知书后书面表示同意解除赡养协议。

针对李某乙和李某甲曾先后提出原告的诉状及其授权委托书非本人签名并申请签名的真伪进行笔迹鉴定的问题，法官考虑到原告张老太年事已高，且在广东生活，不能亲自参加庭审，法官通过电话与其沟通后，张老太于 2015 年 3 月在广东当地公证处为民事起诉状及代理人的授权委托书分别办理了签名公证和委托公证。

【裁判结果】

乌鲁木齐市米东区人民法院认为：根据《婚姻法》规定，子女对父母有赡养扶助的义务，子女不履行赡养义务时，无劳动能力或生活困难的父母，有要求子女给付赡养费的权利。该条规定了赡养义务作为一项基本的法定义务，因其涉及最基本的身份血缘关系和基本的社会公德，属于法定强制性义务，不能由赡养人随意解除。而该条文也明确规定了赡养对象为“无劳动能力或生活困难的父母”，即父母只要符合或者无劳动能力，或者生活困难中的一项，子女就应当对其履行赡养义务，而并非“无劳动能力且生活困难”。本案中，原告张老太在本案诉讼期间已经 83 岁高龄，达到法律规定可以认定为无劳动能力标准，即使其每月有固定收入，也并不影响其向子女要求给付赡养费。

同时，《老年人权益保障法》第十九条第二款规定：“赡养人不履行义务，老年人有要求赡养人给付赡养费等权利。”该法第二十条第一款规定：“经老年人同意，赡养人之间可以就履行赡养义务签订协议。赡养协议的内容不得违反法律的规定和老年人的意愿。”从该条规定来看，赡养协议必须满足以下条件：一是订立主体仅限于赡养人之间；二是赡养协议的形式必须以书面为之；三是赡养人签订的赡养协议须征得被赡养老人同意后才有效。本案中，被告李某甲、李某乙、李某丙作为赡养人，2013 年 4 月就赡养母亲张老太事宜签订书面协议，张老太知道且同意该协议，且协议签订后，被告李某甲、李某乙按照该协议实际履行了六个月，李某丙实际履行了五个月。虽然被告李某甲辩称该协议的解除通知书已经书面邮寄给李某丙，而李某丙在收到协议后因未向法院提起诉讼而导致该协议解除，但是由于子女的赡养义务具有法律强制性和人身性且涉及基本的社会公德，赡养协议与一般合同法中的协议性质并不相同，其解除条件与合同法中协议解除条件亦不相同，赡养义务不能以单方协议的形式予以免除，故被告李某甲的辩解理由不能成立，法院对此不予采纳。2013 年 4 月的赡养协议合法有效，应当继续履行。最终法院判决大女儿李某甲、儿子李某丙、小女儿李某乙各自给付张老太自 2014 年 6 月起至 2015 年 3 月止十个月的赡养费共计 5000 元，于判决生效后十日内付清。

【典型意义】

古话说“养儿防老”，虽说传统上老百姓一般把养老的义务主要放在儿子身上，但现代社会中，女儿和儿子一样具有对父母亲进行赡养的义务，这是法定强制义务，不会因父母的过错或其他原因而解除，父母能不辞辛苦抚育儿女长大成人，儿女也应不讲条件地照顾和赡养老人，动物尚有“乌鸦反哺”“羊羔跪乳”之举，而作为万物之灵的人类，理应做得更好。

朱某昌诉朱某方、朱某德、朱某香赡养费纠纷案

《最高人民法院公布49起婚姻家庭纠纷典型案例》第41号

2015年12月4日

【基本案情】

原告朱某昌于1947年与黄某香结婚，婚后生育了两个儿子，朱某方与小和生。1959年小和生与黄某香相继死亡。1961年原告朱某昌与王某芳再婚，王某芳带着已有9岁的前婚生女朱某香和7岁的前婚生子朱某德到原告朱某昌家生活，与原告朱某昌及其前婚生子朱某方组成新的家庭。原告朱某昌与王某芳再婚后又生育了朱桂菊、朱桂萍两个女儿。后被告朱某方与被告朱某香结婚，被告朱某德亦娶妻在家，朱桂菊、朱桂萍出嫁在外，其中朱桂菊于1986年死亡。1989年原告朱某昌之母去世后，原告朱某昌与王某芳到楚雄谋生。2000年农历四月二十六日王某芳病故，被告朱某德按分家协议为其办理了后事。后原告朱某昌仍在楚雄生活。2007年11月13日，原告朱某昌向姚安县人民法院提起诉讼，要求被告朱某方、朱某德履行赡养义务。该案经本院审理，于2007年12月4日作出（2007）姚民初字第369号民事判决，判决如下：一、原告朱某昌的责任田由被告朱某方负责耕种，每年10月31日前称给原告朱某昌大米200千克，并承担各种公益负担；二、由被告朱某方和朱某德每年分别给付原告朱某昌赡养费120元、360元，于10月31日前付清；三、由被告朱某方将原告朱某昌的住房交由其居住使用；四、原告朱某昌的医药费由朱正芳、朱某德各承担五分之一；上述判决有执行内容的，自2008年1月1日起执行。在姚安县人民法院作出（2007）姚民初字第369号民事判决后，原告朱某昌不服该判决，向楚雄彝族自治州中级人民法院提起上诉，楚雄彝族自治州中级人民法院经审理后，于2008年3月28日作出（2008）楚中民一终字第68号民事判决，判决驳回上诉，维持原判。2015年6月30日，原告朱某昌以原判决确定给付的赡养费过低，难以维持基本生活为由，就其赡养问题再次向姚安法院提起诉讼。

【裁判结果】

经姚安县人民法院审理认为，《婚姻法》第二十一第一款、第二款、第三款规定："父母对子女有抚养教育的义务；子女对父母有赡养扶助的义务。父母不履行抚养义务时，未成年的或不能独立生活的子女，有要求父母付给抚养费的权利。子女不履行赡养义务时，无劳动能力的或生活困难的父母，有要求子女付给赡养费的权利。"本案中，原告朱某昌就其赡养问题已于 2007 年 11 月 13 日向本院提起诉讼，要求被告朱某方、朱某德履行给付其赡养费的义务。本院和楚雄彝族自治州中级人民法院经审理先后作出判决，判决由被告朱某方、朱某德对原告朱某昌给付赡养费。现原告朱某昌以原判决确定给付的赡养费过低，难以维持基本生活为由，就其赡养问题再次向本院提起诉讼。经姚安法院审理认为原告朱某昌要求被告朱某方、朱某德、朱某香给付其赡养费符合法律规定，但在确定被告朱某方、朱某德、朱某香向原告朱某昌给付赡养费时，应充分考虑原告朱某昌的实际需要及被告朱某方、朱某德、朱某香的履行能力。故对原告朱某昌提出的诉讼请求，本院依法予以部分支持。依照《婚姻法》第二十一条的规定，判决如下：

一、原告朱某昌的责任田由被告朱某方、朱某香负责耕种，由被告朱某方、朱某香于每年（含 2015 年）10 月 31 日以前称给原告朱某昌大米 200 千克。

二、由被告朱某方、朱某香于每年（含 2015 年）10 月 31 日以前给付原告朱某昌生活费 500 元，由被告朱某德于每年（含 2015 年）10 月 31 日以前给付原告朱某昌生活费 500 元。

三、原告朱某昌的医疗费，由被告朱某方、朱某香承担 50%，被告朱某德承担 25%，每年由被告朱某方、朱某香、朱某德分两次给付原告朱某昌，其中于每年 4 月 30 日以前给付一次，每年（含 2015 年）10 月 31 日以前给付一次。

四、上述第一项、第二项、第三项款规定，限判决生效之日起开始执行。

案件受理费 50 元，由被告朱某方、朱某香承担 25 元，被告朱某德承担 25 元。

【典型意义】

随着我国老龄化人口急剧增多，农村老人的赡养问题已成为一种突出的社会现象。

该案中，老人都已80多岁，而子女也已是60多岁的人，并且子女无正式工作，还依靠下一代来赡养，但因老人觉得赡养费太低还是要起诉60多岁的儿女。所以在审理该案时，承办法官综合考虑各方因素，我国《婚姻法》第二十一条规定："父母对子女有抚养教育的义务，子女对父母有赡养扶助的义务……子女不履行赡养义务时，无劳动能力的或生活困难的父母，有要求子女付给赡养费的权利。"这说明父母子女间的权利义务是对等的，父母抚养了子女，对社会和家庭尽到了责任，当父母年老体衰时，子女也应尽赡养扶助父母的义务。我国《老年人权益保障法》则规定，老年人养老主要依靠家庭，家庭成员应当关心和照料老年人。赡养人应当履行对老年人经济上供养、生活上照料和精神上慰藉的义务，照顾老年人的特殊需要，对患病的老年人应当提供医疗费用和护理。赡养人不履行赡养义务，老年人有要求赡养人付给赡养费的权利。赡养人之间可以就履行赡养义务签订协议，并征得老年人的同意。

先哲孟子的名言"老吾老以及人之老，幼吾幼以及人之幼，天下可运于掌"。把敬老爱幼提高到了治国安邦的高度，成为我国传统孝文化的精华。天下父母们在"幼吾幼以及人之幼"上大都做得无私而近乎完美，把子女养大成人后仍无怨无悔地奉献"余热"：带孙子孙女，做"免费饭堂、旅馆、保姆"，被子女心安理得"傍老"甚至无情地"啃老""刮老"，不求什么回报，只要看到子孙幸福有出息就很满足。相比之下，子女们做得如何呢？答案是令人遗憾而诧异的：在我国已步入老龄化社会的今天，不少子女和父母对簿公堂，缘由是老年人得不到适当的甚至起码的赡养，父母、子孙在彼此的矛盾冲突和泣血伤痛后终于无奈地对峙在法庭之上。这不能不说是一个与当代和谐社会大背景不协调的现象。在社会经济大幅飙升、生活水平不断改善的今天，为何子女与父母之间的亲情如此淡薄？老人的白发清泪，几代子女的争执和叹息不得不引起我们的深思。

吕某珍等二人诉李某有等四人赡养纠纷案

《最高人民法院公布49起婚姻家庭纠纷典型案例》第46号

2015 年 12 月 4 日

【基本案情】

原告李某荣、吕某珍诉称，被告李某有等均是原告夫妇的儿子，二原告与四被告于2008年经五星乡石龙村委会调解，每年由四被告各支付500元的赡养费，李某有三人每年都按期支付给二原告赡养费，李某金一直未支付给二原告赡养费，现起诉判令四被告每年各承担赡养费500元，并共同承担原告生病住院的费用；判令被告李某金补齐从2008年至2015年共8年以来未履行赡养二原告的费用4000元。

被告李某金辩称，二原告在家庭财产的分配上不公，明显偏向其他三被告，并且唆使他们把我的东西拿走，干扰我一家人的生产、生活，只要二原告不要对其家人的生产、生活横加阻碍，才能赡养二原告，不同意补出以前的赡养费。

【裁判结果】

会泽县人民法院审理认为，父母对子女有抚养教育的义务；子女对父母有赡养扶助的义务。子女不履行赡养义务时，无劳动能力的或生活困难的父母，有要求子女付给赡养费的权利。二原告主张要求四被告承担生病住院的费用，因二原告未提交证据证实其生病住院，所需的住院费用为多少不确定，法院对其主张不予支持。二原告主张要求被告李某金补出从2008年至2015年的赡养费，因二原告2015年才向本院主张赡养费，本院对其主张部分支持。据此，判决由被告李某有四人每人每年支付给原告李某荣、吕某珍赡养费500元。驳回二原告的其他诉讼请求。

【典型意义】

本案的争议焦点是以财产分配不公为由拒绝尽赡养义务应否得到支持？“养儿防老，积谷防饥”，子女对父母有赡养扶助的义务。子女不履行赡养义务时，无劳动能力的或生活困难的父母，有要求子女付给赡养费的权利。这是法律赋予的权利和义务，也是中华民族的优良传统。无论以任何理由，均不能拒绝尽赡养义务，都不会得到支持。

狄某霞诉李某明、李某刚、李某强、李某杰赡养纠纷案

《最高人民法院公布49起婚姻家庭纠纷典型案例》第49号

2015年12月4日

【基本案情】

原告与四被告系母子、母女关系。原告丈夫于2012年去世，2013年11月21日前原告一直与长子李某明一起居住生活，后与女儿李某杰一起居住生活。由于原告丧失了劳动能力，生活需要照料，原告要求四被告每人每月支付150元赡养费。2014年4月至2014年5月原告就医共花医疗费5985.73元，除去医保报销的费用，剩余2985.73元四被告每人应承担746元。另查明，原告狄某霞在桦川县桦树村民委员会有承包田0.27垧，每月有农村低保工资55元。还查明，被告李某强在原告狄某霞住院期间支付了医药费500元。

【裁判结果】

桦川县人民法院经审理认为，赡养老人是每个子女应尽的义务，四被告对其母亲均有赡养义务，原告要求四被告每人每月给付赡养费150元，符合农村居民的年生活费支出的标准，本院应予支持。原告要求四被告共同承担前期治疗除去医疗保险报销后剩余的医药费亦符合法律规定，本院应予支持。对于原告主张其今后发生的医疗费用，应由四被告按份负担的请求，因原告主张的医疗费用尚未发生，本院对原告的这一请求不予支持。原告可在治疗实际发生医疗费用后另行主张权利。判决如下：被告李某明、李某刚、李某强、李某杰自2014年7月1日起每人每月给付原告狄某霞赡养费150元，此款于每月的30日给付；被告李某明、李某刚、李某强、李某杰于本判决生效后十日内立即给付原告狄某霞医药费2985.73元，由被告李某明、李某刚、李某杰各自承担746元，被告李某强承担246元（746元－500元）。

【典型意义】

尊老敬老是中华民族的传统美德，我国《婚姻法》也明确规定，子女对父母有赡养扶助的义务，《老年人权益保障法》也规定，赡养人应当履行对老年人经济上供养、生活上照料和精神上慰藉的义务。农村中部分赡养人的法治意识和道德观念较差，无视甚至不履行对老人的赡养义务。因此，有必要对这一传统美德大力弘扬，形成敬老养老的良好道德风尚，彻底铲除滋生不赡养老人现象的土壤。

唐某某诉唐某甲等 5 子女赡养纠纷案

《最高人民法院发布十起关于弘扬社会主义
核心价值观典型案例》第 8 号
2016 年 8 月 22 日

【基本案情】

原告唐某某出生于 1924 年 8 月，现年 90 岁。被告唐某甲、唐某乙、唐某丙、唐某丁、唐某戊等 5 人系原告唐某某的子女。原告与妻子郑某某现因年老而无劳动能力，每月仅享有 200 元老年补贴及 50 元移民费，合计每月收入 250 元，无其他收入来源。日常生活、疾病医疗等均需要唐某甲等 5 子女照顾和赡养，但由于 5 子女之间就赡养事宜不能达成一致意见，致使原告及妻子郑某某的赡养事宜始终不能得到具体实现。为此，亭口村、天目山镇等部门也多次协调，但都未有结果。故原告唐某某于 2015 年 5 月 14 日向法院起诉，要求唐某甲等 5 人履行赡养义务，每月支付赡养费 1000 元，共同承担原告起诉日后的医疗费等开支。

被告唐某甲等 5 人分别提出如承担赡养义务，需分割父母名下的田地、确定赡养费用管理人等理由。

【裁判结果】

浙江省临安市人民法院生效裁判认为：赡养老人是中华民族传统美德，也是法律规定子女应尽的义务。现原告唐某某年事已高，已丧失劳动能力，依法享有要求子女支付赡养费的权利，作为成年子女，不得以任何理由对赡养义务附加任何条件。原告每月虽有 250 元补贴收入，但综合考虑当地的生活消费性支出及当事人的实际情况，原告要求五被告共同承担赡养费（包括今后的医疗费用）的诉讼请求，符合法律规定，本院予以支持。

法院判决：自 2015 年 5 月起，被告唐某甲等 5 人每人每月各应支付原告唐某某生活费 200 元。

【典型意义】

家庭美德

当今农村的经济条件越来越好，政府养老政策也比较健全，但在农村地区，赡养纠纷仍时有发生。有的原因在于一些农村地区仍有“儿子养老”的老观念存在。认为女儿、女婿为外姓人，可以不承担养老义务。但法律规定子女都有赡养父母的义务，女儿并不会因为出嫁就不需要赡养自己的父母。还有一些子女为赡养义务附加条件，如将赡养和分家产等问题联系在一起，分不到父母财产的子女即不履行赡养义务。但事实上，赡养是法定的义务，子女不能以任何理由来免除其应该尽到的赡养义务。因为本案在农村地区具有一定的典型意义，在审理时，法院特别选定在村文化礼堂进行巡回审判，安排法官当场进行判后释疑。庭审活动吸引了当地数百名村民参加旁听，达到了“审理一案、教育一片”的效果。

陈某某赡养费纠纷案

《人民法院老年人权益保护十大典型案例》案例四

2021 年 2 月 24 日

关键词：“常回家看看”；精神赡养

【基本案情】

陈某某与妻子 1952 年结婚，婚后育有二子三女，妻子及两个儿子均已去世。现陈某某同小女儿生活。陈某某年事已高且体弱多病，希望女儿常回家探望照顾自己，因女儿不同意负担陈某某的医药费及赡养费，故诉请判令长女和次女每月探望其不少于一次，患病期间三女儿必须轮流看护；三女儿共同给付陈某某医疗费、赡养费。

【裁判结果】

黑龙江省佳木斯市前进区人民法院认为，子女对父母有赡养扶助的义务，子女不履行赡养义务时，无劳动能力或生活困难的父母，有要求子女给付赡养费的权利。子女不能因为父母有退休收入或者有一定的经济来源就完全将父母置之不顾，这不仅违反法律规定，也不符合中华民族“百善孝为先”的传统美德。子女对于不在一起生活的父母，应根据其实际生活需要、实际负担能力、当地一般生活水平，给付一定的赡养费用。本案陈某某年事已高且身患疾病，三个女儿作为赡养人，应当履行对其经济上供养、生活上照料和精神上慰藉的义务，故判决长女和次女每月探望陈某某不少于一次，并给付陈某某赡养费，三个女儿共同负担陈某某医疗费用。

【典型意义】

近年来，随着生活水平的不断提高，老人对子女经济供养方面的要求越来越少，越来越多的老人更加注重精神层面的需求，涉及“精神赡养”的案件数量也有所上升，该类案件执行情况远比给付金钱的案件要难得多，且强制执行远不及主动履行效果好，希望“常回家看看”是子女们发自内心的行为，而不是强制执行的结果。“精神赡养”和“物质赡养”同样重要。老人要求子女定期探望的诉求，是希望子女能够承欢膝下，符合法律规定，体现中华民族传统的孝道，应当得到支持。“百善孝为先”。对老人的赡养绝不是一纸冷冰冰的判决就可以完成的，希望所有子女能够常回家看看，多关注老年人的精神需求。

刘某芽赡养纠纷案

《人民法院老年人权益保护十大典型案例》案例五

2021 年 2 月 24 日

关键词：子女赡养义务；检察院支持起诉

【基本案情】

刘某芽与妻子共生育四子女，均已成年并结婚。刘某如系其子，与刘某芽相邻而居。2010 年，刘某如意外受伤，认为父母在其受伤休养期间未对其进行照料，产生矛盾，此后矛盾日益加剧，刘某如长期不支付父母的生活费，亦未照顾父母生活起居。2019 年，母亲因病去世，刘某如拒绝操办丧葬事宜，亦未支付相关费用，有关丧葬事宜由刘某芽与其他三子女共同操办。经村干部调解，刘某如仍拒绝支付赡养费及照顾刘某芽的生活起居。因刘某芽年迈且患有心脏病，行动不便，新干县检察院指派检察员出庭支持起诉，认为刘某芽现年 80 岁，已无劳动能力，生活来源仅靠其他子女接济，尚不足以负担生活及医疗费用，子女有赡养老人的义务，刘某芽要求刘某如支付赡养费及丧葬费的诉请应得到支持。

【裁判结果】

江西省新干县人民法院认为，孝敬父母是中华民族的优良传统，子女应当履行赡养义务，不应附加任何条件。刘某芽年事已高，身患疾病，无生活来源、无劳动能力，刘某如应依法对其承担赡养义务。同时，赡养父母的义务不仅包含给予父母经济供养及生活照料，还应给予父母精神上的慰藉，也应当在父母百年之后及时妥善地办理丧葬事宜，刘某如拒绝支付丧葬费，不符合法律规定，亦违背伦理道德。故判决刘某如每年支付刘某芽赡养费，并支付其母亲办理丧葬事宜的费用。

【典型意义】

子女赡养父母不仅是德之根本，也是法律明确规定的义务。在家庭生活中，家庭成员之间虽有矛盾，但赡养父母是法定义务，子女应当对老年人经济上供养、生活上照料、精神上慰藉，以及为经济困难的父母承担医疗费用等，不得以任何理由和借口拒绝履行赡养义务。关心关爱老年人，让老年人感受到司法的温暖是司法义不容辞的责任。民事诉讼在一般情况下只能由民事权益受到侵害或者发生争议的主体提出，无须其他组织或个人干预。在特殊情况下，受到损害的单位或个人不敢或不能独立保护自己的合法权益，需要有关组织给予支持，运用社会力量帮助弱势群体实现诉讼权利。支持起诉原则打破了民事主体之间的相对性，允许无利害关系的人民检察院介入到诉讼中，能够在弱势群体的利益受到侵害时切实为其维护权益。

村民委员会垫资照顾“空巢”老人有权请求子女补偿

——某村民委员会诉王某平等六人追索赡养费纠纷案

《第二批人民法院大力弘扬社会主义核心价值观典型民事案例》案例三

2022 年 2 月 23 日

核心价值：扶弱济困、乡风文明

【基本案情】

杜某先系王某平等六子女的生母，独自居住在某村。2020 年 2 月 19 日，杜某先在家中不慎摔倒导致下肢骨折，因无人送其就医，某村民委员会将杜某先送至某县人民医院救治，出院后某村民委员会又将杜某先送至某老年公寓。截至 2021 年 3 月 20 日，某村民委员会为杜某先垫付住院期间护理费、伙食费等各类费用共计 41700 元。某村民委员会认为其垫付的费用应由杜某先子女承担，但其子女均拒绝支付。某村民委员会向人民法院提起诉讼，请求王某平等六子女支付其垫付的 41700 元费用。

【裁判结果】

人民法院认为，赡养老人是中华民族的传统美德。本案中，某村民委员会对杜某先无法定的扶养义务。某村民委员会在杜某先的赡养义务人未能履行其法定赡养义务时，及时将杜某先送至医院就医，在杜某先出院后又将其送至某老年公寓照顾，并支付了住院期间和居住在老年公寓期间的相关费用，承担了本应由其子女承担的赡养义务，有权向杜某先子女追索垫付费用。故判决支持某村民委员会的诉讼请求。

【典型意义】

人终有一老！当前，随着经济社会发展，大量农村青年涌入城市，年轻人到外地成家立业成为十分普遍的社会现象，留下年迈的老人独自在农村居住。家庭养老育幼的功能在一定程度上弱化。“空心村”中“空巢”老人的赡养问题值得社会关注。本案将司法裁判与弘扬社会主义核心价值观相结合，充分肯定了某村民委员会助人为乐、帮扶村民的善举，支持某村民委员会向未尽到赡养义务的子女追索垫付费用，既弘扬了中华民族“孝顺”文化和守望相助的善良风俗，也充分体现了文明、和谐、友善的社会主义核心价值观，对于助推平安法治乡村建设，教育年轻人尊老、爱老、亲老，依法保护老年人合法权益具有重要意义。

庞某某诉张某某等二人赡养费纠纷案

《最高人民法院发布老年人权益保护第二批典型案例》案例三

2022年4月8日

关键词：老年人婚姻自由；赡养义务

【基本案情】

原告庞某某，女，现年78岁，先后有两次婚姻，共育有被告张某某等六名子女，其中一名已故。子女中除张某外均已成家。庞某某诉称其现居住于地瓜中学宿舍，一人独居生活，基本生活来源于拾荒及领取低保金，现年老多病、无经济来源，请求人民法院判令被告张某某等二人每月支付赡养费。

【裁判结果】

贵州省普安县人民法院认为，成年子女应履行对父母的赡养义务，赡养包括经济上供养、生活上照料和精神上慰藉。原、被告之间系母子（女）关系，被告应在日常生活中多关心、照顾老人，考虑老人的情感需求，善待老人。考虑到原告共有五个成年子女、部分子女还需赡养原告前夫等现实状况，结合被告张某某等二人的年龄、收入情况及原告实际生活需求，判决张某某等二人于判决生效之日起每月向原告庞某某支付赡养费。

【典型意义】

百善孝为先，赡养父母是中华民族的传统美德，也是子女对父母应尽的义务。《民法典》第一千零六十九条规定，子女应当尊重父母的婚姻权利，不得干涉父母离婚、再婚以及婚后的生活，子女对父母的赡养义务，不因父母的婚姻关系变化而终止。近年来，再婚老人的赡养问题引起社会广泛关注。当前，父母干涉子女婚姻自由现象越来越少，而子女干涉父母婚姻自由的现象却屡见不鲜，许多子女在父母再婚时设置重重障碍，无情干涉，迫使许多父母牺牲了自己的婚姻自由。有的子女以父母再婚为由，拒绝履行赡养义务。但是，赡养人的赡养义务不因老年人的婚姻关系变化而消除。经过法院的多次调解工作，子女能按时支付老年人的赡养费用，多年的母子情得以重续。

子女应当尊重老年人选择的合理养老方式

——苏甲诉苏乙等赡养纠纷案

《人民法院老年人权益保护第三批典型案例》案例七

2023 年 4 月 27 日

关键词：养老方式；精神赡养

【基本案情】

苏甲与代某夫妻育有苏乙等六名子女。代某去世多年，苏甲现已 94 岁高龄，无住房，视力残疾，平时出行不便，需要看护。在长子家中生活 10 年，家庭矛盾较深，其他子女均无照顾意愿。苏甲要求入住养老院，因每月需交纳费用等与子女发生争议，苏甲起诉请求判令六子女支付赡养费，并每月探望一次。

【裁判结果】

审理法院认为，《中华人民共和国民法典》第二十六条规定，成年子女对父母负有赡养、扶助和保护的义务。《中华人民共和国老年人权益保障法》第十八条规定，家庭成员应当关心老年人的精神需求，不得忽视、冷落老年人。与老年人分开居住的家庭成员，应当经常看望或者问候老年人。苏甲将子女抚养长大。六子女依法应履行赡养义务，包括对老人精神慰藉。苏甲基于家庭现实情况，要求到养老机构生活，应当尊重其意愿。综合考量苏甲实际需要、各子女经济条件和负担能力及当地生活水平等因素，判决六子女每人每月给付苏甲赡养费 500 元。六子女对苏甲除履行经济上供养、生活上照料的义务外，还应履行精神上慰藉的义务，每人每月应当看望及电话问候苏甲一次。

【典型意义】

现实生活中，有些老年人基于家庭现实情况考虑，选择在养老机构安度晚年。应当依法保障老年人对于养老方式多样化的诉求及其自主选择养老方式的权利。此外，子女不仅应履行经济上供养的义务，还应重视对老年人的精神慰藉。本案判决体现了对老年人在养老方式等问题上自主意愿的尊重，和对于精神赡养的倡导，充分保障老有所依。

宋某某诉熊某等人赡养纠纷案

《人民法院抓实公正与效率践行社会主义
核心价值观典型案例》案例 6
2023 年 8 月 2 日

【基本案情】

原告宋某某已逾古稀之年，共生育四个子女，现均已成家。原告独居在政府安置房，缺乏劳动能力，体弱多病，生活来源主要依靠微薄的退休金。自从被诊断为慢性肾病、宫颈癌，原告花费巨额医疗费，生活愈加困难。四个子女平时鲜少登门探望和问候，原告深感晚年的寂寞和凄凉，与儿孙的团聚成为一个老人的奢望，只能暗自垂泪。原告宋某某不得已只能诉至法院，要求四个子女常回家看看，给其以精神慰藉或每月至少打电话问候一次。

【裁判结果】

江西省奉新县人民法院认为，家庭成员应当关心老年人的精神需求，不得忽视、冷落老年人，父母可以主张子女履行定期探望等精神赡养义务，判决被告熊某等四人每月应至少前往看望或电话问候原告宋某某一次。双方当事人均未提起上诉。

【典型意义】

敬老爱老是中华民族的传统美德，赡养老人是每个公民应尽的责任和义务。随着我国社会步入老龄化，空巢老人不断增多，老年人精神方面的需求日益凸显。做好独居老人赡养工作是个长期而艰巨的任务，涉及的精神赡养问题更加复杂，也是一个较为敏感的社会问题。对老年人的赡养，是否付给老年人生活所必需的金钱不是衡量的唯一标准，还包括老年人精神情感的慰藉和情感的陪伴。家庭成员应当关心老年人的精神需求，与老年人分开居住的家庭成员，应当“常回家看看”。本案中，人民法院以情理交融的方式引导子女履行其对老年人的精神慰藉义务，判决子女每月至少前往看望或电话问候原告宋某某一次，能够保证居住在不同城市的子女与老年人之间实现“有距离的亲近”，切实保障了老年人身心健康、生活安宁，增进了家庭和谐，弘扬了社会主义核心价值观。

9. 收　养

冯某刚、周某诉冯某伟解除收养关系案

——《收养法》实施前的收养行为如何认定?

《最高人民法院公布 10 起婚姻家庭纠纷典型案例（河南）》第 4 号

2015 年 11 月 20 日

【基本案情】

1987 年 11 月份，原告冯某刚骑三轮车出门卖菜，在村北河沟边捡到一名刚出生的弃婴，遂将其抱回家中抚养，原告冯某刚与妻子张某在 1987 年 11 月 27 日为该弃婴申报了户口，登记在二人户籍名下，关系为“长子”，取名冯某伟。一晃 20 年过去了，被告冯某伟在二原告抚育下长大成人，并在原告夫妇帮助下结婚育孩。然而，被告婚后一改往态，不仅不对年老体衰的原告夫妇尽赡养扶助义务，更纵容妻子打骂原告，引起了乡里乡亲的公愤，致使二原告身心受损，长期生活在外，不敢回家。无奈之下，老两口到法院起诉，

要求解除与被告的收养关系，并支付生活费、教育费补偿金。

【裁判结果】

郑州市惠济区人民法院认为，本案的两位原告收养被告发生在1987年，即在1992年4月1日《收养法》施行之前，虽然原告事后并未办理合法手续，但鉴于原告已抚养被告长达20多年，且有村委会出具的证明和邻居、亲友公认二原告与被告系养父母子女关系的证言，理应按照收养关系来对待。被告冯某伟在成年成家后，未能正确处理家庭关系，纵容其妻打骂原告夫妇，经过当地村委会及家族长辈调解仍然未果，导致二原告与被告关系恶化，无法共同生活。原告夫妇含辛茹苦把作为养子的被告抚育长大，而被告却不善待已经年迈的二原告，更给他们的身心造成伤害，法院本着尊重原告诉求、维护老人合法权益的考虑，对原告提出的诉讼请求予以支持，依据《收养法》第二十七条、第三十条，《最高人民法院关于贯彻执行民事政策法律若干问题的意见》第28条、第31条之规定，判决解除原告冯某刚、张某与被告冯某伟的收养关系；被告冯某伟于判决生效后一个月内支付原告冯某刚、张某生活费和教育费补偿金20万元。

【典型意义】

赡养老人是中华民族的传统美德，更是子女对父母应尽的义务，无论是亲生子女，还是养子女，均不得以任何理由推脱责任。本案原告夫妇收养被告的时间在1987年，虽然未按法律规定办理任何收养手续，但法院裁判时应充分考虑到原告夫妇的文化水平和邻里乡亲的证言，如果仅因原告未能办理收养手续便否定收养关系，不但会让群众不信服，也不利于保护作出善行的原告夫妇。被告冯某伟作为原告夫妇在河边捡回的弃婴，能够健康成长并结婚育子，完全受原告夫妇养育恩赐，原告夫妇含辛茹苦供养子上学接受教育，为其操办婚姻，帮其照顾孩子，但被告及其妻子的种种行为，不仅伤害了原告夫妇的感情与合法权益，更在社会上造成了不良影响，法院的公正裁判不仅是对忘恩负义行为的惩戒，更是民意所向。

冯某诉蔡某解除收养关系纠纷案

《最高人民法院公布49起婚姻家庭纠纷典型案例》第42号

2015年12月4日

【基本案情】

2001年12月21日，云南省师宗县的冯某夫妻生育女儿蔡某甲。2002年开始，冯某同意蔡某甲由被告蔡某抚养，并将蔡某甲的户口落在蔡某的户口本上，但蔡某未到相关部门办理收养手续。后蔡某甲与蔡某关系恶化，蔡某打骂蔡某甲，蔡某甲与蔡某的矛盾日益加深。现冯某因蔡某甲的抚养问题诉至法院，请求判决解除蔡某与蔡某甲的收养关系。

【裁判结果】

云南省师宗县法院审理认为，1998年11月4日修订的《收养法》第十五条第一款规定：收养应当向县级以上人民政府民政部门登记。收养关系自登记之日起成立。本案中，蔡某对蔡某甲的抚养从2002年开始，且未到民政部门办理过收养登记手续，故蔡某与蔡某甲之间并未形成收养关系，原告冯某对蔡某甲的抚养权依然存在，故原告提出解除蔡某与蔡某甲的收养关系的诉讼请求，法院依法不予支持。遂判决驳回冯某诉讼请求。

【典型意义】

我国有不少收养关系并非签订书面收养协议，也不办理收养登记手续，而是事实收养关系，如果收养事实发生在《收养法》颁布之后，这样的收养关系是否有效？

1999年实行的新修改《收养法》时已经将收养关系的成立限定在收养应当向县级以上人民政府民政部门登记。合法有效的收养关系应当是经过民政部门的登记。同样，对于《收养法》施行前成立的收养关系也予以默认，《收养法》颁布后没有经过登记的收养是不受法律保护的。

10. 监　护

林丽某被撤销监护权案

《最高人民法院发布八起典型案例》第3号

2014年7月23日

【基本案情】

福建省仙游县榜头镇梧店村村民林丽某（女）多次用菜刀割伤其年仅9岁的亲生儿子林某的后背、双臂，用火钳鞭打林某的双腿，还经常让林某挨饿。自2013年8月开始，榜头镇人民政府、梧店村民委员会的干部及榜头派出所的民警，多次对林丽某进行批评教育，但林丽某拒不悔改。2014年1月，福建省莆田市共青团市委、市妇联以及榜头镇人民政府、榜头派出所等部门联合对林丽某进行教育。林丽某写下了不再殴打林某的书面保证，但其仍不思悔改。5月29日凌晨，林丽某再次用菜刀割伤林某的后背、双臂。为此，仙游县公安局对林丽某作出行政拘留十五日，并处罚款人民币1000元的行政处罚决定。莆田市共青团市委、市妇联等有关部门采取应急措施，将林某送入市救助站予以临时安置。6月13日，申请人梧店村民委员会以被申请人林丽某长期对林某实施虐待行为，严重影响林某的身心健康为由，向仙游县人民法院请求依法撤销林丽某对林某的监护人资格，指定梧店村民委员会作为林某的监护人。仙游县人民法院在审理期间，征求林某的意见。林某表示不愿意随其母林丽某共同生活，也不愿意追究林丽某的刑事责任。

【裁判结果】

仙游县人民法院经审理认为，监护人应当履行监护职责，保护被监护人的身体健康，照顾被监护人的生活，对被监护人进行管理和教育。被申请人林丽某作为林某的监护人，未采取正确的方法对林某进行教育引导，因认为林某不听话，即采取打骂等手段对林某长期虐待，经有关单位教育后仍拒不悔改，再次用菜刀割伤林某，其行为已经严重损害了林某的身心健康，故其不宜再担任林某的监护人。依照民法有关规定，判决撤销被申请人林丽某对林某的监护人资格；指定申请人梧店村民委员会担任林某的监护人。

【典型意义】

本案是福建省首例因母亲长期对未成年子女进行虐待而被撤销监护人资格的案件，对于依法保护未成年人合法权益具有重要意义。

撤销父母监护权是国家保护未成年人合法权益的一项重要制度。通常情况下，父母是未成年子女当然的监护人，但若父母不履行监护职责，甚至对子女实施虐待、伤害或者其他侵害行为，再让其担任监护人将严重危害子女的成长。在这种情况下，依照《民法通则》《未成年人保护法》等规定，未成年子女的祖父母、外祖父母、兄、姐、关系密切的其他亲属、朋友，以及未成年父母所在单位、未成年人住所地的村（居）民委员会或者民政部门，均有权向人民法院申请撤销实施侵害行为的监护人的监护权。本案被申请人林丽某对其年仅 9 岁的儿子林某长期进行虐待，经多次劝阻教育仍拒不悔改，严重侵害了林某的身心健康。仙游县人民法院根据当地村民委员会的申请，依法撤销了林丽某对林某的监护人资格。因林某的生父不明，也没有其他近亲属和朋友可以担任监护人，在法律规定的可以担任监护人的范围之内，按照最有利于被监护人的原则，仙游县人民法院指定当地村民委员会担任林某的监护人。宣判后，仙游县人民法院对林某的安置情况进行了持续跟踪、回访。考虑到村民委员会直接履行对林某的监护职责确实存在一些具体困难，莆田市共青团市委、市妇联与当地民政部门积极研究、协调，由民政部门对林某安排代养，确保林某有一个安全、健康、快乐的成长环境。

当前，父母虐待未成年子女、侵害未成年子女合法权益的案件还屡有发生。人民法院应当将对未成年人实行“特殊、优先保护”的理念贯彻到审判工作当中，按照未成年人利益最大化原则，保护未成年人的合法权益。对长期侵害未成年子女、严重影响未成年人身心成长的监护人，可以依照法律规定，撤销其监护权，另行指定监护人；对于情节恶劣、后果严重的，还可以以虐待、遗弃、故意伤害等罪名追究监护人的刑事责任。就本案而言，如果林某或其他有权代为告诉的个人或单位，向人民法院提起林丽某犯虐待罪的告诉（即刑事自诉），人民法院也应当受理并依法作出刑事判决。

在保护未成年人的合法权益方面，人民法院应当注意与公安、民政、共青团、妇联、学校、医院、社工组织等机关单位、社会团体形成联动，分工协作，对缺乏父母监护、缺少家庭关爱的未成年人的生活、学习、心理辅导等作出妥善安置，使其安全健康成长。在本案审理过程中，仙游县人民法院积极探索变更监护权审判来保护未成年人的合法权益，负责审理本案的法官多次到救助站看望林某，为其庆祝生日，使林某感受到司法的人性关怀和温暖。案件宣判后，法官还主动与市、县两级共青团委、妇联沟通协调，研究解决林某的救助、安置、学习等问题，为林某创造良好的生活、成长条件。本案的审理，一方面显示了人民法院在司法为民上完全可以有所作为，另一方面也说明保护未成年人工作需要全社会的共同关注，需要政府及各部门的协作联动，才能取得切实效果。

林丽某被撤销监护权案

《最高人民法院发布98起未成年人审判工作典型案例》第82号

2014年11月24日

【基本案情】

仙游县榜头镇梧店村村民林丽某多次使用菜刀割伤年仅9岁的亲生儿子林某的后背、双臂，用火钳鞭打林某的双腿，并经常让林某挨饿。自2013年8月始，当地镇政府、村委会干部及派出所民警多次对林丽某进行批评教育，但林丽某拒不悔改。

2014年1月，共青团莆田市委、市妇联等部门联合对林丽某进行劝解教育，林丽某书面保证不再殴打林某，但林丽某依然我行我素。5月29日凌晨，林丽某再次用菜刀割伤林某的后背、双臂。为此，仙游县公安局对林丽某处以行政拘留十五日并处罚款人民币1000元。6月13日，申请人仙游县榜头镇梧店村民委员会以被申请人林丽某长期对林某的虐待行为已严重影响林某的身心健康为由，向法院请求依法撤销林丽某对林某的监护人资格，指定梧店村民委员会作为林某的监护人。在法院审理期间，法院征求林某的意见，其表示不愿意随其母林丽某共同生活。

【裁判结果】

仙游县人民法院经审理认为，监护人应当履行监护职责，保护被监护人的身体健康、照顾被监护人的生活，对被监护人进行管理和教育，履行相应的监护职责。被申请人林丽某作为林某的监护人，未采取正确的方法对林某进行教育引导，而是采取打骂等手段对林某长期虐待，经有关单位教育后仍拒不悔改，再次用菜刀割伤林某，其行为已经严重损害林某的身心健康，故其不宜再担任林某的监护人。依照《民法通则》及《未成年人保护法》的有关规定，撤销被申请人林丽某对林某的监护人资格；指定申请人仙游县榜头镇梧店村民委员会担任林某的监护人。

【案例评析】

撤销父母监护权是国家保护未成年人合法权益的一项重要制度。父母作为未成年子女的法定监护人，若不履行监护职责，甚至对子女实施虐待、伤害或者其他侵害行为，再让其担任监护人将严重危害子女的成长。结合本案情况，仙游县人民法院受理本案后，根据法律的有关规定，在没有其他近亲属和朋友可以担任监护人的情况下，按照最有利于被监护人成长原则，指定当地村民委员会担任林某的监护人，通过司法干预向社会表达一种新的视角，即未成年人不仅是家庭成员还是国家一员，如果未成年人受到侵害，司法机关应当有效干预。本案宣判后，法院还主动与市、县两级团委、妇联沟通，研究解决林某的救助、安置等问题。考虑到由村民委员会直接履行监护职责着实存在一些具体困难，后在团委、民政部门及社会各级多方共同努力之下，最终将林某妥善安置在 SOS 儿童村，切实维护林某合法权益。本案的审理，不仅显示了人民法院在司法为民上完全可以有所作为，也说明保护未成年人工作需要全社会的共同关注，需要政府及各部门的协作联动，才能取得切实效果。同时，本案社会广泛关注，影响重大，对统一法律适用和树立良好的社会导向具有示范意义。

王某伟、王某红诉王某甲、夏某叶监护人责任纠纷案

《最高人民法院发布98起未成年人审判工作典型案例》第88号

2014年11月24日

【基本案情】

原告王某伟、王某红之女王某与被告王某甲、夏某叶之子王某某系恋爱关系。2013年8月19日17时许，王某某来到济南市二环西路附近的家家悦超市找在此打工的被害人王某，两人在交谈过程中发生争执，被害人王某欲回超市被王某某阻止，王某某用随身携带的匕首刺伤王某导致其大出血死亡。后王某某亦用匕首刺伤自己颈部致大出血死亡。二原告以二被告之子王某某未满18周岁造成被害人王某死亡的严重后果，应由其监护人即本案二被告承担侵权责任为由提起诉讼，要求二被告赔偿其死亡赔偿金515100元、丧葬费12877.50元、精神损害抚慰金1万元。二被告当庭辩称，他们对其子王某某尽到了监护责任，对于以上辩称其没有提供相应的证据予以证实。二被告还辩称王某某本人无个人财产。

【裁判结果】

济南市槐荫区人民法院审理认为，涉诉侵权行为发生时，二被告之子王某某尚不满18周岁，系限制民事行为能力人，王某某持匕首将被害人王某杀害，依法应由其监护人即二被告王某甲、夏某叶承担侵权责任。二被告虽辩称已经尽到监护责任，却未提供任何证据证实其已谨慎、合理地注意到了未成年人王某某的情感动向及困扰，并积极履行了监护职责以尽可能防止损害的发生，其要求减轻其侵权责任依据不足，法院不予支持。二被告之子王某某将二原告之女王某杀害，致使二原告中年丧女，精神上受到严重损害，王某某将被害人王某杀害后当场自杀，已无法依照刑事法律追究其刑事责任，二原告精神上亦不能因王某某受到刑事追究而得到慰藉，因此，二原告提起的各项民事赔偿要求并无不妥。据此，依法判决被告王某甲、夏某叶赔偿原告王某伟、王某红死亡赔偿金515100元、丧葬费12877.50元和精神损害抚慰金1万元。济南市中级人民法院二审维持原判。

【案例评析】

本案的裁判结果意在警醒身负监护责任的父母谨慎监管、教育未成年子女，即便他们已经具有一定的社会交往和认知能力，但仍不能疏于监护。尤其对10周岁以上的未成年人，他们身处青春期，虽对个人及社会有一定认知，但行为自控和解决问题的能力尚不成熟，父母疏于监护轻则影响学业，重则毁人毁己。致害人父母看似为之所累，却是疏于监护所致。

林某某被撤销监护人资格案

《最高人民法院发布12起侵害未成年人权益被撤销监护人资格典型案例》第1号

2016年5月31日

【基本案情】

福建省仙游县榜头镇梧店村村民林某某（女）多次使用菜刀割伤年仅9岁的亲生儿子小龙（化名）的后背、双臂，用火钳鞭打小龙的双腿，并经常让小龙挨饿。自2013年8月始，当地镇政府、村委会干部及派出所民警多次对林某某进行批评教育，但林某某拒不悔改。2014年1月，共青团莆田市委、市妇联等部门联合对林某某进行劝解教育，林某某书面保证不再殴打小龙，但其后林某某依然我行我素。同年5月29日凌晨，林某某再次用菜刀割伤小龙的后背、双臂。为此，仙游县公安局对林某某处以行政拘留十五日并处罚款人民币1000元。6月13日，申请人仙游县榜头镇梧店村民委员会以被申请人林某某长期对小龙的虐待行为已严重影响小龙的身心健康为由，向法院请求依法撤销林某某对小龙的监护人资格，指定梧店村民委员会作为小龙的监护人。在法院审理期间，法院征求小龙的意见，其表示不愿意随林某某共同生活。

【裁判结果】

福建省仙游县人民法院经审理认为，监护人应当履行监护职责，保护被监护人的身体健康，照顾被监护人的生活，对被监护人进行管理和教育，履行相应的监护职责。被申请人林某某作为小龙的监护人，未采取正确的方法对小龙进行教育引导，而是采取打骂等手段对小龙长期虐待，经有关单位教育后仍拒不悔改，再次用菜刀割伤小龙，其行为已经严重损害了小龙的身心健康，故其不宜再担任小龙的监护人。依照《民法通则》及《未成年人保护法》的有关规定，撤销被申请人林某某对小龙的监护人资格；指定申请人仙游县榜头镇梧店村民委员会担任小龙的监护人。

【典型意义】

撤销父母监护权是国家保护未成年人合法权益的一项重要制度。父母作为未成年子女的法定监护人，若不履行监护职责，甚至对子女实施虐待、伤害或者其他侵害行为，再让其担任监护人将严重危害子女的身心健康。结合本案情况，仙游县人民法院受理后，根据法律的有关规定，在没有其他近亲属和朋友可以担任监护人的情况下，按照最有利于被监护人成长原则，指定当地村民委员会担任小龙的监护人。本案宣判后，该院还主动与市、县两级团委、妇联沟通，研究解决小龙的救助、安置等问题。考虑到由村民委员会直接履行监护职责存在一些具体困难，后在团委、民政部门及社会各方共同努力之下，最终将小龙妥善安置在SOS儿童村，切实维护小龙合法权益。本案为2015年1月1日开始施行的《最高人民法院、最高人民检察院、公安部、民政部关于依法处理监护人侵害未成年人权益行为若干问题的意见》中有关有权申请撤销监护人资格的主体及撤销后的安置问题等规定的出台，提供了实践经验，并对类似情况发生时，如何具体保护未成年人权益，提供了示范样本。

邵某某、王某某被撤销监护人资格案

《最高人民法院发布12起侵害未成年人权益被撤销监护人资格典型案例》第2号

2016年5月31日

【基本案情】

邵某某和王某某2004年生育一女，取名邵某。在邵某未满2周岁时，二人因家庭琐事发生矛盾，邵某某独自带女儿回到原籍江苏省徐州市铜山区大许镇生活。在之后的生活中，邵某某长期殴打、虐待女儿邵某，致其头部、脸部、四肢等多处严重创伤。2013 年又因强奸、猥亵女儿邵某，于2014 年10 月 10 日被法院判处有期徒刑十一年，剥夺政治权利一年。王某某自 2006 年后从未看望过邵某，亦未支付抚养费用。邵某某被采取刑事强制措施后，王某某及家人仍对女儿邵某不闻不问致其流离失所、生活无着。邵某因饥饿离家，被好心人士张某某收留。邵某某的父母早年去世，无兄弟姐妹。王某某肢体三级残疾，其父母、弟、妹均明确表示不愿意抚养邵某。2015 年 1 月铜山区民政局收到铜山区检察院的检察建议，于 1 月 7 日作为申请人向铜山区人民法院提起特别程序请求撤销邵某某和王某某的监护人资格。

【裁判结果】

江苏省徐州市铜山区人民法院判决：1. 撤销被申请人邵某某对邵某的监护权。2. 撤销被申请人王某某对邵某的监护权。3. 指定徐州市铜山区民政局作为邵某的监护人。

【典型意义】

通过对该案的审判，确定了当父母拒不履行监护责任或者侵害被监护人合法权益时，民政局作为社会保障机构，有权申请撤销父母的监护权，打破“虐童是家事”的陈旧观念，使受到家庭成员伤害的未成年人也能够得到司法救济。在未成年人其他近亲属无力监护、不愿监护和不宜监护，临时照料人监护能力又有限的情形下，判决民政局履行带有国家义务性质的监护责任，指定其作为未成年人的监护人，对探索确立国家监护制度作出大胆尝试。该案件审理中的创新做法：一、激活监护权撤销制度使之具有可诉性，明确了民政部门等单位在“有关单位”之列，使撤销监护权之诉具备了实际的可操作性；二、引入指定临时照料人制度，案件受理后，为未成年人指定临时照料人，既确保未成年人在案件审理过程中的生活稳定，也有利于作为受害人的未成年人表达意愿、参加庭审；三、引入社会观护制度，案件审理中，法院委托妇联、团委、青少年维权机构对受害未成年人进行观护，了解未成年人受到侵害的程度、现在的生活状态、亲属情况及另行指定监护人的人选等内容，给法院裁判提供参考；四、加强未成年人隐私保护，庭审中采用远程视频、背对镜头的方式让邵某出庭，寻求受害女童隐私保护和充分表达意愿的平衡。对裁判文书进行编号，向当事人送达裁判文书时送达《未成年人隐私保护告知书》，告知不得擅自复印、传播该文书。在审理终结后，对全部卷宗材料进行封存，最大限度保护受害人的隐私，确保其在另行指定监护人后能健康成长。

岳某某被撤销监护人资格案

《最高人民法院发布12起侵害未成年人权益被撤销监护人资格典型案例》第3号

2016年5月31日

【基本案情】

申请人屈某某、张某某系屈某一之父母。屈某一与被申请人岳某某（女）婚后生育子女岳某一（姐）、岳某二（弟）。2007年，屈某一意外死亡，岳某某独自离家未归。多年来岳某一、岳某二与两申请人（祖父母）一起生活。被申请人岳某某现已再婚。申请人屈某某、张某某申请撤销岳某某对岳某一、岳某二的监护权，同时指定申请人屈某某、张某某为岳某一、岳某二的监护人，被申请人岳某某表示同意。

【裁判结果】

陕西省兴平市人民法院经审理认为，监护人应当履行监护职责，保护被监护人的人身、财产及其他合法权益。被申请人岳某某在其丈夫去世后，未履行对其子女岳某一、岳某二的抚养、照顾、教育、管理义务。现被申请人岳某某对申请人屈某某、张某某的申请表示同意，且岳某一、岳某二一直与申请人屈某某、张某某（祖父母）共同生活，由申请人抚养至今，故对二申请人的主张予以支持。

【典型意义】

父母作为未成年人的法定监护人，应当履行法定监护职责。本案中，被申请人作为未成年人的母亲，长期不履行对于子女的监护职责，而由未成年人的祖父母实际进行抚养、照顾等监护义务。将监护人变更为未成年人的祖父母，不但符合实际的监护情况，也符合包括被申请人在内的各方利害关系人的意愿，符合未成年人保护的立法意旨。实践中，祖父母抚养孙子女等留守儿童的现象日益普遍，在作为法定监护人的父母不履行或者不能履行监护职责的情况下，赋予祖父母监护人身份，有利于稳定家庭关系及社会秩序，促进未成年人权益保障，这也是本案的典型意义所在。

徐某被撤销监护人资格案

《最高人民法院发布 12 起侵害未成年人权益被撤销监护人资格典型案例》第 4 号

2016 年 5 月 31 日

【基本案情】

徐某某出生于 2010 年 2 月 21 日，出生后被遗弃在江苏省常州市武进区某寺庙门外，由该寺庙出家人释某抱回寺内。因徐某某需落户口，释某年纪较大，不符合收养要求。2011 年 12 月 29 日，徐某某由寺庙出家人徐某收养，并办理了收养登记手续。徐某某先由徐某的妹妹、妹夫代养，后又送回该寺庙抚养，由徐某及寺内其他人员共同照顾。2014 年 9 月 25 日，徐某某被送至常州市儿童福利院，寺庙支付了保育教育费、寄养儿童伙食费等费用共计 19480 元。徐某某被送至常州市儿童福利院后，徐某未探望过徐某某，亦未支付过徐某某的相关费用。徐某某患有脑裂畸形，至今未治愈。

【裁判结果】

江苏省常州市天宁区人民法院认为，监护人不履行监护职责或者侵害被监护人的合法权益的，应当承担责任，人民法院可以根据有关人员或者有关单位的申请，撤销监护人的资格。徐某某生父母不详，且患有脑裂畸形疾病。2014 年 9 月 25 日，徐某某由某寺庙送至常州市儿童福利院抚养至今，其间，徐某长期不履行监护职责，庭审中亦明确表示其不具备抚养、监护徐某某的能力。申请人常州市儿童福利院愿意担任徐某某的监护人，并已自 2014 年 9 月 25 日起实际履行了监护职责。故申请人常州市儿童福利院申请撤销被申请人徐某的监护资格，由申请人担任徐某某的监护人，符合法律规定，应当予以支持。判决：一、撤销被申请人徐某对徐某某的监护人资格。二、指定常州市儿童福利院为徐某某的监护人。该判决为终审判决，现已生效。

【典型意义】

本案是一起撤销因收养关系形成的监护权案件。不履行监护职责的消极不作为行为，导致未成年人身心健康受到侵害的行为，亦应认定为监护侵害行为。徐某与徐某某通过收养关系成为其监护人，但实际上徐某某一直由多人轮流抚养，徐某某患有脑裂畸形，因徐某怠于行使监护职责，无法进行手术医治，已严重影响了徐某某的健康成长，在徐某某被送至常州市儿童福利院后，徐某未探望过徐某某，亦未支付过相关费用，其不履行监护职责的行为构成对徐某某的侵害。徐某某年仅5岁，且患有脑裂畸形疾病，无法主动维护其自身权益，其是一名弃婴，无法查明其亲生父母及近亲属的情况。常州市儿童福利院作为民政部门设立的未成年人救助保护机构，对徐某某进行了抚养、照顾，实际承担了监护职责，由其作为申请人提出申请符合法律规定，体现了国家监护制度对于未成年人监护权益的补充和保障，指定其作为徐某某的监护人，也符合未成年人利益最大化原则和本案的实际情况。

耿某某、马某被撤销监护人资格案

《最高人民法院发布12起侵害未成年人权益被撤销监护人资格典型案例》第5号

2016年5月31日

【基本案情】

被申请人耿某某、马某系同居关系，双方于2007年4月生育儿子耿某一。马某有智力残疾，耿某某经常因为家庭琐事殴打耿某一，给耿某一造成了严重的身体和精神上的伤害。耿某某也经常殴打马某，致使马某离家出走，下落不明。公安机关在调查耿某一被殴打时，耿某某也离家出走，下落不明。耿某一的祖父、祖母均已去世，耿某一的外祖父、外祖母已经离婚，与其外祖母已无联系，其外祖父无正式工作，体弱多病无力作为监护人承担监护责任。由于父母均出走，耿某一独自一人在家，社区居委会、兴山区团委及鹤岗市团委为了保护未成年人的合法权益，将耿某一送至鹤岗市流浪乞讨人员救助站即鹤岗市未成年人社会保护中心。为了保护耿某一的人身安全，鹤岗市流浪乞讨人员救助站作为申请人，向鹤岗市兴山区人民法院起诉要求撤销耿某某、马某的监护权。

【裁判结果】

黑龙江省鹤岗市兴山区人民法院经审理认为，耿某某经常殴打耿某一，给其造成了严重的身体及精神伤害，其已经不能继续承担监护责任。马某虽是耿某一的母亲，但是其作为限制民事行为能力人，无独立生活能力，也无力继续承担监护责任。耿某一的其他近亲属均无力作为耿某一的监护人。鹤岗市兴山区人民法院依照法律规定，对此案进行了缺席审理，判决撤销了被申请人耿某某、马某的监护人资格。指定鹤岗市民政局作为耿某一的监护人，由鹤岗市民政局所属的鹤岗市儿童福利院承担对耿某一的监护职责。

【典型意义】

本案是一起撤销监护权的典型案例。虽然我国法律对撤销监护权作了规定，但是在现实生活中撤销监护权的案件却非常少。本案在审理中的最大亮点就是为了让未成年人的利益最大化，在依法指定民政局担任监护人的同时，由民政局所属的儿童福利院承担了监护职责。现阶段我国的儿童福利院受到了国家的高度重视，其居住、教育设施、人员配备较为完善，这样的生活、教育环境更有利于未成年人的健康成长，同时也解决了剥夺监护权后未成年人的生活和教育问题。

何某某被撤销监护人资格案

《最高人民法院发布12起侵害未成年人权益被撤销监护人资格典型案例》第6号

2016年5月31日

【基本案情】

被申请人何某某系叶某某的前夫、被监护人何某一的父亲。何某某与叶某某无其他子女，双方离婚时协议何某一由叶某某抚养。何某一的外祖母已死亡。申请人叶某一系何某一的舅舅。2015年4月25日19时许，被申请人何某某前往叶某某家，将叶某某父亲和叶某某捅死，将何某一捅伤。2015年9月26日，何某一户籍地所在村委会出具证明，认为由申请人叶某一作为何某某的监护人有利于何某一成长。法院于2014年10月24日征询何某一的意见，其同意由申请人叶某一作为其监护人。

【裁判结果】

浙江省乐清市人民法院经审理认为，监护人应履行对被监护人的监护职责，暴力伤害被监护人，严重损害被监护人身心健康的，法院可以判决撤销其监护人资格。本案中，被申请人何某某捅死何某一的外祖父和母亲，并捅伤何某一，严重损害了何某一的身心健康，申请人叶某一作为何某一的舅舅申请撤销何某某的监护资格，应予以支持，由申请人叶某一担任何某一的监护人更有利于何某一走出心理阴影、健康成长。依照法律相关规定，判决撤销被申请人何某某监护人资格，指定申请人叶某一作为何某一的监护人。该判决现已发生法律效力。

【典型意义】

本案是一起父亲故意伤害子女而被撤销监护权的典型案例。父母作为子女的法定监护人，本应保护被监护人的身体健康，照顾被监护人的生活，被申请人何某某却将被监护人何某一捅成重伤（二级），令人扼腕。法院依照有关法律规定，撤销被申请人何某某某作为何某一监护人的资格，充分保障了未成年人的合法权益。审理过程中，对于指定何人为何某一的监护人，法院充分考虑了何某一本人的意愿和其户籍地所在村委会的意见，从有利于何某一走出心理阴影、健康成长的角度考虑，指定何某一的舅舅叶某一担任其监护人。

周某被撤销监护人资格案

《最高人民法院发布 12 起侵害未成年人权益被撤销监护人资格典型案例》第 7 号

2016 年 5 月 31 日

【基本案情】

申请人秦某某、周某某系夫妻关系，1978 年 6 月领养了周某。1999 年至 2000 年，秦某某、周某某因周某吸食毒品屡教不改并偷拿家中财物导致矛盾激化，双方于 2000 年 11 月 21 日经上海市长宁区人民法院主持调解，解除了秦某某、周某某与周某之间养父母与养女关系。2005 年 3 月 23 日，周某在外非婚生育一女，取名周某一。2005 年 6 月，周某找到秦某某、周某某希望能暂时代为照顾周某一。但当老两口接手孩子后，周某只是每年偶尔来看看孩子，也未支付过抚养费。自 2013 年 2 月起，周某未再看望过周某一，也未履行抚养义务，经秦某某、周某某多次电话联系，仍无法联系到周某。周某一现就读于上海市某小学四年级，成绩优良，但因被申请人周某未履行监护职责，未能办理户籍。

本案在审理期间法院委托上海市阳光社区青少年事务中心长宁工作站进行社会观护。社会观护员反映：周某一自幼由二申请人照顾，被申请人偶尔回家一次。现一年多没有回家或者联系周某一。平时申请人周某某负责接送周某一，课余经常带周某一去各种游乐场所和公园，申请人秦某某负责周某一的饮食起居和学习。周某一明确表示希望和二申请人生活在一起，不喜欢母亲周某。因为周某下落不明以及消极处理周某一的户籍问题，导致周某一目前处于没有户籍、没有医保、没有身份证的状况，亦增加了二申请人的经济负担。社会观护员建议从保障未成年人权益出发，由二申请人担任周某一监护人为宜。

【裁判结果】

上海市长宁区人民法院经审理后认为，二申请人虽为年迈老人，且与未成年人周某一无法律关系、无抚养义务，但出于对未成年人的关爱之情，长期抚养周某一，并经所在居民委员会同意，向人民法院提出撤销周某的监护人资格。而在周某一的生父尚不明确情况下，生母周某作为唯一法定监护人不亲身切实履行抚养周某一的义务，不承担抚养费用，未能有效履行抚养未成年人的义务，不宜再担任周某一的监护人。鉴于二申请人长期抚养周某一，具有抚养能力，双方形成亲密抚养关系，且相关证据亦表明未成年人周某一在二申请人的照顾下成长状况良好，学习成绩优良，可以认为二申请人具备监护周某一的资格和条件。判决：一、撤销被申请人周某的监护人资格。二、变更申请人秦某某、周某某为周某一的监护人。

【典型意义】

这个案件是上海首例监护人不尽抚养义务被撤销监护权的案件。这个案件给我们的启示是，并不是只有虐待未成年子女才会受到法律制裁，监护人长期不尽抚养义务，也会被剥夺监护权，由国家或者他人代为行使监护权。孩子不是父母的私有财产，他们是国家的未来，一旦发现未成年人权益受到侵害，公民有报告的义务，这样才会逐步减少未成年人权益受侵害的现象。

何某某被撤销监护人资格案

《最高人民法院发布12起侵害未成年人权益被撤销监护人资格典型案例》第8号

2016年5月31日

【基本案情】

被申请人何某某（女）与案外人杨某某原系夫妻，双方协议离婚时约定婚生女儿杨某随被申请人何某某共同生活。2013年上半年至2014年7月13日期间，被申请人何某某的情人张某某在明知杨某是未满14周岁幼女的情况下，先后多次让何某某将杨某带到遂昌县某宾馆房间内，由何某某做杨某的思想工作后，与杨某发生性关系。2015 年 7 月 3 日，遂昌法院以强奸罪分别判处张某某有期徒刑十年六个月，何某某有期徒刑十年。案发后，杨某随其父亲杨某某共同生活。

【裁判结果】

浙江省遂昌县人民法院经审理认为，监护人应当履行监护职责，保护被监护人的人身、财产及其他合法权益。本案中，被申请人何某某罔顾伦理道德、漠视法律，帮助他人性侵被监护人，严重损害了被监护人的身心健康。为维护被监护人合法权益，依照法律有关规定，判决撤销被申请人何某某作为杨某的监护人资格。该判决已发生法律效力。

【典型意义】

无论是从伦理道德还是从法律角度而言，为人父母者都应尽心尽力地对未成年子女进行管理和教育，妥善照顾未成年子女的生活，保护其身心健康和人身安全。本案被申请人何某某作为杨某的亲生母亲，却帮助他人性侵杨某，有悖伦理道德，触犯刑法规定，严重损害了被监护人杨某的身心健康。在遂昌县人民检察院告知杨某的父亲杨某某可申请撤销何某某监护人资格后，杨某某并未提起诉讼，遂昌县民政局在检察机关的建议下，向法院起诉撤销何某某的监护人资格，充分体现了司法机关、行政机关为制止监护侵害行为、维护未成年人合法权益所作的共同努力。

王某被撤销监护人资格案

《最高人民法院发布 12 起侵害未成年人权益被撤销监护人资格典型案例》第 9 号

2016 年 5 月 31 日

【基本案情】

申请人余某某、陈某某系被监护人余某一的祖父、祖母，案外人余某与被申请人王某系余某一的父母。2002 年 5 月，余某因车祸亡故，余某某、陈某某、王某及余某一获赔死亡补偿费等费用，其中赔偿给王某、余某一的费用合计193897.19元。自2003年开始，被申请人王某未与余某一共同生活，余某一的生活起居由二申请人照顾，教育、医疗等费用均由二申请人支付。2008年1月25日，被申请人王某再婚，2015年3月11日离婚。庭审中，被申请人王某自认领取了余某生前单位发放给余某一的生活费等款项。

【裁判结果】

浙江省义乌市人民法院经审理认为，父母作为未成年人的监护人，应当履行监护职责，保护被监护人的人身、财产及其他合法权益，监护人不履行监护职责或侵害被监护人的合法权益的，应当承担责任。本案被申请人王某自认，从2003年开始余某一与二申请人共同生活，余某一的教育、医疗等费用均由二申请人支付，且其领取了属于余某一的生活费等款项挪作他用，可以认定被申请人王某作为余某一的监护人未尽监护职责，侵害了被监护人余某一的合法权益。申请人余某某、陈某某长期抚育照料余某一，具有监护能力，从有利于余某一学习、生活的角度出发，依照法律有关规定，判决撤销被申请人王某对余某一的监护资格，指定申请人余某某、陈某某为余某一的监护人。该判决已发生法律效力。

【典型意义】

本案是一起监护人怠于履行监护职责，侵害被监护人合法权益的典型案件。被申请人王某长期未与被监护人余某一共同生活，未对其尽到抚养、教育职责，且将属于余某一的生活费等款项挪作他用，侵犯了被监护人的财产权利。法院在审理过程中，走访了被监护人余某一所在的社区、学校及其父亲生前单位，了解被监护人的生活状况，还征询了被监护人余某一的意见，其表示已经多年未见过被申请人，愿意跟其爷爷奶奶共同生活。法院根据本案事实，从有利于余某一的生活、学习角度考虑，判决撤销王某作为余某一的监护人资格。

卢某某被撤销监护人资格案

《最高人民法院发布 12 起侵害未成年人权益被撤销监护人资格典型案例》第 10 号

2016 年 5 月 31 日

【基本案情】

卢某某系卢某一的父亲，卢某某明知卢某一未满 14 周岁且精神发育迟滞，仍与其发生性关系并导致卢某一怀孕。2015 年 12 月 14 日，四川省泸州市纳溪区人民法院以强奸罪判处卢某某有期徒刑五年六个月。现卢某某在监狱服刑。该刑事案件进入审理阶段后，法院认为应当依法撤销卢某某的监护权，遂向泸州市纳溪区民政局发出司法建议，建议泸州市纳溪区民政局申请撤销卢某某的监护权资格。泸州市纳溪区民政局接受法院司法建议，向法院申请撤销被申请人卢某某监护权。由于卢某一的母亲饶某某患有重度精神发育迟滞，卢某一的祖父母、外祖父母均已去世。现在唯有能力照顾卢某一的姑姑已经 60 多岁。

【裁判结果】

四川省泸州市纳溪区人民法院经审理认为，被申请人卢某某作为卢某一的监护人，对被监护人卢某一实施性侵，严重损害了卢某一的身心健康，已经不适合再担任卢某一的监护人，故对申请人泸州市纳溪区民政局的申请，依法予以支持。由于卢某一的母亲患重度精神发育迟滞，无独立生活能力，不能尽到监护责任，其祖父母、外祖父母均已去世，其姐姐系未成年人，无监护能力。另外，综合卢某一的其他亲属的经济条件及身体状况等因素，亦不适合担任卢某一的监护人，依照《民法通则》及《最高人民法院、最高人民检察院、公安部、民政部关于依法处理监护人侵害未成年人权益行为若干问题的意见》相关规定，依法判决撤销被申请人卢某某对卢某一的监护人资格，指定泸州市纳溪区民政局担任卢某一的监护人。宣判后，本案没有上诉，判决已发生法律效力。

【典型意义】

近年来，监护人侵害未成年人权益的事件时有发生，对未成年人身心健康造成严重伤害，引起社会各界广泛关注。为维护未成年人合法权益，最高人民法院、最高人民检察院、公安部、民政部出台规定，对处理监护人的侵害行为作出明确规定，进一步加强了未成年人司法保护和行政保护。其中，明确规定有性侵害未成年人等七种情形的，法院可以判决撤销监护人资格，并赋予民政部门等申请撤销监护人资格及依法院指定担任监护人的权利。本案是由民政部门申请撤销未成年人亲生父母监护权的典型案例，法院依法撤销亲生父亲监护人资格，指定民政部门担任监护人，并积极协调对其进行安置、救助，最大限度保障了未成年人的合法权益，赢得了较高的社会评价，并为处理该类型案件提供了可供参考的司法样本。

卿某某被撤销监护人资格案

《最高人民法院发布12起侵害未成年人权益被撤销监护人资格典型案例》第11号

2016年5月31日

【基本案情】

被申请人卿某某与桂某某于1997年同居生活，1999年8月11日女儿卿某出生。2005年桂某某因病去世后，卿某某与钟某某再婚，又于2012年离婚。此后卿某某便独自带着卿某租房居住。在此期间，卿某某多次强奸卿某。人民法院于2014年12月5日，判处卿某某有期徒刑十三年零六个月，现卿某某在监狱服刑。自卿某某被公安机关羁押之后，卿某一直独自居住在廉租房内，由民政局进行救助。

【裁判结果】

湖北省利川市人民法院经审理认为，被申请人卿某某对女儿卿某实施了性侵害，严重侵害被监护人的权益，依照《最高人民法院、最高人民检察院、公安部、民政部关于依法处理监护人侵害未成年人权益行为若干问题的意见》

第 35 条第 1 项的规定，对被申请人卿某某的监护权应依法予以撤销。

同时法院认为，申请人利川市民政局作为履行社会保障职责的国家机关，在收到利川市人民检察院的书面建议后，及时将卿某视为孤儿进行救助，并向法院提出申请，要求撤销被申请人卿某某对卿某的监护权，自愿承担对卿某的监护职责。这不仅能够为卿某今后的生活提供经济保障，还能够协调相关部门解决卿某的教育、医疗、心理疏导等一系列问题。从对未成年人“特殊”“优先”保护原则和未成年人最大利益原则出发，由申请人利川市民政局取得卿某的监护权，更有利于保护卿某的生存、受教育、医疗保障等权利，更有利于卿某的身心健康。依照《民法通则》《未成年人保护法》等有关规定，判决：一、撤销被申请人卿某某对卿某的监护权。二、指定利川市民政局作为卿某的监护人。该判决已发生法律效力。

【典型意义】

本案是一起监护人对亲生女儿实施性侵害后被申请撤销监护权的案件，其典型意义在于法院把涉案未成年人的帮扶救助作为审理案件的延伸，保护了未成年人的健康成长，取得了较好的社会效果。这类案件中，被监护人因受侵害，其生理、心理及亲情关系均遭到破坏，往往对未来生活充满绝望，其重建信心及恢复社会关系难度大。本案被害人遭侵害后，曾两度轻生。宣判后，法院始终把树立被害人对新生活的信心，挽救其前途命运作为工作重点，办案法官主动介入到对被害人的帮扶、救助工作中。自 2014 年起，法院每年额外申请 5000 元司法救助款，不仅解决被害人经济上的困难，更从心理上不断疏导、生活上关心关怀、学习上教育鼓励，逐渐使被害人走出心理阴影，重新回归学校。现今卿某学习刻苦，成绩优异，并当选为校学生会的干部。

吴某某被撤销监护人资格案

《最高人民法院发布12起侵害未成年人权益被撤销监护人资格典型案例》第12号

2016年5月31日

【基本案情】

吴某某（女）系广西籍来琼流浪人员，流浪于海南省琼海市，在海南省没有固定住所，没有生活经济来源。2015年4月25日，吴某某独身一人在琼海市妇幼保健院生育一名女婴吴某。4月26日早上，吴某某带着孩子私自出院，流浪在海南省琼海市嘉积镇街道。琼海市公安局嘉积派出所、嘉积镇综合办及琼海救助站相关人员找到吴某某，并将吴某某和孩子送往琼海市人民医院，吴某被收入琼海市医院新生儿科，但吴某某拒绝住院，当天便自行离开医院，不知所踪。2015年5月5日，吴某出院，交由琼海市救助站送往嘉积镇院代为抚养至今，抚育费用由琼海市救助站支付。琼海市救助站代为抚养期间，向吴某某的父亲及母亲发出抚养信函，吴某某父母亲于2015年7月8日声明：因年事已高，且家庭经济困难，无能力抚养，故自愿放弃对外孙女（吴某）的抚养权。2015年7月22日，琼海市救助站报请琼海市嘉积镇派出所依法传唤吴某某到派出所商讨女婴抚养事宜，吴某某当场发表自愿放弃孩子抚养权和监护权的声明。2015年8月25日，琼海市救助站于2015年11月2日起诉至法院。

【裁判结果】

海南省琼海市人民法院经审理认为，吴某某系流浪人员，没有生活来源，经济困难，虽为孩子的母亲，但未尽照顾孩子的责任，甚至将孩子丢弃于医院，私自离开。孩子出院以后，均由琼海市救助站抚养。吴某某的父母亲也表示因经济困难，无法抚养孩子而放弃抚养权。孩子的父亲也不知何人。为有利于孩子的健康和成长，依照《民法通则》第十六条之规定，撤销被申请人吴某某对吴某的监护人资格，指定申请人琼海市流浪乞讨人员救助管理站为吴某的监护人。

【典型意义】

从本案情况来看，吴某某作为吴某的母亲，是吴某第一监护人，但吴某某长期在外流浪，没有固定住所，没有生活来源，事实上无法承担起监护孩子职责。吴某某在孩子出生后，没有承担起抚养孩子义务，孩子一直交由琼海市救助站抚养，在琼海市嘉积镇派出所调解和法院审理期间，明确声明自愿放弃孩子抚养权和监护权。基于保护女婴生命和健康成长需要，琼海市救助站依法提起了撤销监护权诉讼，琼海市人民法院根据《最高人民法院、最高人民检察院、公安部、民政部关于依法处理监护人侵害未成年人权益行为若干问题的意见》第 35 条的规定，撤销吴某某的监护人资格，指定申请人琼海市流浪乞讨人员救助管理站为吴某的监护人。判决彰显了国家保护未成年人理念，也为民政部门、人民法院依法履行未成年人国家监护职责提供了范本。

程某申请撤销李某监护人资格案

《最高人民法院发布反家庭暴力法实施一周年十大典型案例》第 1 号

2017 年 3 月 8 日

【基本案情】

程某（女）与李某系夫妻关系，婚生子李某程。因李某程哭闹，李某在吸毒后用手扇打李某程头面部，造成李某程硬膜下大量积液，左额叶、左颞叶脑挫伤，经鉴定为重伤二级。后李某被判处有期徒刑七年。中华少年儿童慈善救助基金会（以下简称基金会）对李某程及程某展开救助，为李某程筹集部分医疗及生活费用。基金会与程某签订《共同监护协议》，约定由基金会作为李某程的辅助监护人，与程某共同监护李某程，并由程某向北京市通州区人民法院起诉撤销李某的监护人资格，同时确认基金会为李某程的辅助监护人。还约定，为了使李某程更好地康复，经征得程某同意，基金会可以寻找合适的寄养机构照料李某程。程某向北京市通州区人民法院提出申请，请求撤销李某对李某程的监护人资格；指定基金会作为李某程的辅助监护人，与程某共同监护李某程。基金会以第三人身份参加诉讼。

【裁判结果】

北京市通州区人民法院判决撤销李某的监护人资格；驳回了程某的其他申请。

【典型意义】

本案是一起未成年人母亲申请撤销父亲监护人资格的案件。撤销监护人资格制度，是未成年人权益保护的重要手段，目的是及时终止对未成年人的家庭伤害，提供安全庇护，促进未成年人健康成长。李某作为李某程之父，不仅未尽到对孩子的关怀照顾义务，反而在吸毒后将不足三个月的幼儿李某程殴打至重伤二级，严重侵害了未成年人合法权益。程某作为李某程之母，申请撤销李某对李某程的监护人资格，符合《反家庭暴力法》的规定，法院予以支持。在撤销李某监护人资格的同时，为保障李某程的合法权益，法院判决程某作为李某程的法定监护人，应积极履行对李某程的监护义务。

虽然基金会在筹集善款、及时救治李某程的过程中，起到了积极的作用，其行为应当得到表彰和肯定，但基金会并不在法定的监护人主体范围内，且我国法律法规中并无辅助监护人的概念。因此对于程某要求基金会担任辅助监护人的请求，法院不予支持。

林某虐待子女被撤销监护人资格案

——全国首例撤销监护人资格判决

《保护未成年人权益十大优秀案例》第3号

2019年5月31日

【基本案情】

被申请人林某，女，系福建省某县村民。林某于2004年生育小龙，因小龙的生父一直身份不明，故小龙自出生后一直随林某共同生活。林某曾有过三四次不成功的婚姻，生活中不但对小龙疏于管教，经常让小龙挨饿，而且多次殴打小龙，致使小龙后背满是伤疤。自2013年8月始，当地政府、妇联、村委会干部及派出所民警多次对林某进行批评教育，但林某仍拒不悔改。

2014 年 5 月 29 日凌晨，林某再次用菜刀划伤小龙的后背、双臂。同年 6 月 13 日，该村村民委员会以被申请人林某长期对小龙的虐待行为已严重影响小龙的身心健康为由，向法院提出请求依法撤销林某对小龙监护人资格的申请。审理期间，法院征求小龙的意见，其表示不愿意随其母林某共同生活。

【裁判结果】

法院经审理认为，监护人应当履行监护职责，保护被监护人的身体健康、照顾被监护人的生活，对被监护人进行管理和教育，履行相应的监护职责。被申请人林某作为小龙的监护人，采取打骂等手段对小龙长期虐待，经有关单位教育后仍拒不悔改，继续对小龙实施虐待，其行为已经严重损害小龙的身心健康，故不宜再担任小龙的监护人。依法撤销林某对小龙的监护人资格，并依法指定该村民委员会担任小龙的监护人。

【典型意义】

本案受理后，该县人民法院主动探索由村民委员会作为申请主体申请撤销监护失当未成年人的监护权转移工作，并根据法律有关规定，在没有其他近亲属和朋友可以担任监护人的情况下，按照最有利于被监护人成长的原则，指定当地村民委员会担任小龙的监护人，通过充分发挥审判职能作用向社会表达一种对未成年人关爱的新视角。宣判后，该院还主动与市、县有关部门积极沟通，对小龙做了及时妥善安置，切实维护未成年人的合法权益。

最高人民法院、最高人民检察院、公安部、民政部于 2014 年 12 月 18 日联合发布了《关于依法处理监护人侵害未成年人权益行为若干问题的意见》（以下简称《意见》），对各级人民法院处理监护权撤销案件的相关问题作了较为明确的规定。该《意见》颁布之前，我国关于监护权撤销制度的规定主要是《民法通则》第十八条和《未成年人保护法》第五十三条，有关规定较为笼统模糊。本案在《意见》出台之前即作出了撤销监护人资格的判决，是开我国撤销监护权之先例，直接推动了《意见》的颁布，为《意见》中有关有权申请撤销监护人资格的主体及撤销后的安置问题等规定的出台，贡献了实践经验。本案例于 2015 年被全国妇联评为首届全国维护妇女儿童权益十大案例。

困境儿童指定监护人案

——柳州市儿童福利院申请确定监护人纠纷案

《人民法院大力弘扬社会主义核心价值观十大典型民事案例》案例十

2020 年 5 月 13 日

核心价值：未成年人保护

【基本案情】

绍某某自幼母亲下落不明，其满月后不久，便被其父绍某甲抱送至大姑母绍某乙家中抚养。2013 年，绍某甲、绍某乙的丈夫相继去世，而绍某乙患有严重眼疾且无固定生活来源，无法继续照顾绍某某，绍某某被安置在其小姑母绍某丙家中生活。然而，绍某丙无暇照看绍某某，无法保障绍某某读书、吃饭等生活成长的基本需求，导致绍某某长期处于流浪状态。2018 年 1 月，绍某某在政府等有关部门的帮助下进入柳州市救助站进行临时保护。2018 年 2 月，柳州市救助站以绍某某属困境儿童身份为由，将其转移至柳州市儿童福利院生活至今。同年 8 月，柳州市民政局和儿童福利院、柳北区政府与绍某某所在街道社区多次协商后，书面确认由柳州市儿童福利院担任绍某某合法监护人，并向法院提交了指定监护人申请书。本案由柳州市柳北区政府督办，柳北区人民检察院支持起诉。

【裁判结果】

柳州市柳北区人民法院认为，对绍某某有监护资格的人员均已丧失监护能力或不愿意担任监护人，儿童福利院作为民政局下属的事业单位，对未成年人负有社会救助职责。为切实保障绍某某的合法权益，使其能在有合法监护人监护的情况下，尽快解决落户及正常上学等实际问题，该院依法判决，指定柳州市儿童福利院为绍某某的合法监护人。

【典型意义】

儿童是家庭的希望，是国家和民族的未来，确保儿童健康成长是全社会共同的责任。本案系广西壮族自治区首例由检察机关支持起诉的困境儿童指定监护人案件，审理法院从充分保护未成年人合法权益的角度出发，通过法律程序指定社会福利机构作为监护人，这是人民法院在家事审判改革中进行的有益探索和实践。该案判决依法保护了未成年人的合法权益，充分体现了司法的人文关怀。

陈某被撤销监护权案

《最高人民法院发布依法严惩侵害未成年人权益典型案例》第 6 号
2020 年 5 月 18 日

【基本案情】

陈某未婚生育一子小吕，小吕出生后被诊断患有多种疾病，治疗费用高昂且难以治愈。小吕生父瞿某因病身亡，陈某自小吕出生起便将小吕滞留在医院不予照料。法院以遗弃罪判处陈某有期徒刑十个月。小吕被送至上海市儿童临时看护中心。鉴于小吕生父身亡，母亲未尽监护人职责，且小吕祖辈均表示无力抚养小吕，上海市儿童临时看护中心向普陀区人民法院提起诉讼，要求撤销陈某的监护权，并指定第三人静安区某居委会作为小吕的监护人承担监护责任。

【裁判结果】

法院经审理认为，父母有抚养、教育和保护未成年子女，保障其健康成长的义务。被申请人陈某作为小吕的母亲，对患有多种疾病的小吕不履行监护职责，拒绝抚养，不提供小吕所必需的生活、医疗保障，严重侵害了未成年人的合法权益。故对申请人上海市儿童临时看护中心要求撤销陈某对小吕监护人资格的申请，依法予以支持。由于被监护人小吕目前没有其他亲属适合作为其监护人，第三人上海市静安区某居委会作为陈某户籍所在地居委会，表示愿意承担小吕的监护职责，故指定该居委会作为小吕监护人。

【典型意义】

本案是司法实践中多部门联合保护未成年人合法权益的典型案例。案件受理后，法院开展庭前社会调查，聘请社会观护员对相关监护人及本案的后续安置、抚养、审核监护机构资质等情况进行审查。在审理过程中，坚持依法高效原则，申请撤销监护人资格与申请确认监护人两案同时立案、同步审理、同日判决。在没有其他近亲属适合担任监护人的情况下，按照最有利于被监护人成长原则，指定当地居委会担任小吕的监护人，避免被监护人出现监护真空的困境。宣判后，办案法院和法官持续对当事人进行跟踪回访，关爱观护其健康成长。

柳州市社会福利院申请作为无民事行为能力人指定监护人案

《人民法院老年人权益保护十大典型案例》案例十

2021 年 2 月 24 日

关键词：社会福利机构；老年人监护

【基本案情】

被申请人孙某某，自幼智力残疾，生活无法自理，一直随其母生活。2008 年，孙某某母亲年迈卧床，其所在单位主动将母子二人送至柳州市社会福利院，并办理自费入院手续。2011 年母亲因病过世后，孙某某在福利院的照看下生活至今。福利院为了更好尽到监护职责，分别向民政局和孙某某所在社区居委会反映情况，经多部门协商认为，在找寻孙某某亲人无果的情况下，继续由福利院照顾较好。2018 年 3 月，福利院委托广西脑科医院对孙某某身体情况进行司法鉴定。5 月，福利院向法院申请依法宣告孙某某为无民事行为能力人，并指定福利院作为其合法监护人。

【裁判结果】

广西壮族自治区柳州市柳北区人民法院审理认为，被申请人孙某某经广西脑科医院司法鉴定所法医精神病鉴定为无民事行为能力人。另，法院主动依职权调查查明，被申请人孙某某在柳州市社会福利院居住生活了 8 年，无配偶、无子女；其母亲人事档案显示，孙某某的近亲属有父亲、哥哥，但无二人具体信息。孙某某长期置于无人监护的处境，柳州市社会福利院已实际保护被监护人的身体健康，照顾被监护人的生活，管理和保护被监护人的财产，对被监护人进行管理和教育等。为更好地维护孙某某的利益，指定柳州市社会福利院作为孙某某的合法监护人。若孙某某的父亲、哥哥出现，可依法另行主张权利。

【典型意义】

老年人是社会弱势群体，保障其合法权益是全社会的共同责任。在法定顺位监护人多年缺失，无人履行监护职责的情况下，从充分保护和落实无民事行为能力人合法权益的角度出发，经法律程序指定、已形成长期基本生活依赖且担负实际监护责任的社会福利机构作为监护人，是依法保障老年人权益的有益尝试和探索，取得了良好的法律效果和社会效果。本案审理贯彻了家事案件多元化处理原则，法院与政府相关部门之间通力协作，体现了相关职能部门通过司法途径维护和保障老年人合法权益的努力。

某民政局诉刘某监护权纠纷案

——遗弃未成年子女可依法撤销监护权

《未成年人司法保护典型案例》第 6 号

2021 年 3 月 2 日

2018 年 7 月 22 日，刘某在医院生育一名女婴后，于同月 24 日将该女婴遗弃在医院女更衣室内。女婴被发现后由民政局下属的某儿童福利院代为抚养。公安局经调查发现，刘某还曾在 2015 年 1 月 29 日，将其所生的一名男婴遗弃在居民楼内。民政局向法院提起诉讼，以刘某犯遗弃罪，已不适合履行监护职责，申请撤销刘某的监护权，民政局愿意承担该女婴的监护责任，指定其下属的某儿童福利院抚养女婴。

法院经审理认为，刘某将出生三天的未成年子女遗弃，拒绝抚养，严重侵害被监护人的合法权益，符合撤销监护人资格的情形。被监护人自被生母刘某遗弃以来，某儿童福利院代为抚养至今，综合考虑被监护人生父不明、刘某父母年龄和经济状况、村民委员会的具体情况，由民政部门取得被监护人的监护权，更有利于保护被监护人的生存、医疗、教育等合法权益。综上，法院判决撤销刘某的监护权，指定民政局作为该名女婴的监护人。其后，刘某被法院以遗弃罪判处刑罚。

本案的典型意义在于：父母是未成年子女的法定监护人，有保护被监护人的身体健康，照顾被监护人的生活，管理和教育被监护人的法定职责。监护权既是一种权利，更是法定义务。父母不依法履行监护职责，严重侵害被监护人合法权益的，有关个人或组织可以依法申请撤销其监护人资格，并依法指定监护人。在重新指定监护人时，如果没有依法具有监护资格的人，一般由民政部门担任监护人，也可以由具备履行监护职责条件的被监护人住所地的居民委员会、村民委员会担任。国家机关和社会组织兜底监护是家庭监护的重要补充，是保护未成年人合法权益的坚强后盾。未成年人的健康成长不仅需要司法及时发挥防线作用，更需要全社会协同发力，建立起全方位的权益保障体系，为国家的希望和未来保驾护航。

广州市黄埔区民政局与陈某金申请变更监护人案

《人民法院贯彻实施民法典典型案例（第一批）》案例一

2022年2月25日

【典型意义】

习近平总书记强调，孩子们成长得更好，是我们最大的心愿。[①] 本案是人民法院、人民检察院和民政部门联动护航困境少年的典型范例。《民法典》和新修订的《未成年人保护法》完善了公职监护人制度，明确规定在没有依法具有监护资格的人时，由民政部门承担未成年人的监护责任。审理法院以判决形式确定由民政部门担任监护人，为民政部门规范适用相关法律履行公职监护职责提供了司法实践样本，推动《民法典》确立的以家庭、社会和国家为一体的多元监护格局落实落地。

【基本案情】

吴某，2010年10月28日出生，于2011年8月22日被收养。吴某为智

① 习近平在同全国各族少年儿童代表共庆“六一”国际儿童节时的讲话（2013年5月29日）。

力残疾三级，其养父母于 2012 年和 2014 年先后因病死亡，后由其养祖母陈某金作为监护人。除每月 500 余元农村养老保险及每年 2000 余元社区股份分红外，陈某金无其他经济收入来源，且陈某金年事已高并有疾病在身。吴某的外祖父母也年事已高亦无经济收入来源。2018 年起，陈某金多次向街道和区民政局申请将吴某送往儿童福利机构养育、照料。为妥善做好吴某的后期监护，广州市黄埔区民政局依照《民法典》相关规定向人民法院申请变更吴某的监护人为民政部门，广州市黄埔区人民检察院出庭支持民政部门的变更申请。

【裁判结果】

生效裁判认为，被监护人吴某为未成年人，且智力残疾三级，养父母均已去世，陈某金作为吴某的养祖母，年事已高并有疾病在身，经济状况较差，已无能力抚养吴某。鉴于陈某金已不适宜继续承担吴某的监护职责，而吴某的外祖父母同样不具备监护能力，且陈某金同意将吴某的监护权变更给广州市黄埔区民政局，将吴某的监护人由陈某金变更为广州市黄埔区民政局不仅符合法律规定，还可以为吴某提供更好的生活、教育环境，更有利于吴某的健康成长。故判决自 2021 年 7 月 23 日起，吴某的监护人由陈某金变更为广州市黄埔区民政局。

【民法典条文指引】

第二十七条 父母是未成年子女的监护人。

未成年人的父母已经死亡或者没有监护能力的，由下列有监护能力的人按顺序担任监护人：

（一）祖父母、外祖父母；

（二）兄、姐；

（三）其他愿意担任监护人的个人或者组织，但是须经未成年人住所地的居民委员会、村民委员会或者民政部门同意。

第三十二条 没有依法具有监护资格的人的，监护人由民政部门担任，也可以由具备履行监护职责条件的被监护人住所地的居民委员会、村民委员会担任。

梅河口市儿童福利院与张某柔申请撤销监护人资格案

《人民法院贯彻实施民法典典型案例（第一批）》案例二

2022年2月25日

【典型意义】

未成年人是祖国的未来和民族的希望，进一步加强未成年人司法保护是新时代对人民法院工作提出的更高要求。本案是适用《民法典》相关规定，依法撤销监护人资格的典型案例。《民法典》扩大了监护人的范围，进一步严格了监护责任，对撤销监护人资格的情形作出了明确规定。本案中，未成年人生母构成遗弃罪，为切实保护未成年人合法权益，梅河口市儿童福利院申请撤销监护人资格并申请指定其作为监护人。人民法院依法判决支持其申请，彰显了司法的态度和温度。

【基本案情】

2021年3月14日3时许，张某柔在吉林省梅河口市某烧烤店内生育一女婴（非婚生，暂无法确认生父），随后将女婴遗弃在梅河口市某村露天垃圾箱内。当日9时30分许，女婴被群众发现并报案，梅河口市公安局民警将女婴送至医院抢救治疗。2021年3月21日，女婴出院并被梅河口市儿童福利院抚养至今，取名“党心”（化名）。张某柔因犯遗弃罪，被判刑。目前，张某柔仍不履行抚养义务，其近亲属亦无抚养意愿。梅河口市儿童福利院申请撤销张某柔监护人资格，并申请由该福利院作为党心的监护人。梅河口市人民检察院出庭支持梅河口市儿童福利院的申请。

【裁判结果】

生效裁判认为，父母是未成年子女的法定监护人，有保护被监护人的身体健康、照顾被监护人的生活、管理和保护被监护人的财产等义务。张某柔的遗弃行为严重损害了被监护人的身心健康和合法权益，依照《民法典》第三十六条规定，其监护人资格应当予以撤销。梅河口市儿童福利院作为为全市孤儿和残疾儿童提供社会服务的机构，能够解决党心的教育、医疗、心理疏导等一系列问题。从对未成年人特殊、优先保护原则和未成年人最大利益原则出发，由梅河口市儿童福利院作为党心的监护人，更有利于保护其生活、受教育、医疗保障等权利，故指定梅河口市儿童福利院为党心的监护人。

【民法典条文指引】

第三十六条 监护人有下列情形之一的，人民法院根据有关个人或者组织的申请，撤销其监护人资格，安排必要的临时监护措施，并按照最有利于被监护人的原则依法指定监护人：

（一）实施严重损害被监护人身心健康的行为；

（二）怠于履行监护职责，或者无法履行监护职责且拒绝将监护职责部分或者全部委托给他人，导致被监护人处于危困状态；

（三）实施严重侵害被监护人合法权益的其他行为。

本条规定的有关个人、组织包括：其他依法具有监护资格的人，居民委员会、村民委员会、学校、医疗机构、妇女联合会、残疾人联合会、未成年人保护组织、依法设立的老年人组织、民政部门等。

前款规定的个人和民政部门以外的组织未及时向人民法院申请撤销监护人资格的，民政部门应当向人民法院申请。

孙某乙申请变更监护人纠纷案

《最高人民法院发布老年人权益保护第二批典型案例》案例二

2022 年 4 月 8 日

关键词：意定监护；变更监护人

【基本案情】

被监护人孙某某现年 84 岁，曾患小儿麻痹症，有肢体残疾后遗症，父母、妻子均已过世。2019 年，孙某某的房屋因旧房改造被征收。孙某某的女儿孙某甲在其不知情的情况下，申请对孙某某行为能力鉴定并指定自己为监护人，后经司法鉴定科学研究院鉴定，法院判决宣告孙某某为限制民事行为能力人，指定孙某甲为其监护人。现孙某某侄女孙某乙起诉要求变更监护人。

经法院查明，上海市普陀区公证处出具的《公证书》载明，孙某某与孙某乙等签订的《意定监护协议》约定委任孙某乙为意定监护人、陶某某为监护监督人。房屋拆迁后，孙某某不再与孙某甲共同生活，孙某某的钱款和证件等均处于孙某乙及其父亲的保存与管理中，孙某乙对其进行照顾。审理中，法院在庭审与居住地调查中多次征询孙某某意见，其均表示希望孙某乙作为监护人。

【裁判结果】

上海市静安区人民法院认为，孙某某虽为限制民事行为能力人，但有一定的理解表达能力，其多次表示不愿意让孙某甲担任监护人、同意孙某乙担任监护人，态度十分坚决。考虑被监护人孙某某的实际状况，孙某甲在客观上无法再继续履行监护职责，亦未将监护责任部分或全部委托给他人。从有利于被监护人孙某某的角度出发，判决变更监护人为孙某乙，希望孙某乙能从维护被监护人利益的角度出发，依法行使监护的权利，认真履行监护职责，切实保护孙某某的人身、财产及其他合法权益，除为维护孙某某的利益外，不得擅自处理孙某某的财产。若孙某乙存在侵害被监护人利益的情况，孙某甲等其他愿意担任孙某某监护人的个人或组织亦可申请法院变更监护人。

【典型意义】

本案系典型的意定监护与法定监护相冲突的变更监护权案判决。法院既考量意定监护协议约定，又考量被监护人的实际生活情况，坚持最有利于被监护人原则和最大程度尊重被监护人真实意愿原则，多次征询被监护人意见，并突击走访被监护人家中和居委会，了解其真实生活与医疗等情况，综合各方因素，依法判决变更监护人。同时，积极引导监护人自觉履行监护职责，切实保障了“失智”老年人的合法利益。此外，本案裁判后，孙某某就案涉房屋拆迁的动迁利益仍在动迁组，保障了孙某某的动迁安置利益等财产安全。

乐平市民政局申请撤销罗某监护人资格案

《人民法院贯彻实施民法典典型案例（第二批）》案例一

2023 年 1 月 12 日

【典型意义】

未成年人是祖国的未来和民族的希望，进一步加强未成年人司法保护是新时代对人民法院工作提出的更高要求。本案是人民法院准确适用《民法典》关于监护制度的规定，并主动延伸司法职能，与有关部门合力守护未成年人健康成长的典型案例。本案中，人民法院根据案件具体情况依法撤销了原监护人的监护人资格，指定民政部门作为监护人，同时向民政部门发出司法建议书，协助其更好地履行监护职责，为被监护人的临时生活照料、确定收养关系、完善收养手续以及后续的生活教育提供司法服务。

【基本案情】

被申请人罗某系吴某 1（11 岁）、吴某 2（10 岁）、吴某 3（8 岁）三姐弟的生母。罗某自三子女婴幼时期起既未履行抚养教育义务，又未支付抚养费用，不履行监护职责，且与他人另组建家庭并生育子女。罗某在知道三个孩子的父亲、祖父均去世，家中无其他近亲属照料、抚养孩子的情况下，仍不管不问，拒不履行监护职责达 6 年以上，导致三子女生活处于极其危困状态。为保障三姐弟的合法权益，乐平市民政局向人民法院申请撤销罗某对三姐弟的监护人资格，并指定该民政局为三姐弟的监护人。

【裁判结果】

生效裁判认为，被申请人罗某作为被监护人吴某 1、吴某 2、吴某 3 的生母及法定监护人，在三名被监护人年幼时离家出走，6 年间未履行对子女的抚养、照顾、教育等义务；在被监护人父亲去世，三名被监护人处于无人照看、生活危困的状况下，被申请人知情后仍怠于履行监护职责，导致三名未成年人流离失所，其行为已严重侵害了三名被监护人的合法权益。监护人怠于履行监护职责导致被监护人处于危困状态，人民法院根据乐平市民政局的申请，依法撤销了罗某的监护人资格。被监护人的祖父过世，祖母情况不明，外祖父母远在贵州且从未与三名被监护人共同生活，上述顺位亲属均不能或者不适合担任吴某 1、吴某 2、吴某 3 的监护人。考虑到现在的临时照料家庭能够为孩子们提供良好的成长环境和安定的生活保障，经人民法院与乐平市民政局沟通后，明确三名被监护人由乐平市民政局监护，便于其通过相应法定程序与“临时家庭”完善收养手续，将临时照料人转变为合法收养人，与三姐弟建立起完整的亲权法律关系。如此，三姐弟能获得良好的教育、感受家庭的温暖，三个临时照料家庭的父母也能享天伦之乐。故判决自 2022 年 5 月 27 日起，吴某 1、吴某 2、吴某 3 的监护人由乐平市民政局担任。

【民法典条文指引】

第二十七条第一款　父母是未成年子女的监护人。

第三十六条　监护人有下列情形之一的，人民法院根据有关个人或者组织的申请，撤销其监护人资格，安排必要的临时监护措施，并按照最有利于被监护人的原则依法指定监护人：

（一）实施严重损害被监护人身心健康的行为；

（二）怠于履行监护职责，或者无法履行监护职责且拒绝将监护职责部分或者全部委托给他人，导致被监护人处于危困状态；

（三）实施严重侵害被监护人合法权益的其他行为。

本条规定的有关个人、组织包括：其他依法具有监护资格的人，居民委员会、村民委员会、学校、医疗机构、妇女联合会、残疾人联合会、未成年人保护组织、依法设立的老年人组织、民政部门等。

前款规定的个人和民政部门以外的组织未及时向人民法院申请撤销监护人资格的，民政部门应当向人民法院申请。

对失能老年人监护加强监督保障其得到最有利监护

——赵甲、赵乙、赵丙申请指定监护人纠纷案

《人民法院老年人权益保护第三批典型案例》案例二

2023 年 4 月 27 日

关键词：监护监督；最有利于被监护人

【基本案情】

老人严某某有赵甲、赵乙、赵丙三子女，老人自丈夫去世至患病住院前一直与赵甲共居生活。住院期间三子女均有看护，存折及证件由赵甲管理。老人现无民事行为能力。三子女就老人监护事宜存在争议，起诉申请由法院指定监护人，均主张他人存在不利监护因素，自己最适于担任老人监护人。

【裁判结果】

审理法院认为，《中华人民共和国民法典》第三十一条规定，人民法院应当尊重被监护人的真实意愿，按照最有利于被监护人的原则在依法具有监护资格的人中指定监护人。本案中，赵甲与老人长期共同生活，为最便利履行监护职责，结合照顾现状、交通条件等情况，判决指定赵甲担任严某某监护人，令其每月向赵乙、赵丙公示上一月度严某某财产管理及监护情况。

【典型意义】

随着我国社会人口老龄化程度不断加深，失能老人生活照顾、财产管理等成为困扰许多家庭的难题。被指定的监护人能否尽心尽力、依法履职，由谁来履行监督职能，更是实践操作中的堵点。本案判决按照最有利于被监护人原则，确定以监护人履职报告和定期公示为内容的创新模式，让失能老人监护归于“老人本位、家庭成员共同参与”。不仅有利于促进矛盾纾解和孝亲敬老家风建设，也对监护人监督模式进行了有益探索。

11. 探　望

黄某诉刘某探望权纠纷案

《最高人民法院发布98起未成年人审判工作典型案例》第69号
2014年11月24日

【基本案情】

原告黄某与被告刘某原系夫妻，儿子黄小某出生六个月即送至扬州外祖父母处。后双方因感情不和离婚，黄小某继续由外祖父母抚养并在扬州读幼儿园。作为父亲的黄某，自从离婚后就再也没有见到儿子黄小某。2011年12月，他向法院提起了诉讼，以上海的经济、生活条件、就学条件等更有利于孩子成长为由，坚持要在上海以每周一次的频率探望黄小某。法庭上，刘某拒绝了黄某的要求。原来，因为黄小某的探视问题，夫妻双方早就产生矛盾。为看望孩子，黄某还曾带着几个家人去扬州刘某老家，与刘某父母发生了肢体冲突。刘某认为，黄某探望孩子是假，抢孩子是真，黄小某六个月起就一直由外祖父母抚养，早已适应了扬州的生活；自己因为工作繁忙只是暂时不能将黄小某带在身边，等到黄小某要上小学时，肯定会把儿子接回上海读书。案件审理过程中，双方分歧较大，离婚时双方的对立情绪重新出现。

【裁判结果】

上海市闸北区人民法院（以下简称闸北法院）少年庭的法官经审理，认为黄某作为父亲享有探望儿子的权利，但具体的探望方式应最大限度地保障黄小某的合法权益，不应伤害孩子的身心健康。

案件审理过程中，少年庭的法官安排了具有心理学背景的社会观护员共同至扬州进行实地调查。社会观护员出具了内容翔实客观的调查报告，通过评估分析认为黄小某现今成长环境稳定、有较好的生活和教育条件，身心发展状况良好。“自我认同感初步形成，具有一定的成就感，生理上具有安全感和归属感。”同时认为，黄小某“长期与外祖父母一同生活，缺乏父爱关怀，建议有针对性地让父亲参与孩子的抚养活动”。

结合社会观护员出具的调查报告，准确考量黄小某的生活状况，闸北法院认为，黄小某现仅 4 周岁多，频繁往返上海与扬州打破了他原本稳定与平静的生活，黄某要求每周一次在上海探望孩子的诉求并不现实。以保障未成年人的合法权益为首要原则，闸北法院最终判决在黄小某学龄前由黄某每月一次前往扬州探望。在判决书的结尾，法官善意地提醒这对昔日夫妻：“原、被告虽已离婚，但作为孩子的父母对儿子的爱是永恒的。希望双方及其家人在探视问题上多考虑、多关注孩子的感受和身心健康，在家庭方面为了孩子的成长营造良好的环境。”

【案例评析】

社会观护工作是近年来上海法院未成年人民事审判工作中积极推进的一项创新工作，具有积极的意义。

本案中，法院所聘请的社会观护员具有心理学背景，其出具的社会调查报告反映出黄小某现今的成长环境稳定、有较好的生活和教育条件，身心发展状况良好。参考社会调查报告，法院从未成年人利益最大化角度出发，判决原告赴扬州进行探望，保障了未成年人利益。

本案是上海市闸北区人民法院少年庭异地开展社会观护的典型案件。

张某诉郭某某探望权纠纷案

《最高人民法院发布 98 起未成年人审判工作典型案例》第 70 号

2014 年 11 月 24 日

【基本案情】

原告张某与被告郭某某原系夫妻。张某在妊娠期间发现郭某某与其他异性有暧昧关系，因而产生矛盾。张某与郭某某婚生之女小郭 1 岁时被诊断患有运动发育迟缓，一级伤残，两人矛盾加剧。此后，张、郭二人先后向法院起诉离婚，因张某处于哺乳期等原因均未获支持。2012 年，郭某某再次向法院起诉离婚，张某同意，法院判决女儿小郭由父亲郭某某抚养，考虑到张、郭之间矛盾严重激化，未支持张某的探望权请求。一审判决后，张某以探望女儿是母亲的法定权利等为由提出上诉。二审法院驳回上诉，维持原判。半年后，张某再次起诉要求探望。

【裁判结果】

审理期间，在上海市普陀区人民法院（以下简称普陀法院）少年庭法官的主持下，原、被告达成协议，原告每月第二周周日至女儿小郭住处进行探望，具体探望次数可随着原、被告关系的改善逐步增加。为更好地解决矛盾纠纷，普陀法院向当事人建议，可以设置社会探望监督人及亲属探望监督人。经过原、被告一致认可，上海市普陀区石泉街道阳光青少年社工薛某某、被告阿姨葛某某担任探望监督人，后续探望中若发生争议，由探望监督人协助解决。原告遂主动申请撤诉，普陀法院裁定准许。

案件审结后，法官与探望监督人一起至被告郭某某住处走访，在与被告及家属深入沟通交流后，他们对法院的配合度、认可度大幅提升。对于探望中可能产生新的矛盾的顾虑，法官当即请被告阿姨葛某某表态，其承诺每次探望时都到场监督，及时化解矛盾争议，消除双方矛盾隐患，并与法官一起对被告及家属进行了有效的劝解。社工薛某某也告知被告家属，若结案后出现新的矛盾争议，可第一时间寻求她的帮助，她会利用植根社区、贴近群众的优势，确保矛盾争议第一时间化解。社会、亲属探望监督人的双重设置，彻底打消了原、被告及各自家属的顾虑并达成探望协议。法官与社工一起上门回访时，双方均表示探望权履行情况良好，双方关系大为改善。

【案例评析】

在探望权纠纷案件审理中普遍存在的“调查难”“调解难”和“执行难”的“三难”问题，如何有效地执行探望权案件的判决，是少年庭法官长期思考的问题。

该案在审理探望权纠纷案件中引入探望监督人制度，解决了有利于查明案件的当事人本人和家庭的真实情况，有利于化解矛盾纠纷，有利于体现司法公正公开，确保探望权人依法、合理履行探望权，从而依法保护了未成年人的合法权益，使他们能够更加健康地成长。

根据后续的跟踪，该案的执行情况正常，两家的关系缓和。本案是全国首例运用探望监督人制度的案件，是人民法院参与社会管理创新，整合各方资源，借助社会力量，化解案件矛盾纠纷，维护和保障未成年人合法权益的有益尝试，为进一步完善少年审判制度注入了新鲜的经验。

孙某勇诉贾某洁探望权纠纷案

《最高人民法院发布98起未成年人审判工作典型案例》第89号
2014年11月24日

【基本案情】

原告孙某勇与被告贾某洁于2007年11月结婚，2008年8月27日协议离婚。2008年9月3日，被告贾某洁生一女孙某，后该女由孙某勇抚养。2009年4月20日，因孩子的探望权问题，贾某洁诉至法院，该院作出调解书，对贾某洁探望女儿的时间、方式作出约定。2009年8月、2010年，原告孙某勇两次诉至法院，要求变更贾某洁对孙某的探望方式和时间，法院均判决驳回孙某勇的诉讼请求。2012年9月5日孙某勇以“孙某已入学，调解书的执行不利于孩子的身心健康”为由，向法院要求变更被告贾某洁对孙某的探望方式和探望时间。经审查，孙某勇、贾某洁均在济南居住生活。孙某勇称其平时上班没有时间照看孙某，故孙某在寿光市第一中学幼儿园入托，由孙某勇的父母代为照看。对于探望方式、时间的变更，孙某勇认为，希望考虑孩子的学习情况，变更成一种长期可执行的方式，每月一到两次，寒暑假可灵活处理。

【裁判结果】

济南市市中区人民法院认为，原告再次要求变更探视时间和方式的诉讼请求不当，为此驳回孙某勇的诉讼请求。宣判后，原告孙某勇不服，提出上诉。济南市中级人民法院二审认为，孙某勇、贾某洁和孙某分处两地，探望时间、空间均受客观限制，原定探望方式的实现存在实际困难；对于符合现状的探望方式、时间，因贾某洁未到庭参加诉讼，无法征求其意见，法院将依据实际情况合理酌定。依照相关法律规定，撤销一审民事判决，判决自2013年9月起，被上诉人贾某洁每月探视孙某两次，孙某勇负有协助义务。

【案例评析】

本案较好地体现了探望权裁判应遵从儿童利益优先原则并兼顾履行及执行。探望权的履行因父母感情破裂而存在障碍，确定合理的探望方式非常重要。法官应在全面考察双方当事人的居住、工作情况的基础上，以子女利益（生活、学习、身心健康）优先为首要原则，同时充分兼顾今后探望权的履行及执行，寻找到各方利益平衡点并确定最佳探望方式，最大程度上实现探望权的立法初衷，保障子女及父母双方的合法权益。

王某辉诉柴某探望权纠纷案

——莫让孩子受到再一次的伤害

《最高人民法院公布10起婚姻家庭纠纷典型案例（河南）》第1号

2015年11月20日

【基本案情】

原告王某辉与被告柴某经人介绍相识后于2012年10月6日按照农村习俗举行典礼仪式后开始同居生活，2013年9月12日生育女儿王某瑶，后双方解除同居关系。王某辉与柴某曾因非婚生女王某瑶的抚养权纠纷诉至法院，2015年6月2日，鹤壁市浚县人民法院判决非婚生女王某瑶暂随原告柴某生活，待其成年后随父随母由其自择。2015年7月20日，原告王某辉因探望权纠纷到法院起诉。

【裁判结果】

浚县人民法院认为，本案中原被告的非婚生女儿王某瑶与被告共同生活，原告作为父亲，有权探望王某瑶。现双方对原告探望权的具体时间和方式有不同意见，法院本着既要考虑不影响子女的正常生活，又要增加女儿同父亲的沟通交流、减轻子女因父母解除同居关系而带来的家庭破碎感以及既有利于子女今后身心健康成长，又能维护原告合法权利的原则，依照《婚姻法》第三十八条第一款、第二款的规定，判决原告王某辉自判决生效之日起，可于每月第一周周日9时至17时探望女儿王某瑶一次，被告柴某应予以协助。

【典型意义】

探望权是基于父母子女身份关系不直接抚养方享有的与未成年子女探望、联系、会面、交往、短期共同生活的法定权利。离婚后不直接抚养子女方探视子女产生纠纷的原因较多，问题很复杂，其产生的根源往往是由于双方“草率”离婚时对处理子女抚养及对方探望子女考虑不周，以至于产生矛盾隔阂。我国《婚姻法》对探望权的规定比较原则，仅有一条“离婚后，不直接抚养子女的父或母，有探望子女的权利，另一方有协助的义务。行使探望权利的方式、时间由当事人协议；协议不成时，由人民法院判决”。此类案件在审理时，法院在确定探望的时间和方式上，应从有利于子女的身心健康、且不影响子女的正常生活和学习的角度考虑，探望的方式亦应灵活多样，简便易行，具有可操作性，便于当事人行使权利和法院的有效执行。

何某某与蒋某某探望权纠纷案

《最高人民法院公布 49 起婚姻家庭纠纷典型案例》第 21 号

2015 年 12 月 4 日

【基本案情】

2010 年 8 月 24 日，原告何某某、被告蒋某某经法院判决离婚，婚生小孩何某珈由被告蒋某某抚养，原告何某某每月给付小孩抚养费 450 元，直至小孩 18 周岁止。判决生效后，原告每月现金支付小孩抚养费。后来因为原告未给付小孩抚养费被告申请法院强制执行，华容县人民法院执行局作出裁定要求原告每月打款进被告账户给付抚养费，从 2010 年 11 月份至起诉时止共计 47 张银行存款凭证。2013 年 10 月 2 日被告把小孩住院医药发票给原告，要求给付相应费用而没有给付后，被告就没有让原告探望小孩至今。另外，原告于 2012 年 2 月 29 日和 2013 年 3 月 30 日分别支付 900 元和 310 元小孩医疗费用。另查明，何某珈于 2010 年 3 月 9 日生，现在校读书。

【裁判结果】

湖南省华容县人民法院依法判决原告何某某每月最后一个周末探望婚生

儿子何某珈一次直至成年，被告蒋某某应予协助。

【典型意义】

夫妻离婚后，不直接抚养子女的一方，有探望子女的权利，另一方应予协助配合。本案中被告因小孩住院期间原告父亲去医院探望小孩没有买东西，以及原告没有马上给付小孩医疗费用而不给原告探望小孩，是不利于小孩身心健康成长的。原、被告虽已离婚，但是无法隔断父母双方与子女之间的血缘关系和情感纽带，父亲在儿子的成长过程中有着无可替代的重要地位和作用，被告不能因为原、被告双方家庭之间的矛盾影响到原告的合法权益和小孩的健康成长。法院希望双方在今后探望小孩问题上本着互谅互让、有利于小孩身心健康成长为准则，遇事多克制、协商。法院考虑从既不影响小孩现有正常生活和学习，又增加儿子与父亲的沟通交流，既维护原告的合法权益又有利于小孩身心健康成长的目的出发，酌情作出上述判决。

韩某诉杨某铭探望权纠纷案

《最高人民法院公布49起婚姻家庭纠纷典型案例》第29号

2015年12月4日

【基本案情】

韩某与杨某铭于2014年12月1日离婚，婚生女孩杨某涵（2011年12月1日出生）归杨某铭抚养，韩某每月支付抚养费1000元。现韩某以杨某铭不让看望孩子为由，于2015年3月11日起诉来院。

【裁判结果】

原审法院判决韩某每周探视婚生女儿杨某涵一次。每次探视的时间限于周五17时韩某亲自将孩子从杨某铭处接走，次日晚17时前韩某将孩子送回，杨某铭应予以协助。杨某铭起诉要求改判每个月探视两次，且不能过夜。沈阳市中级人民法院经审理认为：韩某作为杨某涵的母亲，有探望孩子的权利，杨某铭具有协助的义务，原审确认的韩某探望子女时间，符合法律规定，予以维持。关于杨某铭提出因民族信仰不适宜被接走、韩某不能保证孩子安全、韩某工作性质不能保证陪孩子时间等上诉理由，因未能提供证据加以证明，缺乏事实及法律依据，不予支持。杨某铭提出必须按时给付抚养费才能探望孩子的上诉理由，因抚养费已经生效判决认定，与本案并非同一法律关系，本案不予处理。杨某铭的该项上诉理由，不能得到支持。判决驳回上诉，维持原判。

【典型意义】

《婚姻法》第三十八条规定，离婚后，不直接抚养子女的父或母，有探望子女的权利，另一方有协助的义务。行使探望权利的方式、时间由当事人协议；协议不成时，由人民法院判决。父或母探望子女，不利于子女身心健康的，由人民法院依法中止探望的权利；中止的事由消失后，应当恢复探望的权利。离婚后不直接抚养孩子的一方具有探望孩子的法定的权利，另一方不应以先行给付抚养费等理由加以干涉、阻挠。离婚后的双方应当本着有利于孩子身心健康的原则，对子女探望、教育等事项进行协商解决，为孩子营造和谐的成长环境。

马某臣、段某娥诉于某艳探望权纠纷案

《人民法院贯彻实施民法典典型案例（第二批）》案例十一

2023 年 1 月 12 日

【典型意义】

近年来，（外）祖父母起诉要求探视（外）孙子女的案件不断增多，突出反映了社会生活对保障“隔代探望权”的司法需求。《民法典》虽未对隔代探望权作出规定，但《民法典》第十条明确了处理民事纠纷的依据。按照我国风俗习惯，隔代近亲属探望（外）孙子女符合社会广泛认可的人伦情理，不违背公序良俗。本案依法支持原告探望孙女的诉讼请求，符合《民法典》立法目的和弘扬社会主义核心价值观的要求，对保障未成年人身心健康成长和维护老年人合法权益具有积极意义。

【基本案情】

原告马某臣、段某娥系马某豪父母。被告于某艳与马某豪原系夫妻关系，两人于 2018 年 2 月 14 日办理结婚登记，2019 年 6 月 30 日生育女儿马某。2019 年 8 月 14 日，马某豪在工作时因电击意外去世。目前，马某一直随被告于某艳共同生活。原告因探望孙女马某与被告发生矛盾，协商未果，现诉至法院，请求判令：每周五下午 6 点原告从被告处将马某接走，周日下午 6 点被告将马某从原告处接回；寒暑假由原告陪伴马某。

【裁判结果】

生效裁判认为，马某臣、段某娥夫妇老年痛失独子，要求探望孙女是人之常情，符合《民法典》立法精神。马某臣、段某娥夫妇探望孙女，既可缓解老人丧子之痛，也能使孙女从老人处得到关爱，有利于其健康成长。我国祖孙三代之间的关系十分密切，一概否定（外）祖父母对（外）孙子女的探望权不符合公序良俗。因此，对于马某臣、段某娥要求探望孙女的诉求，人民法院予以支持。遵循有利于未成年人成长原则，综合考虑马某的年龄、居住情况及双方家庭关系等因素，判决：马某臣、段某娥对马某享有探望权，每月探望两次，每次不超过五个小时，于某艳可在场陪同或予以协助。

【民法典条文指引】

第十条　处理民事纠纷，应当依照法律；法律没有规定的，可以适用习惯，但是不得违背公序良俗。

第一千零四十三条　家庭应当树立优良家风，弘扬家庭美德，重视家庭文明建设。

夫妻应当互相忠实，互相尊重，互相关爱；家庭成员应当敬老爱幼，互相帮助，维护平等、和睦、文明的婚姻家庭关系。

12. 继　承

赵某诉王某丁、张某等人法定继承纠纷案

《最高人民法院发布 98 起未成年人审判工作典型案例》第 64 号

2014 年 11 月 24 日

【基本案情】

武某系王某甲之母。赵某与王某甲系夫妻关系，二人育有一子王某乙，一女王某丙，王某甲于 2009 年 7 月 2 日死亡。张某与王某乙系夫妻关系，于 2004 年共同生育一女王某丁，王某乙于 2013 年 11 月 25 日死亡。赵某与王某甲在北京市通州区共有房屋十二间，现王某甲、王某乙均已去世，赵某、张某及王某丁等人对上述房屋继承事宜发生争议，故诉至北京市通州区人民法院，请求依法分割房屋十二间。本案审理过程中，赵某、王某丙、王某丁、张某、武某均同意法院主持调解。

【裁判结果】

经北京市通州区人民法院调解，双方当事人自愿达成如下协议：一、坐落于北京市通州区正房八间归原告赵某所有；二、坐落于北京市通州区正房四间中，西数第一间和西数第二间的半间归被告王某丁所有，西数第二间的半间归被告张某所有，西数第三间归被告武某所有，西数第四间归被告王某丙所有，为便于被告武某、王某丙通行使用，被告王某丁、张某应予以协助；三、双方就被继承人王某甲的所有遗产均分割完毕，再无其他争议。

【案例评析】

法定继承纠纷在农村地区属常见民事案件。本案中，王某丁和其母张某系智力残疾，生活能力严重不足，如果严格依照法律规定判决，将对二人十分不利。为促成双方和解，承办法官尝试将心理学咨询理论引入民事调解工作，引导双方换位思考，启发情感共鸣。最终，双方冰释前嫌，握手言和。

结案后，法官注意到王某丁因经济压力无法到特殊教育学校就读。为呵护未成年人健康成长，法官通过北京高院向中国人权发展基金会申请了救助基金，并多次与培智学校联系沟通，最终促成王某丁成功入学。王某丁的亲属专程送来锦旗表达谢意，北京电视台、《北京晚报》《北京青年报》《法制晚报》《新京报》等多家媒体也纷纷进行了报道，收到了良好的社会效果。

张某等诉杨某继承纠纷案

《最高人民法院公布10起弘扬社会主义核心价值观典型案例》第4号

2016年3月8日

【基本案情】

原告张某夫妇及其子与被告杨某的父亲是邻居关系。自20世纪50年代以来，张某夫妇给予杨某父亲很多照顾，双方一直相处较好，往来较多。杨某多年未与父亲来往，直至2011年11月，才取得联系，并探望了父亲。此后，杨某父亲在住院期间，口头表示将其房屋遗赠给张某的儿子，并有多位证人在场证明。2012年3月，杨某父亲去世。后原、被告因杨某父亲的遗产继承问题发生诉讼，人民法院依法判决杨某父亲的房屋归张某的儿子所有，其他财产由杨某继承。

【典型意义】

弘扬的价值：友善互助

“远亲不如近邻”。邻里关系是人们生活中的重要关系，邻里之间互帮互助，是我国社会的优良传统和善良风俗。倡导、培育和维护良好的邻里关系，是互相关照、互相理解、和谐相处的社区建设的重要内容。本案中，杨某的父亲长期受到张某夫妇及其儿子的照顾，杨某的父亲将其房产遗赠给张某的儿子，于法有据，于情合理，人民法院依法予以支持。

陈某某、陈某祥与陈某英等遗嘱继承纠纷案

《最高人民法院公布 10 起残疾人权益保障典型案例》第 5 号

2016 年 5 月 14 日

【基本案情】

陈某某系双下肢瘫痪的残疾人，因其大嫂陈某英意图占有陈某某父母遗嘱留给陈某某及其弟陈某祥的房产，陈某某、陈某祥向人民法院起诉，请求确认某楼房第一层归陈某某所有；判决确认某楼房第二层至第六层东边全部归陈某祥占有、使用。人民法院在依法确认遗嘱效力的基础上，根据查明的案涉房屋还未取得房屋管理部门颁发的房屋所有权证书的事实，判决案涉房屋的占有、使用的权益依照遗嘱内容分别由陈某某、陈某祥继承。

【典型意义】

依法切实维护残疾人的继承权

残疾人的继承权依法不受侵犯。本案中陈某某虽身体有严重残疾，但作为出嫁女，其父母在处分遗产时，并未坚持当地民间传统中将房产只传男不传女的习惯，将案涉部分房产以遗嘱的形式明确由身体有残疾的陈某某继承。人民法院通过判决的形式依法确认了遗嘱的效力，切实保护了陈某某的财产继承权，为陈某某日后的生活所需提供了坚实的物质保障。

自愿赡养老人继承遗产案

——高某翔诉高甲、高乙、高丙继承纠纷案

《人民法院大力弘扬社会主义核心价值观十大典型民事案例》案例九

2020 年 5 月 13 日

核心价值：中华孝道

【基本案情】

高某启与李某分别系高某翔的祖父母，高某翔没有工作，专职照顾高某启与李某生活直至二人去世，高某启与李某后事由高某翔出资办理。高某启与李某去世前立下代书遗嘱，主要内容为因高某翔照顾老人，二人去世后将居住的回迁房屋送给高某翔。高甲、高乙、高丙为高某启与李某的子女，案涉回迁房屋系高某启、李某与高甲交换房产所得。高甲、高乙、高丙认为案涉代书遗嘱的代书人是高某翔的妻子，且没有见证人在场，遗嘱无效。高某翔以上述三人为被告提起诉讼，请求确认高某启、李某所立案涉遗嘱合法有效，以及确认其因继承取得案涉回迁房屋的所有权。

【裁判结果】

鞍山市中级人民法院认为，高某翔提供的代书遗嘱因代书人是高某翔的妻子，在代书遗嘱时双方是恋爱关系，这种特殊亲密的关系与高某翔取得遗产存在身份和利益上的利害关系，属于《继承法》第十八条规定的禁止代书人，因此其代书行为不符合代书遗嘱的法定形式要求，应属无效。本案应当按照法定继承进行处理。高某翔虽然不是法定第一顺序继承人，但其自愿赡养高某启、李某并承担了丧葬费用，根据《继承法》第十四条的规定，继承人以外的对被继承人扶养较多的人，可以分配给他们适当的遗产，高某翔可以视为第一顺序继承人。

《继承法》第十四条所规定的“适当分配遗产”，是指与非继承人所行扶养行为相适应，和其他有赡养义务的继承人所尽赡养义务相比较的适当比例。高某翔虽没有赡养祖父母的法定义务，但其能专职侍奉生病的祖父母多年直

至老人病故，使老人得以安享晚年，高某翔几乎尽到了对高某启、李某两位被继承人生养死葬的全部扶养行为，这正是良好社会道德风尚的具体体现，并足以让社会、家庭给予褒奖。而本案其他继承人有能力抚养老人，但仅是在老人患病期间轮流护理，与高某翔之后数年对患病老人的照顾相比，高甲、高乙、高丙的行为不能认为尽到了扶养义务。据此，高某翔有权获得与其巨大付出相适应的继承案涉回迁房屋的权利。

【典型意义】

遗产继承处理的不仅是当事人之间的财产关系，还关系到家庭伦理和社会道德风尚，继承人应当本着互谅互让、和睦团结的精神消除误会，积极修复亲情关系，共促良好家风。本案中，高某翔虽没有赡养祖父母的法定义务，但其能专职侍奉生病的祖父母多年直至老人病故，是良好社会道德风尚的具体体现，应当予以鼓励。本案裁判结合《继承法》的规定对高某翔的赡养行为给予高度肯定，确定了其作为非法定继承人享有第一顺位的继承权利，并结合其赡养行为对高某翔适当继承遗产的范围进行合理认定，实现了情理法的有机融合，弘扬了团结友爱、孝老爱亲的中华民族传统美德。

贾某诉李某某继承纠纷案

《人民法院老年人权益保护十大典型案例》案例七

2021 年 2 月 24 日

关键词：分配遗产中照顾老年人利益；优良家风；多元化纠纷解决机制

【基本案情】

李某某系被继承人曹某某母亲，年近七十。贾某系曹某某妻子，双方于 2019 年 6 月 4 日登记结婚。2019 年 8 月 7 日曹某某因所在单位组织的体育活动中突发疾病去世。曹某某父亲已于之前去世，曹某某无其他继承人。被继承人曹某某去世后，名下遗留房产若干、存款若干元及其生前单位赔偿金、抚恤金若干元。贾某诉请均分曹某某遗产。本案在审理过程中，人民法院引入了专业的心理咨询师参与庭前准备工作，逐步缓解失独老人不愿应诉、拒绝沟通的心态，同时也对原告进行心理介入，疏导其与被告的对立情绪；在庭审中做了细致的心理工作，宣解中华传统优良家风，修复了双方因失去亲人造成的误解和疏远。本案虽然并未当庭达成和解，但在宣判之后，双方当事人多次向合议庭表达满意，并在本案一审判决生效后自行履行完毕。

【裁判结果】

陕西省西安市新城区人民法院认为，本案被继承人无遗嘱，应按照法定继承进行遗产分配。对被继承人尽了主要抚养义务或者与被继承人共同生活的继承人，分配遗产时，可以多分。结合对子女抚养的付出及贾某与被继承人结婚、共同生活时间、家庭日常贡献等因素，酌定遗产分配比例为：贾某分配 20%，李某某分配 80%。工亡补助金部分不属于遗产范围，被继承人单位已考虑实际情况对李某某予以充分照顾，故二人各分配 50%。

【典型意义】

本案被继承人无遗嘱，应以法定继承进行遗产分配。对被继承人尽了主要扶养义务或者与被继承人共同生活的继承人，分配遗产时可以多分。被继承人母亲将其抚养长大，付出良多，痛失独子，亦失去了照顾其安度晚年的人，理应在遗产分配时予以照顾。法院在审理此类涉及保护老年人权益案件及遗产继承纠纷案件时，应注重对当事人进行心理疏导工作，充分释明法律规定，宣讲优良家风，修复双方的对立关系；利用多元化纠纷解决机制，化解家庭矛盾，弘扬中华孝文化，体现老有所养、尊老爱幼、维护亲情的和谐家风。

汪某红诉汪某华继承纠纷案

《最高人民法院、中国残疾人联合会残疾人权益保护十大典型案例》案例一

2021 年 12 月 2 日

【基本案情】

汪某红为持证智力残疾人，残疾等级贰级，经当地民政局审核，符合农

村居民最低生活保障政策有关规定，享受最低生活保障。汪某富系汪某红之父，汪某华系汪某富养子。1988 年，汪某富将汪某华、汪某红共同居住的房屋翻新重建。1996 年因洪水冲毁部分房屋，汪某华重新建设了牛栏等附属房屋；后又建设厨房、洗澡间各一间，并对房屋进行了修缮。汪某富去世后，2019 年，案涉房屋被列入拆迁范围，汪某华与某某人民政府签订《房屋拆迁安置补偿协议》，约定含主体房屋、附属房及简易房、附属物在内的拆迁补偿价款共 490286.7 元，汪某华实际领取。汪某红认可其中部分房屋由汪某华建设，扣除相应补偿款后剩余款项为 314168 元。汪某红起诉请求汪某华返还其中的 23 万元。

【裁判结果】

安徽省宁国市人民法院经审理认为，汪某华作为养子，对汪某富进行赡养并承担了汪某富的丧葬事宜。汪某红享有低保且生活困难，分配遗产时亦应对其进行照顾。综合考虑涉案房屋及部分附属设施的建造、管理以及继承人赡养汪某富等实际情况，酌定汪某红继承的财产份额为 30%，即 94250 元（314168 元 ×30%）。遂判决汪某华支付汪某红 94250 元。

安徽省宣城市中级人民法院经审理认为，汪某红系智力残疾人，其家庭为享受最低生活保障的特殊家庭。依据《继承法》第十三条第二款有关“对生活有特殊困难的缺乏劳动能力的继承人，分配遗产时，应当予以照顾”的规定，人民法院在确定遗产继承份额时应给予汪某红特殊照顾及倾斜保护。汪某华应向汪某红支付拆迁补偿款 157084 元（314168 元 ×50%）。遂撤销一审判决，改判汪某华支付汪某红拆迁补偿款 157084 元。

【典型意义】

通常情况下，同一顺序的各个法定继承人，在生活状况、劳动能力和对被继承人所尽的赡养义务等方面条件基本相同或相近时，继承份额均等。一审法院认定汪某华对被继承人履行了较多的赡养义务，同时对于遗产有较大贡献，进而认定其有权继承遗产的 70%。从法律层面分析，似乎并无不当。但是，《继承法》同时规定，对于生活有特殊困难、缺乏劳动能力的继承人，分配遗产时应当予以照顾。本案中，汪某红及其配偶均身有残疾，其家庭经区民政局审核享受最低生活保障。汪某红生活具有特殊困难，符合《继承法》

关于遗产分配时照顾有困难的特殊人群的规定。鉴于此，二审法院在遗产分配时，从照顾汪某红生活需要的角度出发，在一审判决的基础上，对遗产分配比例进行了调整，较好地实现了法理与情理的有机统一。

苏某甲诉李某田等法定继承纠纷案

《人民法院贯彻实施民法典典型案例（第一批）》案例八

2022 年 2 月 25 日

【典型意义】

本案是适用《民法典》关于侄甥代位继承制度的典型案例。侄甥代位继承系《民法典》新设立的制度，符合我国民间传统，有利于保障财产在血缘家族内部的流转，减少产生遗产无人继承的状况，同时促进亲属关系的发展，引导人们重视亲属亲情，从而减少家族矛盾、促进社会和谐。本案中，审理法院还适用了遗产的酌给制度，即对继承人以外的对被继承人扶养较多的人适当分给遗产，体现了权利义务相一致原则，弘扬了积极妥善赡养老人的传统美德，充分体现了社会主义核心价值观的要求。

【基本案情】

被继承人苏某泉于 2018 年 3 月死亡，其父母和妻子均先于其死亡，生前未生育和收养子女。苏某泉的姐姐苏某乙先于苏某泉死亡，苏某泉无其他兄弟姐妹。苏某甲系苏某乙的养女。李某田是苏某泉堂姐的儿子，李某禾是李某田的儿子。苏某泉生前未立遗嘱，也未立遗赠扶养协议。上海市徐汇区华泾路某弄某号某室房屋的登记权利人为苏某泉、李某禾，共同共有。苏某泉的梅花牌手表 1 块及钻戒 1 枚由李某田保管中。苏某甲起诉请求，依法继承系争房屋中属于被继承人苏某泉的产权份额及梅花牌手表 1 块和钻戒 1 枚。

【裁判结果】

生效裁判认为，当事人一致确认苏某泉生前未立遗嘱，也未立遗赠扶养协议，故苏某泉的遗产应由其继承人按照法定继承办理。苏某甲系苏某泉姐姐苏某乙的养子女，在苏某乙先于苏某泉死亡且苏某泉的遗产无人继承又无人受遗赠的情况下，根据《最高人民法院关于适用〈中华人民共和国民法典〉时间效力的若干规定》第十四条的规定，适用《民法典》第一千一百二十八条第二款和第三款的规定，苏某甲有权作为苏某泉的法定继承人继承苏某泉的遗产。另外，李某田与苏某泉长期共同居住，苏某泉生病在护理院期间的事宜由李某田负责处理，费用由李某田代为支付，苏某泉的丧葬事宜也由李某田操办，相较苏某甲，李某田对苏某泉尽了更多的扶养义务，故李某田作为继承人以外对被继承人扶养较多的人，可以分得适当遗产且可多于苏某甲。对于苏某泉名下系争房屋的产权份额和梅花牌手表 1 块及钻戒 1 枚，法院考虑到有利于生产生活、便于执行的原则，判归李某田所有并由李某田向苏某甲给付房屋折价款人民币 60 万元。

【民法典条文指引】

第一千一百二十八条　被继承人的子女先于被继承人死亡的，由被继承人的子女的直系晚辈血亲代位继承。

被继承人的兄弟姐妹先于被继承人死亡的，由被继承人的兄弟姐妹的子女代位继承。

代位继承人一般只能继承被代位继承人有权继承的遗产份额。

欧某士申请指定遗产管理人案

《人民法院贯彻实施民法典典型案例（第一批）》案例九

2022 年 2 月 25 日

【典型意义】

侨乡涉侨房产因年代久远、继承人散落海外往往析产确权困难，存在管养维护责任长期处于搁置或争议状态的窘境，不少历史风貌建筑因此而残破贬损。本案中，审理法院巧用《民法典》新创设的遗产管理人法律制度，创造性地在可查明的继承人中引入管养房屋方案“竞标”方式，让具有管养维护遗产房屋优势条件的部分继承人担任侨房遗产管理人，妥善解决了涉侨祖宅的管养维护问题，充分彰显了《民法典》以人为本、物尽其用的价值追求，为侨乡历史建筑的司法保护开创了一条全新路径。

【基本案情】

厦门市思明区某处房屋原业主为魏姜氏（19 世纪生人）。魏姜氏育有三女一子，该四支继承人各自向下已经延嗣到第五代，但其中儿子一支无任何可查信息，幼女一支散落海外情况不明，仅长女和次女两支部分继承人居住在境内。因继承人无法穷尽查明，长女和次女两支继承人曾历经两代、长达 10 年的继承诉讼，仍未能顺利实现继承析产。《民法典》实施后，长女一支继承人以欧某士为代表提出，可由生活在境内的可查明信息的两支继承人共同管理祖宅；次女一支继承人则提出，遗产房屋不具有共同管理的条件，应由现实际居住在境内且别无住处的次女一支继承人中的陈某萍和陈某芬担任遗产管理人。

【裁判结果】

生效裁判认为，魏姜氏遗产的多名继承人目前下落不明、信息不明，遗产房屋将在较长时间内不能明确所有权人，其管养维护责任可能长期无法得到有效落实，确有必要在析产分割条件成就前尽快依法确定管理责任人。而魏姜氏生前未留有遗嘱，未指定其遗嘱执行人或遗产管理人，在案各继承人之间就遗产管理问题又分歧巨大、未能协商达成一致意见，故当秉承最有利于遗产保护、管理、债权债务清理的原则，在综合考虑被继承人内心意愿、各继承人与被继承人亲疏远近关系、各继承人管理保护遗产的能力水平等方面因素，确定案涉遗产房屋的合适管理人。次女魏某燕一支在魏姜氏生前尽到主要赡养义务，与产权人关系较为亲近，且历代长期居住在遗产房屋内并曾主持危房改造，与遗产房屋有更深的历史情感联系，对周边人居环境更为熟悉，更有实际能力履行管养维护职责，更有能力清理遗产上可能存在的债权债务；长女魏某静一支可查后人现均居住漳州市，客观上无法对房屋尽到充分、周到的管养维护责任。故，由魏某静一支继承人跨市管理案涉遗产房屋暂不具备客观条件；魏某燕一支继承人能够协商支持由陈某萍、陈某芬共同管理案涉遗产房屋，符合遗产效用最大化原则。因此判决指定陈某萍、陈某芬为魏姜氏房屋的遗产管理人。

【民法典条文指引】

第一千一百四十六条 对遗产管理人的确定有争议的，利害关系人可以向人民法院申请指定遗产管理人。

曾某泉、曾某军、曾某、李某军与孙某学婚姻家庭纠纷案

《人民法院贯彻实施民法典典型案例（第二批）》案例十二
2023 年 1 月 12 日

【典型意义】

本案是人民法院弘扬新时代优良家风，维护尽到赡养义务的成年继子女权益的典型案例。《民法典》明确规定了有扶养关系的继子女与婚生子女、非婚生子女、养子女同属于子女范畴。审理法院依法认定对继父母尽到赡养义务的成年继子女属于有扶养关系的继子女，享有继父母死亡抚恤金分配权，同时确定年老患病的遗孀享有更多分配份额，为弘扬敬老爱老的传统美德，鼓励互助互爱的优良家风提供了现实样例。

【基本案情】

曾某彬（男）与曾某泉、曾某军、曾某三人系父子关系，孙某学（女）与李某军系母子关系。2006 年，李某军 34 岁时，曾某彬与孙某学登记结婚。2019 年 11 月 4 日，曾某彬去世，其单位向孙某学发放一次性死亡抚恤金 163536 元。曾某彬生前十余年一直与孙某学、李某军共同在李某军所有的房屋中居住生活。曾某彬患有矽肺，孙某学患有（直肠）腺癌，李某军对曾某彬履行了赡养义务。曾某泉三兄弟主张李某军在曾某彬与孙某学结婚时已经成年，双方未形成扶养关系，故李某军不具有上述死亡抚恤金的分配资格。

【裁判结果】

生效裁判认为，一次性死亡抚恤金是针对死者近亲属的一种抚恤，应参照继承相关法律规范进行处理。本案应由曾某彬的配偶、子女参与分配，子女包括有扶养关系的继子女。成年继子女对继父母履行了赡养义务的，应认定为有扶养关系的继子女。本案中，曾某彬与孙某学再婚时，李某军虽已成年，但三人共同居住生活在李某军所有的房屋长达十余年，形成了《民法典》

第一千零四十五条第三款规定的更为紧密的家庭成员关系，且曾某彬患有矽肺，孙某学患有癌症，二人均需家人照顾，根据案件事实可以认定李某军对曾某彬履行了赡养义务。考虑到孙某学年老患病且缺乏劳动能力，遂判决孙某学享有曾某彬一次性死亡抚恤金40%的份额，李某军与曾某泉三兄弟各享有15%的份额。

【民法典条文指引】

第一千零四十三条 家庭应当树立优良家风，弘扬家庭美德，重视家庭文明建设。

夫妻应当互相忠实，互相尊重，互相关爱；家庭成员应当敬老爱幼，互相帮助，维护平等、和睦、文明的婚姻家庭关系。

第一千零四十五条 亲属包括配偶、血亲和姻亲。

配偶、父母、子女、兄弟姐妹、祖父母、外祖父母、孙子女、外孙子女为近亲属。

配偶、父母、子女和其他共同生活的近亲属为家庭成员。

第一千一百二十七条 遗产按照下列顺序继承：

（一）第一顺序：配偶、子女、父母；

（二）第二顺序：兄弟姐妹、祖父母、外祖父母。

继承开始后，由第一顺序继承人继承，第二顺序继承人不继承；没有第一顺序继承人继承的，由第二顺序继承人继承。

本编所称子女，包括婚生子女、非婚生子女、养子女和有扶养关系的继子女。

本编所称父母，包括生父母、养父母和有扶养关系的继父母。

本编所称兄弟姐妹，包括同父母的兄弟姐妹、同父异母或者同母异父的兄弟姐妹、养兄弟姐妹、有扶养关系的继兄弟姐妹。

第一千一百三十条 同一顺序继承人继承遗产的份额，一般应当均等。

对生活有特殊困难又缺乏劳动能力的继承人，分配遗产时，应当予以照顾。

对被继承人尽了主要扶养义务或者与被继承人共同生活的继承人，分配遗产时，可以多分。

有扶养能力和有扶养条件的继承人，不尽扶养义务的，分配遗产时，应当不分或者少分。

继承人协商同意的，也可以不均等。

刘某起与刘某海、刘某霞、刘某华遗嘱继承纠纷案

《人民法院贯彻实施民法典典型案例（第二批）》案例十三

2023 年 1 月 12 日

【典型意义】

《民法典》顺应时代的变化，回应人民群众的新需要，将打印遗嘱新增规定为法定遗嘱形式。本案依据打印遗嘱规则，准确认定打印遗嘱的成立和生效要件，明确打印人的不同不影响打印遗嘱的认定。打印遗嘱应当有两个以上见证人在场见证，否则不符合法律规定的形式要件，应认定打印遗嘱无效。本案有利于推动打印遗嘱规则在司法实践中的正确适用，有利于践行《民法典》的新增亮点规定，对于依法维护老年人的遗嘱权益，保障继承权的行使具有重要意义。

【基本案情】

刘某海、刘某起系刘某与张某的子女。张某和刘某分别于 2010 年与 2018 年死亡。刘某起持有《遗嘱》一份，为打印件，加盖有立遗嘱人张某人名章和手印，另见证人处有律师祁某、陈某的署名文字。刘某起称该《遗嘱》系见证人根据张某意思在外打印。刘某起还提供视频录像对上述遗嘱订立过程予以佐证，但录像内容显示张某仅在一名见证人宣读遗嘱内容后，在该见证人协助下加盖人名章、捺手印。依刘某起申请，一审法院分别向两位见证人邮寄相关出庭材料，一份被退回，一份虽被签收但见证人未出庭作证。刘某海亦持有打印《遗嘱》一份，主张为刘某的见证遗嘱，落款处签署有“刘某”姓名及日期“2013 年 12 月 11 日”并捺印，另有见证律师李某、高某署名及日期。刘某订立遗嘱的过程有视频录像作为佐证。视频录像主要显示刘某在两名律师见证下签署了遗嘱。此外，作为见证人之一的律师高某出庭接受了质询，证明其与律师李某共同见证刘某订立遗嘱的过程。

【裁判结果】

生效裁判认为，刘某起提交的《遗嘱》为打印形成，应认定为打印遗嘱而非代书遗嘱。在其他继承人对该遗嘱真实性有异议的情况下，刘某起提交的遗嘱上虽有两名见证人署名，但相应录像视频并未反映见证过程全貌，且录像视频仅显示一名见证人，经法院多次释明及向《遗嘱》记载的两位见证人邮寄出庭通知书，见证人均未出庭证实《遗嘱》真实性，据此对该份《遗嘱》的效力不予认定。刘某海提交的《遗嘱》符合打印遗嘱的形式要件，亦有证据证明见证人全程在场见证，应认定为有效。

【民法典条文指引】

第一千一百三十六条 打印遗嘱应当有两个以上见证人在场见证。遗嘱人和见证人应当在遗嘱每一页签名，注明年、月、日。

丧子老人可对孙子女“隔代探望”

——沙某某诉袁某某探望权纠纷案

《第三批人民法院大力弘扬社会主义核心价值观典型民事案例》案例四

2023 年 3 月 1 日

核心价值：尊老爱幼

【基本案情】

沙某某之子丁某甲与袁某某系夫妻关系，丁某甲与袁某某于 2018 年 1 月 3 日生育双胞胎男孩丁某乙、丁某丙。同年 7 月 28 日，丁某甲去世。丁某乙、丁某丙一直与袁某某共同生活。沙某某多次联系袁某某想见孙子，均被袁某某拒绝。沙某某向人民法院起诉请求每月探望孙子两次。

【裁判结果】

审理法院认为，《中华人民共和国民法典》第一千零八十六条规定了不直接抚养子女的父亲或者母亲享有探望权，对祖父母或者外祖父母等其他近亲属是否享有探望权未作出规定。祖父母与孙子女的近亲属身份关系，不因子女离婚或去世而消灭。本案中，沙某某老年丧子，其探望孙子是寄托个人情感的需要，是保障未成年孙子健康成长的需要，是祖孙之间亲情连接和延续的重要方式，袁某某应予配合。鉴于沙某某长时间不能探望孙子，审理法院从有利于未成年人成长、不影响未成年人正常生活、促进家庭和谐的原则出发，判决沙某某每月第一个星期探望丁某乙、丁某丙一次，每次不超过两小时，双方探望前做好沟通，袁某某应予配合。

【典型意义】

习近平总书记指出，中华民族自古以来就重视家庭、重视亲情。家和万事兴、天伦之乐、尊老爱幼、贤妻良母、相夫教子、勤俭持家等，都体现了中国人的这种观念。[①] 法律规定虽然未明确将探望权的外延延伸至祖父母和外祖父母，但在子女健在的情况下，祖父母和外祖父母可以通过子女的探望权实现“探望”孙子女和外孙子女的目的；在子女死亡的情况下，允许丧子老人进行隔代探望，符合社会主义核心价值观和我国传统家庭伦理、社会道德，有益于慰藉老人情感和促进孩子健康成长，体现了司法的温度，实现了良法善治。

分配遗产时应依法保护被继承人老年配偶权益

——孙丙诉袁某、孙乙继承纠纷案

《人民法院老年人权益保护第三批典型案例》案例六

2023 年 4 月 27 日

关键词：分配遗产；保护老年配偶

【基本案情】

老人袁某与孙甲有婚生子孙乙、养女孙丙。二人有房产、存款若干。2005 年孙甲患病不能自理，住院 15 年至去世均由袁某照顾护理。孙乙因犯罪长期服刑。孙丙大学毕业到外埠工作定居。老人住院期间仅探望几次。孙甲

① 习近平在二〇一五年春节团拜会上的讲话（2015 年 2 月 17 日）。

去世尚未安葬时，孙丙即起诉要求分配遗产。

【裁判结果】

审理法院认为，原《中华人民共和国继承法》第十三条规定，同一顺序继承人继承遗产的份额，一般应当均等。对被继承人尽了主要扶养义务或者与被继承人共同生活的继承人，分配遗产时，可以多分。有扶养能力和有扶养条件的继承人，不尽扶养义务的，分配遗产时，应当不分或者少分。本案中，孙甲未留遗嘱，应当按照法定继承顺序继承，第一顺位继承人为袁某、孙乙、孙丙。袁某年过七十，存款甚少，与孙丙关系无法缓和，孙乙七年后才能出狱，袁某面临老无所依的状况。判决孙甲遗产中的房产、银行存款、抚恤金等均归袁某所有，并分别给付孙乙、孙丙少部分折价款。

【典型意义】

家庭是组成社会的最基本单元，子女赡养、夫妻扶助，是老年人步入晚年后最常见的养老方式。家庭成员应当尊重、关心和照料老年人，成年子女更是负有赡养父母的法定义务。子女与配偶虽同为第一顺位法定继承人，但在依照法定继承分配遗产时，对被继承人尽了主要扶养义务或者与被继承人共同生活的继承人，可以多分；而对有扶养能力和有扶养条件的继承人，不尽扶养义务的，应当不分或少分。本案二审考虑了各继承人履行义务的情况，并特别注意保护被继承人老年配偶的合法权益，以确保老年人老有所居、老有所养。

坚持和发展新时代“枫桥经验”，实现案结事了人和

——王某诉赵某等法定继承纠纷案

《依法妥善审理继承纠纷案件　弘扬互尊互助和谐家风
最高人民法院发布继承纠纷典型案例（第一批）》案例一
2024 年 12 月 3 日

【基本案情】

被继承人赵某与王某系夫妻关系，共生育赵一、赵二、赵三。赵某与王某二人在某村建造房屋 11 间。2000 年，赵某去世，未留有遗嘱，赵某父母也

早于赵某去世。2016 年，王某与当地人民政府房屋征收办公室签订房屋征收补偿预签协议，约定被征收房屋产权调换三套楼房及部分补偿款。王某于 2022 年收到回迁入住通知书。现王某与赵一、赵二、赵三就赵某的遗产继承事宜协商未果，诉于法院。各方对于赵某留有的遗产如何管理未有明确意见。

【裁判情况】

本案当事人除王某外，赵一、赵二、赵三均在国外生活。为妥善处理此案，审理法院前往村委会、房屋征收指挥部了解被继承人赵某的家庭成员情况、遗产范围及状况、遗产所涉债权债务等情况，并向当事人依法告知《中华人民共和国民法典》关于遗产管理人制度的规定，当事人均表示同意确定一名遗产管理人处理遗产继承事宜，并一致推选现居国内的王某作为遗产管理人。王某在审理法院引导下及时清理遗产并制作遗产清单，多次通过在线视频的方式向其他继承人报告遗产情况。经析法明理耐心调和，各方当事人最终就遗产分割达成和解协议。

【典型意义】

《中华人民共和国民法典》新增遗产管理人制度，规定了遗产管理人的选任、职责等内容。本案处理过程中，一方面，审理法院坚持和发展新时代“枫桥经验”，积极借助村委会、房屋征收指挥部的力量，全面了解遗产状况和继承人相关情况，为案件化解奠定了良好的基础。另一方面，审理法院充分发挥遗产管理人制度的作用，充分尊重当事人意愿，依法引导当事人推选出合适的继承人担任遗产管理人，并指导遗产管理人履行职责，得到了其他继承人的一致认可，是法定继承案件中适用遗产管理人制度的积极探索和有益尝试。最终，各方当事人达成和解协议，真正实现案结事了人和。

被继承人没有第一顺序继承人，且兄弟姐妹先于被继承人死亡的，由兄弟姐妹的子女代位继承

——贾某一、张某诉贾某二、贾某三继承纠纷案

《依法妥善审理继承纠纷案件　弘扬互尊互助和谐家风

最高人民法院发布继承纠纷典型案例（第一批）》案例二

2024年12月3日

【基本案情】

2021年，贾某去世，无配偶，无子女。贾某的父母、祖父母、外祖父母均先于其去世。贾某有贾某一、贾某二、贾某三、贾某四这四个兄弟姐妹。贾某四于2007年去世，生前育有一女张某。现贾某一、张某将贾某二、贾某三诉至法院，主张共同继承贾某名下房产，各享有25%的产权份额。

【裁判情况】

审理法院认为，被继承人贾某未留有遗嘱，生前无配偶及子女，父母均先于其死亡，无第一顺序继承人。第二顺序继承人中，祖父母、外祖父母均先于其去世，故应由其兄弟姐妹继承。贾某的妹妹贾某四先于贾某死亡，应由贾某四女儿张某代位继承。

同一顺序继承人继承遗产的份额，一般应当均等。对被继承人尽了主要扶养义务的继承人，分配遗产时，可以多分。本案中，贾某二、贾某三在贾某生前尽到了更多的扶养义务，在贾某去世后亦为其操办了丧葬事宜，依法应予适当多分。张某在诉讼中自愿将其应继承份额各半赠与贾某二、贾某三，系对自己权利的处分，依法予以准许。遂判决：诉争房屋由贾某一继承20%的产权份额，贾某二、贾某三各继承40%的产权份额。

【典型意义】

《中华人民共和国民法典》第一千一百二十八条第二款规定："被继承人的兄弟姐妹先于被继承人死亡的，由被继承人的兄弟姐妹的子女代位继承。"《中华人民共和国民法典》在原有被继承人子女的直系晚辈血亲代位继承的基

础上新增被继承人兄弟姐妹的子女代位继承的规定，扩大了法定继承人的范围，可以保障财产在家族内部的传承，减少产生无人继承的情况，同时促进亲属关系的发展，鼓励亲属间养老育幼、相互扶助。同时，对尽了更多扶养义务的继承人适当多分遗产，以及张某在诉讼中自愿赠与继承份额的做法，不仅体现了权利义务相一致的原则，也有力弘扬了家庭成员间互相尊重、互相帮助、维护亲情的和谐家风。

村委会善意为老人送终，继承人感恩捐赠遗产

——秦某某与程某英等继承纠纷案

《依法妥善审理继承纠纷案件　弘扬互尊互助和谐家风

最高人民法院发布继承纠纷典型案例（第一批）》案例三

2024 年 12 月 3 日

【基本案情】

程某与秦某某婚后生育程某英等四子一女。程某于 2022 年病故，因其子女均在外工作，村委会出资为其购置棺材等丧葬用品并办理了丧葬事宜。程某生前尚有存款人民币余额 9 万余元，其配偶秦某某与程某英等五个子女因继承权发生纠纷。

经当地村委会及镇综治中心、镇人民法庭共同组织调解，程某英等子女感谢村委会的帮扶，均愿意先将各自享有的遗产份额赠与秦某某，再由秦某某出面将遗产赠与村委会。经当地镇人民调解委员会主持，各方当事人就遗产份额赠与秦某某之意达成调解协议，后就调解协议共同向人民法院申请司法确认。司法确认后，秦某某将遗产赠与村委会，最终用于修缮当地道路，惠及本村友邻。

【裁判情况】

审理法院认为，各方当事人达成的调解协议，符合司法确认调解协议的法定条件，遂裁定该调解协议有效，当事人应当按照调解协议的约定自觉履行义务。

【典型意义】

《中华人民共和国民法典》第一千一百三十二条规定“继承人应当本着互谅互让、和睦团结的精神，协商处理继承问题”。本案中，村委会作为基层自治组织，主动帮助子女不在身边的村民处理身后事；继承人感恩帮扶，最终一致决定将遗产捐赠，也是一种善意的传递，弘扬了社会主义核心价值观。同时，本案也是一起通过诉前调解和司法确认，多元化解继承纠纷的典型案例。人民法院从纠纷产生便主动参与调解，与当地基层自治组织、综治中心协力促成当事人间矛盾的化解，后又应当事人申请进行了司法确认，并见证了当事人将案涉遗产赠与村委会及村委会将遗产用于修缮当地道路，参与了纠纷处理的全过程，帮助当事人既解开了法结，又打开了心结，保全了珍贵的亲情。

农村土地承包经营权不能作为遗产继承，该户其他成员继续享有承包经营权

——农某一、凌某、农某二、农某三、农某四诉农某五法定继承纠纷案

《依法妥善审理继承纠纷案件　弘扬互尊互助和谐家风
最高人民法院发布继承纠纷典型案例（第一批）》案例四
2024 年 12 月 3 日

【基本案情】

农某与凌某系夫妻，育有农某一、农某二、农某三、农某四。农某五是农某与他人所生。农某五从小随农某与凌某生活长大。农某一、农某二、农某三、农某四已另成家立户。

2017 年，农某作为承包方代表与其所在村民小组签订了《农村土地（耕地）承包合同（家庭承包方式）》。该合同的附件《农村土地承包经营权公示结果归户表》载明：承包地块总数为 5 块 5 亩，家庭成员共 3 人，成员姓名为农某、凌某、农某五。农某于 2022 年去世。农某去世后，凌某、农某一、农某二、农某三、农某四作为原告，将农某五诉至法院，要求由凌某继承农某名下土地承包经营权的 50%，余下 50% 由凌某及农某一、农某二、农某

三、农某四平均继承。

【裁判情况】

审理法院认为，农某与村民小组签订的承包合同的权利人不只是农某本人，还包括凌某和农某五，三人同为一个承包主体。当农某去世后，承包地继续由承包户其他成员继续经营，体现的是国家“增人不增地、减人不减地”的土地承包政策。农某一、农某二、农某三、农某四不是农某承包户成员，无资格取得案涉土地的承包经营权。农某去世后，案涉土地应由承包户剩余的成员凌某、农某五继续经营。凌某、农某一、农某二、农某三、农某四诉请继承土地经营权的主张没有事实和法律依据，遂判决驳回五人的诉讼请求。

【典型意义】

《中华人民共和国农村土地承包法》第十六条规定“家庭承包的承包方是本集体经济组织的农户。农户内家庭成员依法平等享有承包土地的各项权益”。农村土地承包经营权应以户为单位取得，在承包户的户主或某成员死亡后，其他成员在承包期内可以继续承包，故农村土地承包经营权不属于死者的遗产，不产生继承问题。本案对农村土地承包经营权的继承问题进行了处理，明确了裁判规则，为此类案件的审理提供了参考和借鉴。

扶养人尽到生养死葬义务，有权依据遗赠扶养协议取得遗产

——蔡某诉庞小某等遗赠扶养协议纠纷案

《倡导友善互助　弘扬敬老美德　最高人民法院发布第二批继承纠纷典型案例》案例一

2024 年 12 月 12 日

基本案情

戴某与第一任丈夫生育庞小某，丈夫于 1992 年离世。与第二任丈夫蔡某于 2017 年离婚。2019 年开始，戴某因身患多种疾病，长期卧床，需要人陪护照顾，求助庞小某，庞小某不顾不理，还表示不愿意负担母亲日后的治疗费用。戴某后与蔡某签订《协议书》，约定由蔡某作为扶养人，负责照顾戴某日

后生活起居，支付医疗费并处理丧葬事宜，戴某去世之后，将其名下房屋赠与蔡某。

签订协议后，蔡某依约履行义务直至戴某离世。蔡某处理完戴某的丧葬事宜，依据《协议书》主张权利时，庞小某拒绝协助蔡某办理房屋变更登记事宜。蔡某遂将庞小某诉至法院，请求依法取得戴某名下房屋。

裁判情况

审理法院认为，戴某与蔡某签订的《协议书》性质上属于遗赠扶养协议，是在见证人的见证下签订完成，系双方真实意思表示、合法有效。蔡某对戴某生前尽了扶养义务，在戴某死后也为其办理了殡葬等事宜，有权依据协议约定取得戴某名下房屋。庞小某作为戴某的儿子，在戴某患病情况下未履行赡养义务，在戴某去世后又主张按法定继承分配案涉房屋，其主张不能成立。遂判决蔡某受遗赠取得戴某名下房屋。

典型意义

《中华人民共和国民法典》第一千一百五十八条规定“自然人可以与继承人以外的组织或者个人签订遗赠扶养协议。按照协议，该组织或者个人承担该自然人生养死葬的义务，享有受遗赠的权利”。遗赠扶养协议制度为人民群众提供了行为准则和价值引导，有利于保障老年人“老有所养，老有所依”。如果扶养人如约履行协议约定的生养死葬的义务，人民法院应当尊重当事人意思自治，对扶养人的合法权益予以保护。

遗嘱应当为缺乏劳动能力又没有生活来源的继承人保留必要遗产份额

——刘某与范小某遗嘱继承纠纷案

《倡导友善互助　弘扬敬老美德　最高人民法院发布第二批继承纠纷典型案例》案例二

2024 年 12 月 12 日

基本案情

范某与吉某原系夫妻关系，于 1989 年育有范小某，后二人离婚，范某

2011 年与刘某再婚。范小某自 2006 年即患有肾病并于 2016 年开始透析治疗，2020 年出现脑出血。范某 2021 年 6 月订立自书遗嘱一份，载明："我所有的房产及家里的一切财产，待我百年后，由妻子刘某一人继承，产权归刘某一人所有。"

2021 年 11 月，范某去世。刘某诉至法院，要求按照遗嘱内容继承案涉房屋。诉讼中，范小某辩称其身患重病，丧失劳动能力，亦无生活来源，范某虽留有遗嘱，但该遗嘱未按照法律规定为其留有必要份额，故该遗嘱部分无效，其有权继承案涉房屋的部分份额。

裁判情况

审理法院认为，范某在自书遗嘱中指定刘某为唯一继承人虽是其真实意思表示，但因范小某作为范某的法定继承人身患肾病多年，缺乏劳动能力又无生活来源，故应为其保留必要份额。结合案涉房屋价值和双方实际生活情况，酌定由刘某给付范小某房屋折价款。遂判决：案涉房屋由刘某继承，刘某给付范小某相应房屋折价款。

典型意义

《中华人民共和国民法典》第一千一百四十一条规定："遗嘱应当为缺乏劳动能力又没有生活来源的继承人保留必要的遗产份额。"该条规定的必留份制度是对遗嘱自由的限制，旨在平衡遗嘱自由和法定继承人的利益，以求最大限度保护缺乏劳动能力又没有生活来源的继承人的生存权利。遗嘱人未为缺乏劳动能力又没有生活来源的继承人保留遗产份额的，遗产处理时，应当为该继承人留下必要的遗产，所剩余的部分，才可参照遗嘱确定的分配原则处理。本案裁判通过房屋折价补偿的方式，既保障了缺乏劳动能力又没有生活来源的范小某的权益，又尊重了范某遗嘱中财产由刘某继承的遗愿，实现了保护弱势群体权益和尊重遗嘱自由的有效平衡。

遗产酌给请求权人有权主张被继承人人身保险合同利益

——严某诉某保险公司人身保险合同纠纷案

《倡导友善互助　弘扬敬老美德　最高人民法院发布第二批继承纠纷典型案例》案例三

2024 年 12 月 12 日

基本案情

徐某系某村集体经济组织成员，为残疾人。2020 年 3 月，其所在的区残疾人联合会为其投保了团体人身意外伤害险，徐某为被保险人，限额 5 万元。保险期内，徐某因溺水死亡。

徐某生前主要由严某负责照料生活；死后，由严某料理后事。徐某无第一顺序和第二顺序继承人，所在集体经济组织向法院承诺放弃案涉保险合同下的权益，并和当地派出所共同出具书面说明，认可严某对徐某扶养较多。严某向法院起诉，请求保险公司给付保险金。

裁判情况

审理法院认为，案涉保险合同项下的保险利益为徐某遗产。徐某生前作为某村集体经济组织成员，无第一顺序和第二顺序继承人，所在村集体经济组织已书面承诺放弃案涉保险合同下的权益，对徐某扶养较多的严某有权向某保险公司主张案涉保险合同项下的保险利益。遂判决：某保险公司于判决生效之日起十日内向严某给付保险金 50000 元。

典型意义

根据《中华人民共和国保险法》第四十二条规定，人身保险被保险人死亡后，若没有指定受益人的，保险金作为被保险人的遗产，由保险人依照继承相关规定履行给付保险金的义务。本案中，徐某系人身保险的被保险人，没有指定受益人，故其死亡后，保险金应作为其遗产，由保险公司给付继承人。经过事实查明，徐某系“五保户”，无第一顺序和第二顺序继承人，所在集体经济组织又承诺放弃案涉保险合同权益，该种情形下，人民法院根据

《中华人民共和国民法典》第一千一百三十一条“对继承人以外的依靠被继承人扶养的人，或者继承人以外的对被继承人扶养较多的人，可以分给适当的遗产”规定，认定严某属于可以分得适当遗产的人，并判决保险公司向其给付保险金，是对遗产酌给制度的适用。区别于继承制度较强的身份性特征，遗产酌给制度系通过法律规定对自愿进行扶养行为者赋予权利，倡导友善、互助的价值理念。本案裁判符合中华民族传统美德，有利于减少扶养人顾虑，鼓励在全社会形成养老爱老的良好社会氛围。

继承人不履行赡养义务，遗弃被继承人的，丧失继承权

——高某乙诉高小某法定继承纠纷案

《倡导友善互助　弘扬敬老美德　最高人民法院发布第二批继承纠纷典型案例》案例四

2024年12月12日

基本案情

高某甲与高小某系父子关系，高小某为独生子女。1992年，高小某（时年20周岁）在与父母的一次争执之后离家出走，从此对父母不闻不问。母亲患病时其未照顾，去世时未奔丧。高某甲身患重病期间，做大手术，需要接送、看护和照顾，但高小某也未出现。高某甲有四个兄弟姐妹，分别为高某乙、高某丙、高某丁和高某戊。高某乙对高某甲夫妻照顾较多。

高某甲去世后，高某乙联系高小某处理高某甲的骨灰落葬事宜，高小某不予理睬，却以唯一法定继承人的身份，领取了高某甲名下部分银行存单。

高某乙起诉至法院，认为高小某遗弃高某甲，应丧失继承权，高某甲的遗产应由第二顺序继承人继承。高某丙、高某丁和高某戊均认可高小某应丧失继承权，并出具声明书表示放弃继承高某甲的遗产。

裁判情况

审理法院认为，子女应当履行对老年人经济上供养、生活上照料和精神上慰藉的赡养义务。继承人遗弃被继承人的，依法应丧失继承权。高小某自1992年离家后，三十余年来对被继承人不闻不问、置之不理。不仅未给予父

母任何经济帮助，亦未有电话联系，没有任何经济和精神赡养，父母去世后，亦怠于对父母送终，对高某甲已经构成遗弃。遂判决：高某甲的遗产归高某乙继承所有；高小某在高某甲去世后自高某甲账户内所取款项归高某乙继承所有，高小某应于判决生效之日起十日内返还。

典型意义

《中华人民共和国民法典》第一千一百二十五条规定“继承人有下列行为之一的，丧失继承权：（三）遗弃被继承人，或者虐待被继承人情节严重”。孝敬父母，是我国传统美德的重要组成部分。父母给予子女生命和关爱，当父母年老体衰时，子女对其进行赡养是应有之义。赡养义务不因父母有收入、身体状况良好而免除。本案中，高小某三十余年对父母没有任何赡养行为，法院认定其行为构成遗弃，并判决其丧失继承权，对其行为作出了否定性评价，彰显了法律对社会价值的正面引导，有利于弘扬中华民族孝亲敬老的传统美德。

三、物　权

刘某云诉某甲银行股份有限公司衡阳分行、某乙银行股份有限公司衡阳市分行财产损害赔偿纠纷案

——消费者取款时银联卡号及密码被他人复制，卡上存款被取走，由提供银联卡的银行承担赔偿责任

《最高人民法院公布10起维护消费者权益典型案例》第7号

2014年3月12日

【基本案情】

刘某云在某乙银行衡阳分行办理银联卡一张。2009年1月30日，其到某乙银行衡阳分行设立在衡阳市解放路网点的自动取款机取款未果，便到隔壁某甲银行衡阳分行网点的ATM机取款2500元，其账户尚有存款余额41395.49元。取款时该取款机已被他人非法安装了摄像头，利用摄像资料复

制了刘某云的银行卡信息。次日，刘某元的银行卡被他人在他行 ATM 机上相继取款 10 次，每次取款 2000 元，共计 20000 元，并支付手续费 10 次，每次 2 元，共计 20 元。最后经 ATM 机转账一笔，金额 21300 元，支付转账手续费 52 元。至此，刘某云的银行卡在同一天内，经他行 ATM 机发生业务交易共 11 次，包括手续费共发生交易额 41372 元，账户存款余额只剩 23. 49 元。刘某云遂向湖南省衡阳市雁峰区人民法院起诉，请求某甲银行衡阳分行、某乙银行衡阳分行赔偿 41372 元存款及利息。

【裁判结果】

一审法院判令某甲银行衡阳分行承担赔偿责任，某乙银行衡阳分行免责。某甲银行衡阳分行不服，提起上诉，要求某乙银行衡阳分行承担赔偿责任。湖南省衡阳市中级人民法院二审认为，刘某云在某乙银行衡阳分行办理了银联卡，双方之间形成了储蓄存款合同关系。当事人应当遵循诚实信用原则，根据合同的性质、目的和交易习惯履行通知、协助、保密等义务。某乙银行衡阳分行有义务保障储户银行卡内的资金不被他人盗取，同时也有义务通知和告知持卡储户注意识别犯罪分子利用各种高科技手段窃取银行卡内存款的方式、方法及防范措施。由于发卡行某乙银行衡阳分行既不能保障所发银行卡卡内信息的安全，又未告知持卡人熟知犯罪分子利用高科技手段获取卡内信息及密码的方式方法，故应承担刘某云银行卡内资金被盗取的民事责任。刘某云作为一名普通的持卡人，不了解 ATM 机的构造和工作原理，也不掌握和识别犯罪分子利用高科技手段在 ATM 机上窃取卡内信息和密码的装置，且刘某云的银行卡和密码未丢失，也未委托他人使用，故刘某云对银行卡信息和密码的泄露没有过错，不应承担责任。刘某云在某甲银行衡阳分行的 ATM 机上取款，该行将存款支付给刘某云，是基于委托代理关系而履行代为支付存款的义务。根据《民法通则》的规定，代理人在代理权限内，以被代理人的名义实施民事法律行为，被代理人对代理人的代理行为承担民事责任。故某乙银行衡阳分行作为被代理人应对代理人某甲银行衡阳分行的代理行为承担责任。二审法院依法改判某乙银行衡阳支行向刘某云支付储蓄存款 41372 元。

王某荣与何某云、王某胜等农村土地承包经营权纠纷案

《最高人民法院公布第二批保障民生典型案例》第1号

2014年3月19日

【基本案情】

2007年10月30日，吉林省白城市洮北区农村土地承包仲裁委员会作出裁决：王某荣对王某学所种土地享有承包经营权。一审原告王某学遂向洮北区人民法院请求：1. 确认三跃村村委会与王某学签订的土地承包经营合同有效；2. 确认王某荣对王某学承包的土地无承包经营权。王某荣答辩称其在王某学承包的土地中享有五分之一的承包经营权。王某荣1975年1月25日结婚，由于其丈夫是军人，故户口仍在王某学家。1982年，三跃村发包土地时，王某荣与王某学一家系同一家庭成员，5口人承包5.4亩地，人均1.08亩，承包户户主为王某学。王某荣的户口于1992年1月迁入白城市并转为非农业户口。1997年第二轮土地承包时，王某学家承包4.82亩土地，并于2005年取得《农村土地承包经营权证》，共有人没有记载王某荣。

王某学于2010年10月死亡，被申请人由王某学变更为其妻何某云、其子王某东、王某胜。

一审法院判决：一、王某学与村委会签订的土地承包合同有效；二、王某荣对王某学承包的土地不享有1.08亩承包经营权。白城市中级人民法院二审判决：驳回王某荣的上诉，维持原判。白城市中级人民法院再审后判决：一、撤销二审判决和一审判决第二项；二、维持一审判决第一项。2009年12月吉林高院裁定驳回王某荣的再审申请。2012年6月吉林高院提审后判决：一、撤销一、二审判决及原再审民事判决；二、驳回王某学的诉讼请求。

【裁判结果】

最高人民法院提审认为，王某荣作为城市居民，在二轮土地延包中不享有土地承包经营权。第一，王某荣于1992年1月将户口从王某学家迁至白城市新立派出所辖区内落户。《农村土地承包法》第二十六条第三款规定：“承包期内，全家迁入设区的市，转为非农业户口的，应当将承包的耕地和草地

交回发包方。承包方不交回的，发包方可以收回承包的耕地和草地。”可见迁入设区的市、转为非农业户口，是丧失农村土地承包经营权的条件。由于目前我国法律没有对农村居民个人丧失土地承包经营权的条件作出明确具体的规定，因此，只能比照法律中最相类似的条款进行认定，上述规定应当成为认定在第二轮土地承包中，王某荣是否对王某学家承包的土地享有承包经营权的法律依据。此时王某荣的户口已经迁入设区的市，成为城市居民，因此不应再享有农村土地承包经营权。当地第二轮土地承包仍依照《农村土地承包法》第十五条之规定，以本集体经济组织的农户为单位。延包的含义是只丈量土地，不进行调整。符合增人不增地、减人不减地的政策。王某荣此时已不是王某学家庭成员，在二轮土地延包中不享有土地承包经营权。第二，《农村土地承包经营权证》是民事案件中认定当事人是否具有农村土地承包经营权的重要依据。

王某学起诉是因为洮北区农村土地承包仲裁委员会作出的裁决，确认王某荣在其家庭承包的土地中享有 0.964 亩土地承包经营权。该裁决书中有如不服裁决，可在 30 日内向法院起诉的内容。因此，法院应当受理此案并作出判决。另外，王某荣并未请求当地村委会另行向其发包土地，而是主张在王某学一家承包的土地中，享有 1.08 亩承包经营权。故对于上述发生在平等主体之间的民事权益之争，不应通过行政诉讼解决。最高人民法院判决撤销了吉林高院的再审判决和白城市中级人民法院民事判决，维持白城市中级人民法院的二审判决。

【典型意义】

从吉林省三级法院的四个裁判结果看，部分法院对是否应当受理当事人以其在他人承包的土地中享有承包经营权为由提起的民事诉讼以及是否可以在一定条件下对某个自然人是否具有某个农村集体经济组织成员资格作出认定的问题，认识不一。本案明确了法院在审理此类案件中，应当比照《农村土地承包法》第二十六条第三款之规定，在认定当事人是否具有某个农村集体经济组织成员资格的基础上对其是否享有农村土地承包经营权问题作出裁决，因而具有一定指导意义。

邢某芝诉殷某刚占有物返还案

《最高人民法院公布49起婚姻家庭纠纷典型案例》第30号

2015年12月4日

【基本案情】

原告邢某芝与案外人殷某田系夫妻关系。婚后，案外人殷某田于1980年12月7日购买了坐落于丹东市振兴区浪头镇文安村徐家屯村民组建筑面积为55平方米的砖石结构三间房屋（房产证编号为振农房字第159号）。1985年5月9日，殷某田死亡。涉案房屋由邢某芝与殷某田之子殷某金暂时居住。2012年1月23日，殷某金死亡。同年，殷某金之子殷某刚在未经原告同意的情况下，搬到涉案房屋居住。原告诉至法院，要求被告腾退涉案房屋。

【裁判结果】

法院审理后认为，涉案房屋系原告邢某芝与案外人殷某田婚后购买，应视为夫妻共同财产。案外人殷某田死亡后，原告作为共有人享有对该房屋占有使用的权利。现被告殷某刚未经原告同意，即占有使用该房屋，侵害了原告的合法权益，应当承担相应的民事责任。故对原告要求被告立即倒出并返还涉案房屋的诉讼主张，本院予以支持。关于被告提出的涉案房屋已由案外人殷某田卖给其父殷某金的辩论意见，因涉案房屋系原告与案外人殷某田夫妻共同共有，殷某田在未经原告同意及事后追认的情况下，单方处置该房屋的行为应为无效，且被告提供的房屋买卖协议书的日期与案外人殷某田死亡日期明显存在矛盾，与事实不符，故对该意见，本院不予采纳。关于被告提出其对涉案房屋享有继承权的辩论意见，虽在案外人殷某田死亡后，属于殷某田的房屋产权份额发生继承，但被告殷某刚仅享有继承权，并未实际取得对涉案房屋占有使用的权利，故对该辩论意见，本院亦不予采纳。对于被告提出的对涉案房屋享有继承份额，被告可另案主张该权利，本案不一并处理。依据《民事诉讼法》第六十四条第一款、《民法通则》第五条、《物权法》第二百四十五条第一款之规定，判决：被告殷某刚于判决生效后立即倒出坐落于丹东市振兴区浪头镇文安村徐家屯村民组建筑面积为55平方米的砖石结构三间房屋（房产证编号为振农房字第 159 号），并返还给原告邢某芝。

【典型意义】

随着我国社会主义经济的发展，《物权法》对公民的保护显得尤为重大。本案虽是占有物返还纠纷，但涉及的问题主要在于占有回复请求权的构成。占有回复请求权，指占有被侵夺的，占有人有权请求侵夺人及其继受人回复其占有，返还占有物。构成要件有四：1. 占有被侵夺。侵夺，指违背占有人的意思，以法律禁止的私力剥夺占有；2. 请求权人须为占有被剥夺的占有人。3. 被请求人为占有的侵夺人及其继受人。须注意两点：侵夺人须仍为现在占有之人。否则，若侵夺人不再是现在占有之人，则对侵夺人无占有回复请求权。4. 须自侵夺之日起一年内行使（一年期满未行使的，占有回复请求权消灭）。占有回复请求权使得占有脱离本权获得独立保护，其法律意旨有三：1. 通过保护占有，保护占有背后（以占有为内容的）物权；2. 通过保护占有，保护占有背后的债权（因债权人不能享有物权请求权）；3. 维护社会平和即物的归属秩序，禁止任何人以法律禁止的私人力量擅自剥夺他人的占有。公民的合法的民事权益受法律保护，任何组织和个人不得侵犯。占有的不动产被侵占的，占有人有权请求返还原物。

刘某诉刘某某、周某某共有房屋分割案

《最高人民法院公布 10 起弘扬社会主义核心
价值观典型案例》第 1 号
2016 年 3 月 8 日

【基本案情】

原告刘某系二被告的独生女。2012 年 11 月，原、被告共同购买重庆市某小区的房屋一套，大部分房款由二被告支付，双方就房屋产权约定原告占 90% 份额，二被告各占 5% 份额。该房是二被告的唯一居住房屋。后原、被告双方因房屋装修产生矛盾，原告向法院提起诉讼，请求判决将二被告所占房屋产权份额转让给原告所有，原告补偿二被告房屋款 2.8 万元。被告认为该房屋主要是自己出资购买，不同意向原告转让产权份额。人民法院经审理认

为，虽然本案讼争房屋系原告和二被告按份共有，并约定原告占房屋产权90%的份额，但二被告与原告系父母子女关系，双方以居住为目的购房，二被告支付了大部分房款，并出于对子女的疼爱，将90%产权登记在原告名下。现原告要求被告转让产权份额，但被告不同意。依《物权法》第七条之规定，原告要求父母将所占房屋份额转让于已的诉求与善良风俗、传统美德不符，依法不予支持。

【典型意义】

弘扬的价值：家庭美德

孝敬父母，是中国社会传承几千年的重要家庭伦理道德。父母为子女含辛茹苦，将子女培养成人，子女长大后理应善待父母，为他们营造安定的生活环境。本案中，父母为购房支付了大部分房款，并从子女利益考虑，让女儿占有房屋产权90%的份额，但作为女儿，原告刘某却意图将父母占有的份额转让给自己，从而占有房屋的全部份额，损害了父母的利益，人民法院依法不予支持。

青海某房地产开发有限公司与青海省气象局财产损害赔偿纠纷案

《最高人民法院发布关于依法平等保护非公有制经济，促进非公有制经济健康发展民事商事典型案例》第2号

2016年4月8日

【基本案情】

2011年5月，民营企业青海某房地产开发有限公司办理相关手续后建设开发位于青海省西宁市某商住小区项目。后青海省气象局将正在施工使用的唯一通道堵塞，造成无法施工。经诉讼及强制执行，该通道被疏通，共造成停工112天。青海某房地产开发有限公司起诉要求青海气象局支付停工产生的违约金损失、人员工资损失、监理费报酬损失、借款利息及罚息损失等各项损失合计4358404.81元。

【裁判结果】

青海省西宁市中级人民法院一审认为，根据《民法通则》第八十三条关于“不动产的相邻各方，应当按照有利生产、方便生活、团结互助、公平合理的精神，正确处理截水、排水、通行、通风、采光等方面的相邻关系。给相邻方造成妨碍或者损失的，应当停止侵害，排除妨碍，赔偿损失”及《最高人民法院关于贯彻执行〈中华人民共和国民法通则〉若干问题的意见（试行）》第一百条关于“一方必须在相邻一方使用的土地上通行的，应当予以准许；因此造成损失的，应当给予适当补偿”的规定，青海省气象局理应向青海某房地产开发有限公司承担因侵权造成的财产损害赔偿责任。判决：青海省气象局赔偿青海某房地产开发有限公司各项经济损失 1055240 元；驳回青海某房地产开发有限公司的其他诉讼请求。

青海省气象局、青海某房地产开发有限公司上诉后，青海省高级人民法院作出二审判决：驳回上诉，维持原判。

【典型意义】

本案是因相邻关系造成妨碍应当承担民事责任的典型性案例。实践中存在非公有制企业和政府机关、国有企业等因相邻关系等非合同关系引发的民事纠纷，在此类纠纷中，同样需要依照法律规定，对非公有制企业的合法权益予以保护，而不能允许其他主体对其合法权益肆意侵害而不承担相应法律责任。本案中，青海省气象局堵塞青海某房地产开发有限公司开发建设青海省气象局旧房改造项目正在施工的唯一通道构成侵权的事实，已由另案生效法律文书所确认，对于此侵权行为造成的青海某房地产开发有限公司的财产损失，青海省气象局应当予以赔偿。因此，青海某房地产开发有限公司的诉讼请求，在有证据支持的范围内，得到了人民法院的支持。人民法院审理该案件时，平等对待双方当事人，准确适用《民法通则》及其司法解释等相关规定，依法支持青海某房地产开发有限公司的相应诉讼请求，维护了其作为非公有制企业的合法权益。

李某某与李某玉排除妨害纠纷案

《最高人民法院公布10起残疾人权益保障典型案例》第6号

2016年5月14日

【基本案情】

案涉房屋内居住有原告李某某、林某某，被告李某玉及其丈夫。李某某、林某某系再婚夫妻，李某玉系李某某与前妻之女。被告李某玉及其丈夫均为聋哑人。李某某的前妻田某某于2004年9月16日去世，继承结束后，案涉房屋归李某某所有。李某玉与其丈夫在经李某某与其前妻田某某同意下自行出资在案涉房屋内搭建一处平台，并自1999年起一直居住于诉争平台内。现二原告李某某、林某某起诉要求李某玉及其丈夫搬离案涉房屋平台。人民法院认为，原告李某某作为被告李某玉的父亲，具有法定的关心帮助被告李某玉的义务，其要求被告搬离案涉房屋，违背了社会公德和公序良俗，也违反了法律规定的人道主义精神和亲属间的帮助义务，故李某某的诉讼请求依法应予驳回。而原告林某某不是涉案房屋的所有权人，其无权要求被告搬离诉争平台，对其诉讼请求依法亦应予驳回。据此，法院判决驳回了原告李某某、林某某的诉讼请求。

【典型意义】

依法切实保障残疾人居住权

如何将残疾人保障法中对残疾人权益保护的指导原则和要求落到实处，是残疾人权益保护审判实践中需要重点予以关注的问题。在切实保障残疾人权益，支持残疾人事业，增强残疾人自立能力的具体司法实践中，切实依法加大残疾人居住权利的保护，是解决残疾人工作、生活的基本问题，也是具体落实残疾人权益保护的具体举措。

杜某某诉张某某、何某某财产损害赔偿案

《最高人民法院公布10起残疾人权益保障典型案例》第7号

2016年5月14日

【基本案情】

原告杜某某为双眼全盲残疾人，其租赁壹某公司门面一间用于经营盲人按摩。在杜某某经营过程中，壹某公司不履行出租设施修理义务，且其员工破坏杜某某经营设施，阻碍杜某某对外经营，导致杜某某无法开展正常经营。为此，原告杜某某起诉到法院，要求张某某、何某某恢复其店内设施并赔偿相应的损失。法院在审理本案过程中查明，原告杜某某作为残疾人，法律意识淡薄，不能举示相关证据，且其起诉的被告不适格。为切实依法保护残疾人弱势群体的合法经营权益，减轻残疾人的诉讼负担，人民法院加大案件协调力度，最终促成原告杜某某与案外人壹某公司签订调解协议，切实保护了原告杜某某的合法经营权益。原告杜某某亦撤回了针对被告张某某、何某某的起诉。

【典型意义】

依法切实保障残疾人生产经营权利

让残疾人平等参与社会生活、共享改革发展成果，是具体检验支持残疾人事业发展的重要标志。本案原告杜某某系双眼全盲残疾人，其作为民事主体租赁门面用于经营盲人按摩，是残疾人平等参与社会生活的积极体现，其合法经营权利更应受法律保护。而本案出租方违约侵害残疾人正常生产经营，理应承担相应的责任。本案原告作为残疾人，由于其身体残疾、法律知识薄弱、经济条件有限等原因，在依法保护其权益时处于明显弱势地位。针对本案，法院的审理工作立足保护残疾人生产经营权益，加大案件调解力度，最终通过调解方式结案，使本案残疾人能够平等参与社会生活、共享改革发展成果。

孙某贤等三人与玄某军探矿权权属纠纷案

《最高人民法院发布十起审理矿业权民事纠纷案件典型案例》第1号

2016年7月12日

【基本案情】

孙某贤等三人于2004年投资承包某青龙山镇向阳所村林地，承包期15年，用于开发铁矿。孙某贤等三人委托玄某军办理勘查许可证，并将委托勘查合同书、林地承包合同书、存款证明、探矿权申请登记书等相关资料及办证资金114万元交付玄某军。2005年12月28日，经内蒙古自治区国土资源厅批准，通辽市国土资源局对某青龙山向阳所一带铁矿普查探矿权实行挂牌出让，并予以公告。玄某军将办证资料上孙某贤的名字篡改成自己的名字，并私刻"辽宁省第四地质大队"的公章伪造勘查合同，用孙某贤等三人交给他的办证资金，以某北方建筑公司（该公司法定代表人为玄某军）名义竞标，将勘查许可证办至玄某军自己名下；2006年2月13日，内蒙古自治区国土资源厅向玄某军颁发了《矿产资源勘查许可证》。孙某贤等三人提起诉讼，请求：确认案涉《矿产资源勘查许可证》归孙某贤等三人所有。

【裁判结果】

内蒙古自治区通辽市中级人民法院一审认为，玄某军利用孙某贤等三人提供的资金及办证所需资料，篡改名头、制作虚假申报材料，以欺骗手段取得勘查许可证，侵犯了孙某贤等三人的探矿申请权，遂判决案涉《矿产资源勘查许可证》上设立的探矿权为孙某贤等三人所有。内蒙古自治区高级人民法院二审认为，孙某贤等三人主张玄某军采取伪造资料等方式取得案涉勘查许可权，其应向国土资源主管部门反映情况，由主管部门查清事实后采取措施，也可以依法向人民法院提起行政诉讼，请求撤销玄某军取得的勘查许可证。孙某贤等三人提起的诉讼，不属于民事诉讼范围。二审法院裁定撤销一审判决，驳回孙某贤等三人的起诉。最高人民法院经再审审查认为，探矿权的取得须经国土资源主管部门的许可，此种行政许可具有赋权性质，属行政机关管理职能。在探矿权须经行政许可方能设立、变更或者撤销的情况下，孙某贤等三人请求确认《矿产资源勘查许可证》归其所有，不符合法律规定的民事诉讼受案范围，二审法院裁定驳回起诉，并无不当。

【典型意义】

矿业权兼具民事物权属性和行政许可特性。矿业权的权利行使和救济关涉行政权和司法权的职责分工。探矿权的取得须经国土资源主管部门许可，《矿产资源勘查许可证》的登记、变更等属于国土资源主管部门的行政管理职能。委托人委托他人办理勘查许可证，受托人未忠实履行受托义务，采取欺诈的手段，将勘查许可证办理在自己名下，委托人直接提起民事诉讼，请求确认勘查许可证归其所有，是权利救济渠道的不当选择，人民法院裁定驳回起诉是对行政机关行政管理职能的尊重，准确把握了司法权介入的法定边界。本案情形下，委托人可以利害关系人身份向国土资源主管部门提出撤销申请，并请求对探矿权的归属依法作出处理；也可以依法提起行政诉讼，请求人民法院对国土资源主管部门的具体行政行为进行审查；还可以依据合同向受托人主张违约责任或者民事损害赔偿，实现权利被侵害后的法律救济。

【点评专家】

李显冬，中国政法大学民商经济法学院教授、博士生导师。

【点评意见】

矿业权为我国《物权法》明定之民事权利，但其设立离不开国土资源主管部门的许可。从行政法律关系分析，案涉授予探矿权的行政许可行为尽管有瑕疵，但依据矿业权登记的公信力和具体行政行为的公定力原理，行政机关的赋权行为既已作出，在该行政许可行为经由行政机关自行审查纠正或者经由行政诉讼司法审查纠正之前，人民法院不宜在民事诉讼中直接认为勘查许可证无效。换言之，有权作出矿产资源勘查开发行政许可的主体为国土资源主管部门，人民法院不能直接以民事审判之司法权干涉国土资源主管部门行使行政职能。从民事法律关系分析，委托人委托他人办理矿业权的申请事宜，受托人未忠实履行受托义务，存在欺诈行为，委托人可依委托合同的约定追究受托人的违约责任。

本案涉及行政许可和民事委托申请双重法律关系，当事人可以选择不同的权利救济方式。但值得注意的是，民事诉讼仅可解决矿业权设定基础的民事法律纠纷，不能解决矿业权设定过程中行政行为的法律效力问题。已经取得的勘查许可证非经依法撤销或者行政审判，人民法院不能以民事判决直接变动行政许可赋权行为。故本案当事人直接提起民事诉讼，请求确认案涉矿产资源勘查许可证归属，要求更改矿业权主体，系权利救济渠道的选择不当。人民法院驳回起诉，让当事人选择最适宜的方式来维护自己的合法权益，既是对行政机关监督管理职能的尊重，也准确把握了司法权介入的法定边界，为司法实务中如何处理矿业权设立环节的物权归属问题，起到了良好的示范作用。

傅某其与仙游县社硎乡人民政府采矿权纠纷案

《最高人民法院发布十起审理矿业权民事纠纷案件典型案例》第 2 号

2016 年 7 月 12 日

【基本案情】

2003 年 1 月 16 日，社硎乡政府与傅某其签订合同，约定由傅某其开发仙游县社硎乡塔林顶伊利石矿山。合同签订后，傅某其依约投资道路等设施并实施探矿行为。2005 年 1 月 24 日，仙游县政府批准挂牌出让案涉矿山采矿权。2007 年 7 月，仙游县政府将案涉矿山列入禁采范围。傅某其未能依法取得案涉矿山的采矿许可证。傅某其提起诉讼，请求社硎乡政府赔偿损失，并支付投资款的资金占用期间利息。

【裁判结果】

福建省莆田市中级人民法院一审查明傅某其实际投资款 153. 3561 万元，判令社硎乡政府承担 50% 的赔偿责任。福建省高级人民法院二审认为，社硎乡政府明知自己无权出让辖区内矿产资源，未经有权机关审批以签订承包合同的方式将案涉矿山交由傅某其开发，所签合同应为无效。案涉矿山已被列为禁采区，不具备办理合法审批手续的可能，由此产生的法律后果应依傅某其投入资产性质分类处理，其中押金属于社硎乡政府因合同收取的保证金，应直接返还；所修公路位于社硎乡政府辖区范围，属于其获益部分，应按照实际支出折价补偿；其余投资属于履行合同受到的损失，应按照过错比例承担民事赔偿责任。遂判令社硎乡政府返还傅某其押金和修路支出费用共计67.0712 万元，对傅某其 86.2849 万元投资损失承担 80% 的赔偿责任。

【典型意义】

矿产资源归国家所有，国家对矿产资源的勘查、开采实施严格的许可证管理制度。矿业权的出让应由县级以上国土资源主管部门根据法定权限依法进行，乡级政府并非适格的矿业权出让主体。在不拥有矿山勘查、采矿许可证的情况下，乡级政府签订合同擅自将国家所有的矿产资源交由他人勘查、开采，不仅严重侵害国家对矿产资源的所有权，造成矿业权税费流失，而且极易造成矿产资源的乱采滥挖，甚至导致环境污染、生态破坏。对此类合同应给予否定性法律评价。人民法院应在认定合同无效的前提下，区别返还财产和赔偿损失等不同责任方式，在维护矿产资源国家所有权的同时，综合考虑过错因素，保护当事人的合法利益和矿业权流转市场的交易秩序。

【点评专家】

李显冬，中国政法大学民商经济法学院教授、博士生导师。

【点评意见】

矿业权尽管作为民事权利，却仍具有矿产资源的开发管理秩序与生态环境保护的经济管制等特点。依据《矿产资源法》的规定，矿业权出让主体应为县级以上国土资源主管部门。乡政府擅自出让矿业权违反法律、行政法规的强制性规定，无法产生当事人预期的法律效果。乡级政府作为行政主体，应当在权限范围内作出行政行为。具体行政行为应当具有公定力，一经成立，不论是否合法，即具有被推定为合法而要求所有机关、组织或者个人表示尊重的一种法律效力。相对人因对行政行为的合理信赖应当予以保护。

关于案涉合同被赋予否定性法律评价后法律后果的承担问题，二审法院改变一审法院关于双方过失相当的判决，认为政府一方应当承担主要的过错责任，正确揭示了本案政府违法行政行为与合同无效之间的因果关系，充分保护了因信赖政府行为而遭受损害的合同相对方的利益。既切实保障了国家利益和公共利益，又突出了现代矿业行政管理之中，政府“依法行政、越权无效”的基本理念，对实践中大量存在的不规范的矿业权出让、转让的乱象，无疑具有规制意义。

云和县某叶腊石矿与国网浙江省电力公司矿产压覆侵权纠纷案

《最高人民法院发布十起审理矿业权民事纠纷案件典型案例》第 10 号

2016 年 7 月 12 日

【基本案情】

2004 年 12 月 29 日，云和县某叶腊石矿取得叶腊石采矿权。2013 年 3 月 18 日，浙北—福州特高压交流输变电工程获得国家发展和改革委员会的核准批复。2013 年 4 月 26 日，国网浙江省电力公司将浙北—福州特高压交流工程线路工程发包给案外人施工。2014 年 8 月 20 日，云和县叶腊石矿到案涉线路工程项目部反映，浙北—福州 1000KV 交流输电线路第 5R67 号桩及第 5R66—5R68 号桩之间的电线跨越其矿区。经核实，该输电线路路径确与云和县叶蜡石矿矿区范围存在冲突。2014 年 12 月 26 日，浙北—福州案涉特高压交流输变电工程正式投运。云和县叶腊石矿以其不能正常爆破采矿为由提起诉讼，请求判令国网浙江省电力公司立即拆除建立在其采矿区域内的输电线路。

【裁判结果】

浙江省云和县人民法院一审认为，浙北—福州特高压交流输变电工程系经国家发展和改革委员会依法核准批复、依法建设的国家重点工程，投资巨大且已竣工并正式投入运营，如拆除将会给国家利益、社会公共利益造成重大损失，故对云和县叶腊石矿的诉讼请求不予支持。云和县叶腊石矿如认为国网浙江省电力公司架设电线给其造成损失，可另行协商或者通过诉讼途径解决。浙江省丽水市中级人民法院二审认为，即使国网浙江省电力公司建设支桩和架设电线的行为构成对云和县叶腊石矿采矿权的妨害，但考虑到案涉工程在满足福建与浙江联网送电需要及提高华东电网供电可靠性方面发挥的重要作用，且该工程投资巨大并已正式投入运营，如拆除，必将对浙江省电力供应造成重大影响，电力供应不仅涉及叶腊石矿的经济利益，更涉及社会公共利益。二审法院判决驳回上诉，维持原判。

【典型意义】

在建设铁路、工厂、水库、输油管道、输电线路和各种大型建筑物或者建筑群之前，建设单位须向省级国土资源主管部门了解拟建工程所在地区的矿产资源分布和开采情况。非经国务院授权的部门批准，不得压覆重要矿床。矿床压覆人未经审批评估、与矿业权人签订补偿协议、办理矿产资源储量登记等法定程序，在采矿权人矿区范围内建设工程，压覆矿产资源，侵害了矿业权人的合法利益。但就侵权责任的承担方式而言，应综合考虑输电线路等国家重点建设工程关涉国家利益和社会公共利益，投资巨大并已投入运营等因素，不宜径行判令拆除。在矿业权人仅请求排除妨碍的情形下，人民法院应予以充分释明，告知其可另行主张适当的责任方式，兼顾国家利益、社会公共利益和矿业权人的合法权益，适应国家产业政策与社会经济发展需要。

【点评专家】

陈德敏，重庆大学教授、博士生导师。

【点评意见】

本案一审判决以案涉采矿工程项目不能干扰福建与浙江联网送电需要和不能影响华东电网正常发挥供电可靠性作用为由，不支持云和县叶腊石矿的拆除建立在其采矿区内输电线路的诉讼请求，并提出协商或者另行提起诉讼解决。二审依法维持一审判决。本案有两点指导意义：一是司法裁判中整体与局部的利益衡量问题，针对所涉浙北—福州特高压交流输变电工程已正式投入运营的既成事实，司法裁判考量的是社会公共利益与叶腊石矿的经济利益之间的平衡，一审和二审都依法保障整体公共利益的优先地位。二是司法裁判中法官释明权的行使，一审法院并未直接依原告请求以拆除建立在其采矿区内的输电线路作为责任承担方式，而是通过法官释明告知当事人可另行主张适当的责任方式。这种处理方式是利益衡量的结果，既兼顾社会公共利益，也为矿业权人的合法权益实现提供可能。

协调好整体公共利益和局部个体利益之间的关系是公正司法的关键，为公共利益规制个体利益合理边界是必不可少的。裁判中法官的释明权就是对当事人应有权益进行司法救济的方式之一，有利于促进诉讼审理的公正和效益的最大化，提升司法公信力。

某村民委员会诉郑某某等12人返还原物纠纷案

《最高人民法院发布十起关于弘扬社会主义核心价值观典型案例》第1号

2016年8月22日

【基本案情】

被告郑某某等系北京市房山区某村村民。2009年，北京市房山区某村为推进新农村建设，决定启动整建制搬迁工程。2009年6月22日，经全村户代表大会表决通过《某村整建制搬迁工程实施方案》，并签署了《某村户代表大会决议》。2010年3月，搬迁工程开始动工，被告郑某某系第一期搬迁村民，按照实施方案，被告郑某某家旧宅将被拆除，并可在规划区内分配新房。2011年10月6日，某村村民代表大会通过了《关于新房分配相关事宜的决议》，依据被告郑某某等12人的申请，某村村民委员会为被告郑某某等12人分配了住房。因对村集体后续搬迁分房政策不满，被告郑某某等12人在搬进依据《关于新房分配相关事宜的决议》应分得的房屋后，将某村村内小区未分配12套住房换锁，并占为己有。2013年12月27日，原告北京市房山区某村村民委员会诉至人民法院，请求人民法院依法判令郑某某等12名被告返还村集体房屋。

郑某某等12名被告则认为：不同意返还房屋，12名被告确实按《某村整建制搬迁工程实施方案》分配到了新房，12名被告是第一期，但后来村委会没有严格按照方案执行，在第二期、第三期搬迁过程中存在分房不公的现象。例如一部分人可以在自己的宅基地上建房，不在搬迁规划区居住，甚至盖平房；一部分人分配新房面积超标；有些人不交个人负担部分费用也可入住；一些人户口早已迁出本村的，在搬迁过程中将户口迁回也可以分房；部分村干部存在违反实施方案的情况，违规建房，多占面积。

【裁判结果】

法院生效裁判认为，无权占有不动产或者动产的，权利人可以请求返还原物。本案诉争的位于北京市房山区某村村内小区的房屋属某村整建制搬迁工程中未分配住房，其所有权应归属村集体所有，郑某某等 12 名被告未经法定程序私自占有，实属不当，某村村民委员会要求返还该房屋的诉讼请求，于法有据，应予以支持。12 名被告认为原告北京市房山区某村村民委员会在执行拆迁政策过程中有不公正现象以及部分村干部存在违规多占问题，应通过正当渠道予以反映、解决，本院亦将案件审理过程中村民反映的问题，正式函告北京市房山区霞云岭乡政府，促请乡政府予以调查、核实并争取妥善解决。

法院于 2014 年 12 月 4 日作出判决：被告郑某某等 12 人于判决生效后十日内将北京市房山区某村村内小区的未分配房屋返还原告北京市房山区某村村民委员会。宣判后，双方均未提出上诉，该判决现已生效。

【典型意义】

诚实守法

本案在于教育、警示新农村建设中的违法行为人，保障新农村建设的正常进行。在新农村建设中，一些法律意识淡薄且存有侥幸心理的农村村民，无视、漠视法律、法规、规章及村规民约，妄图以违法行为获取非法或不当利益，且行为往往具有集团性，对新农村建设危害极大。本案以判决的方式，昭示了在新农村建设当中应当遵循的契约精神，打击了新农村建设中违法侵占行为和违约失信行为，破除了新农村建设的障碍，维护了新农村建设秩序，保障了新农村建设的顺利推进。

贵州某生态养殖开发有限公司诉贵州某铝业有限公司财产损害赔偿案

《最高人民法院公布长江流域环境资源审判十大典型案例》第4号

2017年12月4日

【基本案情】

某生态养殖公司是一家主要从事鲟鱼养殖的企业，从戈家寨大沟取水。某铝业公司于2014年10月在戈家寨水库上游河段筑坝取水。由于某铝业公司筑坝拦水，下游河道水量减少，导致某生态养殖公司养殖的鲟鱼在4月21至23日因严重缺水缺氧大量窒息死亡。某生态养殖公司主张，某铝业公司从事工程建设，明知对原有供水水源有不利影响，应当采取相应的补救措施。某铝业公司在未通知下游用水户做好应对准备的情况下，擅自蓄水断水，造成某生态养殖公司养殖的鲟鱼缺氧窒息大量死亡。某生态养殖公司诉至法院，主张某铝业公司承担赔偿责任。

【裁判结果】

贵州省清镇市人民法院一审认为，河流生态流量可以保证河流所需的自净扩散能力，维持水生生态系统平衡，保证库区养殖业所需的水质水量。我国虽然没有关于河流生态流量的法律规定，但实践中有此要求，如水电站最小下泄流量就是保障河流生态流量的措施。某铝业公司未办理取水行政许可及环境影响评价，擅自修建拦截坝取水，未保障必要的生态下泄流量，导致下游水量减少，养殖场进水减少，鲟鱼窒息死亡。故某生态养殖公司养殖的鲟鱼死亡与某铝业公司蓄水之间存在因果关系，判决某铝业公司赔偿某生态养殖公司经济损失757158.6元。某铝业公司不服，提起上诉。贵阳市中级人民法院二审判决驳回上诉、维持原判。

【典型意义】

长江流域蕴藏着十分丰富的水资源，依法审理水资源开发利用案件，促进水资源可持续利用是人民法院环境资源审判的重要职责。本案系水资源开发利用过程中产生的侵权纠纷，涉及水资源利用中“生态流量”的保障和控制。河流生态流量具有重要价值，上游地区用水户在水资源开发和利用过程中，要保障河流生态流量，不能损害下游地区供水、通航、灌溉、养殖等生态流量受益方的合法权益，从而保障全流域水生生态系统基本功能的正常运转。本案中，作为主要从事鲟鱼养殖的某生态养殖公司与某铝业公司均系戈家寨水库的需水方，均应依照法律规定取水、用水、排水。某铝业公司在上游取水用水时未办理取水行政许可和环境影响评价，擅自修建拦截坝取水，未保障必要的生态下泄流量，损害了下游用水户的合法权益，导致损害事实的发生，依法应当承担赔偿责任。本案肯定了生态流量的重要价值，维护了生态流量受益方的合法权益，对于人民法院审理水资源开发利用案件具有指导意义。

孟某、李某福诉云南某房地产开发有限公司相邻采光、日照纠纷案

《2019 年度人民法院环境资源典型案例》第十一号

2020 年 5 月 8 日

【基本案情】

孟某、李某福系案涉房屋的共有权人。云南某房地产开发有限公司（以下简称某公司）于 2011 年 8 月取得案涉地块土地使用权，在该地块上建设楼盘。孟某、李某福诉至法院，请求某公司赔偿因建盖楼盘，侵害其通风、采光、日照时间而造成的损失。一审审理中，经鉴定确认，案涉建设行为对鉴定对象通风无影响；对日照、采光有影响，该影响不符合《城市居住区规划设计规范》（GBJ50180－93）、《住宅设计规范》（GB50096－2011）、《民用建筑设计通则》（GB50352－2005）和《昆明市城乡规划管理技术规定》（2016 版）的要求。

【裁判结果】

云南省昆明市盘龙区人民法院一审认为，在建筑物相邻关系制度中，判断是否构成采光、日照妨碍，应以是否违反国家有关工程建设标准为依据。

鉴定结论显示，案涉建设行为对鉴定对象通风无影响，对鉴定对象采光、日照有影响。一审判决，某公司赔偿孟某、李某福采光、日照损失 16.50 万元；并支付鉴定费 5500 元。云南省昆明市中级人民法院二审维持原判。

【典型意义】

本案系相邻关系中日照、采光侵权纠纷案件。在土地之上建造建筑物，是土地的所有权人或者使用权人利用土地实现土地效益最为通常的形式，但日照、采光和通风，也是人类需要共同分享的资源。我国《物权法》中规定，建造建筑物，不得违反国家有关工程建设标准，妨碍相邻建筑物的通风、采光和日照。本案判决按照鉴定结论，以是否违反国家有关工程建设标准为判断依据，认定某公司的日照、采光、通风妨碍行为是否超出必要容忍限度，符合法律规定和有利生产、方便生活、团结互助、公平合理原则，有助于相邻不动产权利人之间的利益平衡，促进社会和谐安宁。

兰坪某铜业有限责任公司诉某矿业有限公司财产损害赔偿纠纷案

《2019 年度人民法院环境资源典型案例》第十三号

2020 年 5 月 8 日

【基本案情】

2016 年 6 月，兰坪县营盘镇清水河发生泥石流灾害。兰坪县国土资源局形成《兰坪县国土资源局关于上报兰坪县营盘镇清水河“6.07”泥石流灾害调查的报告》（以下简称调查报告），认定兰坪某铜业有限责任公司（以下简称某铜业公司）直接经济损失为 233.91 万元。调查报告同时指出，本次泥石流灾害为强降雨为主引发，某矿业公司大板登铜矿矿区生产弃渣处置不当是加剧地质灾害灾损形成的直接因素，灾损各方应共同委托具有资质条件的技术单位开展专项调查工作，经责任认定后按照责任大小协商解决。因协商未果，某铜业公司诉至法院，要求某矿业公司赔偿其经济损失 233.91 万元。

【裁判结果】

云南省兰坪白族普米族自治县人民法院一审认为，调查报告证明，案涉泥石流灾害与某矿业公司大板凳铜矿矿区生产弃渣处置不当之间存在因果关系，某矿业公司未提供证据证明其存在免责事由或者其行为与损害结果不存在因果关系，应承担环境侵权责任。某铜业公司本身亦存在一定的过错。鉴于各方未进行责任认定，亦不同意进行灾损司法鉴定，依据调查报告统计的灾损数据，结合财产折旧情况，确认某铜业公司损失为 222. 20 万元。根据双方过错程度，确定某矿业公司承担 50% 的赔偿责任。一审判决，某矿业公司赔偿某铜业公司财产损失 111. 10 万元。云南省怒江傈僳族自治州中级人民法院二审调整折旧比例，确定某铜业公司损失数额为 141. 25 万元，改判某矿业公司赔偿某铜业公司财产损失 70. 62 万元。

【典型意义】

本案为环境污染事件引发的财产损害赔偿案件。根据《最高人民法院关于审理环境侵权责任纠纷案件适用法律若干问题的解释》第十条的规定，负有环境保护监督管理职责的国土部门出具的环境污染事件调查报告可以作为认定案件事实的根据。本案中，行政机关出具的调查报告对案涉泥石流灾害的成因、财产损失以及责任认定均有相关表述。人民法院结合双方当事人举证情况，依法采信调查报告作出事实认定，并综合过错程度和原因力的大小合理划分责任范围，在事实查明方法和法律适用的逻辑、论证等方面对类案审理提供了示范。

中国生物多样性保护与绿色发展基金会诉贵州某置业有限公司相邻通行权纠纷案

《2019 年度人民法院环境资源典型案例》第三十二号

2020 年 5 月 8 日

【基本案情】

贵州某置业有限公司（以下简称某置业公司）修建乐湾国际房开项目，

项目配套建设高尔夫球场。该球场沿当地一条自然河流两岸建设，将河流圈入球场范围，且将球场周边封堵，妨碍当地群众生活自由通行及沿河游览观赏。绿发会提起环境民事公益诉讼，请求某置业公司立即停止侵害，消除危险，排除妨碍并赔礼道歉。本案审理过程中，某置业公司拆除了案涉区域围栏，委托第三方机构编制了《贵阳市乐湾国际开放空间规划》，对整个片区进行了统一规划，规划方案设计了公众自由通行通道，能够沿河观赏。

【裁判结果】

经贵州省清镇市人民法院主持调解，双方达成如下和解协议：绿发会尊重行政机关的处理意见，同意某置业公司按照行政机关要求完成整改；某置业公司按照行政机关审批的规划进行整改，保证案涉区域成为开放的公共空间。同时邀请绿发会或第三方组织对上述整改情况进行监督；绿发会放弃要求某置业公司在国家级媒体向全社会公开赔礼道歉的诉讼请求；某置业公司自愿承担绿发会因本次诉讼支出的差旅费、专家费、调查费、律师费等合理费用合计 26 万元；某置业公司自愿承担本案受理费 5200 元。上述调解协议已经依法公示、确认。

【典型意义】

本案系建设项目影响公众通行、游览、观赏等环境权益引发的民事公益诉讼案件。案涉项目系贵州省重点招商引资项目，在项目建设过程中虽存在不规范行为，但未构成根本性违法。人民法院组织双方达成和解协议，在力促建设单位进行整改保障公众环境权益的同时，利用环境司法手段保护营商环境，在企业经济发展和生态环境保护之间实现利益衡平，为改善投资环境、推动经济高质量发展发挥了积极作用。本案的受理，解决了对侵占公共资源的司法救济路径，保护了公众享受美好生活环境的权益，为环境公益诉讼范围的扩展提供了鲜活的司法案例。

唐某三人诉俞某某返还原物纠纷案

《人民法院老年人权益保护十大典型案例》案例一

2021 年 2 月 24 日

关键词：居住权保护；老有所居

【基本案情】

案涉房屋原系唐某三人的父亲唐某某与母亲韩某某的夫妻共同财产。2007 年，韩某某去世。2008 年，唐某三人通过继承遗产及唐某某的房屋产权赠与，取得案涉房屋所有权，并出具承诺书，承诺：父亲唐某某及其续弦未离世前，有终身无偿居住该房屋的权利，但此房只能由唐某某及其续弦居住，其无权处置（出租、出售、出借等），唐某三人无权自行处置该房产。后俞某某与唐某某登记结婚，共同居住案涉房屋。2016 年 1 月，唐某某去世，64 岁的俞某某仍居住在内。同年 6 月，唐某离婚，其以无房居住为由要求入住该房屋，遭俞某某拒绝。唐某三人提起本案诉讼，要求判令俞某某立即返还唐某三人名下的案涉房屋。

【裁判结果】

安徽省合肥市庐阳区人民法院认为，唐某三人在取得案涉房屋所有权时作出的承诺系其真实意思表示，且不违反法律强制性规定，俞某某依据该承诺享有继续在案涉房屋居住的权利，唐某三人应按承诺履行其义务。同时，俞某某不存在违反承诺书中对案涉房屋出租、出售、出借的行为，故对唐某三人要求俞某某立即返还其名下案涉房屋的请求，不予支持，判决驳回唐某三人的诉讼请求。

【典型意义】

物权人将房产赠与他人，受赠人承诺允许赠与人及其再婚配偶继续居住使用房屋至去世。在现行法律规定下，该承诺应视为赠与人作出赠与房产时所附的赠与义务，或称之为附条件的赠与。在房产已经转移登记至受赠人后，受赠人无权单方撤销承诺。本案纠纷发生时我国法律并未直接对居住权作出规定，在此情况下，应充分尊重当事人的意思自治。本案的裁判结果不仅符合情理，也与新颁布实施的《民法典》关于居住权规定的相关精神一致，即不动产过户后，原物权人继续使用不动产，该种保留房屋居住使用权的赠与，可视为设立居住权的合同，新产权人亦无权单方撤销该合同。这一审判思路贯彻了党的十九大提出的加快建立多主体供给多渠道保障住房制度的要求，有利于解决老年人赡养、婚姻家庭生活中涉及的房产问题，保障老有所居，切实保护老年人的权益。

王某诉中国某银行股份有限公司北京某支行财产损害赔偿纠纷案

《人民法院老年人权益保护十大典型案例》案例二

2021年2月24日

关键词：老年人理财；金融机构提示说明义务

【基本案情】

2015年，62岁的王某在北京某银行处申购HT集合资产管理计划产品（金额100万元）和HA基金产品（金额70万元），其签订的申请书载明："……不是我行发行的理财产品……可能产生风险，无法实现预期投资收益……投资风险由您自行承担……"该行测评王某风险承受能力为平衡型，HT为低风险，HA为高风险，HA风险级别高于王某的风险承受能力。王某签署电子风险揭示书，后收取分红收益5万元。2017年其申请赎回时份额约100万份，金额约80万元。王某起诉请求判令该行赔偿本金约23万元、利息16万元并三倍赔偿68万元。

【裁判结果】

北京市第二中级人民法院认为，案涉《资产管理合同》及《风险揭示书》等均系银行依循的规范性文件或自身制定的格式合同，不足以作为双方就案涉金融产品相关情况充分沟通的凭证。银行对王某作出的风险承受能力评估为平衡型，但案涉金融产品合同中显示的风险等级并非均为低风险，该行违反提示说明义务，未证实购买该产品与王某情况及自身意愿达到充分适当匹配的程度；未能证明其已经对金融消费者的风险认知、风险偏好和风险承受能力进行了当面测试并向其如实告知、详尽说明金融产品内容和主要风险因素等，应当承担举证不能的法律后果。同时，王某有投资理财经验，应当知晓签字确认行为效力；本案投资亏损的直接原因是金融市场的正常波动，并非该行的代理行为导致，王某亦应对投资损失承担一定的责任。故判决银行赔偿王某 7 万元。

【典型意义】

第一，明确规则尺度，保护老年人金融消费安全，首案效应突出。本案是《全国法院民商事审判工作会议纪要》发布后首批维护金融消费者权益案件之一，指出银行应就投资者的年龄、投资经验、专业能力进行审查并考虑老年消费者情况等，对老年投资者应给予特别提示，结合民商事法律、《会议纪要》精神和社会发展实际提出了金融机构提示说明义务和金融消费者注意义务等判断标准。对如何为老年人提供更加合法、安全的投资理财消费环境，具有积极意义。第二，回应人民需求，弘扬社会主义核心价值观，体现时代发展。随着经济快速发展和人口老龄化程度加剧，针对老年群众的金融理财产品层出不穷。要将社会主义核心价值观具体贯彻到审判中，妥善处理和回应金融产品消费与信息化结合中产生的新问题，贯彻《民法典》立法精神，保护老年消费者的契约自由，为构建良好金融市场秩序、切实维护老年人权益树立典范。第三，践行司法改革，创新审理模式，助力社会治理。本案适用百姓评理团辅助审判，更好地结合法官专业性和公众的价值理念。

江苏镇江市丹徒区宝堰镇某村委会与镇江某生态农业开发有限公司土地承包经营权纠纷案

《人民法院助推民营经济高质量发展典型民商事案例》案例 5

2021 年 9 月 3 日

【基本案情】

2007 年，经江苏省镇江市丹徒区人民政府招商引资，镇江某生态农业开发有限公司（以下简称某公司）与该区某村村民委员会签订多份土地承包经营权转让协议，先期承包该村近 900 亩土地，计划投资 4.45 亿元用于特色农业生产开发。合同签订后，某公司介绍已先后投入 3 亿余元用于拆迁、道路、机耕道、土地整形、生态沟渠、日光温室、苗木栽培等项目建设。后由于某公司法定代表人遭遇交通事故等原因，某公司自 2015 年起开始拖延支付土地流转使用费。2016 年度的土地承包使用费由某村村委会提供担保，某公司向他人借款后支付给村委会，再由村委会发放给各农户；2017 年度土地承包使用费由某公司向某村村委会借款 70 万元向各农户发放；2017 年年底起，某村村委会又多次向某公司催要 2018 年度的土地租金未果，遂诉至法院要求解除合同，返还所承租的近 900 亩土地。

【裁判结果】

镇江市丹徒区人民法院一审认定某公司违约，判令解除合同并返还土地。镇江市中级人民法院二审认为，某公司在本案争议发生前，已经取得了相关部门的项目规划许可，并投入大量资金和人力用于项目建设。本案某公司的违约并未根本影响合同目的的实现，如果判令解除合同将造成社会资源的巨大浪费。二审法院积极与某村村委会沟通，分析某公司运营给村集体带来的经济利益，最终村委会同意就合同继续履行与某公司进行协商。之后，法院又积极联系某公司，提出改善经营的意见建议。经过多次耐心细致工作，最终村委会与某公司双方达成了调解协议，土地承包协议继续履行，某公司限期支付土地承包费。

【典型意义】

实施乡村振兴战略，是以习近平同志为核心的党中央从党和国家事业全局出发，从实现中华民族伟大复兴着眼，顺应亿万农民对美好生活向往作出的重大决策。人民法院积极服务乡村振兴战略，精准对接脱贫地区司法需求，鼓励引导民营企业投身乡村振兴，实现民营企业“万企帮万村”精准扶贫和乡村振兴阶段“万企兴万村”的有效衔接。本案某公司开发项目包括田园综合体、文旅、康养等，为附近村民提供了更多的就业机会，支付给村委会的租金增加了部分农户收入，并带动整个乡村生态环境和基础设施的改善。但由于该公司法定代表人遭遇交通事故等原因，未能按时足额缴纳土地承包费，以致产生诉讼。二审法院镇江中院从振兴乡村经济出发，深入乡村考察，积极组织双方在庭外进行协商调解，为企业经营献言献策、解决后顾之忧，既化解了双方之间的矛盾，又推动当地特色农业项目继续推进。

【案件案号】一审：江苏省镇江市丹徒区人民法院（2018）苏 1112 民初 1388 号；二审：江苏省镇江市中级人民法院（2019）苏 11 民终 2551 号

吴某诉某国际信托有限公司财产损害赔偿纠纷案

《人民法院服务和保障长三角一体化发展典型案例》案例三

2021 年 11 月 2 日

【基本案情】

某投资中心与某国际信托有限公司（以下简称某信托公司）签订《单一资金信托合同》（以下简称《信托合同》），约定委托人某投资中心指定将 2.8 亿元信托资金由受托人某信托公司管理，用于向某建设公司发放贷款。嗣后，某投资中心以“浙江某保障房投资基金项目”为名向社会公众募集资金，募集文件中载明产品类型为“某信托某建设公司单一资金信托贷款有限合伙基金”，吴某认购。其后，某信托公司与某建设公司签订《流动资金贷款合同》，某信托公司根据《信托合同》约定将某投资中心交付的信托资金（包含吴某的投资款 100 万元）向某建设公司发放贷款。基金到期后，吴某未收到投资款本金。经查，吴某的投资款被某投资中心执行事务合伙人委派代表陈某等人用于归还案外人某置业有限公司股东的对外债务。2018 年，上海市第一中级人民法院作出刑事判决，认定某建设公司系由陈某实际控制，其通过伪造某建设公司承建某保障房项目合同等材料，与王某使用某投资中心的名义以高额利息向社会公众销售“浙江某保障房投资基金项目”，而后将募集资金打款至某信托公司，某信托公司再贷款给某建设公司，某建设公司收到后用以归还某置业有限公司股东的对外债务等基本事实。吴某起诉称某信托公司未对信托项目进行有效监管导致损失，应当全额承担赔偿责任。

【裁判结果】

上海市浦东新区人民法院一审判决某信托公司应对吴某涉案损失承担20% 的补充赔偿责任，即吴某应根据前述生效刑事判决通过追赃程序向犯罪分子追索其全部损失，但对其损失中不超过 20 万元的部分，在吴某追索不成的情况下，应由某信托公司向吴某承担补充赔偿责任。一审宣判后，双方当事人均不服，上诉至上海金融法院。

上海金融法院认为，吴某系某投资中心所设项目的投资人，与某信托公司之间并无投资、信托等直接合同关系，吴某系以侵权损害赔偿为由起诉要求某信托公司承担责任。某信托公司在开展信托业务中未对犯罪分子借用其金融机构背景进行资金募集的行为采取必要防控措施，据此认定某信托公司在信托业务开展时对委托资金来源的审核未尽必要注意义务，对吴某等投资者被骗受损负有一定责任。某信托公司在管理案涉信托业务过程中存在过错，与吴某案涉损失在一定程度上具有因果关系，而吴某同时系相关刑事判决的被害人，其损失可通过刑事追赃、退赔方式得以保障，某信托公司应对吴某涉案损失承担 20% 的补充赔偿责任。据此上海金融法院判决：驳回上诉，维持原判。

【典型意义】

构建良好金融生态、防范化解金融风险、维护社会整体稳定是长三角经济一体化发展的重要基础，离不开司法的助力。人民法院依法审理各类金融案件，维护金融市场秩序，为有效防范化解金融风险及维护金融安全提供了有力司法保障。

本案为全国首例判决信托公司在通道类业务中承担民事侵权责任的案件。本案明确信托公司虽仅负事务性管理之责，但仍应秉持审慎原则开展经营，并履行必要的注意义务。本案裁判厘清了信托公司合法审慎经营的权责边界，同时也积极回应了投资者诉求，给予受损投资者合理的经济赔偿，为解决同类金融产品兑付风险引发的纠纷提供了参考。

王某祥、王某进诉某某村民委员会、高某等相邻通行纠纷案

《最高人民法院、中国残疾人联合会残疾人权益保护十大典型案例》案例三

2021 年 12 月 2 日

【基本案情】

王某祥、王某进均为盲人，二人系父子关系，与本村其他农户分离，单独居住在本村在某某寨的集体所有土地上，与某某村某组农户相邻。2003 年，二人利用自己的土地和从某某村某组调换而来的土地修建了一条与从某某寨经水库大坝通向国道（某某寨与外界相通的唯一公路）的便道用于通行。2012 年，高某经流转取得某某村某组 524 亩土地用于生产经营，并受某某村某组委托在某某寨集中修建居民点。居民点修建过程中，王某祥、王某进修建的便道被挖断，致便道尽头与居民点地平面形成约 20 米高落差，便道现不能通行，也无法恢复。王某祥、王某进起诉请求由某某村民委员会、高某等另开通道恢复便道通行，赔偿交通、误工损失 5602 元。

【裁判结果】

重庆市梁平区人民法院经审理认为，不动产相邻权利人应当按照有利生产、方便生活、团结互助、公平合理原则处理相邻关系，为因通行等必须利用其土地的相邻权利人提供必要的便利。本案中，无论从哪个方向修建机动车便道从某某寨至主路相连，均需经过某某村某组的土地，某某村某组应当提供土地供王某祥、王某进通行。遂判决某某村民委员会、高某等从王某祥、王某进原修建便道被挖断处另开通道，修建一条宽 3 米的便道通向某某寨前寨门水泥路，赔偿王某祥、王某进交通、误工等损失费 5602 元。

【典型意义】

修建居民点是为了改善人民群众生活条件，有积极意义，但不能以损害他人的合法权益为代价，特别是王某祥、王某进为老年人且身有残疾，其合法权益更应得到充分保护。切实依法保障残疾人的合法权益，是贯彻习近平新时代中国特色社会主义思想的重要举措，也是认真落实禁止歧视残疾人法律规定的具体表现。该判决充分发挥司法裁判对社会的重要示范引领作用，鼓励和支持残疾人自立、自强，让残疾人更多感受到全社会的温暖，树立残疾人生活的信心，使其对美好生活充满希望。

祖母赠与孙子房产后有权继续居住

——何某玮诉杜某妹物权保护纠纷案

《第二批人民法院大力弘扬社会主义核心价值观典型民事案例》案例一

2022 年 2 月 23 日

核心价值：家庭和谐、孝敬老人

【基本案情】

何某玮通过其祖父何某新的遗赠和祖母杜某妹的赠与取得某房屋所有权。后何某玮的父母离婚，何某玮由其母亲伍某抚养。何某玮及其法定代理人伍某向人民法院起诉，请求判令杜某妹腾空交还其赠与的房屋，并支付租金损失。

【裁判结果】

人民法院认为，何某玮受遗赠、赠与取得房屋产权时年仅 4 岁，根据生活常理，何某新、杜某妹将二人的家庭重要资产全部赠给何某玮显然是基于双方存在祖孙关系。此种源于血缘关系的房屋赠与即便双方没有明确约定赠与人有继续居住的权利，基于人民群众朴素的价值观和善良风俗考虑，在杜某妹年逾 60 岁且已丧偶的情况下，何某玮取得房屋所有权后不足一年即要求杜某妹迁出房屋，明显有违社会伦理和家庭道德。何某玮虽享有案涉房屋所有权，但杜某妹在该房屋内居住是基于双方存在赠与关系、祖孙关系以及长期共同生活的客观事实，如以所有权人享有的物权请求权而剥夺六旬老人的居住权益，显然有违人之常情和社会伦理，故杜某妹的居住行为不属于无权占有的侵权行为。何某玮要求杜某妹腾退房屋，缺乏法律依据，不应予以支持。故判决驳回何某玮的全部诉讼请求。

【典型意义】

“百善孝为先，孝为德之本”。长辈对晚辈的疼爱，晚辈对长辈的关爱是人类最原始、最基本的自然情感，也是中华民族源远流长的传统美德。祖母在将房屋赠与孙子之后，是否仍有权在该房屋继续居住，需要衡量的不仅是法律的尺度，还包括伦理的限度和情理的温度。本案判决充分考虑孙子的房屋权属来源、居住使用状况以及当事人之间的特定身份关系等因素，作出合情、合法、合理的裁判，弘扬了和谐、友善、法治的社会主义核心价值观，体现了法律对人善良本性的尊重和保护，彰显了尊老敬老的中华民族传统优秀文化，更表达了司法为民的“温度”，对维护家庭和睦与社会稳定具有促进作用。

父母有权拒绝成年子女“啃老”

——杨某顺诉杨某洪、吴某春居住权纠纷案

《第二批人民法院大力弘扬社会主义核心价值观典型民事案例》案例二

2022 年 2 月 23 日

核心价值：独立自强、家风文明

【基本案情】

杨某顺系杨某洪、吴某春夫妇的儿子。杨某顺出生后一直随其父母在农村同一房屋中居住生活。杨某顺成年后，长期沉迷赌博，欠下巨额赌债。后该房屋被列入平改范围，经拆迁征收补偿后置换楼房三套。三套楼房交付后，其中一套房屋出售他人，所得款项用于帮助杨某顺偿还赌债；剩余两套一套出租给他人，一套供三人共同居住生活。后因产生家庭矛盾，杨某洪、吴某春夫妇不再允许杨某顺在二人的房屋内居住。杨某顺遂以自出生以来一直与父母在一起居住生活，双方形成事实上的共同居住关系，从而对案涉房屋享有居住权为由，将杨某洪、吴某春夫妇诉至法院，请求判决其对用于出租的房屋享有居住的权利。

【裁判结果】

人民法院认为，杨某顺成年后具有完全民事行为能力和劳动能力，应当为了自身及家庭的美好生活自力更生，而非依靠父母。杨某洪、吴某春夫妇虽为父母，但对成年子女已没有法定抚养义务。案涉房屋系夫妻共同财产，杨某洪、吴某春夫妇有权决定如何使用和处分该房屋，其他人无权干涉。杨某顺虽然自出生就与杨某洪、吴某春夫妇共同生活，但并不因此当然享有案涉房屋的居住权，无权要求继续居住在父母所有的房屋中。故判决驳回杨某顺的诉讼请求。

【典型意义】

青年自立自强是家庭和睦、国家兴旺的前提条件。只有一代又一代人的独立自强、不懈奋斗，才有全体人民的幸福生活。《中华人民共和国民法典》第二十六条规定："父母对未成年子女负有抚养、教育和保护的义务。成年子女对父母负有赡养、扶助和保护的义务。"对于有劳动能力的成年子女，父母不再负担抚养义务。如果父母自愿向成年子女提供物质帮助，这是父母自愿处分自己的权利；如果父母不愿意或者没有能力向成年子女提供物质帮助，子女强行"啃老"，就侵害了父母的民事权利，父母有权拒绝。司法裁判在保护当事人合法权益的同时，也引导人们自尊、自立、自强、自爱。本案的裁判明确了有劳动能力的成年子女在父母明确拒绝的情形下无权继续居住父母所有的房屋，对于成年子女自己"躺平"却让父母负重前行的行为予以了否定，体现了文明、法治的社会主义核心价值观，有助于引导青年人摒弃"啃老"的错误思想，树立正确的人生观、价值观，鼓励青年人用勤劳的汗水创造属于自己的美好生活；有助于弘扬中华民族艰苦奋斗、自力更生、爱老敬老的传统美德；有助于引导社会形成正确价值导向，促进社会养成良好家德家风，传递社会正能量。

经民主决策以合理方式在老旧小区加装电梯受法律保护

——方某某、黄某某诉周某、陈某某等物权保护纠纷案

《第二批人民法院大力弘扬社会主义核心价值观典型民事案例》案例五

2022 年 2 月 23 日

核心价值：睦邻友善、社区文明

【基本案情】

某老旧小区业主打算加装电梯。经业主讨论后，绝大多数业主签字同意加装电梯。同意安装电梯的业主占比和其所有的专有部分占建筑物总面积的比例均达到法律规定的要求。根据该小区业主的申请，有关部门于 2020 年 10 月 22 日对该小区加装电梯进行了批前公示并按照相关要求办理了《建设工程规划许可证》。2021 年 6 月，该小区加装的电梯安装完毕并投入使用。2 单元 102 号房的业主方某某、黄某某以建设电梯未有效公示，建设电梯造成其住宅的通风、采光、日照、隐私等权利受到侵害为由，向人民法院起诉请求判令周某、陈某某等人停止使用电梯、拆除电梯设施、恢复原状，并向其赔偿损失 10 万元。

【裁判结果】

人民法院认为，案涉电梯的加装符合法律规定的程序。基于现场查看情况，案涉电梯与 2 单元房屋之间留有足够的距离，对该单元业主的通行并没有造成妨碍；案涉电梯正对 2 单元楼道的中部，长度为 2.9 米，超过楼道两侧的距离分别只有 0.4 米，而面对电梯的阳台长度达到 5.7 米，电梯对 2 单元房屋的采光和通风没有造成妨碍，且电梯运行声响很小，未产生明显噪音。老旧小区加装电梯涉及广大群众的出行方便，关系到社会的和谐稳定。即便加装电梯确实给低层住户的居住环境带来一定的变化，但在整体上不妨碍采光、通行、通风等相应权利的情况下，低层住户对小区加装电梯的行为，应负有一定的容忍义务。故判决驳回方某某、黄某某的全部诉讼请求。

【典型意义】

崇德修睦、包容互让是构建和谐邻里关系的重要条件。人们生活的距离越近，越需要包容和体谅。城市化让建筑物区分所有成为房屋所有权的常见形式。在多户同住一栋楼的情况下，无论是使用专有部分还是管理共有部分，都需要考虑其他业主的利益，按照法律规定的方式和程序进行。为老旧小区加装电梯，方便住在高层的住户出行，尤其是老年人出行，具有重要意义。当前，这一问题具有普遍性。各地政府亦纷纷出台政策支持老旧住宅加装电梯。由该问题引发楼上楼下的纠纷，不仅涉及每栋住宅中住户的权益，亦关系到社会和谐稳定。本案中安装电梯的决定经过绝大部分住户同意，未明显影响低层住户利益。在个别低层住户反对时，人民法院通过明确低层住户对加装电梯的适度容忍义务，既保障了高楼层住户的通行方便，体现了和谐、友善的社会主义核心价值观，充分彰显了司法裁判在社会治理中的规则引领和价值导向作用，对于维护团结互助的社区环境，营造和谐友爱的邻里关系具有积极意义。

邱某光与董某军居住权执行案

《人民法院贯彻实施民法典典型案例（第一批）》案例五

2022 年 2 月 25 日

【典型意义】

《民法典》物权编正式确立了居住权制度，有利于更好地保障弱势群体的居住生存权益，对平衡房屋所有权人和居住权人的利益具有重要制度价值。本案申请执行人作为丧偶独居老人，其对案涉房屋的居住使用权益取得于《民法典》实施之前，执行法院依照《民法典》规定的居住权登记制度，向不动产登记机构发出协助执行通知书，为申请执行人办理了居住权登记，最大限度地保障了申请执行人既有的房屋居住使用权利，对于引导当事人尊重法院判决，推动《民法典》有关居住权制度的新规则真正惠及人民群众，具有积极的示范意义。

【基本案情】

邱某光与董某峰于 2006 年登记结婚，双方均系再婚，婚后未生育子女，董某军系董某峰之弟。董某峰于 2016 年 3 月去世，生前写下遗嘱，其内容为："我名下位于洪山区珞狮路某房遗赠给我弟弟董某军，在我丈夫邱某光没再婚前拥有居住权，此房是我毕生心血，不许分割、不许转让、不许卖出……"董某峰离世后，董某军等人与邱某光发生遗嘱继承纠纷并诉至法院。法院判决被继承人董某峰名下位于武汉市洪山区珞狮路某房所有权归董某军享有，邱某光在其再婚前享有该房屋的居住使用权。判决生效后，邱某光一直居住在该房屋内。2021 年初，邱某光发现所住房屋被董某军挂在某房产中介出售，其担心房屋出售后自己被赶出家门，遂向法院申请居住权强制执行。

【裁判结果】

生效裁判认为，案涉房屋虽为董某军所有，但是董某峰通过遗嘱方式使得邱某光享有案涉房屋的居住使用权。执行法院遂依照《民法典》第三百六十八条等关于居住权的规定，裁定将董某军所有的案涉房屋的居住权登记在邱某光名下。

【民法典条文指引】

第三百六十八条 居住权无偿设立，但是当事人另有约定的除外。设立居住权的，应当向登记机构申请居住权登记。居住权自登记时设立。

某控股公司与中德某公司担保合同纠纷案

《人民法院服务保障自由贸易试验区建设典型案例》案例 10

2022 年 2 月 28 日

【基本案情】

2017 年，中德某公司与某控股公司、某银行成都分行签订《监管协议》。约定以中德某公司名义在某银行成都分行开立监管账户，进入监管账户的全部资金将进行封闭管理，用于清偿中德某公司的德国子公司欠付某控股公司的债务，账户监管期限于债务清偿完毕之日止。协议签订后，某控股公司与中德某公司的德国子公司签订《借款合同》，向该子公司出借 1.7 亿欧元。其后，中德某公司在某银行成都分行开立专门账户，向该账户划入监管资金共计人民币 25000 万元。某控股公司提起诉讼，要求确认其对涉案专门账户中的 8100 万元存款享有优先受偿权，中德某公司在 8100 万元范围内承担质押担保责任。

【裁判结果】

四川省高级人民法院一审认为，中德某公司和某银行成都分行均设立在成都自贸试验区内，本案纠纷因中德某公司为其境外子公司外币借款提供担保产生，涉案担保合同依法有效，判决确认某控股公司对涉案账户中的 8100 万元存款享有质权。中德某公司不服，提起上诉。最高人民法院二审判决驳回上诉，维持原判。

【典型意义】

涉外担保是自贸试验区商事活动的常见形态。2014 年国家外汇管理局发布施行的《跨境担保外汇管理规定》，明确外汇管理部门对跨境担保合同的核准、登记、备案等外汇管理要求，不构成涉外担保合同的生效要件。本案判决明确了涉外担保合同效力的认定规则，依法保障国际贸易自由化、便利化，对促进自贸试验区开放型经济发展具有重要意义。

认定铁路运单提货请求权效力探索构建中欧班列陆上贸易新规则

——重庆某汽车销售有限公司诉重庆某物流有限公司等物权纠纷案

《最高人民法院发布第三批涉“一带一路”建设典型案例》案例 5

2022 年 2 月 28 日

【基本案情】

2019 年 2 月，某物流公司、某金融公司、甲公司签订《铁路提单汽车进口业务合作协议》，约定：甲公司从境外进口一批汽车，以铁路提单作为结算方式项下的单证及提货凭证。某物流公司在境外接收进口货物并签发铁路提单。甲公司与某汽车公司签订《IMSA 车辆销售合同》后，将经境外出口商和某金融公司背书的铁路提单正本三份交付给某汽车公司。货物经中欧班列运抵目的地后，某汽车公司持铁路提单向某物流公司要求提货，并向某物流公司出示了铁路提单正本以及《提车证明》原件。某物流公司拒绝交货，某汽车公司遂将其诉至法院，要求确认货物所有权并交付货物。

【裁判结果】

重庆自由贸易试验区人民法院审理认为，案涉铁路提单是签发人通过协议及铁路提单作出的向不特定的铁路提单持有人交付货物的承诺。甲公司作为进口车辆的所有权人，与某汽车公司约定交付铁路提单视为车辆交付，符合《物权法》关于指示交付的规定。由于铁路提单与提货请求权的对应关系，某汽车公司受领铁路提单后，享有铁路提单项下车辆的提货请求权。据此，判决确认某汽车公司享有铁路提单项下货物所有权；某物流公司向某汽车公司交付铁路提单项下货物。

【典型意义】

铁路运单及相应的运输交易，是依托中欧班列推进“一带一路”国际陆上贸易产生的新商业模式，人民法院应当在不违反法律、行政法规强制性规定和社会公共利益的前提下，尊重当事人意思自治并依法保障交易安全。铁路运单尚不构成《物权法》规定的提单，其所代表的提货请求权之实现应取决于当事人的合同约定及运单本身的记载。本案中，各方约定缔约承运人签发案涉国际铁路运（提）单并明确持有人具有提货请求权，转让该单证应视为提货请求权的转让，属于特殊形式的指示交付。该案在现有法律框架下对铁路运单及其交易模式予以认可，是对中国（重庆）自由贸易试验区创新铁路运单及其配套规则的积极探索，有利于推动中欧班列国际陆上贸易规则的构建。

【一审案号】重庆自由贸易试验区人民法院（2019）渝 0192 民初 10868 号

王某诉杨某排除妨害纠纷案

——任何组织和个人不得侵占英雄烈士纪念设施保护范围内的土地和设施

《涉英烈权益保护十大典型案例》案例四

2022年12月8日

【基本案情】

王兆军同志在解放战争期间的"四平战役"中壮烈牺牲，后经国家民政部批准为革命烈士。王某系王兆军同志的胞弟。河西村民委员会与王某签订协议，约定将案涉承包地作为烈士墓地，交予王某无限期长期管理，免收承包金及其他费用。王某对烈士墓地及堆堤进行管理与维护期间，杨某长期自行在王某承包地的堆堤处种植各种农作物。双方为此经常发生纠纷，河西村民委员会多次协调均未能有效解决。后王某向法院提起诉讼，要求杨某返还侵占的烈士墓地范围内土地。

【裁判结果】

江苏省滨海县人民法院认为，国家鼓励和支持自然人、法人和非法人组织以捐赠财产、义务宣讲烈士事迹和精神、帮扶英雄烈士遗属等公益活动的方式，参与英雄烈士保护工作。河西村民委员会将烈士墓地和堆堤交予烈士近亲属王某管理维护，不仅有利于激发公民的荣誉感，亦能加强对烈士墓地范围内土地的保护。国家出台《中华人民共和国英雄烈士保护法》，对英雄烈士予以褒扬、纪念，全社会都应当崇尚、学习、捍卫英雄烈士，任何组织和个人不得侵占英雄烈士纪念设施保护范围内的土地和设施。杨某在烈士墓地种植农作物于法无据，被侵占的该地块依法应予返还。判决被告杨某向王某返还土地。

【典型意义】

本案是对侵犯零散烈士纪念设施保护范围内土地进行司法保护的典型案例。司法实践中，不仅要重视对英烈权益的保护，也要加强对承载英烈精神纪念设施的保护力度。英烈事迹的群众知晓度不一，现实中烈士纪念设施由于各种原因有的被侵占，有的被破坏甚至塌陷，有的周围杂草丛生，缺乏庄严、肃穆的氛围。本案在加强对零散烈士纪念设施的司法保护方面，具有代表性和典型性，对于弘扬社会主义核心价值观具有重要的示范引领作用。

董某诉李某、第三人卢某排除妨害案

——依法保障英雄烈士遗属居住权益

《涉英烈权益保护十大典型案例》案例十

2022 年 12 月 8 日

【基本案情】

董某系革命烈士卢兴的遗孀，现年 83 岁，体弱多病，由孙女卢某常年照顾。2012 年，老人原有住房面临拆迁，政府为照顾烈属，特批安置给老人一套房屋，并按老人意愿，在拆迁协议上将孙女卢某加在董某名字后面，注明董某百年后，房屋产权归卢某所有。2016 年，董某与卢某领取拆迁安置房，但因老人身体问题一直未办理不动产权登记证。后卢某未经董某同意，擅自将房屋转卖给同事李某。李某向其支付购房款 32 万余元。2021 年，李某起诉卢某、第三人董某，要求办理房屋过户手续，被法院以卢某系无权处分为由驳回诉讼请求。判决生效后，李某仍占有房屋。2022 年，董某办理不动产权属证书，后多次要求李某搬出未果，无奈诉至法院，要求李某搬出案涉房屋。

【裁判结果】

江苏省淮安市淮安区人民法院认为，本着优待烈属的原则，政府安置给烈士遗孀董某一套房屋，并充分尊重老人意愿，明确其百年后房屋归孙女所有。现在老人健在，房屋却被其孙女卢某擅自转卖。此举既不合法，又与政府优待烈属的初衷相违背，导致烈士遗孀老无所居。法院从关爱烈属的角度，动员李某主动搬离。经过法院调解，三方当事人达成调解协议，李某同意限期搬出案涉房屋。

【典型意义】

《中华人民共和国英雄烈士保护法》规定，国家实行英雄烈士抚恤优待制度，英雄烈士遗属按照国家规定享受教育、就业、养老、住房、医疗等方面的优待。中共中央办公厅、国务院办公厅、中央军委办公厅《关于加强新时代烈士褒扬工作的意见》明确要加强烈属人文关怀和精神抚慰，突出解决烈属家庭后续生活保障、救助帮扶援助等实际问题，优化烈属住房、养老等服务专项优待内容。做好烈属优待工作，让广大烈属享受到应有的优待和国家改革发展成果，是关心关爱烈属的具体举措，也是对革命烈士的告慰。本案通过司法手段推动落实烈属优待政策，切实解决烈属生活困难，依法维护烈属合法财产权利，保障烈属居住权益，实现老有所养、住有所居，是弘扬英烈精神、褒恤烈属的生动司法体现。

福建省大田县吴山乡阳春村民委员会、东埔村民委员会诉奥某等物权保护纠纷案

《依法保护文物和文化遗产典型案例》案例十一

2023年2月7日

【基本案情】

祖师信仰是闽南地区重要的宗教信仰，将祖师遗体塑成肉身像并进行供奉是该地区习俗。章公祖师生于11—12世纪，在福建阳春青龙山道庵修行并坐化。林氏先人在宋代为供奉章公祖师像而建普照堂，章公祖师像受到当地民众供奉崇拜延续至今。普照堂及所供奉的章公祖师像属福建省大田县吴山乡阳春村和东埔村集体所有财产。1995年章公祖师像被盗，至今未破案。2015年3月，荷兰王国居民奥某在匈牙利展出一尊中国宋代肉身佛像。两村村民经与照片及祖师遗物对比，发现该佛像为被盗的章公祖师像。两村村委会向奥某主张返还未果，向荷兰法院起诉被驳回，遂于2015年12月向福建省三明市中级人民法院起诉，请求判令奥某及奥某独资经营的两家公司返还章公祖师像，并支付精神损害赔偿金20万欧元、实现债权费用5万欧元。

【判决结果】

福建省三明市中级人民法院一审认为，案涉佛像与 1995 年福建省大田县吴山乡阳春村普照堂内被盗流失的宋代章公祖师像具有同一性，本案应当适用偷盗事实发生时物之所在地法即中华人民共和国法律，奥某的买受行为不适用善意取得制度。章公祖师像在荷兰仅是一件具有异域特色的文物，但在中国章公祖师像的诞生地、保存地，则是当地祖师信仰的重要信物，承载着当地众多信众的精神寄托。章公祖师像作为集体所有的传世文物，于法而言，阳春村和东埔村村民对章公祖师像的集体所有权受法律保护；作为祖师信仰的信物，于情而言，章公祖师像应当返还给信众村民；作为人类遗骸的文化财产，于理而言，章公祖师像亦当回归其原始文化氛围和故土环境。在章公祖师像被偷盗、未经中国政府许可非法出口到国外后，阳春村委会和东埔村委会有权代表集体行使所有权，跨境追索，要求非法占有人返还流失的珍贵文物。依法判决：奥某向阳春村委会和东埔村委会返还章公祖师肉身佛像，驳回两村委会的其他诉讼请求。

福建省高级人民法院二审维持原判。

【典型意义】

本案系文物物权纠纷引发的涉外民事案件，是民间通过国内民事诉讼追索流失海外文物的开创性案例，在探索涉外文物司法裁判规则、统筹推进国内法治和涉外法治方面具有示范意义。一是宣示了我国文物法律的域外适用。首次明确流失海外文物适用被盗时文物所在地法，有力维护了文物流出国利益。二是彰显了我国坚定维护文化财产国际条约的立场。充分尊重文化财产条约关于“保护文化财产免受偷盗、秘密发掘和非法出口的危险”及“便利文物返还和归还”等精神，对国内法作出与国际条约目的和宗旨相符的解释。三是为阻断我国文物海外流失提供了司法支撑。从文物涉外交易及出境的禁止性规定、案涉佛像作为人类遗骸的文化财产属性等角度，阐明盗赃文物的买受行为不适用善意取得制度，为当事人通过民事诉讼途径追索海外文物提供强有力的法律支撑，对文物销赃海外亦具有警示和防范作用。

刘某庆等 4 人诉瑞金中央革命根据地纪念馆物权纠纷案

《依法保护文物和文化遗产典型案例》案例十三

2023 年 2 月 7 日

【基本案情】

1929 年 2 月，红四军主力在大柏地伏击来犯的国民党军队，战斗十分激烈，在村前墙壁上留下很多弹洞，毛主席著名词作《菩萨蛮·大柏地》中“当年鏖战急，弹洞前村壁”即追忆此段历史。土地改革时期，瑞金县政府将红四军大柏地战斗战场遗址“弹洞前村壁”的两间房屋（以下简称“弹洞”两房）等财产分给刘某仁、刘某庆、刘某庠（割禾客）、刘某华（刘某娣）、麻某连所有，并于 1953 年 3 月 10 日颁发《土地房产所有证》。之后，刘某仁将“弹洞”两房交给其弟刘某泮居住。1969 年，瑞金中央革命根据地纪念馆从刘某泮手中接管“弹洞”两房，并进行了局部维修。2007 年 4 月 15 日，在《红四军大柏地战斗战场遗址简介》的碑文中载明该遗址原为“刘某泮私宅”。刘某庆、刘某庠、刘某序、刘某华系刘某仁与麻某连生育的子女，知晓碑文简介内容后，向江西省瑞金市人民法院起诉，请求判令返还“弹洞”两房。审理过程中，刘某庆等人变更诉讼请求，请求判令将碑文中的刘某泮变更为刘某仁、刘某庆、割禾客、刘某娣、麻某连。

【裁判结果】

江西省瑞金市人民法院认为，“弹洞”两房系土地改革时期政府依据当时的土地政策分配给刘某仁、刘某庆、刘某庠（割禾客）、刘某华（刘某娣）、麻某连所有，且办理了《土地房产所有证》后未再进行变更登记。红四军大柏地战斗战场遗址是全国重点文物保护单位，该遗址中“弹洞”两房属于国家重点保护的文物，任何人不得对其损害。文物保护单位应对其妥善管理，碑文简介中该遗址原为“刘某泮私宅”确有错误，应予以更正。依法判决：瑞金中央革命根据地纪念馆将“弹洞”两房前碑文《红四军大柏地战斗战场遗址简介》中“刘某泮”的名字变更为“刘某仁、刘某庆、割禾客、刘某娣、麻某连”。该判决已生效。

【典型意义】

本案系革命文物物权纠纷引发的民事案件。革命文物承载着党领导人民英勇奋斗的光荣历史，记录了中国革命伟大历程和感人事迹，保护、利用好革命文物，对弘扬革命文化、传承红色基因意义重大。刘某庆等人起诉主张返还“弹洞”两房，根源在于其认为碑文简介中原住户名称有误导致自身权益受损，诉讼目的主要还在于“正名”。人民法院本着实事求是的原则，统筹兼顾加强革命文物保护传承和保障当事人合法权益，强化释法析理，促进矛盾纠纷妥善化解。该案是人民法院为革命文物保护提供有力司法保障的生动探索，为丰富、完善文物司法裁判规则积累了有益经验，对于引导社会公众全面、正确树立文物保护理念，督促文物保护单位增强尊重历史、注重细节的责任意识，具有宣传教育意义。

子女处分老年人购买并长期居住的房屋应尊重其意愿

——吕某诉戴某排除妨害纠纷案

《人民法院老年人权益保护第三批典型案例》案例五

2023 年 4 月 27 日

关键词：权利滥用；安土重迁

【基本案情】

戴某（85 岁）系吕某之母。案涉房屋系吕某父亲生前依单位保障家庭用房政策出资购买，戴某一直居住在该房屋内。吕父去世后戴某同意房屋登记于吕某名下。在工作日期间，吕某夫妇为接送孙辈上下学与戴某共同居住。吕某为生活便利欲置换房屋，承诺保障戴某居住需求。戴某认为自己已在该处居住半生，邻里熟悉，就医便利，希望能在此终老。即使新居面积更大、条件更优，亦不愿搬离旧宅。因协商未果，吕某以房屋所有权人身份起诉请求判令戴某不得妨害其置换房屋行为。

【裁判结果】

审理法院认为，《中华人民共和国民法典》第一百三十二条规定，民事主体不得滥用民事权利损害国家利益、社会公共利益或者他人合法权益。戴某虽放弃登记为所有权人，但对该房屋仍有正常居住的权益。吕某欲置换房屋以提高居住品质，但戴某已至耄耋之年，有在此颐养天年直至终老的意愿，吕某轻视戴某意愿而欲售房置换不当。判决驳回吕某的诉讼请求。

【典型意义】

中华民族素有安土重迁、落叶归根的传统。本案判决没有机械按照物权变动规则支持登记权利人的主张，而是全面考虑房屋来源和现实情况，充分尊重耄耋老人对旧有居所数十载的多重情愫和美好回忆，以及老人对自身社交、就医养老处所的现实考虑，明确家庭成员要尊重老年人意愿，不应滥用民事权利排除老年人居住权益，不得违背公序良俗。本案判决对于如何细化老年人居住权益保障，真正实现老有所居、老有所安，切实维护老年人权益，具有一定的指导意义。

黄某等人诉刘某恢复原状纠纷案

《人民法院抓实公正与效率践行社会主义
核心价值观典型案例》案例8
2023年8月2日

【基本案情】

原告黄某等人与被告刘某签订施工合同，约定将某商品房工程的泥工工程量发包给被告刘某，同时约定刘某可在该工程商品房中挑选一套商品房抵扣工程款。据此，刘某根据约定，实际占有、装修并入住案涉房屋。装修过程中，刘某擅自改变案涉房屋布局，将卫生间拆除，又将厨房改为卫生间，导致案涉房屋的卫生间正对楼下商品房的厨房。后因工程价款问题，案涉房屋未能过户到刘某名下。原告遂以此影响案涉房屋再次售卖为由，向刘某提出恢复原状之诉。

【裁判结果】

江西省赣州市中级人民法院认为，根据相关规定，业主取得建筑物专有部分的所有权或者使用权后，为了充分发挥房屋的使用价值，提高房屋的利用率，可对房屋内部结构和空间布局进行合理的优化和改进。但业主就自己的专有部分享有自由使用、收益及处分权利的同时，应承担不得危及建筑物安全，不得损害其他业主合法权益的义务。其义务包括不得实施违法改建、扩建，改变专有部分本来用途和使用目的，以及违反当地生活习惯和善良风俗等不当损毁和不当使用的行为。据此，判决刘某将厨房改造的卫生间恢复原状。

【典型意义】

随着城市化的发展，在集约节约用地的背景下，相邻关系纠纷日渐多发。在相邻建筑改造中，权利人利用不动产实现利益是法律给予个人自由的体现，法律保护权利人自由地正当行使。但是，行使权利的自由不是漫无边际的，应受必要限制，限制是为了使权利人的自由与他人的自由和谐共处，从而保护安定的社会秩序。本案中，厨房和卫生间的功能明确，对其建造有一定的特殊要求。且根据城乡建设部强制标准“卫生间不应直接布置在下层住户的卧室、起居室（厅）、厨房、餐厅的上层”。被告将厨房改造成卫生间违反国家强制标准的要求。同时，基于卫生间的特殊用途，会让楼下业主产生不舒适的感觉，可能会导致心情压抑，降低生活品质。人民法院适用公序良俗原则提升了治理效能，而非一判了之、强制履行，既保障相邻人之间的权利和义务，也维护社会基本单元友好关系，有助于营造和谐稳定的社会环境，弘扬守望相助、崇德修睦的相邻美德。

王某与某物业公司财产损害赔偿纠纷案

《最高人民法院发布人民法院妥善化解涉汛矛盾纠纷典型案例》案例 2

2023 年 8 月 30 日

【基本案情】

2023 年 7 月 29 日至 8 月 2 日，在北京特大暴雨灾害中，王某所住房屋阳台顶棚漏水，导致墙体脱落、壁纸损坏。王某向某物业公司报修，某物业公司认为系楼上住户室外空调积水渗漏所致，故拒绝维修。王某到北京市房山区人民法院多元解纷诉调对接中心寻求法律帮助，要求某物业公司承担其经济损失 3000 元。多元解纷诉调对接中心调解员在充分了解其诉求后，立即与速裁法官对接。房山法院高度重视，第一时间通过区委政法委协调属地镇政府，联合开展诉前化解工作：一方面积极安抚王某，进行诉讼指导，完善起诉材料及证据；另一方面，立即联系某物业公司，详细了解情况，敦促某物业公司妥善处理纠纷。为确保纠纷源头实质化解，房山法院安排速裁法官全程指导调解员开展诉前调解工作，在法官带领团队勘查现场、查明事实的基础上，当天即促成双方达成调解协议：某物业公司为王某修复受损阳台，王某放弃诉讼。经房山法院回访，目前王某家阳台修复施工进展顺利，王某对纠纷处理结果表示满意。

【典型意义】

本次灾后重建任务繁重，涉灾矛盾纠纷快速化解在稳定人心、修复社会秩序方面具有重要作用。本案虽然标的额不大，但是对当事人居住生活造成一定影响，此类纠纷涉及灾后恢复重建等重大事项，如处理不及时极易引发群体性纠纷和网络舆情。本案中，人民法院始终坚持把人民群众利益放在第一位，靠前服务，找准多元解纷机制在涉灾矛盾纠纷化解工作中的契合点，引导群众选择更便捷、高效、低成本的非诉渠道解决纠纷，仅用时 1 天即稳妥化解纠纷，形成“快速响应、精准对接、全程指导、跟进回访”的涉灾矛盾纠纷化解机制，确保非诉挺前、诉讼兜底，为服务保障灾后恢复重建工作贡献司法力量。

闫某与刘某财产损害赔偿纠纷案

《人民法院妥善化解灾后矛盾纠纷典型案例》案例 1

2023 年 10 月 9 日

【基本案情】

受极端降雨天气影响，邻居刘某家的院墙坍塌，砸坏了闫某家的菜园，双方就赔偿事宜未达成一致，且邻居刘某态度不好，闫某便到河北省涿州市人民法院求助。涿州法院与刘某取得联系后，刘某称房屋是其租住的，院墙坍塌非人为导致，修缮责任应该由房东承担。涿州法院工作人员认为纠纷系因极端降雨天气引发，案涉标的额不大，且双方系多年邻里关系，案件最好能在诉前得到化解，遂与双方当事人、房东约好上门调解时间。查看现场后，涿州法院工作人员从法理、情理的角度，耐心与当事人进行沟通，最终达成一致。因刘某明知房屋院墙年久失修，还将铁门等重物倚靠在墙上，对给闫某造成的损失应承担相应责任，刘某同意赔偿，并当场给付闫某赔偿款，双方握手言和。同时，房东表示天气好转将及时修缮院墙。此外，涿州法院工作人员还与村委会负责人对接，登记当事人的灾情受损情况，做好老百姓的安抚工作。

【典型意义】

将诉讼服务前移，第一时间掌握涉灾案件信息，开展诉前纠纷化解工作，主动回应人民群众司法需求，是践行新时代“枫桥经验”的具体体现。涿州此次受灾严重，灾后重建工作任务繁重，和谐的环境、安定的民心对做好灾后重建工作举足轻重。本案中，涿州法院主动前移服务窗口，通过上门服务、诉前化解，既有效减轻了当事人诉累，也通过真诚交流，真正做到“坚持把非诉讼纠纷解决机制挺在前面”，充分体现人民法院为人民司法的理念，为灾后重建工作提供有力司法保障。

赵某诉某单位财产损害赔偿纠纷案

《人民法院妥善化解灾后矛盾纠纷典型案例》案例2

2023年10月9日

【基本案情】

受台风“杜苏芮”影响，2023年8月1日，河北省涞水县突发强降雨，致使该县某单位围墙倒塌，造成包括赵某的车辆在内的三辆车辆受损。8月19日，赵某向河北省涞水县人民法院提交诉状，请求被告某单位赔偿车辆损失4万元。涞水法院受理此案后，立即依托法院“老马调解室”开展调解工作，“老马调解室”积极就车损定额、修理等事宜进行调解。某单位申请由专业鉴定机构对受损车辆进行维修费用评估，考虑到车辆损失鉴定费用高、周期长，对双方均不利，涞水法院将此情况向双方充分释明，最后双方自愿选择以评估代替鉴定的定损方式，由涞水县某汽车销售服务有限公司对受损车辆维修费用进行评估定损。经过调解，双方及时达成调解协议，并由法院出具了司法确认书，实现案结事了。

【典型意义】

此次洪涝灾害对河北省涞水县造成严重影响，本案中人民法院妥善高效化解受灾群众的矛盾纠纷，共同做好灾后重建工作。本案双方当事人对车辆定损数额的分歧较大，鉴定是最规范的定损形式，但是如果案件进入鉴定程序，费用高，时间长，会相应增加司法成本，不利于及时化解矛盾纠纷。为切实回应人民群众特殊时期的司法需求，人民法院积极协调该县知名汽车销售服务公司，争取为受损车辆出具报价单作为定损依据，此种方式获得双方认可，且效率高，双方争议顺利解决。

刘某与某物业公司财产损害纠纷案

《人民法院妥善化解灾后矛盾纠纷典型案例》案例 3

2023 年 10 月 9 日

【基本案情】

2023 年 8 月 17 日，北京市房山区人民法院长阳人民法庭 12368 诉讼服务热线接到求助电话，称本次强降雨导致刘某房屋漏水，某物业公司未及时修理、赔偿，刘某情绪激动，多次投诉，请求长阳法庭参与矛盾化解工作。长阳法庭立即派出该庭“星夜调解室”值班法官调解分队前往处置。经了解，刘某家位于顶层，本次强降雨导致其卫生间顶棚漏水、卫生间吊顶及电路过水。刘某向某物业公司报修并要求赔偿，某物业公司称由于本次降雨强度大、时间长，楼顶雨水无法及时排出，某物业公司不承担责任，故拒绝赔偿，双方矛盾激烈。调解分队会同该社区工作人员安抚好当事人情绪，并向双方释明法律规定，辨法析理，双方同意邀请该社区有装修经验的业主拆解卫生间铝扣板，查找漏水原因并估算损失金额。经过两个多小时的调解工作，双方最终达成一致意见，某物业公司同意为刘某修复漏水部位并当场向刘某支付 2000 元赔偿金，双方握手言和。

【典型意义】

本次洪涝灾害造成大量财产损失，严重影响人民群众的生活安宁，及时化解灾后矛盾纠纷对恢复生产生活秩序、保障人民群众安居乐业具有重要意义。本案中，人民法院主动延伸法院审判工作职能，协同参与基层社会治理，畅通 12368“一号响应”工作平台渠道，发挥“星夜调解室”机制效能，及时响应基层单位的司法需求，通过府院联动、多元化解，将解纷关口前移至人民群众家里，将矛盾纠纷化解于诉前，以有温度的司法服务解决人民群众的急难愁盼问题，真正实现案结事了、政通人和的目标。

依法加装电梯的业主有权请求相邻楼栋业主停止妨害加装电梯的行为

——徐某等六人诉范某排除妨害纠纷案

《老旧小区既有住宅加装电梯典型案例》案例一

2023 年 11 月 8 日

【基本案情】

江苏省无锡市某花园小区某号楼某单元全体业主于 2019 年一致签字同意本单元增设电梯，于小区主要出入口及单元楼道张贴意见征集单、公示、承诺及图纸等相关材料，公示期间未收到异议。随后该增设电梯项目取得了主管部门的审批手续，于 2020 年 4 月正式开工。居住于某号楼北楼的业主范某认为该电梯安装位置影响其采光，侵犯其合法权益，遂多次在加装电梯施工现场阻碍施工，导致项目停工。该小区某号楼业主向人民法院起诉，要求判令范某排除妨碍，停止对加装电梯工程的妨害行为。

【裁判结果】

江苏省无锡市梁溪区人民法院认为，某号楼加装电梯经过本幢房屋相关业主表决同意，徐某等业主系依据合法有效的既有住宅增设电梯开工备案通知单进行施工，范某实施阻碍加装电梯的行为，侵犯了徐某等合法权益。根据法律关于相邻关系的规定，相邻关系应当按照有利生产、方便生活、团结互助、公平合理的原则处理，案涉住宅增设电梯，将对大多数业主特别是老人、小孩生活带来极大便利。虽然可能会对北楼的房屋采光、通风产生一定影响，但北楼应当本着友睦邻里、互让互谅的原则对待增设电梯工程。人民法院判决范某停止对无锡市某花园小区某号楼加装电梯工程的阻挠行为。范某不服一审判决，提起上诉。江苏省无锡市中级人民法院经审理后判决驳回上诉，维持原判。

【典型意义】

本案是一起因老旧小区加装电梯而造成的相邻关系纠纷，增设电梯工程系依法进行，相邻楼栋业主以侵害相邻权提出异议、阻挠施工。某号楼位于小区的中间位置，加装电梯意味着不仅要对该楼外墙进行改建，且电梯井道也需占用紧邻的一部分土地和地上空间，属于影响业主权利、需由业主共同决定的事项。人民法院判决明确该楼加装电梯事宜已经获得该栋楼法定比例以上业主同意，程序合法。关于增设的电梯是否会对相邻楼栋业主通风采光造成影响的问题，某号楼增设电梯可以改善该幢楼业主的居住条件及生活便利程度，电梯井道采用的是玻璃幕墙，在设计时已经考虑了可能给相邻楼栋及低楼层业主造成的采光问题，在保证本楼栋业主出行便利的情况下，尽可能将相邻及低楼层业主通风采光权的影响降到最低。同样，可能受到影响的业主如本案例中的范某，也应对相邻楼栋业主合理合法使用不动产提供一定的便利，即容忍相邻楼栋业主因加装电梯而在合法合理范围内改造建筑物。此外，考虑到增设电梯可能给小区业主造成的影响并非一开始就会全部显露，为充分保障范某的权利，本案二审中也提出，如加装电梯后在采光、通风等方面确对部分业主造成较大影响的，亦可就补偿问题另行协商或通过法律途径解决，既保障了增设电梯工程的顺利完工，也为范某合理合法行使权利指明了路径。

依法加装电梯占用公共绿地对其他业主影响较小的，有权请求其他业主停止阻挠施工、排除妨害

——康某等人诉刘某等人排除妨害纠纷案

《老旧小区既有住宅加装电梯典型案例》案例二

2023 年 11 月 8 日

【基本案情】

四川省成都市武侯区某小区某栋某单元共有 6 楼 12 户住户。2019 年 10 月，该单元业主拟增设电梯，获得全部 12 户业主“同意”表态。之后，该小区所在社区居委会根据成都市既有住宅自主增设电梯的相关政策，委托小区物业公司将与增设电梯相关的政策文件及电梯安装示意图等材料在该小区物业公告板以及该单元入口处张贴公示。公示期间没有其他业主提出异议。其后居委会根据成都市相关政策对该单元电梯加装活动进行了备案，该单元业

主便委托有资质的安装企业进行电梯安装。安装企业按照政策向住房城乡建设部门报备后入场施工。根据施工方案，需在该单元门口的公共绿地挖基坑。施工活动招致该单元相邻楼栋及非相邻楼栋的业主不满，部分业主以增设电梯未取得小区全部业主同意、施工违法、占用公共绿地等理由，采取随意进入施工工地等方式阻扰施工，致使案涉电梯增设工程停工。经当地居委会和派出所调解无果后，加装电梯单元业主提起诉讼，要求停止阻拦、妨害电梯正常施工并赔偿相应损失。

【裁判结果】

四川省成都市武侯区人民法院经审理认为，在增设电梯方案公示期间，其他楼栋的业主未提出异议，增设电梯的程序符合政策要求。增设电梯需占用的公共绿地虽属全体业主共有，但电梯加装占用的绿地面积较小，对该单元以外的其他业主影响较低，其他业主应给予便利。最终，四川省成都市武侯区人民法院判决阻挠施工的业主停止对该小区某栋某单元增设电梯施工活动的阻扰和妨碍。四川省成都市中级人民法院二审维持一审判决。

【典型意义】

既有住宅增设电梯政策是落实《中华人民共和国无障碍环境建设法》的重要措施，是保障残疾人、老年人权益的重要抓手。与常见的因低楼层业主阻碍电梯加装活动引发纠纷不同，本案系相邻的其他楼栋业主以电梯加装占用公共绿地，侵犯业主共有权为由引发。本案的处理兼顾了法理与人情，倡导当既有住宅有必要加装电梯且需占用公共绿地时，在占地的位置、面积合理的情况下，若加装行为不会导致他人采光、通行、安全等方面受到明显不利影响，相关业主应当秉持有利生产、方便生活的原则，给予电梯加装活动便利。本案充分践行了文明、和谐、法治的社会主义核心价值观，对构建自由平等、和谐友善邻里关系具有积极示范作用。

业主诉请拆除电梯但无充分证据证明依法加装的电梯影响其通风、采光及通行的，人民法院不予支持

——刘某诉某经济联合社侵权责任纠纷案

《老旧小区既有住宅加装电梯典型案例》案例三

2023 年 11 月 8 日

【基本案情】

刘某系北京市朝阳区某老旧小区某单元一层业主，其父母常年居住在案涉房屋内。2018 年 4 月 23 日，北京市朝阳区住房和城乡建设委员会下发《北京市既有多层住宅增设电梯试点工作项目确认书（朝阳区）》，确定某经济联合社系该小区增设电梯项目的实施主体。2019 年，该联合社对案涉房屋所在单元全部 12 户居民进行了民意调查，其中 10 户居民同意加装电梯，刘某及 402 号的居民不同意。后该联合社在该单元北侧加装了外挂直行电梯，现已投入使用。刘某认为联合社未征得其同意强行加装电梯，对其房屋的通风、采光及老年人出行造成影响，要求拆除已经加装的电梯。

【裁判结果】

北京市朝阳区人民法院经审理认为，从现场勘验情况看，加装电梯位置位于楼宇北侧原单元门出口，电梯东、西、北侧均为透明玻璃材质，南侧为电梯门，加装电梯后电梯入口朝西，未对楼宇一层的房屋通风形成遮挡或影响；电梯位于楼宇北侧，且未正对刘某的房屋，难以认定对其房屋采光或日照有影响，亦难以认定会产生噪音污染。加装电梯后，楼门口进出依然顺畅，并不对老年人出行带来障碍。刘某亦未提交证据证实案涉电梯影响其房屋的采光、通风及产生噪音污染。综上，法院依法驳回了刘某的诉讼请求。

【典型意义】

城市老旧小区加装电梯是推动城市更新、缓解老弱人群出行难的民生工程，也是明显改善人民群众生活质量的善举，受到全社会的关注。在加装过程中，低楼层与高楼层住户矛盾较大，低楼层业主往往以影响其采光、通风、

隐私等理由反对加装电梯。在加装电梯表决程序合法前提下，已加装的电梯经过绝大部分住户同意，且未明显影响低楼层住户利益，则低楼层住户负有适度容忍义务。电梯加装过程中应大力弘扬“老吾老，以及人之老；幼吾幼，以及人之幼”的中华民族传统美德。本案体现了和谐、友善的社会主义核心价值观，彰显了司法裁判在社会治理中的规则引领和价值导向作用，对维护团结互助的社区环境、营造和谐友爱的邻里关系具有积极意义。

业主违法阻挠加装电梯施工应当依法承担赔偿责任

——某公司诉钟某排除妨碍纠纷案

《老旧小区既有住宅加装电梯典型案例》案例四

2023年11月8日

【基本案情】

广东省广州市海珠区某住宅楼某单元加装电梯项目于2018年取得规划部门核发的《建设工程规划许可证》。该单元业主钟某认为，电梯加装工程影响其住宅采光，高层业主并未与其协商好补偿方案，遂采取多种方式阻挠施工，亦与高层业主发生多次诉讼。2021年3月，案涉住宅楼业主代表与某公司签订《建筑工程施工合同》，约定由某公司承包案涉住宅楼加装电梯井道工程。但钟某两次进入施工场所阻挠和破坏电梯施工工程，以致建设工程长期未能正式开工。某公司向人民法院起诉，请求判令钟某不得对电梯施工进行阻挠和破坏，并赔偿工程无法开工造成的损失。

【裁判结果】

广东省广州市中级人民法院审理认为，案涉住宅楼加装电梯，已经相关行政部门审核批准。某公司作为案涉加装电梯工程的施工方，其合法权益受法律保护。案涉电梯施工需要大型施工设备进场作业，出于安全考虑，非施工人员均不应长时间在施工现场停留。在此前生效判决已经判令钟某、刘某不得对住宅楼电梯施工进行阻挠和破坏的情况下，钟某仍故意在施工现场出入，其行为已影响了某公司的施工，构成侵权，钟某应对阻碍加装电梯工程施工的行为承担侵权责任。故某公司要求钟某等不得对电梯施工进行阻挠和破坏，于法有据。在某公司已举证证明因钟某的阻挠行为导致损失的情形下，判决钟某不得对案涉住宅楼电梯施工进行阻挠和破坏，并赔偿某公司 3600 元损失。

【典型意义】

老旧小区加装电梯易引发邻里间矛盾，双方应本着和谐、友善的原则相互沟通和协商。在加装电梯方案设计过程中，高低楼层业主可在充分协商后确定方案，尽可能从技术上减少或避免对低层业主的影响。在加装电梯方案的公示审批过程中，低层业主应当合理行使自己的异议权，在法定的批前公示时间内向相关行政部门提出主张，从而实质性解决加装电梯方案争议。在加装电梯方案无法从技术手段上避免影响且获得行政许可的情况下，低楼层业主应当通过协商补偿或者诉讼等方式合理主张权利。审理法院判决对低楼层业主擅自采取各种行为粗暴阻挠电梯施工作出否定性评价，倡导低楼层业主应采取合法合理的方式维护自身权利，而不是粗暴干涉甚至以置自己于危险境地的手段阻挠施工，对于构建和谐共处、团结互助的邻里关系具有积极引导意义。

未同意加装电梯业主补交出资后有权使用电梯

——郭某与谢某等建筑物区分所有权纠纷案

《老旧小区既有住宅加装电梯典型案例》案例五

2023 年 11 月 8 日

【基本案情】

广东省广州市荔湾区某小区某栋 9 层住宅楼业主于 2017—2018 年商议加装电梯，44 户业主中有 32 户业主同意。居住于 3 楼、年近八旬的业主郭某因有异议未参与出资。电梯投入使用后，郭某提出希望在补交相应集资款后使用电梯，但 32 户业主认为郭某前期对加装电梯有异议，导致加装电梯工程延误一年多，反对其使用电梯。郭某向人民法院起诉，请求确认其在按前期加装电梯筹资方案支付 10077 元费用后，对新建电梯拥有与 32 户业主同等的权利和义务。

【裁判结果】

广东省广州市荔湾区人民法院审理认为，案涉电梯在使用属性上系建筑物的共有部分，郭某与其他业主对电梯享有使用权和共同管理的权利。郭某使用该电梯并不属于相关法律及司法解释所规定的应由业主共同决定的事项，亦不会导致其他业主使用电梯的合法权利受到损害，故无须经多数业主同意。依据公平原则，使用电梯应以交纳集资款为前提，故法院判决郭某支付增设电梯集资款后，由该住宅业主代表向郭某提供电梯卡，供其搭乘电梯使用。宣判后，32 户业主提出上诉。广东省广州市中级人民法院二审驳回上诉，维持原判。

【典型意义】

加装电梯涉及的法理、情理错综复杂，邻里之间应多一分理解和包容，坚持自愿平等、友好协商、兼顾公平的原则开展协商，共同营造和谐舒适的居住环境。郭某已 80 岁高龄，确有使用电梯的客观需要，其在加装电梯期间提出异议属于正常表达意见的范围，若其他业主以此为由拒绝高龄老人使用电梯，不符合诚信友善的社会主义核心价值观。其他业主如认为郭某阻碍电梯加装的行为给其造成损失，可另案主张权利，但不能以此拒绝郭某在补交集资款后使用电梯。

优化施工工艺、安排安全监测，人民法院加强调解解心结

——张某等八人诉李某、任某排除妨碍纠纷案

《老旧小区既有住宅加装电梯典型案例》案例六

2023 年 11 月 8 日

【基本案情】

张某等八人系浙江省玉环市某公寓某单元住户，李某、任某两人系夫妻关系，双方为同幢立地栋联建不动产登记权利人，房屋中间有公共通道相隔，间隔距离最近为 12 米。2020 年 7 月，张某等八人经法定程序申请加装电梯。2020 年 10 月，玉环市住房和城乡建设局等部门共同作出《玉环市既有住宅申

请加装电梯并联审查意见书》，同意张某等八人加装电梯的申请。李某、任某认为加装电梯会严重损害其房屋安全，强烈反对并采取过激行为阻挠施工，导致加装工程一直无法竣工。张某等八人起诉要求李某、任某立即停止对加装电梯工程的妨碍行为，并赔偿损失 164575 元。

【裁判结果】

案件审理中，经浙江省玉环市人民法院调解，双方当事人充分了解对方关切，并就双方最关心的房屋安全问题提出了切实有效的解决方案，自愿达成如下调解协议：一、原告方电梯施工方式采用直径 1000 毫米的钻孔灌注桩（该图纸需报送相关部门进行变更备案）；二、由原告方负责委托有资质的第三方机构对二被告的房屋进行安全动态监测（具体监测时间分三次：第一次为电梯施工开工前，第二次由第三方机构在施工期间自行选择一个时间，第三次为电梯竣工验收合格之日起满 60 日后），该监测费用由原告方承担；三、自本协议双方签字生效后，二被告不得再阻挠原告方电梯施工。原、被告双方都要遵守本协议约定，如果有任何一方违约的话，违约方要赔偿对方 16 万元的经济损失。若该违约金不足以覆盖实际损失的，以实际损失为准。

【典型意义】

老旧小区加装电梯，是居民为提升生活品质的合理需求，但却会引发相邻业主对加装电梯施工影响其房屋安全的担忧，进而产生矛盾纠纷。本案审理法院找准问题解决的突破口，通过多次调解解开当事人心结，促使双方重新商定施工方案，并确定对被告房屋安全进行动态监测。这一解决方案既消除了本案被告对房屋安全的顾虑，又满足了原告对美好生活的需求，还为同类矛盾化解提供了新的解纷思路。

法院调解促成业主按有利生产方便生活原则化解纠纷，依法保障未出资业主使用电梯权利

——赵某诉唐某、樊某等合同纠纷案

《老旧小区既有住宅加装电梯典型案例》案例七

2023 年 11 月 8 日

【基本案情】

2017 年底，江苏省南京市玄武区某小区某幢某单元业主签订协议，约定居住于四楼以上的五户业主为出资方，承担加装电梯所有建设费用、后续维护保养费、电费，包括未出资户在内的本单元所有用户可享受电梯使用权。电梯建成后，全体出资户成立了加装电梯业主管理委员会，制定了《电梯运行管理办法》，要求凭 IC 卡使用电梯，未出资户需交纳保障金 6 万元方可领取 IC 卡。赵某为三楼业主，因不愿交纳保障金而无法使用电梯，双方难以达成一致意见。赵某向人民法院起诉，要求法院判令其有权按出资户同等条件使用电梯。

【裁判结果】

江苏省南京市玄武区人民法院一审判决赵某有权按《某幢某单元增设电梯楼里协议》的约定使用电梯。二审经人民法院主持调解，双方达成《某幢某单元电梯使用调解方案》，约定设立电梯运行维护基金，2 年内电梯运行维护开支仍按原协议由出资加装电梯居民承担，2 年后由所有使用电梯住户均摊，所有电梯使用住户签订免责协议，即电梯使用住户成员及相关访客，在乘坐电梯过程中出现任何安全事故、人身伤害，除追究电梯运保维修公司责任外，其余责任自负。上诉人向人民法院申请撤回上诉。

【典型意义】

本案中，计划加装电梯时，为争取更多的业主签字同意，部分加装电梯意愿强烈的业主以免费使用电梯为条件，争取加装电梯意愿不强烈的业主签字同意。双方签署了电梯使用协议，明确约定未出资建设的业主也可以使用

电梯。但电梯使用协议对电梯使用过程中的运行费用、维保费用以及安全责任等问题未作明确约定，以致产生矛盾。

加装电梯使用过程中，因涉及电梯运行费用、维保费用的承担以及安全保障义务等问题，由使用电梯的部分业主承担全部费用和安全保障义务确实有失公平，但是本案双方已经签署了使用协议，双方应当遵守诚实信用原则。法院在审理本案过程中，直接作出判决不仅不能化解双方的矛盾，还会加剧双方的矛盾，造成邻里关系恶化，达不到法律效果和社会效果的统一。且赵某在一审庭审中表明其愿意就承担电梯管理、维护等义务，与单元内包括出资户在内的其他业主进行友好协商。在此情况下，人民法院组织双方进行调解，既遵从了双方使用电梯的意愿，也兼顾了权利和义务的统一，最终双方重新达成新的电梯使用方案，彻底解决了双方现有的矛盾和将来的隐患。

法院调解引导当事人互谅互让、睦邻友善，化解加装电梯使用纠纷

——苏某、吴某诉谌某等十人排除妨碍纠纷案

《老旧小区既有住宅加装电梯典型案例》案例八

2023 年 11 月 8 日

【基本案情】

原告苏某、吴某和被告谌某等十人为某小区某栋楼某单元业主。该单元共 6 层 12 户，苏某、吴某为一层住户。2021 年 3 月，该单元业主商议增设电梯，除吴某未签名同意外，其余 11 位业主均同意在本单元出入口前空地增设电梯。在商议时，十被告同意在单元出入口顶板延伸处设置电梯停靠点供苏某、吴某进出。2021 年 5 月，案涉电梯取得《建设工程规划许可证》开始施工，因建筑结构特点，新增电梯与建筑物连接处均为楼梯中间转角平台，业主出停靠点后走半层楼梯方能入户，未在单元出入口顶板延伸处设置停靠点。案涉电梯竣工验收后已取得特种设备使用登记证并投入使用。因案涉电梯实际停靠点设置与原商定方案不一致，原告提起诉讼，请求依法判令各被告停止侵害，拆除已违法建设完成的电梯，并在保障其加装电梯平等使用权的前提下重新委托设计、申请规划审批及依法加装电梯。

【裁判结果】

福建省漳州市南靖县人民法院经审理认为，根据《中华人民共和国民法典》第二百七十八条规定，案涉房屋增设电梯属于应由业主共同决定的事项，应当由专有部分面积占比三分之二以上的业主且人数占比三分之二以上的业主参与表决，并应当经参与表决专有部分面积四分之三以上的业主且参与表决人数四分之三以上的业主同意。案涉单元楼共计 12 户业主，11 户业主同意增设电梯，电梯施工中 10 户业主同意现有的该电梯设置停靠点的方案，表决程序及建设程序符合法律规定。苏某、吴某在电梯建设前后均需走半层楼梯入户，案涉电梯建设并未对其出行构成妨碍，其关于拆除案涉电梯并重新设计、建设的主张未经业主合法表决通过，不应予以支持，遂驳回其诉讼请求。苏某、吴某上诉后，经二审法院耐心细致做调解工作，案涉单元楼业主互相达成谅解，同意按照既有设计、建设方案继续使用电梯，苏某、吴某撤回上诉。

【典型意义】

本案中，由于案涉楼栋建筑结构特点，电梯的增设虽无法满足业主平层入户，但从总体效益而言，提高了绝大部分业主的出行便利，提升了居住质量。本案中一楼业主苏某同意增设电梯，但其需求与其他业主的利益发生冲突，一审法院结合实际施工条件及公平原则，权衡各方利益，驳回了苏某、吴某全部诉讼请求。苏某不服提出上诉后，二审法院晓之以理动之以情，促成原告与被告达成和解协议并撤回上诉。该案在坚持依法审理的同时，运用平等协商、互谅互让、与邻为善的理念化解了邻里之间的纠纷，充分发挥已加装电梯的实际效益，从根本上实现案结事了。

楼上业主集资免费为低层老年业主加装电梯连廊，共享加装电梯便利

——王某、窦某诉骆某、阳某等侵权责任纠纷案

《老旧小区既有住宅加装电梯典型案例》案例九

2023 年 11 月 8 日

【基本案情】

2020 年 3 月，广西壮族自治区南宁市某老旧小区某栋某单元业主投票决定启动小区加梯工作。除居住于二层的王某不同意以及 2 户业主弃权外，其他业主均同意加装电梯。2020 年 12 月，加装电梯项目准备施工时，王某出面阻挠，并向人民法院起诉，以楼上 14 户邻居侵犯其建筑专有部分权利以及通风采光权等为由，要求停止电梯施工。

【裁判结果】

广西壮族自治区南宁市青秀区人民法院审理认为，经现场勘验，拟加建的电梯及连廊作为全封闭的建筑，在距楼栋较近的情况下可能会影响王某家阳台一侧的通风、采光和日照，至于影响的程度大小，因无明确的证据而无法确定，王某也无法举证。该加装电梯项目已取得相关行政许可，且业主表决程序合法，加建电梯的行为符合法律的规定，故判决不支持王某的诉讼请求。虽然骆某等 14 户业主赢了官司，但为避免出现“赢了官司、输了感情”，该单元的几名中共党员牵头，主动找到王某协商，提出由楼上业主共同出资 7639 元，为二楼年近九旬反对加装电梯的业主免费增设电梯入户连廊，10 年内免交电梯保养费、维修费。王某也消除了思想顾虑，肯定了加装电梯对自身带来的便利，双方最终握手言和。

【典型意义】

广西壮族自治区南宁市青秀区人民法院积极引导当事人维护友善和谐文明的邻里关系，在审理中坚持法理情的统一，判令被告停止对电梯安装施工的阻挠、妨碍，从法律层面平衡利益、定分止争，作出符合法律规定、符合

社会主义核心价值观、符合人民群众期待的价值判断，彰显了司法为民的价值理念和情怀。同时，在支持加装电梯业主胜诉后，居民党员牵头主动沟通协商，既保障了加装电梯项目圆满推进，又促成了双方破冰和解，维护了以和为贵、团结互助的邻里真情。本案例做到了“法理和情理”的交融，大力弘扬了和睦包容、互谅互让的中华民族传统美德，充分表明党建引领议事协商在小区“微治理”中的关键作用，为坚持和完善共建共治共享的社会治理制度提供了有益探索。

联合调解、释法答疑促进业主形成加装电梯共识

——何某诉万某排除妨碍纠纷案

《老旧小区既有住宅加装电梯典型案例》案例十

2023 年 11 月 8 日

【基本案情】

2017 年，浙江省杭州市上城区某小区业主何某等人发起加梯申请，但是三楼业主万某认为新安装的电梯位置离其住宅距离过近，会带来通风、采光等不利影响，明确反对加装电梯，经街道社区多次协商仍未就电梯加装位置达成一致意见。根据相关规定，同意加装电梯人数已超过法定比例，何某等人向有关部门提交加装电梯申请，区住房城乡建设局等部门联合审查认为该项目符合加装电梯相关条件。2018 年 8 月，加装电梯项目开始施工，而万某坐在施工现场阻挠。何某向人民法院起诉请求万某赔偿因加梯受阻而导致的相关经济损失。万某申请人民调解。

【裁判结果】

浙江省杭州市上城区人民法院、区住房城乡建设局和区人民调解委员会共同决定召集各方进行联合调解，从专业角度为双方分析利弊。法官在充分了解该项目实际情况及双方诉求基础上，详细解读加装电梯适用的相关法律规定、诉讼对邻里关系的负面影响等。区住房城乡建设局说明了加梯补贴政策、加梯审批流程、位置移动变更手续等。电梯加装企业就电梯加装对楼房间距、个人隐私等影响，从技术层面予以对比说明。最终，双方签订调解协

议，电梯在原方案基础上适度移位，双方共同监督加装电梯施工，尽量减少对居民的影响，同时经区人民法院、区住房城乡建设局和区人民调解委员会与设计单位、电梯加装企业协商，不再增加移位后产生的加装费用。何某等人撤诉。

【典型意义】

处理加装电梯纠纷，需要坚持德法融合、情理结合，注重平衡各方利益，推动“共情”促和，寻求加装电梯的“最大公约数”。本案坚持将非诉讼纠纷解决机制挺在前面，充分发挥人民调解化解矛盾、排忧解难的第一道防线作用，以“和善”为主基调，注重法理情相结合，积极调动各方力量共同参与，从不同专业、不同角度查找切入点和突破口，兼顾各方利益，做好正面引导，晓之以理、动之以情，力促双方求同存异，化解心结，拉近距离，促进双方达成加装电梯共识。

搭建公开听证平台力促搁置 4 年加梯项目“破冰”

——浙江杭州某小区加装电梯纠纷

《老旧小区既有住宅加装电梯典型案例》案例十一

2023 年 11 月 8 日

【基本案情】

浙江省杭州市上城区某小区某楼栋某单元共 7 层 14 户居民，70 岁以上老人 20 多人，加装电梯需求迫切。在 2018 年至 2021 年近 4 年间，居民始终未就加装电梯达成共识，社区和街道多次协调无果，加装电梯就此搁置。2021 年 7 月 29 日，根据该单元楼部分业主申请，属地街道办事处依据《杭州市老旧小区住宅加装电梯管理办法》规定，举行了加装电梯公开听证会。

【处理结果】

听证会邀请了资深律师、经验丰富的调解员、工程技术和特种设备专家以及民情议事员等 5 人组成听证团，共同参与项目调解；听证会申请方和被申请方业主均委托公益律师代理参与听证。听证过程中，听证会申请方和被申请方业主充分阐述各自的诉求、顾虑，双方律师在尊重事实和法律的基础上向委托人解读事实和法律，听证团站在独立、客观、公正的角度居中调解，明理释法。通过事实举证和现场辩论，听证团5位听证员经现场商议，向申请方及被申请方阐明《中华人民共和国民法典》《杭州市老旧小区住宅加装电梯管理办法》等相关规定，说明相互之间提供通行便利是每个公民互助互爱、尊老、护老的应有体现，不仅是中华民族的美德也是每个公民应尽的法定义务。听证团对该加装电梯项目是否建议安装、后续如何进一步推进加装电梯矛盾化解都给出了具体听证意见。经听证会积极协调，申请方及被申请方达成一致意见。2021年10月，该加装电梯项目顺利完工。

【典型意义】

商以求同，协以成事，"有事好商量，众人的事由众人商量"是基层社会治理的真谛。浙江省杭州市探索建立加装电梯项目公开听证制度，整合人民调解组织、矛盾调解中心和第三方专业机构等各方力量，由公益律师为各自委托人主张权利，让加装电梯申请方和反对方的诉求能够清晰、理性表达，听证员倾听、归纳争议焦点，释疑解惑并居中评判，确保加装电梯纠纷回归到理性和法治轨道，形成"政府引导、居民自治、社会参与"良性互动，实现群众问题能反映、矛盾能化解、权益能保障，从源头减少加装电梯矛盾产生，为完善非诉讼纠纷解决机制，破解加装电梯中各楼层业主"意愿难统一"问题提供了新思路。

四川省崇州市道明镇协和社区四个居民小组与李某洪土地经营权出租合同纠纷案

《人民法院依法保护农用地典型案例》案例五

2024年1月10日

【基本案情】

2010年9月30日，李某洪与原告签订《农村土地承包经营权流转合同》，约定由李某洪承租位于崇州市"天府粮仓"核心示范区范围内的264.9亩土地，租赁期限17年。合同履行期间，李某洪将土地用于种植园林绿化树木，因管理不善，该地块树木枯死、土地荒芜、杂草丛生，被当地农业农村主管部门认定为抛荒地，建议“退树还耕”。同时，李某洪仅向原告支付了 15 万元租金，2021 年起未再支付租金。双方多次协商未果，原告提起诉讼，要求李某洪给付拖欠租金 52.4508 万元并解除合同，将土地进行复垦复耕。

【裁判结果】

四川省崇州市人民法院经过联动调解，当事人自愿达成一致意见：解除双方签订的土地流转合同，李某洪返还该合同项下承租的全部土地，出售承租土地上的树木等附作物抵偿租金。经人民法院督促，当事人双方积极履行调解协议，案涉土地已全部完成复垦复耕，成为优质水稻田。

【典型意义】

本案是人民法院依法调解解除土地承包经营权流转合同，收回抛荒地，退树还田，守护“天府粮仓”的典型案例。农村中由于疏于管理形成的抛荒地，极易导致土壤退化、水源污染、生态破坏，严重影响耕地资源的可持续利用和农田生产能力的提高。依法整治农用地抛荒问题，推进科学复耕复种，对于严守耕地红线、让农业增效农民增收意义重大。本案中，人民法院积极调解双方当事人达成一致意见，督促被告人归还案涉土地，处理土地附着物，开展复垦复耕，帮助十万亩粮食高产稳产高效综合示范基地收回抛荒地 264.9 亩，对于坚决制止耕地闲置浪费现象，杜绝变相“非粮化”“囤地”“抛荒”等现象，促进耕地保护与修复，盘活耕地资源等均具有重要意义。

村干部未经民主议定程序擅自以村委会名义对外发包土地合同无效

——某村民委员会与于某某土地承包经营权确认纠纷案

《最高人民法院发布涉农民事典型案例》案例 2

2024 年 1 月 23 日

【基本案情】

2014 年 8 月 3 日，朱某某在任某村党支部书记期间，以某村民委员会名义与外村村民于某某签订《土地使用权流转合同》，约定将某村50亩土地流转给于某某经营，流转时间为2014年10月20日至2025年10月20日止。流转费为每亩每年400元。且双方约定，若村民委员会提前收回土地，按剩余种植年限每年每亩600元的标准对于某某进行赔偿。后双方实际履行合同，于某某将土地承包费全部支付给朱某某。朱某某离任后，村民委员会以朱某某未经民主议定程序私自将村集体土地发包给外村村民于某某，侵害了村集体合法权益为由向人民法院提起诉讼，请求确认朱某某与于某某签订的《土地使用权流转合同》无效，并请求判令于某某返还其占有的村集体土地50亩。

【裁判结果】

审理法院认为，于某某非该村集体经济组织成员，朱某某未经法定的民主议定程序就以村民委员会名义向于某某发包村集体土地，亦未报当地政府批准，违反了《中华人民共和国农村土地承包法》的相关规定，故朱某某以某村民委员会名义与于某某签订的《土地使用权流转合同》无效。法院判决于某某向某村民委员会返还其占有的土地50亩，并按照公平原则，判令某村民委员会以每年每亩400元的标准向于某某返还合同剩余土地经营年限4年的承包费8万元及占用资金期间的利息。

【典型意义】

本案案涉土地系村民委员会经营、管理的农民集体所有土地。依据《中华人民共和国土地管理法》《中华人民共和国农村土地承包法》的相关规定，案涉农村土地发包给本集体经济组织以外的单位或者个人承包，应当事先经本集体经济组织成员的村民会议三分之二以上成员或者三分之二以上村民代表的同意，并报乡（镇）人民政府批准。本案中，人民法院依法认定未经法定民主议定程序将村集体土地发包给村集体经济组织成员以外个人的合同无效，对于规范村集体对外发包土地行为，切实维护村集体及其成员的合法权益，维护农村社会和谐稳定具有重要意义。

土地征收后的青苗补偿费应由实际投入人获得

——周某某与某村民委员会土地承包经营权纠纷案

《最高人民法院发布涉农民事典型案例》案例 3

2024 年 1 月 23 日

【基本案情】

2001 年 6 月，周某某与某村民委员会签订《土地承包协议书》，约定周某某承包村集体机动地 100 亩用于种植材林和农副产品经营，承包期限为 30 年。周某某承包后投入资金打井办电、建设房屋，种植了树木和大田作物，直到 2017 年一直按时交纳承包费。2017 年，根据当地规划建设需要，周某某承包的土地需进行植树造林。2018 年初，上述土地划入苗景兼用林建设区域内，当地政府按照一定标准进行了补偿。补偿费用包括土地收益金和一次性地上附着物补偿费。村民委员会收到案涉土地收益金及一次性青苗补偿费后，一直未向周某某给付相关青苗补偿费。周某某诉至法院，请求村民委员会给付其土地收益金及青苗补偿费共计 53.46 万元。

【裁判结果】

审理法院认为，周某某与某村民委员会签订的《土地承包协议书》合法有效，周某某按照约定履行了承包合同，按时交纳承包费，也种植了作物，无违约行为。按照政策规定，案涉土地征用的土地收益金归原承包户所有，因土地被征用所产生的青苗补偿费 15 万元依法应归实际投入者周某某所有。因周某某并非案涉土地的原始承包户，其无权获得土地收益金。法院判决某村民委员会返还周某某青苗补偿费 15 万元。

【典型意义】

本案是一起因征用土地引发的青苗补偿费归属纠纷。根据相关法律、政策规定，农村土地被征用的，青苗补偿费应归实际使用土地进行生产经营的承包人所有，包括来自本集体经济组织成员的承包人，也包括集体经济组织成员之外的其他承包经营村集体土地的人员。本案裁判依法判令某村民委员员会返还周某某青苗补偿费15万元，不仅及时有效维护了承包经营权人的合法权益，而且对于类似纠纷的积极防范、妥善化解具有典型示范意义，有利于保障当地农村规划建设工作顺利推进。

使用无人机喷洒农药造成相邻地块农作物受损的应承担赔偿责任

——卢某某与范某某财产损害赔偿纠纷案

《最高人民法院发布涉农民事典型案例》案例7

2024年1月23日

【基本案情】

2021年4月，农业种植户范某某在卢某某的桔园北侧水稻田采用无人植保飞机喷雾除草剂作业。由于飞行高度、风向等原因，飞机喷药时发生药液漂移，造成卢某某农作物受损。根据卢某某提交行业主管部门对本次事故情况及损失提出的鉴定意见，以及某县农村农业局调查人的询问笔录等证据，可以认定受损作物约5亩桔树、2亩套种花菜，其中5亩桔树包含甜橘柚4亩，“红美人”1亩，范某某造成卢某某直接的柑桔经济损失为9600元、花菜经济损失为12000元，共计21600元。卢某某认为范某某的操作不当造成其经济损失，应承担赔偿责任，故诉至法院。

【裁判结果】

审理法院认为，农业种植者在采取无人机喷洒农药前，应当对相邻土地种植情况予以了解，并采取必要的防护措施。同时，农业机械使用者一定要严格遵守操作规则，充分考虑天气、风向等综合因素。因过错侵害他人民事权益造成损害的，应当承担侵权责任。本案现有证据能够证明范某某在通过无人机喷洒除草剂过程中因过错致卢某某的农作物受损，故其应承担赔偿责任。法院判决范某某赔偿卢某某财产损失21600元。

【典型意义】

随着我国智慧农业的发展，无人机技术开始应用于农田测绘、农药喷洒、施肥播种，为农民减少了体力劳动和耕种成本，提高了种植效率。但因无人机的管理及使用不规范，也引发了许多新类型涉农侵权纠纷，相关案件审理往往存在证据采集不规范、案件事实难查明、侵权主体不明确、因果关系难确定等问题。本案中，人民法院根据侵害发生时当事人上报当地主管部门所及时固定的关于侵权主体、因果关系、损失情况等方面的证据，对侵权事实作出认定，判决侵权人承担损害赔偿责任，既有力维护了受侵害农户的合法权益，也有利于引导广大农户增强法律意识，从源头防范和减少此类纠纷。同时，还有利于促进政府在无人机喷洒农药领域加强监管，对提升农村基层社会治理水平，助力农业高质量发展具有重要意义。

四、合同、准合同

1. 确认合同效力

某投资（集团）有限公司与泸州市江阳区人民政府等合同纠纷案

《最高人民法院发布关于依法平等保护非公有制经济，促进非公有制经济健康发展民事商事典型案例》第 3 号

2016 年 4 月 8 日

【基本案情】

2008 年，泸州市江阳区人民政府（以下简称区政府）通过公开招商，与某投资公司订立一系列土地整理项目投资协议，约定由某投资公司投资 3.2 亿元对该区两块土地实施土地整理。协议订立后，某投资公司陆续投入 1 亿余元资金用于该项目。2014 年，区政府向某投资公司发函称，以上协议违反国务院办公厅《关于规范国有土地使用权出让收支管理的通知》和四川省国土资源厅、省财政厅、省监察厅、省审计厅联合下发的《关于进一步加强国有土地使用权出让收支管理的通知》文件精神，要求终止履行以上协议。某投资公司诉至法院，请求确认区政府终止履行协议的函无效，并要求区政府

继续履行协议。

【裁判结果】

重庆市高级人民法院一审认为，区政府解除行为是否产生效力应当依据《中华人民共和国合同法》第九十四条的规定进行审查。该条规定：“有下列情形之一的，当事人可以解除合同：（一）因不可抗力致使不能实现合同目的；（二）在履行期限届满之前，当事人一方明确表示或者以自己的行为表明不履行主要债务；（三）当事人一方迟延履行主要债务，经催告后在合理期限内仍未履行；（四）当事人一方迟延履行债务或者有其他违约行为致使不能实现合同目的；（五）法律规定的其他情形。”本案中，区政府所提及两份文件并非法律、行政法规，且未对本案所涉协议明令禁止，区政府以政策变化为由要求解除相关协议的理由不能成立，其发出的终止履行协议的函不产生解除合同的效力。判决：确认解除协议的函无效，区政府继续履行与某投资公司签订的相关协议。一审判决后，双方当事人均未上诉。

【典型意义】

本案是规范政府机关擅自解除民商事合同行为的典型案例。实践中，个别地方政府与非公有制企业签订民商事合同后，以各种借口否认合同效力，达到不履行合同的目的，影响正常市场交易秩序，侵害了非公有制企业的合法权益，应予规范。本案中，区政府通过公开招商程序与某投资公司订立投资协议，但在某投资公司做了大量投入后，却以投资协议违反有关文件为由要求终止协议的履行，有违诚信。法院审理该案时，平等对待某投资公司与区政府，准确适用《合同法》关于合同解除的相关规定，依法支持某投资公司要求继续履行协议的请求，有效地维护了非公有制企业的合法权益。

某资源投资股份有限公司与某矿业有限公司特殊区域合作勘查合同纠纷案

《最高人民法院发布十起审理矿业权民事纠纷案件典型案例》第 9 号

2016 年 7 月 12 日

【基本案情】

2011 年 10 月 10 日，某资源投资公司与某矿业公司签订《合作勘查开发协议》，约定：某资源投资公司补偿某矿业公司 3500 万元后，双方共同设立项目公司，并在符合条件时将某矿业公司探矿权过户至项目公司名下。2011 年 10 月 25 日，某资源投资公司向某矿业公司实际支付 3500 万元。2013 年 11 月 22 日，某资源投资公司以合作勘查作业区位于新疆塔什库尔干野生动物自然保护区为由通知解除合同，某矿业公司回函拒绝。某矿业公司提起诉讼，请求确认某资源投资公司解除合同行为无效；确认《合作勘查开发协议》有效。某资源投资公司反诉请求解除《合作勘查开发协议》，某矿业公司返还合作补偿款 3500 万元并赔偿损失。

【裁判结果】

新疆维吾尔自治区高级人民法院一审判决某资源投资公司解除合同行为无效，双方继续履行《合作勘查开发协议》，驳回某资源投资公司的反诉请求。最高人民法院二审认为，案涉探矿权位于新疆塔什库尔干野生动物自然保护区范围内，该自然保护区设立在先，某矿业公司的探矿权取得在后，基于《合作勘查开发协议》约定，双方当事人均知道或者应当知道在自然保护区内不允许进行矿产资源的勘探和开发。该协议违反了《自然保护区条例》的禁止性规定，如果认定协议有效并继续履行，将对自然环境和生态造成严重破坏，损害环境公共利益。故协议依法应属无效，某矿业公司收取的 3500 万元合作补偿款应予返还。某资源投资公司主张的损失，部分由某矿业公司折价补偿，部分由某资源投资公司自行承担或者在项目公司清算时另行解决。二审法院撤销一审判决，予以改判。

【典型意义】

在自然保护区、风景名胜区、重点生态功能区、生态环境敏感区和脆弱区等特殊区域内，环境保护与经济发展之间的矛盾较为突出。人民法院审理、执行相关案件，要依据国家和省级国土空间主体功能区规划，充分考虑各类功能区的不同功能定位，确定不同的处理思路。对于优化开发区域尤其是重点开发区域发生的环境资源纠纷，可以更多地考虑合理利用环境容量发展经济的需要，对于限制开发和禁止开发区域，尤其是在划定生态保护红线地区发生的环境资源纠纷，则要贯彻最严格的保护措施。针对上述特殊区域签订的勘查、开采矿产资源合同，即使已经得到国土资源主管部门批准，人民法院仍应对合同效力进行特别审查，若合同违反法律、行政法规的强制性规定，损害环境公共利益的，应依法认定无效。

【点评专家】

陈德敏，重庆大学教授、博士生导师。

【点评意见】

本案历经两审结案，一审与二审的裁判结果不同，分歧在于《合作勘探开发协议》效力的法律认定。一审法院认为虽然案涉矿业权位于自然保护区范围内，但并未出现《合作勘探开发协议》不能实现的情形，双方应继续履行协议。一审强调合同当事人的意思表示一致且履行协议已有两年时间，但忽视了合同生效的外部要件，即该协议约定的探矿权处在自然保护区内，损害的是环境公共利益。二审法院依照《自然保护区条例》的禁止性规定，判定双方当事人所签协议无效，否定了一审关于继续履行的判决。两相对比，可以看出本案二审具有以下三点示范作用：一是矿业权纠纷合同效力认定不能仅限于合同目的实现，而应依法求实衡量合同成立与生效的客体依托要件。二是注重发挥环境司法职能作用维护环境公共利益，司法应系统完整地执行环境法规，维护自然保护区管理制度的运行。三是大力发挥司法纠偏功能，并不能因矿业权合同通过了行政主管部门的批准，即直接认定其有效，对于涉及公共利益的合同效力应依职权进行审查。

二审判决结果符合生态文明建设和绿色发展的要求，具有指导意义。尤其是在生态环境敏感区等生态红线划定区内，司法裁判时应严守环境保护优先和生态红线管理制度，严禁任意改变自然生态空间用途的行为，防止不合理开发资源的行为损害生态环境。

深圳市某投资发展有限公司与东北某大学合同纠纷案

——（2015）民二终字第 129 号

《最高人民法院第二巡回法庭关于公正审理跨省重大民商事和行政案件典型案例》第 6 号

2016 年 10 月 31 日

【基本案情】

2002 年，东北某大学经黑龙江省国资委批复同意，有偿转让安达校区国有资产，批复有偿转让价格为 6500 万元。2002 年至 2003 年，东北某大学与深圳市某投资发展有限公司（以下简称深圳某公司）先后签订了《买卖意向书》《置换协议》《补充协议》等合同文件。合同签订后，东北某大学将安达校区资产交付给深圳某公司并办理了过户手续，深圳某公司向安达市国土资源局缴纳了 3000 万元土地出让金，向东北某大学出具了 2000 万元的承兑汇票。2006 年，东北某大学与深圳某公司签订《会议纪要》，对《置换协议》及《补充协议》的执行作出调整，约定原定由深圳某公司承建的体育馆工程改由东北某大学自行建设，原用于体育馆工程建设的 6500 万元资金分两步支付，第一步由深圳某公司支付现金 4000 万元，依照工程进度分期到位；第二步剩余的 2500 万元由深圳某公司在双方后续合作开发工程项目盈利中优先支付。若东北某大学提供不了后续项目，深圳某公司付清 4000 万元建设资金后，视为协议执行完毕。《会议纪要》签订后，深圳某公司未再向东北某大学支付任何资金，东北某大学新校区体育馆等工程仍未开工建设，亦未经审批立项。东北某大学提起诉讼，请求判令深圳某公司向东北某大学支付剩余转让价款 4500 万元及相应利息。

【裁判结果】

黑龙江省高级人民法院一审认为，东北某大学作为高等院校，其资产既属国有资产，同时也属社会公共教育资源。《会议纪要》中关于6500万元附条件式的资金支付约定，变相降低了资产处置的交易价格，一旦条件成就，将造成东北某大学以低于核准价的交易价格处置资产的法律效果，违背了有关事业单位国有资产评估、处置之规定，同时也损害了社会公共利益，因此该约定无效。据此判决深圳某公司向东北某大学支付剩余转让价款4500万元及相应利息。深圳某公司不服，上诉至最高人民法院。

最高人民法院第二巡回法庭审理认为，我国现行法律、行政法规并无有关学校国有资产处置的效力性强制性规范，不能将《国有资产评估管理办法施行细则》《行政事业单位国有资产处置管理实施办法》《黑龙江省行政事业单位国有资产管理暂行办法》等文件作为认定合同无效的依据。东北某大学转让安达校区固定资产，系其与深圳某公司作为平等的民事主体在平等协商的基础上自愿进行的有偿转让，并没有损害全体社会成员或者社会不特定多数人的利益，也没有证据证明案涉资产的处分损害了东北某大学的正常教学管理秩序或者学生正常接受学校教育的权利，案涉资产的处分既未损害社会公共秩序，也未损害社会的善良风俗。安达校区固定资产作为市场经济商业交易活动中的交易标的物，其价格受到市场行情、开发利用价值以及当事人自身原因等多种因素影响。《会议纪要》约定的附条件支付资金的条款是在当事人双方前期合同履行情况的基础上通过平等协商确定的，并无证据证明《会议纪要》的约定造成了国有资产流失。况且，2500万元支付条件为双方后续合作开发工程项目盈利，条件是否成就首先取决于东北某大学而不是深圳某公司。即便《会议纪要》约定的该条件未成就，2500万元无须支付，也未损害全体社会成员或者社会不特定多数人的利益。东北某大学系具备独立法人资格的事业单位，具有相应的民事权利能力和民事行为能力，不宜将东北某大学管理的国有资产利益等同于《合同法》第五十二条所称的国家利益或者社会公共利益。一审法院依据《合同法》第五十二条第四项的规定，认为《会议纪要》的约定损害了社会公共利益，并进而认定《会议纪要》的该部分约定无效，适用法律错误。据此改判深圳某公司向东北某大学支付剩余转让价款2000万元及相应利息。

【典型意义】

本案当事人跨越黑龙江与广东两省，是涉及处置行政事业性国有资产合同效力的典型案例。在涉及国有资产处置的合同纠纷中，如国有资产处置主体具备独立法人资格，合同各方均具有相应的民事权利能力和民事行为能力，合同内容系当事人意思表示真实，国有资产处置主体在诉讼中将其管理的国有资产利益直接等同于《合同法》第五十二条规定的国家利益或者社会公共利益，以合同损害国家利益或者社会公共利益为由主张国有资产处置合同无效，但没有其他证据证明或补充说明，合同也不存在《合同法》第五十二条规定的其他情形的，人民法院对其合同无效的主张不应予以支持。本案中，东北某大学处置的资产属于行政事业性国有资产。现行法律、行政法规对行政事业性国有资产并无效力性强制性规范。东北某大学处置安达校区资产，并未损害社会公共利益。东北某大学系具备独立法人资格的事业单位，具有相应的民事权利能力和民事行为能力，东北某大学转让的安达校区资产，虽然属于国有资产和社会公共教育资源，但安达校区资产的转让系东北某大学与深圳某公司作为平等的民事主体在平等协商的基础上自愿进行的有偿转让，不应将东北某大学管理的国有资产利益直接等同于《合同法》第五十二条所称的国家利益或者社会公共利益，亦不应据此认定转让合同无效。

某公司诉姚某刚等确认合同无效案

《最高人民法院公布长江流域环境资源审判十大典型案例》第 7 号

2017 年 12 月 4 日

【基本案情】

2013 年 5 月 28 日，宜宾县喜捷镇自然村征服组与姚某刚签订《农村集体土地租赁合同》，由姚某刚租赁征服组菜喜码头“喜捷码头至岷江船厂”所有土地。合同签订后，姚某刚一直未使用租赁场地。2015 年 9 月 15 日，姚某刚与某公司签订《农村集体土地租赁（转租）合同》，将租赁土地转租给某公司。双方约定租赁用途为沙石堆放、加工生产及转运，租金 120 万元。某公司实际支付首期租金 80 万元。因征服组村民阻扰某公司生产加工，某公司向法院提出诉讼，请求确认某公司与姚某刚之间签订的《农村集体土地租赁（转租）合同》无效；姚某刚返还某公司已支付的租金并赔偿损失。

案件审理中，宜宾县水务局出具《关于老喜捷段河道管理范围的说明》，主要内容为：老喜捷段河道的管理范围内有农户的责任承包地（集体土地），如村社或者农户能够提供相应的土地承包手续，应认定为集体土地，如没有相应的土地承包手续，应视为习惯性耕种，土地属性为国有河滩地，属国家所有。宜宾县国土资源局出具复函称，征服组菜喜码头公路边河道侧“喜捷码头至岷江船厂所有地”未办理土地登记。

【裁判结果】

四川省宜宾市翠屏区人民法院一审认为，本案诉争土地为宜宾县喜捷镇自然村征服组菜喜码头公路边河道侧喜捷码头至岷江船厂所有土地，该区域位于岷江河道侧，且已被洪水淹没大部分。根据《物权法》第四十八条规定，森林、山岭、草原、荒地、滩涂等自然资源，属于国家所有，但法律规定属于集体所有的除外。结合宜宾县水务局出具的说明及宜宾县国土资源局出具的复函，该区域属于滩涂性质，系国家所有的自然资源，因此征服组将该地块出租给姚某刚，姚某刚又转租给某公司的行为应属无效。遂判决某公司与姚某刚签订的《农村集体土地租赁（转租）合同》无效；姚某刚返还某公司租金 80 万元。宜宾市中级人民法院二审维持原判。

【典型意义】

江河湖泊的滩涂具有重要的通航生态功能和水域岸线生态功能，不能乱占滥用。作为本案租赁物的土地位于长江主要支流岷江河道侧，系国有性质的滩涂，附近村民在河道枯水期对滩涂“习惯使用”，只要对自然资源保护与生态环境不构成危害，有关部门往往并不严加禁止，但如果将滩涂用于破坏生态和污染环境的生产经营活动，威胁防洪、供水和生态安全，则为法律所不容许。某公司通过转租形式“租赁”本案滩涂后，进行砂石粉碎加工活动，产生大量噪音、粉尘污染，对水域环境和安全造成危害。人民法院确认争议土地的性质为国有滩涂，属国家所有的自然资源，任何单位和个人不得侵占和破坏，判决双方当事人以国有滩涂为标的的合同无效，制止了在国有滩涂上进行的生产经营活动，保护了国有自然资源，维护了岷江河道水域岸线生态功能和河道通航功能。

重庆某某投资（集团）有限公司与泸州市某某区人民政府等合同纠纷案

《最高人民法院发布人民法院充分发挥审判职能作用保护产权和企业家合法权益典型案例》第 3 号

2018 年 1 月 30 日

【基本案情】

2008 年，泸州市某某区人民政府（以下简称区政府）通过公开招商，与民营企业重庆某某投资（集团）有限公司（以下简称某某投资公司）订立一系列土地整理项目投资协议，约定由该投资公司投资 3.2 亿元对该区两块土地实施土地整理。协议订立后，该投资公司陆续投入 1 亿余元资金用于该项目。2014 年，区政府向某某投资公司发函称，以上协议违反国务院办公厅《关于规范国有土地使用权出让收支管理的通知》和四川省国土资源厅、省财政厅、省监察厅、省审计厅联合下发的《关于进一步加强国有土地使用权出让收支管理的通知》文件精神，要求终止履行以上协议。某某投资公司诉至法院，请求确认区政府终止履行协议的函无效，并要求区政府继续履行协议。

【裁判结果】

人民法院经审理后认为：区政府解除行为是否产生效力应当依据《合同法》第九十四条的规定进行审查。本案中，区政府所提及两份文件并非法律、行政法规，且未对本案所涉协议明令禁止，区政府以政策变化为由要求解除相关协议的理由不能成立，其发出的终止履行协议的函不产生解除合同的效力，遂作出（2014）渝高法民初字第 00070 号民事判决：某某区政府继续履行与某某投资公司签订的相关协议。一审判决后，双方当事人均未上诉。

【典型意义】

有约必守　依法保护企业合同权益

诚信守约是民事合同的基本要求，行政机关作为一方民事主体的更应带头守约践诺。明确在民事合同的履行中作为合同主体的基本规则，对于营造良好的营商环境，维护投资主体合法权益具有重要意义。本案中，人民法院依法平等对待涉案企业与区政府，准确适用《合同法》关于合同解除的相关规定，支持了企业要求继续履行协议的请求，有效地维护了企业的合法权益。本案裁判行政机关不得擅自解除合同，对于规范政府行为、推动政府践诺守信，具有积极指引作用。

贵州省清镇市流长苗族乡人民政府诉黄某发等确认合同无效纠纷案

《最高人民法院发布人民法院服务保障新时代
生态文明建设典型案例》第7号
2018年6月4日

【基本案情】

2009年2月15日，贵州省清镇市人民政府颁发林权证，确定清镇市流长苗族乡对冒井村木叶高坡115.4亩防护林林地、森林或林木享有所有权和使用权。2013年12月6日，流长乡政府与黄某发签订《贵州省清镇市流长苗族乡木叶高坡林场经营权转包合同》，约定“流长乡政府将前述林地、林木发包给黄某发从事农业项目（特色经果林）种植生产经营，转包经营权期限为65年，转包价格20万元”。黄某发与王某合伙共同经营，将转包林地中约14亩用于栽种折耳根，其余大部分用于栽种天麻。2016年2月5日，王某将部分林木卖与周某，周某砍伐林木78株，被林业部门处以罚款并被责令补种林木。2017年1月9日，流长乡政府向法院提起诉讼，请求确认其与黄某发签订的林场经营权转包合同无效，黄某发、王某返还林场。黄某发、王某提起反诉，请求判令流长乡政府返还转包费20万元及资金占用损失138493.13元，补偿损失753644元。

【裁判结果】

贵州省清镇市人民法院一审认为，流长乡政府与黄某发签订合同，约定将作为防护林的木叶高坡林场转包给黄某发从事农业项目种植生产经营，将防护林的用途更改为商品林，违反了《森林法》第十五条第三款的强制性规定，依法应认定为无效合同。流长乡政府主张该合同无效的诉讼请求依法应予支持。流长乡政府与黄某发签订合同后，从黄某发处取得的转包款扣除已经履行的部分后应当返还。黄某发因该合同取得案涉林地使用权应当返还流长乡政府。鉴于黄某发、王某在该地上栽种的经济作物尚未收获，综合考虑生态保护与当事人损失之间的关系，以及黄某发、王某栽种的经济作物收获问题，酌定返还期限为 2017 年 12 月 31 日前。黄某发、王某在返还之前应当对林地内的植被妥善保护，在收获天麻和折耳根作物时应当采取最有利于生态保护的收获方法，流长乡政府应当对此进行监督。流长乡政府与黄某发所签合同无效，流长乡政府作为国家机关，对相关法律规定的掌握程度明显高于黄某发，确定流长乡政府对合同无效承担 70% 的过错责任，黄某发承担 30% 的过错责任。一审法院判决：确认案涉转包合同无效，黄某发、王某返还防护林，流长乡政府返还转包款并赔偿 70% 资金占用损失和经济损失。一审判决已发生法律效力。

【典型意义】

本案系林地转包合同纠纷。依据《森林法》第十五条的规定，除用材林、经济林、薪炭林及其林地使用权、采伐迹地、火烧迹地的林地使用权，国务院规定的其他森林、林木和其他林地使用权可以依法转让或者作价入股外，其他森林、林木和林地使用权不得转让。本案中，合同当事人约定转包防护林林木、林地，将防护林地用于从事农业项目种植生产经营，更改了防护林的性质。本案判决认定转包合同违反法律的强制性规定，既符合《森林法》“发挥森林蓄水保土、调节气候、改善环境和提供林产品的作用”的立法目的，亦符合《森林法》关于防护林为“以防护为主要目的的森林、林木和灌木丛”的分类界定，对于同类案件认定林木、林地发包、承包、转包等合同的法律效力具有参考意义。本案判决在认定合同无效的同时，考虑到案涉林地已栽种经济作物的实际情况，判令承包人收获后返还，在返还林地前对林地内的植被妥善保护，在收获时应当采取最有利于生态保护的收获方法，兼顾了保护当事人利益与保护生态环境的关系，对处理类似案件具有较好的借鉴意义。

王某诉汪某、周某、上海某网络科技有限公司网络店铺转让合同纠纷案

《最高人民法院发布第一批涉互联网典型案例》第4号

2018年8月16日

【基本案情】

2014年4月9日，受让方王某与出让方周某、居间方上海某网络科技有限公司（以下简称某公司）签订《网络店铺转让合同》，约定周某将支付宝认证名称为汪某的“至诚开拓”淘宝店转让给王某等内容。王某通过某公司支付转让费2万元；某公司扣除2000元佣金后实际转交周某18000元。“至诚开拓”淘宝店的账户名为2912361＊＊＊@qq.com，经实名认证的经营者为汪某，周某为代管人。2015年12月3日，汪某找回了系争店铺的密码，系争店铺处于汪某控制之下。2016年7月，王某诉至法院，请求判令汪某、周某支付违约金6000元；退回保证金11830元；双倍退还已收的转让费用4万元；支付赔偿金10万元；共同承担本案诉讼费。

二审审理中，周某、某公司均认可某公司从王某交付的2万元中扣除了2000元，系周某应向某公司支付的佣金。同时，汪某表示其因自身经营的需要，欲从周某处取回系争网络店铺，但是周某不愿交还，故汪某自己找回了系争网络店铺。

【裁判结果】

上海市闵行区人民法院于2017年4月28日作出（2016）沪0112民初20679号民事判决：一、周某于判决生效之日起十日内支付王某2万元；二、周某、汪某于判决生效之日起十日内支付王某3970元；三、驳回王某的其余诉讼请求。宣判后，王某、汪某、周某向上海市第一中级人民法院提出上诉。上海市第一中级人民法院于2017年9月15日作出（2017）沪01民终8862号二审判决：驳回上诉，维持原判。

【典型意义】

网络店铺的私自转让现实中大量存在，因此产生的纠纷亦有不断进入诉讼的趋势。该案涉及网络店铺转让究竟系转让什么、转让的法律效力如何等问题，理论界和实务界并无相对统一之见解。本案例明确了涉网络店铺转让纠纷相应的裁判规则，具有一定的典型性和指导价值。

本案中，汪某系通过与淘宝平台签订服务协议并经实名认证，取得系争网络店铺之经营权。服务协议内容经双方认可，且不存在违反法律行政法规强制性规定、损害社会公共利益等情形，故汪某与淘宝平台间形成合法有效的合同关系。现周某在汪某认可之情况下，与王某、某公司签署网络店铺转让合同，实际上系将汪某与淘宝平台间合同关系项下的权利义务一并转让给王某。根据《合同法》第八十八条、第八十九条之规定，当事人一方将自己在合同中的权利和义务一并转让给第三方的，须经对方当事人的同意。现周某虽有汪某之认可但未征得淘宝平台同意，私自转让系争网络店铺，该转让行为不发生法律效力。故王某以合同约定内容为据，要求周某等支付违约金、双倍返还转让费之主张，缺乏依据。而根据《合同法》第四十二条规定，当事人在订立合同过程中有违背诚实信用原则的行为，给对方造成损失的，应当承担损害赔偿责任。周某在汪某认可的情况下，将系争店铺让给王某，现转让行为未生效，且店铺已被汪某找回并实际控制，周某理应就王某因此而产生之损失承担赔偿责任。

该案通过对网络店铺店主与网络平台经营方之间法律关系的厘清，对实际普遍存在的网络店铺私自转让行为，从法律上作出了妥当评价，有利于网络平台经营方更好地实施管理、提供服务、控制网络交易风险，促进电子商务的进一步健康、有序发展。

某地质工程（集团）公司青海分公司、某地质工程（集团）公司诉青海某煤炭开发有限公司合同纠纷案

《2019 年度人民法院环境资源典型案例》第十八号

2020 年 5 月 8 日

【基本案情】

青海某煤炭开发有限公司（以下简称某煤炭公司）的《采矿许可证》上所载矿区面积是 0.18 平方公里，但其与某地质工程（集团）公司青海分公司（以下简称某地质公司青海分公司）签订的勘探合同中，委托某地质公司青海分公司勘探矿区外围 12.20 平方公里的煤炭资源量。后因某煤炭公司未依约支付工程款，双方成讼。

【裁判结果】

青海省高级人民法院一审认为，某煤炭公司在未取得野马滩探矿权的情况下擅自发包，对导致案涉合同无效及由此造成的损失负有主要过错。某地质公司青海分公司明知某煤炭公司未取得探矿权，在签订勘探合同后实施探矿行为，对案涉合同无效及由此造成的损失亦有过错。某地质公司青海分公司实际给付的施工费用已超出其应承担的责任部分，驳回双方当事人的诉讼请求。最高人民法院二审认为，某煤炭公司对约定勘探的矿区范围并未取得探矿权，案涉勘探合同约定的探矿行为违反法律、行政法规的强制性规定，应认定无效，双方对此均存在过错。一审法院在计算具体施工费用时存在认定事实不当，改判支持了某煤炭公司部分施工费用。

【典型意义】

本案系对未取得探矿权的矿区范围进行勘探引发的工程款结算纠纷。根据我国现有矿产资源法律、法规规定，勘查矿产资源须经申请并取得探矿权。对于未取得探矿权的矿区范围进行勘探的行为属于无证探矿行为，案涉勘探合同约定的外围勘探面积约 12.20 平方公里，明显超过国家所规定的合理采矿权扩区范围，即“采矿权扩区范围原则上限于原采矿权深部及周边零星分

散且不宜单独另设采矿权的资源”，应为无效。双方当事人应根据过错大小依法各自承担相应责任，但勘探方的实际施工费用应予以保障。本案重申了违反法律、行政法规强制性规定的合同应认定为无效，对于规范矿产资源勘探行为具有指引作用。

开发商“自我举报”无证卖房毁约案

——某房地产公司诉李某某确认合同无效案

《人民法院大力弘扬社会主义核心价值观十大典型民事案例》案例七

2020 年 5 月 13 日

核心价值：诚实守信、契约严守

【基本案情】

某房地产公司与李某某签订了商品房内部认购合同书，该认购合同约定了双方的名称、住所、房屋的基本情况、单价、总价款、付款方式、付款时间等内容。合同签订当日，李某某即向某房地产公司交纳了全部购房款。其后，该房地产公司在案涉开发项目已经取得土地使用证、建设用地规划许可证、建设工程规划许可证与建筑工程施工许可证的情况下，以案涉房屋未取得商品房预售许可证为由，将李某某起诉至法院，请求确认双方签订的内部认购合同无效。

【裁判结果】

西安市中级人民法院认为，李某某在签订认购合同当日即支付了全额购房款，某房地产公司作为销售方的合同目的已经实现，但其不积极履行己方合同义务，在房地产市场出现价格大幅上涨的情况下提起本案诉讼主张合同无效，违背诚实信用原则。某房地产公司签约时未取得商品房预售许可证，虽然违反了商品房预售许可制度，但案涉楼盘在一审诉讼前已经取得了除预售许可证之外的“四证”，工程主体已经建成，在李某某上诉过程中，案涉楼盘也取得了商品房预售许可证，预售制度所欲避免的风险在本案中已经不存在。因此，该公司签约时未取得商品房预售许可证的事实，并不必然导致其签订认购合同的民事法律行为无效。该公司为获取超出合同预期的更大利益，违背合同约定，提起本案诉讼主张合同无效，显然与社会价值导向和公众认知相悖，人民法院不予支持。

【典型意义】

本案不因开发商签约时未取得商品房预售许可证而机械认定房屋认购合同无效，而是结合合同目的、合同履行、商品房预售制度的立法目的等因素，认定商品房预售制度所欲避免的风险在本案中已经不存在，开发商提起本案诉讼是为获取超出合同利益的恶意违约行为，故而对开发商违背诚信的行为给予否定性评价，依法保护了消费者合法权益，维护了房地产交易的稳定性，引导市场交易主体诚信经营、严守契约，是一份有温度、有力量的公正判决。

高某诉刘某、龙某确认合同无效纠纷案

《人民法院老年人权益保护十大典型案例》案例三

2021 年 2 月 24 日

关键词：以房养老；打击“套路贷”

【基本案情】

2016 年，高某经人介绍参加“以房养老”理财项目，与王某签订《借款合同》，约定王某出借 220 万元给高某。高某将案涉房屋委托龙某全权办理出售、抵押登记等，如高某不能依约归还，则龙某有权出卖案涉房屋偿还借款本息，双方对相关事项进行了公证。后龙某作为高某的委托代理人为案涉房屋办理抵押登记，并出卖给刘某。房屋转移登记至刘某名下后，龙某自称系刘某亲属，委托房屋中介机构再次寻找买家，同时，刘某为房屋办理抵押登记，登记的抵押权人为李某。王某、龙某、李某等人在本案交易期间存在大额、密集的资金往来。后高某起诉请求判决龙某代理其签订的房屋买卖合同无效，并判令刘某将案涉房屋过户回高某名下。

【裁判结果】

北京市朝阳区人民法院认为，王某、龙某、李某等人存在十分密切的经济利益联系，相关五人系一个利益共同体，就案涉房屋买卖存在恶意串通。龙某以规避实现抵押权法定程序的方式取得出卖案涉房屋的委托代理权，且滥用代理权与买受人刘某恶意串通签订房屋买卖合同，损害了高某的合法利益，应当认定龙某代理高某与刘某就案涉房屋订立的房屋买卖合同无效。故判决确认案涉房屋买卖合同无效，刘某协助将案涉房屋变更登记至高某名下。

【典型意义】

近年来，“以房养老”理财骗局事件频发。许多老年人为投资“以房养老”理财项目，将自有房产进行抵押，背负巨额债务，又在行为人的恶意串通之下失去自有房产，导致房财两失。此类“套路贷”难以根除的原因之一，是行为人常常在法律空白或者规定不明确的领域，利用老年人性格特点以及寻求投、融资渠道的迫切心理，披上“迷惑外套”变装成“以房养老”理财项目，进而非法占有老年人房产。人民法院在对“套路贷”采取刑事手段打击的同时，亦应注重通过民事审判依法维护老年人的合法财产权益，保障人民群众老有所养、住有所居，切实享受到国家“以房养老”政策的红利。同时，也提醒老年人，还需时刻保持理性和冷静，审慎选择投、融资渠道，以免落入“请君入瓮”的“套路”之中。

刘某诉某科技公司合同纠纷案

——未成年人大额网络直播打赏应当依法返还

《未成年人司法保护典型案例》第 7 号

2021 年 3 月 2 日

刘某生于 2002 年，初中辍学。2018 年 10 月 23 日至 2019 年 1 月 5 日，刘某使用父母用于生意资金流转的银行卡，多次向某科技公司账户转账用于打赏直播平台主播，打赏金额高达近 160 万元。刘某父母得知后，希望某科技公司能退还全部打赏金额，遭到该公司拒绝。后刘某诉至法院要求某科技公司返还上述款项。

法院在审理该案中，多次组织双方当事人调解，经过耐心细致的辨法析理，最终当事双方达成庭外和解，刘某申请撤回起诉，某科技公司自愿返还近 160 万元打赏款项并已履行完毕。

本案是一起典型的未成年人参与直播打赏案例。司法实践中涉及的网络打赏、网络游戏纠纷，多数是限制行为能力人，也就是 8 周岁以上的未成年人。这些人在进行网络游戏或者打赏时，有的几千、几万，这显然与其年龄和智力水平不相适应，在未得到法定代理人追认的情况下，其行为依法应当是无效的。《最高人民法院关于依法妥善审理涉新冠肺炎疫情民事案件若干问题的指导意见（二）》对未成年人参与网络付费游戏和网络打赏纠纷提供了更为明确的规则指引。意见明确，限制民事行为能力人未经其监护人同意，参与网络付费游戏或者网络直播平台“打赏”等方式支出与其年龄、智力不相适应的款项，监护人请求网络服务提供者返还该款项的，人民法院应予支持。该规定更多地考量了对未成年人合法权益的保护，同时引导网络公司进一步强化社会责任，为未成年人健康成长创造良好网络环境。

济南某家庭农场有限公司与济南市天桥区泺口街道办事处鹊山东社区居民委员会等确认合同无效纠纷案

《黄河流域生态环境司法保护典型案例》案例七

2021 年 11 月 25 日

【基本案情】

2018 年 2 月，济南市天桥区泺口街道办事处鹊山东社区居民委员会（以下简称居委会）、济南市天桥区鹊华烟雨生态农业观光专业合作社（以下简称合作社）与济南某家庭农场有限公司（以下简称农场公司）签订土地承包经营合同，将合作社享有承包经营权的位于济南市天桥区鹊山东社区约 176 亩土地发包给农场公司，期限 30 年，承包费每亩每年 1000 元整，农场公司修建 267 个生态农业大棚及配套用房，出租后向专业合作社按一个大棚交纳 2000 元费用作为合作利益所得。合同签订后，合作社将涉案土地交付农场公司，农场公司遂在涉案土地上建设了混浆混水砖墙及钢架结构式大棚、砖混结构管理房。2018 年 5 月 24 日，济南黄河河务局执法部门向农场公司作出行政处罚决定，以农场公司在黄河河道管理范围内建设砖混结构管理房、对河道行洪造成影响为由，作出行政处罚。2019 年 1 月 9 日，农场公司诉至济南市天桥区人民法院，请求确认涉案土地承包经营合同无效，居委会、合作社返还其此前交纳的租金 90 万元并赔偿其经济损失 80 万元。

【裁判结果】

山东省济南市天桥区人民法院一审判决：解除双方土地承包经营合同；农场公司于判决生效后三十日内将承包土地恢复原状并返还合作社；居委会、合作社共同返还农场公司租金 45 万元，并赔偿农场公司损失 8.78 万元。济南市中级人民法院二审维持原判。山东省高级人民法院指令再审后，济南市中级人民法院再审判决：确认案涉土地承包经营合同无效，农场公司对土地恢复原状并予以返还，合作社以及居委会返还租金 80 万元，赔偿农场公司经济损失 8.78 万元。

【典型意义】

本案系因在黄河河道内土地上建设构筑物、建筑物导致土地承包经营合同无效的案件。为了保障黄河汛期河流的通畅，避免发生洪水泛滥，我国相关法律将黄河两岸的一定区域划为行洪区。《中华人民共和国防洪法》第二十二条第二款规定，禁止在河道、湖泊管理范围内建设妨害行洪的建筑物、构筑物，倾倒垃圾、渣土，从事影响河势稳定、危害河岸堤防安全和其他妨碍河道行洪的活动。案涉土地承包经营合同中的土地位于黄河河道管理范围内，当事人在合同中约定建设生态农业大棚及配套管理用房，并实际采用了混浆混水砖墙及钢架结构，违反了防洪法上述禁止性规定。再审法院根据当时的《中华人民共和国合同法》第五十二条规定，对合同效力作出正确认定，并合理分担双方责任，对此类案件的处理具有良好的示范作用。

高某琴等诉高某明共有物分割纠纷案

《最高人民法院、中国残疾人联合会残疾人权益保护
十大典型案例》案例八
2021 年 12 月 2 日

【基本案情】

高某琴与高某明系同胞兄妹，高某航、高某雪系高某琴的子女，上述 4 人均与案外人高某宝（高某琴之父）属同一户籍，被识别为贫困户。高某明肢体贰级残疾，其妻视力壹级残疾。2017 年 5 月，户主高某宝与镇政府签订了《易地扶贫搬迁协议》和《易地扶贫搬迁旧宅基地腾退协议》，享受易地扶贫搬迁安置政策人均补助 25000 元，共计 125000 元；享受旧房宅基地腾退补助政策人均补助 1 万元，共计 5 万元，上述款项均汇入高某明指定的账户。2016 年 10 月，高某明购买房屋一套，支付购房款 14 万元，契税、印花税合计 1860 元，该房屋系该户唯一住房。高某琴等起诉请求高某明支付贫困户移民搬迁款 75000 元、旧宅基地腾退款 3 万元，合计 105000 元。

【裁判结果】

陕西省安康市白河县人民法院经审理认为，易地扶贫搬迁政策和旧房宅基地腾退政策，其目的均为保障当事人的基本居住权利。高某明按照上述政策购买住房，该住房现为其唯一住房，高某琴等与高某明、案外人高某宝均享有该房屋的居住权，在该房屋未被处置的情况下不能主张已享受政策资金的返还，遂判决驳回高某琴等的诉讼请求。

陕西省安康市中级人民法院经审理认为，案涉款项是政府为解决贫困户基本住房问题的特定款项，具有专款专用的性质，高某琴分割款项用于生活开支的主张，与政府发放该款项的特定用途相悖，维持一审判决。

【典型意义】

本案既涉及残疾人的居住权又涉及扶贫安置政策的具体落实。扶贫安置政策是政府为改善贫困户的生活质量、从自然条件恶劣地区搬迁到生存与发

展条件较好的地方、解决农民基本住房的惠民政策，应当用好，以真正解决当事人住房需求。高某明等四人均在高某宝户内，与高某琴系同胞兄妹，高某明夫妻均为重度残疾人，虽高某琴等三人对案涉款项享有权利，但案涉款项购买房屋为当事人唯一住房，判决驳回高某琴等人的诉请对保障残疾人的居住权益、对落实国家扶贫政策的目标具有积极意义。

2. 债权人代位权

辉南县某煤炭生产有限公司与抚顺某热电有限公司、抚顺某能源有限公司、抚顺某电力有限公司债权人代位权纠纷案

——（2015）民提字第 186 号

《最高人民法院第二巡回法庭关于公正审理跨省重大民商事和行政案件典型案例》第 1 号

2016 年 10 月 31 日

【基本案情】

辉南县某煤炭生产有限公司（以下简称辉南公司）向辽宁省抚顺市中级人民法院提起诉讼称：辽宁省高级人民法院生效判决确认某热能燃料有限责任公司（以下简称热能公司）应给付辉南公司欠款本息 800 余万元，热能公司迟迟不予履行生效判决确定的义务。热能公司对抚顺某热电有限公司、抚顺某能源有限公司、抚顺某电力有限公司（以下合并简称三公司）享有到期债权，但是怠于行使，给辉南公司造成损害。请求依法判决辉南公司享有代热能公司向三公司主张权利的代位权，三公司向辉南公司支付欠热能公司的欠款 800 余万元。

【裁判结果】

辽宁省抚顺市中级人民法院以辉南公司提供的证据不能证明热能公司对三公司享有的债权是否到期为由，裁定对辉南公司的起诉不予受理。辽宁省

高级人民法院以相同理由裁定驳回上诉，维持原裁定。辉南公司仍不服，向最高人民法院申请再审。

最高人民法院第二巡回法庭经审理认为，一、二审法院在对该案未予立案，未予开展诉辩交锋以及审理的情况下，即判定辉南公司主张债权到期缺乏证据证明，并据此不予立案，系对《最高人民法院关于适用〈中华人民共和国合同法〉若干问题的解释（一）》第十一条规定的理解过于严格，不利于依法保护当事人的诉讼权利。遂作出（2015）民提字第186号裁定，撤销一、二审裁定，指令一审法院对辉南公司的起诉立案受理。

【典型意义】

本案当事人跨越吉林与辽宁两省，主要涉及债权人代位权纠纷案件的立案审查标准和实体裁判标准的法律尺度问题。《最高人民法院关于适用〈中华人民共和国合同法〉若干问题的解释（一）》第十一条规定虽然使用了“提起代位权诉讼，应当符合下列条件”的表述，但是该条文主要是对《合同法》的理解与适用作出的解释，偏重于实体裁判标准。从最大限度保护当事人的诉权，全面推行立案登记制改革的角度出发，对此类案件的立案审查不宜过于严格。债权人提供的证据能够证明其对债务人享有合法到期债权，能够初步证明债务人对次债务人亦享有合法到期债权，债务人怠于行使其债权的，就可以立案受理。经过审理，债权人的代位权请求不能成立的，判决驳回其诉讼请求。这样，既保障了债权人的正当诉讼权利，又不会损害其他当事人的利益。

某控股株式会社与某公司等债权人代位权纠纷案

《最高人民法院发布民法典合同编通则司法解释

相关典型案例》案例五

2023年12月5日

【裁判要点】

在代位权诉讼中，相对人以其与债务人之间的债权债务关系约定了仲裁条款为由，主张案件不属于人民法院受理案件范围的，人民法院不予支持。

【简要案情】

2015 年至 2016 年，某控股株式会社与某国际公司等先后签订《可转换公司债发行及认购合同》及补充协议，至 2019 年 3 月，某国际公司欠付某控股株式会社款项 6400 余万元。2015 年 5 月，某公司与其母公司某国际公司签订《贷款协议》，由某国际公司向某公司出借 2.75 亿元用于公司经营。同年 6 月，某国际公司向某公司发放了贷款。案涉《可转换公司债发行及认购合同》及补充协议、《贷款协议》均约定了仲裁条款。某控股株式会社认为某国际公司怠于行使对某公司的债权，影响了某控股株式会社到期债权的实现，遂提起代位权诉讼。一审法院认为，虽然某控股株式会社与某公司之间并无直接的仲裁协议，但某控股株式会社向某公司行使代位权时，应受某公司与某国际公司之间仲裁条款的约束。相关协议约定的仲裁条款排除了人民法院的管辖，故裁定驳回某控股株式会社的起诉。某控股株式会社不服提起上诉。二审法院依据《最高人民法院关于适用〈中华人民共和国合同法〉若干问题的解释（一）》第十四条的规定，裁定撤销一审裁定，移送被告住所地人民法院审理。

【判决理由】

生效裁判认为，虽然案涉合同中均约定了仲裁条款，但仲裁条款只约束签订合同的各方当事人，对合同之外的当事人不具有约束力。本案并非债权转让引起的诉讼，某控股株式会社既非《贷款协议》的当事人，亦非该协议权利义务的受让人，一审法院认为某控股株式会社行使代位权时应受某公司与某国际公司之间仲裁条款的约束缺乏依据。

【司法解释相关条文】

《最高人民法院关于适用〈中华人民共和国民法典〉合同编通则若干问题的解释》第三十六条　债权人提起代位权诉讼后，债务人或者相对人以双方之间的债权债务关系订有仲裁协议为由对法院主管提出异议的，人民法院不予支持。但是，债务人或者相对人在首次开庭前就债务人与相对人之间的债权债务关系申请仲裁的，人民法院可以依法中止代位权诉讼。

3. 债权人撤销权

周某与丁某、薛某债权人撤销权纠纷案

《最高人民法院发布民法典合同编通则司法解释
相关典型案例》案例六
2023 年 12 月 5 日

【裁判要点】

在债权人撤销权诉讼中，债权人请求撤销债务人与相对人的行为并主张相对人向债务人返还财产的，人民法院依法予以支持。

【简要案情】

周某因丁某未能履行双方订立的加油卡买卖合同，于 2020 年 8 月提起诉讼，请求解除买卖合同并由丁某返还相关款项。生效判决对周某的诉讼请求予以支持，但未能执行到位。执行中，周某发现丁某于 2020 年 6 月至 7 月间向其母亲薛某转账 87 万余元，遂提起债权人撤销权诉讼，请求撤销丁某无偿转让财产的行为并同时主张薛某向丁某返还相关款项。

【判决理由】

生效裁判认为，丁某在其基于加油卡买卖合同关系形成的债务未能履行的情况下，将名下银行卡中的款项无偿转账给其母亲薛某的行为客观上影响了债权人周某债权的实现。债权人周某在法定期限内提起撤销权诉讼，符合法律规定。丁某的行为被撤销后，薛某即丧失占有案涉款项的合法依据，应当负有返还义务，遂判决撤销丁某的行为、薛某向丁某返还相关款项。

【司法解释相关条文】

《最高人民法院关于适用〈中华人民共和国民法典〉合同编通则若干问题的解释》第四十六条第一款 债权人在撤销权诉讼中同时请求债务人的相对

人向债务人承担返还财产、折价补偿、履行到期债务等法律后果的，人民法院依法予以支持。

4. 买卖合同

孙某山诉南京某超市有限公司江宁店买卖合同纠纷案

《最高人民法院公布五起审理食品药品纠纷典型案例》第 1 号

2014 年 1 月 9 日

【基本案情】

2012 年 5 月 1 日，原告孙某山在被告某超市有限公司江宁店（以下简称某超市）购买“玉兔牌”香肠 15 包，其中价值 558.6 元的 14 包香肠已过保质期（原告明知）。孙某山到收银台结账后，又径直到服务台进行索赔。因协商未果，孙某山诉至南京市江宁区人民法院，要求某超市支付售价十倍的赔偿金 5586 元。

【裁判结果】

法院认为，《消费者权益保护法》第二条规定：“消费者为生活消费需要购买、使用商品或者接受服务，其权益受本法保护；本法未作规定的，受其他有关法律、法规保护。”本案中，孙某山实施了购买商品的行为，某超市未提供证据证明其购买商品是用于生产销售，并且原告孙某山因购买到过期食品而要求索赔，属于行使法定权利。因此某超市认为孙某山不是消费者的抗辩理由不能成立。

食品销售者负有保证食品安全的法定义务，应当对不符合安全标准的食品及时清理下架。但某超市仍然销售超过保质期的香肠，系不履行法定义务的行为，应当被认定为销售明知是不符合食品安全标准的食品。在此情况下，消费者可以同时主张赔偿损失和价款十倍的赔偿金，也可以只主张价款十倍的赔偿金。孙某山要求某超市支付售价十倍的赔偿金，属于当事人自行处分权利的行为，应予支持。根据《食品安全法》第九十六条的规定，判决被告某超市支付原告孙某山赔偿金5586元。现该判决已发生法律效力。

皮某旻诉重庆某百货有限公司、重庆市某食品开发有限公司等产品责任纠纷案

《最高人民法院公布五起审理食品药品纠纷典型案例》第3号

2014年1月9日

【基本案情】

2012年5月5日，皮某旻在重庆某百货有限公司（以下简称某百货公司）购买了由重庆市某食品开发有限公司（以下简称某食品公司）生产的“武陵山珍家宴煲”10盒，每盒单价448元，共计支付价款4480元。每盒“武陵山珍家宴煲”里面有若干独立的预包装食品，分别为松茸、美味牛肝、黄牛肝、香菇片、老人头、茶树菇、青杠菌、球盖菌、东方魔汤料包等。每盒“武陵山珍家宴煲”产品的外包装上标注了储存方法、配方、食用方法、净含量、产品执行标准、生产许可证、生产日期、保质期以及生产厂家的地址、电话等内容，但东方魔汤料包上没有标示原始配料。某食品公司原以Q/LW7－2007标准作为企业的生产标准，该标准过期后由于种种原因未能及时对标准进行延续，且该企业仍继续在包装上标注Q/LW7－2007作为企业的产品生产标准，该企业于2012年9月向重庆市石柱土家族自治县质量技术监督局提交了企业标准过期的情况说明，于2012年10月向重庆市卫生局备案后发布了当前使用产品标准Q/LW0005S－2012。皮某旻认为其所购食品不合格，遂向重庆市江北区人民法院起诉，请求判令某百货公司退还货款4480元，判令某食品公司承担5倍赔偿责任共计22400元。

【裁判结果】

一审法院判决：一、某百货公司于判决生效之日起十日内退还皮某旻货款4480元。二、驳回皮某旻的其他诉讼请求。

二审法院认为，食品生产经营者应当依照我国食品安全法及相关法律法规之规定从事生产经营活动，对社会和公众负责，保证食品安全，接受社会监督，并依法承担法律责任。本案双方当事人的讼争焦点为，涉案食品是否

存在食品安全等问题，以及本案的法律适用和法律责任问题。其一，涉案食品是否存在食品安全及其他问题。1. 某食品公司生产的“武陵山珍家宴煲”食品，未按卫生部门的通知要求进行食品安全企业标准备案，在其制定的 Q/LW7－2007 企业标准过期后继续执行该标准，违反食品强制性标准的有关规定；2. 该食品中“东方魔汤料包”属预包装食品，该食品预包装的标签上没有标明成分或者配料表以及产品标准代号，不符合《食品安全法》关于预包装食品标签标明事项的有关规定；3. 包装上的文字“家中养生我最好”是商品包装中国家标准要求必须标注事项以外的文字，符合广告特征，应适用《广告法》之规定，该文字属于国家明令禁止的绝对化用语，不合法。其二，本案的法律适用及法律责任。《食品安全法》是《侵权责任法》的特别法，本案涉及食品安全问题的处理，应当适用《食品安全法》及相关法律法规之规定。根据上述查明的该食品存在食品安全标准、包装、广告方面的问题，该食品的生产经营者应当依照有关食品安全等法律法规之规定承担相应的法律责任。《重庆市食品安全管理办法》属于重庆市地方行政规章，在不与法律法规冲突的情况下可参照适用。皮某旻要求参照该办法第六十七条之规定，退换食品，并支付价款 5 倍赔偿金符合《食品安全法》第九十六条之规定精神，应予支持。遂判决：一、维持一审判决第一项；二、撤销一审判决第二项；三、某食品公司支付上诉人皮某旻赔偿金 22400 元。

从某松诉某健康体检管理集团股份有限公司北京潘家园门诊部产品销售者责任纠纷案

《最高人民法院公布五起审理食品药品纠纷典型案例》第 4 号

2014 年 1 月 9 日

【基本案情】

原告从某松从 2012 年 6 月 2 日《法制晚报》上看到题为“晚期肿瘤治疗新突破”的“神麒口服液”广告，该广告称这种药物的吸收利用率可达传统中药的几倍以上；该广告下方显示专卖地址为东二环左安门桥肿瘤医院西门北走 100 米【某中西医门诊药房】。为给其患有癌症的婶婶治病，从某松当日在某健康体检管理集团股份有限公司北京潘家园门诊部（以下简称潘家园门诊部）购买了 1 盒售价 450 元的“神麒口服液（消癌平口服液）”，上面标有“国家药准字 Z20050778”字样。后发现该药品是必须在医师指导下使用的处方药，而在销售时也没有进行指导说明。北京市药品监督管理局于 2012 年 3 月发布的《违法药品广告公告》中写有：“二、违规广告涉及药品品种 33 个，存在未经审查发布和擅自篡改广告审批内容的行为。其中标示名称为‘结石通茶’‘神麒口服液’两种药品发布违规广告情节严重。标示名称为‘神麒口服液’的药品在广告中宣称采用‘原子微量破核疗法’研制，含‘微管阻遏素’和‘特异激活因子’，可杀死清除肿瘤细胞，防止肿瘤的复发扩散转移。以上药品的广告宣传中含夸大药品适应症、有不科学地表示功效的保证等内容，严重误导和欺骗消费者。”北京市药品监督管理局于 2012 年 4 月至 6 月期间发布的《违法药品广告公告》所附的《违规药品广告情况汇总表》中均包括“神麒口服液”，其后标示的经营企业均包括“某中西医门诊药房”。丛某松认为潘家园门诊部在广告中夸大药品的适应症和功效，严重误导和欺骗消费者，故向北京市朝阳区人民法院起诉，要求其退还货款 450 元，赔偿 450 元，支付误时费 9099 元，赔偿精神损失费 1 元。

【裁判结果】

一审法院认为，潘家园门诊部销售的药品合格，丛某松主张潘家园门诊部有欺诈行为证据不足，也无法确信丛某松具有购买该种商品的正当原因。尽管其提交了潘家园门诊部开具的收据原件，但是法院仍然无法确信其消费者身份。故判决驳回了丛某松的诉讼请求。丛某松不服该判决，向北京市第二中级人民法院提起上诉，请求二审改判支持其一审诉讼请求。

二审法院认为，消费者因经营者利用虚假广告提供商品或者服务，其合法权益受到损害的，可以向经营者要求赔偿。经营者提供商品或者服务有发布虚假广告，欺骗和误导消费者，使购买商品或者接受服务的消费者的合法权益受到损害的行为的，当按照消费者的要求增加赔偿其受到的损失，增加赔偿的金额为消费者购买商品的价款或者接受服务的费用的一倍。本案中，丛某松以购买的“神麒口服液”存在虚假广告为由起诉潘家园门诊部要求其承担赔偿责任，二审法院对其主张予以支持，潘家园门诊部应对丛某松的合理损失承担赔偿责任。丛某松关于退还货款 450 元及增加赔偿 450 元的主张于法有据，该院予以支持。丛某松关于误时费的主张，因其未提供充分证据予以证明，该院不予支持。丛某松关于精神损害抚慰金的主张无事实和法律依据，该院亦不予支持。该院依据《消费者权益保护法》第三十九条、第四十九条，《民事诉讼法》第一百七十条第一款第二项之规定，判决：撤销一审判决；潘家园门诊部退还丛某松货款 450 元，并增加赔偿丛某松 450 元；驳回丛某松的其他诉讼请求。

王某诉某肾脏病医院邮购药品赔偿纠纷案

《最高人民法院公布五起审理食品药品纠纷典型案例》第 5 号

2014 年 1 月 9 日

【基本案情】

某肾脏病医院（以下简称肾病医院）在《四川日报》刊登了《治疗肾脏病尿毒症的新希望〈某肾脏病医院全息根治疗法〉》，该广告对肾脏病、尿毒症的中医全息根治疗法的特点、疗效、治疗方式等进行了介绍，王某看到这则广告后，向肾病医院进行了咨询，该医院对王某的咨询信件作了回复，内容为其医院中医全息根治疗法能从根本上治疗肾脏病。2003 年 10 月至 2004 年 10 月，王某向肾病医院邮购价值 20180 元的“某生力散”“某肾病胶囊”和“GS 系列全息治疗仪”。王某服用所购药品并使用所购治疗仪后，病情并未得到改善。2005 年 2 月，王某以肾病医院的广告宣传不实，向山东省潍坊市工商行政管理局作了反映，该局回复已对肾病医院违反广告法发布的医疗、内部制剂广告问题进行了立案调查处理，并责令其停止发布违法广告。据此，王某向四川省泸州市江阳区人民法院起诉，要求肾病医院和《四川日报》双倍返还医疗费用 40360 元。一审中王某撤回对四川日报社的起诉。

【裁判结果】

一审法院认为，肾病医院刊登的广告内容和出具给王某的信件中隐含了能够根治肾病，误导王某接受了肾病医院的治疗，使王某花费了不必要的治疗费。这种误导行为损害了王某的合法权益，应当承担民事责任。王某要求肾病医院双倍返还医疗费的主张合法，该院予以支持。该院依照《民法通则》第一百二十二条、《消费者权益保护法》第四十九条的规定，判决肾病医院赔偿王某40360元，一审诉讼费由肾病医院承担。肾病医院不服一审判决，以其未损害王某的合法权益为由向泸州市中级人民法院提起上诉，请求该院撤销原判，驳回王某的诉讼请求。

二审法院认为，肾病医院在报纸上刊登虚假广告的行为，违反了《广告法》第十四条的规定，即广告不得含有不科学的表示功效的断言或者保证，也不得有说明治愈率或者有效率的内容。王某因受该医疗广告的误导，购买了肾病医院的药品及治疗仪器，从而遭受经济损失。作为广告主的肾病医院应当承担赔偿责任。根据《广告法》第三十八条的规定，广告经营者和发布者应当承担连带责任。但王某自愿申请撤回对四川日报社的诉讼，是其对诉讼权利的处分。本案不是基于药品或者治疗仪导致人身伤害而产生的损害赔偿诉讼，而是基于违法广告误导了王某，使其在信任肾病医院能够根治肾病的情况下，购买该医院的药品和治疗仪，经过治疗后未达到广告所宣传的效果，从而造成的经济损失。该院依照《消费者权益保护法》第三十九条、第四十九条和当时的《民事诉讼法》第一百五十三条的规定，于2007年2月判决驳回某肾脏病医院的上诉，维持原判。

孟某诉广州某医药连锁有限公司、海南某药业有限公司、杭州某保健品有限责任公司产品责任纠纷案

——违规使用添加剂的保健食品属于不安全食品，
消费者有权请求价款十倍赔偿

《最高人民法院公布10起维护消费者权益典型案例》第1号

2014年3月12日

【基本案情】

2012年7月27日、28日，孟某分别在广州某医药连锁有限公司（以下简称广州某公司）购得海南某药业有限公司（以下简称海南某公司）监制、杭州某保健品有限责任公司（以下简称杭州某公司）生产的“某胶原蛋白粉”共7盒合计1736元，生产日期分别为2011年9月28日、2011年11月5日。产品外包装均显示产品标准号：Q/YST0011S，配料包括“食品添加剂（D－甘露糖醇、柠檬酸）”。各方当事人均确认涉案产品为普通食品，成分含

有食品添加剂 D－甘露糖醇，属于超范围滥用食品添加剂，不符合食品安全国家标准。孟某因向食品经营者索赔未果，遂向广东省广州市越秀区人民法院起诉，请求海南某公司、杭州某公司、广州某公司退还货款 1736 元，十倍赔偿货款 17360 元。

【裁判结果】

一审法院判决杭州某公司退还孟某所付价款 1736 元，海南某公司对上述款项承担连带责任。孟某不服该判决，向广州市中级人民法院提起上诉。

二审法院经审理认为，第一，本案当事人的争议焦点在于涉案产品中添加 D－甘露糖醇是否符合食品安全标准的规定。涉案产品属于固体饮料，并非属于糖果，而 D－甘露糖醇允许使用的范围是限定于糖果，因此根据食品添加剂的使用规定，在涉案产品中添加 D－甘露糖醇不符合食品安全标准的规定。杭州某公司提供的证据不能支持其主张。第二，关于本案是否可适用《食品安全法》第九十六条关于十倍赔偿的规定。本案中，由于涉案产品添加 D－甘露糖醇的行为不符合食品安全标准，因此，消费者可以依照该条规定，向生产者或销售者要求支付价款十倍的赔偿金。孟某在二审中明确只要求海南某公司和杭州某公司承担责任，海南某公司和杭州某公司应向孟某支付涉案产品价款十倍赔偿金。二审法院判决杭州某公司向孟某支付赔偿金 17360 元，海南某公司对此承担连带责任。

赵某红与北京某家具有限责任公司买卖合同纠纷案

——板木材质家具作为实木家具出售构成商业欺诈，应承担“退一赔一”的责任

《最高人民法院公布 10 起维护消费者权益典型案例》第 2 号

2014 年 3 月 12 日

【基本案情】

2010 年 10 月 1 日，赵某红在北京某家具有限责任公司（以下简称某家具公司）购买家具若干件，合计价款 23960 元。涉案家具上有该公司注明的“桦木”“美国赤桦木”“胡桃木”等字样，且家具送货单上加注了上述家具

为“实木”。后赵某红发现涉案家具材质为板木结合，遂诉至北京市朝阳区人民法院，请求退还涉案家具及货款等，并赔偿23960元。

某家具公司承认涉案的部分产品存在质量瑕疵，但否认构成产品质量问题，并认为其在销售过程中告知过赵某红涉案产品为板木结合，但是某家具公司并不能提供涉案家具的进货凭证、购货发票、产品合格证、说明书等。

【裁判结果】

一审法院经审理认为，某家具公司提供的证据不足以证明涉案家具的真实信息及品质，应承担相应的产品质量责任。同时，结合送货单上的加注以及某家具公司产品宣传图片中关于产品的文字介绍，表述均为“某某木”或“实木”，该家具公司存在引人误解的虚假宣传行为，构成对赵某红的欺诈。故判决支持赵某红的诉讼请求。某家具公司上诉至北京市第二中级人民法院。2012年11月20日，二审法院判决维持原判。

王某文诉孙某才买卖合同纠纷案

——销售者承诺“假一赔十”，所售商品为冒牌货，应按其承诺赔偿

《最高人民法院公布10起维护消费者权益典型案例》第3号

2014年3月12日

【基本案情】

2011年10月25日，王某文在孙某才位于某商场的经营场所购买了一部诺基亚手机，价格为1180元。同时，孙某才向王某文出具一张购货单据，其上写明了手机型号、单价及数量，并载明“保原装、假一赔十”。经鉴定，王某文获悉该手机为假冒产品，故诉至北京市东城区人民法院，请求判令孙某才按照“假一赔十”的承诺支付赔偿金11800元，并支付鉴定费260元。

【裁判结果】

一审法院经审理认为，诚实信用是民法通则规定的一项基本原则，孙某才为促销商品而承诺“假一赔十”是一种合同行为。王某文决定购买该商品，买卖合同成立，该承诺连同合同其他条款对经营者即具有法律约束力。孙某

才向王某文作出了“假一赔十”的承诺，应该依约履行。王某文要求孙某才支付赔偿金 11800 元、鉴定费 260 元的请求于法有据，故判决支持了王某文的诉讼请求。孙某才不服一审判决，上诉至北京市第二中级人民法院。2012 年 4 月 18 日，二审法院判决维持原判。

吴某林诉朱某奇消费者权益保障纠纷案

——销售者对保健用品作虚假说明，消费者知假买假后有权向销售者主张“退一赔一”

《最高人民法院公布 10 起维护消费者权益典型案例》第 4 号

2014 年 3 月 12 日

【基本案情】

春和大药房由朱某奇经营。2009 年 3 月至 8 月间，吴某林在春和大药房先后 8 次购买广某堂牌霍氏鲜清喷剂 10 盒，金额共计 3080 元。产品外包装盒注明该产品出品单位为拉萨广某堂生物科技有限公司（以下简称广某堂公司），该产品委托生产商为贵州苗某堂生物医药科技有限责任公司（以下简称苗某堂公司）。苗某堂公司于 2006 年取得的苗灵牌鲜清喷剂的保健用品陕食药监健用字 06070258 号生产批准证书已于 2008 年 7 月被陕西省食品药品监督管理局依法公告注销，且该公告中明确“凡以原批准文号继续生产的，应视为违法生产行为”。鉴此，吴某林向江苏省无锡市崇安区人民法院起诉，请求朱某奇加倍赔偿其 6160 元。朱某奇认为吴某林知假买假不是消费者，应当驳回起诉。一审法院判决驳回吴某林的诉讼请求。吴某林上诉被驳回后又申请再审。

【裁判结果】

无锡市中级人民法院再审认为：经营者与消费者进行交易，应当遵循自愿、平等、公平、诚实信用的原则。经营者应当向消费者提供有关商品或者服务的真实信息，不得作引人误解的虚假宣传。吴某林在春和大药房购买的广某堂牌霍氏鲜清喷剂均由苗某堂公司生产。鉴于广某堂公司委托已被注销生产许可的苗某堂公司生产鲜清喷剂属违法行为，且该产品存在引人误解的虚假宣传，故春和大药房销售上述产品应认定为存在欺诈行为，应当按照消费者的要求增加赔偿其受到的损失，增加赔偿的金额为消费者购买商品的价款的一倍。本案中吴某林要求春和大药房业主朱某奇增加给付其购买产品价款 3080 元的一倍赔偿共计 6160 元的诉讼请求，应予支持，故判决朱某奇赔偿吴某林 6160 元。

毕某振诉侯某周医疗器械质量纠纷案

——销售者以虚假宣传方式售药造成消费者损害，构成欺诈，应当依法承担“退一赔一”的责任

《最高人民法院公布 10 起维护消费者权益典型案例》第 6 号

2014 年 3 月 12 日

【基本案情】

侯某周作为河南安阳“德国华格纳生物晶片”专卖店经营者，向群众散发了盖有其本店印章的关于该产品的宣传页。糖尿病患者毕某振于 2006 年 10 月 7 日到侯某周经营的专卖店购买了华格纳生物晶片一块，价值 2390 元。毕某振佩戴该产品后停止服用治疗糖尿病的药品。2007 年 3 月，毕某振感到身体不适，经医院检查，查出其血糖升至 14 点，遂于 2007 年 3 月 13 日住院治疗，支付医疗费 19167. 96 元，其中个人支付 2919. 24 元。2007 年 6 月 22 日，毕某振在观看了《今日说法》栏目关于对“德国华格纳生物晶片”利用虚假广告等相关报道后到当地工商所投诉，工商所对被告经营的专卖店采取了暂扣有关资料和物品，责令专卖店退给消费者现款等行政措施。因调解不成，毕某振遂向河南省安阳市北关区人民法院起诉，要求侯某周返还购物款 2390 元，并给付加倍赔偿款 2390 元。

【裁判结果】

受诉法院经审理认为，经营者应当向消费者提供有关商品的真实信息，不得作引人误解的虚假宣传。消费者在购买商品时，其合法权益受到损害的，可以向销售者要求赔偿。本案中，侯某周向包括毕某振在内的不特定人群发放的宣传单足以欺骗、误导消费者，属虚假商品广告。其向毕某振提供的商

品属于利用虚假广告销售的商品，该行为属于欺诈行为，且因此受到过工商部门查处。据此，侯某周应当按照毕某振的要求增加赔偿其受到的损失，增加赔偿的金额为毕某振购买商品的价款的一倍。2010 年 12 月 31 日，受诉法院判决侯某周返还毕某振购物款 2390 元，给付毕某振加倍赔偿款 2390 元。

陈某与重庆某百货有限公司产品质量纠纷案

——销售的食品包装上标明的质量等级虚假，
应承担“退一赔一”的责任

《最高人民法院公布 10 起维护消费者权益典型案例》第 9 号
2014 年 3 月 12 日

【基本案情】

2012 年 12 月 1 日，陈某在重庆某百货有限公司（以下简称某百货公司）购买了生产日期为 2012 年 9 月 26 日的汇某堂枇杷蜂蜜、生产日期为 2012 年 10 月 11 日的汇某堂洋槐蜂蜜和生产日期为 2012 年 7 月 9 日的伟多利枣花蜂蜜、生产日期为 2012 年 7 月 10 日的伟多利枸杞蜂蜜、生产日期为 2012 年 7 月 20 日的伟多利洋槐蜂蜜共计 21 瓶，价款共计 873. 3 元，该批产品外包装标签上标注了质量等级为一级品，食品安全标准符合 GB14963 要求，但卫生部发布的《食品安全国家标准蜂蜜》（GB14963 - 2011）中无一级品等级，该标准于 2011 年 10 月 20 日实施。陈某向重庆市江北区人民法院起诉，请求退货，某百货公司退还全部货款，增加赔偿一倍货款。

【裁判结果】

一审法院经审理认为，某百货公司销售的标签标注了产品质量为一级品的蜂蜜，其食品安全执行标准为卫生部发布的《食品安全国家标准蜂蜜》（GB 14963—2011），但其中无一级品等级，诉争商品应属标识不合格产品。《产品质量法》第二十三条规定，销售者应当建立并执行进货检查验收制度，验明产品合格证和其他标识。某百货公司作为商品的销售者，应当有验明在其商场销售的商品标注的“产品质量为一级品”是否符合食品安全标准的义务。由于其未尽严格的审查义务，销售了标注内容虚假的商品，误导消费者作出不真实的意思表示，其行为已构成欺诈。经营者提供商品或者服务有欺诈行为的，应当按照消费者的要求增加赔偿消费者受到的损失，增加赔偿的金额为消费者购买商品的价款的一倍。故对陈某要求退货及赔偿其购买商品的价款一倍金额的诉讼请求予以支持。一审法院判决某百货公司退还陈某货款 873.3 元、赔偿 873.3 元，共计 1746.6 元。某百货公司不服一审判决，提起上诉。二审法院判决维持原判。

殷某义诉武汉某超市有限公司汉阳分公司买卖合同纠纷案

——经营者销售过期食品，属于明知食品不安全而销售的行为，消费者有权请求退还货款并支付价款十倍赔偿

《最高人民法院发布 10 起消费者维权典型案例》第 1 号

2015 年 6 月 15 日

【基本案情】

2013 年 6 月 17 日，殷某义向武汉某超市有限公司汉阳分公司（以下简称某超市）支付 251 元，购买桃花姬阿胶糕一盒，食品外包装载明的生产日期为 2012 年 8 月 7 日，保质期为 10 个月。购买后殷某义发现食品已过保质期，即向该超市要求退货无果，遂向湖北省武汉市汉阳区人民法院起诉，请求某超市退还货款 251 元，十倍赔偿货款 2510 元，支付交通费 3000 元、精神抚慰金 3000 元。

【裁判结果】

一审法院认为，殷某义提供的购物发票可以证实其与某超市建立了买卖合同关系。关于殷某义现持有已过期并据以提起诉讼的桃花姬阿胶糕是否就是当时某超市所销售的商品的认定。首先，殷某义提供了商品实物及购物发票，完成了证明消费者购物的举证责任，且殷某义于购买当日就向某超市反映情况要求退货，双方协商不成于同日就向武汉市工商行政管理局汉阳分局进行了申诉，殷某义反映产品质量问题很及时。某超市虽辩称殷某义要求退货的过期桃花姬阿胶糕不是某超市卖场提供的，但未向法院提交同期进货的证据证实不是某超市卖场销售的，与殷某义提供的桃花姬阿胶糕不是一批次

产品。某超市不能提供完整的食品进货查验记录，应承担举证不能的责任。其出售超过保质期的食品是法律所禁止的行为。据此，一审法院依照《食品安全法》第九十六条的规定，判决某超市退还货款 251 元，十倍赔偿货款 2510 元，赔偿殷某义交通费 500 元。某超市以原审认定事实和适用法律有误为由提起上诉。武汉市中级人民法院二审认为，某超市主张本案所涉商品不是由其销售，但又不能提供充足的证据予以证明，且其对殷某义出具的购物发票没有异议，故对其该主张不予支持。某超市销售过期食品为法律所禁止，依法应承担赔偿责任。法院对其不是故意销售过期食品，不应承担赔偿责任的主张不予支持，判决维持原判。

刘某诉陕西某药房买卖合同纠纷案

——经营者出售假冒其他批号的保健食品，属于出售明知是不安全的食品，消费者有权请求退还货款并支付价款十倍赔偿

《最高人民法院发布 10 起消费者维权典型案例》第 2 号

2015 年 6 月 15 日

【基本案情】

2012 年 10 月 19 日，刘某向陕西某药房（以下简称某药房）支付 280 元购买 4 盒“快速瘦身减肥胶囊”，产品包装注明批准文号为卫食健字（2003）第 0129 号。刘某购买后未拆封、未食用。后登录国家食品药品监督管理局网站查询，未找到该产品的相关信息。另根据产品包装上注明的批准文号卫食健字（2003）第 0129 号，查询出经中华人民共和国卫生部批准的该文号下的保健品名称为：“俏妹牌减肥胶囊”。刘某认为其所购的保健食品未在国家食品药品监督管理局登记，应为不合格的假冒产品，遂向陕西省西安市莲湖区人民法院起诉，请求某药房退还货款 280 元，十倍赔偿购货价款 2800 元。

【裁判结果】

受诉法院经审理认为，某药房销售的“快速瘦身减肥胶囊”属于保健食品，该食品上标注的“食卫健字（2003）第 0129 号”批准文号，与国家食品药品监督管理局网站中的同一批准文号的产品名称“俏妹牌减肥胶囊”不一

致，某药房也未能提供该产品相关准许生产的证明文件。《保健食品管理办法》第五条规定："凡声称具有保健功能的食品必须经卫生部审查确认"；该办法第二十一条第五项规定："保健食品标签和说明书必须符合国家有关标准和要求，并标明保健食品批准文号。"某药房销售的保健食品"快速瘦身减肥胶囊"系冒用批准文号的商品，其行为违反了上述规定。某药房作为销售者，在进货时未审查相关批准证书，使该产品进入流通环节，其行为构成《食品安全法》第九十六条第二款"销售明知是不符合食品安全标准的食品"，应依法退货退款并支付赔偿金。该院遂判决某药房退还刘某货款280元，并向刘某赔偿十倍购物价款2800元。某药房未上诉。

王某诉某科技有限责任公司网络购物合同纠纷案

——销售者网上销售商品有价格欺诈行为，诱使消费者购买该商品的，即使该商品质量合格，消费者有权请求销售者"退一赔三"和保底赔偿

《最高人民法院发布10起消费者维权典型案例》第3号

2015年6月15日

【基本案情】

2014年4月8日，某科技有限责任公司（以下简称某公司）在其官方网站上发布的广告显示：10400mAh移动电源，"米粉节"特价49元。当日，王某在该网站上订购了以下两款移动电源：某金属移动电源10400mAh银色69元，某移动电源5200mAh银色39元。王某提交订单后，于当日通过支付宝向某公司付款108元。同月12日，王某收到上述两个移动电源及配套的数据线。同月17日，王某发现使用5200mAh移动电源的原配数据线不能给手机充满电，故与某公司的客服联系，要求调换数据线。某公司同意调换并已收到该数据线。此后，王某以某公司对其实施价格欺诈为由向北京市海淀区人民法院起诉，请求撤销网络购物合同，王某退还某公司两套涉案移动电源，并请求某公司：1. 赔偿王某500元；2. 退还王某购货价款108元；3. 支付王某快递费15元；4. 赔偿王某交通费、打印费、复印费100元。

【裁判结果】

一审法院认为，涉案网络购物合同有效，某公司的行为不构成欺诈，王某的诉讼请求证据不足，故判决驳回其诉讼请求。王某不服，向北京市第一中级人民法院提起上诉称，某公司提前一周打出原价 69 元电源“米粉节”卖 49 元的广告，欺骗消费者进行排队抢购，销售当天广告还在，但商品却卖 69 元，某公司为网购设定了定时抢购，抢购时间不到 20 分钟，其行为已构成价格欺诈。二审法院认为，涉案网购合同有效，消费者拥有公平交易权和商品知情权。由于某公司网络抢购此种销售方式的特殊性，该广告与商品的抢购界面直接链接且消费者需在短时间内作出购买的意思表示。王某由于认同某公司广告价格 49 元，故在“米粉节”当日作出抢购的意思表示，其真实意思表示的价格应为 49 元，但从某网站订单详情可以看出，王某于 2014 年 4 月 8 日 14 时 30 分下单，订单中 10400mAh 移动电源的价格却为 69 元而非 49 元。某公司现认可某商城活动界面显示错误，存在广告价格与实际结算价格不一致之情形，但其解释为电脑后台系统出现错误。由于某公司事后就其后台出现错误问题并未在网络上向消费者作出声明，且其无证据证明“米粉节”当天其电脑后台出现故障，故二审法院认定某公司对此存在欺诈消费者的故意，王某关于 10400mAh 移动电源存在欺诈请求撤销合同的请求合理，对另一电源双方当事人均同意解除合同，二审法院准许。据此，该院依法判决王某退还某公司上述两个移动电源，某公司保底赔偿王某 500 元，退还王某货款 108 元，驳回王某其他诉讼请求。

李某东诉某电子商务股份有限公司网购合同纠纷案

——电商作为销售者利用他人网络销售货物过程中有欺诈行为，交易后与消费者达成赔偿协议而不履行，消费者有权请求销售者依照协议承担赔偿责任

《最高人民法院发布10起消费者维权典型案例》第4号

2015年6月15日

【基本案情】

2012年8月9日，李某东在淘宝网购买了某电子商务股份有限公司（以下简称某公司）销售的白酒6瓶，网上商品页面描述为“白酒中国名牌52度五粮液（1618）500ml特价”，成交价为8349元。交易完成后李某东查询上述网页发现，其购买的白酒在某公司的淘宝店铺中标注的商品“特价和原价”相等，于是向北京市价格举报中心举报。之后，李某东与某公司达成《谅解协议书》，约定双方于协议签订后5日内完成退货、退款手续，某公司赔偿李某东8394元，如一方违约，承担总金额20%的违约金。因某公司未履行该协议，李某东诉至江苏省滨海县人民法院，请求某公司赔偿8394元并承担违约金1678.8元。

【裁判结果】

受诉法院认为，经营者与消费者进行交易，应当遵循自愿、平等、公平、诚实信用的原则。经营者在交易过程中，应当向消费者提供有关商品的真实信息，不得作虚假宣传。在本案网络交易过程中，某公司以网上销售的是特价商品来误导消费者，其行为已构成欺诈，依法应当承担法律责任。李某东在请求赔偿过程中与某公司达成了谅解协议，因某公司未能按照该协议约定义务履行，其行为已构成违约，应当承担违约责任。因此，李某东要求某公司按照协议履行赔偿义务的诉讼请求，符合法律规定，依法应予支持。经受诉法院合法传唤，某公司无正当理由拒不到庭参加诉讼，视为放弃其抗辩权，应当承担对其不利的法律后果。受诉法院判决某公司给付李某东赔偿款8394元，并承担违约金1678.8元，共计10072.8元。某公司未上诉。

杨某诉巴彦淖尔市某速递有限公司乌拉特前旗分公司、付某春网络购物合同纠纷案

——消费者网购的货物在交付过程中被他人冒领，消费者主张销售者与送货人共同承担赔偿责任的，根据合同相对性原则，应由销售者承担赔偿责任

《最高人民法院发布 10 起消费者维权典型案例》第 5 号

2015 年 6 月 15 日

【基本案情】

2013 年 3 月 19 日，杨某以网购形式从付某春开办的电子经营部购买价值 15123 元的电脑一台，下单后货款及邮寄费 95 元均已向付某春付清。同日，付某春委托巴彦淖尔市某速递有限公司乌拉特前旗分公司（以下简称速递公司）送货。该货物于同月 24 日到达交货地后被他人冒领。为此，杨某多次要求付某春交货未果，遂诉至内蒙古自治区乌拉特前旗人民法院，请求判令速递公司、付某春赔偿其电脑款 15123 元和邮寄费 95 元。

【裁判结果】

受诉法院认为，杨某以网购形式从付某春处购买商品，并向付某春支付了货款和邮寄费，付某春作为托运人委托速递公司将货物交付给杨某，分别形成网购合同关系和运输合同关系。从当事人各自的权利义务来看，在网购合同中，杨某通过网上银行已经支付了货款和邮寄费，履行了消费者的付款义务，付某春作为销售者依约负有向杨某交货的义务。

虽然付某春已将货物交给速递公司发运，但在运输过程中，速递公司的工作人员在送货时未验证对方身份信息擅自将货物交由他人签收，销售者付某春尚未完成货物交付义务，构成违约，故对杨某请求付某春赔偿已付的电脑款 15123 元、邮寄费 95 元的诉讼请求应予支持。根据合同相对性原则，合同只约束缔约双方当事人，速递公司将货物错交给他人，属于付某春与速递公司之间的运输关系。速递公司不应在本案中承担赔偿责任，故对杨某关于速递公司应当承担赔偿责任的请求不予支持。受诉法院判决付某春赔偿杨某

已付的电脑款 15123 元及邮寄费 95 元。当事人均未上诉。

范某武诉某文物总店买卖合同纠纷案

——销售者以普通石榴玉石手镯冒充翡翠手镯出售，构成对消费者的欺诈，消费者有权请求向销售者退货，销售者向消费者退还货款并支付价款三倍赔偿

《最高人民法院发布 10 起消费者维权典型案例》第 6 号

2015 年 6 月 15 日

【基本案情】

2014 年 4 月 17 日，范某武在某文物总店（以下简称文物总店）花 17100 元购买了一只手镯，该商店向其开具了发票，发票载明的商品为“yqgda－0765 玉镯”，金额为 17100 元。同月 24 日，范某武又到该商店要求换开发票，该商店遂收回原来开的发票，重新为范某武开具一张发票，发票载明的商品为“yqgda－0765 翡翠手镯”。所购手镯经某地质科学研究所鉴定为“水钙铝榴石手镯”。后应该商店要求，双方当事人共同委托某珠宝玉石及贵金属检测中心对手镯进行重新鉴定，鉴定结果为“石榴石质玉手镯”。范某武认为文物总店将普通的石榴石手镯冒充翡翠手镯出售，以假充真，对其构成欺诈，遂向广东省广州市越秀区人民法院起诉，请求文物总店向其退还货款 17100 元，并依法赔偿其 51300 元。

【裁判结果】

一审法院经审理认为，文物总店开具给范某武的销售发票显示为“翡翠手镯”，但经鉴定实为“石榴石质玉手镯”。虽然该商店辩称其是经范某武一再恳求，才将第一次发票项目“玉镯”更改为“翡翠手镯”，但从范某武提供的录音证据来看，该商店主张其销售给范某武的手镯质地就是翡翠，并明确告知范某武购买的玉镯是翡翠制成。该商店作为经营者将“石榴石质玉手镯”冒充“翡翠手镯”销售给范某武，以假充真，能够认定为欺诈消费者。一审法院依照《消费者权益保护法》第五十五条之规定，判决：范某武将所购手镯退还文物总店，该商店退还范某武货款 17100 元；文物总店向范某武

赔偿手镯三倍价款 51300 元。文物总店不服，以原审认定事实、适用法律有误为由提起上诉。广东省广州市中级人民法院二审认为，根据文物总店开具的发票以及范某武提供的谈话录音，已充分证实其向范某武销售的是“翡翠手镯”，现该手镯经双方共同委托鉴定后被确定为“石榴石质玉手镯”，与文物总店在销售过程中所声称的商品品质存在显著差异，故原审法院认定其行为构成欺诈并无不当。文物总店以讼争的手镯具有文物价值为由，主张其行为不构成欺诈，范某武未遭受损失，理由均不成立。据此，该院判决维持原判。

于某泳诉毕某萍产品销售者责任纠纷案

——经营者对其保健用品作虚假宣传，诱导消费者购买，构成商业欺诈，消费者有权请求经营者退还货款并支付货款三倍的赔偿

《最高人民法院发布 10 起消费者维权典型案例》第 7 号

2015 年 6 月 15 日

【基本案情】

2014 年 4 月 16 日，于某泳在毕某萍处以 14100 元的价格购买双宁牌功能性保健床垫二套，规格为 2 米 ×1.5 米 ×0.12 米。经使用，该床垫并没有毕某萍宣传的预防癌症发生、抑制癌细胞生长、治病防病等功能。为此，于某泳向山东省威海火炬高技术产业开发区人民法院起诉，主张毕某萍的行为对其构成欺诈，请求判令毕某萍退还货款 28200 元，并按购货价款三倍赔偿其 84600 元。

【裁判结果】

受诉法院经审理认为，毕某萍认可于某泳所主张的事实，其行为构成了商业欺诈，并承认应按原告诉讼请求返还货款并支付货款三倍的赔偿。该院依照《消费者权益保护法》第五十五条之规定，判决毕某萍返还于某泳货款 28200 元并赔偿于某泳购货三倍的价款 84600 元。毕某萍未上诉。

吴某梅诉浙江某商贸有限公司买卖合同纠纷案

——销售者依约安装其销售的空调机，安装过程中因其不慎发生安全隐患，造成消费者损失，应当承担相应的赔偿责任

《最高人民法院发布10起消费者维权典型案例》第9号

2015年6月15日

【基本案情】

2008年4月30日，吴某梅向浙江某商贸有限公司（以下简称某商贸公司）购买大金牌空调机一台，总价款8051元。某商贸公司向吴某梅出具安装单，并依约于2008年5月11日派人到吴某梅家中安装空调机。2013年8月，吴某梅家中客厅及相邻房间的地板、墙面被水侵蚀。经大金空调售后人员检查确认，系空调机排水管通过的墙洞处没有封堵，老鼠咬断墙洞处排水管漏水所致。吴某梅对受损地板、墙面及相关区域进行了维修，维修费用未获赔偿。吴某梅遂向浙江省杭州市萧山区人民法院起诉，请求判令某商贸公司赔偿其损失14104元，并支付精神损害抚慰金1万元。

【裁判结果】

受诉法院经审理认为，吴某梅与某商贸公司之间的买卖合同关系成立且合法有效。空调机是一种安装规范要求较高的制冷设备，某商贸公司作为销售者，不仅应提供符合质量要求的机器设备，也应提供符合规范要求的安装服务。吴某梅购买的空调机不论实际是由生产厂家安装还是由销售者安装，都不能排除销售者作为合同相对方负有的确保空调正常使用，不造成人身财产损害的义务。某商贸公司未尽到合理谨慎注意义务，未能确保空调排水管通过的墙洞封堵，以致老鼠能够进入墙洞咬断排水管，造成漏水，引起屋内墙面、地面受损。其未妥善履行合同义务与受损结果有因果关系，对吴某梅因此遭受的损失负有责任。吴某梅作为消费者，要求某商贸公司赔偿修复地板、墙面产生的费用，该院予以支持。吴某梅主张的误工费和精神损害抚慰金，缺乏依据，该院不予支持。该院判决某商贸公司赔偿吴某梅实际修复费用12175元。某商贸公司未上诉。

王某诉天津某汽车服务有限公司买卖合同纠纷案

——经营者销售已公告召回的汽车，构成商业欺诈。消费者有权请求退还所购汽车，并由经营者退还购车款并赔偿一倍的购车款

《最高人民法院发布10起消费者维权典型案例》第10号

2015 年 6 月 15 日

【基本案情】

2013 年 9 月 28 日，王某向天津某汽车服务有限公司（以下简称某汽车公司）购买欧蓝德 JE3A2693 的小型越野客车一辆，价款 249800 元。某汽车公司为王某代缴车辆购置税 22700 元、车船税 225 元、机动车交通事故强制险保险费 1100 元、机动车辆综合险保险费 10752 元，共计 284577 元，收取上牌费 900 元。2013 年 10 月 15 日，某汽车公司向王某交付车辆。2014 年 2 月 7 日，某汽车公司通知王某该车辆应当被召回。2013 年 6 月 4 日，三菱汽车销售（中国）有限公司发布召回部分进口欧蓝德汽车公告，召回时间为 2013 年 6 月 5 日至 2014 年 6 月 4 日，召回车辆范围包括王某所购车辆。缺陷情况系供应商制造原因，导致电动动力转向控制组件的监视内部微机电源的元件出现故障。可能出现电源监视线路错误启动等后果，存在安全隐患。维修措施为更换电动动力转向控制组件（EPS - ECU）。王某遂向天津市滨海新区人民法院起诉，请求退还汽车，某汽车公司返还购车款 285477 元，三倍赔偿购车款 749400 元。

【裁判结果】

一审法院认为，本案中生产者已经通过媒体发布公告的方式向公众告知了部分进口欧蓝德汽车存在产品缺陷应当召回的事实及需要召回的范围，因此诉争车辆属于应被召回车辆一事属于已向公众告知的事项，不存在隐瞒的情形。另外，根据生产者发布的召回公告，诉争车辆的缺陷可以通过更换改进工艺的电动动力转向控制组件（EPS - ECU）的方式予以消除，且事后某汽车公司主动告知王某诉争车辆尚未消除缺陷，需更换组件，故某汽车公司对此不存在隐瞒的故意。综上，某汽车公司的行为不构成欺诈，故判决驳回王

某的诉讼请求。王某以原判决认定事实不清，适用法律错误为由提起上诉。天津市第二中级人民法院二审认为，某汽车公司作为经营者，对车辆是否属于被召回的范围应当知道，其抗辩对涉案车辆召回不知情的理由不能成立。某汽车公司隐瞒车辆瑕疵而销售，构成商业欺诈。本案车辆销售行为发生在《消费者权益保护法》修订前，故某汽车公司应当承担“退一赔一”的法律责任。该院二审判决：撤销本案一审判决，王某向某汽车公司退车，某汽车公司退还王某购车款249800元，加倍赔偿王某249800元，并赔偿王某车辆购置税等共计35677元。

重庆某物流有限公司诉巫山县某商贸有限责任公司、合江县某贸易有限公司买卖合同纠纷案

《最高人民法院发布19起合同纠纷典型案例》第1号

2015年12月4日

【基本案情】

2013年12月1日，原告重庆某物流有限公司（以下简称某物流公司）分别与被告巫山县某商贸有限责任公司（以下简称某公司）、被告合江县某贸易有限公司（以下简称某贸易公司）签订《煤炭购销合同》《煤炭买卖合同》，同时三方还签订了《补充协议》。前述三份合同、协议约定：由某公司销售煤炭给某物流公司，某物流公司销售给某贸易公司，合同有效期为2013年12月1日起至2014年12月31日止。交货方式为水路运输，某公司销售给某物流公司的煤炭到港后直接销售给某贸易公司，重庆物流公司委托某贸易公司对煤炭进行质量、数量验收。某物流公司、某公司及某贸易公司三方还约定，在某物流公司未收到某贸易公司货款前，某公司不向某物流催收货款，如某贸易公司拒付或拖延支付货款，则某公司放弃要求某物流公司支付部分或全部货款。合同签订后，被告某公司向原告某物流公司出具了9份《水路货物运单》和32份增值税发票（总额为30942450元），被告某贸易公司亦向原告某物流公司出具《收货证明》5份。按照上述货物运单、发票和收条的记载，原告与二被告之间共计有48414.1吨煤炭交易发生，依据合同的约定，被告某贸易公司应向原告某物流公司支付相应货款，某物流公司也应向被告某公

司支付约定价款。而事实上，原、被告三方签订的煤炭买卖合同及补充协议并未实际履行，相关各方并无真实煤炭交易发生，也无相关货款的给付。在案证据证实，签订合同时，被告某公司和被告某贸易公司的法定代表人均系邱某一人，而某贸易公司提交了法定代表人为陈某增的营业执照，隐瞒了其公司和某公司的法定代表人均为邱某的事实，尔后，邱某伪造了 9 份货物运单，并授意其工作人员虚开 32 份增值税发票和 5 份收货证明并交予某物流公司，虚构了整个煤炭交易的事实。被告某公司基于上述合同虚构煤炭交易，形成对原告 30942450 元的债权。原告以二被告恶意串通，以欺诈手段使原告在违背真实意思的情况下与其签订相关合同为由，诉至成都铁路运输中级法院，请求判决撤销 2013 年 12 月 1 日原告与被告某公司签订的《煤炭购销合同》、与被告某贸易公司签订的《煤炭买卖合同》以及与二被告签订的《补充协议》。

【裁判结果】

成都铁路运输中级法院认为，被告某公司、某贸易公司故意隐瞒其法定代表人均为邱某的真实情况，使某物流公司签订了前述合同和协议，并且通过伪造货物运单、收货证明，虚开增值税发票等手段，虚构了本不存在的煤炭交易事实。《最高人民法院关于贯彻执行〈中华人民共和国民法通则〉若干问题的意见》第六十八条规定："一方当事人故意告知对方虚假情况，或者故意隐瞒真实情况，诱使对方当事人作出错误意思表示的，可以认定为欺诈行为"。某公司、某贸易公司的行为与该项规定相吻合，应认定为欺诈行为。依照《合同法》第五十四条的规定，一方以欺诈手段，使对方在违背真实意思的情况下订立的合同，受损害方有权请求撤销，某物流公司关于撤销其于 2013 年 12 月 1 日与某公司签订的《煤炭购销合同》、与某贸易公司签订的《煤炭买卖合同》以及三方签订的《补充协议》的诉请符合法律规定，予以支持。法院依照《合同法》第五十四条、《最高人民法院关于贯彻执行〈中华人民共和国民法通则〉若干问题的意见》第六十八条的规定，判决：撤销重庆某物流有限公司 2013 年 12 月 1 日与巫山县某商贸有限责任公司签订的《煤炭购销合同》、与合江县某贸易贸易有限公司签订的《煤炭买卖合同》以及三方签订的《补充协议》。

【典型意义】

诚实信用原则不仅仅是《合同法》的基本原则，也是整个民事活动的基本原则。在市场经济活动中，市场主体在行为时不欺不诈，尊重他人利益，保证合同关系的各方当事人都能得到自己的利益，并不得损害社会和第三人的利益，才能更好地促进市场经济健康发展。市场主体的诚实、恪守信用，为市场主体提供了一种普遍的信赖，这种信赖是市场交易所必需的资源之一。如果合同一方当事人不守诚信，违反合同约定，甚至采取欺诈手段，损害对方利益或对社会、第三人造成损害，最终扰乱市场交易秩序，影响整个市场经济活动的健康发展。

本案中，被告某公司、某贸易公司实为同一人控制的公司，但在与原告签订合同时故意隐瞒了这一真实情况，使原告与两公司签订了合同和协议，并且通过伪造货物运单、收货证明，虚开增值税发票等手段，虚构了本不存在的煤炭交易事实。被告某公司基于上述合同虚构煤炭交易，形成了对原告3000余万元的债权，从而到银行办理了保理业务，将此笔应收账款向银行转让进行融资，使得原告可能陷于被银行追索的风险，银行也可能陷于保理业务坏账的风险。二被告不讲诚实信用，其行为完全符合合同欺诈的认定。根据《合同法》第五十四条的规定，原告撤销合同的诉请，得到了法院的支持。本案的裁判结果体现了良好的社会效果，彰显了法院在制裁违约、打击欺诈、维护社会诚信中的重要作用。

王某明诉孙某丽、孙某明买卖合同纠纷案

《最高人民法院发布19起合同纠纷典型案例》第6号

2015年12月4日

【基本案情】

原告王某明从事贩卖板皮业务，被告孙某丽在临沂市兰山区义堂镇某村开办了福隆板材厂，为个体工商户，从事胶合板生产。自2011年开始，原告王某明将板皮送至福隆板材厂，由本案另一被告孙某明（孙某丽之兄）收货，孙某丽给付货款。2012年4月1日，被告孙某明在收货后，用制式的“出库

单”为原告王某明出具了一张收货条，收货条载明：夹心皮，货款 236000 元。被告曾偿付 1 万元，其后迟迟不再给付剩余货款。原告为追回剩余货款 226000 元，于 2013 年 9 月 27 日诉至临沂市兰山区法院。二被告以收货条系孙某明签字，属于孙某明与王某明之间的买卖合同关系为由抗辩，孙某丽并称已经替孙某明以银行存款的方式分两次向王某明付款 64000 元，下余货款应由孙某明支付。

一、二审期间，二被上诉人孙某明、孙某丽本人均未出庭应诉，均由特别授权委托代理人王某出庭应诉。

【裁判结果】

山东省临沂市中级人民法院二审认为，本案争议的焦点问题有两个：一、该批板皮买卖合同的买方是孙某明还是孙某丽。二、被上诉人孙某丽曾向上诉人王某明银行卡存款 54000 元，是否系偿还本案中该批板皮的货款。

关于双方争议的焦点一，被上诉人孙某丽认可自 2011 年上诉人王某明即开始向福隆板材厂送板皮，双方多次发生业务，以前货款也是由孙某丽支付，且本案的该批板皮送到了其开办的福隆板材厂，实际上用于板材厂的生产经营，该批板皮的部分货款已由其支付；孙某丽在王某明提供的录音证据中对孙某明出具债权凭证的行为认可，并承诺对孙某明收货行为所产生的欠款由其偿还。考虑以前的交易习惯、兄妹关系等因素，孙某明出具债权凭证的行为是代表福隆板材厂出具，系履行职务的行为，根据《民法通则》第四十三条的规定（企业法人应当对它的法定代表人和其他工作人员的经营活动，承担民事责任），孙某丽应对孙某明出具债权凭证的行为承担民事责任。二被上诉人主张孙某明将板皮转售给孙某丽，孙某丽已于 2012 年年底将货款支付给孙某明的事实，二人未提供任何证据予以证实，二审法院不予采信。故应认定该板皮的买方系个体户孙某丽。

对于争议的焦点二，二审法院认为，银行业务存款凭条是银行向存款人出具的证明银行与存款人之间双方发生交易的业务凭据，不是由上诉人向存款人出具的收款条，该业务凭据只能证明存款人孙某丽于 2012 年 4 月 14 日向王某明银行卡存款 54000 元的事实，不能证明该笔存款的用途。即银行存款凭条本身不能证明与本案中的货款存在关联性，上诉人在提供银行存款凭条后，仍需要继续提供证据证实该银行存款凭条与本案货款存在关联性，此时，举证责任不发生转移。因为此时之前的债权凭证因偿付完货款而销毁，法院若要求债权人举证之前的债权凭证会对债权人造成非常大的举证困难，对债权人不公平。本案中，孙某丽仅提供了银行业务凭条，未能继续举证该次银行业务凭条与本案货款存在关联性，二审法院不认定该54000元的银行存款凭条与本案债权存在关联性，本院对该份证据不认定是本案的有效证据，孙某丽以此次存款要求冲减总货款理由不成立。另外，上诉人孙某丽采用银行汇款只取得银行出具的业务凭条，在存款后不及时更改其与上诉人之间的债权凭证这种交易方式，是造成孙某丽举证困难的重要原因，由此带来的后果，应由其自行承担。

据此判决：被上诉人孙某丽于本判决生效后十日内偿付上诉人王某明货款226000元及利息（利息自2012年4月1日起至本院确定的履行之日止，按中国人民银行规定的同期银行基准贷款利率计算）。

【典型意义】

该案是一例普通的买卖合同案件，但是裁判的说理十分透彻。一是关于举证责任的划分，债务人在主张还款后，负有举证证明已还款的义务，这是毋庸置疑的，在举证不充分的情况下，要承担败诉的风险，举证责任不发生转移。本案中，孙某丽以银行存款凭条举证，但是该证据不能充分证明其已还款，孙某丽仍负有举证证明该事实的义务。二是银行存款业务凭证作为证据时效力的认定，尤其是关联性的认定。银行存款凭条是银行向存款人出具的证明银行与存款人之间发生交易的业务凭据，不是由债权人向存款人出具的收款条，该业务凭据只能证明存款人存款的事实，不能证明存款的用途，即是否偿还了欠款，在有多笔欠款的情况下，更不能证明存款是用于偿还了哪笔欠款。即，银行存款凭条本身不能证明欠款存在关联性。三是雇佣人员职务行为的认定。本案中，孙某明既是孙某丽的哥哥，又是板材厂的雇佣人员，根据以往的交易习惯，应视孙某明签字收货的行为为职务行为。该案中买卖合同的一方当事人孙某丽违约，不履行付款义务。人民法院依法裁判，具有积极导向意义。

游某诉某公司买卖合同纠纷案

《最高人民法院发布 19 起合同纠纷典型案例》第 17 号

2015 年 12 月 4 日

【基本案情】

2013 年 11 月 13 日，游某与某公司签订机动车买卖合同，约定游某购买某公司一辆欧曼牌水泥罐装车，购车款 38 万元。合同对车辆配置特别约定：380W 发动机、46 立方米航天双龙牌水泥罐。合同签订后，游某按约支付了货款；某公司将车辆及有关手续交付给游杰，并为其办理了车辆上户。2014 年 6 月 3 日，游某在运输过程中水泥罐出现裂纹，并发现水泥罐并非航天双龙牌。遂起诉请求某公司更换水泥罐，并赔偿其误工营运损失 5 万元。

【裁判结果】

湖南省临澧县人民法院一审判决某公司为游某将水泥罐更换为航天双龙牌水泥罐，并赔偿游某车辆换罐期间的停运损失。一审判决后，某公司提出上诉。常德市中级人民法院二审判决驳回上诉，维持原判。

【典型意义】

合同当事人应严守合同约定，全面、诚实履行义务。本案中，游某充分履行了付款义务，但某公司并未按约向游杰交付配置“航天双龙牌”的水泥罐车，且未告知游杰获得认可，应承担违约责任。

张某诉某商贸有限责任公司买卖合同纠纷案

《最高人民法院公布10起弘扬社会主义核心价值观典型案例》第6号

2016年3月8日

【基本案情】

张某先后在某商贸有限责任公司（以下简称商贸公司）处购买大瓶史记牌香油5瓶、小瓶史记牌香油47瓶，支付价款654元，商贸公司出具了购物发票。数月后，张某向某市食品药品监督管理局举报上述两种香油为“三无”食品。某市食品药品监督管理局经查证属实，对商贸公司因涉嫌经营“三无”食品给予行政处罚。之后，张某向人民法院起诉，要求商贸公司退还货款654元并支付货款十倍的赔偿金6540元。人民法院在查明事实的基础上，依法支持了张某的这一诉求。

【典型意义】

弘扬的价值：诚信经营

诚实守信不但是基本道德准则，也是市场活动应当遵循的基本原则。针对当前一些地方假冒伪劣产品屡禁不止的现象，应当旗帜鲜明地倡导、褒扬诚实守信，坚决谴责、制裁和打击不诚信行为，努力营造让人民群众“买得放心、吃得安心、用得顺心”的食品安全环境。本案被告出售“三无”食品，原告主张退还货款并支付货款十倍的惩罚性赔偿金，人民法院依法予以支持。

邯郸市某机电物资有限公司与某县教育局买卖合同纠纷案

《最高人民法院发布关于依法平等保护非公有制经济，促进非公有制经济健康发展民事商事典型案例》第 6 号

2016 年 4 月 8 日

【基本案情】

2013 年 1 月，河北省某县中小学校舍安全工程钢材采购项目采用竞争性谈判的方式对外招标，民营企业邯郸市某机电物资有限公司（以下简称物资公司）依照《招标文件》投标并中标。2013 年 2 月，河北省某县教育局（以下简称县教育局）与物资公司签订了《采购合同》。虽然《招标文件》对采购货物的名称、数量、规格、单价等作了约定，但《采购合同》仅对合同金额进行了约定，对采购货物的名称、数量、单价、规格和标准均未约定，交货时间、运输要求、验收事项等亦未载明。合同订立后，县教育局一直未按合同约定向物资公司采购钢材。物资公司诉至法院，认为县中小学校舍安全工程已经竣工，但县教育局未按照合同约定向物资公司采购钢材，也未履行合同约定的任何义务，请求解除《采购合同》，判令县教育局赔偿物资公司经济损失。县教育局同意解除合同，但认为《采购合同》未对采购货物的名称、数量、规格、标准等进行明确约定，合同未能履行的原因不在县教育局，县教育局不应承担违约责任。

【裁判结果】

河北省磁县人民法院一审认为，本案争议焦点在于物资公司与县教育局之间的《采购合同》是否成立以及县教育局是否应当承担违约责任。《最高人民法院关于适用〈中华人民共和国合同法〉若干问题的解释（二）》第一条第一款规定："当事人对合同是否成立存在争议，人民法院能够确定当事人名称或者姓名、标的和数量的，一般应当认定合同成立。但法律另有规定或者当事人另有约定的除外。"本案中，物资公司提交的《采购合同》中虽仅约定了合同金额，但根据《招标文件》、成交通知书及双方签订《采购合同》的目的，可知采购项目为钢材，数量为 906.458 吨，合同金额为 3639429 元，故

物资公司与县教育局所签订的《采购合同》已成立。县教育局作为发包人，将相关工程分包给了某建筑公司，且约定其不提供材料、设备，导致物资公司与县教育局所签订的《采购合同》事实上不能履行，县教育局应承担不履行合同的违约责任。根据《合同法》第九十七条关于“合同解除后，尚未履行的，终止履行；已经履行的，根据履行情况和合同性质，当事人可以要求恢复原状、采取其他补救措施、并有权要求赔偿损失”之规定，判决：一、解除物资公司与县教育局签订的《采购合同》；二、县教育局于判决生效后十日内支付物资公司相关损失39000元；三、驳回物资公司的其他诉讼请求。县教育局上诉后，邯郸市中级人民法院判决驳回上诉、维持原判。

【典型意义】

本案是规范政府机关不履行《采购合同》的典型案例。合同是当事人之间设立、变更、终止民事权利义务的协议，各方当事人都应当按照合同的约定全面履行自己的义务。一方当事人未按照合同约定履行合同，将侵害另一方当事人的合法权益。因此，对于未按照约定履行合同的当事人，应严格依据《合同法》的规定，依法追究其违约责任。本案中，县教育局通过招投标程序与物资公司签订《采购合同》后，并未按照《采购合同》向物资公司采购钢材，反而以合同未对货物名称、数量等进行约定为由推脱责任，造成物资公司无法实现合同目的。人民法院受理本案后，准确分析本案所涉《采购合同》的效力，依法判决县教育局承担违约责任，有效地保护了作为守约方的物资公司的合法权益。

上海某有限公司与上海某机床厂、上海某液压成套有限公司买卖合同纠纷案

《最高人民法院发布关于依法平等保护非公有制经济，促进非公有制经济健康发展民事商事典型案例》第9号

2016年4月8日

【基本案情】

民营企业上海某有限公司（以下简称某公司）诉称，全民所有制企业上

海某机床厂（以下简称某机床厂）出于转移亏损的车床生产线的目的，拟将普通磨床、普通车床系列整机生产线移转至某公司，某公司同意接受上述两条生产线的移转，并接受某机床厂分离的职工。双方于 2009 年 12 月签订了转让协议，约定：如遇原材料价格变动，造成生产成本降低或升高时，任何一方均有权提供数据和证明材料，说明理由要求对方调整收购价格。合同签订后，原材料大幅上涨，但是某机床厂未能按照合同的约定调整价格，也未支付货款。某公司先后提起（2011）松民二（商）初字第 2077 号案及（2013）松民二（商）初字第 2435 号案诉讼，要求某机床厂支付货款及违约金。

某机床厂提起反诉，认为某公司没有按约定的期限交付机床，同时还违反合同约定，将本应销售给某机床厂的机床销售给了案外人进行谋利，并且交付给某机床厂的部分机床不合格。故请求法院判令：1. 某公司支付未按合同订单欠交 155 台车床及违约金 2421000 元；2. 某公司支付擅自销售车床违约金 323 万元；3. 退回某公司不合格车床 55 台，某公司退货款总价 3690275 元；4. 某公司支付退回车床造成的其他损失 70150 元，车床售后服务费 80972.85 元；5. 某公司支付场地租赁及设备租赁费 283000 元，车床模具费 472768 元。

【裁判结果】

上海市松江区人民法院受理两起案件后，依据《民事诉讼法》第九十三条“人民法院审理民事案件，根据当事人自愿的原则，在事实清楚的基础上，分清是非，进行调解”之规定，组织双方调解。对于货款部分，双方当事人在法院主持下，自愿达成调解协议：一、解除某公司与某机床厂签订的框架协议及定点收购协议；二、某公司于 2012 年 12 月 30 日前返还某机床厂 167 台加工租赁设备及配套专用工具、图纸技术文件等（详见租赁设备清单）；三、某机床厂于 2012 年 12 月 30 日前偿付某公司货款 2429661.97 元；四、双方之间的违约责任另行协商处理，或可另案诉讼。关于违约金部分的处理，双方之间后来和解撤诉，互不追究违约责任。法院根据《民事诉讼法》第九十七条第一款关于“调解达成协议，人民法院应当制作调解书”之规定，制作了（2011）松民二（商）初字第 2077 号民事调解书。对于违约金部分，双方和解，撤回（2013）松民二（商）初字第 2435 号案的本诉和反诉，互不追究违约责任。

【典型意义】

本案是人民法院运用调解方式处理企业改制纠纷的典型案例。企业改制是我国特定历史时期的经济现象，具有较强的政策性，经常涉及职工安置问题。对于企业改制纠纷，应当在坚持依法审理的前提下，充分考虑企业改制具有政策性强的特点，善于运用调解手段，有效化解纠纷，确保各种所有制主体的合法权益不受侵害。本案的买卖合同实际是某机床厂的改制内容之一：某机床厂希望通过买卖合同剥离业务，将利润率较低的业务承包给某公司，并让某公司帮助安置职工；某公司则希望某机床厂给其带来订单与潜在的市场机会。如市场不出现波动，确实会出现双赢的结果。但在实际生产经营过程中，原材料价格节节攀升，致使某公司的生产成本大幅增加，造成经营困难，某公司与某机床厂沟通涨价后如何调整收购价格未果，产生纠纷。法院在当事人自愿的前提下，将案件分案处理，先调解解决了双方争议不大的货款问题，让某公司及时拿到应得的货款，维护了民营企业正常的生产经营。对于双方争议较大的违约金及反诉部分，法院经庭审审查和现场查看，发现双方互有违约，对双方晓以利害，最终双方经权衡利弊，达成案外和解，互不追究责任，并双双撤回了诉讼请求。本案所涉纠纷双方矛盾较大，还涉及职工安置问题，处理不好容易引发社会矛盾，最终案件以一个调解、一个撤诉结案，并得以顺利执行，真正做到了案结事了，取得了较好的法律效果和社会效果。

某物资沈阳有限公司与天津市某盐业总公司买卖合同纠纷案

——（2015）民二终字第 335 号

《最高人民法院第二巡回法庭关于公正审理跨省重大民商事和行政案件典型案例》第 5 号

2016 年 10 月 31 日

【基本案情】

2013 年 1 月 24 日、2 月 4 日，经案外人台安县某工业燃料有限责任公司（以下简称某燃料公司）联络及协商，天津市某盐业总公司（以下简称某盐业公司）与某物资沈阳有限公司（以下简称某物资公司）签订了两份煤炭《产品购销合同》，价款分别为 4900 万元和 3500 万元。某盐业公司交付煤炭后开具了 8400 万增值税专用发票。某物资公司将银行承兑汇票背书给某盐业公司后交付给某燃料公司。但某燃料公司未将该汇票交付某盐业公司，而是自行进行了贴现。某燃料公司法定代表人自称其已得到某盐业公司的同意。

另查，在 2012 年 8 月 7 日、9 日，某盐业公司与某物资公司签订了两份煤炭《产品购销合同》，货款共计 9750 万元，某物资公司亦是将承兑汇票背书后交由某燃料公司转交某盐业公司，某盐业公司均已收到汇票。又查明，某物资公司、某燃料公司、某盐业公司于 2013 年 7 月签订了煤炭买卖《三方协议》，约定某盐业公司先向某燃料公司支付 6650 万元后，某燃料公司再支付给某物资公司，某物资公司将货物过户给某盐业公司。在《三方协议》签订前，某物资公司曾向某盐业公司索要过 8400 万元的收款收据。

某盐业公司起诉称，某物资公司未如约支付 98000 吨煤炭货款，故请求判令立即支付货款 4900 万元并赔偿损失。

【裁判结果】

辽宁省高级人民法院一审认为：某盐业公司如约履行了供货义务，而某物资公司未支付货款，某燃料公司工作人员行为不构成表见代理，遂判决某物资公司支付 4900 万元货款及逾期付款损失。某物资公司不服，向最高人民法院提起上诉。

最高人民法院第二巡回法庭审理认为，某盐业公司与某燃料公司在本案前即存在着常年的合作与交易，涉案合同亦是通过某燃料公司的一手经办而签订。在此前的大额交易中，亦是由某燃料公司代为转交汇票而完成，在此后三方交易中，某盐业公司即使在向某物资公司付款的情形下，也未提出涉案汇票从未收到这一主张。综合行为人与本人在涉案协议履行之前的行为、涉案合同签订过程、合同履行过程中各方之态度等因素，足以认定某盐业公司与某燃料公司之间形成了委托代理之表象。基于对该表象之信任，某燃料公司领取汇票的行为构成表见代理，应视为某物资公司向某盐业公司付款完毕。一审法院对表见代理的认定仅仅限定在涉案单笔交易而忽视综合分析各方当事人前后交易的整体情况，最终作出的结论属于认定事实不清，适用法律错误，本院依法撤销一审判决，驳回某盐业公司的诉讼请求。

【典型意义】

本案当事人跨越辽宁与天津两省市，是一起关于认定表见代理法律关系的典型案例。基于民商事交易的复杂性，在民商事审判中对于表见代理的构成往往不易形成客观上的固定标准，需要结合合同缔结、合同履行、交易模式、交易惯例等各种因素进行综合考量。特别是在连续性交易中，不能孤立地看待某一次的交易而忽视合同双方之前及之后的行为特征，应当尽可能地探究当事人意思表示，进而形成法官内心确信，恰当地运用自由裁量权予以认定。本案即充分考虑行为人、本人、第三人之间在此前及此后的行为表现，并结合相关事实进行了全面分析和综合判断，在还原案件事实的基础上，最终认定表见代理的存在，最大程度地保护了善意行为人的合法权益，体现了维系正常民商事交易关系、保护诚信等方面的良好社会效果。

徐某云诉敬某桥、浙江某网络有限公司网络购物合同纠纷案

《最高人民法院发布第一批涉互联网典型案例》第 2 号

2018 年 8 月 16 日

【基本案情】

徐某云在敬某桥经营的某网络交易平台网店中购买了俄罗斯进口奶粉。根据《进出口食品安全管理办法》的规定，对向我国境内出口食品的境外食品生产企业实施注册制度。经查询我国国家认证认可监督管理委员会发布的《进口食品境外生产企业注册专栏》，在“进口乳品境外生产企业注册名单”中未查见“俄罗斯”，敬某桥也无法提供进口食品应具备的全部检验检疫等资料。徐某云认为敬某桥销售的前述食品系未经检验检疫的食品，同时，某网络公司作为网络服务提供者未对进入其平台销售的商品进行审核，对交易服务平台的监管存在过错，故诉至法院，请求：1. 判令被告敬某桥向原告退还货款 5043. 50 元；2. 判令被告敬某桥向原告赔偿 50435 元；3. 判令被告浙江某网络有限公司对被告敬某桥的上述赔偿承担连带责任。

【裁判结果】

上海铁路运输法院于 2017 年 9 月 11 日作出（2017）沪 7101 民初 318 号民事判决，判令被告敬某桥退还原告徐某云货款 5043. 50 元及赔偿 50435 元等。一审判决后，双方当事人均未上诉，本案判决现已生效。

【典型意义】

食品安全关涉人民群众的生命与健康，对于社会稳定、经济发展具有重大影响。近些年，食品安全领域由于重大食品安全事故频发，严重危害到公众健康，对构建和谐社会造成威胁，使我国面临着极为严峻的食品安全问题。随着贸易全球化和我国经济社会的发展，进口食品已经成为我国消费者重要的食品来源，尤其是通过网络销售，大量种类繁多的进口食品送到了消费者手中。进口食品安全问题，同样不能忽视，必须符合我国食品安全国家标准，经营者违反国家食品安全规定销售进口食品的，应当承担相应的法律责任。

本案例即明确，进口食品应当符合我国食品安全国家标准，经国家出入境检验检疫机构依照进出口商品检验相关法律、行政法规的规定检验合格，按照国家出入境检验检疫部门的要求随附合格证明材料。被告敬某桥作为经营者必须要保证食品来源的安全。本案中，被告敬某桥通过网络销售的俄罗斯进口奶粉不是我国目前准入的食品，且被告敬某桥也无法提供进口货物的相关报关单据、入境货物检验检疫证明、产品检验检疫卫生证书、海关发放的通关证明等进口食品所应具备的资料，故认定涉案奶粉属于不符合食品安全标准的食品。因被告敬某桥销售明知是不符合食品安全标准的食品，原告要求退还货款并支付价款十倍的赔偿金，于法有据，法院予以支持。被告浙江某网络有限公司对被告敬某桥的主体信息、经营资质进行了审核，并在原告徐某云维权时提供了销售者的真实名称、地址和有效联系方式，涉案商品也已及时下架处理，其已经履行了注意义务，不应承担连带赔偿责任。

销售已过保质期的食品，构成经营者“明知”

——李某与某购物广场买卖合同纠纷案

《食品安全民事纠纷典型案例》案例一

2020 年 12 月 9 日

【裁判要点】

食品已过标明的保质期，但经营者仍然销售，消费者主张食品经营者构成《食品安全法》第一百四十八条第二款规定的经营者“明知”的，人民法院应予支持。

【简要案情】

2018 年 10 月 22 日，李某在某购物广场购买“呛面馒头”一袋，该商品外包装载明该食品保质期至 2018 年 10 月 20 日。购买后发现该食品为过期食品。李某认为该购物广场的销售行为违反《食品安全法》第三十四条关于“禁止生产经营下列食品、食品添加剂、食品相关产品：（十）标注虚假生产日期、保质期或者超过保质期的食品、食品添加剂”的规定，遂提起诉讼，请求判令被告退还货款并给予原告赔偿金 1000 元。

【判决理由】

人民法院认为，原告李某为主张其与被告存在买卖合同关系，向法院提交了购物发票、照片、商品实物，原告证据已经形成锁链，作为消费者其已完成了相应的举证责任。根据相关法律规定，食品销售者负有保证食品安全的法定义务，应当对不符合安全标准的食品及时清理下架。现案涉商品出售的日期已经超过保质期，应当认定某购物广场销售了明知是不符合食品安全标准的食品。根据《食品安全法》第一百四十八条第二款规定，生产不符合食品安全标准的食品或者经营明知是不符合食品安全标准的食品，消费者除要求赔偿损失外，还可以向生产者或者经营者要求支付价款十倍或者损失三倍的赔偿金；增加赔偿的金额不足一千元的，为一千元。但是，食品的标签、说明书存在不影响食品安全且不会对消费者造成误导的瑕疵的除外。原告主张赔偿款 1000 元的诉讼请求，符合法律规定，依法应予支持。判决某购物广场退还李某货款并支付李某赔偿金 1000 元。

经营者未依法履行进货查验义务构成经营者“明知”

——吴某与某电子商务有限公司买卖合同纠纷案

《食品安全民事纠纷典型案例》案例二

2020 年 12 月 9 日

【裁判要点】

经营者怠于履行进货查验义务即对食品进行销售，致不符合安全标准的食品售出，属于经营明知是不符合食品安全标准的食品的行为。

【简要案情】

某电子商务有限公司在第三方交易平台开设网络店铺。2018 年 4 月，吴某在该公司开设的网络店铺购买一盒天然虫草素含片。该商品的外包装标注生产日期为 2018 年 2 月 9 日，保质期 24 个月，产品参数显示了涉案产品的生产许可证标号以及执行许可证标号。

吴某收到商品后认为与平台页面显示信息不符，后向当地食药监局投诉。

经食药监局调查发现，吴某在某电子商务有限公司购买的天然虫草素含片上标注的生产日期 2018 年 2 月 9 日晚于案涉产品《全国工业产品生产许可证》的有效期 2015 年 12 月 16 日。某电子商务有限公司接受调查时承认销售事实，并表示案涉商品系于产品生产许可证失效前所生产，其在接到吴某订单后直接联系生产商发货，生产商将案涉商品生产日期改为 2018 年 2 月 9 日并直接发出，某电子商务有限公司未经查验产品的相关生产资质材料即委托生产商发货。食药监局认为，某电子商务有限公司销售标注虚假生产日期食品的行为违反了《食品安全法》的规定并对其作出行政处罚，对其销售标注虚假生产日期的食品的行为，没收违法所得，并处货值金额一倍的罚款；对其进货时未查验许可证和相关证明文件及未按规定建立并遵守进货查验记录、出厂检验记录和销售记录制度的行为，责令改正，给予警告。

【判决理由】

人民法院认为，根据《食品安全法》第五十三条的规定，食品经营者采购食品，应当查验供货者的许可证和食品出厂检验合格证或者其他合格证明；食品经营企业应当建立食品进货查验记录制度，如实记录食品的名称、规格、数量、生产日期或者生产批号、保质期、进货日期以及供货者名称、地址、联系方式等内容，并保存相关凭证。就本案查明的事实，食药监局向某电子商务有限公司出具的行政处罚决定书载明该公司在案涉产品进货时未履行查验义务，某电子商务有限公司在本案审理过程中亦认可其未对案涉产品进行检查。该公司怠于履行进货查验义务即对案涉产品进行销售，致超过食品生产许可证有效期、标注虚假生产日期的涉案产品售出，上述行为属于《食品安全法》第一百四十八条第二款规定的经营明知是不符合食品安全标准的食品的行为，因此判令某电子商务有限公司向吴某退货退款并支付十倍惩罚性赔偿金。同时，案涉商品已过保质期，吴某将商品退还某电子商务有限公司后，该公司应将案涉商品予以销毁，不得再次上架销售。

惩罚性赔偿不以造成人身损害为前提
——郑某与某儿童食品公司网络购物合同纠纷案

《食品安全民事纠纷典型案例》案例三

2020 年 12 月 9 日

【裁判要点】

食品不符合食品安全标准，消费者主张生产者或者经营者依据《食品安全法》第一百四十八条第二款规定承担惩罚性赔偿责任，生产者或者经营者以未造成消费者人身损害为由抗辩的，人民法院不予支持。

【简要案情】

2015 年 10 月 20 日，郑某在某儿童食品公司的网上店铺购买果冻一盒。后郑某在食用过程中，发现其中一个果冻存在异物（注：该果冻未拆封），经辨认后发现异物为蜘蛛。该果冻亦为某儿童食品公司生产。双方协商未果，郑某提起诉讼请求某儿童食品公司向其退还货款并支付赔偿金 1000 元。

【法院裁判】

人民法院认为，消费者的合法权益受法律保护。郑某在被告网上店铺购买的由被告生产的果冻，在食用过程中发现其中一个果冻存在类似蜘蛛状的异物，根据《GB19299－2015 食品安全国家标准 果冻》“3. 2 感官要求状态无正常视力可见的外来异物”之规定，案涉果冻为不符合食品安全标准的食品。根据《食品安全法》第一百四十八条第二款规定，生产不符合食品安全标准的食品或者经营明知是不符合食品安全标准的食品，消费者除要求赔偿损失外，还可以向生产者或者经营者要求支付价款十倍或者损失三倍的赔偿金；增加赔偿的金额不足一千元的，为一千元。但是，食品的标签、说明书存在不影响食品安全且不会对消费者造成误导的瑕疵的除外。本案中，虽然郑某并未食用该有异物的果冻，未提交证据证明该食品给其造成了人身损害后果，但《食品安全法》规定的惩罚性赔偿不以消费者人身权益遭受损害为前提。故郑某要求被告退还物款并支付 1000 元赔偿金的诉讼请求，于法有据，应予以支持。遂判决某儿童食品公司向郑某退还货款并支付赔偿金 1000 元。

经营未标明基本信息的预包装食品的法律责任

——魏某诉某科技有限公司网络购物合同纠纷一案

《食品安全民事纠纷典型案例》案例四

2020 年 12 月 9 日

【裁判要点】

预包装食品的包装标签未标明生产者的名称、地址等基本信息，消费者依据《食品安全法》第一百四十八条规定，请求食品销售者承担惩罚性赔偿责任的，人民法院应予支持。

【简要案情】

某科技有限公司在某电商平台开设店铺售卖食品。魏某在该店铺一次性购买了风干牛肉 20 袋，总共花费 1000 元。魏某收货后拆封 10 袋风干牛肉用以食用。但其所购买的风干牛肉包装标签上未标明该商品的生产者名称、地址等基本信息。魏某遂以某科技有限公司销售的预包装食品包装标签未标明生产者名称、地址等基本信息为由，请求该公司返还价款并支付价款十倍的赔偿金。

【法院裁判】

人民法院认为，预包装食品，指预先定量包装或者制作在包装材料、容器中的食品。《食品安全法》第六十七条规定："预包装食品的包装上应当有标签。标签应当标明下列事项：（一）名称、规格、净含量、生产日期；（二）成分或者配料表；（三）生产者的名称、地址、联系方式；（四）保质期；（五）产品标准代号；（六）贮存条件；……"第一百四十八条第二款规定："生产不符合食品安全标准的食品或者经营明知是不符合食品安全标准的食品，消费者除要求赔偿损失外，还可以向生产者或者经营者要求支付价款十倍或者损失三倍的赔偿金；增加赔偿的金额不足一千元的，为一千元。但是，食品的标签、说明书存在不影响食品安全且不会对消费者造成误导的瑕疵的除外。”某科技有限公司销售给魏某的风干牛肉在包装标签上未标明该商品的生产者名称、地址等信息，违反上述法律强制性规定，属于法律禁止销售的不符合食品安全标准的产品。案涉产品的外包装袋标签上未标明该商品的生产者名称、地址等基本信息，某科技有限公司未举证证明其按照相关规定尽到了必要的审查义务，应认定其明知案涉产品不符合食品安全标准却仍然销售，魏某要求某科技有限公司支付价款十倍赔偿金的诉讼请求于法有据，应当予以支持。故判决某科技有限公司向魏某返还价款并支付价款十倍的赔偿金。

经营者不能仅以进口食品已经过出入境检验检疫为由主张免责

——江某诉某信息技术有限公司网络购物合同纠纷一案

《食品安全民事纠纷典型案例》案例五

2020 年 12 月 9 日

【裁判要点】

进口食品必须符合我国食品安全国家标准。如果进口食品不符合我国食品安全国家标准，进口食品经营者仅以进口食品已经过出入境检验检疫为由提出免责抗辩的，对其抗辩人民法院不应当支持。

【简要案情】

某信息技术有限公司在某电子商务平台开设网店，出售进口维生素胶囊食品。江某在该网店购买了 30 瓶维生素胶囊食品，共支付货款 8000 元。根据原食品药品监管总局《关于含非普通食品原料的食品定性等相关问题的复函》和《食品安全国家标准 食品添加剂使用标准》（GB2760－2011）的规定，该维生素胶囊食品违法添加了食品添加剂。江某遂以某信息技术有限公司在网店上出售的维生素胶囊食品违反我国食品安全国家标准为由，起诉该公司承担惩罚性赔偿责任。

【法院裁判】

人民法院认为，虽然该进口食品已经过我国出入境检验检疫机构检验检疫，但这并不代表进口食品必然符合我国食品安全国家标准。原国家食品药品监督管理总局《关于含非普通食品原料的食品定性等相关问题的复函》和《食品安全国家标准 食品添加剂使用标准》（GB2760－2011）规定的相关食品添加剂的使用范围，并不包括该维生素胶囊食品。某信息技术有限公司亦不能举证证明行政主管部门已许可其在该进口食品上使用案涉添加剂。某信息技术有限公司销售的进口维生素胶囊食品在配料中使用案涉食品添加剂，该进口食品属于不符合我国食品安全国家标准的食品。某信息技术有限公司以其销售的进口食品经过我国出入境检验检疫机构检验检疫为由提出免责抗辩，对该抗辩法院不予支持。故，对江某的诉讼请求，人民法院予以支持。

承德市某旅游开发有限责任公司与天津市某旅游观光火车有限公司买卖合同纠纷案

《人民法院服务保障京津冀协同发展典型案例》案例 2

2021 年 9 月 24 日

【基本案情】

2018 年 4 月 29 日，承德市某旅游开发有限责任公司与天津市某旅游观光火车有限公司签订了《产品购销合同》，约定购买两台特定化低配观光小火车，2018 年 5 月 25 日前交货。合同签订后，买方依约将预付款转至卖方账户，但卖方并未按时交货。2018 年 6 月 25 日，买方工作人员张某某以个人名义与卖方又签订了一份《产品购销合同》，约定购买一辆高配观光小火车。6 月 27 日上午，高配观光小火车在运送途中，被买方相关人员强行卸下，并未支付货款。后买卖双方分别诉至法院。买方要求解除合同，返还预付款、支付违约金并赔偿经济损失。卖方以买方工作人员张某某个人为被告提起诉讼，要求支付剩余货款以及违约金。

【审理过程及调解结果】

天津市滨海新区人民法院在案件审理中了解到，买方经营景区坐落于河北省承德市丰宁满族自治县，是我国环首都扶贫攻坚示范区建设县，良好的自然环境使旅游产业逐渐成为片区摆脱贫困的重要支撑。七月到九月是该景区旅游旺季，占全年收入的 80% 以上，而乘坐小火车是进入景区游玩的唯一出行方式。若本案纠纷在 2019 年旅游旺季到来前仍未解决，不仅会给景区带来经济损失，还会影响其市场信誉。卖方在天津市空港经济开发区投资了世界最大的旅游专用小火车制造基地，是行业领跑者。本案中，因低配小火车印有景区标识，无法二次销售，解除合同会给双方都造成损失。况且，卖方是因供应商停产致使迟延交货，并非恶意拖延，且买方购买的低配小火车已生产完毕，卖方随时可以交付使用。基于以上考虑，承办人反复与双方代理人沟通协调，最终促成双方当事人达成一致调解意见，即卖方于调解当日向买方交付一辆低配版小火车，同时买方向卖方支付其强行扣押的高配小火车与实际购买的低配小火车之间的差价。为尽快实现案结事了，承办法官组织双方到卖方厂房进行现场调解，以便能当场履行调解协议。最终，两案同时履行完毕。

【典型意义】

随着“京津冀一体化”被提升为重大国家战略，历史形成的“环首都贫困带”引发各方关注。对“环首都贫困带”既要“输血”，更要“造血”。本案系跨区域纠纷，是人民法院为京津冀民营企业健康发展提供司法保障、助力打赢脱贫攻坚战的典型案例。承办法官并未局限于纠纷本身，而是着眼于司法服务保障“环首都贫困带”攻坚任务、京津冀区域经济发展的高度，注重挖掘当事人之间共同利益，最终实现矛盾纠纷的实质性化解。本案的妥善处理，彰显了人民法院立足审判实际，为京津冀协同发展提供坚实司法保障的决心，有利于以“旅游+”助推“环首都贫困带”脱贫，符合“创新、协调、绿色、开放、共享”的发展理念，实现了生态效益、经济效益和社会效益的统一。

李某祥诉福建某生物科技有限公司网络购物合同纠纷案

《人民法院服务和保障长三角一体化发展典型案例》案例十一

2021 年 11 月 2 日

【基本案情】

李某祥向上海铁路运输法院诉称，2019 年 7 月 6 日，其在福建某生物科技有限公司（以下简称某公司）开设的淘宝店铺“颐某某”网店内购买了 10 盒忆甘茶，共计支付 3998 元。李某祥收到上述货物后，发现某公司未取得食品生产许可证，不具备生产茶叶的资质。涉案产品标签内容显示涉案产品中含有鸡骨草等物质，鸡骨草属于《中华药典》中收录的药品，不能添加到普通食品当中，涉案产品存在食品安全隐患，故提起诉讼。法院在审理过程中查明，李某祥订单收货地址为上海市黄浦区陆家浜路 × ×号 1302 室，其户籍地址在湖南省，其确认的法律文书送达地址位于上海市浦东新区，同期在本市其他法院也有多起网络购物合同纠纷的诉讼。2020 年 5 月 14 日，经向李某祥询问调查，李某祥自称居住在上海市浦东新区，没有办理过居住证，之所以将上海市黄浦区陆家浜路 × ×号 1302 室作为其收货地址，系因有一陆姓朋友居住在陆家浜路附近可代收网购商品的缘故。法院要求李某祥提供陆姓朋友的联系方式时，其表示无法提供，继而自认订单收货地址系虚构。本案中，被告某公司的住所地在福建省泉州市丰泽区。

【裁判结果】

上海铁路运输法院认为，本案系网络购物合同纠纷。《中华人民共和国民事诉讼法》第二十三条规定：“因合同纠纷提起的诉讼，由被告住所地或者合同履行地人民法院管辖。”《最高人民法院关于适用〈中华人民共和国民事诉讼法〉的解释》（以下简称《民事诉讼法解释》）第二十条规定：“以信息网络方式订立的买卖合同，通过信息网络交付标的的，以买受人住所地为合同履行地；通过其他方式交付标的的，收货地为合同履行地。”故被告住所地和收货地人民法院对网络购物合同纠纷均有管辖权。首先，原告提交的证据虽然显示本案属于上海铁路运输法院管辖范围，但其自认该地址系虚构，经法院向属地派出所了解，收货地“陆家浜路××号”查无实处，且原告实际居住地址与户籍地均不在该院辖区。其次，《民事诉讼法解释》第二十条的立法初衷系为解决通过信息网络形式订立的买卖合同纠纷中被告住所地确认难、履行地确认难等实际问题，以便于确定管辖法院，平等保护合同当事人的诉讼权利。再次，当事人进行民事诉讼应当遵循诚信原则，不得滥用诉讼权利。原告故意虚构收货地址、制造虚假的管辖连接点，使本没有管辖权的法院取得案件管辖权，不符合网络购物合同管辖规定的立法本意，更是对民事诉讼诚实信用原则的背离，干扰了民事诉讼活动的正常进行。故对原告以虚构的收货地作为案件管辖连接点的诉讼行为，法院不予支持。本案中，被告的住所地在福建省泉州市丰泽区。据此，上海铁路运输法院裁定：本案移送福建省泉州市丰泽区人民法院处理。

【典型意义】

长三角地区作为中国经济发展最活跃、开放程度最高的区域之一，目前已成为各路电商资源输入、品牌孵化、产业升级的必选之地。与此同时，一些网络购物买家尝试通过虚构案件管辖连接点，在长三角区域发起诉讼，造成该区域相关案件大幅增加。

本案中，原告虚构收货地址的行为，违背了诚实信用原则中“禁止以欺骗方式形成不正当诉讼状态”的要求，意图由没有管辖权的法院审理案件，损害诉讼相对方的诉讼权利，违反了诉讼平等保护原则，也造成司法资源的浪费和占用，影响其他案件的正常审理。本案裁定对防止当事人滥用诉权，平等保护各方当事人利益，合理配置司法资源具有示范意义，有利于人民法院更好地服务和保障长三角一体化经济发展。

某台资塑胶公司诉浙江某进出口公司及其股东宁波某塑胶公司买卖合同纠纷案

《人民法院台胞权益保障十大典型案例》案例三

2021 年 12 月 14 日

关键词：营造良好营商环境

【基本案情】

某台资塑胶公司就购买原料与宁波某塑胶公司进行业务磋商。在业务磋商期间，宁波某塑胶公司投资新设浙江某进出口公司（以下简称进出口公司）。宁波某塑胶公司表示，其与该台资塑胶公司的买卖合同将由其新设立的进出口公司出面签订。其后，进出口公司与该台资塑胶公司签订了一份《产品销售合同》，约定该台资塑胶公司向进出口公司购买 3000 吨苯乙烯。该台资塑胶公司支付货款后，进出口公司仍有接近 3000 万元的货物未予交付。该台资塑胶公司起诉要求进出口公司承担违约责任，并以构成公司人格混同为由，要求宁波某塑胶公司承担连带责任。

【裁判结果】

浙江省宁波市中级人民法院一审认为，宁波某塑胶公司在与该台资塑胶公司业务磋商期间，投资新设进出口公司，由进出口公司出面签约，进出口公司与其股东宁波某塑胶公司在经营范围、场所、高管、财务人员等方面，存在一定的混同或交叉；且两公司在财务关系上存在严重异常，进出口公司在没有真实交易的情况下，将其收到的该台资塑胶公司货款迅速转移到宁波某塑胶公司账户。宁波某塑胶公司作为进出口公司的股东，显然存在滥用公司法人独立地位、逃避债务、损害债权人利益的情形。故判决进出口公司应返还该台资塑胶公司货款 29748642. 27 元并赔偿利息损失，宁波某塑胶公司依法应承担连带责任。浙江省高级人民法院二审维持原判。

【典型意义】

本案是一起典型的通过适用法人人格否认制度，追究股东连带责任的案件。人民法院在适用法人人格否认制度时，是非常慎重的，在对宁波某塑胶公司和进出口公司在组织机构、公司员工、业务范围、办事机构、财产独立等方面进行深入分析的基础上，依法得出宁波某塑胶公司存在滥用公司法人独立地位、逃避债务、损害债务人利益的结论，判令宁波某塑胶公司和进出口公司就返还台资塑胶公司货款承担连带责任，有力维护了诚实信用的市场规则和公平正义。

本案让台胞台企看到了人民法院公正适用法律的坚定立场和能力水平，坚定了对大陆良好营商环境的信任与信心。案件审结后，该台资塑胶公司在台湾地区的母公司特地向浙江省高级人民法院寄来感谢信，盛赞人民法院精细审理，使其“深刻感受到大陆的司法公正及浙江良好的政经环境，对于今后加码投资更具信心”。

广东某拉链公司诉厦门某服饰公司、黄某某买卖合同纠纷案

《人民法院台胞权益保障十大典型案例》案例四

2021 年 12 月 14 日

关键词：依法慎用限制出境措施

【基本案情】

台湾地区居民黄某某作为保证人之一，自愿在保证文书上签字，承诺对厦门某服饰公司向广东某拉链公司清偿所有货款及利息承担连带责任。因厦门某服饰公司没有按期清偿货款，广东某拉链公司向法院申请对该服饰公司、黄某某及其他保证人进行诉前保全，并申请对黄某某采取限制出境措施，同时向法院提交了保险公司出具的担保函，作为诉前保全申请的担保。随后，广东某拉链公司向法院正式起诉，要求厦门某服饰公司支付拖欠货款及逾期付款违约金。

【裁判结果】

关于广东某拉链公司申请限制黄某某出境问题，福建省厦门市海沧区人民法院认为，鉴于案涉纠纷事实较为清楚、黄某某所应承担的担保责任较为清晰、临近春节黄某某有近期出境风险，而且申请人已就此提供了充分担保等情况，遂依法限制黄某某出境。

该案正式起诉立案后，厦门某服饰公司和案外人等提供相应担保，申请解除对黄某某的限制出境措施。厦门市海沧区人民法院认为，厦门某服饰公司等提供的担保已达到广东某拉链公司申请保全标的额，足以保障后者的权益，遂依法解除了对黄某某的限制出境措施。

【典型意义】

限制出境措施是人民法院依法采取的强制措施之一。根据《中华人民共和国出境入境管理法》第十二条的规定，中国公民有未了结的民事案件，人民法院可以依法不准其出境。但同时，人民法院对于适用限制出境等强制措施一直持审慎态度，这也体现在最高人民法院《关于为深化两岸融合发展提供司法服务的若干措施》中，其第4条明确要求依法慎用限制出境措施。

本案中，黄某某是未了结民事案件的当事人，厦门市海沧区人民法院根据案件审理需要，限制其出境，符合法律规定。在厦门某服饰公司、案外人等提供充分有效财产担保，请求解除对黄某某限制出境措施的情况下，厦门市海沧区人民法院综合考量申请人权益实现已有可靠保障、黄某某个人生活需要等因素，依法解除对黄某某限制出境措施，同样符合法律规定，并且体现出善意、文明、审慎适用限制措施的理念，最大限度降低了对台湾同胞、台湾企业正常生活、经营的不利影响。

某甲公司与福建某乙公司、某乙控股公司买卖合同纠纷案

《人民法院服务保障自由贸易试验区建设典型案例》案例 4

2022 年 2 月 28 日

【基本案情】

某甲公司与福建某乙公司长期进行大宗油品交易，因国际油价行情波动剧烈，福建某乙公司资金周转困难，累计拖欠某甲公司货款及违约金 6500 余万元。某乙控股公司与某甲公司签订《关于油品销售合同的最高额保证合同》，为福建某乙公司的债务提供连带责任保证。某甲公司因多次催讨欠付货款未果，提起诉讼并要求保全福建某乙公司、某乙控股公司的银行账户、股权、房产、土地、海域使用权及油罐等多项财产。

【裁判结果】

浙江省舟山市中级人民法院自贸试验区法庭受理案件后，从既要保障原告合法权益，也要尽可能减少对被告生产经营影响的角度出发，确定了先查控银行账户，后逐步保全其他资产的方案，并抓紧保调对接，款项每到位一笔即裁定解除部分保全。经各方努力，案件最终成功调解。

【典型意义】

建设以油气为核心的大宗商品资源配置基地是浙江自贸试验区最重要的功能定位，也是舟山片区的主要发展方向。大宗油品交易具有标的大、金额大、行情波动大等特点，每单交易都对企业经营有重大影响。本案针对性地确立“灵活保全、平衡保护、保调对接”的工作思路，采取符合企业经营现状与发展需要、对企业经营影响最小的司法措施，努力做到不中断企业的指挥系统，不中断企业的资金往来，不影响企业的正常生产经营，不扩大对企业声誉的负面影响，最大程度地避免对涉案企业正常生产的影响，助力企业有序开展经营活动，体现了审慎、善意、文明的司法理念，有效优化了自由贸易试验区的法治营商环境。

某甲公司与某乙公司买卖合同纠纷案

《人民法院服务保障自由贸易试验区建设典型案例》案例6

2022年2月28日

【基本案情】

某乙公司是在湖南自贸试验区内设立的外商投资企业，专营进出口贸易。某甲公司与某乙公司签订了两份买卖合同，约定由某乙公司从意大利供应商处为某甲公司购买碎皮料，并约定因海关检查等原因致合同不能履行的，免除相应违约责任。涉案货物经海关查验并取样送检被认定为“成品皮革、皮革制品或再生皮革的边角料”，为我国禁止进口的固体废物。海关对某乙公司作出处罚。某甲公司诉请解除两份买卖合同，判令某乙公司返还货款204100元并支付资金占用利息。

【裁判结果】

长沙市中级人民法院一审认为，涉案买卖合同的标的属于我国禁止进口的固体废物，该合同违反法律、行政法规的强制性规定，故合同无效。两公司明知涉案货物属于我国禁止进口的固体废料，双方对合同的签订和履行均有过错，应按照各自过错承担责任。判决某乙公司返还某甲公司货款204100元。双方均不服，提起上诉。湖南省高级人民法院二审判决驳回上诉，维持原判。

【典型意义】

既要依法保护、也要依法监管，是自贸试验区法治化营商环境的完整内涵。近年来，我国深化对固体废物的管理制度改革并取得了明显成效。本案明确了进口固体废物合同系违反我国法律规定的无效合同，依法有效切断洋垃圾进入我国境内，规范和引导中外投资者诚信、合法经营，对优化自由贸易试验区生态环境、保护人民身体健康具有重要意义。

罗某某诉某甲公司、天津某乙公司买卖合同纠纷案

《人民法院服务保障自由贸易试验区建设典型案例》案例 7

2022 年 2 月 28 日

【基本案情】

罗某某委托他人向天津某乙公司购车，支付购车款 107 万元。涉案车辆由 KIMBERLY ANN MURPHY 从美国 4S 店购买，后出售给美国某丙公司，美国某丙公司又销售给某丁公司，之后转运到某甲公司仓库。罗某某提车后不久，发现所购车辆是事故车。经鉴定，涉案车辆的后备箱覆盖件、钣金件有焊接、修复痕迹。罗某某遂提起本案诉讼。

【裁判结果】

深圳前海合作区人民法院一审判决天津某乙公司退还罗某某购车款 107 万元及利息，赔偿罗某某购买涉案车辆价款的三倍金额 321 万元。天津某乙公司不服，提起上诉。深圳市中级人民法院二审判决驳回上诉，维持原判。

【典型意义】

本案买卖标的物为平行进口汽车，是汽车经销商未经品牌厂商授权，直接从海外市场购买并进入国内市场销售的产品。平行进口汽车是自贸试验区探索性政策的重要内容之一，拓宽了消费者选择渠道，但在售后保障、质量保证方面需加强对消费者权益的保护。本案中，人民法院依照《消费者权益保护法》的规定，认定经销商的行为构成欺诈，并适用惩罚性赔偿，对经销商施以严格的说明义务，督促经销商严格把关汽车质量、认真审核车辆来源，彰显了司法对自贸试验区平行进口汽车产业健康发展的引导和保障功能。

对于网络店铺客服的行为店铺应当负责

——李某诉某书店信息网络买卖合同纠纷案

《最高人民法院发布消费者权益保护典型案例》案例 7

2022 年 3 月 15 日

【基本案情】

李某在 M 书店经营的网络店铺付款 22172 元购买书籍，因该电商平台关联的银行账户额度所限，经与店铺客服沟通后，李某通过平台付款 10172 元，向店铺客服赵某微信转账 12000 元。2019 年 8 月 25 日李某告知赵某书单有变化，待确定后再发货，赵某表示同意。后双方对购买商品品种和数量做了变更，交易价格变更为 1223 元。M 书店将通过平台支付的 10172 元退还给李某，但通过微信支付给赵某的款项扣除交易价款后尚有 10777 元未退回。多次要求退款无果，李某将 M 书店诉至法院，请求退还购书款。

【裁判结果】

法院认为，案涉交易发生时，赵某系 M 书店的员工，并作为 M 书店所经营网络店铺的客服与李某就购书事宜进行了磋商，该行为属于网店客服人员职权范围内的事项。M 书店并未就交易磋商的方式和渠道进行特殊提示或告知，故无论该行为是通过电商平台还是微信，只是磋商渠道和方式的不同。李某有理由相信赵某的行为是代表 M 书店与其进行交易磋商，赵某的行为对 M 书店应发生效力。李某与 M 书店之间就购买书籍建立了网络购物合同关系。后，李某提出变更购买图书的名称及数量，并要求退还剩余款项，赵某表示同意，应视为李某与 M 书店就合同内容进行了变更，M 书店应当退还剩余款项 10777 元，故判决支持了李某的诉讼请求。

【典型意义】

便捷、快速进行交易是互联网消费的优势之一，而交易的安全和稳定同样是消费者保护的应有之义，二者不可偏废。现实中，考虑到消费者对购物、沟通软件使用习惯、偏好的不同以及其他具体特殊情况，不宜仅仅因为消费者未完全通过电商平台进行支付轻易否认消费者与商家相关交易行为的效力。该案判决认定店铺客服能够代表店铺进行交易，是对交易中消费者对店铺信任的保护，也是对于交易秩序和安全的维护，压实了商家主体责任，提示、督促商家加强内部管理监督，从而进一步规范线上交易中商家的销售行为，促进互联网数字经济行业有序发展。

销售者在二手商品网站从事经营活动构成欺诈的，应当承担惩罚性赔偿责任

——高某诉杨某网络信息购物合同纠纷案

《最高人民法院发布消费者权益保护典型案例》案例 9

2022 年 3 月 15 日

【基本案情】

杨某在某二手商品网络交易平台发布二手“某知名品牌无线耳机”的交易信息，称该无线耳机系其外出旅游时在官方专营店购买其他数码产品时赠送，全新正品，现闲置低价转让。高某获知该信息，向杨某确认该二手商品系全新官方正品后，通过二手商品网络交易平台与杨某达成交易。高某收到耳机后，发现该无线耳机系假冒产品，认为杨某销售行为构成欺诈，遂向法院提起诉讼，请求判令杨某返还已支付的购物款并承担价款三倍的惩罚性赔偿责任。法院经审理查明，杨某销售的“二手商品”确系假冒产品，且杨某短时间内在某二手商品网络交易平台以同样宣传方式已销售同款无线耳机 40 余笔，交易金额超 5 万余元。

【裁判结果】

法院认为，杨某在二手网络交易平台假借出售个人闲置物品的名义长期从事经营性销售活动，并以虚假宣传的方式销售假冒商品，致高某陷入错误认识，进而订立合同，形成交易，杨某行为应认定为商业性经营行为，其行为构成销售欺诈。高某主张杨某依据《消费者权益保护法》承担经营者责任，法院应予支持。故判令杨某退还高某已支付的商品价款并承担商品价款三倍的惩罚性赔偿。

【典型意义】

近年来，个人闲置物品的网络交易，方兴未艾，交易人数、交易量发展迅速。各大二手商品网络交易平台的出现，更促进了社会个人闲置二手商品交易的繁荣，但不可忽视的是二手商品网络交易平台中销售者发布的商品鱼目混珠，侵害合法权益的事件多有发生。对于二手商品网络交易平台发生的交易，买家权益受到损害，能否适用《消费者权益保护法》要求销售者承担经营者责任，相关法律规定并不明确。从促进全社会个人闲置二手物品线上交易健康、规范、有序发展，以及平等保护市场交易主体合法权益的角度考虑，有必要对网络二手市场的交易主体进行区分，应在综合考虑出售商品的性质、来源、数量、价格、频率、是否有其他销售渠道、收入等情况下，合理将长期从事二手交易营利活动的销售者界定为经营者，适用《消费者权益保护法》的相关规定，以切实维护消费者的合法权益。

电子商务经营者应当遵守对消费者作出的有利承诺，对承诺的解释应按普通消费者的通常认知进行

——齐某某诉罗某某网络信息购物合同纠纷案

《最高人民法院发布消费者权益保护典型案例》案例 10

2022 年 3 月 15 日

【基本案情】

罗某某在某网络购物平台开设有网络店铺，从事某品牌电动摩托车锂电池的销售经营活动。罗某某在其网络店铺销售商品时对外宣称，商品“签收15 天内支持免费退换货，半年内质量问题换新，两年保修”。齐某某在罗某某网络店铺购了前述品牌的电动摩托车锂电池，使用三个月后发现存在充电不满等质量问题，便要求罗某某按销售承诺为其更换新电池。罗某某经检查确认交付的锂电池确实存在质量问题后，同意为齐某某更换新的电池。更换电池后，齐某某仍发现存在同样的质量问题，通过平台与罗某某协商，罗某某明确此前并未给齐某某换新电池，仅更换了电芯，并以销售承诺中的“换新”仅指换“新电芯”为由，拒绝为齐某某更换全新的电池。齐某某因此诉

至法院，请求判令解除与罗某某的信息网络购物合同，并由罗某某退还已支付的商品价款。

【裁判结果】

法院认为，罗某某在销售案涉商品时，通过商品网络详情页对齐某某作出承诺，所售商品“半年内质量问题换新”，按社会普通消费者的通常理解，此处的“换新”应指电池整机换新，而非构成电池组成部分零部件换新。罗某某确认交付给齐某某的锂电池存在质量问题，但却未按销售承诺给齐某某换新电池，而是将部分零部件进行了更换。齐某某要求罗某某按承诺，对整个电池换新，但罗某某一直予以拒绝。齐某某只能另行购买新的电池使用。罗某某在销售商品存在质量问题的情况下，拒不按销售承诺履行更换义务，已构成违约。现其违约行为已致合同目的无法实现，齐某某要求解除合同，退还货款，依法应予支持。

【典型意义】

电子商务经营者在销售商品时对消费者作出有利承诺的，应当遵守其承诺。现实中存在不少电子商务经营者为吸引流量、促进销售，在销售商品或提供服务时以宣传或告示等形式向消费者作出高于国家、行业标准的有利承诺，当消费者接受承诺与经营者形成交易关系后，经营者却以各种理由拒不兑现其承诺，有损消费者的合理预期，也侵害了消费者的合法权益。电子商务经营者兑现对消费者作出的有利承诺，既是对交易双方协议约定重要义务的履行，更是经营者诚信经营的重要体现。电子商务经营者的承诺是向消费者作出的，一般应以社会普通消费者能够理解的方式进行表达，当消费者对其中某些用语的理解，与经营者的理解不同时，应以交易时社会普通消费者的通常理解为标准进行解释，以强化对消费者权益的保障。

人民陪审员参加审理涉农买卖合同纠纷案

《人民陪审员参审十大典型案例》案例5

2022年10月11日

【案件基本情况】

原告张某甲、张某乙、胡某某三人均系新疆维吾尔自治区沙雅县某园艺场的果农，种植约70亩梨园。2019年4月，三名原告为增加果树母梨挂果率，前往被告处购买农药，被告法定代表人李某及销售人员向原告推荐“氟硅唑”药剂，但原告喷施后发现梨树基本没有坐果，甚至大量减产。原告遂委托某农业科技公司进行鉴定，该机构于2019年5月出具的鉴定意见认为香梨没有坐果与喷施“氟硅唑”药剂有因果关系，造成经济损失合计30万余元。原告诉至法院，要求被告赔偿经济损失，退还并以三倍价格赔偿原告购买农药款。沙雅县人民法院从具有林果业种植经营经验的人民陪审员名单中随机抽取一名人民陪审员，与两名法官组成合议庭审理本案。法院经审理认为，原告单方委托鉴定机构作出的鉴定意见不具有客观性，经查该机构亦无农药药害的鉴定资质，遂判决驳回原告诉讼请求。

【人民陪审员发挥的参审作用】

本案事实问题争议焦点为原告梨园造成损失的原因是否因被告销售的“氟硅唑”药剂造成，双方对药剂的产品质量均无异议。参加本案审理的人民陪审员具有30余年经营管理梨园的经验，在事实认定方面发挥了积极作用。一是协助厘清审理思路。人民陪审员认真阅卷、了解案情，为法官讲解种植业领域生产管理的专业知识，结合多年种植管理果园的丰富经验提出，梨树结果分大小年，但气候变化、土壤水肥、授粉树的数量及培植情况、日常管理等因素都会对母梨坐果及梨树产量起到决定性作用。为增加母梨坐果数量，果农一般要根据实际情况合理配比药剂喷洒，否则会对梨树开花结果造成影响。人民陪审员提出，为确定实际损失，应当到梨园现场调取客观证据。二是发挥优势深度参审。本案审理过程中，为准确认定事实，人民陪审员积极参与实地调查取证，赴现场详细了解原告喷洒药剂的具体配比、喷洒时间、喷洒方法、梨园管理、授粉树栽植等情况，实地查看了喷洒药剂的周边其他梨树，具体判断该药剂对周边梨树的影响。经调查确认，周边果农使用该药剂并未对产量造成直接影响，案涉梨园梨树栽植授粉树较少、授粉树分布不合理等因素，都是导致减产的重要原因。合议庭评议时，人民陪审员根据调查取证的证据情况，与法官共同对鉴定意见作出认定，独立发表意见，行使表决权。

【典型意义】

“三农”问题是关系国计民生的根本性问题。人民法院在审理涉农案件时，既要维护农民合法利益，又要注重营商环境的保护。本案人民陪审员参审积极性高，借助自身职业经历和丰富的生活经验，深入细致分析案情，为法官把握案情脉络、查清案件事实提供了有益帮助，有力弥补了法官在种植业生产管理方面专业知识的不足。同时，本案法官充分尊重人民陪审员行使履职权利，促进人民陪审员深度参审，既维护了当事人的合法权益，又取得了较好的案件审理效果。

陶某高诉张某、付某顺林木买卖合同纠纷案

《最高人民法院发布生物多样性司法保护典型案例》案例十三

2022 年 12 月 5 日

【基本案情】

被告张某、付某顺受让云南省景谷县民乐镇某村民小组名下位于“大干箐”集体林的 18 厘米以上林木后，于 2007 年 11 月与原告陶某高达成口头买卖协议，将“大干箐”集体林木销售给陶某高，陶某高为此向张某、付某顺支付了林木转让款 48 万元。“大干箐”集体林于 2014 年 12 月进行林权登记。后因案涉林地属于天然林，无法办理采伐许可证，至今未能采伐。陶某高与张某、付某顺协商未果，形成本案诉讼。

【裁判结果】

云南省景谷傣族彝族自治县人民法院一审支持了陶某高的诉讼请求，判

决解除合同，由张某、付某顺返还林木转让款 48 万元。宣判后，张某、付某顺提出上诉。云南省普洱市中级人民法院二审认为，双方口头达成的林木买卖协议合法有效，案涉收条载明购买 18 厘米以上林木，而对林木进行合法采伐是取得林木的必要条件。双方虽未以书面形式约定林木采伐许可手续应由哪方办理，但张某、付某顺作为出卖人，依法负有向买受人交付标的物或者提取标的物的单证，并转移标的物所有权的义务。而案涉林木属天然林，现已无法办理采伐手续，合同目的不能实现，应予解除。遂判决驳回上诉，维持原判。

【典型意义】

天然林是森林生态系统的重要组成部分，其结构稳定、生物多样性丰富，是维护国家生态安全的重要生态屏障。我国实行天然林全面保护制度，严格限制天然林采伐。坚持森林资源开发利用的生态优先、保护优先、保育结合、可持续发展原则，是践行绿色发展理念的制度之基。《中华人民共和国民法典》明确："当事人在履行合同过程中，应当避免浪费资源、污染环境和破坏生态。"森林资源的民事纠纷案件处理，在尊重契约精神、促进统一市场和公平竞争的同时，应当注重对森林资源保护管理制度的维护，兼顾森林资源的生态效益、经济效益和社会效益。本案涉及天然林活立木交易，而林木采伐须取得相应行政许可。人民法院结合合同目的，依法认定办理林木采伐许可手续系林木转让方全面履行合同的从义务，引导民商事主体在交易中恪守绿色原则，为促进森林资源的保护和可持续利用提供了有益司法样本。

监护人可依法追回充值款

——张某某诉某数码科技有限公司网络买卖合同纠纷案

《网络消费典型案例》案例 3

2023 年 3 月 15 日

【基本案情】

原告张某某的女儿张小某，出生于 2011 年，为小学五年级学生。张小某于 2022 年 4 月 19 日晚上在原告不知情的情况下使用原告的手机通过某直播平台，在主播诱导下通过原告支付宝账户支付给被告某数码科技有限公司经营的“某点卡专营店”5949.87 元，用于购买游戏充值点卡，共计 4 笔。该 4 笔交易记录发生在 2022 年 4 月 19 日 21 时 07 分 53 秒至 2022 年 4 月 19 日 21 时 30 分 00 秒。原告认为，张小某作为限制民事行为能力人使用原告手机在半个小时左右的时间里从被告处购买游戏充值点卡达到 5949.87 元，并且在当天相近时间段内向其他游戏点卡网络经营者充值及进行网络直播打赏等消费 10 余万元，显然已经超出与其年龄、智力相适宜的范围，被告应当予以返还，遂诉至法院请求被告返还充值款 5949.87 元。

【裁判结果】

审理法院认为，限制民事行为能力人实施的纯获利益的民事法律行为或者与其年龄、智力、精神状况相适应的民事法律行为有效；实施的其他民事法律行为经法定代理人同意或者追认后有效。本案中，原告张某某的女儿张小某为限制民事行为能力人，张小某使用其父支付宝账号分 4 次向被告经营的点卡专营店共支付 5949.87 元，该行为明显已经超出与其年龄、智力相适宜的程度，现原告对张小某的行为不予追认，被告应当将该款项退还原告。依据《中华人民共和国民法典》第十九条、第二十三条、第二十七条、第一百四十五条规定，判令被告返还原告充值款 5949.87 元。

【典型意义】

当前，随着互联网的普及，未成年人上网行为日常化，未成年人网络打赏、网络充值行为时有发生。本案裁判结合原告女儿在相近时间内其他充值打赏行为等情况，认定案涉充值行为明显超出与其年龄、智力相适宜的程度，被告应当返还充值款，依法维护未成年人合法权益，有利于为未成年人健康成长营造良好的网络空间和法治环境。

限时免单条款约定条件成就，经营者应当依约免单

——张某与周某、某购物平台信息网络买卖合同纠纷案

《网络消费典型案例》案例 5

2023 年 3 月 15 日

【基本案情】

被告周某在经营网上店铺过程中开展了“双 12”限时免单活动，制定并公示了相关规则，原告张某在购买产品时参与了限时免单活动。张某在参与该次活动前向店铺客服咨询了免单的规则为付款优先者享受。但在张某付款时间在先的情况下，周某未按照规则给张某免单，张某认为周某构成违约，诉请周某退还其支付的货款。

【裁判结果】

审理法院认为，根据《中华人民共和国合同法》（1999 年施行）第十四条、第六十条、第四十四条、《中华人民共和国电子商务法》第四十九条规定，当事人关于限时免单的约定属于附条件履行义务的合同条款，消费者符合免单规则的要求，经营者即应当履行免单义务，否则构成违约。张某在参加活动前咨询客服获知的规则应视为此次活动的规则，双方应当遵守。张某付款时间在先，周某未按照免单规则为张某免单，构成违约，张某要求周某退还货款的行为，于法有据，应予支持。

【典型意义】

随着电子商务的蓬勃发展，各种形式的促销手段层出不穷。这些促销活动活跃了市场，刺激了消费，同时也伴生了一些损害消费者权益的问题。本案裁判进一步厘清了电子商务经营者进行免单、打折等各类促销活动制定的活动规则的法律性质，引导经营者依法依约诚信经营，切实保护消费者合法权益。

以盈利为目的持续性销售二手商品，应承担经营者责任

——王某诉陈某网络购物合同纠纷案

《网络消费典型案例》案例 6

2023 年 3 月 15 日

【基本案情】

2019 年 9 月，原告王某为求学所需，在某二手交易平台中被告陈某处下单购买某品牌笔记本电脑一台，收货后发现该电脑外观磨损严重，无法正常充电使用，后送至官方售后检测发现电脑内部电池鼓胀、有非官方拆改和非原厂部件，与陈某所宣传的 95 成新明显不符，王某联系陈某退货退款遭拒。王某认为陈某构成欺诈，诉至法院请求陈某退款并按照价款三倍赔偿。陈某辩称，其在二手平台处理自用二手物品，不属于《消费者权益保护法》规定的经营者。

【裁判结果】

审理法院认为，本次合同成立前，陈某通过其二手平台账号多次销售某品牌电脑等电子设备，非偶然、少量处理闲置物品，超过一般二手闲置物品处理的合理范畴，具有以盈利为目的持续性对外出售商品获利的意图，故陈某具有电子商务经营者身份。根据双方联系情况看，双方是以涉案电脑为正品电脑作为交易前提，而涉案电脑经检查设备内部固态硬盘非原装部件，设备有非官方拆改痕迹，即涉案电脑并非正品二手电脑。被告构成欺诈，应当承担惩罚性赔偿责任，依据《中华人民共和国消费者权益保护法》第五十五条之规定，判决陈某退款并按照货款三倍赔偿。

【典型意义】

闲置物品交易模式是数字经济中的一种典型模式。二手物品交易平台的出现有利于闲置物品的盘活、再利用。但现实中，有些人在二手交易平台以交易闲置物品的名义进行经营行为，商品出现问题后又以是自用闲置物品交易为由拒绝承担经营者责任。本案裁判综合销售者出售商品的性质、来源、

数量、价格、频率、收入等情况，认定以盈利为目的持续性销售二手商品的销售者应承担经营者责任，有利于更好地维护消费者合法权益，对于类似案件的处理具有借鉴意义。

电商经营者销售未标明生产日期的预包装食品，应承担惩罚性赔偿责任

——彭某某诉某电子商务有限公司网络购物合同纠纷案

《网络消费典型案例》案例 7

2023 年 3 月 15 日

【基本案情】

原告彭某某在被告某电子商务公司开立的网络商铺购买了 4 份“××压力瘦身糖果”（每份为 2 盒 60 粒），共计支付货款 1475.60 元后，该商铺通过快递向彭某送达货物。彭某某收到上述货物并食用部分后发现，商品包装盒上虽然注明：保质期 24 个月；生产商：某纤瘦有限公司；生产地址：××省××市××区×号；生产日期见喷码，但是产品包装上均无相关生产日期的喷码标识，亦未查询到生产商的相关信息。彭某某遂以某电子商务公司销售不符合食品安全标准的食品为由诉至法院，要求某电子商务公司退还货款 1475.60 元并支付货款金额十倍的惩罚性赔偿金。

【裁判结果】

审理法院认为，某电子商务公司作为食品经营者，在电商平台上销售无生产日期标识、虚构生产厂家的“××压力瘦身糖果”，属于《中华人民共和国食品安全法》第一百四十八条规定的“生产不符合食品安全标准的食品或者经营明知是不符合食品安全标准的食品”的情形，依据《最高人民法院关于审理食品安全民事纠纷案件适用法律若干问题的解释（一）》第十一条规定，应当承担惩罚性赔偿责任，判决某电子商务公司退还彭某货款 1475.60 元，并支付货款金额十倍的赔偿金 14756 元。

【典型意义】

目前，大众通过网络购买食品十分普遍，同时，于消费者而言，网络食

品因交易环境的虚拟化潜藏着一定的风险。预包装食品包装标签上缺少生产日期信息，消费者无法对食品安全作出判断，存在损害消费者身体健康和生命安全的重大隐患。本案裁判认定电商经营者销售未标明生产日期的预包装食品，应承担惩罚性赔偿责任，压实食品经营者主体责任，进一步规范网络食品交易秩序。

“不支持售后维权”的霸王条款无效
——张某与吴某网络购物合同纠纷案

《网络消费典型案例》案例 10

2023 年 3 月 15 日

【基本案情】

2020 年 12 月，原告张某在某网络交易平台向吴某购买了某品牌二手女款包，价款 14000 元，卖家保证为正品，承诺货到付款，如假包退。后张某委托检测机构进行检测，发现该包并非正品，遂将该包寄回给吴某，张某要求退款未果，遂诉至法院要求全额退款。被告吴某陈述，其专业从事奢侈品经营交易，与原告曾进行过多次交易，并辩称交易是货到付款，买家付款表明已认可商品质量，且平台《用户行为规范》明确：“交易成功后，不支持售后维权”，故不同意退货退款。

【裁判结果】

审理法院认为，平台《用户行为规范》关于“交易完成，不支持售后维权”的内容，是电子商务经营者为重复使用而预先拟定，在订立合同时未与对方协商的条款，属格式条款。该格式条款不合理地免除了经营者责任，排除了消费者权利，依据《最高人民法院关于审理网络消费纠纷案件适用法律若干问题的规定（一）》第一条之规定，应认定为无效。

【典型意义】

实践中，存在电子商务经营者利用其优势地位，制定不公平不合理的格式条款侵害消费者合法权益的情况。本案裁判通过对网络消费格式条款进行合法性审查，对于不合理地免除经营者责任、排除消费者权利的格式条款作出否定性评价，有力地维护消费者合法权益和健康、清朗消费环境。

对老年人消费欺诈应承担惩罚性赔偿责任
——杨某某诉某健康科技有限公司买卖合同纠纷案

《人民法院老年人权益保护第三批典型案例》案例一

2023 年 4 月 27 日

关键词：消费欺诈；惩罚性赔偿

【基本案情】

杨某某经介绍加入某健康科技有限公司销售微信群，工作人员不断在其中宣传推广一款光量子芯片医用冷敷贴，称系经核准的国家一类医疗器械，能抗衰老、预防疾病等。并以赠送礼物等方式诱导其多次免费体验。杨某某后花费近 3 万元购买产品，使用后未觉见效。杨某某认为存在消费欺诈，起诉请求判令某健康科技公司退款并三倍赔偿。经查，该产品核准的产品适用范围仅为物理退热理疗等功能。

【裁判结果】

审理法院认为，《中华人民共和国消费者权益保护法》第五十五条第一款规定，经营者提供商品或者服务有欺诈行为的，应当按照消费者的要求增加赔偿其受到的损失，增加赔偿的金额为消费者购买商品的价款或者接受服务的费用的三倍；增加赔偿的金额不足五百元的，为五百元。法律另有规定的，依照其规定。本案中，公司人员对医疗器械突出宣传未经国家核准的预期用途和性能，且与说明书适用范围严重不符，误导消费者，致使杨某某以明显畸高的价格购买仅具有冷敷退热功能的医用冷敷贴，构成虚假宣传误导消费者的欺诈行为，应当承担退一赔三的惩罚性赔偿责任。判决该公司退还杨某某全部货款并赔偿三倍损失。

【典型意义】

健康消费是老年人关注的重要领域。现实生活中，一些商家利用老年人对健康的重视，通过夸大产品的保健治疗功能诱导老年人进行消费。近年来，随着智能手机的普及，通过微信群等媒介虚假宣传，形式更加隐蔽，需要引起高度重视。本案判决明确了在微信群对医疗器械、药品等功效进行虚假宣传误导老年消费者，构成欺诈，应承担惩罚性赔偿责任。本案对于引导经营者诚信经营，维护老年消费者的健康权益具有典型示范作用。

消费者有权请求销售假冒注册商标食品的经营者支付价款十倍惩罚性赔偿金

——郭某诉某经营部产品责任纠纷案

《食品安全惩罚性赔偿典型案例》案例一

2023 年 11 月 30 日

【基本案情】

2021 年 11 月 17 日，郭某向某经营部购买某品牌白酒 2 件 12 瓶，并支付货款 11160 元。2021 年 11 月 23 日，郭某再次向某经营部购买某品牌白酒 2 件 12 瓶，并支付货款 10937 元。后郭某怀疑其购买的白酒为假酒，遂向当地市场监督管理部门举报。某白酒公司出具《鉴定证明书》，表明上述某品牌白酒并非该公司生产，属于假冒注册商标的产品。郭某起诉某经营部，要求退还购酒款并支付购酒款十倍的赔偿金。

【裁判理由】

审理法院认为，《中华人民共和国食品安全法》第一百四十八条第二款规定："生产不符合食品安全标准的食品或者经营明知是不符合食品安全标准的食品，消费者除要求赔偿损失外，还可以向生产者或者经营者要求支付价款十倍或者损失三倍的赔偿金；增加赔偿的金额不足一千元的，为一千元。但是，食品的标签、说明书存在不影响食品安全且不会对消费者造成误导的瑕疵的除外。"《最高人民法院关于审理食品安全民事纠纷案件适用法律若干问题的解释（一）》第十一条规定："生产经营未标明生产者名称、地址、成分或者配料表，或者未清晰标明生产日期、保质期的预包装食品，消费者主张生产者或者经营者依据食品安全法第一百四十八条第二款规定承担惩罚性赔偿责任的，人民法院应予支持，但法律、行政法规、食品安全国家标准对标签标注事项另有规定的除外。"某经营部销售的某品牌白酒为假冒注册商标的预包装食品，标注虚假的生产者名称、地址等信息，不符合食品安全标准。某经营部作为食品经营者，对其销售的假冒注册商标食品，不能证明食品来源合法，也未尽到进货审查义务，应当退还货款并承担惩罚性赔偿责任。某经营部关于其所出售假冒注册商标的白酒未对原告造成人身损害，只侵犯了某白酒公司的商标权，不应支付价款十倍赔偿金的抗辩不成立。郭某购买白酒属于生活消费行为，其请求支付价款十倍的惩罚性赔偿金，于法有据，应予支持，故判决某经营部退还郭某货款22097元并支付郭某赔偿金220970元。

【典型意义】

假冒伪劣食品会危害人民群众身体健康、生命安全。经营者销售假冒注册商标的食品，不仅侵害了企业的商标权，扰乱市场秩序，还侵害了消费者合法权益。消费者有权依据《中华人民共和国食品安全法》第一百四十八条第二款规定，请求经营者支付价款十倍的惩罚性赔偿金。本案中，郭某基于生活消费需要购买案涉白酒，人民法院严格落实习近平总书记提出的"四个最严"要求，不仅判决经营者向消费者退还货款，还判决经营者向消费者支付价款十倍的惩罚性赔偿金220970元。本案通过判决违法销售假冒注册商标食品的经营者承担惩罚性赔偿责任，让违法生产者或者经营者无法从违法行为中获利，既有利于营造诚实守信、公平竞争的营商环境，促进经济社会高质量发展，又有利于打击和遏制制售假冒伪劣食品的违法行为，保护人民群众"舌尖上的安全"。

消费者有权请求销售未标明生产日期等基本信息的预包装食品的经营者支付价款十倍惩罚性赔偿金

——刘某诉某鹿业公司买卖合同纠纷案

《食品安全惩罚性赔偿典型案例》案例二

2023 年 11 月 30 日

【基本案情】

2020 年 12 月，刘某在某鹿业公司购买了鹿胎膏和鹿鞭膏，支付 3680 元；次年 1 月，刘某在某鹿业公司再次购买鹿胎膏和鹿鞭膏，支付 7000 元。上述鹿胎膏、鹿鞭膏产品标签上标注了主要成分、储存方式、保质期、净含量，但未标注生产厂址、厂名、生产日期、生产者的名称、地址、联系方式、产品标准代号等信息，刘某遂以此为由起诉请求某鹿业公司返还鹿胎膏和鹿鞭膏价款 10680 元并支付 106800 元赔偿金等。

【裁判理由】

审理法院认为，案涉鹿胎膏和鹿鞭膏属于预包装食品，在包装标签上未标明该商品的生产日期、生产者的名称、地址、联系方式、产品标准代号，不符合《中华人民共和国食品安全法》第六十七条规定和《预包装食品标签通则》的规定，属于标签缺乏基本信息，而非标签瑕疵。《最高人民法院关于审理食品药品纠纷案件适用法律若干问题的规定》第三条规定："因食品、药品质量问题发生纠纷，购买者向生产者、销售者主张权利，生产者、销售者以购买者明知食品、药品存在质量问题而仍然购买为由进行抗辩的，人民法院不予支持。"本条司法解释的适用应当与《中华人民共和国消费者权益保护法》第二条和《中华人民共和国食品安全法》第一百四十八条规定相结合，在"生活消费需要"范围内支持"购买者"提出的支付惩罚性赔偿金的诉讼请求。本案刘某购买鹿胎膏和鹿鞭膏未超出生活消费需要，根据《中华人民共和国食品安全法》第一百四十八条第二款和《最高人民法院关于审理食品安全民事纠纷案件适用法律若干问题的解释（一）》第十一条规定，其有权请求生产经营者承担惩罚性赔偿责任，故判决某鹿业公司向刘某返还价款 10680

元，并支付价款十倍惩罚性赔偿金 106800 元。

【典型意义】

标签非小事。预包装食品的包装标签所标明的生产者的名称、地址、联系方式、产品标准代号、生产许可证编号等事项对于保护消费者知情权、食品安全具有重要意义。经营者销售食品时，应当对预包装食品的包装标签是否标明了这些基本信息进行审查，否则将依法承担法律责任。《中华人民共和国食品安全法》第一百四十八条第二款规定的标签、说明书瑕疵，是指食品的标签、说明书存在不影响食品安全且不会对消费者造成误导的瑕疵，包括文字、符号、数字的字号、字体、字高不规范，以及虽有错别字、多字、漏字但不会导致消费者对食品安全产生误解等情形。本案中，某鹿业公司销售给刘某的鹿胎膏和鹿鞭膏在包装标签上未标明生产者的名称、地址、联系方式、生产日期、产品标准代号等基本信息，不符合食品安全标准，会影响食品安全，也会对消费者造成误导，不属于标签瑕疵。刘某购买鹿胎膏和鹿鞭膏未超出其个人和家庭等生活消费需要，故刘某请求某鹿业公司支付价款十倍惩罚性赔偿金，应当依法支持。

《中华人民共和国食品安全法》第一百四十八条第二款规定经营者承担惩罚性赔偿责任的条件是经营明知是不符合食品安全标准的食品，而非已经或者确定会对消费者生命健康造成损害的食品。食品安全不容有万分之一的风险。有的不符合食品安全标准的食品，对人体健康的危害具有潜伏性、长期性，因此，消费者主张生产经营者依据《中华人民共和国食品安全法》第一百四十八条第二款规定承担惩罚性赔偿责任，生产者或者经营者以未造成消费者人身损害为由的抗辩不能成立。本案对于明确预包装食品包装标签的价值、经营者承担惩罚性赔偿责任的条件、标签瑕疵的认定规则具有典型意义。

购买食品发现不符合食品安全标准后再多次追加购买的，以未超出购买者合理生活消费需要部分为基数计算十倍惩罚性赔偿金

——沙某诉安徽某食品科技有限公司网络买卖合同纠纷案

《食品安全惩罚性赔偿典型案例》案例三

2023 年 11 月 30 日

【基本案情】

原告沙某于 2020 年 12 月 15 日在被告安徽某食品科技有限公司开设的网店购买了 30 盒“黄芪薏米饼干”，付款 516 元。2020 年 12 月 18 日签收后，发现不符合食品安全标准，又分别于 2020 年 12 月 30 日、2021 年 1 月 12 日、2021 年 3 月 3 日，先后购买 40 盒、60 盒、100 盒“黄芪薏米饼干”，分别付款 636 元、1134 元、1890 元。四次总计付款 4176 元。沙某以产品中添加有黄芪粉，违反了有关规定为由起诉请求经营者退还价款 4176 元，支付相当于价款十倍的赔偿金 41760 元。

【裁判理由】

审理法院认为，国家有关部门就在食品中添加黄芪等 9 种药材开展试点工作，明确了试点审批要求。安徽某食品科技有限公司未按国家规定取得有关部门审批同意就私自在案涉饼干中添加黄芪并进行生产销售，违反我国关于食品安全的相关规定，属于生产经营不符合食品安全标准食品的行为，应依法承担责任。沙某首单购买 30 盒“黄芪薏米饼干”未超出合理生活消费需要，对其就该部分饼干提出的惩罚性赔偿请求应予支持。但是，沙某在收到首单饼干并确认饼干不符合食品安全标准后又在两个多月时间内多次向同一商家大量加购同款饼干，加购数量共计 200 盒，总重量高达 18.4 公斤。综合考量案涉饼干的保质期、普通消费者通常的生活消费习惯等因素，沙某的加购行为超出正常的生活消费所需，对其就加购饼干提出的惩罚性赔偿请求不应支持，故判决支持沙某就首单购买饼干提出的惩罚性赔偿请求。

【典型意义】

《最高人民法院关于审理食品药品纠纷案件适用法律若干问题的规定》第三条规定："因食品、药品质量问题发生纠纷，购买者向生产者、销售者主张权利，生产者、销售者以购买者明知食品、药品存在质量问题而仍然购买为由进行抗辩的，人民法院不予支持。"人民法院在适用本条司法解释时，应当与《中华人民共和国消费者权益保护法》第二条和《中华人民共和国食品安全法》第一百四十八条规定相结合，在"生活消费需要"范围内支持"购买者"关于支付价款十倍惩罚性赔偿金的诉讼请求。本条解释所规定的"购买者"的购买行为，既包括消费行为也可能包括超出生活消费需要的非消费行为，"购买者"仅对所购食品未超出其个人和家庭等合理生活消费需要的部分，有权主张价款十倍惩罚性赔偿金。

本案中，沙某首次购买30盒"黄芪薏米饼干"，收货并确认饼干不符合食品安全标准后又连续加购三次，加购数量达200盒。人民法院综合考虑食品的保质期、普通消费者通常的生活消费习惯、购买次数及间隔时间等因素，认定沙某首次购买30盒"黄芪薏米饼干"符合合理生活消费需要，并据此确定计算惩罚性赔偿金的基数，对于正确适用食品安全惩罚性赔偿制度，打击违法生产经营行为，引导消费者诚信、理性维权，服务和保障经济社会高质量发展具有积极意义，实现了保护食品安全与维护生产经营秩序两种价值取向的平衡。

购买食品时故意分多次小额支付并主张每次结算赔偿一千元的，应以合理生活消费需要为限在付款总额内确定计算惩罚性赔偿金的基数

——张某诉上海某生鲜食品有限公司买卖合同纠纷案

《食品安全惩罚性赔偿典型案例》案例四

2023年11月30日

【基本案情】

2016年2月20日，原告张某在被告上海某生鲜食品有限公司购买了6枚

熟散装咸鸭蛋，每枚单价人民币 2.20 元，生产日期为 2015 年 8 月 23 日，保质期为 180 天。原告同时通过银行卡刷卡支付 6 次，由被告同时分别开具 6 枚咸鸭蛋购物小票 6 张。该批咸鸭蛋已过保质期 1 天。2 月 21 日，原告又在被告处购买了相同批次的 40 枚咸鸭蛋，同时通过银行卡刷卡支付 40 次，由被告同时分别开具 40 枚咸鸭蛋购物小票 40 张。该批咸鸭蛋已过保质期 2 天。原告以 46 枚咸鸭蛋均已过保质期为由向当地市场监督管理局举报，经调解未成，诉至法院，请求被告退还原告购物款 101.20 元，并由原告退还被告 46 枚咸鸭蛋；由被告按照每枚最低赔偿 1000 元计算共计赔偿 46000 元。

【裁判理由】

审理法院认为，原告在被告处购买 46 枚咸鸭蛋，购买当时均已过保质期，故原告以案涉产品不符合食品安全标准为由主张退款退货，于法有据，应予支持。被告销售超过保质期食品，属于“经营明知是不符合食品安全标准的食品”，应当承担惩罚性赔偿责任。另，双方虽就同一批次相同过期食品结算了 46 次，但被告系与张某同一消费者进行交易，而非与不同消费者进行交易。张某于 2 日内分 46 次结算购买 46 枚咸鸭蛋，并据此主张按照每枚咸鸭蛋赔偿 1000 元为标准计算惩罚性赔偿金共计 46000 元，明显与《中华人民共和国食品安全法》惩罚性赔偿制度精神不符，亦有悖于诚实信用原则，不应予以支持。张某购买 46 枚咸鸭蛋所支付的总金额为 101.20 元，未超出生活消费需要，应当以总金额为基数，计算惩罚性赔偿金。因此，审理法院判决被告退还原告购物款 101.20 元，赔偿原告 1012 元；原告返还被告熟散装咸鸭蛋 46 枚。

【典型意义】

购买者故意在单次交易中进行数次或者数十次小额付款，并依照《中华人民共和国食品安全法》第一百四十八条第二款关于增加赔偿的金额不足一千元应按一千元计算的规定，请求每次结算赔偿一千元，按结算次数累计计算惩罚性赔偿金，不符合消费者通常交易习惯，与《中华人民共和国食品安全法》第一百四十八条第二款规定的惩罚性赔偿制度精神不符。人民法院应当在合理生活消费需要范围内，将购买人分次支付价款的总额作为计算惩罚性赔偿金的基数，判决生产经营者支付价款十倍惩罚性赔偿金。本案中，原告购买46枚咸鸭蛋，共支付价款101.20元，未超出其个人和家庭等的合理生活消费需要，审理法院以其实际支付的总价款101.20元为基数，计算价款十倍惩罚性赔偿金，明确了人民法院坚持在“生活消费需要”范围内支持“消费者”关于惩罚性赔偿诉讼请求的立场，既保护广大人民群众“舌尖上的安全”，又维护诚信有序的生产经营秩序。

某石材公司与某采石公司买卖合同纠纷案

《最高人民法院发布民法典合同编通则司法解释相关典型案例》案例九

2023年12月5日

【裁判要点】

非违约方主张按照违约行为发生后合理期间内合同履行地的市场价格与合同价格的差额确定合同履行后可以获得的利益的，人民法院依法予以支持。

【简要案情】

某石材公司与某采石公司签订《大理石方料买卖合同》，约定自某采石公司在某石材公司具备生产能力后前两年每月保证供应石料1200立方米至1500立方米。合同约定的大理石方料收方价格根据体积大小，主要有两类售价：每立方米350元和每立方米300元。自2011年7月至2011年9月，某采石公司向某石材公司供应了部分石料，但此后某采石公司未向某石材公司供货，某石材公司遂起诉主张某采石公司承担未按照合同供货的违约损失。某采石公司提供的评估报告显示荒料单价为每立方米715.64元。

【判决理由】

生效裁判认为，某采石公司提供的评估报告显示的石材荒料单价每立方米715.64元，是某石材公司在某采石公司违约后如采取替代交易的方法再购得每立方米同等质量的石料所需要支出的费用。以该价格扣除合同约定的供货价每立方米350元，即某石材公司受到的单位损失。

【司法解释相关条文】

《最高人民法院关于适用〈中华人民共和国民法典〉合同编通则若干问题的解释》第六十条第三款 非违约方依法行使合同解除权但是未实施替代交易，主张按照违约行为发生后合理期间内合同履行地的市场价格与合同价格的差额确定合同履行后可以获得的利益的，人民法院应予支持。

依法确认“买青山”合同效力，维护农产品市场交易秩序

——杜某某与全某某买卖合同纠纷案

《最高人民法院发布涉农民事典型案例》案例 6

2024 年 1 月 23 日

【基本案情】

2021 年 11 月 30 日，杜某某求购全某某所种植的尚在生长期内的萝卜，双方协商后达成“买青山”合意，并签订《蔬菜买卖合同》，约定全某某将其种植的 39.5 亩白萝卜以每亩人民币 9200 元卖给杜某某，杜某某在签订合同时付定金 18 万元，在接收第二车萝卜期内结清货款；签订合同之日起，全某某要负责管理好合同对应范围内的白萝卜，保证萝卜没有受到病虫害的影响；杜某某收获白萝卜时，若发现全某某没有做好白萝卜生长期内的病虫害防治工作，则有权终止合同，并要求全某某赔偿杜某某双倍损失；杜某某在收获白萝卜时发现白萝卜虫眼或灰霉点超过 10%，则有权终止合同并要求全某某退回合同内未收获面积对应货款；杜某某在 2022 年 1 月 22 日前必须拔扯完在全某某处购买的本次萝卜，如未拔扯完，算杜某某自愿放弃。

案涉萝卜种植于 2021 年 9 月 22 日至 2021 年 9 月 24 日之间，生长期通常情形下为 3 个月左右。自 2021 年 12 月 7 日起，全某某多次通知杜某某接收萝卜，杜某某予以拒绝。2022 年 1 月 11 日之前，杜某某在与全某某的微信聊天中认可案涉萝卜是“好萝卜”，称未接收萝卜是因为运送萝卜的冷藏车因道路原因进不了装运萝卜的场地。2022 年 1 月 15 日之后，杜某某称在案涉萝卜中发现灰霉点，电话通知全某某解除案涉合同并要求退还已付款。后双方诉至法院，杜某某请求确认合同于 2022 年 1 月 15 日解除，全某某返还已给付的定

金及预付款 182000 元，全某某反诉请求杜某某支付剩余款项。

【裁判结果】

审理法院认为，案涉双方虽约定了解除合同的相关情形，但当事人双方未能就约定解除情形中“灰霉点”的定义达成一致，而原告方杜某某未能证明萝卜存在合同约定的“灰霉点”或者其他病虫害情形，亦未证明双方协商一致同意解除案涉合同，故对其请求人民法院判决确认案涉《蔬菜买卖合同》已于 2022 年 1 月 15 日解除，全某某返还已给付的定金及预付款 182000 元的诉讼请求不予支持。按双方合同约定，全某某已履行了交付萝卜的合同义务，杜某某拒不接收案涉萝卜构成违约，应由杜某某承担案涉萝卜毁损、灭失的风险。法院判决杜某某清偿全某某剩余萝卜款 138324 元并驳回了杜某某的诉讼请求。

【典型意义】

近年来，一种名为“买青山”的新型农产品交易模式逐渐兴起，即农户将土地上尚未成熟的农产品提前出售给收购方，由农户继续履行管护义务，待农产品成熟后再交予收购方。此种交易模式有效解决了种植户与收购方之间因农产品保质期较短造成的购销两难问题，进一步激发了农产品交易的市场活力，对于盘活农业资源、增加农民收入、促进生产要素合理流动，构建新型农业经营体系发展格局具有积极意义。实践中，由于该种交易模式的订立时间可为农作物生长周期内的任一节点，合同价格不因农作物产量变化而改变，也不随市场价格波动而调整，种植农户与收购方订立的买卖合同通常也不够规范，一旦出现价格波动、严重减产等情况，买卖双方极易发生纠纷。本案判决对于处理“买青山”农产品交易模式案件具有示范意义，对于保护农产品交易市场稳定，维护农民合法权益具有积极作用。同时，人民法院积极延伸审判职能，向辖区农民推荐使用标准化示范合同文本，为“买青山”交易模式填漏洞降风险，规范辖区农产品交易市场秩序，保障辖区农产品交易市场健康发展，起到了十分重要的作用。

颜某诉某孕婴用品店买卖合同纠纷案

——销售者虚假宣传，消费者有权要求三倍赔偿

《最高人民法院发布涉未成年人食品安全司法保护典型案例》案例 2

2024 年 3 月 15 日

【基本案情】

颜某因女儿喝普通奶粉过敏，自 2018 年 4 月起到某孕婴用品店购买某产品作为奶粉的替代品。2020 年 5 月 14 日颜某再次到某孕婴用品店购买该产品，询问某孕婴用品店的经营者关某该产品的性能，关某明确表示该产品能“调节过敏体质”。颜某对此进行了录音录像。后颜某向当地市场监督管理局进行举报，称某孕婴用品店宣称商品能调节过敏症状，既构成虚假宣传行为，又构成引人误解的宣传行为，已造成举报人的误解，导致其购买并长期给孩子使用固体饮料。2021 年 7 月 23 日，市场监督管理局作出某市监处字［2021］第 108 号行政处罚决定书，以某孕婴用品店构成虚假宣传为由，责令某孕婴用品店停止违法行为并处罚款 30 万元等。后颜某诉至法院，要求某孕婴用品店返还价款并支付惩罚性赔偿金。

【裁判结果】

法院经审理认为，根据《中华人民共和国食品安全法》的规定，生产经营者对其提供的标签、说明书的内容负责；食品广告的内容应当真实合法，不得含有虚假内容，不得涉及疾病预防、治疗功能；食品生产经营者对食品广告内容的真实性、合法性负责。我国对特殊食品有更严格的监管规定。因此，无论是普通食品还是特殊食品均不得涉及疾病预防、治疗功能的宣传。某孕婴用品店故意以“调节过敏体质”的说辞误导消费者，属于以虚假或者引人误解的商品说明方式销售商品，构成欺诈。根据《中华人民共和国消费者权益保护法》第五十五条的规定，消费者有权要求按消费金额的三倍赔偿。遂判决某孕婴用品店退还货款并向颜某支付价款三倍惩罚性赔偿金 54624 元。

【典型意义】

婴幼儿食品直接关乎未成年人的健康成长。现实生活中，存在虽然产品质量合格但销售者虚假宣传的情形。本案中，销售者宣称售卖的固体饮料能够调节过敏体质，误导消费者，会给婴幼儿身体造成损害。此类行为在当前侵害未成年人食品安全行为中具有典型性，该案判决对遏制虚假宣传，倡导诚信经营，推动构建食品生产经营健康秩序，具有重要意义。

5. 建设用地使用权合同

梁某运与霍邱县人民政府国土资源局建设用地使用权出让合同纠纷案

《最高人民法院发布关于依法平等保护非公有制经济，促进非公有制经济健康发展民事商事典型案例》第 1 号

2016 年 4 月 8 日

【基本案情】

2014 年，梁某运通过招投标竞得霍国土出〔2011〕82 号国有建设用地使用权，与霍邱县人民政府国土资源局签订的《国有建设用地使用权挂牌成交确认书》《国有建设用地使用权出让合同》约定：霍邱县人民政府国土资源局在 2014 年 9 月 17 日前将出让宗地交付给梁某运，用地使用权出让金为 5953350 元，定金为 400 万元，定金抵作土地出让价款，自合同签订之日起 60 日内一次性付清。合同约定出让人未按时提供出让土地超过 60 日，经催交后仍不能交付土地的，受让人有权解除合同，出让人应当双倍返还定金，并退还已经支付国有建设用地使用权出让价款的其余部分，受让人并可请求出让人赔偿损失。合同签订后，梁某运交纳定金 400 万元，并交清余下 1953350 元，但霍邱县人民政府国土资源局未依约交付土地。梁某运提起诉讼，请求人民法院判决霍邱县人民政府国土资源局双倍返还定金 800 万元、退还已支付土地出让金 1953350 元，赔偿损失 100 万元。

【裁判结果】

安徽省六安市中级人民法院一审认为，本案《建设用地使用权出让合同》合法有效。梁某运依照合同约定的期限交清了全部土地出让金，霍邱县人民政府国土资源局未在合同约定的期限内交付适合开发的建设用地已构成违约，依法应当承担违约责任。根据合同约定，梁某运有权解除合同，要求霍邱县人民政府国土资源局双倍返还定金、返还已交付的土地出让金，并承担赔偿责任。但本案合同约定的定金数额明显过高，依法应当调整。梁某运主张的损失无充分证据证实，其虽确实存在运营及融资成本，但考虑双倍返还定金的数额并未过分高于或低于其实际损失，故对其要求另行支付利息及赔偿损失的诉讼请求依法不予支持。判决：一、解除梁某运与霍邱县人民政府国土资源局签订的《国有建设用地使用权出让合同》；二、霍邱县人民政府国土资源局双倍返还梁某运定金 238.134 万元；三、霍邱县人民政府国土资源局返还梁某运已交纳的土地出让金 476.268 万元；三、驳回梁某运的其他诉讼请求。一审宣判后，双方当事人均未上诉。

【典型意义】

本案是关于违反国有土地使用权出让合同约定应当承担相应违约责任的典型性案例。实践中，在国有土地使用权出让过程中，由于一些地方政府的不规范行为，造成与非公有制企业签订国有土地使用权出让合同后，不能按约交付土地，侵害了非公有制经济主体的合法权益。在此情况下，依法维护非公有制经济主体的合同权益，是对其民事权利平等保护原则的重要体现。本案中，霍邱县人民政府国土资源局通过公开招投标程序与梁某运签订了土地使用权出让合同，梁某运也按照合同约定交纳了土地出让金，但霍邱县人民政府国土资源局没有依约交付土地构成违约，梁某运根据合同约定要求解除合同、返还土地出让金、双倍返还定金等合理请求，均得到了人民法院的支持。人民法院审理该案件时，平等对待政府机关和非公有制经济主体，准确适用《合同法》相关规定，依法支持梁某运的相关诉讼请求，妥善维护了非公有制经济的合法权益。

上诉人河南某纺织有限公司与上诉人开封某置业有限公司、原审第三人河南某置业有限公司、朱某土地使用权转让合同纠纷案

——（2017）最高法民终669号

《最高人民法院第四巡回法庭当庭宣判十大案例》第8号

2017年12月25日

【案情简介】

河南某纺织有限公司（以下简称某纺织公司）与开封某置业有限公司（以下简称某置业公司）先后签订《联合开发协议》《股权转让补充协议》，约定双方联合开发某纺织公司名下的土地，某置业公司支付合同费用10983万元，某纺织公司负责企业改制并协助办理土地使用性质变更手续；同时某纺织公司承诺政府返还某置业公司上缴的土地价款时，某置业公司享有107806800元，超出部分归某纺织公司。合同签订后，某置业公司支付10980万元并取得案涉土地使用权。开封市政府返还土地价款310924600元后，双方对该款项如何分配产生争议。某纺织公司诉至一审法院，请求判令某置业公司支付项目转让费205291328元及相应利息。一审法院认为，开封市政府拨付给某置业公司310924600元，扣除某置业公司享有的107806800元，再扣除之前已经支付给某纺织公司的10980万元，某置业公司应再向某纺织公司支付93317800元。双方均提出上诉。

二审改判某置业公司向某纺织公司支付201124600元及相应利息。

【实务总结】

通过审阅当事人上诉、答辩材料以及一审卷宗，承办人发现本案事实复杂，不仅当事人签订多份合同包含复杂的权利义务内容，还涉及当地政府有关企业改制政策的准确理解。一审中，双方当事人举证并不充分，一审法院也未对部分关键事实予以查清。此种情况下，二审合议庭高度重视庭前会议，通过庭前会议整理归纳了二审争议焦点，引导当事人对争议的事实问题进行标题式举证，以便在全案纷杂的事实中剥离出对当事人争议问题起关键作用

的关键事实。除解决前述问题外，庭前会议还对发现的需进一步核实的部分证据、事实进行提示，以便双方在正式庭审中真正做到有备而来、有备不乱。实践证明，扎实有效的庭前会议为本案庭审顺利进行，实现当庭宣判，奠定了坚实基础。

某公司与某某县国土局土地使用权出让合同纠纷案

《最高人民法院发布人民法院充分发挥审判职能作用保护产权和企业家合法权益典型案例（第二批）》第 2 号

2018 年 12 月 4 日

【基本案情】

2009 年，某某地方政府招商引资高科技项目，某公司与某某县国土局签订土地使用权出让合同并已实际占有、开发建设案涉工业用地。在某公司积极投资建设过程中，当地政府调整了包括某公司案涉土地在内的 200 余亩用地规划。案涉土地被政府单方收回并由某某县国土局另行高价出让，由其他公司拍得并开发房地产。某公司的投资建设被拆除，其损失未获赔偿。某公司于 2013 年 1 月以某某管委会和某某县国土局为被告提起民事诉讼，请求赔偿损失。

【裁判结果】

一审法院以本案为国有土地使用权出让合同纠纷并非民事案件受理范围为由裁定驳回起诉。某公司不服上诉。最高人民法院裁定本案由一审法院审理。一审法院审理后，仅判决支持了某公司地上物的基建损失，未考虑到民营企业的履行利益损失。某公司不服，向最高人民法院提起上诉。

最高人民法院二审认为，地方政府招商引资出让土地使用权给某公司，后又单方收回另行出让给案外人，导致案涉出让合同不能继续履行，客观上终结了招商引资进程，违背了某公司落地投产的意愿，构成根本违约，应承担相应责任。某公司请求解除合同并返还已经支付的国有土地使用权出让金、投资款、租金及承担损害赔偿责任的诉讼请求，依法应予支持。最高人民法院综合考虑某某县国土局因违约行为的获利、案涉工业用地的土地使用权利益、某公司实际投入的资金数额、资金使用利益的损失及未来经营收益、市场风险等因素，判决某某县国土局赔偿某公司直接损失及相关合同利益总计1000万余元。

案例索引：中华人民共和国最高人民法院（2017）最高法民终340号民事判决书。

【典型意义】

当前，地方政府在发展地方经济过程中以“新官不理旧账”、政策变化、规划调整等理由违约、毁约，侵犯了民营企业家合法权益的行为不同程度存在。对此，《中共中央、国务院关于完善产权保护制度依法保护产权的意见》明确要求：“大力推进法治政府和政务诚信建设，地方各级政府及有关部门要严格兑现向社会及行政相对人依法作出的政策承诺，认真履行在招商引资、政府与社会资本合作等活动中与投资主体依法签订的各类合同。”《中共中央、国务院关于营造企业家健康成长环境弘扬优秀企业家精神更好发挥企业家作用的意见》也明确要求：“研究建立因政府规划调整、政策变化造成企业合法权益受损的依法依规补偿救济机制。”《最高人民法院关于充分发挥审判职能作用为企业家创新创业营造良好法治环境的通知》（法〔2018〕1号）则更具体要求：“对于确因政府规划调整、政策变化导致当事人签订的民商事合同不能履行的，依法支持当事人解除合同的请求。对于当事人请求返还已经支付的国有土地使用权出让金、投资款、租金或者承担损害赔偿责任的，依法予以支持。”本案为最高人民法院二审改判案件，针对地方政府的违约毁约行为，依法判决政府有关部门承担违约责任，有利于规范地方政府在招商引资中的不规范行为，严格兑现其依法作出的承诺，对于推动地方政府守信践诺和依法行政，保护企业家合法生产经营权益，促进经济持续平稳健康发展具有积极意义，对于处理同类案件具有典型指引价值。

王某平等人与某某港公司合同纠纷案

《最高人民法院发布人民法院充分发挥审判职能作用保护产权和企业家合法权益典型案例（第二批）》第3号

2018年12月4日

【基本案情】

某铁路客运专线规划线路需穿越王某平等人投资经营的水田石矿场，因采石爆破会给穿越该矿场的隧道造成安全危险，某某港铁路客运专线设计单位于2005年12月6日致函某某市政府，请求该政府协调关闭该水田石矿场。经某某市政府协调，水田石矿场停产，就有关关闭补偿事宜由王某平等人与某某港铁路客运专线建设单位通过协商解决。某某港公司成立后，亦同意协商解决水田石矿场停产补偿事宜，并于2007年6月中旬致函某某市政府，委托某某市政府协调办理水田石矿场的补偿事宜。经某某市人民政府有关部门多次协调某某港公司与王某平等人，某某港铁路客运专线如期开工。水田石矿场于2008年2月收到预付补偿款5000万元，而对于双方此前协商的生产线机器设备残值、填土费、青苗费等补偿款和经营损失、员工误工及遣散费，则未得到补偿。王某平等人于2014年提起诉讼，请求某某港公司支付拖欠的生产线补偿费954.68万元及利息损失约229.12万元，赔偿经营损失14378万元及利息3450.72万元，赔偿员工误工及遣散费648万元及利息损失约155.52万元。

【裁判结果】

一审法院判决支持了王某平等人关于某某港公司支付尚欠补偿款、经营损失、员工误工及遣散费54410758元的诉讼请求。二审法院认为，由政府部门主导关闭王某平等人经营的水田石矿场后，双方因补偿问题引发的纠纷，应当参照适用《城市房屋拆迁管理条例》规定向行政管理部门申请裁决，不应作为民事案件受理。据此，二审法院裁定撤销一审法院判决，驳回王某平等人的起诉。王某平等人不服二审判决，向最高人民法院申请再审。最高人民法院再审认为，政府并未对案涉矿场进行行政征收，王某平等人和施工企业就其案涉矿场的补偿问题的诉讼，属于平等主体之间的民事纠纷，不属于行政纠纷。二审法院将本案案由确定为房屋拆迁安置补偿合同纠纷，并驳回王某平等人的起诉，适用法律错误，应予纠正。据此，最高人民法院再审判决，撤销二审判决，维持一审判决。

案例索引：最高人民法院（2016）最高法民再428号民事判决书。

【典型意义】

《产权意见》明确要求："完善土地、房屋等财产征收征用法律制度，合理界定征收征用适用的公共利益范围，不将公共利益扩大化。"实践中，一些法院存在将同公共利益仅具有牵连关系的争议排除在民事争议范围之外的片面做法，这一定程度上加大了产权人和企业家的维权成本，使得产权人和企业家的合法权益不能得到及时保护，甚至使其合法权益无法得到保障。本案中，王某平等人积极配合相关铁路线路的施工，并得到了有关政府文件的认可，但之后的相关经营损失及员工误工和遣散费等却迟迟得不到补偿。最高人民法院审理认为，政府并未对案涉矿场进行行政征收，王某平等人和施工企业就其案涉矿场的补偿问题的诉讼，属于平等主体之间的民事纠纷，不属于行政纠纷。据此，最高人民法院依法纠正了二审判决，维持了一审判决，支持了王某平等人赔偿损失的请求，这有利于切实强化各类市场主体的契约意识、规则意识和责任意识。本案对于进一步合理界定征收征用的公共利益范围，不将公共利益扩大化具有典型的指引价值。

6. 采矿权转让合同

王某龙与刘某波采矿权转让合同纠纷案

《最高人民法院公布九起环境资源审判典型案例》第9号

2014年7月4日

【基本案情】

2007年8月27日，王某龙以兴隆县龙某大理石厂的名义与刘某波订立了矿山转让合同书，该合同约定王某龙将兴隆县龙某大理石厂作价 305 万元转让给刘某波。合同还对付款期限，违约责任等内容进行了约定。合同签订后，刘某波共支付转让款等款项共计 133.5 万元。刘某波修建了矿路及部分厂房，但未对该大理石矿进行开采。后王某龙以刘某波未足额付款为由提起诉讼请求判令解除矿山转让合同，刘某波返还矿山并给付违约金 76 万元。刘某波提起反诉请求判令王某龙继续履行合同并赔偿损失 108.8 万元。

【裁判结果】

承德市中级人民法院一审判决驳回双方的诉讼请求。双方不服上诉至河北省高级人民法院。该院二审认为，王某龙和刘某波均认可本案转让合同的标的物为大理石矿及相应采矿权，双方所签矿山转让合同已成立，但属于依照法律规定应到相关部门办理批准手续才能生效的合同。由于合同对移交矿山手续等约定不明，双方对合同未能履行均负有责任。对于按照法律、行政法规的规定须经批准或者登记才能生效的合同，双方当事人均应积极履行各自的义务，促使合同生效，以维护交易各方的合法权益。二审法院于 2011 年 2 月作出判决，判令王某龙、刘某波按照各自义务向有关部门提交相关资料，申请办理转让兴隆县龙某大理石矿的批准手续。王某龙仍不服，向最高人民法院申请再审，最高人民法院裁定驳回再审申请。

【典型意义】

矿产资源是人类生存和经济社会可持续发展的重要物质基础。采矿权的转让审批，是国家规范采矿权有序流转，实现矿产资源科学保护、合理开发的重要制度。采矿权转让未经审批的，转让合同尚未发生法律效力。二审法院在审理本案过程中严格依照法律规定，认定转让合同因未经审批而未生效，并判令双方按照各自义务办理采矿权转让报批手续，积极促使合同生效，维护了采矿权市场交易秩序，也符合《合同法》鼓励交易、创造财富的原则。

陈某全与确山县某矿业开发有限公司采矿权转让合同纠纷案

《最高人民法院发布十起审理矿业权民事纠纷案件典型案例》第3号

2016年7月12日

【基本案情】

2014年1月15日，陈某全与某公司签订采矿权转让协议，约定某公司将其采矿权作价360万元转让给陈某全，并积极配合陈某全办理采矿许可证。合同签订后，陈某全依约付清了全部款项。2014年2月15日，某公司委托陈某全向河南省国土资源厅办理采矿许可证延期手续，并于2014年7月21日办理完毕。嗣后，某公司拒绝配合陈某全办理采矿权转让的批准、登记手续。陈某全提起诉讼，请求确认采矿权转让协议有效，由某公司配合陈某全办理采矿权转让手续。

【裁判结果】

河南省确山县人民法院一审认为，采矿权转让协议合法有效，由陈某全办理采矿权转让相关手续。河南省驻马店市中级人民法院二审认为，陈某全与某公司就案涉采矿权转让意思表示一致，均在转让协议上签字，该协议已成立。根据国务院《探矿权采矿权转让管理办法》的规定，采矿权转让应报请国土资源主管部门审批，转让合同自批准之日起生效。案涉采矿权转让协议成立后，双方当事人在协议中约定的报批义务条款即具有法律效力，某公司未依约办理报批手续，有违诚实信用原则。根据《最高人民法院关于适用〈中华人民共和国合同法〉若干问题的解释（二）》第八条的规定，人民法院可根据案件具体情况和相对人的请求，判决相对人自己办理有关手续。二审法院判决采矿权转让协议成立，由陈某全办理采矿权转让相关手续。

【典型意义】

对矿业权的转让进行审批，是国家规范矿业权有序流转，实现矿产资源科学保护、合理开发的重要制度。矿业权转让合同未经国土资源主管部门批准并办理矿业权变更登记手续，不发生矿业权物权变动的效力，但应确认转让合同中的报批义务条款自合同成立时起即具有法律效力，报批义务人应依约履行。在转让合同不具有法定无效情形且报批义务具备履行条件的情况下，相对人有权请求报批义务人履行报批义务；人民法院依据案件事实和相对人的请求，也可以判决由相对人自行办理报批手续。允许相对人自行办理报批手续既符合诚实信用和鼓励交易的原则，也有利于衡平双方当事人的利益。

【点评专家】

崔建远，清华大学法学院教授、博士生导师。

【点评意见】

绝大多数合同自成立时生效，但有些合同因附生效条件或者始期，应于条件成就或者始期届至时发生履行的效力。亦有合同由法律、行政法规规定自行政主管部门办理完毕批准、登记等手续时生效。诉争《转让矿山协议》便属于《合同法》第四十四条第二款规定的以行政主管部门审核批准为生效要件的合同。此类合同经国土资源主管部门审核批准时发生法律效力，于国土资源主管部门不予批准时确定地不生效力，于国土资源主管部门尚未表态时处于尚未生效的状态。

实践中，有关矿业权转让合同效力认定，存在《物权法》第十五条、《合同法》第四十四条第二款和《探矿权采矿权转让管理办法》第十条第三款规定相冲突的争议。《物权法》第十五条规定的所谓物权登记，系设权登记。以设权登记为生效要件的物权变动场合，设权登记与否决定物权是否发生变动，但并不影响转让合同等引发物权变动的原因行为的效力。但并非由此可以得出所有的合同都不再适用《合同法》第四十四条第二款的规定。作为物权变动生效要件的登记，和作为合同生效要件的行政主管部门的审核批准，是两个不同概念。《物权法》第十五条的规定与登记有关，却与行政主管部门的审核批准相去甚远。相比《合同法》第四十四条第二款规定的合同特别生效要件而言，《物权法》第十五条只是对原因行为的一般规定，且并未从积极层面规定原因行为的生效要件，仅系从消极角度宣明物权变动所需要的登记不再是原因行为的生效要件。以国土资源主管部门审核批准为生效要件，是防止矿业权移转给缺乏资质的受让人，避免自然资源浪费，降低乃至减少矿难发生所必要。即使在行政管理体制改革、简政放权的背景下，仍应予以尊重。

唯应注意的是，对矿业权转让合同中的报批义务的定位和定性上，应采取法定义务、先合同义务的解释路径，属于异于矿业权转让义务及相应付款义务之外的独立义务，其效力不受转让合同未经审批的影响。

四川省宝兴县某大理石矿与李某采矿权承包合同纠纷案

《最高人民法院发布十起审理矿业权民事纠纷案件典型案例》第4号

2016年7月12日

【基本案情】

宝兴某矿具备合法有效的采矿许可证及相关证照。2009年9月22日，宝兴某矿与李某签订《协议书》，约定：宝兴某矿提供合法采矿手续，提供采矿现场和电力设施、公路、炸药库房等基础设施；矿区新增林地、公路合作期满后归宝兴某矿所有；李某向宝兴某矿支付固定数额的费用，享有生产经营自主权，自行组织生产、营销的人员，承担工资费用，照章纳税；如宝兴某矿违约，应赔偿李某所有投入的费用。李某按约提供前期投资并进行开采。宝兴某矿提起诉讼，请求确认《协议书》无效，李某停止生产并退场、返还矿山及相关设备设施。

【裁判结果】

四川省雅安市中级人民法院一审认为，《协议书》系以承包方式转让采矿权的合同，应为无效。四川省高级人民法院二审认为，采矿权转让是将采矿权全部权益进行转让，并且要变更采矿权的主体。而《协议书》约定，宝兴某矿具备有效的采矿许可证及相关法律规定的证照，负责在法律规定和允许的情况下提供一切合法采矿手续，提供采矿现场和电力设施、公路、炸药库房等基础设施，采矿权的主体不发生变化。在实际履行过程中，对外关系上亦均是以宝兴某矿的名义进行。李某向宝兴某矿支付固定数额的费用，自行组织生产、营销人员，承担工资费用，照章纳税；享有生产经营自主权，均符合承包合同的特点，应认定为采矿权承包合同。虽然《协议书》约定李某的经营期限与宝兴某矿现有的采矿许可期限大体一致，但依照相关法律法规规定，宝兴某矿在期满后可申请续期。《协议书》只是合同双方当事人之间权利义务关系的内部约定，不以转让采矿权为合同目的，不违反法律、行政法规的强制性规定，应为有效。二审法院撤销一审判决，驳回了宝兴某矿的诉讼请求。

【典型意义】

我国矿产资源相关法律、行政法规禁止以承包形式转让采矿权。实践中，应区分以承包形式转让采矿权和采矿权承包两种流转方式的不同。当事人签订采矿权承包合同，约定发包人放弃对矿山的管理，除收取固定费用或者收益外不再履行作为采矿权人的全部法定义务，亦不再承担任何法律责任的，应认定为以承包形式转让采矿权。若当事人签订采矿权承包合同，同意他人与之共同进行采掘活动或者将开采权中所包含的经营管理权属赋予他人，但采矿权的权利主体不发生变更，发包人作为采矿权人不退出矿山管理，继续履行采矿权人的法定义务、承担相应法律责任的，在不违反法律、行政法规强制性规定的情况下，应依法确认其效力。

【点评专家】

姚辉，中国人民大学法学院教授、博士生导师。

【点评意见】

本案的焦点在于如何认定案涉双方签订的《协议书》之性质和效力，具体而言即采矿权转让合同与采矿权承包合同之争。学界通常认为采矿权系一种具有公权性质的私权，其因常涉及国家战略利益与国计民生而在权利转让方面被苛以较严格的条件与限制，即采矿权的转让除了具备转让与受让双方的真实意思表示以外，还需要征得相关行政主管部门的同意以及履行法律法规所规定的程序，更为重要的是倘若采矿权一旦转让，则采矿权的主体必须变更，原采矿权人的权利、义务亦将随之转移；而采矿权的承包则与之相异，其实质是采矿权人自由行使其开采权，采矿权人有权同意他人与之共同进行采掘活动或者将其开采权所包含的经营管理权属赋予承包人。此种做法在其性质上并不意味或者等同于采矿权的转让。本案的亮点在于二审法院正确而妥适地区分了承包采矿权与以承包形式转让采矿权，即区别二者的关键在于采矿权的权利主体是否变更，若采矿权人放弃享有采矿权的权利亦不履行经营管理义务，将采矿权完全交予承包人的，应认定为以承包形式转让采矿权，应当对其效力进行否定评价；若采矿权人仅是签订承包合同，并未退出矿山管理，亦继续履行义务、承担责任的，只要不违反效力性强制性规定，应当对合同效力予以肯认。

合同的性质认定与效力评价一直是司法实践中的难题，充分理解民法理论、准确适用现有法律法规，将二者完美衔接是解决上述问题的应有路径。

资中县某矿业公司、何某华与吕某鸿劳务承包合同纠纷案

《最高人民法院发布十起审理矿业权民事纠纷案件典型案例》第5号

2016年7月12日

【基本案情】

某公司系何某华一人投资的有限公司。2009年4月30日，吕某鸿与某公司签订《矿山开采劳务承包合同》，约定了开采方式、单价、双方的权利义务以及违约责任等。合同履行中，某公司向吕某鸿书面承诺，按合同约定定期结算并支付相关款项，如不支付导致吕某鸿因资金原因被迫停工，造成的损失由某公司负责。2010年2月25日，因吕某鸿开采行为给矿区村民造成损失，由某公司垫付48418元。某公司提起诉讼，请求判令确认《矿山开采劳务承包合同》无效，吕某鸿赔偿损失668418元。吕某鸿亦提起诉讼，请求判令某公司、何某华连带赔偿损失4635558.67元。上述两案合并审理，分案判决。

【裁判结果】

四川省资中县人民法院一审认为，《矿山开采劳务承包合同》构成矿业权变相转让，应为无效，判令吕某鸿给付某公司48418元，某公司、何某华连带给付吕某鸿劳务费及赔偿损失1682770.98元。四川省内江市中级人民法院二审认为，某公司与吕某鸿签订《矿山开采劳务承包合同》，将矿山的开采劳务承包给吕某鸿，仅是采矿劳务的承包，并不属于以承包形式擅自转让采矿权，合同应为合法有效，双方均应按照合同约定履行义务。双方的权利义务虽已于2010年7月29日终止，但并不影响根据合同进行清算和根据履行情况

要求赔偿损失等。二审法院判决吕某鸿给付某公司 93418 元，某公司、何某华连带给付吕某鸿劳务费及赔偿损失 309235.66 元。

【典型意义】

劳务承包在矿山企业的生产经营中大量存在，恰当认定承包合同的性质和效力有利于稳定交易秩序和维护交易安全。采矿权人将采矿任务发包给承包人完成，向承包人给付一定的劳务报酬，享有承包人的劳务成果的，其性质应认定为劳务承包合同。矿产资源勘查、开采的劳务承包不发生采矿权人主体的变更，不属于以承包形式转让采矿权，不受合同须经国土资源主管部门批准始生效的法律规制，在不违反法律、行政法规强制性规定的情况下，合同应确认合法有效。

【点评专家】

姚辉，中国人民大学法学院教授、博士生导师。

【点评意见】

本案涉及《合同法》第五十二条、《最高人民法院关于适用〈中华人民共和国合同法〉若干问题的解释（一）》第四条、《最高人民法院关于适用〈中华人民共和国合同法〉若干问题的解释（二）》第十四条、《矿产资源法》第四十二条和《探矿权采矿权转让管理办法》第十五条关于禁止以“承包方式擅自转让采矿权”的强制性规定等法律法规的理解与适用。其中《合同法》第五十二条属于引致性条款，目的是将《矿产资源法》和《探矿权采矿权转让管理办法》中的强制性规定引入到合同效力的评价当中，进而实现国家对采矿权转让合同特定管制的效果。但是，适用上述法律规定的前提要件是此合同系属以劳务承包为名，实为变相转让采矿权。本案亮点在于法院并未不加甄别地机械援引此条进而认定案涉合同无效，不然无疑会损害真实的劳务承包合同的效力，危及交易安全，并助长不诚信当事人的投机之风。当然，也不可置强制性规定所保护的公共利益于不顾而一律支持此类合同的效力，否则容易导致采矿权流入缺乏经营资质的经营主体之手的不良境况，故查明事实真相、平衡不同的价值进而确定合同的效力是正确的裁判思路。

本案在查明事实的基础上，从合同内容、矿产品的占有、处分权利归属、矿山企业的经营管理、采矿的名义人、承包人的自主权、采矿基础设施的投入和日常耗材的供应等诸多方面认定案涉合同属于劳务承包合同，且当事人的意思表示真实，故认定合同合法有效。这种依据多方面事实认定合同性质的做法，既关照了矿山经营中对劳务承包这种分工经营的实践需求，又体现了裁判者对当事人真实意思表示的尊重与保护，在法律法规以及相关政策的边界内对合同效力采容让态度，使得鼓励交易这一合同法中的原则得以较大程度地彰显。

朗某春与彭某辉、南华县某矿业有限公司采矿权合作合同纠纷案

《最高人民法院发布十起审理矿业权民事纠纷案件典型案例》第6号

2016年7月12日

【基本案情】

2009年，某矿业公司取得南华县兔街长梁子干龙潭锰矿采矿许可证。2010年5月23日，某矿业公司法定代表人彭某辉与郎某春签订合作协议，约定双方合作开发案涉锰矿，项目日常开发由郎某春成立专门机构实施。合同签订后，郎某春共计支付彭某辉323万元，并实施了采矿行为。2011年，国土资源主管部门因案涉锰矿存在漂移现象，向某矿业公司发出《停止采矿通知书》。某矿业公司虽提交了变更矿区范围的材料，但因其采矿权许可证遗失致变更手续办理未果。郎某春未能再继续实施开采行为。彭某辉认可郎某春支付的323万元用于矿山修路、挖洞、盖工棚及架电工程等。郎某春提起诉讼，请求确认合作协议未生效，彭某辉返还合作款及占用期间的利息，彭某辉、某矿业公司承担连带责任。

【裁判结果】

云南省楚雄彝族自治州中级人民法院一审认为，彭某辉无权以个人名义就某矿业公司采矿权对外与他人签订合同，合作协议约定由郎某春出资并成立专门机构实施采矿行为，构成采矿权的变相转让，协议应为无效，彭某辉、某矿业公司应连带返还郎某春323万元。云南省高级人民法院二审认为，合

作协议主体应为某矿业公司和郎某春；根据合同约定内容和实际履行情况，某矿业公司对矿山经营的财务监督、项目实施等依然进行管理，某矿业公司的采矿权主体资格并没有因双方签订合作协议而改变，不构成变相转让采矿权，但某矿业公司根本违约导致朗某春合同目的不能实现，遂判决解除合作协议并由某矿业公司返还郎某春 323 万元。最高人民法院经再审审查认为，二审法院为避免当事人诉累，在认定合作协议合法有效、无继续履行可能以及朗某春对矿山投资建设的设施归某矿业公司所有的前提下，结合朗某春的诉讼请求，判令解除合作协议，由某矿业公司返还朗某春 323 万元合作款，并无不当。

【典型意义】

矿业权合作合同履行中，矿业权人未放弃矿山经营管理，继续履行其法定义务并承担相应法律责任，矿业权主体并未发生变更的，不构成矿业权变相转让，合作合同不受自国土资源主管部门批准之日起生效的法律限制。当事人以未办理审批手续为由请求确认合作合同无效或者未生效的，人民法院不予支持。矿业权民事纠纷案件中，合同效力之争较为常见，尤其在当事人主张和人民法院认定不一致的情况下，人民法院应根据诉讼经济和利益衡平原则，结合具体案件事实和诉讼请求，准确界定合同性质、正确评价合同效力。

【点评专家】

王轶，中国人民大学法学院教授、博士生导师。

【点评意见】

正确认定合同的效力是妥当处理合同纠纷的关键。就本案而言，当事人之间签订的《合同协议书》效力如何，同样影响着最终的裁断。从《合同协议书》的约定来看，并没有一方将采矿权转让给另一方的条款，而是约定在开采矿山的过程中，各方都以不同方式参与经营管理。因此，本案没有适用《矿产资源法》第六条第一款第二项规定的空间。

事实上，即使是已取得采矿权的矿山企业，因企业合并、分立，与他人合资、合作经营，或者因企业资产出售以及有其他变更企业资产产权的情形而需要变更采矿权主体的，在尚未依据《矿产资源法》第六条第一款第二项的规定办理批准手续之前，也不能援引《合同法》第五十二条第五项认定当事人之间订立的采矿权转让合同无效。因为批准手续的办理，是采矿权转让合同的法定特别生效条件。该条件未满足的，依据《最高人民法院关于适用〈中华人民共和国合同法〉若干问题的解释（一）》第九条第一款前段的规定，采矿权转让合同中须经批准方可生效的条款处于未生效的状态；依据《合同法》第四十四条第一款以及《民法通则》第五十五条的规定，采矿权转让合同中无须批准即可生效的条款自依法成立之时起生效。此时采矿权转让合同并非无效合同，而是尚未完全生效的合同。

7. 房地产开发经营合同

上诉人某投资集团有限公司与被上诉人湖北某（集团）股份合作开发房地产合同纠纷案

——（2017）最高法民终664号

《最高人民法院第四巡回法庭当庭宣判十大案例》第9号

2017年12月25日

【案情简介】

湖北某（集团）股份有限公司（以下简称某房地产公司）与某投资集团有限公司（以下简称某投资公司）就某村“城中村”综合改造合作事宜签订《联合开发合同》，并在履行该《联合开发合同》过程中签订了与之相关的拆迁补偿协议、转让协议、借款合同、购房合同、质押担保合同，某房地产公司还为某投资公司垫付了部分款项。后因发生纠纷，某房地产公司就《联合开发合同》及相关协议的履行及垫付款项的支付等共计七项请求诉至湖北省高级人民法院。一审法院判决某投资公司偿还6000万元本金及利息，支付逾期交付商业铺面的赔偿金、经营损失、待业员工补偿费、营业损失补偿款，偿还借款1472万元及利息、违约金，返还垫付的消防款、工程款、涂料款、脚手架租赁费用合计1520万元，并确认某房地产公司在合同约定范围内对某投资公司持有的案外公司 15% 股权享有优先受偿权。某投资公司提出上诉，并主张二审应对本案进行全面审理。

二审判决：驳回上诉，维持原判。

【实务总结】

本案系因在武汉城中村改造过程中履行《联合开发合同》及相关协议而引发的诉讼，双方当事人对主要合同的签订、内容、履行等事实基本予以认可。争议的焦点在于程序性问题，主要涉及二审审理的范围、案由的确定及应否合并审理、刑民交叉情形的处理、应否追加第三人等多个诉讼程序问题。主审法官通过阅卷和组织庭前会议，在对案涉众多合同关系及相关实体法律关系进行全面梳理的基础上，紧扣上诉人的上诉请求和理由，准确总结了庭审的焦点问题，并针对本案程序性法律问题较多的特点，推敲法庭调查问题的先后顺序，准备多个庭审预案。庭审过程中，合议庭成员、法官助理、书记员之间分工协作、默契配合，中立对待当事人诉讼代理人，充分保障其诉讼权利，案件得以顺利审理。合议庭经休庭进行合议后，达成一致意见，当庭宣判驳回上诉，维持原判。本案在武汉大学公开开庭审理，参加旁听的除了四百余名师生外，还有全国人大代表、政协委员、律师和法官代表。通过公开开庭并当庭宣判，不仅使这起在当地颇有影响讼争数年的案件一槌定音，以看得见的方式实现了司法公正，也通过庭审进校园，给法学院的学生们展示了一堂生动的案例教学公开课。旁听人员代表在庭后的座谈会上，纷纷表示本案当庭宣判的结果与其预期一致，并对庭审予以高度评价。

孙某与某房地产公司合资、合作开发房地产合同纠纷案

《最高人民法院发布民法典合同编通则司法解释
相关典型案例》案例七
2023 年 12 月 5 日

【裁判要点】

合同一方当事人以通知形式行使合同解除权的，须以享有法定或者约定解除权为前提。不享有解除权的一方向另一方发出解除通知，另一方即便未

在合理期限内提出异议，也不发生合同解除的效力。

【简要案情】

2014年5月，某房地产开发有限公司（以下简称房地产公司）与孙某签订《合作开发协议》。协议约定：房地产公司负有证照手续办理、项目招商、推广销售的义务，孙某承担全部建设资金的投入；房地产公司拟定的《项目销售整体推广方案》，应当与孙某协商并取得孙某书面认可；孙某投入500万元（保证金）资金后，如果销售额不足以支付工程款，孙某再投入500万元，如不到位按违约处理；孙某享有全权管理施工项目及承包商、施工场地权利，房地产公司支付施工方款项必须由孙某签字认可方能转款。

同年10月，房地产公司向孙某发出协调函，双方就第二笔500万元投资款是否达到支付条件产生分歧。2015年1月20日，房地产公司向孙某发出《关于履行的通知》，告知孙某5日内履行合作义务，向该公司支付500万元投资款，否则将解除《合作开发协议》。孙某在房地产公司发出协调函后，对其中提及的需要支付的工程款并未提出异议，亦未要求该公司提供依据，并于2015年1月23日向该公司发送回复函，要求该公司近日内尽快推出相关楼栋销售计划并取得其签字认可，尽快择期开盘销售，并尽快按合同约定设立项目资金管理共同账户。房地产公司于2015年3月13日向孙某发出《解除合同告知函》，通知解除《合作开发协议》。孙某收到该函后，未对其形式和内容提出异议。2015年7月17日，孙某函告房地产公司，请该公司严格执行双方合作协议约定，同时告知“销售已近半月，望及时通报销售进展实况”。后孙某诉至法院，要求房地产公司支付合作开发房地产收益分红总价值3000万元；房地产公司提出反诉，要求孙某给付违约金300万元。一审、二审法院认为，孙某收到解除通知后，未对通知的形式和内容提出异议，亦未在法律规定的期限内请求人民法院或者仲裁机构确认解除合同的效力，故认定双方的合同已经解除。孙某不服二审判决，向最高人民法院申请再审。

【判决理由】

生效裁判认为，房地产公司于2015年3月13日向孙某发送《解除合同告知函》，通知解除双方签订的《合作开发协议》，但该《解除合同告知函》产生解除合同的法律效果须以该公司享有法定或者约定解除权为前提。从案涉《合作开发协议》的约定看，孙某第二次投入500万元资金附有前置条件，即房地产公司应当对案涉项目进行销售，只有在销售额不足以支付工程款时，才能要求孙某投入第二笔500万元。结合《合作开发协议》的约定，能否认定房地产公司作为守约方，享有法定解除权，应当审查该公司是否依约履行了己方合同义务。包括案涉项目何时开始销售，销售额是否足以支付工程款；房地产公司在房屋销售前后，是否按照合同约定，将《项目销售整体推广方案》报孙某审批；工程款的支付是否经由孙某签字等一系列事实。一审、二审法院未对上述涉及房地产公司是否享有法定解除权的事实进行审理，即以孙某“未在法律规定期限内请求人民法院或者仲裁机构确认解除合同的效力”为由，认定《合作开发协议》已经解除，属于认定事实不清，适用法律错误。

【司法解释相关条文】

《最高人民法院关于适用〈中华人民共和国民法典〉合同编通则若干问题的解释》第五十三条 当事人一方以通知方式解除合同，并以对方未在约定的异议期限或者其他合理期限内提出异议为由主张合同已经解除的，人民法院应当对其是否享有法律规定或者合同约定的解除权进行审查。经审查，享有解除权的，合同自通知到达对方时解除；不享有解除权的，不发生合同解除的效力。

8. 房屋买卖合同

唐某与程某莉房屋买卖合同纠纷案

《最高人民法院发布五起典型案例》第4号

2014年4月30日

【基本案情】

2000年11月7日，重庆市九龙坡区土地房屋权属登记中心收到以唐某为卖方、程某莉为买方的《房屋买卖合同》《房地产交易合同登记申请表》等关于唐某所有房屋的房屋买卖材料，材料上均盖有“唐某”字样私章，部分材料签有“唐某”字样签名，重庆市九龙坡区土地房屋权属登记中心凭上述材料将登记在唐某名下的房屋过户给了程某莉。2003 年 4 月 17 日，唐某以其从未与程某莉签订房屋买卖合同为由向法院提起行政诉讼。重庆市第一中级人民法院二审以主体不适格为由裁定驳回唐某的起诉，并在裁判理由中认为：唐某与程某莉盖章签订制式房地产买卖合同，经登记部门审查，获准房屋权属转移登记。2007 年 3 月，唐某向重庆市九龙坡区人民法院提起本案民事诉讼，请求确认房屋买卖合同无效，并判令程某莉将诉争房屋返还给唐某。诉讼中，法院查明，上述“唐某”的签名均为程某莉丈夫所签，“唐某”字样的私章无法证明为唐某所有。该案经一审、二审以及重庆高院再审，均在合同是有效还是无效之间争议，重庆高院再审判决认为合同有效并据此驳回了唐某的诉讼请求。唐某不服，向检察机关申诉。2012 年 5 月 16 日，最高人民检察院向最高人民法院提起抗诉。

【裁判结果】

最高人民法院再审认为，涉案合同不涉及有效与无效的问题，而是是否成立的问题。在双方当事人就合同关系是否成立存在争议的情况下，根据法律规定，应由主张合同关系成立的一方当事人承担举证责任，在“唐某”签名被证实并非唐某本人所签的情况下，程某莉不能证明“唐某”字样的私章为唐某本人所有并加盖时，应当承担举证不能的诉讼后果。行政裁定书认定的事实只能证明房管部门行政行为的合规性，并不能证明民事行为的成立，且多方面证据均证明唐某并未签订《房地产买卖合同》，唐某与程某莉之间没有就涉案房屋成立房屋买卖合同关系。据此最高人民法院判决程某莉向唐某返还房屋。

【典型意义】

该案庭审过程中，最高人民检察院首次接受当事人当庭质证，对于我国民事抗诉程序的丰富和发展具有重要意义。在该案的合同效力形态上，当事人在有效与无效之间争议，原审法院也在合同有效与无效之间裁判，但经审理发现涉案合同仅涉及是否成立的问题，并在此基础上正确运用合同成立的举证规则，合理分配举证责任，从而做到对当事人实体权利的保护，对于民事判决中举证责任的适用方法具有指导意义。

邹某友诉张某忠合同纠纷案

《最高人民法院发布 19 起合同纠纷典型案例》第 5 号

2015 年 12 月 4 日

【基本案情】

2003 年 4 月 29 日，邹某友与张某忠签订一份楼基地转让协议书，约定张某忠将位于日照市东港区安东卫街道东街（后更名为“日照市岚山区安东卫街道东街”，以下分别简称“东港安东卫东街”“岚山安东卫东街”）的一处拆迁补偿置换的楼基地（土地性质为集体所有制土地），以 56900 元的价格转让给外村村民邹某友，协议载明款项当面付清，张某忠的同村村民周某业作为证明人在协议书上签字。之后该处楼基地一直闲置，邹某友未在上面建设房屋。2013 年，因未能办理楼房建设手续，岚山安东卫东街居委会将该楼基地收回，并向张某忠补偿位于日照市岚山区安东卫街道凤凰山社区 × 号楼 × 单元 × 室的安置房一处。邹某友认为，其已受让了楼基地，因此，基于该楼基地补偿的上述安置房应归其所有。因与张某忠就安置房的归属问题协商不成，邹某友遂起诉至本院，要求张某忠返还购买楼基地的款项 56900 元，并赔偿其因此所遭受的损失。

庭审中，张某忠辩称：1. 涉案楼基地系本村村委按照统一规划分配的宅基地，依法不得买卖，双方签订的转让协议违反法律规定；2. 双方已于 2004 年通过证明人周某业（已去世）办理了退还楼基地的事宜，被告向邹某友支付 6 万元作为补偿，邹某友将楼基地返还给被告，并提交有“周某业”签字的收到条（复印件）一张，内容为：“收到张某忠一次性买回楼基款陆万元 60000 元，经办人：周某业，2004 年 9 月 15 日”，并加盖“中共日照市岚山区安东卫街道东街居总支部委员会”公章及岚山安东卫东街居委主任石某华的私人印章。经法院调查核实，石某华表示未经手办理此事，且在当时还没有收到条所加盖的党支部的章。在法院要求继续核实该收到条时，张某忠称原件已经丢失。经对比，收到条与双方签订的转让协议书上周某业的签名差别较大。

【裁判结果】

山东省日照市岚山区人民法院生效裁判认为，涉案楼基地所占土地性质系集体所有土地，且张某忠取得该楼基地系基于原宅基地及房屋重新规划、拆迁后的补偿利益，其性质等同于宅基地。张某忠将该楼基地转让给非本集体经济组织成员的邹某友，违反了我国法律、行政法规的强制性规定，法院依法确认该转让协议无效，邹某友不能取得涉案楼基地的使用权。

张某忠提交的收到条，上面加盖的公章在2004年9月15日尚不存在，且与转让协议上周某业的签名差别较大，另一签章人亦否认经手此事，在该份收到条存有诸多疑点的情形下，张某忠以丢失为由无法提供原件，致使无法进一步辨别证据的真伪，应当承担不利的法律后果，法院对该收到条不予采信，对张某忠据此主张的双方已解除合同，并通过周某业返还6万元的事实，不予认定。因无效合同取得的财产应当予以返还。张某忠应向邹某友返还购买楼基地款56900元。

张某忠明知涉案楼基地依法不能转让给本集体经济组织以外成员仍进行转让；作为日常生活大宗交易，邹某友在未确认土地性质的情况下即购买涉案楼基地，双方对于合同无效均有过错。张某忠在双方转让行为历经十余载，涉案楼基地升值并存有巨大利益后，才以违反法律规定为由主张合同无效，虽然符合法律规定，但从道义、情感角度而言，属于典型的违反诚实信用原则。因此，裁判张某忠以转让款为基数，按照中国人民银行同期贷款利率赔偿张某忠损失。

【典型意义】

近年来，随着城镇化进程的加速，城市近郊的土地持续增值，涉及上述区域的房屋买卖、宅基地转让纠纷迅猛增长。根据现行法律规定及国家政策，宅基地等集体所有土地使用权带有很强的社会保障功能，只能在本集体经济组织成员内部享有、流转；否则，一律无效。但实践中，违法流转大量存在，若双方正常履约，这种违法现象也“合理”地存在着，并无其他部门监管。但纠纷一旦进入法院，认定转让行为无效毋庸置疑。转让被判无效后，依据《合同法》第五十八条规定，“合同无效或者被撤销后，因该合同取得的财产，应当予以返还；不能返还或者没有必要返还的，应当折价补偿。有过错的一方应当赔偿对方因此所受到的损失，双方都有过错的，应当各自承担相应的责任”。司法实践中，通常对于无效合同损失赔偿的处理也是“各打五十大板”。但是对于近年来基层司法实践中屡见不鲜的涉及集体所有土地使用权及房屋转让纠纷案件，如果机械地适用法律条文，不仅让失信的行为人堂而皇之地获取法外利益，也不利于在社会上弘扬“诚信”的社会主义核心价值观。

诚实信用是人们社会经济活动的基本道德准则，也是社会主义核心价值观的重要内容。而诚实信用原则作为民法的一项基本原则，它要求民事主体在民事活动中要恪守诺言、诚信不欺，不因追求个人利益而损害社会或他人利益，这是以道德规范为基本内容的法律原则。有些纠纷，从法律与道德角度来看，结论可能截然相反，正如本案纠纷。转让人可以冠冕堂皇地以“法律规定”为由实施违反诚信的行为，作为深受中国传统道德规范影响的受让人及社会大众，当然难以接受。正因为如此，法官在处理该类纠纷时，需要在坚持法律规定的前提下，适当引入道德、风俗等规范，让“无情”的法律与“有情”的道德规范结合，实现情、法、理在司法判决中融合。本案中，法官根据法律的强制性规定，确认涉案楼基地转让协议无效；与此同时，引入诚信原则，在合理的限度内弥补受让人的损失，让失信人承担一定的法律制裁。如此，既能有效地平衡双方的利益，也有助于培养社会公众的诚信观念。这也是在审判实践中培育和践行社会主义核心价值观的良好体现。

胡某卿诉临沂某房地产开发有限公司房屋买卖合同纠纷案

《最高人民法院发布 19 起合同纠纷典型案例》第 7 号

2015 年 12 月 4 日

【基本案情】

原告胡某卿与被告临沂某房地产开发有限公司于 2010 年 8 月 9 日达成了购房意向：原告购买被告某房地产公司位于费城镇中山路南端明珠花苑 9 号楼 1 × 号楼房一套，并于当天交给被告某房地产公司定金 5 万元，当时被告的经办人承诺半个月后交齐购房款即给钥匙并给办理房权证。2013 年 8 月 23 日，原告（买受人）与被告某房地产公司（出卖人）签订了购房合同，合同约定合同总价款为 187944 元，出卖人应于 2010 年 8 月 30 日前依照国家和地方人民政府的有关规定将验收合格的商品房交付给买受人，原告又支付给被告某房地产公司购房款13万元。后被告某房地产公司作为出卖人未按合同约定将原告所购楼房交付原告。另查明，被告出卖给原告的楼房，被告已于2006年10月17日卖给了杨某，杨某在费县房管局通过产权登记取得了涉案楼房的所有权证。2008年9月8日，杨某又将涉案楼房卖给了李某平，并到费县房管局办理了产权转移登记。后费县公安局经侦大队因被告法定代表人刘某涉嫌刑事犯罪将其刑事拘留。刘某之妻李某梅与原告约定：李某梅自愿筹集现金18万元替被告归还原告购房款，后费县公安局经侦大队将18万元购房款转交给了原告。因损失赔偿事宜，原告诉至本院，请求依法判令被告解除原告和被告签订的购房合同，双倍返还原告所交购房定金5万元，承担赔偿责任18万元，并由被告负担诉讼费用。

【裁判结果】

山东省费县人民法院认为，原告与被告某房地产公司于2013年8月23日签订的购房合同内容不违反有关法律规定，为有效合同。被告本应按照《合同法》第六十条的规定，履行其交付房产的义务。但因合同约定的标的物已被他人以合法的方式取得所有权，原告与被告某房地产公司签订的购房合同已不能履行，原告请求解除该合同符合有关法律规定，本院予以支持。《最高人民法院关于审理商品房买卖合同纠纷案件适用法律若干问题的解释》第九条规定，故意隐瞒所售房屋已经出卖给第三人的事实，导致合同无效或者被撤销、解除的，买受人可以请求返还已付购房款及利息、赔偿损失，并可以请求出卖人承担不超过已付购房款一倍的赔偿责任。被告某房地产公司故意隐瞒所售房屋已经出卖给第三人的事实，又与原告签订商品房买卖合同显系不诚信行为，故原告请求被告承担赔偿责任，并返还定金理由正当，符合相关法律规定，本院予以支持。但根据《担保法》第九十一条关于定金不得超过主合同标的额的20%规定及《最高人民法院关于适用〈中华人民共和国担保法〉若干问题的解释》第一百二十一条关于当事人约定的定金数额超过主合同标的额百分之二十的，超过的部分，人民法院不予支持的规定，原、被告约定的定金数额为5万元过高，以调整为37589元（187944×20%）为宜，其余12411元应视为购房款，故原告实际支付的购房款应为142411元（13万元+12411元）。判决：一、被告临沂某房地产开发有限公司赔偿原告胡某卿损失 142411 元，返还原告胡某卿定金 37589 元，共计 18 万元。限本判决生效后 5 日内履行完毕。二、驳回原告胡某卿的其他诉讼请求。

【典型意义】

本案是涉及商品房买卖合同中因出卖方故意隐瞒所售房屋已经出卖给第三人的事实，导致合同无效或者被撤销、解除的惩罚性赔偿条款适用的典型案件，也是对《合同法》第五十四条中关于一方以欺诈手段使对方在违背真实意思的情况下订立合同被撤销的适用。同时本案也对商品房买卖中惩罚性赔偿原则与定金罚则并存时应如何适用作出阐述。商品房买卖合同中，惩罚性赔偿原则并非以“双倍返还”为限，双方当事人愿意在合同中加入惩罚性赔偿的内容，并不违背法律法规的强制性规定，那么该条款可以视为双方给自己可能造成的损害，而采取的额外保护措施，法院对此应予支持。

冉某、张某诉重庆某地产有限公司房屋买卖合同纠纷案

《最高人民法院发布 19 起合同纠纷典型案例》第 8 号

2015 年 12 月 4 日

【基本案情】

2010 年 9 月 6 日，冉某、张某（乙方）与某公司（甲方）签订《商品房买卖合同》，合同约定：冉某、张某购买某公司某楼盘二期房屋一套，房屋总成交价 366180 元。交房条件为甲方应当在 2011 年 12 月 10 日前，依照有关规定，将已进行建设工程竣工验收备案登记的商品房交付乙方使用。逾期交付的违约责任约定为：逾期超过 60 日后，乙方要求继续履行合同的，合同继续履行，自本合同约定的最后交付期限的第二天起至实际交付之日止，甲方按日向乙方支付已付房价款万分之三的违约金，并于该商品房交付之日起 30 日内向乙方支付违约金。合同签订后，冉某、张某依约向某公司支付了全部购房款。合同履行过程中，某公司在未取得建设工程竣工验收备案登记的情况下，将一期工程竣工验收备案证的复制件粘贴到质量保证书和使用说明书上，于 2011 年 12 月 10 日将房屋交付给冉某、张某。经向有关部门核查，冉某、张某所购房屋竣工验收备案登记日期为 2012 年 5 月 28 日。冉某、张某认为开

发商采取欺骗手段交房违约，按照合同约定应赔偿违约金，遂起诉至法院。

【裁判结果】

重庆市第四中级人民法院二审审理后认为开发商部分违约，遂判决开发商承担80%的违约责任，支付冉某、张某违约金14940.14元。

【典型意义】

本案争议焦点是：开发商以欺诈方式交房但未造成购房者实际损失的是否应当承担违约责任？诚实守信是市场经济活动的一项基本原则。《民法通则》第四条规定，民事活动应当遵循自愿、公平、等价有偿、诚实信用的原则。第一百零六条第一款规定，公民、法人违反合同或者不履行其他义务的，应当承担民事责任。《合同法》第五条规定，当事人应当遵循公平原则确定各方的权利和义务。第六十条规定，当事人应当按照约定全面履行自己的义务。当事人应当遵循诚实信用原则，根据合同的性质、目的和交易习惯履行通知、协助、保密等义务。第一百零七条规定，当事人一方不履行合同义务或者履行合同义务不符合约定的，应当承担继续履行、采取补救措施或者赔偿损失等违约责任。第一百一十四条第一款规定，当事人可以约定一方违约时应当根据违约情况向对方支付一定数额的违约金，也可以约定因违约产生的损失赔偿额的计算方法。

本案中，虽然涉案商品房最后通过了竣工验收，房屋质量也是合格的，并且开发商迟延取得竣工验收备案登记证并未实际影响购房人接收商品房后对房屋的占有、使用、收益和处分，即购房人实际上并没有损失。但是，作为开发商采取欺诈的方式交付房屋，侵犯了购房人的知情选择权。法院依法判决开发商承担逾期交房的违约责任，既可以维护买房人的合法权益，又可以给开发商以警示，有利于促进开发商增强法治意识，遵守市场经济规则，在全社会弘扬诚信原则，减少纷争的产生。因此，法院判决开发商部分违约，承担80%的责任比较合理。

周某诉重庆某房地产开发有限公司房屋买卖合同纠纷案

《最高人民法院发布 19 起合同纠纷典型案例》第 10 号

2015 年 12 月 4 日

【基本案情】

2010 年 7 月 7 日，周某（乙方）与某公司（甲方）签订《重庆市商品房买卖合同》，该合同约定该商品房成交总金额为 268672 元，周某应于 2010 年 7 月 7 日支付房款 255238 元，余款 13434 元于 2011 年 7 月 30 日前付清；某公司应在 2011 年 7 月 30 日前将该房交付给周某，如逾期交房超过 30 日而周某要求继续履行合同的，合同继续履行，某公司应当自约定的最后交付期限的第二天起至实际交付之日止按日向周某支付已付房款的万分之四的违约金。同时合同第八条约定由于乙方原因，未能按期交付的，双方同意按以下方式处理：⑵乙方付清全部房款（包括按揭贷款及面积差异退补款）、付清政府部门规定的费用（包括大修基金、税费）且无银行按揭欠款，方可进行房屋交接。合同签订后，周某按照合同约定向被告某公司支付了房款和房屋专项维修金。2012 年 11 月 20 日，某公司通知原告周某去接房。2014 年 3 月 12 日，周某向被告某公司交付了余款。

另查明，在合同履行过程中，某公司的原法定代表人李某强［为重庆某城市建设（集团）有限公司的时任董事长］及股东李某因涉嫌串通投标罪被重庆市长寿区公安局立案侦查。2011 年 5 月，某公司的财务资料、银行账户以及包括部分项目在内的资产先后被查封、冻结或扣押，后某小区建设工程停工。2012 年 5 月 7 日，重庆市长寿区公安局解除了对某公司银行账户的强制措施。2012 年 11 月 19 日，某公司通过了其建设的小区第 10 幢楼的重庆市建设工程竣工验收备案以及建设工程消防竣工验收备案。

后周某起诉要求某公司向其支付逾期交房 479 天的违约金 51477.55 元，而某公司认为根据双方合同第八条规定的约定，交房的条件是周某应该先付清全部房款且无按揭欠款方可进行房屋交接，即原告有先履行义务，故不同意支付逾期交房违约金。

【裁判结果】

重庆市长寿区人民法院依照《民事诉讼法》第六十四条、《合同法》第四十四条第一款、第六十七条、第一百零七条之规定，判决：驳回原告周某的诉讼请求。重庆市第一中级人民法院依照《民事诉讼法》第一百七十条第一款第一项之规定，判决：驳回上诉，维持原判。

【典型意义】

长寿区人民法院审理后认为，原告周某与被告某公司签订的《重庆市商品房买卖合同》合法有效。该合同第八条第二款约定了周某需付清全部房款、付清政府部门规定的费用且无银行按揭欠款方可进行房屋交接，由于周某2014年3月12日才付清房屋余款13434元，且未提交相关证据证明某公司拒绝其履行付款义务，故一审法院驳回了原告周某的诉讼请求。周某对一审判决不服，上诉至重庆市第一中级人民法院，提出本案属于同时履行的合同，购房者没有先履行合同的义务，在看见所购小区的房屋停工停建，某公司董事长李某强被刑事调查，账户被查封的情况下，有理由怀疑某公司无法按期交房，可以单方面行使不安抗辩权，中止房屋尾款的交付。二审法院认为，双方签订的购房合同第八条第二款表达的含义为合同履行有先后顺序，乙方先付清所有合同价款，甲方才履行交房义务。周某称在合同约定的房款交付日期之前，发现某公司财务资料、银行账户以及包括部分项目在内的资产先后被查封、冻结或扣押等不能按期交房的情况出现时，未及时与对方沟通核实，在未通知对方的情况下就自行中止了合同的履行，不符合不安抗辩权的行使条件和履行规范。而某公司在未收到周某支付的全部价款之前，可以行使先履行抗辩权，有权利不履行交房义务。

本案处理重点主要在于对抗辩权的理解与适用。我国《合同法》第六十七条规定，当事人互负债务，有先后履行顺序，先履行一方未履行的，后履行一方有权拒绝其履行要求。先履行一方履行债务不符合约定的，后履行一方有权拒绝其相应的履行要求。第六十八条规定，应当先履行债务的当事人，有确切证据证明对方有下列情形之一的，可以中止履行：（一）经营状况严重恶化；（二）转移财产、抽逃资金，以逃避债务；（三）丧失商业信誉；（四）有丧失或者可能丧失履行债务能力的其他情形。当事人没有确切证据中止履行的，应当承担违约责任。

具体到本案中，一、二审法院审理思路基本一致，抗辩权的行使是对抗违约行为的一种救济手段，在双务合同中，首先应根据双方签订的合同约定来确定双方的权利义务，本案中，某公司未按合同约定的时间向周某交付房屋是事实，但合同中明确约定周某应付清全部房款等费用后，方可进行房屋交接，即周某应该先履行付款的义务，某公司才履行交房的义务。同时，周某在庭审中称其到某公司履行义务，其售房部已关门，但并无证据提交，且如其不能直接履行义务，也可采取其他方式履行付款的义务，如提存等方式。另外，周某在二审中提出其是行使不安抗辩权，但根据上述法律规定，周某发现某公司当时具有不能按期交房的可能性，未及时与对方沟通核实，在未通知对方的情况下就自行中止了合同的履行。不符合不安抗辩权的行使条件和履行规范，其不安抗辩权不能成立。故某公司不应向周某支付违约金。

王某诉抚顺某房地产开发有限公司商品房销售合同纠纷案

《最高人民法院发布 19 起合同纠纷典型案例》第 16 号

2015 年 12 月 4 日

【基本案情】

原、被告于 2011 年 12 月 25 日签订商品房买卖合同，原告购买坐落于抚顺经济开发区某庄园第×号楼 3 单元 7 层 2 号房，并于 2012 年 2 月 12 日支付全部购房款 359212 元。被告应于 2012 年 10 月 31 日向原告交付房屋。合同第九条约定，出卖人如未按合同规定的期限将该商品房交付买受人使用，逾期超过 30 日后，买受人有权解除合同。买受人解除合同的，出卖人应当自买受人解除合同通知到达之日起 30 天内退还全部已付款，并按买受人累计已付款的 0.5% 向买受人支付违约金。因被告未如期向原告交付房屋，原告于 2012 年 12 月 1 日依合同约定向被告提出解除商品房买卖合同并退还全部购房款、支付违约金的书面通知，于 2012 年 12 月 7 日向被告交付了购房合同、单户证原件、发票两联，并于 2013 年 1 月 6 日收到被告退还的全部购房款 359212 元。关于本案争议商品房因开发商原因延迟交付时，购房者在合同约定的违约金过低情况下，能否主张适当提高违约金计算标准，原审法院认为：因合同中对于违约金有明确的约定，且约定的违约金不存在明显过低的情形，故原审法院根据合同约定的违约金计算标准确定违约金数额，对于购房者要求调整违约金的请求不予支持。

【裁判结果】

购房者与开发商签订的商品房买卖合同已约定违约金计算标准情况下，如因开发商原因导致迟延交房时，购房者能否要求按实际情况适当提高违约金计算标准。该情形是否符合《合同法》第一百一十四条第二款的规定。《合同法》第一百一十四条第二款规定：约定的违约金低于造成的损失的，当事人可以请求人民法院或者仲裁机构予以增加；约定的违约金过分高于造成的损失的，当事人可以请求人民法院或者仲裁机构予以适当减少。本案中，虽双方签订的合同中已明确约定违约金的给付标准，但因合同未能继续履行是因为某公司原因造成，在王某交纳全部购房款的情况下，未能如期取得房屋，给其造成一定经济损失，因双方约定的违约金标准明显低于此款的中国人民银行同期同类贷款利息，但王某主张按低于贷款利息的存款利息计算违约金数额系其自愿行为，故王某主张提高违约金给付标准的上诉请求于法有据，二审法院对此予以调整。判决如下：上诉人抚顺某房地产开发有限公司于判决生效之日起十日内给付上诉人王某违约金 9219. 77 元及利息（利率按中国人民银行同期活期存款利率标准计算，自 2013 年 1 月 7 日起至给付之日止）；负有金钱履行义务的当事人逾期履行，按《民事诉讼法》第二百五十三条之规定，加倍支付迟延履行期间的债务利息。

【典型意义】

在商品房买卖合同中，由于购房者与开发商所签订的购房合同系开发商事先拟定好的格式合同，在确定违约责任方面，购房者基本上处于弱势地位，无改变合同条款的权利，致使开发商尽可能减少自己的违约责任。在合同履行过程中，开发商因其自身原因致使合同未能如期履行时，造成购房者较大经济损失，而开发商会承担较小数额的违约责任，导致购房者在受损失和获得赔偿方面无法达到平衡。在此情况下，不能简单地机械适用双方签订合同中所约定的违约条款，而应综合考虑《合同法》第一百一十四条第二款规定及《民法通则》中有关公平原则的相关规定，才能更好地维护当事人的合法权益。

周某某与余姚某房地产有限公司商品房预售合同纠纷案

《人民法院高质量服务保障长三角一体化发展典型案例》案例 4

2023 年 5 月 22 日

关键词：商品房预售；违约金；实际损失；公平原则

【裁判要旨】

1. 合同约定以房屋交接单的签署作为完成房屋交付，仅由于买房人原因未办理验收交接手续的视为交付。买房人在办理交付验收的过程中提出质量异议，并拒绝签署房屋交接单，双方约定开发商修复后再行交付。但此后开发商一直未履行修复义务，且再未与买受人协商交付事宜，故不能认为其已经完成了房屋交付。

2. 当事人约定的违约金超过损失的百分之三十的，一般可以认定为《合同法》第一百一十四条第二款规定的“过分高于造成的损失”的规定。当事人主张约定的违约金过高请求予以适当减少的，人民法院应当以实际损失为基础，兼顾合同的约定、履行情况、当事人的过错程度以及预期利益等综合因素，根据公平原则和诚实信用原则进行考量，作出认定。

【相关法条】

《中华人民共和国民法典》第四百九十六条、第四百九十七条、第四百九十八条、第五百零二条、第五百零九条、第五百七十七条、第五百八十五条（本案适用的是 1999 年 10 月 1 日起施行的《中华人民共和国合同法》第三十九条、第四十条、第四十一条、第四十四条、第六十条、第一百零七条、第一百一十四条）

《最高人民法院关于审理商品房买卖合同纠纷案件适用法律若干问题的规定》第十一条、第十六条

【基本案情】

2014年10月22日，原告周某某与被告余姚某房地产开发有限公司（以下简称某公司）签订《商品房买卖合同》一份，合同第九条，约定被告某公司应当在2016年9月30日前将某明园锦兰苑×幢×室（附属车位×1、×2）交付原告周某某使用。合同第十条约定，被告逾期交房的违约责任逾期不超过90日，自合同约定的最后交付期限的第二天起至实际交付之日止，被告按日向原告支付已付房款万分之二的违约金，合同继续履行；逾期超过90日后，原告有权解除合同，原告解除合同的，被告应当自原告解除合同通知到达之日起30天内退还全部已付房款，并按原告累计已付购房款的10%向原告支付违约金。原告要求继续履行合同的，合同继续履行，自合同约定的最后交付期限的第二天起至实际交付日止，被告按日向原告支付已交付房款万分之五的违约金。合同第十六条约定，被告承诺于2016年12月30日前取得土地、房屋权属证书，交付给原告，原告委托被告办理商品房转移登记。被告不能在约定期限内交付权属证书，约定日期起90日内，被告交付权属证书或登记证明的，按已付房价款的每日万分之一承担违约责任；约定日期起90日以后，出卖人仍不能交付权属证书或登记证明的，原告不退房，被告自约定日期至实际交付权属证书或登记证明之日止，按日向买受人支付已交付房价款万分之二的违约金。

原告周某某于2014年10月14日、2014年12月31日分两次共向被告某公司支付房款共计2193799元。

2016年6月17日，被告某公司组织设计、施工、工程监理和有关单位验收，于2016年8月2日完成房屋建筑工程竣工验收备案。2016年9月19日，被告向原告周某某发送《某明园锦兰苑入伙通知书》，通知原告于2016年9月30日9时30分办理交房手续。

2016年9月30日交房过程中原告周某某发现：（1）厨房下水管边渗水及顶部渗水；（2）东阳台右侧下水管下梁与顶面交界处疑似渗水；（3）次卧东南角边疑似渗水，上述问题记载在某明园锦兰苑×幢×室住宅交付验收清单的“验收意见”一栏中，并在“验收意见”栏中记载有“待处理好后再交房，其他验房步骤下次再验”，原告在业主签名处签名。被告工作人员在备注栏记载“重点关注”并签名。

2017 年 12 月 26 日，被告某公司向原告周某某发送《关于再次提醒收房的通知书》，通知原告于 2017 年 12 月 31 日前到某明园锦兰苑物业服务中心办理交房手续。截至 2018 年 2 月 27 日本案庭审时，原、被告双方尚未完成交房手续，庭审中双方表示会尽快完成交房手续并办理权属证书。后法院于 2018 年 3 月 14 日组织原、被告双方现场查勘，被告工作人员表示 2016 年 9 月 30 日交房过程中发现的问题在 2016 年 10 月维修结束，原告表示 2016 年 11 月查看时原告认为渗水还未完全修复，要求被告继续维修，后原告指出存在其他漏水问题，被告陆续在 2017 年间进行维修。原告在查勘时表示其认可涉案房屋目前已不存在渗漏，满足交付条件，但原告在法庭庭审结束后前往被告处要求办理交房手续时，因被告要求原告支付自 2016 年 9 月 30 日起算的物业费，双方对此存在争议，故未完成交房手续。

【裁判结果】

浙江省余姚市人民法院于 2018 年 6 月 6 日作出（2018）浙 0281 民初 931 号判决：一、被告余姚某房地产开发有限公司于本判决生效之日起十日内向原告周某某交付余姚市某明园锦兰苑 × 幢 × 室的房屋，并于本判决生效之日起三十日内向原告交付余姚市某明园锦兰苑 × 幢 × 室的土地、房屋权属证书（即被告办理余姚市某明园锦兰苑 × 幢 × 室房屋的转移登记过户手续，办理过户所需应当由买方缴纳的税费由原告承担）；二、被告余姚某房地产开发有限公司按原告周某某已付购房款 2193799 元的 10% 支付违约金 219379.9 元，于本判决发生法律效力后十日内付清。三、驳回原告周某某的其他诉讼请求。宣判后，余姚某房地产开发有限公司向浙江省宁波市中级人民法院提起上诉。浙江省宁波市中级人民法院于 2018 年 8 月 24 日作出（2018）浙 02 民终 2725 号判决：驳回上诉，维持原判。

【裁判理由】

法院生效裁判认为：《关于审理商品房买卖合同纠纷案件适用法律若干问题的解释》第十一条规定对房屋的转移占有，视为房屋的交付使用，但当事人另有约定的除外。而依据原、被告签订的《商品房买卖合同》第九条约定，被告某公司应当在 2016 年 9 月 30 日前将符合各项条件的商品房交付原告周某某使用。第十二条约定，商品房达到交付使用条件后，被告应当书面通知原告办理交付手续，双方进行验收交接时，被告应当出示合同规定的证明文件，并签署房屋交接单。在签署房屋交接单前，出卖人不得拒绝买受人查验房屋。商品房交付使用时，原告对房屋及装修质量，公共设施、设备质量提出异议的，被告应当给予解释和说明，仍不能达成一致意见的，双方委托有相应资质的专业检测机构进行质量检测。检测结果为合格的，被告书面通知的交付日期视为交付，检测单位提出返修意见的，被告应当按要求返修，并承担赔偿责任。从原、被告之间的合同约定可见，双方约定也以房屋交接单的签署作为房屋交付，同时仅约定由于原告原因未在《入伙通知书》规定的交付日期内办理房屋验收交接手续的则自《入伙通知书》规定的交付期限届满日之次日起即视为交付，以及在原告对质量有异议双方不能达成一致意见而委托检测机构进行检测，检测结果为合格的情况下被告书面通知的交付日期视为交付。本案中原、被告均认可原告在2016年9月30日前往被告处办理交房手续，但在交付验收过程中原告指出房屋存在渗水，留存在被告处的某明园锦兰苑×幢×室住宅交付验收清单记录了相应的验收意见，并记录有“待处理好后再交房，其他验房步骤下次再验”。故原、被告之间系在交房过程中因原告对质量有异议双方达成一致意见，即处理好“（1）厨房下水管边渗水及顶部渗水；（2）东阳台右侧下水管下梁与顶面交界处疑似渗水；（3）次卧东南角边疑似渗水”问题后再行交付，并未变更以房屋交接单的签署作为房屋交付的合同约定。但被告直至2017年12月26日才第二次书面通知原告办理交房手续。在《关于再次提醒收房的通知》中表述“我们于2016年9月19日向您发送《某明园锦兰苑入伙通知书》，请您于2016年9月30日9时30分到某明园锦兰苑物业服务中心办理某明园锦兰苑×幢×室交房手续。但您至今未来办理交房手续”，上述表述与法院查明的事实不符，2017年12月26日第二次书面通知之前被告一直未完成修复后再次交付房屋的书面通知义务。

至于被告某公司认为，《商品房买卖合同》附件九明确约定除主体结构质量问题以外的质量瑕疵，被告根据法律法规及《住宅质量保证书》承诺的内容承担相应的保修责任，原告周某某不能拒绝接受房屋交付，被告不承担逾期交付责任的抗辩，原告表示对《商品房买卖合同》附件九的具体内容并不知情。法院注意到涉案《商品房买卖合同》的备案内容并不包括附件九，且附件九中关于被告不承担逾期交付责任的内容约定系被告方提供的免除责任条款，被告虽在附件九文首作出特别提示，但特别提示内容并未对免责条款进行特别提醒，应当属于无效的格式条款。至于被告认为 2016 年 9 月 30 日在验收过程中即使被告认可验收意见内容以及待处理好后交房的约定，也就意味着原、被告双方对合同约定的交房时间作出了变更，被告不存在逾期交房的辩称意见，法院认为原、被告仅是对交房过程中发现的质量问题的处理意见作出了约定，原告并未作出放弃向被告主张逾期交房责任的意思表示，且质量问题的修复所需要的时间导致原告无法在《商品房买卖合同》约定的交房期限内取得房屋的占有使用权完全系被告过错，被告无须承担逾期交房违约责任的抗辩不能成立。

关于违约责任的承担，被告某公司认为双方约定的违约金明显过高，要求调至每日万分之一，并且根据《商品房买卖合同》附件九“若被告逾期交房，则被告承诺取得土地、房屋权属证书的时间相应顺延，顺延期限与商品房交付的逾期期限相同，该期限内被告不承担逾期办证的相应违约责任及赔偿责任”的约定，原告周某某也无权要求被告同时承担逾期交付土地、房屋权属证书的违约责任。对合同约定的违约金是否需要调整，法院注意到，首先《商品房买卖合同》附件九中存在“买受人同意，出卖人逾期交房且应按照本合同第十条相关约定承担逾期交房违约责任时，买受人要求继续履行合同的，出卖人向买受人支付的违约金总金额最高不超过买受人已付房价款的 10%”的约定。其次，在法院组织原、被告双方现场查勘过程中，原告认可被告在 2016 年 10 月已对验房时发现的渗水问题进行修复，在原告向法院提交的书面说明中也认可被告于 2016 年 10 月 29 日让物业工作人员通知原告渗水问题已经修复，原告也于 2016 年 11 月 11 日再次去查验房屋。但再次查验过程中原告要求被告对东阳台渗水的修复采取养水 24 小时观察，并要求被告对养水后遗留的渗漏点继续修复。后原告在 2016 年年底至 2017 年 11 月间多次前往涉案房屋查验，并在 2016 年年底以及 2017 年后续指出北阳台渗水、南卧室窗台下渗水等问题。考量到北阳台渗水、南卧室窗台下渗水等问题并未在 2016 年 9 月 30 日的验房问题清单中，即不属于原、被告关于“待处理好后再交房，其他验房步骤下次再验”的约定范围内，且双方也认可后续发现的渗水问题主要涉及譬如楼上住户装修时安装的热水器摆放位置、阳台水管皮圈的更换以及水管检修口未拧紧此类通过物业协调以及配件更换检查的问题，并不影响房屋质量，被告物业工作人员也作出了相应处理。因此综合考虑上述因素以及原告因被告逾期交付房屋、逾期交付权属证书所造成的损失范围，法院认为将被告承担的违约金从按日万分之五、日万分之二分别计算至交付日调整至整体按原告已付房价款的10%计算违约金较为合理。至于被告提出原告质量异议不涉及所购车位，违约金标准应按照已付房屋价款1893799元为基数计算，车位款30万元不应作为违约金计算基数的抗辩，法院认为，《商品房买卖合同》中对相关违约金的约定中并未对“已付房价款”作出进一步限制说明，不宜作出对格式合同提供方有利的解释，且在房屋存在逾期交付的情况下原告也无法单独使用附属车位，故法院对被告上述抗辩不予支持。

陈某某与余姚市某置业有限公司商品房销售合同纠纷案

《人民法院高质量服务保障长三角一体化发展典型案例》案例8

2023年5月22日

关键词：民事；商品房销售；固定房屋总价；增值税

【裁判要旨】

因购房人与开发商签订的购房合同为固定房屋总价款的合同，在合同未对降税、退税即应调减合同价款作出约定的情况下，开发商是否确已纳税，以及缴税的具体金额和种类是否发生变化，对于合同约定的固定房屋总价款不产生影响。购房人以国家税率变化为由要求开发商对合同价款予以调减，缺乏事实和法律依据。

【相关法条】

《中华人民共和国民法典》第五百零九条（本案适用的是1999年10月1日施行的《中华人民共和国合同法》第六十条）

【基本案情】

2016年10月12日，原告陈某某与被告余姚市某置业有限公司签订《商品房买卖合同》一份，约定原告购买首府×幢×商品房（预售），建筑面积

88.05 平方米，以建筑面积作为计价方式，单价 10538.66 元/平方米，总价 927929 元，补充协议二第一条第四款约定本期商品房项目根据国家税务总局 2016 年第 18 号公告，适用一般征收方式，适用税率为 11%，第五款约定本合同约定的商品房销售价款已经包含相应的税金。合同另对其他事宜进行了约定。2017 年 2 月 20 日，原告按合同约定支付房款 927929 元。2018 年 9 月 23 日，原、被告签订房屋交接书一份，双方确认该房屋的预测建筑面积为 88.05 平方米，实测面积为 87.99 平方米，总价款为 927297 元（退房款差额 632 元）。

另查明，根据财政部、国家税务总局《关于全面推开营业税改征增值税试点的通知》（财税［2016］36 号）规定，自 2016 年 5 月 1 日起，在全国范围内全面推开营业税改征增值税试点，建筑业、房地产业等全部营业税纳税人纳入试点范围，由缴纳营业税改为缴纳增值税，其中销售不动产增值税税率为 11%。

2018 年 4 月 4 日，财政部、税务总局作出《关于调整增值税税率的通知》（财税［2018］32 号），通知称：纳税人发生增值税应税销售行为或者进口货物，原适用 17% 和 11% 税率的，税率分别调整为 16%、10%；通知自 2018 年 5 月 1 日起执行。

涉案房屋的增值税发票开票日期为 2018 年 9 月 5 日，金额为 842997.27 元，税率 10%，税额 84299.73 元，价税合计 927297 元。

陈某某提起本案诉讼，请求判令被告退回多收增值税税费 8422.93 元。

【裁判结果】

浙江省余姚市人民法院于 2019 年 2 月 25 日作出（2018）浙 0281 民初 13045 号判决：驳回原告陈某某的诉讼请求。一审宣判后，双方当事人均未提起上诉，一审判决已发生法律效力。

【裁判理由】

原、被告之间签订的《商品房买卖合同》系各方当事人之间的真实意思表示，且没有违反法律法规的强制性规定，应为合法有效，对各方当事人均有约束力。本案的争议焦点为因涉案商品房销售而产生的应税销售行为适用的增值税税率由 11% 降为 10% 后，对房屋总价款的影响。针对上述争议焦点，首先，原、被告在合同第五条约定，房屋的计价以建筑面积作为计价方式，单价 10538.66 元/平方米，总价 927929 元，上述约定系原被告双方就涉案房屋约定了固定房屋总价款的计价方法，且不动产属于家庭大额财产，不动产买卖事宜关系重大，故原、被告通过合同作出固定房屋总价款的约定维护商品房交易秩序的稳定；其次，补充协议二第一条第四款约定本期商品房项目根据国家税务总局 2016 年第 18 号公告，适用［一般］征收方式，适用税率为［11%］，第五款约定本合同约定的商品房销售价款已经包含相应的税金。被告辩称上述约定仅具有告知作用，原告主张上述约定系原、被告双方约定将增值税税率作为房屋总价款的计价因素，故税率下调后增值税税金减少，被告收取的该部分金额应当予以返还。开发商因销售商品房而产生的增值税税款系开发商的经营、销售成本之一，开发商在计算商品房的成本时将其考虑在内无可厚非，原、被告已经通过合同作出固定房屋总价款的意思表示，且补充协议的约定并不具有降税降价或退税的意思表示，故在没有降税降价或退税明确约定的情形下，被告是否缴税、缴税的具体金额、种类对于房屋总价款不产生任何影响，换句话说，如果增值税税率并非下降而是上调，对房屋总价款亦无影响；再次，原告主张新的税收政策带来的红利应当由原告方享有。增值税是以商品（含应税劳务）在流转过程中产生的增值额作为计税依据而征收的一种流转税，从计税原理上说，增值税是对商品生产、流通、劳务服务中多个环节的新增价值或商品的附加值征收的一种流转税。本案被告作为开发商销售涉案商品房后，发生了增值税应税销售行为，应当缴纳增值税，故增值税的纳税义务人为被告，并非原告。现国家降低了增值税的税率，直接目的是给企业减轻税负，激发企业活力，但降税后必将产生一系列的积极效应和连锁反应，从长远来看也必将作用于消费领域，从而惠及广大消费者。综上，因涉案商品房销售而产生的应税销售行为适用的增值税税率由 11% 降为 10% 后，不影响涉案房屋的总价款，被告根据 927297 元的房屋总价款开具增值税发票的行为并无不妥，故原告的诉讼请求，不予支持。被告的抗辩意见，予以采纳。

购房后无法正常用电，买受人有权要求开发商赔偿损失

——张某与某房地产开发公司房屋买卖合同纠纷案

《最高人民法院发布消费者权益保护典型案例》案例 5

2022 年 3 月 15 日

【基本案情】

张某从开发商处购买房屋一套，入住后发现房屋负一层所有电源插座无法使用，只要一经合闸，全单元总闸跳闸。张某多次联系物业公司和开发商未果。为此，张某将开发商诉至法院，要求开发商承担电路修缮费用。开发商辩称，房屋已经通过竣工验收并交付使用，不认可案涉工程质量有问题，不同意张某的诉讼请求。审理过程中，张某申请对房屋用电无法正常使用的具体原因、修复方案及修复费用进行鉴定，鉴定机构出具鉴定意见，认为用户无法正常用电的具体原因为地下一层插座线路之间存在短路，修复方案分为明敷设和拆除原装插座线路恢复原状修复，其中明敷设修复费用为 5000 元，恢复原状修复费用为 3 万元。

【裁判结果】

法院认为，开发商作为建设单位，对其交付的房屋应当承担质量瑕疵担保责任，对存在质量问题的房屋应当及时予以修复。本案中，出现质量问题的电路系统虽然不属于房屋主体结构，但仍然是房屋整体的组成部分。尽管房屋整体通过竣工验收，但不影响开发商对经鉴定确定存在的问题承担修复责任，开发商始终未予修复，应当赔偿张某的修复损失。关于修复费用的标准，虽然鉴定机构在出具鉴定意见时，给出了两种不同的修复方案，但是张某不同意适用明敷设配管配线的修复方案，综合考虑案件质量问题的起因、质量问题的程度、质量问题持续的时间、开发商在解决问题过程中的作为情况，法院最终判决开发商按照恢复原状修复方案赔偿张某修缮费用并承担本案鉴定费用。

【典型意义】

住有所居、安居宜居，是万千家庭的共同心愿。商品房房款动辄几百万元，普通家庭要举一家几代人的力量才能负担。商品房质量直接关系群众的居住体验，关系老百姓的安居幸福感。电路插座也是房屋的重要组成部分，尽管该瑕疵在房屋交付验收时不易被发现，但却实际影响了张某的日常用电和生活起居，且持续多年未得到解决。本案裁判不仅明确了开发商对出售房屋的质量瑕疵担保责任，而且明确了全面、充分保护的原则。就修复方案的考量，还考虑了房屋质量问题的起因、程度、持续时间以及开发商在解决问题过程中的作为情况，最大限度地保障了房屋买受人的合法权益，有助于引导房地产企业重品质、守诚信，对构建诚实、守信、和谐的房地产市场环境贡献了司法力量。

某通讯公司与某实业公司房屋买卖合同纠纷案

《最高人民法院发布民法典合同编通则司法解释
相关典型案例》案例二
2023年12月5日

【裁判要点】

判断当事人之间订立的合同是本约还是预约的根本标准应当是当事人是否有意在将来另行订立一个新的合同，以最终明确双方之间的权利义务关系。即使当事人对标的、数量以及价款等内容进行了约定，但如果约定将来一定期间仍须另行订立合同，就应认定该约定是预约而非本约。当事人在签订预约合同后，已经实施交付标的物或者支付价款等履行行为，应当认定当事人以行为的方式订立了本约合同。

【简要案情】

2006年9月20日，某实业公司与某通讯公司签订《购房协议书》，对买卖诉争房屋的位置、面积及总价款等事宜作出约定，该协议书第三条约定，在本协议原则下磋商确定购房合同及付款方式，第五条约定，本协议在双方就诉争房屋签订房屋买卖合同时自动失效。通讯公司向实业公司的股东某纤维公司共转款 1000 万元，纤维公司为此出具定金收据两张，金额均为 500 万元。次年 1 月 4 日，实业公司向通讯公司交付了诉争房屋，此后该房屋一直由通讯公司使用。2009 年 9 月 28 日，通讯公司发出《商函》给实业公司，该函的内容为因受金融危机影响，且房地产销售价格整体下调，请求实业公司将诉争房屋的价格下调至 6000 万元左右。当天，实业公司发函给通讯公司，要求其在 30 日内派员协商正式的房屋买卖合同。通讯公司于次日回函表示同意商谈购房事宜，商谈时间为同年 10 月 9 日。2009 年 10 月 10 日，实业公司发函给通讯公司，要求通讯公司对其拟定的《房屋买卖合同》作出回复。当月 12 日，通讯公司回函对其已收到上述合同文本作出确认。2009 年 11 月 12 日，实业公司发函给通讯公司，函件内容为双方因对买卖合同的诸多重大问题存在严重分歧，未能签订《房屋买卖合同》，故双方并未成立买卖关系，通讯公司应支付场地使用费。通讯公司于当月 17 日回函，称双方已实际履行了房屋买卖义务，其系合法占有诉争房屋，故无需支付场地占用费。2010 年 3 月 3 日，实业公司发函给通讯公司，解除其与通讯公司签订于 2006 年 9 月 20 日的《购房协议书》，且要求通讯公司腾出诉争房屋并支付场地使用费、退还定金。通讯公司以其与实业公司就诉争房屋的买卖问题签订了《购房协议书》，且其已支付 1000 万元定金，实业公司亦已将诉争房屋交付给其使用，双方之间的《购房协议书》合法有效，且以已实际履行为由，认为其与实业公司于 2006 年 9 月 20 日签订的《购房协议书》已成立并合法有效，请求判令实业公司向其履行办理房屋产权过户登记的义务。

【判决理由】

法院生效裁判认为，判断当事人之间订立的合同系本约还是预约的根本标准应当是当事人的意思表示，即当事人是否有意在将来订立一个新的合同，以最终明确在双方之间形成某种法律关系的具体内容。如果当事人存在明确的将来订立本约的意思，那么，即使预约的内容与本约已经十分接近，且通过合同解释，从预约中可以推导出本约的全部内容，也应当尊重当事人的意思表示，排除这种客观解释的可能性。不过，仅就案涉《购房协议书》而言，虽然其性质应为预约，但结合双方当事人在订立《购房协议书》之后的履行事实，实业公司与通讯公司之间已经成立了房屋买卖法律关系。对于当事人之间存在预约还是本约关系，不能仅凭一份孤立的协议就简单地加以认定，而应当综合审查相关协议的内容以及当事人嗣后为达成交易进行的磋商甚至具体的履行行为等事实，从中探寻当事人的真实意思，并据此对当事人之间法律关系的性质作出准确的界定。本案中，双方当事人在签订《购房协议书》时，作为买受人的通讯公司已经实际交付了定金并约定在一定条件下自动转为购房款，作为出卖人的实业公司也接受了通讯公司的交付。在签订《购房协议书》三个多月后，实业公司将合同项下的房屋交付给了通讯公司，通讯公司接受了该交付。而根据《购房协议书》的预约性质，实业公司交付房屋的行为不应视为对该合同的履行，在当事人之间不存在租赁等其他有偿使用房屋的法律关系的情形下，实业公司的该行为应认定为系基于与通讯公司之间的房屋买卖关系而为的交付。据此，可以认定当事人之间达成了买卖房屋的合意，成立了房屋买卖法律关系。

【司法解释相关条文】

《最高人民法院关于适用〈中华人民共和国民法典〉合同编通则若干问题的解释》第六条 当事人以认购书、订购书、预订书等形式约定在将来一定期限内订立合同，或者为担保在将来一定期限内订立合同交付了定金，能够确定将来所要订立合同的主体、标的等内容的，人民法院应当认定预约合同成立。

当事人通过签订意向书或者备忘录等方式，仅表达交易的意向，未约定在将来一定期限内订立合同，或者虽然有约定但是难以确定将来所要订立合同的主体、标的等内容，一方主张预约合同成立的，人民法院不予支持。

当事人订立的认购书、订购书、预订书等已就合同标的、数量、价款或者报酬等主要内容达成合意，符合本解释第三条第一款规定的合同成立条件，未明确约定在将来一定期限内另行订立合同，或者虽然有约定但是当事人一方已实施履行行为且对方接受的，人民法院应当认定本约合同成立。

9. 供用水合同

锦州市自来水总公司与锦州市古塔区某宾馆供用水合同纠纷案

《最高人民法院发布关于依法平等保护非公有制经济，促进非公有制经济健康发展民事商事典型案例》第 5 号

2016 年 4 月 8 日

【基本案情】

锦州市自来水总公司（以下简称自来水公司）与民营企业锦州市古塔区某宾馆（以下简称某宾馆）之间存在供用水合同。2012 年 7 月份之前，某宾馆均按照合同约定及相关规定交纳了水费。2012 年 7 月初，自来水公司工作人员告知某宾馆该月水费 1 万多元，某宾馆对此提出异议，未予交纳。7 月 17 日，自来水公司给某宾馆出具了该月用水量 120 吨、水费 720 元的发票，要求某宾馆交纳，某宾馆未交纳。7 月 24 日，自来水公司为某宾馆更换了水表，某宾馆法定代表人、自来水公司工作人员在会签单上签字。8 月 8 日、9 月 6 日，自来水公司两次向某宾馆送达停水通知书，限某宾馆分别于 8 月 10 日上午 9 时前补交拖欠水费 11904 元、9 月 10 日上午 9 时前补交拖欠水费 12624 元，逾期不交将按有关规定实施停水处理，其后果自负。某宾馆因对该水费存在异议，与自来水公司交涉未果，故仍未交纳。9 月 3 日，自来水公司向该市公用事业与房产局申请停止向某宾馆供水，该局批示“同意按有关规定处理”。9 月 11 日，自来水公司停止向某宾馆供水。某宾馆提起诉讼，要求自来水公司恢复供水。

【裁判结果】

辽宁省锦州市古塔区人民法院一审认为：自来水公司作为供水单位，应当按照合同约定和法律规定及时为用水人供水。《城市供水条例》第二十二条规定：“城市自来水供水企业和自建设施对外供水的企业应当保持不间断供

水。由于工程施工、设备维修等原因确需停止供水的，应当经城市供水行政主管部门批准并提前 24 小时通知用水单位和个人；因发生灾害或者紧急事故，不能提前通知的，应当在抢修的同时通知用水单位和个人，尽快恢复正常供水，并报告城市供水行政主管部门。”某宾馆在 2012 年 7 月份以前一直按照合同约定及有关规定交纳水费，7 月份未交纳是因为该月水费比之前明显偏高，而自来水公司出具的 700 多元的水费发票与要求交纳的费用金额不一致，且换表时的水表指数又有所更改，使某宾馆对水费金额产生了合理怀疑。某宾馆正在与自来水公司交涉，谁对谁错并未确定，某宾馆并非无故拒交水费。自来水公司对某宾馆停止供水之前虽向该市公用事业与房产局提出申请，但该局并未明确批准其停止供水。自来水公司对某宾馆停止供水缺乏事实和法律依据，属违约行为，应当立即为某宾馆恢复供水。根据《合同法》第一百零七条关于“当事人一方不履行合同义务或者履行合同义务不符合约定的，应当承担继续履行、采取补救措施或者赔偿损失等违约责任”之规定，判决：自来水公司于判决生效后立即为某宾馆恢复供水。自来水公司上诉后，锦州市中级人民法院判决驳回上诉、维持原判。

【典型意义】

本案是人民法院依法审理供用水合同纠纷，保护非公有制企业正常生产经营的典型案例。用水、用电是企业正常生产经营的基础，因此，对于非公有制企业在生产经营活动中发生的用水、用电纠纷，要及时依法审理，保证企业的正常生产经营。本案中，自来水公司在没有正当理由的情况下擅自停止供水，给某宾馆的正常经营带来很大影响。人民法院受理某宾馆的起诉后，依法及时审理了该案，判决自来水公司在判决生效后立即恢复供水，有效维护了某宾馆的合法权益。

10. 碳排放权交易

广州某低碳科技公司诉广州某交易中心等合同纠纷案

《司法积极稳妥推进碳达峰碳中和典型案例》案例五

2023 年 2 月 17 日

【基本案情】

2018 年广州某低碳科技公司与第三人东莞某电力公司签订碳排放配额转让合同，约定广州某低碳科技公司向东莞某电力公司转让碳排放配额 23 万余吨，转让价款 378 万余元。广州某低碳科技公司在广州某交易中心将 23 万余吨碳排放配额划转给东莞某电力公司，但东莞某电力公司未依约付清款项。后东莞某电力公司进入破产清算程序，广州某低碳科技公司在该破产案中就东莞某电力公司尚未支付的案涉转让款申报了债权。广州某低碳科技公司诉请人民法院判令广州某交易中心赔偿东莞某电力公司未按约定支付的款项 218 万余元。

【裁判结果】

广东省广州市花都区人民法院一审认为，在交易双方选择的碳排放配额交易模式下，广州某交易中心既没有义务保证东莞某电力公司的交易账户必须持有满足案涉交易的相应资金，也没有义务保证广州某低碳科技公司一定可以获得案涉交易款项；广州某交易中心系碳交易平台，在本案中非案涉交易相对方或者保证方，无法定或者约定义务承担交易风险，广州某低碳科技公司主张广州某交易中心应向其承担赔偿责任的理由不能成立；判决驳回广州某低碳科技公司的诉讼请求。广州某低碳科技公司不服提起上诉。广东省广州市中级人民法院二审驳回上诉，维持原判。

【典型意义】

本案系碳排放权交易纠纷案件。碳排放权是生态环境主管部门分配给温室气体重点排放单位的规定时期内的碳排放额度，碳排放配额是碳排放权交易市场的交易产品。碳排放权交易应当通过碳排放权交易系统进行，可以采取协议转让、单向竞价或者其他符合规定的方式。本案中，人民法院根据当事人签订的交易合同具体约定，结合广州某交易中心的交易规则，认定该交易中心作为交易平台，而非案涉交易相对方或者保证方，无法定或者约定的义务承担交易风险和法律责任，依法分配交易风险，较好地维护了碳市场交易秩序。2021 年生态环境部发布的《碳排放权交易管理办法（试行）》《碳排放权登记管理规则（试行）》《碳排放权交易管理规则（试行）》《碳排放权结算管理规则（试行）》相继施行，人民法院在审理涉交易平台责任的纠纷案件时，应当依照法律法规，参照行政规章关于注册登记机构与交易机构之间的职能划分以及风险防范制度、结算风险准备金制度等规定，结合碳市场业务规则、交易合同约定等，依法予以处理，保障碳市场健康有序发展。

11. 借款合同

郑某诉冉某民间借贷纠纷案

《最高人民法院发布 19 起合同纠纷典型案例》第 9 号

2015 年 12 月 4 日

【基本案情】

被告冉某以急需资金为其堂哥买房，而自己存款未到期无法取出为由，于 2011 年 12 月 31 日晚，在参加原告郑某父亲的丧礼时，找到原告郑某借款人民币 2 万元。原告因与被告夫妻相熟，了解被告的家庭情况，便从当时在场之案外人杨某江处借取 1200 元后，凑齐 2 万元交付被告本人。并且，原告出于借款金额不大，丧礼上宾客众多，当众拟写借据会有伤双方颜面的考虑，未要求被告出具书面的借条，亦未约定具体的还款时间及利息的计算标准，仅是由被告口头承诺短时期内便能偿还。时隔半年，原告见被告仍无还款意向，便多次找其催收，被告却均以各种理由搪塞。近期，被告又以避而不见的方式躲避债务，因此原告于 2014 年 8 月 6 日向重庆市酉阳土家族苗族自治县人民法院提起诉讼，要求被告归还借款及利息，并承担本案诉讼费用。庭审中原告方明确资金利息从借款之日一个月后开始计算至实际清偿之日止，并自愿选择该利息以当地农村商业银行贷款利率作为参考。因被告没有出庭，未能调解。

【裁判结果】

法院审理后认为，虽然双方都无直接证据，但原告提交的间接证据来源合法，内容符合客观事实，证据真实有效，且各证据之间能形成证据锁链，能相互印证，足以认定原、被告之间的债权债务关系。故判决由被告归还原告借款本金 2 万元，并按照重庆农村商业银行同期同类贷款利率支付原告从法院受理之日起至实际清偿之日止的利息。日前，该判决已生效。

【典型意义】

大量民间借贷纠纷都是发生于熟人之间，比如朋友、同事、甚至兄弟，在生活当中，熟人之间出于面子、人情等因素的考虑，一般很少写借条以及其他凭证，而一旦对方违约，出借人一般很难拿出有效的直接证据来认定借款行为成立的事实，在这种情况下，法院在判决时应结合各方提供的间接证据，在证据之间能够相互印证、能够形成证据锁链的情况下，对借贷行为予以确认，以维护社会诚信，实现公平正义。

法官提醒：在生活当中，即使是熟人之间，也要留有相关凭证，以免在发生纠纷时无力举证，导致败诉。

李某、王某诉陈某某民间借贷纠纷案

《最高人民法院发布 19 起合同纠纷典型案例》第 12 号

2015 年 12 月 4 日

【基本案情】

2008 年 5 月至 2009 年 4 月，李某陆续出借 700 万元给陈某某用于发放高利贷，每月从陈某某处获取 4% 或 5% 的利息。自借款时起，陈某某先后向李某、王某支付了利息共计 233 万元。2009 年 6 月后，陈某某未再支付利息，亦未归还700万元借款本金。2014年7月25日，李某与其妻王某起诉至法院，请求判决陈某某归还借款700万元并按中国人民银行同期同类贷款基准利率支付利息。

【裁判结果】

重庆市第五中级人民法院经审理认为，李某、王某明知陈某某借款系用于对外发放高利贷，但仍然向其提供借款资金，该行为损害了社会公共利益，根据《合同法》的相关规定，该借款行为应认定为无效。借款被认定无效后，陈某某虽应返还借款本金及按中国人民银行同期同类贷款基准利率计算的利息，但对于陈某某已支付的233万元利息中超过中国人民银行同期同类贷款基准利率计算的部分，应冲抵借款本金。对于冲抵后尚欠本息，陈某某应予返还。

【典型意义】

出借人明知或应当知道借款人借款用于违法犯罪活动，但为了谋取高息仍然提供借款，此现象在社会上时有发生，但在证据上能够认定出借人明知借款用于违法犯罪活动的案件并不多见，法院在该类案件中认定民间借贷合同无效，对当事人之间约定的高额利息、违约金等不予保护，在维护正常民间融资秩序方面起到了积极作用。

郑某某诉雷某、刘某某、重庆某文化传播有限公司民间借贷纠纷案

《最高人民法院发布19起合同纠纷典型案例》第13号

2015年12月4日

【基本案情】

2013年7月2日，郑某某、雷某以及重庆某文化传播有限公司三方签订了《个人借款合同》，约定雷某向郑某某借款20万元，雷某以其名下的房产提供抵押担保。2013年7月3日，郑某某通过银行转账的方式向雷某支付了借款20万元。随后，雷某向郑某某提供了其与刘某某共同所有的房产的《房

地产权证》复印件。因雷某未按期还款，郑某某诉至法院，主张其对雷某和刘某某共同所有的房产享有优先受偿权。

【裁判结果】

重庆市渝北区人民法院认为，因讼争房产未办理抵押登记，按照《物权法》的相关规定，抵押权未设立，故对郑某某主张的优先受偿权不予支持。

【典型意义】

民间借贷中，以《物权法》规定的必须办理抵押登记、质押登记的财产或财产权利作为担保的，应当到相关登记机关办理登记手续。未依法登记的，抵押权、质押权未设立，出借人对担保财产或财产权利不享有优先受偿权。

李某诉段某民间借贷纠纷案

《最高人民法院发布 19 起合同纠纷典型案例》第 14 号

2015 年 12 月 4 日

【基本案情】

2015 年 2 月 5 日，被告向原告借款，原告为保证其到期能实现债权，与被告签订了《房屋买卖合同》一份。合同约定，原告以 100 万元的价格向被告购买位于曲靖市的别墅，被告于 2015 年 5 月 6 日前到房屋产权登记机关配合原告办理产权过户登记手续。同日，原告向被告汇款 94. 5 万元，被告向原告出具收条一份。收条载明，被告已收到原告支付的别墅转让款 100 万元，其中转账支付 94. 5 万元，现金支付 5. 5 万元。另查明，原、被告双方未出具书面借条，未约定利息及还款时间，被告为购买本案诉争房屋交纳房款 183 万余元。原告的原诉请为由被告于判决生效后立即为原告办理房屋过户手续，经法庭释明后，原告诉请变更为由被告偿还原告借款本金 100 万元。

【裁判结果】

判令由被告段某于判决生效后三十日内偿还原告李某借款本金 100 万元。

【典型意义】

1. 贯彻司法解释的立法意图

民间借贷实践中，借贷双方当事人通过签订买卖合同作为借贷合同的担保，是比较典型的纠纷类型。一旦借款期限届满债务人无法偿还借款本息时，债权人往往要求履行买卖合同，从而直接取得标的物的所有权。债权人撇开主合同而要求直接履行作为从合同的买卖合同，实际上是颠倒了主从合同关系，故《最高人民法院关于审理民间借贷案件适用法律若干问题的规定》第二十四条对此作出了明确规定，认为此类案件应按照民间借贷法律关系进行审理。

2. 保持物权法理论的一致性

“禁止流押”是物权法中的一大原则，旨在防止债权人利用优势地位损害债务人的利益，造成对抵押人实质上的不公平。在买卖合同担保借贷合同的交易模式下，债权人通过买卖合同在债务到期前就固定了担保物的价值，且由于预售登记的存在，债务人不可能另行通过交易途径实现担保物的市场价值，买卖合同事实上达到了流押的效果，有违“禁止流押”的强制性规定。

3. 保护当事人的合法权益

债权人为保证其债权的顺利实现，签订的买卖合同标的物的价值通常都高于借贷合同的标的。如债权人直接取得买卖合同标的物的所有权，往往会给债务人带来一定的经济损失，同时可能会对其他债权人的合法权益造成损害。实践中，建议可在诉讼过程中对买卖合同标的物进行诉讼保全，通过合法手段保证债权人实现债权的可能性，对各方当事人的利益予以均衡保护。

马某诉张某民间借贷纠纷案

《最高人民法院发布19起合同纠纷典型案例》第15号

2015年12月4日

【基本案情】

2012年11月13日，张某向马某借款36500元，并向马某出具借条一张。经马某催要，张某在2013年年底归还2万元，剩余16500元未予归还。利息计算应以月利率 5.125‰为准。

【裁判结果】

吉木乃县人民法院审理认为：自然人之间的借款合同，自贷款人提供借款时生效。马某依约定向张某提供借款，张某以此向马某出具借条，马某、张某之间形成了借贷关系。马某依约定借款给张某，张某就应依合同约定按时还款。本案中，张某未提供充足的证据证明马某、张某之间形成的不是借贷关系。马某要求张某偿还 16500 元借款的诉讼请求事实清楚，证据确实充分，本院予以支持。马某要求张某支付借款利息，因马某、张某未约定利息的计算方式方法，马某亦未提供证据证明马某要求张某归还借款的具体时间，因此马某要求张某支付利息的诉讼请求本院不予支持。依照《合同法》第二百零六条的规定判决张某偿付马某借款 16500 元，于判决生效之日起十日内一次给付；驳回马某要求张某支付利息的诉讼请求。宣判后，张某、马某均未提出上诉，表示服判。

【典型意义】

民间借贷是指公民之间，公民与非金融机构企业之间的借贷行为。民间借贷是一种直接融资渠道，是民间资本的一种投资渠道，是民间金融的一种形式。对于民间借贷的利息法律区分了有约定和无约定两种情形。本案双方当事人未约定利息和利息的计算方式，根据《合同法》第二百零七条的规定当事人可以要求支付逾期利息。而本案马某未提供证据证明何时向张某主张了权利，何时应开始计算逾期利息，为了维护市场经济秩序的和谐稳定，故驳回马某对利息主张。

黄某楼诉李某民间借贷纠纷案

《最高人民法院发布 19 起合同纠纷典型案例》第 18 号

2015 年 12 月 4 日

【基本案情】

2000 年 1 月 16 日，李某成向原告黄某楼借款 2000 元，用于经营养殖，并向原告黄某楼出具借据一张，借据记载：今借到现金人民币贰仟元整（2000），李某成，2000 年元月 16 号。李某成于 2000 年 6 月 3 月因病去世，李某成去世前并未向原告黄某楼偿还借款 2000 元。被告李某系李某成的儿子，李某成去世后留下房子五间由被告李某继承。黄某楼多次找被告李某协商支付事情，均未得到妥善解决。为维护自身合法权益，黄某楼向法院提起诉讼，要求被告支付欠款及本案诉讼费用。

【裁判结果】

北关区法院一审认为，李某成向原告黄某楼借款 2000 元用于经营养殖，并向原告黄某楼出具借据一张，双方之间形成的借贷关系，系双方真实意思表示，不违反法律法规限制性规定，本院依法予以保护。李某成未及时向原告黄某楼偿还借款系产生本案纠纷的原因。根据我国相关法律规定，继承遗产应先在遗产范围内偿还被继承人债务。本案被告李某继承了李某成留下的遗产五间房屋，且该遗产价值不低于 2000 元。故原告黄某楼要求被告李某偿还该借款，于法有据，本院予以支持。原告黄某楼已提供借据证明李某成欠款 2000 元，已履行了举证义务，被告李某否认该事实，应当承担举证责任，因其未提供证据证明自己的主张，故对其辩称意见，本院不予采信。遂判决被告李某偿还原告黄某楼借款 2000 元。该判决现已生效。

【典型意义】

这个案例是涉及我国民事诉讼中的举证责任的典型案例。举证责任在我国有两层含义，一是当事人对自己所主张的事实有提供证据加以证明的责任，二是当经过诉辩双方举证、质证之后，待证事实仍然处于真伪不明状态时，由负有举证责任的一方承担不利后果。根据举证责任分配原则，主张法律关系存在的一方应承担证明该法律关系发生的举证责任，主张法律关系不存在的一方应承担证明法律关系未发生或已消灭的举证责任，若任何一方举出的证据不足以证明以上事实，则应承担由此带来的不利后果。本案中，原告黄某楼提供借据来证明借款关系存在，已履行了举证义务；而被告李某对此不认可，应当承担证明该法律关系不存在或已消灭的举证责任，因其未提供充分证据证明自己的主张，应承担由此产生的不利后果即败诉风险。

上海某生物科技有限公司与辽宁某置业发展有限公司、谢某企业借贷纠纷案

——（2015）民二终字第 324 号

《最高人民法院第二巡回法庭关于公正审理跨省重大民商事和行政案件典型案例》第 3 号

2016 年 10 月 31 日

【基本案情】

上海某生物科技有限公司（以下简称某生物公司）于 2010 年 6 月 13 日向辽宁省高级人民法院提起诉讼，请求辽宁某置业发展有限公司（以下简称某置业公司）返还借款 8650 万元及利息，辽宁省高级人民法院经审理于 2011 年 3 月 21 日作出了（2010）辽民二初字第 15 号民事判决，判决某置业公司支付某生物公司 8650 万元，并按银行同期贷款利率支付利息。后因某置业公司的另案债权人谢某提出申诉，辽宁省高级人民法院于 2012 年 1 月 4 日作出（2012）辽立二民监字第 8 号民事裁定再审本案。辽宁省高级人民法院经再审判决驳回某生物公司的诉讼请求，某生物公司不服，向最高人民法院提起上诉。

【裁判结果】

最高人民法院第二巡回法庭经审理认为，人民法院保护合法的借贷关系，同时，对于恶意串通进行虚假诉讼意图损害他人合法权益的行为，应当进行制裁。具体到本案而言，某生物公司与某置业公司由王某新、曲某丽夫妻二人实际控制，两公司及甲公司、上海某置业、沈阳某置业之间存在关联关系。在这种情况下，人民法院依职权调取了各关联公司的工商档案及银行账户交易明细等证据，经审查发现某生物公司主张借款数额前后矛盾；对借款时间、地点、经办人员等细节语焉不详；各关联公司之间存在循环转账；借款流向与合同约定用途相悖；诉讼及执行中的诸多行为违背常理等。对上述矛盾和违背常理之处，某生物公司与某置业公司并未作出合理解释。结合在案其他证据，本院认定某生物公司诉请之债权系截取其与某置业公司之间的往来款

项虚构而成，其以虚构债权为基础请求某置业公司返还8650万元借款及利息的请求，不应支持。因此，判决驳回上诉，维持原判，并决定对某生物公司和某置业公司各罚款50万元。

【典型意义】

本案当事人跨越辽宁与上海两省市，是最高人民法院认定的首例虚假民事诉讼案件，也是最高人民法院第二巡回法庭“庭审走进法学院活动”的第一案，由胡云腾大法官担任审判长，本案当庭裁判并对恶意串通进行虚假诉讼的某生物公司和某置业公司各罚款50万元，取得了良好的法律效果和社会效果。中央电视台今日说法栏目对本案进行了专题报道，新华网、中国新闻网、《法制日报》、新浪网、凤凰网等数十家媒体和新闻网站也纷纷发表评论，认为本案裁判明确了虚假民事诉讼的裁判标准，表明了最高人民法院维护司法公正和诉讼诚信的决心和信心，有利于树立诉讼诚信意识，维护诉讼秩序，有利于维护司法公正及法制权威。周强院长作出批示“此案很有意义，请纳入建设核心价值集中宣传活动”。本案被评为“2015年十大影响性诉讼”“2015年度人民法院十大民事行政案件”“2015年推进法治进程十大案件”，并收入最高人民法院第14批指导性案例。

上诉人某煤焦化集团有限公司与被上诉人陈某、原审被告蔚某民间借贷纠纷案

——（2017）最高法民终82号

《最高人民法院第四巡回法庭当庭宣判十大案例》第3号

2017年12月25日

【案情简介】

蔚某于2014年9月30日向陈某出具的《借条》载明：“截至2014年9月30日合计借到陈某现金人民币壹亿柒仟陆佰贰拾壹万贰仟元整。从2014年10月1日后，壹亿叁仟万元本金按照日息3‰计息。借款人：蔚某。担保人：某公司。”陈某多次索款未果后以蔚某、某公司为被告起诉至山西高院。该院判决：被告蔚某、某公司偿还陈某借款176165334元并支付利息等。某

公司不服一审判决，提起上诉。

二审判决变更山西高院民事判决第一项内容为：原审被告蔚某、上诉人某公司支付被上诉人陈某借款 141165334 元。

【实务总结】

本案的主要争议焦点是借条中的4621.2 万元是否包含3500 万元本金以及该3500 万元是否归还问题。双方主张均有一定证据支持，但各方尚未形成证据优势。鉴于双方资金往来均是通过案外人于某等支付，可以责令当事人提供有关证据或人民法院依职权调查取证。如将本案发回重审，由原审法院继续查清有关事实完全符合法律程序，但这样会使多年未结的纠纷又要拖延一至两年，不利于及时定分止争。合议庭遂决定做当事人的调解工作，力争调解结案。经合议庭成员、法官助理分头做双方工作，被上诉人自愿放弃 3500 万元的请求。债权人与担保人达成的协议未损害主债务人的权益，法院予以确认。但主债务人没有到庭，不宜出具调解书，遂以判决的形式，当庭宣判，及时发送了判决书，双方当事人均很满意。本案当庭宣判，充分说明了两点。第一，在庭审中要充分发挥合议庭所有成员作用。庭审不是主审法官的“独角戏”。从法庭调查、辩论到调解的每一个环节，合议庭成员均要全身心投入，分工协作，互相配合，确保庭审实质化。第二，在一个案件中可以实现调判结合。合议庭可以根据当事人的意愿，对案件中一个或一个以上的请求事项进行调解，达成一致后，记入笔录，甚至可以对达成调解协议的事项单独制作调解书；对不宜调解或达不成一致意见的请求事项，直接判决。在尊重当事人程序处分权和实体处分权的前提下，调解与判决两种方式在一个案件中完全可以并行不悖，更好地实现纠纷处理法律效果和社会效果的有机统一。

上诉人马鞍山某矿业有限公司与被上诉人某银行股份有限公司武汉青山支行、原审被告武汉某工贸有限公司、刘某等金融借款合同纠纷案

——（2017）最高法民终310号

《最高人民法院第四巡回法庭当庭宣判十大案例》第5号

2017年12月25日

【案情简介】

某矿业公司一审称，依公司章程，对外担保事项应经董事会决议，故《最高额抵押合同》未经董事会表决无效；在同意提供最高额保证的董事会决议上签字的董事之一当时已被免职，故该决议无效，《最高额保证合同》亦无效。一审判决认为，某矿业公司内部决议的程序瑕疵及董事签名真实与否，不影响公司对外作出担保行为的法律效力，某矿业公司关于合同无效的理由不成立，故对某银行青山支行关于对某矿业公司采矿权行使抵押权、某矿业公司应承担保证责任的诉讼请求予以支持。某矿业公司上诉，认为《最高额抵押合同》《最高额保证合同》无效，其上诉理由与一审理由相同。

二审判决：驳回上诉，维持原判。

【实务总结】

围绕当事人的上诉请求和理由，庭前认真阅卷，吃透案情，明确审理思路、庭审重点，是当庭宣判的基础。本案争议的核心问题是案涉《最高额抵押合同》《最高额保证合同》是否有效。

根据上诉状，承办人对案件争议焦点作了初步判断，根据庭前会议当事人答辩情况，明确了本案的争议焦点，但只有上诉人关于《最高额抵押合同》《最高额保证合同》无效的理由是否成立，即两个合同的效力问题是当事人争议的核心。这两个争议焦点均涉及《公司法》第十六条的适用，主要是公司对外担保效力的判断这个公认的疑难复杂问题。通过庭前阅卷，承办人发现，某矿业公司的章程载明，某矿业公司系一人公司，某矿业公司章程对公司对外担保程序无规定，并未规定公司对外担保需经过董事会决议。一审并未认

定该事实，对此，二审庭审需重点审查。庭审中查明相关事实后，认为某银行青山支行已经尽到了对某矿业公司提供担保的审查义务，某矿业公司关于合同无效的理由不成立，当庭作出了判决。

某国际信托有限责任公司与山西某能源开发有限公司等金融借款合同纠纷案

《人民法院助推民营经济高质量发展典型民商事案例》案例 4

2021 年 9 月 3 日

【基本案情】

2013 年 5 月 30 日，某国际信托有限责任公司（以下简称某信托公司）与山西某能源开发有限公司（以下简称某能源公司）（借款人）签订《信托贷款合同》，约定分期发放贷款 4.1 亿元，贷款期限 30 个月，并就利息、罚息、违约金等进行了约定。2014 年 6 月 20 日，某能源公司与某信托公司签订《财务顾问协议》，约定某能源公司根据贷款发放进度分期支付财务顾问费用 3405 万元。后因某能源公司未能如期还款，某信托公司诉至法院。

【裁判结果】

一审判令某能源公司向某信托公司支付借款本金 3.893 亿元及利息，以及按日 0.05% 标准计算的违约金，按借款总额支付 20% 的违约金等。最高人民法院二审认为，因某信托公司不能举证证明其为某能源公司提供了何种具体的财务顾问服务，应当认定其未提供。结合贷款实际发放和某能源公司支付财务顾问费的时间，财务顾问费用分期支付之时，某信托公司的贷款尚未发放完成，应当认定案涉 3405 万元财务顾问费为预先收取的利息，并在计算欠款本金时予以扣除。另外，《信托贷款合同》约定了贷款期限的前 24 个月按 12% 计息，后 6 个月按 14% 计息，逾期贷款本金按贷款日利率的 150% 按日计收罚息，并对应付未付利息按贷款日利率的 150% 按日计收复利；不按约定归集资金的，按贷款本金余额的 0.05% 按日计收违约金（年化为 18%），未及时偿还全部借款的，还应另行支付已发放贷款本金 20% 的违约金。加上作为“砍头息”收取的财务顾问费用 3405 万元约为贷款总额的 8.3%，贷款人某信托公司同时主张的利息、复利、罚息、违约金和其他费用过高，显著背离实际损失，应当依法予以调减。

【典型意义】

坚持以人民为中心的发展思想，就是要在高质量发展中促进共同富裕，正确处理效率和公平的关系，取缔非法收入，切实降低实体企业的实际融资成本，促进社会公平正义。该案贷款人共计借出款项4.098亿元，同时以财务顾问费的形式，在每次放款前均要求借款人提前支付“砍头息”，共计3405万元，约为贷款总额的8.3%。二审法院因贷款人不能举证证明其为借款人具体提供了何种财务顾问服务，故认定其实际未提供财务顾问服务，将收取的高额财务顾问费用认定为以顾问费名义预先收取利息，在计算欠款本金时予以扣除。同时，原借款合同约定了非常复杂的利息、复利、罚息、违约金以及其他费用的计算方式，给实体企业增加了沉重的违约负担。二审依法予以调整，体现了人民法院秉持以人民为中心促进共同富裕的理念，依法保护合法收入，坚决取缔非法收入。

【案件案号】一审：北京市高级人民法院（2016）京民初77号；二审：最高人民法院（2019）最高法民终1081号

某市国有资产经营公司与某建设集团公司、某银行分行等借款合同纠纷案

——发挥司法审判职能，降低民企融资成本

《人民法院助力中小微企业发展典型案例》案例8

2022年4月19日

【裁判要旨】

依法保护地方政府为降低中小微企业融资成本推出的“政府+银行”新型融资模式应急循环资金，运用司法手段引导银行以融资合作方式持续为应急资金池注入资金，保障应急资金的良性循环，并以降低利率方式减少中小微企业融资成本，以房产抵押方式保障国资金融债权实现，找准各方当事人

利益平衡点，求得最大公约数。

【基本案情】

某建设集团公司因其在某银行分行的贷款即将到期，于 2016 年 12 月 15 日向某市国有资产经营公司申请等额的应急循环资金用于偿还贷款，期限为 10 天。同年 12 月 22 日，某银行分行向某市国有资产经营公司出具《续贷承诺书》，承诺在该行的贷款于 2016 年 12 月 22 日到期后为某建设集团公司续贷 2330 万元，保证在 2016 年 12 月 31 日前发放并全额划转至某建设集团公司专项资金账户，若在上述规定期限内未能全额归还某市国有资产经营公司向某建设集团公司发放的应急循环资金借款或因该行违约导致某市国有资产经营公司应急资金损失的，该行同意承担上述资金归还、补足的清偿责任。当日，某市国有资产经营公司与某建设集团公司签订《借款合同》，同时与某建设集团公司的法定代表人吴某某及其近亲属吴某、江某签订《最高额保证合同》。该两份合同约定：某建设集团公司借款 1700 万元作为应急循环资金，借款期限为 2016 年 12 月 22 日至 2016 年 12 月 31 日，日利率为万分之五；吴某某、吴某、江某分别为某建设集团公司的前述借款提供最高额为 2000 万元和 1700 万元的连带责任保证。合同签订后，某市国有资产经营公司按约向某建设集团公司发放 1700 万元应急循环资金。后某银行分行未如约续贷，某建设集团公司仅向某市国有资产经营公司偿还了部分借款。某市国有资产经营公司提起诉讼。湖北省黄石市西塞山区人民法院考虑到某建设集团公司受疫情及房价下行等因素影响偿债能力不足，积极组织各方协商，努力寻找最佳纠纷解决方案。经多轮谈判磋商，某市国有资产经营公司与某银行分行达成《融资合作协议》，某银行分行为某市国有资产经营公司提供优惠资金支持，并协助某建设集团公司在 2021 年 11 月 30 日前将六套房屋抵押登记在某市国有资产经营公司名下，某市国有资产经营公司保证不再向某银行分行主张任何权利。此后，某市国有资产经营公司申请撤回了对某银行分行的起诉。法院在确认《融资合作协议》履行完毕且房屋抵押登记手续完成的情形下作出民事裁定书，依法准许撤诉。针对某市国有资产经营公司向某建设集团公司等主张的诉讼请求，依法判决某建设集团公司偿还借款并支付违约金，吴某某等承担连带清偿责任。

【典型意义】

人民法院助力地方政府为中小微企业纾困政策落地见效，积极整合地方政府中小微企业融资平台和商业银行融资渠道，为中小微企业获得信贷提供司法保障。本案系借用应急循环资金“过桥”而引发的借款合同纠纷案件，涉及地方政府融资平台公司、民营中小微企业和金融机构三方主体，法院在厘清各方权利义务的基础上，保障应急循环资金池的正常运作，引导银行持续为应急循环资金池提供资金支持，确保“池里有水”，使政府融资平台公司有能力持续为本市中小微企业纾困解难；释明法定利率保护上限及民营企业面临的生存困境，引导国资公司主动大幅度降息，减轻了企业的资金压力；引导银行协助将债务人的房屋进行抵押，给政府融资平台公司吃“定心丸”，保障了国有资金的安全。通过调判结合方式巧妙平衡各方利益，达到了依法妥善审理金融借款纠纷案件、切实降低中小微企业融资成本、发挥司法助力中小微企业发展的效果。

江西某农村商业银行股份有限公司诉陈某珍等五人森林资源借款担保合同纠纷案

《森林资源民事纠纷典型案例》案例九

2022 年 6 月 14 日

【基本案情】

2017 年 5 月，被告陈某珍与原告江西某农村商业银行股份有限公司（以下简称某农商行）签订《个人借款合同》，贷款 260 万元，贷款期限为二年。被告黄某海、邹某云、辛某华、陈某红与某农商行签订《抵押合同》，用其名下坐落于江西省宜黄县的林地经营权、林木所有权作抵押担保，并依法办理了抵押登记手续。某农商行依约发放贷款后，陈某珍在还款期限届满时未能清偿借款本息。某农商行提起诉讼，要求借款人和担保人承担还款责任和担保责任。

【裁判结果】

江西省宜黄县人民法院一审认为，陈某珍与某农商行之间的借款合同合法有效。黄某海等四人用名下的林地经营权、林木所有权作抵押担保且依法办理了抵押登记手续，抵押合法有效。某农商行对黄某海等四人抵押的森林资源资产在担保范围内享有优先受偿的权利。遂判决陈某珍向某农商行归还借款本金和利息 300 万余元，某农商行对黄某海等四人提供担保的抵押物在上述借款本息范围内具有优先受偿权等。宣判后，当事人均未上诉，一审判决已发生法律效力。

【典型意义】

森林资源担保贷款能够切实解决林业经营企业和农户融资难、担保难问题，建立金融资源与生态资源的转化连接桥梁，盘活林企、林农手中的森林资源资产，是生态产品价值实现的重要载体。本案所涉的江西省宜黄县位于全国生态产品价值实现机制试点地区。作为担保物的森林资源资产依法办理了抵押登记，金融机构认可抵押财产的价值并依约发放贷款，将林农手中的林地经营权和林木所有权通过抵押变为信贷资本，真正将“绿水青山”转变成“金山银山”。人民法院努力探索司法推动生态产品价值实现路径，对借款合同、抵押登记的效力予以确认，依法保护债权人的优先受偿权，有效促进了生态产业化和产业生态化。本案对于打通森林资源生态价值转化渠道，鼓励金融机构有序开展绿色信贷业务，加强对气候变化适应和减缓的金融支持，服务保障绿色低碳循环经济发展具有积极意义。

12. 保证合同

某银行乾安县支行与江苏某甲（集团）有限公司、上海某乙实业有限公司保证合同纠纷案

——（2016）最高法民终40号

《最高人民法院第二巡回法庭关于公正审理跨省重大民商事和行政案件典型案例》第4号

2016年10月31日

【基本案情】

2011年6月28日，松原某生物制品有限公司（以下简称某生物公司）为归还原所欠乾安县支行贷款，以借新还旧方式与乾安县支行签订本案《流动资金借款合同》，约定某生物公司向乾安县支行借款17670.7万元人民币，用于偿还某生物公司原所欠债务，借款期限自2011年6月28日起至2019年6月26日止。同日，乾安县支行与某生物公司还签订了三份贷款重组合同，重组贷款金额分别为2000万元、8000万元、3000万元。同日，乾安县支行与某甲公司、某乙公司以及吉林省某丙工业有限公司签订《保证合同》，约定某甲公司、某乙公司、吉林省某丙工业有限公司为本案借款合同以及另案3000万元借款总计20670.7万元的借款提供连带责任保证。同日，乾安县支行还与债务人某生物公司签订《最高额抵押合同》，担保最高债权本金金额为19840万元；与第三人吉林松原某丁有限公司（以下简称某丁公司）签订《最高额抵押合同》，担保最高债权本金金额为3000万元。以上合同签订后，对于本案新借贷款某生物公司除偿还241万元外，其余均未偿还。2015年2月，乾安县支行向吉林省高级人民法院提起本案诉讼，请求某甲公司、某乙公司共同连带承担保证责任，向乾安县支行偿还某生物公司所欠借款本金17429.7万元。

【裁判结果】

吉林省高级人民法院一审认为，本案乾安县支行有权宣布借款提前到期，某甲公司、某乙公司应当承担保证责任，且对某甲公司、某乙公司关于应在其他保证和抵押担保范围内免除保证责任的主张不予支持，据此判决某甲公司、某乙公司共同连带偿还乾安县支行借款本金 17429.7 万元及利息、罚息和复利，并连带给付乾安县支行本案律师代理费 54 万元等。某甲公司、某乙公司不服，向最高人民法院提出上诉。

在对本案重组贷款余额、设定抵押、乾安县支行另案诉讼某甲公司与某乙公司 3000 万元保证合同纠纷，以及乾安县支行另案诉债务人某生物公司 1 亿元借款合同纠纷等情况进行细致查明的基础上，最高人民法院第二巡回法庭审理认为：一审判决对于认定本案保证主债权金额的举证责任分配不当，致使对本案担保主债权金额的认定有误；乾安县支行知道本案主债权不仅附着债务人某生物公司的物保而且亦附着第三人某丁公司的物保，亦应当知道关于实现担保物权的约定应为明确，但其发起本案诉讼之时，却不起诉、不追加某生物公司与某丁公司；尤其是，乾安县支行另案起诉债务人某生物公司主张 1 亿元债权过程中，未经保证人某甲公司、某乙公司书面同意却一致变更放弃本案债权原所附着的债务人某生物公司的最高额抵押担保；而且，乾安县支行放弃第三人某丁公司的最高额抵押担保，也违背其与某丁公司物保合同关于实现抵押权的明确约定，更违背了其为获此抵押向保证人所作的特殊承诺；故某甲公司、某乙公司主张免于承担本案保证责任的上诉请求，有事实与法律依据，应予支持。据此判决：一、撤销吉林省高级人民法院（2015）吉民二初字第 9 号民事判决；二、驳回中国农业发展银行乾安县支行的诉讼请求。

【典型意义】

本案当事人跨越吉林与江苏两省，系由招商引资而引发的一系列贷款重组及其物权抵押与法人保证并存的现象，其最为核心的争议是物权担保与保证担保，即通常所谓“物保与人保”之间的关系处理问题。《物权法》出台后，人保与物保之间的法律关系把握成为司法实践之难点所在，如何与《担保法》相关规定衔接适用，更是较难把握且理论与实践尚不统一的问题。本案结合具体案情，在《担保法》物保绝对优先精神的基础上，对《物权法》第一百七十六条规定作了物保相对优先的理解与把握，既很好地体现了意思自治的要求，也维护了诚实信用的原则，据此让债权人对其滥用物保与人保选择权利的行为相应承担了不利后果。本案判决注重案件事实的详尽查明，注重综合理解与把握《担保法》《物权法》《合同法》等相关法条精神，更充分展开说理，特别注重情、理、法相融，全文六万余字，九十余页，属近年来最高人民法院较长判决之一。

13. 储蓄存款合同

俞某水与某银行股份有限公司上海市鞍山路支行、某银行股份有限公司上海市杨浦支行储蓄存款合同纠纷案

《最高人民法院公布第二批保障民生典型案例》第 2 号

2014 年 3 月 19 日

【基本案情】

2008 年 5 月上旬，案外人徐某和被告某银行鞍山路支行的客户经理陈某虚构该行销售年息高达 16% 的一年期定期储蓄产品，诱骗原告俞某水前往该行存款。在办理开户手续时，陈某偷偷代原告开通了“网上银行”并领取了 U 盾，却仅将一张银行卡及一本加盖被告某银行鞍山路支行印章的理财金账户活期对账簿交由原告。次日，俞某水在自动存款机和银行柜面分别向系争账户存入 200 元及 500 元。同月 14 日，原告与陈某、徐某签订一份《委托书》，约定由原告存入被告某银行杨浦支行 2500 万元，期限一年，不提前支取，不转移，不挂失。陈某以被告委托代理人的名义在该合同上签字，并利用职务之便，在合同上偷盖了某银行杨浦支行的业务章。当日，原告将 2091 万元存入上述账户，徐某则将承诺的所谓“高额息差”409 万元转入该账户。当日下午，徐某即利用冒领的 U 盾登录网上银行，将 2500 万元转账支取后供个人挥霍。事发后，徐某、陈某等人因诈骗罪被法院判刑。原告以存单到期被告未兑付为由起诉至上海市杨浦区人民法院，请求法院判令二被告兑付其

存款本金 2500 万元及相应利息。

【裁判结果】

上海市第二中级人民法院二审认为，相对于普通储户而言，银行更有条件防范犯罪分子利用银行实施的犯罪，故银行应当制定完善的业务规范，并严格遵守规范，尽可能避免风险，确保储户的存款安全，维护储户的合法权益。但是，如储户事先明知可能发生不法侵害却未采取必要的防范措施，或故意违反储蓄机构必要的安全规章制度而导致其财产受损，且该过错与损害结果之间存在因果关系的，则储户应当在其过错范围内承担相应的责任。

陈某身为银行工作人员，却勾结犯罪分子徐某，利用工作便利，违反存款操作流程，擅自为原告开立网上银行，并领取 U 盾交由徐某，导致涉案款项被骗取。被告某银行鞍山路支行在工作人员管理、营业场所管理以及存款业务操作流程等方面均存在明显过错，且该过错与存款被骗具有相当的因果关系。俞某水虽然受案外人虚构的高额报酬所诱惑而去某银行鞍山路支行处开户、存款，但只要某银行鞍山路支行与俞某水均按照规定的开户流程办理开户业务，案外人徐某就无法获取与俞某水账户相关联的 U 盾，更无法在俞某水不知情的情况下从其账户将资金转至他人账户。故俞某水的存款目的与存款被骗取之间并无直接因果关系。而且，俞某水于存款前，在自动存款机和银行柜面分别向系争账户存入 200 元及 500 元，查询确认上述款项确实已存入其账户后才向该账户存入 2091 万元；存款后，俞某水亦始终妥善保管存折，显然其已尽合理注意义务。因此，俞某水与被告某银行鞍山路支行的储蓄存款合同关系合法有效，银行应当承担向原告返还存款本息的责任。

原告账户所存入的 2500 万元中 409 万元系犯罪分子存入，属于为骗取原告账户控制权而支付的高额利息，故二被告返还的存款本金时应予扣除，并应按同期活期存款利率支付相应利息。在储蓄存款合同关系中，储户将存款存入银行后，资金所有权即归属于银行，储户则享有依据储蓄存款合同向银行主张本息的债权。因此，犯罪分子利用储户账户控制权骗划资金后，追赃所得的资金款项所有权应当归属银行。俞某水未领取追赃款的行为并不影响其依据储蓄存款合同法律关系向二被告主张债权。据此，法院判令二被告返还俞某水存款本金 2091 万元及相应利息。

【典型意义】

近年来，储户的银行存款被犯罪分子通过内外勾结等方式诈骗而致涉讼的案件时有发生。本案是一起因银行工作人员内外勾结，以高息揽储业务引诱储户与银行建立储蓄存款合同关系，进而骗划存款资金，引发银行与储户之间储蓄存款合同纠纷的典型案例。本案审理的关键在于银行与储户对存款被骗导致的损失是否具有过错，以及如何承担与其过错相适应的责任。本案中，法院结合储蓄存款合同的性质特点、货币资金所有权的变动、银行履行合同义务的情况以及原告过错与损失结果之间的关联性，认定银行应当按照合同约定对储户的存款本金及利息损失承担全部责任，较好地维护了储户作为金融消费者的合法权益，对促进银行规范交易流程、加强管理具有重要意义。本案的判决充分体现和发挥了司法判决对金融市场的规范导向作用。

14. 租赁合同

海门市某农机经营部与某石油天然气股份有限公司上海销售分公司租赁合同纠纷案

《最高人民法院发布关于依法平等保护非公有制经济，促进非公有制经济健康发展民事商事典型案例》第 10 号

2016 年 4 月 8 日

【基本案情】

2010 年 8 月 19 日，民营企业海门市某农机经营部（以下简称某农机部）与某石油天然气股份有限公司上海销售分公司（以下简称某石油公司上海分公司）签订《加油站资产及经营权租赁合同》，由某石油公司上海分公司向某农机部租赁某加油站资产及整体经营权；租赁期限为 15 年，自加油站交接之日起计算租期，前两年租金为每年 23 万元，第三年起每年 18 万元。合同签订后，双方于 2010 年 9 月 1 日办理交接手续，加油站由某石油公司上海分公司管理经营，但因相应证照无法变更，某石油公司上海分公司没有按期给付

租金。某农机部诉至法院，请求判令某石油公司上海分公司支付租金和违约金。某石油公司上海分公司反诉称，由于某农机部未改制为公司制企业，不同意变更营业执照，导致某石油公司上海分公司不能正常合法经营加油站，合同目的无法实现，某石油公司上海分公司有权要求解除合同，请求判令解除《加油站资产及经营权租赁合同》，并要求某农机部赔偿损失 35403803 元。

【裁判结果】

上海市浦东新区人民法院一审认为，某农机部与某石油公司上海分公司签订的《加油站资产及经营权租赁合同》合法有效。某石油公司上海分公司作为业内知名企业的分公司，其有能力亦有条件对商业风险作出合理判断，对商业决策失误可能造成的损失应有充分认知。合同订立时，双方进行了沟通与协商，对合同履行期间可能出现的证照无法变更情形及解决方案亦有过考量与约定。合同签订后，双方办理了交接手续，某农机部亦履行了协助义务，在证照无法变更的情况下，双方未达成补充协议，由此引发的合同目的无法实现之风险，不应归责于某农机部。根据《合同法》第九十七条关于“合同解除后，尚未履行的，终止履行；已经履行的，根据履行情况和合同性质，当事人可以要求恢复原状、采取其他补救措施，并有权要求赔偿损失”之规定，判决：一、解除《加油站资产及经营权租赁合同》；二、某石油公司上海分公司应于判决生效之日起十日内支付某农机部租金；三、某石油公司上海分公司应于判决生效之日起十日内支付某农机部迟延付款违约金；四、某石油公司上海分公司应于判决生效之日起十日内支付某农机部合同解除违约金 56 万元；五、驳回某石油公司上海分公司其余反诉请求。某石油公司上海分公司上诉后，上海市第一中级人民法院判决驳回上诉、维持原判。

【典型意义】

本案是人民法院依法审理大型国有企业与非公有制企业之间租赁合同纠纷的典型案例。本案争议焦点在于如何认定加油站相应证照无法变更时某农机部与某石油公司上海分公司各自应承担的责任。某石油公司上海分公司作为大型国有企业，有能力亦有条件对加油站证照可能无法变更的商业风险作出合理判断与认知。因此，在合同仅对某农机部课以协助办理并提供必要材料的义务时，某石油公司上海分公司不能将证照未能变更导致的合同目的无法实现归责于某农机部，而应自行承担这一商业风险所带来的后果。本案双方当事人不仅所有制性质不同，而且市场地位、经济实力悬殊。人民法院严格遵循平等保护原则，综合考虑合同双方缔约能力和行业经验，依法准确区分商业风险和主观过错，确定了合同目的不能实现的原因和后果，依法公正保护了不同规模、不同区域、不同所有制主体的合法权益。

某公租房公司诉马某某房屋租赁合同纠纷案

《最高人民法院、中国残疾人联合会残疾人权益保护十大典型案例》案例七

2021 年 12 月 2 日

【基本案情】

某公租房公司与马某某于 2014 年签订公租房租赁合同，约定某公租房公司将一套公租房租赁给马某某，租期 12 个月，每 6 个月交纳一次租金，逾期 2 个月不交租金的，某公租房公司可解除合同。合同签订后，马某某拖欠 9 个月租金。某公租房公司起诉请求解除双方之间签订的《房屋租赁合同》，马某某给付自 2020 年 8 月 4 日至实际退还房屋之日的租金，并腾退其租住的房屋。

【裁判结果】

青海省西宁市城东区人民法院在案件审理过程中，了解到马某某系行动不便残疾人，主要生活来源是政府低保，年近花甲，没有子女，长期一人独居生活。因其外出未按政策规定按时提交低保申请信息，低保被暂时取消，导致未能按时交纳房租。考虑到马某某的实际情况，经主持调解，双方自愿达成调解协议，马某某可以继续租住，并于 2022 年 2 月 10 日前一次性给付某公租房公司 2020 年 8 月 5 日至 2021 年 8 月 4 日期间所欠租金 4802. 08 元。

【典型意义】

公共租赁住房是党和政府为困难群众提供的生活保障，本案如单纯判决解除租赁合同，将难以避免地造成不可逆的影响，导致残疾老人无房可住。人民法院充分释法，耐心说理，劝说某公租房公司充分考量马某某的困境，

给予8个月的宽限期，劝告马某某再次申请低保，同时调解暂时不解除租赁合同，避免马某某面临无房可住的困境。既保障了政府公租房政策通过合同的形式得到落实，同时又切实保障了残疾人的居住权，在具体案例中落实了司法为民的宗旨。

陈某某诉耿某某房屋租赁合同纠纷案

《人民法院台胞权益保障十大典型案例》案例十

2021 年 12 月 14 日

关键词：涉台纠纷多元化解；台胞调解员

【案情简介】

陈某某是知名台商，通过在大陆开办茶馆的形式推销台湾地区的高山茶等产品。在山东省青岛市黄岛区，陈某某租赁耿某某的房屋，开办了一个茶馆。2018 年以来，该租赁房屋的正常水电供应无法保障，导致陈某某茶馆不能正常经营。陈某某遂起诉要求耿某某退还其已交房租并赔偿装修损失共计 20 余万元，而陈某某则反诉要求耿某某支付房屋占用费、物业费、电费等共计 15 万元。

【处理结果】

一审法院宣判后，原、被告双方均提起上诉。二审法院山东省青岛市中级人民法院考虑到该案事实较为复杂、双方当事人矛盾又较为尖锐，遂及时启动与山东省青岛市人民政府台港澳事务办公室建立的“涉台纠纷特邀调解机制”，邀请知名台商作为特邀调解员参与案件调解，最终推动双方当事人达成了一致意见。案件以调解方式结案，且调解书得以即时履行，该涉台房屋租赁纠纷被妥善化解。

【典型意义】

《关于为深化两岸融合发展提供司法服务的若干措施》第 26 条强调：完善调解、仲裁、诉讼等有机衔接、相互协调的多元化纠纷解决机制，提高涉台纠纷解决效率，降低纠纷解决成本。各地法院特别是涉台案件较多的法院，加大与当地台办、贸促会、仲裁机构和调解组织的沟通合作，联合建立了一批各具特色、颇有实效的涉台纠纷联处工作机制，其中一项重要内容即是聘请有一定知名度的台胞担任特邀调解员，参与诉前、诉中及执行中的调解、和解工作。本案邀请两位台湾同胞担任涉台纠纷特邀调解员，从维护台商合法权益、着眼长远投资利益等角度释明利害，促进矛盾纠纷高效化解，实现案结事了人和。

北京某投资管理集团有限公司诉吕某霞房屋租赁合同纠纷案

《依法保护文物和文化遗产典型案例》案例十二

2023 年 2 月 7 日

【基本案情】

北京市西城区达智桥胡同 12 号 × 号平房系直管公房（以下简称案涉公房），坐落于北京市文物保护单位——杨椒山祠（明代名臣杨继盛故居）内。2000 年，吕某霞与房管部门就案涉公房签订租赁合同。北京某投资管理集团有限公司（以下简称某公司）经公有资产管理部门授权，行使直管公房的全部经营管理权。2015 年 12 月，北京市文物局向北京市西城区人民政府发出《关于公告施行北京市文物保护单位杨椒山祠（松筠庵）保护措施的函》，后由某公司公示了房屋腾退政策和方案。本案双方未能就案涉公房腾退及补偿安置问题达成一致，某公司向北京市西城区人民法院起诉，请求判令解除案涉公房租赁合同，吕某霞及其女陈某腾空案涉公房、拆除自建房。诉讼中，某公司提供北京市房山区稻田一路 1 号院的一套房屋，供二人临时周转居住。

【裁判结果】

北京市西城区人民法院一审认为，一切机关、组织和个人都有依法保护文物的义务。使用不可移动文物，必须遵守不改变文物原状的原则，负责保护建筑物及其附属文物的安全，不得损毁、改建、添建或者拆除不可移动文物。某公司作为公有住房的经营管理单位，有权依法履行文物保护职责，其依据北京市西城区人民政府公函，经有关政府主管部门同意，制定了腾退安置方案，与吕某霞一方进行了房屋腾退安置的洽商。在双方未能就腾退协议达成一致的情形下，基于相关法律规定，某公司有权要求解除合同，但同时应保障相对人的合法居住利益。经核勘，某公司已为吕某霞一方提供了适当住房，可以判定具备腾退条件。对于安置、补偿问题，当事人应当依法另行协商妥处。依法判决：确认解除吕某霞与某公司正在履行的案涉公房租赁合同；吕某霞、陈某将案涉公房腾空后交予某公司，同时搬至某公司提供的周转房屋居住；案件受理费由某公司负担。

北京市第二中级人民法院二审维持原判。

【典型意义】

本案系文物房屋租赁合同纠纷引发的民事案件。案涉公房所在的杨椒山祠具有独特的历史文化价值，由于居民租住等原因，祠内文物建筑年久失修、损毁严重，安全隐患突出，多年来社会各界一直呼吁加强保护工作。该案是当地文物保护腾退系列案件之一，人民法院严格公正司法，正确适用《文物保护法》《合同法》相关规定，在推动文物及时腾退的同时保障被腾退人合法居住利益，实现了保护文物与保障权益、法治力量与司法温度的有机统一。在审理过程中，人民法院还积极探索司法审判与文物保护相结合的专业化机制，并强化与有关部门沟通、配合，推动提升文物保护整体水平。该案彰显了人民法院依法服务大局、维护首都核心区古都风貌保护的使命担当，为加强不可移动文物集群司法保护及类似案件办理提供了参考样本。

在线租车公司未按照承诺足额投保三责险，应在不足范围内对消费者损失承担赔偿责任

——杨某与某租车公司车辆租赁合同纠纷案

《网络消费典型案例》案例 9

2023 年 3 月 15 日

【基本案情】

原告杨某通过某租车 App 向被告某租车公司承租一辆小型客车，并按约享受“尊享服务”，租期 4 天。某租车公司为该租车 App 的运营者。租车 App

中说明："在您购买尊享服务后，无需承担保险理赔范围内的损失以及保险理赔范围外的轮胎损失。"某租车公司在保险责任中承诺商业第三者责任险保险金额为20万元，但实际仅投保5万元。后杨某驾驶租赁车辆发生交通事故，造成他人财产损失。因商业第三者责任险投保不足，扣除通过保险获赔金额后，杨某被判赔偿案外人428000元。后杨某诉至法院，请求某租车公司支付其事故赔偿428000元等。

【裁判结果】

审理法院认为，某租车公司承诺投保商业第三者责任险保险金额20万元，尊享服务说明承租人无需承担保险理赔范围内的损失，但本案中杨某发生交通事故后保险公司赔付的商业第三者责任险保险金仅5万元，差额部分15万元属于杨某本可以通过商业保险避免的损失，该损失应由被告承担。依据《中华人民共和国合同法》（1999年施行）第一百零七条规定，判决被告某租车公司赔偿原告杨某15万元。

【典型意义】

网络租车平台是数字化赋能的典型商业模式。实际经营中，存在经营者为规避风险、提高利润，违背向租车人作出的承诺，为出租的汽车投保保险金额较低的商业保险的情况。本案裁判通过认定在线租赁公司承担投保不足导致的赔偿责任，树立正确的价值导向，引导在线租赁公司诚信经营，保障租车消费者的合法权益。

上海市崇明区海塘管理所诉上海某建筑材料公司土地租赁合同纠纷案

《湿地生态保护典型案例》案例十一

2023年5月31日

【基本案情】

2003年5月20日，上海市崇明区海塘管理所（以下简称崇明海塘所）与上海某建筑材料公司签订《关于使用奚西小圩的协议》，约定上海某建筑材料公司承租位于上海市崇明区陈家镇奚家港外口西侧小圩约 2.7 万平方米滩涂作砂石堆场，并由其投资对奚西支堤涵外口进行疏拓保滩，随小圩合同期内使用，至 2019 年 6 月 30 日合同期满后，该工程无偿归属崇明海塘所。2009 年 2 月，上海某建筑材料公司在该土地上建造了五只临时水泥桶仓及封闭式砂料堆场，从事混凝土生产、加工。崇明海塘所曾于 2019 年、2020 年三次向上海某建筑材料公司发出告知书，明确合同期满后将不再续租，要求限期腾退土地，均遭拒绝。为此，崇明海塘所诉至法院，诉请该公司将前述滩涂腾空后交还。上海某建筑材料公司提起反诉，请求崇明海塘所返还案涉引水河疏拓、护岸保滩工程费用等，并赔偿建造地上物经济损失等，确认案涉滩涂归该公司使用。

【裁判结果】

审理中，上海市崇明区人民法院对上海某建筑材料公司办理的环境评价文件进行审核，并提示其违反环境保护法律法规的责任风险。经组织调解，上海某建筑材料公司先行腾退了近四分之三的承租区域，仍保留水泥桶仓和封闭式沙料堆场未腾退，亦未停止生产。一审法院认为，上海某建筑材料公司是基于租赁协议取得案涉滩涂的使用权，现租赁期限届满，该公司依约应当及时腾退、交还土地。遂判决上海某建筑材料公司将案涉滩涂腾退、归还给崇明海塘所；同时，崇明海塘所返还上海某建筑材料公司履约保证金。宣判后，上海某建筑材料公司不服，提起上诉。上海市第二中级人民法院判决：驳回上诉，维持原判。

【典型意义】

奚西支堤沿岸属于长江口滩涂，地处我国弧形黄金海岸与长江黄金水道的交汇处，位于上海市长江口中华鲟自然保护区范围内，与列入国际重要湿地名录的“崇明东滩湿地”及亚太地区迁徙水鸟的重要通道“东滩鸟类国家级自然保护区”相毗邻。本案中，被告长期在长江沿岸从事混凝土生产加工，如不及时规制，将造成长江口滩涂生物多样性降低，湿地生态服务功能受损。人民法院受理案件后，依托驻崇明区河长制办公室法官工作室平台，引导被告先行腾退部分滩涂，开展生态环境整治。对于被告拒绝腾退区域，依法及时作出裁判，确保滩涂区域全面清退。本案的妥善处理，促进了重要湿地周边的产业布局进一步优化，确保人民群众环境权益和社会公共利益得到及时、有效救济，实现了政治效果、社会效果、法律效果与生态效果的有机统一。

某商贸公司诉某童鞋场、王某租赁合同纠纷案

《人民法院妥善化解灾后矛盾纠纷典型案例》案例4

2023年10月9日

【基本案情】

2023年7月，原告某商贸公司以被告某童鞋场及王某拖欠租金为由，向河北省涿州市人民法院提起诉讼，请求解除合同并支付拖欠租金及滞纳金。案件审理过程中，受台风“杜苏芮”影响，某童鞋场存放于某商贸公司地下仓库的童鞋被水浸泡。考虑到某童鞋场经济承受能力与受灾情况，涿州法院办案法官多次与双方耐心沟通，从童鞋场的继续经营、某商贸公司的继续营业、灾后共渡难关等多角度分析本案利弊，并规划调解方案。经过法院调解，某商贸公司最终同意减免一个月租金，并且同意前两个月的款项延迟支付，双方达成调解协议，案件圆满解决。

【典型意义】

本案虽已达到了解除合同的程度，但因某童鞋场在此次汛情中受损严重，暂时无力偿还租金，直接判决解除合同不仅无法实现某商贸公司追求租金的目的，也会导致某童鞋场因无法继续经营而陷入更大的困局。考虑到灾情的实际情况，某商贸公司减免租金、某童鞋场延期支付、合同继续履行是本案最好的解决方式。某童鞋场继续在卖场出售童鞋，既不影响其正常经营，又为某商贸公司收取租金提供了保障。涿州法院聚力灾后重建，通过提供精准的司法服务、打造良好的司法环境，帮助受灾企业排忧解难，携手共渡难关，为经济社会高质量发展保驾护航。

侯某某等诉北京市某服装商城公司租赁合同纠纷系列案件

《人民法院服务保障京津冀协同发展典型案例》案例 1

2023 年 10 月 10 日

【基本案情】

北京市某服装商城公司承租了北京市某研究总院名下位于北京市西城区文兴街某房屋经营商铺租赁业务。原告侯某某等与被告北京市某服装商城公司签订租赁合同，约定原告侯某某等承租被告商铺用于经营服装服饰，租金分期支付。原告侯某某等在办理工商登记和税务登记过程中得知被告所出租的商铺不具备出租条件。被告承诺负责协调办理始终未果。北京市某服装商城公司地处动物园服装批发市场，该商圈被列为北京非首都功能疏解重点区域，原告侯某某等因与北京市某服装商城公司签订的租赁合同无法继续履行诉至北京市西城区人民法院，要求解除租赁合同并返还租金，案件涉及百余商户。

【裁判结果】

人民法院生效判决认为，原告侯某某等与北京市某服装商城公司之间签订的商铺租赁合同系双方当事人的真实意思表示，不违反法律、行政法规的强制性规定，应为合法有效。因北京市某服装商城公司不具备办理市场内摊商个体工商户营业执照条件，致使原告侯某某等无法按照合同约定以自己的名义办理个体工商户营业执照持证经营。现原告侯某某等要求解除合同，理由正当，应予支持。北京市某服装商城公司在合同签订后虽将涉案商铺交付原告侯某某等，但商城尚未开业亦无法正常经营，故商城开业之前商铺租金应予退还。商城开业之后，原告侯某某等实际经营商铺并获得经营收益，故原告侯某某等应承担商铺实际使用期间的商铺租金。最终判决解除合同，由被告返还原告侯某某等未实际使用租赁商铺期间的租金费用。在案件执行过程中，北京市某服装商城公司因无可供执行财产导致部分商户无法受偿。法院审执部门联动积极促成北京市某服装商城公司与北京市某研究总院达成退租调解协议，将应返还北京市某服装商城公司的预付租金、押金、补偿款等款项汇入法院账户，并集中发还给租户，全部商户租金受偿完毕，该系列案件得以顺利执结。

【典型意义】

北京市动物园批发市场商圈的疏解系京津冀协同发展和非首都功能疏解工作中的一环，疏解后的北京市动物园批发市场商圈将建成南中轴国际文化科技园，是国家级金融科技示范区核心区的重点项目，对于产业升级改造、城市提质增效意义重大。但北京市动物园批发市场商圈市场产权分散、业主单位众多、经营商户群体广，疏解工作必须要维护各商户的合法权益，在法治轨道上稳步推进。人民法院在该系列案件的审执过程中，成立专案小组，加大庭前调解力度，并通过集中宣判、充分答疑引导商户服判息诉。案件审结后通过审执联动及时掌握被执行人关联案件审理情况，对被执行人可能通过胜诉裁决取得的财产及时控制，确保各方当事人权益得到有效保护。

唐山市某劳务公司诉北京市某机电设备安装工程公司建筑设备租赁合同纠纷案

《人民法院服务保障京津冀协同发展典型案例》案例5

2023年10月10日

【基本案情】

原告唐山市某劳务公司与被告北京市某机电设备安装工程公司签订了建筑设备租赁合同，商定由原告唐山市某劳务公司向被告北京市某机电设备安装工程公司提供吊车，用于其承包的河北某特钢集团有限公司环保除尘治理设施升级改造工程。此后被告北京市某机电设备安装工程公司使用原告唐山市某劳务公司交付的吊车入场施工，但未在约定期限内支付租金。原告唐山市某劳务公司多次催要，经过近一年等待仍未收到剩余待付租金，故向河北省滦州市人民法院提起诉讼，申请对被告北京市某机电设备安装工程公司进行财产保全并判令其履行租金给付义务。

【裁判结果】

河北省滦州市人民法院在立案过程中了解到，被告北京市某机电设备安装工程公司是一家位于北京市的以科技为支撑、从事京津冀环保设备安装的“专精特新”企业。其承包的环保除尘治理设施升级改造工程是为了落实推动钢铁行业超低排放、做好碳达峰碳中和工作等国家宏观政策，推进美丽宜居京津冀建设而实施的系列改造工程。河北某特钢集团有限公司得益于该工程实现了产业结构升级、全面绿色转型。但被告北京市某机电设备安装工程公司因受疫情影响回款暂遇困难，加之资金投放在刚中标的天津杨柳青某热电厂综合整治改造工程中，以致无法一次性偿还拖欠的租金。本案当事人就合同履行情况、结算金额等均没有争议，且原告唐山市某劳务公司曾予以宽限还款，说明双方具备调解可能性。于是法官灵活运用多元纠纷化解平台促使双方在线深度沟通，耐心向其剖析利害关系，最终促成双方达成和解，确认三期还款计划。此后，被告如约履行支付款项义务，该纠纷得到妥善化解。

【典型意义】

本案是人民法院着力保障新型环保企业项目运营，服务京津冀协同发展的典型案例。被告作为专业环保设备安装工程公司，在京津冀区域内服务钢铁产业减污降碳、厚积绿色发展动能。案件审理过程中，法院立足于服务保障京津冀协同发展大局，充分发挥非诉讼纠纷解决方式灵活、高效、成本低、非对抗等优势，积极促成各方调解，实质性化解纠纷，为促进案涉重点环保项目顺利运营，助力新型环保企业可持续发展，优化京津冀区域营商环境提供了有力司法保障。

某物业管理有限公司与某研究所房屋租赁合同纠纷案

《最高人民法院发布民法典合同编通则司法解释相关典型案例》案例一

2023 年 12 月 5 日

【裁判要点】

招投标程序中，中标通知书送达后，一方当事人不履行订立书面合同的义务，相对方请求确认合同自中标通知书到达中标人时成立的，人民法院应予支持。

【简要案情】

2021 年 7 月 8 日，某研究所委托招标公司就案涉宿舍项目公开发出投标邀请。2021 年 7 月 28 日，某物业管理有限公司向招标公司发出《投标文件》，表示对招标文件无任何异议，愿意提供招标文件要求的服务。2021 年 8 月 1 日，招标公司向物业管理公司送达中标通知书，确定物业管理公司为中标人。2021 年 8 月 11 日，研究所向物业管理公司致函，要求解除与物业管理公司之间的中标关系，后续合同不再签订。物业管理公司主张中标通知书送达后双方租赁合同法律关系成立，研究所应承担因违约给其造成的损失。研究所辩称双方并未签订正式书面租赁合同，仅成立预约合同关系。

【判决理由】

法院生效裁判认为，从合同法律关系成立角度，招投标程序中的招标行为应为要约邀请，投标行为应为要约，经评标后招标人向特定投标人发送中标通知书的行为应为承诺，中标通知书送达投标人后承诺生效，合同成立。预约合同是指约定将来订立本约合同的合同，其主要目的在于将来成立本约合同。《中华人民共和国招标投标法》第四十六条第一款规定：“招标人和中标人应当自中标通知书发出之日起三十日内，按照招标文件和中标人的投标文件订立书面合同。招标人和中标人不得再行订立背离合同实质性内容的其他协议。”从该条可以看出，中标通知书发出后签订的书面合同必须按照招投标文件订立。本案中招投标文件对租赁合同内容已有明确记载，故应认为中标通知书到达投标人时双方当事人已就租赁合同内容达成合意。该合意与主要目的为签订本约合同的预约合意存在区别，应认为租赁合同在中标通知书送达时成立。中标通知书送达后签订的书面合同，按照上述法律规定其实质性内容应与招投标文件一致，因此应为租赁合同成立后法律要求的书面确认形式，而非新的合同。由于中标通知书送达后租赁合同法律关系已成立，故研究所不履行合同义务，应承担违约责任。

【司法解释相关条文】

《最高人民法院关于适用〈中华人民共和国民法典〉合同编通则若干问题的解释》第四条　采取招标方式订立合同，当事人请求确认合同自中标通知书到达中标人时成立的，人民法院应予支持。合同成立后，当事人拒绝签订书面合同的，人民法院应当依据招标文件、投标文件和中标通知书等确定合同内容。

采取现场拍卖、网络拍卖等公开竞价方式订立合同，当事人请求确认合同自拍卖师落槌、电子交易系统确认成交时成立的，人民法院应予支持。合同成立后，当事人拒绝签订成交确认书的，人民法院应当依据拍卖公告、竞买人的报价等确定合同内容。

产权交易所等机构主持拍卖、挂牌交易，其公布的拍卖公告、交易规则等文件公开确定了合同成立需要具备的条件，当事人请求确认合同自该条件具备时成立的，人民法院应予支持。

柴某与某管理公司房屋租赁合同纠纷案

《最高人民法院发布民法典合同编通则司法解释相关典型案例》案例十

2023 年 12 月 5 日

【裁判要点】

当事人一方违约后，对方没有采取适当措施致使损失扩大的，不得就扩大的损失请求赔偿。承租人已经通过多种途径向出租人作出了解除合同的意思表示，而出租人一直拒绝接收房屋，造成涉案房屋的长期空置，不得向承租人主张全部空置期内的租金。

【简要案情】

2018 年 7 月 21 日，柴某与某管理公司签订《资产管理服务合同》，约定：柴某委托某管理公司管理运营涉案房屋，用于居住；管理期限自 2018 年 7 月 24 日起至 2021 年 10 月 16 日止。合同签订后，柴某依约向某管理公司交付了房屋。某管理公司向柴某支付了服务质量保证金，以及至 2020 年 10 月 16 日的租金。后某管理公司与柴某协商合同解除事宜，但未能达成一致，某管理公司向柴某邮寄解约通知函及该公司单方签章的结算协议，通知柴某该公司决定于 2020 年 11 月 3 日解除《资产管理服务合同》。柴某对某管理公司的单方解除行为不予认可。2020 年 12 月 29 日，某管理公司向柴某签约时留存并认可的手机号码发送解约完成通知及房屋密码锁的密码。2021 年 10 月 8 日，法院判决终止双方之间的合同权利义务关系。柴某起诉请求某管理公司支付 2020 年 10 月 17 日至 2021 年 10 月 16 日房屋租金 114577. 2 元及逾期利息、违约金 19096. 2 元、未履行租期年度对应的空置期部分折算金额 7956. 75 元等。

【判决理由】

生效裁判认为，当事人一方违约后，对方应当采取适当措施防止损失的扩大；没有采取适当措施致使损失扩大的，不得就扩大的损失请求赔偿。合同终止前，某管理公司应当依约向柴某支付租金。但鉴于某管理公司已经通过多种途径向柴某表达解除合同的意思表示，并向其发送房屋密码锁密码，而柴某一直拒绝接收房屋，造成涉案房屋的长期空置。因此，柴某应当对其扩大损失的行为承担相应责任。法院结合双方当事人陈述、合同实际履行情况、在案证据等因素，酌情支持柴某主张的房屋租金至某管理公司向其发送电子密码后一个月，即 2021 年 1 月 30 日，应付租金为 33418. 35 元。

【司法解释相关条文】

《最高人民法院关于适用〈中华人民共和国民法典〉合同编通则若干问题的解释》第六十一条第二款　非违约方主张按照合同解除后剩余履行期限相应的价款、租金等扣除履约成本确定合同履行后可以获得的利益的，人民法院不予支持。但是，剩余履行期限少于寻找替代交易的合理期限的除外。

第六十三条第三款 在确定违约损失赔偿额时，违约方主张扣除非违约方未采取适当措施导致的扩大损失、非违约方也有过错造成的相应损失、非违约方因违约获得的额外利益或者减少的必要支出的，人民法院依法予以支持。

陕西省西安市鄠邑区渭丰街道某村民委员会与冯某汉土地租赁合同纠纷案

《人民法院依法保护农用地典型案例》案例四

2024 年 1 月 10 日

【基本案情】

1998 年 3 月 20 日，西安某实业有限责任公司与户县渭丰乡某村民委员会签订《土地承包合同》，约定租赁该村 132 亩土地，用于经营种植或养殖业，租赁期限为 25 年，即自 1998 年 3 月 11 日至 2024 年 3 月 10 日。2008 年 4 月 30 日，双方签订《土地承包合同补充协议》，约定将租赁期限延长 5 年至 2029 年 3 月 11 日。被告冯某汉系西安某实业有限责任公司法定代表人，2011 年 5 月 26 日，冯某汉与户县渭丰乡某村民委员会签订《协议书》，约定将西安某实业有限责任公司的土地租赁合同及补充协议约定承租方的权利和义务由冯某汉全部享有和承担。冯某汉在租赁土地期间，案涉土地上被多次倾倒大量建筑渣土和垃圾，因被盗挖砂石，在案涉土地区域西南角形成 28 亩砂坑和西北角形成 5 亩砂坑各一个，东南角土地堆附大量建筑垃圾，土地遭到严重破坏。当地公安机关对有关人员进行了处罚。2018 年 5 月，户县渭丰乡某村民委员会撤村合并为陕西省西安市鄠邑区渭丰街道某村民委员会，2021 年 7 月 6 日，该村民委员会起诉请求解除《土地承包合同》。

【裁判结果】

陕西省西安市鄠邑区人民法院一审认为，冯某汉在租赁土地期间，涉案土地被长期撂荒，2018 年至 2021 年期间该土地存在长期非法采挖砂石，承包地内形成多个大型砂坑，区域内土地被大量废弃砖块和黄土组成的废弃建筑混合物堆积，部分砂坑被盗挖后用建筑渣土和垃圾进行了填埋，土地自然生态遭到严重破坏。本案所涉农业用地长期、反复地遭到不法人员掠夺性的破坏，与冯某汉长期看管不力，未采用有效管控措施之间存在因果关系，村委会提出解除土地租赁合同等诉讼请求符合法律规定，应予支持。遂作出解除案涉合同、冯某汉向原告返还132亩土地、原告向冯某汉返还土地承包费94453元的判决。一审判决作出后，向有关责任主体发出司法建议：一是加强土地保护的力度。建议通过安排人员值守或不定期巡查、鼓励群众举报等多种举措，加强对所辖土地的看护、监管；二是加大对土地资源保护的宣传力度，通过悬挂宣传标语等方式，营造保护土地资源的良好社会氛围；三是及时对遭受破坏的土地进行复耕复种。开展全面排查，是否仍有类似情况，加大与环境保护部门的协作联动力度，开展对砂坑联合复耕复种行动，力争做到合理利用土地资源。

陕西省西安市中级人民法院二审判决驳回上诉，维持原判。

【典型意义】

本案是因土地承包人未尽监管和保护义务致使土地生态严重破坏，人民法院依法判决解除土地承包合同的典型案例。《中华人民共和国农村土地承包法》第十八条规定了承包方应当承担“依法保护和合理利用土地，不得给土地造成永久性损害”的义务。本案中，冯某汉怠于履行保护土地义务，导致案涉土地遭到严重破坏。人民法院依法判决解除合同，使承包方承担了违约责任的同时，积极延伸司法职能，主动发出司法建议，有力推动有关部门做好百亩土地的复耕保护工作，取得了良好效果。本案的正确处理，对于引导教育广大人民群众和基层组织树牢“耕地保护、人人有责”观念，严守土地保护义务，坚持节约集约利用土地，不断增强土地保护工作的自觉性、积极性和主动性具有重要意义。

司法建议推动整治耕地“非农化”问题

——徐某某与邬某某租赁合同纠纷案

《最高人民法院发布涉农民事典型案例》案例 1

2024 年 1 月 23 日

【基本案情】

邬某某系某村村民。2020 年 4 月，邬某某与徐某某签订《场地租赁合同》，约定将位于该村某厂的 8 亩空场地回填后出租给徐某某用于堆放工程设备，租期 5 年。合同签订后，徐某某向邬某某支付了前两年租金 20 万余元，并将租用的 8 亩土地中的 4 亩实际堆放了建筑工程设备。2021 年 5 月，土地管理部门通知邬某某堆放杂物的 4 亩土地属于耕地，其涉嫌非法占用耕地，责令其立即改正并恢复土地原状。邬某某遂要求徐某某将堆放的物品搬离案涉场地。2021 年 7 月，徐某某在完全腾退租赁场地后诉至法院，请求判令邬某某退还 2021 年 7 月 16 日至 2022 年 4 月 30 日期间的租金 82345.21 元并赔偿其搬迁损失 36800 元。

【裁判结果】

审理法院认为，因徐某某与邬某某签订的《场地租赁合同》约定租给徐某某用于堆放工程设备的土地中包含部分耕地，违反了《中华人民共和国土地管理法》中关于农用地保护的相关规定，双方订立的《场地租赁合同》无效。在综合考量双方过错程度的基础上，法院判令邬某某退还徐某某剩余租期租金，赔偿徐某某相应搬迁损失。

该案审理过程中，审理法院经调查了解，发现辖区内类似违法占用耕地情况较多，由此引发的土地租赁合同纠纷也并非个案。于是，积极向土地管理等部门发送司法建议，促使土地管理部门、属地街道开展联合执法，集中整治了此类问题，使得百余亩土地的“非农化”问题得到有效整改。

【典型意义】

十分珍惜、合理利用土地和切实保护耕地是我国的基本国策。耕地保护事关粮食安全、生态安全和社会稳定，坚守耕地保护红线不仅是各级政府的责任，也是司法机关义不容辞的任务。本案中，人民法院不仅通过对非法占用耕地的租赁合同宣告无效，表明人民法院对非法占用耕地行为“零容忍”的态度和立场，而且积极延伸审判职能，依据办案中了解掌握的违法占用耕地情况，积极向有关部门发送司法建议，有力促进了当地百余亩耕地的“非农化”问题得到及时整改，实现了“办理一案、治理一片”的良好社会效果。

哈尔滨某客车制造公司诉某投资公司租赁合同纠纷案

《最高人民法院发布人民法院服务和保障新质生产力发展典型案例》一
2024 年 8 月 16 日

【基本案情】

哈尔滨某客车公司系新能源客车和新能源专用车民营生产企业，自 2014 年 1 月起，该公司租赁哈尔滨市经济技术开发区一处房屋及场地从事生产经营，租赁期限至 2024 年 1 月。因哈尔滨某客车公司未按约定支付租金，受委托经营该处资产的哈尔滨某控股公司在行使约定解除权后提起诉讼，请求确认双方签订的租赁合同已经解除，哈尔滨某客车公司立即迁出，并给付租金、房屋占有使用费及违约金等近两千万元，一审法院支持了某投资公司的全部诉请，哈尔滨某客车公司不服，提起上诉。

【裁判结果】

黑龙江省高级人民法院二审审理查明，租赁该场地之初，当时该空旷的厂房及办公楼、综合楼不适合客车生产环境，哈尔滨某客车公司进行了大面积改造修饰达到生产标准，同时投入巨额资金对案涉租赁场地进行了升级改造。该公司研发了多项新能源产品客车，投入大量研发经费，目前智能小巴、客车联盟、旅居房车项目正在进行中。如果办理房屋迁出，属于异地迁址，将耗费大量的人力、物力和财力，需要近两年的时间，并且会影响企业正常生产，企业将面临特别公示（企业资质暂停）风险，严重影响企业的生存发展。**不仅该企业前期投入将付诸东流，后期发展也将因企业绿色转型失败而面临危机，甚至可能导致黑龙江省新能源企业产业链缺失。为寻求最佳处理**

方案，二审法院合议庭多次组织双方当事人进行调解，了解双方具体诉求和合理预期，主动与政府及行政主管部门沟通，寻找最佳利益平衡点。最终，促成哈尔滨某客车公司与某投资公司达成调解协议，通过分期履行的方式支付租金等，并重新签订了租赁合同。现调解书已发生法律效力，首期租金已支付完毕。

【典型意义】

2023 年 9 月，习近平总书记在黑龙江考察调研期间首次提出发展“新质生产力”。本案所涉哈尔滨某客车公司系黑龙江本土汽车生产企业，该企业前身成立于上个世纪五十年代，在东北老工业基地具有悠久的历史，其生产的客车曾连续数年获相关主管部门客车质量检查评比奖励。在企业重组绿色转型后，先后研发了国内行业技术领先的新能源客车 18 款、新能源物流车 9 款，获批工信部大中型客车（改装类）、专用货车、其他挂车生产资质，以及新能源客车产品准入生产资质——纯电动大中型客车、自制自用底盘资质。黑龙江省人民政府将哈尔滨某客车公司等企业纳入做大新能源汽车整车产业规模范围，提出要加快新能源客车产业扩能提质，加快整车产品生产。

本案中，人民法院采取“走出去”与“请进来”相结合方式，积极推动府院联动，通过调解寻求双方利益最佳平衡点，促成多方协同实质化解纠纷，为民营企业纾困解难，为新能源汽车产业创新发展创造有利条件，促进培育东北全面振兴新的经济增长点，助推实现双赢多赢共赢。本案充分展现了人民法院依法推动新能源生产企业、汽车制造业产业结构绿色低碳转型，服务和保障东北全面振兴的决心和担当，是司法助推因地制宜新质生产力加快形成，增强发展新动能的生动实践。

15. 融资租赁合同

甲租赁公司与乙公司融资租赁合同纠纷案

——对变相利息不予支持，降低企业融资成本

《人民法院助力中小微企业发展典型案例》案例 10

2022 年 4 月 19 日

【裁判要旨】

融资租赁公司以收取服务费、代收保险费为名扣收的款项属于变相高息，增加了中小微企业的融资成本，对融资租赁公司收取的变相利息不予支持。

【基本案情】

乙公司为中小微企业。甲租赁公司与乙公司签订了《买卖合同》，甲租赁公司向乙公司购买标的物并出租给乙公司，合同约定标的物价款为 100 万元。双方还签订《融资租赁合同》，约定出租人根据承租人指定，购买租赁物并出租给承租人使用，约定逾期利息及违约责任，并约定每月租金金额。合同项下所有租赁物完成了交付，甲租赁公司扣除履约保证金 20 万元、服务费 38500 元、首付租金 11280 元、保险费 2642 元后，实际向乙公司支付款项仅为 747578 元。后乙公司无力还款，甲租赁公司起诉请求判令乙公司支付合同项下 19—35 期全部未付租金 509000 元及第 1—18 期租金逾期利息、违约金等。一审判决认定的乙公司应付租金总额仅扣除了已支付的租金、履约保证金 20 万元、首付租金 11280 元，并未扣除服务费 38500 元及保险费 2642 元。广东省广州市中级人民法院二审认为，因甲租赁公司在本案中未能举证就其扣收的服务费具体提供了何种服务，也未能举证证明其代收保险费后缴纳了相应保险项目费用，故以收取服务费、代收保险费为名扣收的款项属于变相高息，增加了乙公司的融资成本，不应得到支持，上述费用亦应在未付租金中予以扣减，乙公司向甲租赁公司应计付的违约金基数也应作相应调整，遂予以改判。

【典型意义】

人民法院在审判工作中助力解决中小微企业融资贵的问题，依法审理融资纠纷，降低不合理的融资利率。对资金融出方收取的利息，以及以咨询费、担保费等其他费用为名收取的变相利息，依法严格认定，对超出法定保护范围的部分不予支持。本案中，租赁公司收取服务费、代收保险费，但未能举证就其扣收的服务费具体提供了何种服务，也未能举证证明其代收保险费后实际缴纳了相应保险项目费用，增加了用款企业的融资成本，人民法院依法认定该等费用属于变相高息，不予支持，降低了中小微企业的融资成本，解决了中小微企业发展面临的资金困难。

16. 承揽合同

陕西西安某变压器有限责任公司与鹤壁某物流有限公司承揽合同纠纷案

《人民法院助推民营经济高质量发展典型民商事案例》案例 6

2021 年 9 月 3 日

【基本案情】

2011 年 1 月，鹤壁某物流有限公司（以下简称某物流公司）与西安某变压器有限责任公司（以下简称某变压器公司）签订《购销合同》，约定某物流公司向某变压器公司购买两台电力变压器，单价 749.5 万元，共计 1499 万元，交货时间 2011 年 6 月 15 日。2011 年 7 月，某变压器公司向某物流公司发函称："恰逢国家重点工程 1000KV、750KV 可控电抗器也在近期交货，造成了交货期的冲突，由于以上与国家重点项目的冲突，加之我司生产能力的局限，造成贵司项目产品交货时间推迟。"最终某物流公司确认实际交货时间为 2011 年 10 月 16 日，实际迟延履行 123 天。2019 年 1 月，某变压器公司在河南省鹤壁市淇县人民法院提起诉讼，要求某物流公司支付剩余货款 105.6 万元。经一、二审法院审理，该案支持了某变压器公司的诉请。国电公司遂提起本案诉讼，要求某变压器公司支付逾期交货的违约金 134.91 万元。

【裁判结果】

西安市莲湖区人民法院认为，某变压器公司主张其延迟交货属于不可抗力的理由不能成立，该行为属于违约行为，应当承担相应的违约责任。莲湖区法院判令某变压器公司支付某物流公司违约金 134.91 万元。

西安市中级人民法院二审维持了一审判决。陕西省高级人民法院再审审查驳回了某变压器公司的再审申请。

【典型意义】

平等保护各类市场主体合法权益是民商事审判的基本要求，不允许因为市场主体的身份不同而区别对待。本案某变压器公司隶属大型国有中央企业，某物流公司为河南省中小微民营企业。购销合同的订立和履行早在 2011 年，某变压器公司迟至 2019 年才诉请主张支付剩余货款。该案获得支持后，某物流公司提起本案诉讼，要求某变压器公司支付当年逾期交货的违约金。对此，某变压器公司虽承认逾期交货的事实，但抗辩主张其是因为需要提前履行其他合同才导致本案合同延迟交货。某变压器公司认为，需要提前履行的其他合同涉及国家重点工程及公共利益，属于不可抗力，因此某变压器公司不应承担违约责任。对此，法院认为，某变压器公司作为市场经济主体，应当根据其生产能力，按照订单难易程度等科学合理地安排生产，其对于合同的正常履约应在合同签订时即有预见，出现不同订单之间的时间冲突也并非完全不能避免和不能克服，其完全可以通过其他市场经济手段（如追加投入扩大产能、进行延期谈判合理变更合同、支付违约金等方式）予以规避，而不能将市场经营风险等同于不可抗力进而试图逃避违约责任。因此，法院认定某变压器公司迟延履行交货义务的行为构成违约行为，应当承担违约责任。该判决既保护了中小微企业的合法利益，又引导企业尊重市场规则和合同约定，彰显了法院在民商事案件审理中坚持依法平等、全面保护各类市场主体的合法权益，优化了市场化法治化营商环境。

【案件案号】一审：陕西省西安市莲湖区人民法院（2020）陕 0104 民初 414 号；二审：陕西省西安市中级人民法院（2020）陕 01 民终 9472 号；再审

审查：陕西省高级人民法院（2021）陕民申 1670 号

消费者与影楼签订摄影合同后可依法行使解除权

——李某、景某诉某影楼承揽合同纠纷案

《最高人民法院发布消费者权益保护典型案例》案例 2

2022 年 3 月 15 日

【基本案情】

李某、景某为两在校大学生，看到某影楼发布 19.9 元古装写真广告，遂去店拍摄。后两人对照片、相册、化妆、服装等项目多次消费升级，与某影楼先后签订了五份协议，合计金额达 2.6 万余元。李某、景某通过向亲友借款和开通网贷支付了部分款项后，当天向该公司提出变更套餐内容，减少合同金额，遭拒。后两人向某区消保委投诉未果，遂诉至法院，要求解除五份协议，并退还已经支付的全部款项 2 万余元，尚未支付的 5900 元不再支付。

【裁判结果】

法院认为，某影楼按照李某、景某特定拍摄、化妆、选片、选相册等要求而与其签订多份合同，影楼以自己的设备、技术和劳力，根据李某、景某的指示进行相应工作，交付约定的工作成果，李某、景某向影楼支付约定的报酬。故双方为承揽合同关系，李某、景某作为定作人享有任意解除权。但是，任意解除权的行使应有三大限制条件：解除应有效通知到承揽人；解除通知应在承揽人完成承揽工作之前到达承揽人；如因解除行为给承揽人造成损失的，定作人应当赔偿损失。合同解除后，定作人按合同约定预先支付报酬的，承揽人在扣除已完成部分的报酬后，应当将剩余价款返还定作人。故法院判决五份协议中尚未履行的协议全部解除，未全部履行的协议部分解除，已履行完毕的协议不能解除，被告退还二原告合同款项 1.86 万元。

【典型意义】

当前，越来越多的消费者选择摄影、美容、美发、健身、婚庆、教育培训等可以满足精神需求的消费方式。本案中，两女大学生从商家 19.9 元的低价引流活动一路消费升级至2.6万余元。因无力支付，被商家引导现场开通网贷等消费贷款，后因合同协商解除不成引发纠纷。本案通过对系争合同解除争议作出正确判决，最大限度地维护了消费者合法权益的同时，充分发挥个案的指引、评价、教育功能，将司法裁判与倡导树立正确的消费观以及通过司法建议促进商家规范经营相结合，引导广大消费者理性消费，广大商家诚信经营。

某渔业有限公司与某工程装备研究院有限公司养殖设备建造合同纠纷案

《2021年全国海事审判典型案例》案例4

2022年6月7日

【基本案情】

某渔业公司与某工程公司等为全潜式渔业养殖装备设计、建造及样机研制事宜签署《研制合同》，某渔业公司为出资方，某工程公司负责设计、建造。2018年5月底，全潜式深海养殖装备“深蓝一号”出坞，拖航过程中发生两次倾斜事故；投入使用后，又出现网箱网衣破损、部分鱼苗逃出网箱等情况。就“深蓝一号”建造质量问题，某渔业公司与某工程公司协商未果，某渔业公司向青岛海事法院提起诉讼，要求某工程公司赔偿各项损失；某工程公司提起反诉，要求某渔业公司继续履行合同，支付欠付的工程款及修理费用等。

【裁判结果】

青岛海事法院审理认为，案涉《研制合同》系承揽合同，依法有效。“深蓝一号”因不适拖和拖带时间过长发生倾斜事故，双方均有过错，应按责任比例分担救助和临时修复产生的费用。“深蓝一号”既已交接，某渔业公司应依约支付欠付的费用，某工程公司应对“深蓝一号”的质量瑕疵依法承担修理义务和相应的损失赔偿责任。一审判决作出后，双方均提起上诉。山东省高级人民法院二审维持原判。

【典型意义】

本案是一起助力我国海洋工程设备创新、保障海洋经济发展的新类型典型案例。案涉全潜式渔业养殖装备“深蓝一号”项目，是我国海洋养殖产业从浅海走向深海，从分散的个体养殖走向集约化规模化养殖的重大突破。法院依法查明新型设备存在的缺陷及原因，为后续网箱的建造提供经验借鉴；合理划分双方的责任、确定损失的数额，既注意保护出资方的合法权益，也注意保护研制建造单位的创新积极性，鼓励其继续改进网箱工艺；积极探索判后调解模式，促成双方当事人在判决基础上达成和解并自动履行完毕，为双方化解纠纷、继续合作提供了可能。2021 年 6 月底，项目方宣布依靠“深蓝一号”网箱进行的首批国产深远海三文鱼规模化养殖收鱼成功。

【一审案号】（2019）鲁 72 民初 124 号

【二审案号】（2021）鲁民终 861 号

李某、洪某与献县某塑料编织袋厂定作合同纠纷案

《人民法院妥善化解灾后矛盾纠纷典型案例》案例 5

2023 年 10 月 9 日

【基本案情】

2023 年 7 月，河北省献县某塑料编织袋厂与李某、洪某等批发商签订了塑料编织袋定作合同，约定献县某塑料编织袋厂为李某、洪某等生产一批塑料编织袋，定作费用 10 万余元。献县某塑料编织袋厂坐落于献县洪泛区某村庄内，因洪灾停工停产，导致定作合同不能按期履行。批发商李某、洪某比较急切，表示订单延误给其造成一定经济损失，并声称将不再与该厂合作。献县某塑料编织袋厂负责人向河北省献县人民法院洪泛区“司法服务专班”工作人员反映，该厂雇佣的工人都是附近村民，为配合转移避险工作，工人全部转移安置，不能正常上班，导致停工停产，害怕对方起诉要求解除合同并赔偿损失，担心因此造成客户流失、影响生产经营。了解情况后，献县法院法官当即给两位批发商致电沟通，说明洪泛区实际情况，讲解《民法典》

有关规定，分析法律风险和诉讼成本，希望李某、洪某等人帮助工厂渡过难关。经过充分的法律解读和沟通解释，李某、洪某表示同意将订单交货日期延后，也愿意继续保持合作关系。经回访了解到，献县某塑料编织袋厂负责人表示工厂已经恢复生产，与李某、洪某等定作户未产生后续纠纷。

【典型意义】

本案中人民法院抽调员额法官和部分干警成立洪泛区“司法服务专班”，本着防范胜于补救的理念，深入开展对洪泛区企业的走访调研活动，排查矛盾纠纷隐患，做好法律宣传和政策宣讲，了解企业司法需求，提供“点对点”司法服务，助力企业恢复生产，优化洪泛区营商环境。人民法院把司法服务职能向前延伸，系统走访排查矛盾纠纷隐患，及时采取有效措施，努力从源头予以化解，助力洪泛区优化营商环境。

17. 建设工程合同

某市政建设工程有限公司与杭州某管道集团有限公司、浙江某管道股份有限公司建设工程施工合同纠纷案

——（2016）最高法民再172号

《最高人民法院第二巡回法庭关于公正审理跨省重大民商事和行政案件典型案例》第2号

2016年10月31日

【基本案情】

2012年某市政公司起诉杭州某公司、浙江某公司，请求解除双方签订的相关协议并支付违约金。沈阳市中级人民法院认为，双方签订的两份协议无效，如某市政公司认为存在因工程质量问题给其造成的损失，可在结算工程款时一并扣除，故判决驳回某市政公司的诉讼请求，辽宁省高级人民法院二审维持原判。

2013 年 8 月 13 日，杭州某公司在浙江省长兴县人民法院（以下简称长兴法院）对某市政公司提起诉讼，请求判令某市政公司支付工程款。长兴法院在查明事实中认定本案正在沈阳市中级人民法院进行审理。长兴法院其后作出某市政公司给付工程价款的判决。某市政公司上诉后，二审维持原判。

2013 年 11 月 28 日，某市政公司向沈阳市中级人民法院提起本案诉讼，主张由于浙江某公司、杭州某公司工程存在质量问题，请求判令被告赔偿损失。浙江某公司对管辖权提出异议，认为本案已由长兴法院立案审理，应移送长兴法院。

【裁判结果】

沈阳市中级人民法院认为，长兴法院立案审理的案件与本案不属于同一案件，原告在合同履行地起诉符合法律规定，故裁定驳回浙江某公司的管辖权异议。辽宁省高级人民法院二审认为，浙江某公司主张工程欠款，某市政公司起诉工程质量问题，两案不能由两地法院分别审理。某市政公司可在长兴法院审理的案件中一并主张权利。故裁定撤销一审裁定，驳回某市政公司的起诉。某市政公司不服，向最高人民法院申请再审。

最高人民法院第二巡回法庭再审认为，某市政公司提起本案诉讼不属于重复诉讼，沈阳市中级人民法院具有管辖权。本案与长兴法院受理的案件已不存在合并审理的条件，应由一审法院进行实体审理。故裁定撤销本案一、二审裁定，指令沈阳市中级人民法院对本案进行审理。

【典型意义】

本案虽然系一起管辖权异议纠纷，但涉及管辖权的确定、重复起诉及合并审理三个方面的法律适用问题。双方当事人住所地分别在浙江杭州和辽宁沈阳，属于跨行政区划的案件，为争夺案件管辖权，双方就同一案件事实生成三起诉讼，矛盾纠纷长期无法得到有效化解，不仅造成双方当事人诉累，也严重浪费了司法资源。本案再审后认为，沈阳市中级人民法院对本案具有管辖权，长兴法院受理的案件与本案属于当事人就同一事实和同一法律关系分别提起的诉讼，两地法院本应依法通过协商或报请指定管辖等法定程序，使得两案可以合并审理，以避免产生冲突判决，减少当事人诉累。但鉴于长兴法院受理的案件已经一、二审法院审理并作出生效判决，两案已不存在合并审理的条件，故对二审裁定依法予以纠正。在本案审理中，我们既指出了两地法院在本案管辖问题中存在的问题，又充分考虑到案件已经不具备合并审理的现实条件，依法保障当事人的诉权。本案的处理结果，有利于引导当事人在案件管辖问题上进行诚信诉讼，同时对于下级法院在处理管辖权冲突问题上，应当及时协商或报请指定管辖也具有重要指导意义。

上诉人浙江某建设集团股份有限公司与上诉人安徽某制笔城有限公司建设工程施工合同纠纷案

——（2017）最高法民终25号

《最高人民法院第四巡回法庭当庭宣判十大案例》第1号

2017年12月25日

【案情简介】

安徽某制笔城有限公司（以下简称某制笔城公司）作为建设方与浙江某建设集团股份有限责任公司（以下简称浙江某建设公司）作为承包方签订了《建设工程施工合同》，约定浙江某建设公司承包施工安徽新某发制笔城工程。由于双方对支付工程款事宜协商未果，浙江某建设公司起诉至安徽省高级人民法院，请求判令某制笔城公司支付工程款6445.599421万元及相应利息。一审法院判令某制笔城公司支付浙江某建设公司工程款16919301.18元及其利息等。双方当事人均不服一审判决提起上诉。

二审改判某制笔城公司支付浙江某建设公司工程款16232783.38元及利息。

【实务总结】

建设工程施工合同纠纷案件关系到施工人的工程款，且多和农民工工资相联系，容易产生不稳定因素。而此类案件往往因工程造价司法鉴定导致审理时间较长，施工方希望早日拿到工程款，就对司法效率提出了更迫切的要求。但建设工程施工合同纠纷案件的特点是，工程款数额大，工程造价一般需经司法鉴定，争议的工程项目较多，专业性强，难度较大。工程资料及支付工程款的账目繁杂。选择这类案件当庭宣判，需要提前做好大量的账目核对、工程资料审阅、专业问题咨询等工作，对庭前准备及庭审工作提出了更高的要求。庭前准备过程中，除了由法官助理提前与双方当事人联系沟通，做好新证据交换等方面准备工作外，这类案件最主要的准备工作是需要针对当事人争议项目涉及的建筑专业知识进行学习了解，通过与鉴定人员沟通、网上查资料、咨询相关专业人员的途径对相关专业知识予以充分了解，在事实清楚的情况下即可作出专业的判断。二审宣判后，当事人双方均表示满意。

本案是最高人民法院第四巡回法庭当庭宣判的第一个案件。

上诉人某建设工程公司与上诉人信阳某房地产开发有限公司建设工程施工合同纠纷案

——（2017）最高法民终 3 号

《最高人民法院第四巡回法庭当庭宣判十大案例》第 2 号

2017 年 12 月 25 日

【案情简介】

某房地产公司与某建设公司就印象欧洲一期工程签订《建设工程承包协议》，约定按计价办法计算的本工程土建总造价及水电安装总造价优惠（下浮）6% 及 10% 为工程最终结算价。案涉工程竣工验收后，某房地产公司已付款数额为 12974 万元。双方签订的案涉工程造价确认表中，确认案涉工程总造价为 15197 万元。某建设公司起诉请求某房地产公司支付下浮工程款 1015 万余元、拖欠工程款 2856 万余元及利息、消防配套费 21 万余元，退还质保金 486 万余元。某房地产公司反诉请求某建设公司承担延期交工违约金 1945 万元、延期办证违约金 297 万余元、维修费用 8 万元。河南高院判决：某房地产公司支付给某建设公司工程款 2071 万余元及利息、消防工程施工配合费及承包管理费 21 万余元；驳回某建设公司的其他诉讼请求及某房地产公司的反诉请求。某建设公司、某房地产公司均提起上诉。

二审经过庭前会议及开庭审理，双方均撤回上诉。

【实务总结】

本案为释明当庭宣判规则后促使双方当事人分别撤回上诉的典型案例。

一方面，通过召开庭前会议，主审法官梳理了案件的争议焦点，全面审核了证据，固定了无争议的事实，对案情及法律适用有了充分的把握，双方当事人也对诉讼结果有了清晰的预期，本案具备当庭宣判的基础。期间还做了大量的调解工作，虽然最终未达成调解协议，但极大地缓和了双方的对立情绪，使得某建设公司在第二天开庭伊始就申请撤回上诉；另一方面，通过公开透明的庭审活动，将案件审理过程置于大众及媒体监督之下，给予双方充分行使举证及辩论权利，增强了某房地产公司对案件得到公正判决的认识。当审判长宣布休庭评议后决定当庭宣判时，某房地产公司亦选择了撤回上诉，使得历时多年的纠纷获得圆满的解决。事实证明，当庭宣判在提高庭审效率、防止诉讼拖延方面发挥了积极作用。某房地产公司的代理律师王某说："本案涉及782名业主的利益，历时七年多，业主们也很期盼尽快解决，考虑到这一点，我们经过商议，同意撤诉，合议庭也同意我们的意见。在这里，代表我的当事人，代表广大业主向法官们道一声感谢。"

再审申请人安徽省某茶场与被申请人合肥某集团有限公司建设工程合同纠纷案

——（2017）最高法民183号

《最高人民法院第四巡回法庭当庭宣判十大案例》第7号

2017年12月25日

【案情简介】

2010年10月22日，合肥某集团有限公司（以下简称某公司）承建安徽省某茶场（以下简称某茶场）绿魁花园廉租房工程。工程竣工后，双方就支付工程款产生争议，某公司诉至宣城市中级人民法院，请求判令某茶场给付尚欠工程款2583310.72元及利息。该院一审判决：一、某茶场给付某公司余欠工程款825947.72元及利息；二、驳回某公司的其他诉讼请求。双方均上诉。安徽省高级人民法院二审判决：一、维持原审判决第二项；二、某茶场给付某公司工程款1435018. 62元及利息。某茶场向最高人民法院提出再审申请。本院裁定提审本案。再审中，某茶场称：其代某公司支付农民工工资137万元，该款项转入廉租房工作组成员刘某的账户。该款应予抵扣工程款。

某公司辩称：对方没有实际支付该款项。法庭为查明案件事实通知刘某出庭作证。刘某称：其代表某茶场发放各标段农民工工资及材料款，包括代某公司支付的 137 万元。某公司对刘某的证言未提出异议。

本院判决：一、维持二审判决第一项；二、变更二审判决第二项为：某茶场给付某公司工程款 59519.5 元及利息。

【实务总结】

证人证言在诉讼证据中因其生动、具体、形象而占有重要的地位。目前我国证人出庭率很低。本案正是由于刘某在原审中未出庭作证，导致一、二审法院对涉及 137 万元有关事实的认定有出入。再审庭审时，关键证人刘某出庭作证。合议庭成员及双方代理人就案件事实对刘某进行了交叉询问，并结合原审中某茶场的记账凭证、转款凭证及孙某、吴某出具的领条及其二人签字的“收款收据记账联”，以及再审中补充的当时参与处理农民工工资发放的郎溪县人社局及派出所的证明、刘某银行账户流水单等证据，认为上述证据构成基本完整的证据链，足以证明某茶场垫付的农民工工资 137 万元已支付完毕。合议庭在证人出庭的基础上查明了争议事实，具备当庭宣判的基础条件，本案当庭宣判水到渠成。

上诉人安徽某建设工程有限公司、上诉人合肥某置业有限责任公司与被上诉人合肥某建设投资有限公司建设工程施工合同纠纷案

——（2017）最高法民终 655 号

《最高人民法院第四巡回法庭当庭宣判十大案例》第 10 号

2017 年 12 月 25 日

【案情简介】

2009 年 7 月 28 日、2010 年 2 月 1 日，某置业公司与某建设公司合肥分公司签订了《工程承包协议书》《建设工程施工合同》。合同履行过程中，因某置业公司资金链断裂，某建设公司两次停、复工。因涉案工程的严重滞后，引发众多商户上访。2013 年 4 月 10 日，某甲公司与某置业公司签订《借款合

同》，约定某甲公司向某置业公司出借不超过5000万元的借款，以完成涉案工程后续建设。2014年6—7月份，涉案各分项工程出具审计结论：涉案工程总价款为1.31亿余元。某置业公司已付某建设公司工程款合计9632万余元。某建设公司起诉请求：某置业公司与某甲公司支付工程欠款3936万余元及利息；赔偿停工损失2828万余元；某建设公司对涉案建设工程价款依法享有优先受偿权。安徽高院判决：某置业公司支付某建设公司工程欠款3501万余元及利息，赔偿停工损失146万余元；驳回某建设公司的其他诉讼请求。某建设公司、某置业公司均提出上诉。

二审判决：驳回上诉，维持原判。

【实务总结】

当庭宣判的价值主要在于提高审判效率、及时实现公平正义，但保证案件质量仍然是第一位的。是否当庭宣判要根据案件的具体情况判断，认定事实是否清楚、适用法律是否存在争议是合议庭决定是否当庭宣判的首要考虑因素。本案二审审理中，当事人对于原审认定的事实无异议，争议焦点集中于某建设公司对涉案工程款是否享有优先受偿权；某甲公司是否属于债务加入及涉案工程欠款利息的起算时间。对于上述争议焦点，合议庭一致认为，《最高人民法院关于建设工程价款优先受偿权问题的批复》《最高人民法院关于审理建设工程施工合同纠纷案件适用法律问题的解释》等均有明确规定，某建设公司债务加入的证据亦明显欠缺。涉案工程自2010年11月开工，至2013年11月完工，再至某建设公司2014年10月提起本案诉讼，历时多年，巨额欠付工程款一直未得到清偿，当事人盼望二审尽快结案。合议庭经评议认为原审判决认定事实清楚、适用法律正确，符合当庭宣判的条件。

某建筑公司与某公司建设工程施工合同纠纷案

《人民法院服务保障自由贸易试验区建设典型案例》案例 5

2022 年 2 月 28 日

【基本案情】

某公司（台胞企业）8 寸晶圆生产线建设项目是福州高新区重点高科技项目，具有良好的经济社会效益。某建筑公司中标该项目建筑安装第一期工程，合同总金额 1.4 亿元。工程施工过程中，某建筑公司诉至福州市中级人民法院，要求某公司支付预付款、进度款及各项损失共计约 4200 万元。福州市中级人民法院启动福州市台胞权益保障法官工作室（以下简称工作室）主持调解。应某公司的请求，工作室还邀请在大陆律师事务所执业的台胞律师和涉台案件特邀调解员参与庭外调解工作。

【裁判结果】

通过多场调解会，双方最终握手言和，协商一致解除合同，某公司分五期向某建筑公司支付各项款项共计 3600 万元。双方在工作室签订了调解协议，这起标的额逾 4200 万元的纠纷得到了圆满解决。

【典型意义】

福州中院回应自贸试验区台胞的司法需求，构建自贸试验区涉台纠纷诉前、诉中、诉后全程调解体系，以福州市台胞权益保障法官工作室为平台，建立台胞律师联动调解机制，邀请在大陆律师事务所执业的台胞律师参与调解，并聘请在大陆的台胞担任涉台案件特邀调解员，为台胞、台企在大陆的发展创造了优良的法治环境。本案充分反映了福州市台胞权益保障法官工作室“联调联动 + 资源整合”工作机制的良好实践效果。

18. 运输合同

大庆市某运输服务有限公司与山西某煤业有限公司合同纠纷案

——（2015）民提字第160号

《最高人民法院第二巡回法庭关于公正审理跨省重大民商事和行政案件典型案例》第7号

2016年10月31日

【基本案情】

2012年，大庆市某运输公司（甲方）与山西某煤业有限公司八工区某建设工程公司项目部（乙方）签订《协议书》约定：乙方使用甲方的车辆进行运输施工；乙方按月代扣或垫付运输费支付给甲方，确保甲方向银行按月偿还购车贷款。合同履行后，某运输公司只收到了一个月的款项，遂于2013年向法院起诉，请求判令：某煤业公司支付14256000元及利息。某煤业公司辩称，因其已将案涉煤矿承包给福建省某建设工程有限公司，其不是本案诉争合同的合同主体，诉争合同上的印章"山西某煤业有限公司八工区某建设工程公司项目部"亦表明某运输公司是与某建设公司签订诉争合同。

【裁判结果】

黑龙江省大庆市中级人民法院一审认为，某煤业公司开发案涉工程均是以某煤业公司名义进行管理；诉争合同的签约人陈某钦并未表示其代表的是某建设公司；涉案的33台车辆均是送到某煤业公司的施工现场，接受某煤业公司的调遣与管理；施工现场资料表明，陈某钦为某煤业公司的工作人员；双方产生争议时是某煤业公司出面协调解决。综上，应当认定陈某钦是代理某煤业公司而为的民事行为，其行为后果应当由某煤业公司承担。判决：一、某煤业公司给付某运输公司租赁费9504000元，违约金989223.84元。某煤业公司上诉后，黑龙江省高级人民法院二审判决驳回上诉，维持原判。某煤业公司以有新证据为由向最高人民法院申请再审。

最高人民法院第二巡回法庭审理认为，合议庭认为案外人某建设公司出具的自愿承担诉争合同法律责任的承诺书有违情理，遂远赴位于福建省福清市的某建设公司进行调查，结果表明某建设公司对本案诉讼根本不知情，亦未出具过任何承诺声明，是陈某辉伪造了某建设公司的印章、介绍信，以某建设公司的名义与某煤业公司签订工程建设施工承包合同，并以某建设公司的名义向法院提交承诺声明。综合考察诉争合同签订的背景、诉争合同约定的权利义务内容，以及某运输公司对相对人权利外观的认知等情况，认定某煤业公司是诉争合同主体，应当对某运输公司承担违约责任。遂判决：维持二审判决。

【典型意义】

本案涉及黑龙江省与山西省的双方当事人，还涉及福建省的案外人。由于涉案事实涉及地域广，事实查明是本案审理的难点。与某运输公司签订诉争合同的八工区项目部，究竟是某建设公司的项目部，还是某煤业公司的项目部，是确定本案义务人的关键事实。由于某煤业公司再审申请时提出的新证据表明某煤业公司不是本案当事人，这一证据可能否定原审认定的事实，由此本院依法再审。在再审庭审时，某建设公司主动揽责的行为，使法官感到有违常理，遂依职权远赴案外人某建设公司办公地查明了事实真相。因某煤业公司的再审申请符合法律规定的再审条件，但经过再审审理，本院依据查明的事实依法维持了原审判决，这体现了再审申请审查与再审审理的法律程序性差异，也体现出第二巡回法庭在审理跨行政区域民事案件中，对双方当事人平等保护的司法理念。

准确理解公约条款　明晰国际航空运输纠纷裁判规则

——某注塑系统有限公司与某运输代理（中国）有限公司武汉分公司航空货物运输合同纠纷案

《最高人民法院为“一带一路”建设提供司法服务和保障的典型案例》第5号

2015年7月7日

【基本案情】

2010年11月22日，某注塑公司就委托办理国际航空快件运输事宜，与某运输代理分公司签订《国际航空快件运输协议》，协议同时包括《运输及其他服务条款》等三个附录文件。2011年3月至8月间，某注塑公司多次委托某运输代理分公司以快递方式向在法国的收货人运送货物。8月30日，某运输代理分公司提取了某注塑公司托运的5件商品，9月13日运抵法国里昂的4件商品被法国收货方签收。9月23日，某运输代理分公司以电子邮件通知收货人及某注塑公司，失踪的1件商品已找到并将于当日到达法国里昂。收货人回复电子邮件，拒绝接收。此后，该件货物从法国通过海运方式运回中国并最终交付给某注塑公司。某注塑公司提起诉讼，请求确认合同解除，由某运输代理分公司赔偿违约损失；某运输代理分公司反诉某注塑公司支付拖欠的运费及利息。

【裁判结果】

武汉市中级人民法院审理认为，某运输代理分公司以航空方式实施了货物的跨国运输行为，其出具的运单项下对应有多件货物，上述货物在运输过程中均可视为独立物，因此货物中的每一件之上，均可视为存在一个独立的运输合同关系。涉案1件货物滞后十余日方运抵法国，且法国收货方拒收。而本案争议发生前，双方已发生持续的航空货物运输服务交易的实际履行期限最长未超过10日。鉴于航空运输方式的快捷性以及先前交易形成的运输期限预期，某运输代理分公司的运输迟延行为，构成根本违约。《运输及其他服务条款》约定的承运人免责条款，因违反《统一国际航空运输某些规则的公约》（以下简称《蒙特利尔公约》）的规定而无效，某运输代理分公司应就其运输迟延造成的损失在公约法定限额内承担赔偿责任。据此，判决确认所涉迟延货物的运输合同解除，某运输代理分公司赔偿某注塑公司损失，某注塑公司向某运输代理分公司支付运费及相应利息。双方均未上诉，该判决于 2014 年 7 月 22 日生效。

【典型意义】

该案对明晰国际航空运输合同纠纷的裁判规则、规范国际航空物流权责关系具有示范意义。一是明确了以航空方式实施的跨国货物运输中，运输迟延导致收货人拒绝接受交付可构成承运人的根本违约，托运人可行使部分解除权，有权解除相关运输合同。二是明确了航空货物运输合同旨在免除公约规定的承运人责任或者降低责任限额的约定，违反《蒙特利尔公约》的规定无效，承运人应当在公约限额内向托运人承担赔偿责任。

某物流有限公司诉吴某运输合同纠纷案

《人民法院贯彻实施民法典典型案例（第一批）》案例六

2022 年 2 月 25 日

【典型意义】

《民法典》合同编新增了具有合法利益的第三人代为履行的规定，对于确保各交易环节有序运转，促进债权实现，维护交易安全，优化营商环境具有重要意义。本案是适用《民法典》关于具有合法利益的第三人代为履行规则的典型案例。审理法院适用《民法典》相关规定，依法认定原告某物流有限公司代被告吴某向承运司机支付吴某欠付的运费具有合法利益，且在原告履行后依法取得承运司机对被告吴某的债权。本案判决不仅对维护物流运输行业交易秩序、促进物流运输行业蓬勃发展具有保障作用，也对人民法院探索具有合法利益的第三人代为履行规则的适用具有积极意义。

【基本案情】

某物流有限公司（甲方）与吴某（乙方）于 2020 年签订《货物运输合

同》，约定该公司的郑州运输业务由吴某承接。合同还约定调运车辆、雇佣运输司机的费用由吴某结算，与某物流有限公司无关。某物流有限公司与吴某之间已结清大部分运费，但因吴某未及时向承运司机结清运费，2020 年 11 月某日，承运司机在承运货物时对货物进行扣留。基于运输货物的时效性，某物流有限公司向承运司机垫付了吴某欠付的 46 万元，并通知吴某，吴某当时对此无异议。后吴某仅向某物流有限公司支付了 6 万元。某物流有限公司向吴某追偿余款未果，遂提起诉讼。

【裁判结果】

生效裁判认为，某物流有限公司与吴某存在运输合同关系，在吴某未及时向货物承运司机结清费用，致使货物被扣留时，某物流有限公司对履行该债务具有合法利益，有权代吴某向承运司机履行。某物流有限公司代为履行后，承运司机对吴某的债权即转让给该公司，故依照《民法典》第五百二十四条规定，判决支持某物流有限公司请求吴某支付剩余运费的诉讼请求。

【民法典条文指引】

第五百二十四条 债务人不履行债务，第三人对履行该债务具有合法利益的，第三人有权向债权人代为履行；但是，根据债务性质、按照当事人约定或者依照法律规定只能由债务人履行的除外。

债权人接受第三人履行后，其对债务人的债权转让给第三人，但是债务人和第三人另有约定的除外。

某公司上海分公司与 A 公司、B 公司航空货物运输合同纠纷管辖权异议案

《人民法院服务保障自由贸易试验区建设典型案例》案例 3

2022 年 2 月 28 日

【基本案情】

某公司上海分公司与阿联酋 A 公司签订包机合同，约定 A 公司承运某公司上海分公司的货物，由上海运至美国芝加哥。某公司上海分公司依约向 A

公司支付运费后，收到 A 公司的通知，称飞机无法依约运输货物。某公司上海分公司因另寻其他公司运输产生经济损失 31.80 万元，诉请 A 公司和美国 B 公司赔偿。A 公司、B 公司主张人民法院对本案无管辖权，应驳回某公司上海分公司的起诉。

【裁判结果】

上海市浦东新区人民法院一审认为，中国、阿联酋、美国均系《统一国际航空运输某些规则的公约》（以下简称《蒙特利尔公约》）缔约国，本案包机合同约定货物从中国运至美国，属于公约适用的国际航空运输，应适用公约确定本案管辖。《蒙特利尔公约》第三十三条第一款规定："损害赔偿必须在一个当事国领土内，由原告选择，向承运人住所地、主要营业地或者订立合同的营业地的法院，或者向目的地法院提起。"上述地点均不在中国境内，故人民法院对本案无管辖权，裁定驳回某公司上海分公司的起诉。

【典型意义】

本案合同约定的运输始发地是上海，故某公司上海分公司依照我国《民事诉讼法》的规定在上海法院提起诉讼。《蒙特利尔公约》未约定运输始发地法院的管辖权，这与我国《民事诉讼法》有关航空运输合同纠纷管辖的规定不同。根据我国《民事诉讼法》的规定，我国缔结或者参加的国际条约有不同规定的，适用国际条约的规定，但我国声明保留的条款除外，故本案应优先适用《蒙特利尔公约》的规定。一、二审法院准确适用国际条约，依法驳回某公司上海分公司的起诉，展示了中国法院恪守国际条约义务、切实保障自由贸易试验区法治化国际化便利化营商环境的司法立场。由于《蒙特利尔公约》对于管辖权的规定较为严格，如何解释订立合同的营业地尤其是外国航空承运人订立合同时在中国的营业地，今后仍值得进一步研究。

19. 保管合同

子女不得干涉老年人自主处分个人财产
——任某诉李某合同纠纷案

《人民法院老年人权益保护第三批典型案例》案例八

2023 年 4 月 27 日

关键词：保管；财产处分权

【基本案情】

任某系李某之母。2022 年 2 月，双方签订协议，约定任某将其存款存入李某账户，该款仅用于任某养老；任某生养死葬由李某负责。协议签订后，任某将 13 万元存款转入李某账户。李某从该存款中为任某支付医疗费 800 余元。后任某提出从该存款中支取 3000 元用于生活，被李某拒绝。任某遂起诉请求判决解除双方协议，并由李某立即返还剩余款项。

【裁判结果】

审理法院认为，《中华人民共和国民法典》第一百三十条规定，民事主体按照自己的意愿依法行使民事权利，不受干涉。老年人对个人财产依法享有占有、使用、收益和处分的权利，子女不得干涉，不得侵犯老年人财产权益。任某将其剩余存款交由李某保管并安排供其养老使用，双方形成保管合同关系。李某不履行相应义务，干涉任某对个人财产的自主处分，损害了任某的权利，任某有权要求李某向其返还所保管的剩余款项。判决解除协议并判令李某返还任某剩余款项。

【典型意义】

老年人对个人财产依法享有占有、使用、收益和处分的权利，子女不得侵犯老年人财产权益。近年来，子女以“为父母好”为由监管掌控父母财产的情况时有出现。老年人经济上的不自由，影响了老年人生活的便利程度及幸福感。本案就老年人对自身财产享有的合法权益予以保护，明确了子女不得以任何形式违法干涉老年人对个人财产处分的规则导向。

20. 委托合同

俄罗斯 EL 公司与重庆 KH 旅行社委托合同纠纷案

《人民法院服务保障自由贸易试验区建设典型案例》案例 9

2022 年 2 月 28 日

【基本案情】

俄罗斯 EL 公司承接国际旅游服务。自 2017 年起，EL 公司受重庆 KH 旅行社委托，负责接待该旅行社组织的赴俄旅游地接服务工作。地接服务费用由 EL 公司垫付，KH 旅行社按照团期支付给 EL 公司。因 KH 旅行社迟延支付费用，EL 公司提起诉讼，要求 KH 旅行社支付地接服务费及逾期付款利息。

【裁判结果】

重庆自贸试验区法院受理案件后，在充分尊重当事人意愿前提下，依托重庆自贸试验区法院牵头搭建的涉外商事诉讼、仲裁与调解“一站式”纠纷解决机制，双方当事人一致同意本案由中国国际经济贸易仲裁委员会西南分会（以下简称贸仲西南分会）仲裁。EL 公司向人民法院提交撤诉申请，同时贸仲西南分会提出仲裁申请，人民法院准予撤诉并将案件材料移交贸仲西南分会。贸仲西南分会积极组织双方调解，最终以仲裁调解解决纠纷。

【典型意义】

为配合自贸试验区各项改革措施落实落地，重庆法院积极构建涉外商事“一站式”纠纷化解机制，为市场主体提供多元化纠纷解决方式，有效节约司法资源，优化自贸试验区营商环境。本案成功实现诉讼、仲裁与调解的对接，丰富了“诉仲对接”实践，有效化解了涉自贸试验区商事纠纷，切实保障了当事人的合法权益。

上海某实业公司诉北京某计算科技公司委托合同纠纷案

《司法积极稳妥推进碳达峰碳中和典型案例》案例一

2023 年 2 月 17 日

【基本案情】

2020 年 5 月，北京某计算科技公司与案外人上海某甲公司签订《服务器设备采购协议》约定，北京某计算科技公司购买上海某甲公司采购的型号为 M20S 的服务器（即比特币“挖矿机”），货款未付清之前，服务器仍然由上海某甲公司所有。双方协商将服务器托管在北京某计算科技公司运营的云计算中心。2020 年 6 月 1 日，上海某甲公司与上海某实业公司签订《项目合作合同》约定，由上海某实业公司代表上海某甲公司和第三方签署技术服务协议直接结算，支付电费、服务费并接收比特币。2020 年 6 月 5 日，上海某实业公司与北京某计算科技公司签订《云计算机房专用运算设备服务协议》约定，上海某实业公司委托北京某计算科技公司对案涉服务器提供机房技术服务，北京某计算科技公司应保证供电并确保设备正常持续运营。因案涉服务期间机房多次断电，上海某实业公司以北京某计算科技公司违约为由，诉请人民法院判令北京某计算科技公司赔偿比特币收益损失 530 余万元。

【裁判结果】

北京市东城区人民法院一审认为，比特币“挖矿”行为本质上属于追求虚拟商品收益的风险投资活动。2021 年 9 月 3 日，国家发改委等部门发布《关于整治虚拟货币“挖矿”活动的通知》，将虚拟货币“挖矿”活动列为淘汰类产业，按照相关规定禁止投资。国务院《促进产业结构调整暂行规定》第十九条规定，对淘汰类项目禁止投资。比特币“挖矿”行为电力能源消耗巨大，不利于高质量发展、节能减排和碳达峰碳中和目标实现，与《民法典》第九条“绿色原则”相悖，亦不符合产业结构调整相关政策法规和监管要求，违反公序良俗，案涉委托维护比特币“矿机”及“挖矿”的合同应属无效。双方当事人对合同无效均有过错，相关损失后果亦应由各自承担。判决驳回上海某实业公司的诉讼请求。宣判后，各方均未上诉。

【典型意义】

比特币是一种通过特定计算机程序计算出来的虚拟电子货币。比特币“挖矿”系通过一定设备及行为获取虚拟商品比特币的相关投资活动。本案融合了“矿机”买卖、合作分成和托管服务等多重合同关系。《民法典》第九条规定：“民事主体从事民事活动，应当有利于节约资源、保护生态环境。”该条被称为《民法典》的“绿色原则”。《民法典》将环境资源保护上升至民法基本原则的地位，具有鲜明的时代特征。本案中，人民法院贯彻《民法典》第九条立法精神，结合国家产业政策规定，依法认定比特币“挖矿”行为资源消耗巨大，符合《民法典》第一百五十三条第二款关于违背公序良俗民事法律行为无效的规定，给予相关合同效力否定性评价，彰显了人民法院积极稳妥推动碳达峰碳中和的鲜明态度，对引导企业增强环保意识，走绿色低碳发展道路，具有较强的示范意义。

某实业发展公司与某棉纺织品公司委托合同纠纷案

《最高人民法院发布民法典合同编通则司法解释
相关典型案例》案例八
2023 年 12 月 5 日

【裁判要点】

据以行使抵销权的债权不足以抵销其全部债务，应当按照实现债权的有关费用、利息、主债务的顺序进行抵销。

【简要案情】

2012 年 6 月 7 日，某实业发展公司与某棉纺织品公司签订《委托协议》，约定某实业发展公司委托某棉纺织品公司通过某银行向案外人某商贸公司发放贷款 5000 万元。该笔委托贷款后展期至 2015 年 6 月 9 日。某商贸公司在贷款期间所支付的利息，均已通过某棉纺织品公司支付给某实业发展公司。2015 年 6 月 2 日，某商贸公司将 5000 万元本金归还某棉纺织品公司，但某棉纺织品公司未将该笔款项返还给某实业发展公司，形成本案诉讼。另，截至2015年12月31日，某实业发展公司欠某棉纺织品公司8296517.52元。某棉纺织品公司于2017年7月20日向某实业发展公司送达《债务抵销通知书》，提出以其对某实业发展公司享有的8296517.52元债权抵销案涉5000万元本金债务。某实业发展公司以某棉纺织品公司未及时归还所欠款项为由诉至法院，要求某棉纺织品公司归还本息。在本案一审期间，某棉纺织品公司又以抗辩的形式就该笔债权向一审法院提出抵销，并提起反诉，后主动撤回反诉。

【判决理由】

生效裁判认为，某棉纺织品公司据以行使抵销权的债权不足以抵销其对某实业发展公司负有的全部债务，参照《最高人民法院关于适用〈中华人民共和国合同法〉若干问题的解释（二）》第二十一条的规定，应当按照实现债权的有关费用、利息、主债务的顺序进行抵销，即某棉纺织品公司对某实业发展公司享有的8296517.52元债权，先用于抵销其对某实业发展公司负有的5000万元债务中的利息，然后再用于抵销本金。某棉纺织品公司有关8296517.52元先用于抵销5000万元本金的再审申请缺乏事实和法律依据，故不予支持。

【司法解释相关条文】

《最高人民法院关于适用〈中华人民共和国民法典〉合同编通则若干问题的解释》第五十六条第二款 行使抵销权的一方享有的债权不足以抵销其负担的包括主债务、利息、实现债权的有关费用在内的全部债务，当事人因抵销的顺序发生争议的，人民法院可以参照民法典第五百六十一条的规定处理。

21. 中介合同

尊重当事人意思自治　合理保护居间者的报酬请求权

——英属维尔京群岛某融资咨询私人有限公司、马来西亚叶某某与某建材集团有限公司居间合同纠纷上诉案

《最高人民法院发布的第二批涉“一带一路”建设典型案例》第 2 号

2017 年 5 月 15 日

【基本案情】

英属维尔京群岛注册成立的某融资咨询公司、叶某某于 2009 年 2 月 26 日与某建材公司签订《融资服务及保密协议》，约定叶某某和某融资咨询公司为某建材公司募集资金引荐投资者，某建材公司支付实际投资资金总额 9% 的融资服务费，分两部分支付，其中 4% 于注资完成后的 14 天内以现金或汇款的方式支付，其余 5% 按照投资者的同等条款作为战略投资资金注入某建材公司或指定上市主体。此后，某融资咨询公司、叶某某成功为某建材公司引荐了投资者，但某建材公司未支付报酬，引发纠纷。某融资咨询公司、叶某某向福建省高级人民法院提起本案诉讼，请求判令某建材公司支付拖欠的融资服务费及其利息。

【裁判结果】

福建省高级人民法院一审判决部分支持了某融资咨询公司、叶某某的诉讼请求，酌情判令某建材公司向某融资咨询公司、叶某某支付引入投资金额 5% 的报酬。某融资咨询公司、叶某某以及某建材公司均不服，向最高人民法院提起上诉。

最高人民法院认为，本案系居间合同纠纷，一审法院根据当事人意思自治原则确定本案适用中华人民共和国法律审理是正确的。《融资服务及保密协议》是当事人之间的真实意思表示，并不违反中国法律的规定，一审法院认定该合同合法有效是正确的。某融资咨询公司、叶某某全面履行了合同义务，

有权根据合同约定获得相应的报酬，即某融资咨询公司、叶某某可以从某建材公司获得融资总金额9%的报酬。合同约定第二部分报酬5%的支付方式不是现金方式，事实上会涉及某融资咨询公司、叶某某作为某建材公司或其指定的上市公司的投资者的问题，面临公司法上的障碍，难以实现，因此酌定与另4%报酬采取同样的方式支付。最高人民法院二审判决撤销一审判决，改判某建材公司向某融资咨询公司、叶某某支付某建材公司获得融资总金额9%的报酬，即人民币18280753元及其利息。

【典型意义】

该案对于合理保护居间人的报酬请求权具有重要意义。在“一带一路”推进过程中，居间人为投资者或者募集者提供居间服务，其报酬请求权应受法律保护。中国法院充分尊重当事人意思自治原则，根据合同约定确定居间报酬的金额，并根据实际情况适当调整居间报酬的支付方式，平等保护各方当事人的合法权益，维护交易秩序，有利于促进国际投资和国际交流。

22. 合伙合同

黄某均与遵义市某采矿厂、苏某昌合伙纠纷案

《最高人民法院发布十起审理矿业权民事纠纷案件典型案例》第8号

2016年7月12日

【基本案情】

某采矿厂原系苏某昌的个人独资企业，于2003年7月31日办理采矿许可证、营业执照。2003年12月20日，黄某均与苏某昌签订合伙协议，约定苏某昌提供采矿许可证、营业执照等开采手续，由黄某均自行投资在现有采区内对4号井开采，自负盈亏、自行承担矿洞安全责任。嗣后，某采矿厂性质虽由个人独资企业变更为合伙企业，合伙人亦多次发生变更。但黄某均一直以某采矿厂的采矿许可证、营业执照从事4号井的开采活动，并交纳办证费、资料费、治安费等共计108120元。2008年8月1日，某采矿厂因违法转让采

矿权被国土资源主管部门处罚。2009 年 6 月 8 日，某采矿厂因无安全生产许可证被安全生产监督管理部门责令停止开采、限期整改。某采矿厂未对 4 号井进行技改，致黄某均不能继续开采。黄某均提起诉讼，请求判令某采矿厂赔偿损失 220 万元。

【裁判结果】

遵义市红花岗区人民法院一审判决驳回黄某均的诉讼请求。贵州省遵义市中级人民法院二审认为，黄某均与苏某昌签订合伙协议，在某采矿厂采矿许可开采区域内独立从事采矿活动，未到相关行政主管部门进行审批和变更登记，违反国家关于矿产资源开发利用和保护的审批规定，损害国家关于矿产资源的管理秩序。某采矿厂变更登记为合伙企业后，也未将黄某均登记为合伙人。上述行为实为挂靠采矿，合伙协议应为无效，某采矿厂对此具有较大过错。二审法院判决某采矿厂赔偿黄某均损失 136620 元。

【典型意义】

矿产资源具有不可再生性。为保护和合理开发矿产资源，取得采矿许可证的企业必须严格执行矿产资源开发利用的法律法规。矿业权人与他人签订合伙协议，但并无实际合伙经营的事实，实施采矿行为一方交纳挂靠费用，以矿业权人名义自行投资、自负盈亏、自担责任，独立从事矿产资源开采，以达到逃避行政监管的非法目的的，合伙协议应认定无效。矿业权人受到行政处罚，不影响其承担民事责任。人民法院在厘清当事人过错的基础上，根据过错大小确定各方当事人的民事责任，对规范矿业权人依法行使采矿权，维护矿产资源流转秩序具有积极意义。

【点评专家】

蔡学恩，全国人大代表，湖北得伟君尚律师事务所律师。

【点评意见】

首先，两审法院均明确了矿业权人与他人签订的合伙协议是无效的。本案中，矿业权人与他人签订合伙协议，允许他人在其名下采矿许可开采区域内独自从事采矿活动，但未依法办理审批及变更登记，违反了国家关于矿产资源开发利用和保护的审批规定。人民法院依据《合同法》第五十二条规定，认定该合同协议无效，否定了矿业权人企图通过合伙形式非法转让采矿权的行为，依法保护了国家关于矿产资源的管理秩序。其次，人民法院认定合伙协议无效后，根据《合同法》第五十八条规定，按照当事人双方各自过错程度，进一步明确双方应当各自承担的责任。采矿权人以承包方式变相转让采矿权的行为，违反了《矿产资源法》等法律法规的强制性规定，应当承担与其过错相应的责任。

当前，一些矿山企业以各种形式（包括租赁、合作、合伙等形式）无证开采矿产资源的活动依然大量存在。国家对矿产资源开采开发活动规定了严格的审批和备案程序，一方面，审判实践中应该严格认定和把握非法转让采矿权损害国家利益的情形；另一方面，应该在厘清个案具体案情和事实的基础上，认定矿业权人和他人的合作协议的效力和性质。

合作方不当解除农业生产合作协议的，人民法院不予支持

——某农投公司与某种养殖合作社合伙协议纠纷案

《最高人民法院发布涉农民事典型案例》案例 5

2024 年 1 月 23 日

【基本案情】

2016 年 12 月，某农投公司与某种养殖合作社达成《某农业产业带建设项目山药种植合作协议》，约定以股份合作制模式，按照投入比例进行利润分配和承担相应经营风险，在某路沿线种植山药约 100 亩，合作期限为 2 年，至 2018 年度山药种植生产销售完毕止。

双方第一年合作投入耕种并销售后，农投公司于 2018 年 8 月以双方均未按合同约定进行投资、均未将山药销售款汇入共管账户、山药采收产量未达到合同约定的保产量等为由向合作社发送了《解除合作协议的函》。合作社收到该函后不同意终止合作，要求农投公司及时履行 2018 年投资义务，以解决农民工资及合作社为其垫付的投资费用，并要求农投公司积极协作将 2018 年已种植的山药及时采挖销售。后因农投公司未投资，合作社无资金，栽种的山药未能采收销售。另就 2017 年减产情况，当地农业部门出具了因山药长势

旺盛期降雨频繁致病导致减产减收情况说明。最终双方对合作事宜未协商一致，农投公司起诉请求判决确认合同已解除，合作社返还 2017 年投资收益，并将机械设备交还。合作社反诉请求判决农投公司补足 2018 年合作社为其垫付的投资款等。

【裁判结果】

审理法院认为，双方签订《某农业产业带建设项目山药种植合作协议》后，均应秉承诚实信用原则积极履行，以最终实现合同目的。特别是合作社在 2018 年已进行大量投入只剩最后收获的情况下，双方应有效协商沟通，尽可能减少合作损失，而不是任由已成熟的山药因未及时采收而完全失去经济价值，放任损失进一步扩大。本案中，农投公司 2018 年 8 月所发函件不符合法定或双方约定解除情形。未按约定进行投资、未将销售款打入共管账户是双方均存在的行为，应视为双方以实际行为对合同进行了变更，不能成为农投公司解除合同的理由。农投公司不愿继续合作亦应及时提出，以便合作社考虑是否继续耕种，及时止损等。农投公司对合作社继续推进流转土地、栽种山药未及时提出异议，在合作社继续进行了大量投入之后才发函告知合作社要解除合作。农投公司的行为有违契约精神，其诉请不应支持。法院判决驳回了农资公司全部诉请，支持了合作社要求农投公司补足投资款的诉请。

【典型意义】

随着农业生产的规模化发展，“公司＋合作社＋农户”的生产模式已较为普遍，此模式有利于提高农业生产效益，促进农民增收致富。但是，发生矛盾纠纷后，合作社、农户一方往往处于弱势地位，需要司法予以关注和保护。本案裁判对农投公司不当发函解除合同的行为作出否定性评价，对其返还投资收益的诉请不予支持，依法保护了合作社及农户的合法权益，有效防止了农业生产合作中损失的进一步扩大，充分体现了司法对农业生产应当秉承节约、避免浪费的评价、指引功能，对农业产业化发展的服务、保障功能。

23. 种植、养殖回收合同

刘某花诉山东费县某食品有限公司养殖合同纠纷案

《最高人民法院发布19起合同纠纷典型案例》第3号

2015年12月4日

【基本案情】

2013年2月份，原告刘某花与被告某食品公司签订肉鸭养殖回收合同，合同上载明的结算方式为“车间屠宰完毕后，乙方凭本人身份证复印件，当批合同本、饲养日志、饲料单据、检疫证明、车间胴体过磅单到公司原料部按胴体出成率倒推毛重结算，无特殊原因交鸭数量不足98%的，公司将按比例扣除乙方保证金并追究其违约责任”。合同签订后，某食品公司按照合同约定向刘某花供应肉鸭鸭苗，并于2013年3月9日回收刘某花饲养的肉鸭。刘某花向某食品公司销售肉鸭时，持当批合同本、饲养日志、饲料单据、检疫证明、车间胴体过磅单与某食品公司进行结算，某食品公司将刘某花持有的上述书证收回后，向刘某花出具收购结算单三份，结算单上载明的合同单价均为7.508元。

现刘某花认为肉鸭回收价格是按照合同规定的肉鸭结算时回收价格＝［上表约定］回收基础单价元/斤－（4元/只－签订鸭苗价格［上表约定］）÷6.2的计算公式计算出来的，某食品公司向刘某花出具的回收结算单上载明的肉鸭价格比按照合同规定的肉鸭结算回收价格少了0.3元/斤。原告向临沂市兰山区人民法院起诉，主张被告应当继续支付在回收肉鸭时所收购刘某花肉鸭共计少支付的货款12846元。某食品公司以刘某花没有合同原件，双方未曾签订过合同为由抗辩。

【裁判结果】

临沂市中级人民法院二审认为，本案中，虽刘某花未持有合同的原件，但是一方面，证人刘某某、陈某某的证言证实合同原件为某食品公司持有。

另一方面，某食品公司为肉鸭养殖户赊销鸭苗、饲料，从常理来讲，其不可能不与养殖户签订书面的合同以确保肉鸭的回收，否则某食品公司的经营风险过大。第三，同时起诉的其他六位养殖户也分别提供他们持有的合同复印件或合同照片以及证明合同存在的视听资料。综上，能推定双方签订过养殖合同，现某食品公司持有合同原件拒不提供，《最高人民法院关于民事诉讼证据的若干规定》第七十五条规定："有证据证明一方当事人持有证据无正当理由拒不提供，如果对方当事人主张该证据的内容不利于证据持有人，可以推定该主张成立。"某食品公司未按合同中约定的价格回收肉鸭，属于违约行为，应继续支付刘某花剩余肉鸭款及其利息。据此判决某食品公司给付刘某花肉鸭款 12760 元及利息（利息自 2013 年 3 月 9 日起按照中国人民银行规定的同期银行借款基准利率计算至本判决确定的债务履行期限届满之日止）。

【典型意义】

该案是典型的一方以合同履行中的优势地位获取不当利益的案件，某食品公司在回收肉鸭的时候将合同原件收回，尔后否认所签合同的存在，导致养殖户在肉鸭款被克扣的情况下，无法提供合同原件来举证，这种行为严重违背诚实信用原则。该裁判结果对规范该类养殖合同的履行、保护处于弱势地位的养殖户的合法权益具有重大意义。该案事实清楚，责任明确，二审法院依法及时判决，对某食品公司利用优势地位获取不当利益的行为进行了批评，严格追究违法失信者的法律责任，保障诚实守信方的合法权益。该案的判决，有利于明晰责任、确立规则、维护诚信，充分体现了人民法院依法维护当事人合法权益，维护社会公平正义的职能作用。

24. 林业承包合同

杨某家诉贵州省安龙县某村民委员会、某村二组林业承包合同纠纷案

《森林资源民事纠纷典型案例》案例七

2022 年 6 月 14 日

【基本案情】

2004 年 2 月，被告贵州省安龙县某村二组（以下简称某村二组）举行公开招标会议，对该组一处集体林地的承包经营权进行拍卖，该组村民原告杨某家中标。双方于同年 4 月签订《拍卖（租赁）山林合同书》，约定：某村二组将集体山林租赁给杨某家，期限 15 年，价款 4500 元；15 年期限届满后，直径 10 厘米以上的树木由杨某家自行处理；15 年内如杨某家出售林木，某村二组给予出证，手续由杨某家自行办理。合同签订当日，杨某家付清租赁费用，之后对林地进行管理。2009 年 12 月，杨某家取得该片林地的《林权证》，载明：林地所有权人为某村二组，林地使用权人、林木所有权人为杨某家，林地面积 176.93 亩，林种为用材林，林地使用期 15 年，终止日期为 2019 年 3 月 31 日。合同约定期限届满后，杨某家要求某村二组出具办理林木采伐许可证的手续。某村二组以其负责人发生变更、对合同不知情为由，拒绝出具相关手续。双方产生争议，杨某家诉至法院。

【裁判结果】

贵州省安龙县人民法院一审认为，双方签订的《拍卖（租赁）山林合同书》合法有效，某村二组负责人变更不影响该合同的效力与履行。杨某家取得的《林权证》上登记林种为用材林，用材林经申请采伐许可证后允许限额采伐。杨某家订立案涉合同，支付招标价款并付出管理劳务，目的在于出售木材以实现其利益。而某村二组在杨某家履行合同义务后，拒绝为杨某家出具办理地上林木采伐许可的手续，违反合同约定，应承担继续履行的违约责

任，判决某村二组限期为杨某家申请办理采伐许可证出具相关手续。宣判后，当事人均未上诉，一审判决已发生法律效力。

【典型意义】

根据《森林法》第二十条确立的“谁造谁有”规则，植树造林为林木所有权原始取得的方式之一。但林木附着于土地之上，林地承包、经营合同终止时，需要妥善处理地上林木，依法保护当事人合法权益，避免森林资源的损失和浪费。本案中，原告作为林业经营者，通过竞标、经营并经依法登记，取得案涉林地使用权及地上林木所有权，其合法权益受法律保护。双方对合同终止时地上林木的处理有明确约定，该约定未违反公益林保护、林木采伐等法律、行政法规的强制性规定。被告作为林地所有权人，应当按照合同约定为原告申请办理采伐许可证出具相关手续。人民法院判决被告继续履行合同约定的出证义务，依法保护林业经营者的合法权益，倡导了诚实守信的社会主义核心价值观。

安某堂等五十四人诉山西省五台县某界村民委员会及第三人郭某华、张某如确认林地承包合同效力纠纷案

《森林资源民事纠纷典型案例》案例八

2022 年 6 月 14 日

【基本案情】

2009 年，被告山西省五台县某界村民委员会（以下简称某界村委会）与第三人张某如、郭某华签订《林权买卖合同》约定：因硬化通村路工程项目资金短缺，经村支两委村民代表会议决定，将登记在村集体名下的 220 亩林地作价 2.5 万元，转让给张某如、郭某华经营，经营期为 30 年。案涉合同签订时，该村约有村民一百人，未选举村民代表。而根据张某如、郭某华提供的 2008 年 5 月出卖案涉林地时的干群会议记录显示，仅有十人参加会议并签字按印。该村现有人口八十八人。原告安某堂等五十四人系该村村民，于 2020 年 4 月提起本案诉讼，以某界村委会未召开村民会议，未经村民代表同意，未依法公示并报当地政府批准，擅自将集体林地承包给他人，严重损害

村民集体利益为由，请求确认《林权买卖合同》无效。

【裁判结果】

山西省五台县人民法院一审认为，农村土地承包依法必须经本集体经济组织成员的村民会议三分之二以上成员或者三分之二以上村民代表的同意。某界村委会与张某如、郭某华订立的《林权买卖合同》实为林地承包合同，但未按法定的土地承包程序进行，违反《农村土地承包法》的强制性规定，判决确认案涉《林权买卖合同》无效。宣判后，张某如、郭某华提出上诉。山西省忻州市中级人民法院二审判决驳回上诉，维持原判。

【典型意义】

对于涉及村民利益的重大事项须经村民会议或者村民代表会议讨论决定的民主议定程序规则，是《农村土地承包法》的强制性规定，当事人对此当属明知。交易相对人在承包时，应当按照法律规定，对村民会议或者村民代表会议决议进行合理审查。本案中，承包方提供的会议记录显示，订立合同时仅召开了干群会议，且只有十分之一的村民参加会议并签字按印，明显不符合法律规定的民主议定程序。其未尽合理审查义务，不能认定为善意交易相对人。人民法院依法确认林地承包合同无效，教育引导交易主体杜绝侥幸心理，审慎履行对法定特别程序的注意义务，依法订立和履行涉及集体林地的合同。本案对于保护村集体合法权益，规范集体林地交易规则，促进森林资源的依法有序利用具有示范意义。

25. 土地承包经营权合同

再审申请人河南省修武县郇封镇某村村民委员会与被申请人薛某金承包合同纠纷案

《最高人民法院公布七起保障民生典型案例》第 1 号

2014 年 2 月 17 日

【基本案情】

2009 年 12 月 30 日，薛某金与河南省修武县郇封镇某村村民委员会（以下简称某村委会）签订承包合同，承包郇封村北地工业区养狐场进行狐狸养殖，承包期限为 6 年。合同履行期间，因项目开发需要对薛某金养狐场用地进行征迁。某村委会在双方对搬迁补偿费用未能达成一致意见且薛某金不在场的情况下，于 2011 年 3 月 5 日对薛某金养狐场进行了强制搬迁，造成薛某金损失。

【裁判结果】

河南省高级人民法院二审认为，某村委会与薛某金签订的承包合同第七条约定，薛某金在承包期内，如遇上级政策性项目，薛某金应服从规划。依据该约定，薛某金养狐场土地被纳入修武县产业聚集区整体规划范围内，符合双方约定的承包合同的解除条件，某村委会享有解除权。但某村委会应当通知薛某金，并应根据养狐场正常养殖需要，给予薛某金合理的搬迁时间。在双方未协商一致的情况下，某村委会未给薛某金合理搬迁时间而擅自进行强制搬迁构成侵权，应当承担相应的侵权赔偿责任。二审判决某村委会赔偿薛某金狐狸损失 350 余万元。某村委会不服，向最高人民法院申请再审。最高人民法院认为，某村委会即使享有承包合同约定的解除权，亦应依法行使，在双方未协商一致的情况下，某村委会没有给薛某金合理搬迁时间，而是擅自进行强制拆迁，造成薛某金的损失，应当予以赔偿。裁定驳回某村委会的再审申请。

【典型意义】

本案属于保护弱势被拆迁养殖户利益的案件。当前，采用暴力手段强制拆迁，侵害群众利益的事件在各地时有发生，而少数地方政府认为受害人维护自己的权利就是破坏稳定的大局，群众不配合拆迁就是影响发展。为了维稳而迁就不当行为人，为了一时的发展侵害群众利益，与习近平总书记“落实依法治国基本方略，加快建设社会主义法治国家”的讲话精神相背离。以丧失公平公正为代价换取的“稳定”是暂时的，必将引发新的不稳定；侵害群众利益带来的“发展”切断了党和人民群众的血肉联系，不利民、不惠民的发展不可持续。该案在审查过程中紧紧围绕“要依法公正对待人民群众的诉求，努力让人民群众在每一个司法案件中感受到公平正义”这个目标，即保护弱势群体，又不搞反向歧视，积极探索拆迁侵权类案件举证责任分配规则，结合客观规律和经济规律审慎查明事实，讲科学，讲道理，讲法律，体现了只有公平公正才能维护社会大局稳定，只有坚定不移地贯彻落实群众路线才能可持续发展的理念。

黑龙江省讷河市通江街道某村村民委员会诉苏某祥农村土地承包合同纠纷案

《2019 年度人民法院环境资源典型案例》第十七号

2020 年 5 月 8 日

【基本案情】

2006 年 3 月，黑龙江省讷河市通江街道某村村民委员会（以下简称某村委会）与苏某祥签订一份《草原承包合同书》，将草原 104 亩发包给苏某祥，期限 30 年，收取承包费 7020 元。2007 年 2 月 6 日，经行政主管部门批准，黑龙江省讷河市雨亭国家湿地公园被列为国家城市湿地公园，苏某祥承包的草原包含在内。2019 年 2 月 1 日，讷河市自然资源局对某村委会下发通知，要求其将包含湿地的发包合同解除、迁出承包户，恢复土地原始地貌，做好湿地环境保护。某村委会诉至法院，要求解除《草原承包合同书》，苏某祥迁出湿地。

【裁判结果】

黑龙江省讷河市人民法院一审认为，《草原承包合同书》合法有效，合同履行过程中，因案涉地块被划归为国家湿地公园范围内，客观情况发生了当事人在订立合同时无法预见的、非不可抗力造成的不属于商业风险的重大变化，合同目的不能实现，应予解除。某村委会应将剩余期限的承包费退还给苏某祥。苏某祥应迁出湿地，其因迁出湿地受有损失的，可另行主张。一审判决，解除《草原承包合同书》，某村委会退还苏某祥土地承包费 2250 元，苏某祥迁出湿地。黑龙江省齐齐哈尔市中级人民法院二审维持原判。

【典型意义】

本案系草原承包合同纠纷。国家湿地公园是以保护湿地生态系统、合理利用湿地资源、开展湿地宣传教育和科学研究为目的，按照有关规定予以保护和管理的特定区域，具有显著的生态、文化、美学和生物多样性价值。根据《国家湿地公园管理办法》第十九条规定，禁止在湿地公园内擅自放牧、捕捞、取土、取水、排污、放生。案涉《草原承包合同》所涉草地被划入国家湿地公园范围，继续履行将违反法律规定，破坏湿地及其生态功能。人民法院在确认合同解除、发包人退还剩余承包费、承包人迁出湿地的同时，释明承包人因此受到损失的，可另行主张，兼顾了当事人合法利益与生态环境保护的关系，对类案审理具有较好的借鉴意义。

黑龙江省穆棱市某村民委员会诉常某春黑土区荒山治理承包合同纠纷案

《森林资源民事纠纷典型案例》案例六

2022 年 6 月 14 日

【基本案情】

黑龙江省穆棱市属于东北黑土区的低山丘陵地区。1998 年 4 月，为防治水土流失，加快荒山绿化，改善生态环境，原告穆棱市某村民委员会（以下简称某村委会）与被告常某春签订《荒山承包合同》，经营年限 30 年，至

2028 年 4 月止。合同履行期间，常某春未依约履行果树栽植、改造嫁接、刨鱼鳞坑及造压谷坊等主要合同义务，未能达到防治水土流失、防止山洪水灾的效果，且擅自非法开垦某村委会的八块土地耕种。某村委会于 2019 年 7 月提起诉讼，请求解除合同，返还承包地及违法侵占土地，并赔偿三年经济损失 13578 元。

【裁判结果】

黑龙江省穆棱市人民法院一审认为，某村委会与常某春签订《荒山承包合同》的主要目的是加快水土流失防治，加速绿化荒山，改善农业生态环境。常某春虽交纳了承包费，但未履行合同主要义务，致使承包地区域大面积水土流失，合同目的不能实现。后其又擅自非法开垦某村委会的其他土地耕种，给某村委会造成经济损失。遂判决解除《荒山承包合同》，由常某春限期返还承包地及违法侵占土地，赔偿三年损失 13578 元。宣判后，当事人均未上诉，一审判决已发生法律效力。

【典型意义】

黑土高产丰产且稀有，被誉为“耕地中的大熊猫”。黑龙江拥有广袤的黑土地，是我国重要农业生产基地。案涉低山丘陵区黑土层厚度薄、土质疏松、抗蚀能力差，水土流失对耕地有机质含量、地力、粮食产量有较大影响。被告虽然交纳了承包费，但未履行防治水土流失、加快荒山绿化等主要合同义务，未能实现改善农业生态环境的合同目的。《农村土地承包法》明确，对于擅自改变土地的农业用途、弃耕抛荒连续两年以上、给土地造成严重损害或者严重破坏土地生态环境等严重违约行为，承包方有权解除土地经营权流转合同。人民法院依法判令解除合同，由被告返还承包地及违法侵占土地并赔偿损失，有效避免了生态环境损害的进一步扩大。本案对于全面加强黑土地保护，推进黑土区周边荒山治理，防治水土流失，具有示范意义，同时有利于引导广大群众增强生态环境保护意识，营造珍惜保护黑土资源的良好社会氛围。

26. 服务合同

孙某静诉上海某美容有限公司保健服务合同纠纷案

——保健服务合同中的“霸王条款”无效，

未消费的预付服务费应予退还

《最高人民法院公布 10 起维护消费者权益典型案例》第 8 号

2014 年 3 月 12 日

【基本案情】

2010 年 7 月 18 日，孙某静与上海某美容有限公司（以下简称某公司）签订服务协议，约定：服务期限 6 个月，选择价值 10 万元的尊贵疗程，所有项目疗程单价八五折从卡内扣。孙某静如未按计划及进程表接受服务，经善意提醒仍未改善且超过服务期限的，视为放弃服务；如因自身原因不能按制订的方案履行，则不能要求退还任何已支付的费用；如因自身原因连续三个月不能参加相关项目，则某公司有权终止服务，孙某静不得要求退赔任何费用。某公司向孙某静发布声明书，声明孙某静必须遵从顾问指示和安排，如因个人原因不能配合致疗程失败或进度缓慢，某公司不负任何责任，也不退还余款并保留追究违约责任的权利。孙某静在声明书上签字确认。之后孙某静分两次向某公司支付了 10 万元的服务费，并多次接受相应的瘦身疗程服务，后孙某静因体重未能减轻，停止接受瘦身疗程。孙某静以对某公司的服务失去信心且服务期限业已过期，某公司收取服务费未提供有效服务为由，向法院提起诉讼，要求解除涉案服务协议，某公司返还孙某静 9 万元。

【裁判结果】

上海市第二中级人民法院二审认为，孙某静提起诉讼时已过服务协议约定的终止期限，服务协议已失效，孙某静无须再主张解除该协议。孙某静单方面放弃服务，应承担由此产生的后果。因孙某静不接受预付款金额的全额服务，故对已接受的服务项目不能享受优惠折扣，已接受的服务对应的总价款为31800元，在10万元预付款中予以扣除。服务协议及声明书中虽写明孙某静放弃或不按照安排接受服务，则不退回任何费用，但这些约定系由某公司提供的格式化条款，未遵循公平的原则来确定双方之间的权利和义务，明显加重了孙某静的责任，排除了其权利，故该约定无效。法院综合考量协议的履行程度、提供服务的情况、孙某静单方面放弃服务的过错程度等因素，依照公平原则和诚实信用原则，确定孙某静需向某公司支付2万元的违约金。在10万元预付款中扣除服务费用31800元、违约金2万元后，某公司还需返还孙某静48200元。据此，二审法院依法判决某公司一次性返还孙某静48200元，驳回孙某静的其他诉讼请求。

滕某诉南京某教育信息咨询有限公司教育服务合同纠纷案

——因经营者违约，消费者主张退还部分服务费的，依法予以支持

《最高人民法院公布10起维护消费者权益典型案例》第10号

2014年3月12日

【基本案情】

2009年7月4日，滕某与南京某教育信息咨询有限公司（以下简称某公司）签订辅导班报名协议书，约定滕某花费6020元定购“报两年高年级北大附中（附小）网校赠送一个低年级网校学习”。该协议书备注栏内注明：“暑假、寒假、星期六、日辅导初二+初一赠送六年级（包含三年所有辅导）”，辅导班地点在南京市山西路。协议签订后，滕某依约向某公司交纳网校辅导费6020元。2009年10月中旬，某公司迁移到远处办班，合同约定地点的辅导班随之停办。因某公司未能按约定提供教育服务，滕某于2010年6月4日向江苏省南京市鼓楼区人民法院起诉，要求某公司退还辅导费5000元。

【裁判结果】

一审法院经审理认为，某公司以预收款方式向滕某提供教育类商品及服务，应当按照报名协议书的约定向滕某提供网校学习卡以及南京市山西路报名点的寒暑假、周六、周日的辅导班等服务。现某公司因自身经营原因，不能按照双方协议约定继续为滕某提供在南京市山西路报名点的辅导班，故滕

某要求某公司退回相应预付款，符合法律规定。本案中，滕某向某公司预交6020 元辅导费，含三年的网校学习卡及三年的辅导班费用，现辅导班仅开设三个多月即停办，故滕某要求某公司退还剩余期限的预付辅导费 5000 元，予以支持。该院依法判决某公司退还滕某预付辅导费 5000 元。某公司不服一审判决，向南京市中级人民法院提起上诉。二审法院判决维持原判。

张某春与某医院医疗服务合同纠纷案

《最高人民法院发布的四起典型案例》第 2 号

2015 年 3 月 31 日

【基本案情】

原告张某春因道路交通事故受伤在山东省某医院住院治疗，入院伤情诊断为全身多处软组织伤，住院 43 天，住院期间花费医疗费 16747. 64 元、检查费 4 元，共计 16751. 64 元。原告出院后，以机动车交通事故责任为由将侵权人孔某忠及中华联合保险泰安支公司诉至泰安市泰山区人民法院，要求赔偿其因交通事故所遭受的经济损失。该案在审理过程中，中华联合保险某支公司申请对原告住院期间的用药合理性进行审查，剔除与交通事故所致伤情无关的用药。泰安东岳司法鉴定所出具司法鉴定意见书认为：被鉴定人张某春住院期间所用药物奥扎格雷钠适应症为治疗急性血栓性脑梗死和脑梗死所伴随的运动障碍，被鉴定人本次交通事故损伤诊断为全身多处软组织挫伤，因此奥扎格雷钠为本次损伤治疗中的不合理用药，应去除费用为 7250. 40 元。原告对该鉴定结论提出异议，并申请司法鉴定人员杨某强出庭接受质询，同时申请其主治医师娄某华、王某出庭作证，原告主治医师亦未能明确证明药品奥扎格雷钠的使用与治疗原告伤情之间的合理性与必要性。法院对鉴定意见予以采纳，判决认定原告受伤住院治疗过程中因使用奥扎格雷钠所花费的7250. 40 元为不合理用药，应在赔偿范围内予以扣除。因此，原告诉至法院，要求被告某医院赔偿其因不合理用药所受到的经济损失。

【裁判结果】

泰安市泰安区人民法院经审理认为，原告在被告处住院治疗，原、被告之间形成医疗服务合同关系，被告应当根据原告的病情使用药物并按照正确的方法、手段为原告提供医疗服务。根据泰安东岳司法鉴定所鉴定意见书以及民事判决书，足以认定原告张某春因交通事故受伤住院期间所用药物奥扎格雷钠为不合理用药。药物奥扎格雷钠适应症为治疗急性血栓性脑梗死和脑梗死所伴随的运动障碍。原告陈述其并未有急性血栓性脑梗死及相关病史，在被告出具的住院病案中现病史、既往史部分亦未发现原告患有或曾经患有上述病症的记载。因此，被告某医院未根据原告的病情为原告提供合理、恰当的医疗服务，原告因被告在治疗过程中不合理用药行为所造成的损失，应当由被告予以赔偿。法院判决某医院赔偿原告张某春经济损失共计 7750. 40 元。被告已按判决履行完毕。

【典型意义】

医疗服务合同是调整医疗机构与患者之间权利义务关系的合同，我国现阶段医疗纠纷日益增加，不仅影响患者及家属的心理，也加重了医务人员的心理压力，降低了医疗单位和医务人员在社会上的声誉形象。实践中确实存在部分医疗机构或医务人员为了追求经济利益，给患者开出价格较为昂贵或不必要的药物，加重了患者的经济负担。本案判令被告某医院赔偿原告因不合理用药行为给原告造成的经济损失。通过本案，提醒医疗机构在为患者提供服务的过程中，应秉承“救死扶伤、治病救人”的宗旨，本着必要、合理的原则，为患者提供恰当的治疗方案，加强与患者及患者家属之间的沟通，充分尊重患者的知情权，以构建和谐的医患关系。

王某诉北京某婴儿用品有限公司服务合同纠纷案

——消费者在使用预付卡消费过程中，因经营者不在原地址经营，导致消费卡无法使用，其有权请求解除合同并退还预付卡余额

《最高人民法院发布 10 起消费者维权典型案例》第 8 号

2015 年 6 月 15 日

【基本案情】

2013 年 9 月 3 日，婴儿王某在北京某婴儿用品有限公司（以下简称某公司）体验游泳一次，其母向某公司交纳办理游泳卡押金 100 元。同月 5 日，其母向某公司交纳办理 40 次游泳卡余款 2498 元（期限为 2013 年 9 月 5 日至 2014 年 9 月 5 日）。办卡后王某曾游泳一次，未出现哭闹的现象，在第三次和第四次游泳时出现哭闹。二审中某公司已不在原地址经营，王某的游泳卡已不能继续使用。王某以某公司提供的服务不符合合同约定，王某无法实现合同目的为由，要求与某公司解除合同，并退还剩余款项，但遭拒绝，遂向北京市丰台区人民法院起诉，请求某公司返还其押金 100 元和游泳卡余额 2387. 55 元。

【裁判结果】

一审法院认为，王某与某公司之间口头订立的服务合同有效。王某诉称的某公司经营范围、地址与发票问题，与合同目的无关；所称某公司违反相关管理条例及提供的服务不符合约定，证据不足，无法证明其合同目的无法实现与某公司的行为存在因果关系，故判决驳回王某的诉讼请求。王某提起上诉称，某公司有违约行为，合同应予解除。北京市第二中级人民法院二审认为，在本案二审过程中，某公司经合法传唤未到庭应诉，亦未在其经营地及注册地经营，致王某购买的游泳卡无法继续使用，合同事实上已无法履行。王某要求解除合同的上诉主张，符合《合同法》第九十三条规定的合同解除的情形。据此，该院判决：撤销一审判决，解除王某与某公司之间的服务合同，某公司返还王某游泳卡费用 2262. 65 元，押金 100 元。

闫某臣、李某霞诉北京中国某旅行社有限公司旅游合同纠纷案

《最高人民法院发布19起合同纠纷典型案例》第19号

2015年12月4日

【基本案情】

2012年10月19日，闫某臣、李某霞与某旅行社公司签订《北京市出境旅游合同》，约定巴西、阿根廷、智利、秘鲁四国游，共计旅游费用165600元，包括行程为北京—圣保罗—玛瑙斯—里约—多哈—北京的全部交通费用。出行期间，某旅行社公司要求闫某臣、李某霞自行出钱购买从圣保罗至玛瑙斯的机票。闫某臣、李某霞认为该行程是旅游合同约定的旅游行程线路，某旅行社公司应依据合同承担上述行程的交通费用。故起诉至法院要求某旅行社公司支付闫某臣、李某霞自行支出的机票费用共计17844.82元。

【裁判结果】

一审法院认为，闫某臣、李某霞与某旅行社公司签订的《北京市出境旅游合同》系双方当事人真实意思表示，不违反法律法规规定，合法有效。旅游合同对交通标准、旅游费用承担和组成均有明确约定，现闫某臣、李某霞另行支付机票费用要求某旅行社公司承担有合同依据，其主张标准于法有据，判决某旅行社公司支付闫某臣、李某霞机票费用17844.82元。二审法院认为，双方之间已经形成合同法律关系，各方均应按照合同的约定全面而恰当地享有权利，履行义务。闫某臣、李某霞重新购买机票的损失与某旅行社公司的不当行为具有直接的关系，亦有悖于双方合同的约定内容，某旅行社公司应承担机票费用。判决维持原判。

【典型意义】

旅行社和游客在平等自愿基础上订立了旅游合同，合同中对交通标准、旅游费用等作了明确的约定，其中包括游客已经交纳的旅游费用包含了所有的机票交通费用。根据上述约定，游客另行支付机票费用的有权要求旅行社

来承担费用。旅行社在安排上存在瑕疵，导致因航班晚点致使游客自己另行购买机票的损失发生，而该损失与旅行社的不当行为具有直接的关系，且违反了双方订立的旅游合同的约定内容。因此，旅行社应对游客支出的机票费用承担赔偿责任。

某小区业主委员会诉邓某某物业服务合同纠纷案

《最高人民法院发布十起关于弘扬社会主义
核心价值观典型案例》第 7 号
2016 年 8 月 22 日

【基本案情】

2008 年 4 月 23 日，某小区业主委员会成立，并在所在地镇政府进行备案。2011 年 6 月 21 日，该小区新一届业主委员会选举产生，并在所在地镇政府备案。2011 年，该小区业主委员会开始对小区自行管理，同年制定了《自治管理办法（试行）》，明确了自治管理的范围、内容及收费标准等。邓某系该小区业主，其没有按照业主委员会确定的收费标准及收费时间交纳物业服务费用。该小区业主委员会遂将邓某起诉至法院，要求其交纳拖欠的物业服务费用。

案件审理过程中，邓某认为：本案案由为物业服务合同纠纷，有权主张要求业主支付物业管理服务费的应当是与业主建立物业服务合同关系的物业管理企业。原告作为小区的业主委员会，其成立未经过小区业主表决，亦不是合法的物业管理企业，其作为原告起诉被告主体不适格。

【裁判结果】

北京市怀柔区人民法院生效裁判认为：《物权法》规定，业主可以自行管理建筑物及其附属设施，也可以委托物业服务企业或者其他管理人管理。由此可见，法律赋予业主对所居住的小区的物业管理予以选择的权利，业主有权对所居住小区进行自治管理。本案中，原告某小区业主委员会受业主大会的委托负责该小区的物业服务，并制定了《自治管理办法（试行）》，其与业主之间形成了物业服务法律关系。作为小区业主，被告在接受了相应的物业服务后应该按时交纳物业服务费用。被告以原告主体不适格的辩称意见未被采纳。

法院于2012年10月24日作出判决：被告邓某给付原告某小区业主委员会物业服务费120元。

【典型意义】

诚实守信

本案中双方争议的焦点是业主委员会是否是本案的适格主体。近几年，由于传统物业公司与业主之间的矛盾激化，业主不满意物业公司的服务不按时交纳物业管理费，物业公司收费率低，无法维持公司正常运营，最终撤出小区管理，或是业主不满物业公司的服务而将其“赶”出小区。这就造成小区无人管理的情况，为维护整洁、安全、和谐的小区环境，就出现了业主委员会自行管理小区的情况。目前，我国并没有一部专门的物业管理法律。在审理物业服务合同纠纷案件时，法院主要依据《物业管理条例》及《物权法》的相关规定。但这些法律对于类似业主委员会自管这种物业模式都没有明确的规定。在立案、审理、执行等各个环节都会遇到问题，也加大了案件审理难度。我们认为，根据《物权法》第八十一条的规定，业主可以自行管理建筑物及其附属设施，也可以委托物业服务企业或者其他管理人管理。由此可见，法律赋予业主对所居住的小区的物业管理予以选择的权利，业主有权对所居住小区进行自治管理。出于保护当事人合理诉求的考虑，同时业主委员会自管小区有利于营造舒适安全的环境，有利于维护小区和谐稳定的角度考虑，我们对现阶段业主委员会自管模式中业主委员会的主体资格予以认定。

浙江某网络有限公司诉许某强等网络服务合同纠纷案

《最高人民法院发布第一批涉互联网典型案例》第3号

2018年8月16日

【基本案情】

2009年，许某强在某网注册，开设网店销售酒类产品，其在注册时与浙江某网络有限公司（以下简称某公司）签署了《淘某平台服务协议》，约定：不得在淘某平台上销售/提供侵犯他人知识产权或其他合法权益的商品/服务。然而在 2014 年 11 月至 2015 年 9 月间，许某强在淘某平台上销售五粮液假酒，之后被四川省宜宾五粮液集团有限公司以商标权受到侵害为由提起诉讼，法院判决其赔偿五粮液公司经济损失及合理开支 7 万元。同时，某公司认为许某强及其作为股东设立的一人有限公司上海某贸易有限公司（以下简称某贸易公司）违反了服务协议。

某公司诉称，许某强网店售假行为违反服务协议约定，给某网声誉造成巨大负面影响，某公司为打击售假行为，投入大量人力物力，产生相应损失，要求许某强及其公司赔偿损失及律师费等共计 12 万余元。

许某强和某贸易公司辩称，许某强已承担相关赔偿责任，未侵犯某公司的经济利益和商誉。出售假冒五粮液的行为已经受到了某公司的相应处罚，不应再被起诉要求赔偿。某贸易公司不应对其参与经营之前的销售行为承担责任。

【裁判结果】

上海市松江区人民法院于 2017 年 9 月 21 日作出（2017）沪 0117 民初 7706 号民事判决：一、许某强于判决生效之日起十日内赔偿某公司损失 2000 元；二、许某强于判决生效之日起十日内赔偿某公司合理支出 13000 元；三、驳回某公司其余诉讼请求。宣判后，某公司和许某强提出上诉。上海市第一中级人民法院于 2018 年 1 月 16 日作出（2017）沪 01 民终 13085 号民事判决：维持上海市松江区人民法院（2017）沪 0117 民初 7706 号民事判决第三项；二、变更上海市松江区人民法院（2017）沪 0117 民初 7706 号民事判决第一项为上诉人许某强于本判决生效之日起十日内赔偿上诉人浙江某网络有限公司损失 2 万元；三、变更上海市松江区人民法院（2017）沪 0117 民初 7706 号民事判决第二项为上诉人许某强于本判决生效之日起十日内赔偿上诉人浙江某网络有限公司合理支出 23000 元。

【典型意义】

随着“互联网 +”的兴起，电商产业飞速发展，但同时也出现了诸多亟待解决的问题，尤以普遍存在的造假售假问题最为严重。囿于网络行为的隐蔽性、举证的艰难性、技术的复杂性，电商平台自身采取的净化措施就十分重要。

本案认定某公司与许某强之间存在有效的协议，许某强的售假行为违反了协议约定。本案所涉服务协议均约定，用户不得在淘某平台上销售或发布侵犯他人知识产权或其他合法权益的商品或服务信息。许某强作为淘某用户，应恪守约定，履行自身义务。已有生效判决认定，许某强通过开设的“强升名酒坊”店铺，销售假冒的五粮液，侵害五粮液公司对“五粮液”注册商标享有的使用权。由此可见，许某强的售假行为已经违反了与某公司之间的约定。许某强在某网上出售假冒五粮液的行为不仅损害了与商品相关权利人的合法权益，而且降低了消费者对某网的信赖和社会公众对某网的良好评价。许某强在使用淘某平台服务时，应当预见售假行为对商品权利人、消费者以及某公司可能产生的损害。商誉是经营者本身以及经营者提供商品或服务过程中形成的一种积极社会评价。商誉可以体现在商品、商标、企业名称上，能够在生产经营中变现为实际的商业利润，具有显著的财产属性。因此，某公司要求许某强赔偿商誉等损失的主张具有相应的依据。电商平台经营者和平台内签约经营者均有依法规范经营的义务，许某强在某网上销售假冒的五粮液，不仅应当承担对消费者的赔偿义务，也应当依约承担对电商平台的违约责任，电商平台经营者也有权依法追究平台售假商家的违约责任。从另一个角度看，打假和净化网络购物环境也是第三方交易平台经营者的责任，符合其长远经营利益，有利于维护消费者合法权益，维护公平竞争的市场秩序。

某科技投资有限公司诉某煤焦化集团有限公司、四川省某建业集团有限公司及罗某明服务合同纠纷案

《2019 年度人民法院环境资源典型案例》第十九号

2020 年 5 月 8 日

【基本案情】

2011 年 12 月、2012 年 3 月，某科技投资有限公司（以下简称某科技公司）与某煤焦化集团有限公司（以下简称煤焦化公司）分别签订《干熄焦项目节能服务合同》《发电项目节能服务合同》，约定某科技公司负责资金筹集、

工程设计、设备采购、土建施工、设备安装及调试，为煤焦化公司建设一套干熄焦系统，以及汽轮发电站和配套循环水站，并在合同期结束后无偿转让建设项目所有权，煤焦化公司依约支付节能效益分享款。2012 年 12 月，四川省某建业集团有限公司（以下简称建业公司）、罗某明与某科技公司签订《保证合同》，为《干熄焦项目节能服务合同》提供担保。合同签订后，案涉节能项目已竣工投产，双方亦确认 2014 年 4 月 30 日为项目节能效益分享起始日，但煤焦化公司未依约支付款项。某科技公司诉至法院，请求煤焦化公司向其支付节能效益分享款、逾期支付该款项产生的违约金及其他费用合计 19949.39 万元，建业公司、罗某明依约承担连带责任。

【裁判结果】

北京市第一中级人民法院一审认为，《干熄焦项目节能服务合同》《发电项目节能服务合同》合法有效，应予遵守。煤焦化公司未依约支付节能效益分享款，构成违约。且其未支付到期价款金额，已明显超出合同全部价款的五分之一，应支付全部剩余款项。某科技公司依据《保证合同》要求建业公司、罗某明承担连带保证责任，合法有据。一审判决，煤焦化公司向某科技公司支付《干熄焦项目节能服务合同》项下节能效益分享款 13823.90 万元及相应违约金和其他费用，建业公司、罗某明承担相应担保责任。煤焦化公司向某科技公司支付《发电项目节能服务合同》项下节能效益分享款 3046.40 万元及相应违约金。北京市高级人民法院二审维持原判。

【典型意义】

本案系节能服务合同纠纷，属新类型环境资源案件。煤焦化企业传统上属于重点污染企业，在推进生态文明建设、实现经济高质量发展中负有升级转型重任。本案中，煤焦化公司与合同能源管理专业公司签订节能服务合同，引进资金进行项目改造，升级改进生产工艺，促进节能减排的模式，可资推广。本案判决依法支持合同能源管理方关于节能效益分享款的诉请，对于推进形成成熟、规范的合同能源管理市场，促进节能减排具有积极意义。

山东省生态环境厅诉山东某新能源科技有限公司合同纠纷案

《2019 年度人民法院环境资源典型案例》第二十号

2020 年 5 月 8 日

【基本案情】

2016 年 3 月，山东某新能源科技有限公司（以下简称某公司）非法倾倒危险废物，对生态环境造成了严重损害。山东省人民政府指定山东省生态环境厅为具体工作部门，开展生态环境损害赔偿索赔工作。2017 年 7 月，山东省生态环境厅与某公司签订《山东道某新能源科技有限公司非法倾倒危险废物事件生态环境损害赔偿合同书》（以下简称《赔偿合同书》），约定某公司赔偿 229.03 万元。2017 年 8 月，某公司支付赔偿款 70 万元后，剩余两期赔偿款均未按约支付。山东省生态环境厅诉至法院，要求某公司继续履行《赔偿合同书》，承担逾期付款违约金和其他费用。

【裁判结果】

山东省济南市历下区人民法院一审认为，《赔偿合同书》合法有效。某公司应按约支付赔偿款及后评估费用等。一审判决，某公司支付山东省生态环境厅赔偿款本金 159.03 万元及相应违约金和评估费用。

【典型意义】

本案系赔偿义务人不履行生态环境损害赔偿协议引发的合同纠纷案件。根据《最高人民法院关于审理生态环境损害赔偿案件的若干规定（试行）》的规定，省级、市地级人民政府及其指定的相关部门，可与造成生态环境损害的自然人、法人或者其他组织经磋商达成生态环境损害赔偿协议。一方当事人拒绝履行或者未全部履行生态环境损害赔偿协议的，既可经由司法确认程序赋予强制执行效力，也可由另一方当事人提起违约之诉予以解决。本案判决某公司未支付全部生态环境损害赔偿款，构成违约，应向山东省生态环境厅承担违约责任，有力保障了生态环境损害赔偿协议的有效履行和生态环境修复工作的切实开展，是人民法院在司法确认程序之外，依法追究损害生态环境行为人赔偿责任的又一路径。

“暗刷流量”合同无效案

——常某某诉许某网络服务合同纠纷案

《人民法院大力弘扬社会主义核心价值观十大典型民事案例》案例六

2020 年 5 月 13 日

核心价值：诚实守信、网络秩序

【基本案情】

许某通过微信向常某某寻求“暗刷的流量资源”，双方协商后确认常某某为许某提供网络暗刷服务，许某共向常某某支付三次服务费共计一万余元。常某某认为，根据许某指定的第三方 CNZZ 后台数据统计，许某还应向常某某支付流量服务费 30743 元。许某以流量掺假、常某某提供的网络暗刷服务本身违反法律禁止性规定为由，主张常某某无权要求支付对价，不同意支付上述款项。常某某将许某诉至北京互联网法院，请求判令许某支付服务费 30743 元及利息。

【裁判结果】

北京互联网法院认为，“暗刷流量”的行为违反商业道德底线，使得同业竞争者的诚实劳动价值被减损，破坏正当的市场竞争秩序，侵害了不特定市场竞争者的利益，同时也会欺骗、误导网络用户选择与其预期不相符的网络产品，长此以往，会造成网络市场“劣币驱逐良币”的不良后果，最终减损广大网络用户的利益。常某某与许某之间“暗刷流量”的交易行为侵害广大不特定网络用户的利益，进而损害了社会公共利益、违背公序良俗，其行为应属绝对无效。

“暗刷流量”的交易无效，双方当事人不得基于合意行为获得其所期待的合同利益。虚假流量业已产生，如以互相返还的方式进行合同无效的处理，无异于纵容当事人通过非法行为获益，违背了任何人不得因违法行为获益的基本法理，故对双方希望通过分担合同收益的方式，来承担合同无效后果的主张，一审法院不予支持。常某某与许某在合同履行过程中的获利，应当予以收缴。一审法院判决驳回原告常某某要求许某支付服务费 30743 元及利息的诉讼请求；并作出决定书，收缴常某某、许某的非法获利。一审判决作出后，双方当事人均未提起上诉，一审判决已发生法律效力。

【典型意义】

此案是全国首例涉及“暗刷流量”虚增网站点击量的案件。网络产品的真实流量能够反映出网络产品的受欢迎度及质量优劣程度，流量成为网络用户选择网络产品的重要因素。“暗刷流量”的行为违反商业道德，违背诚实信用原则，对行业正常经营秩序以及消费者的合法权益均构成侵害，有损社会公共利益。本案对“暗刷流量”交易行为的效力予以否定性评价，并给予妥当的制裁和惩戒，对治理互联网领域乱象有积极推动作用。

郗某某、周某四人与凌海市某老人之家、中国人民财产保险股份有限公司某分公司服务合同纠纷案

《人民法院老年人权益保护十大典型案例》案例六

2021 年 2 月 24 日

关键词：人口老龄化；养老机构的合理注意义务

【基本案情】

郗某某系周某某妻子，周某四人系郗某某与周某某子女。2017 年 1 月 17 日，近 80 岁的周某某及其儿子与凌海市某老人之家签订养老服务合同，周某某当日入住。入住评估表记载：老人刚出院，此前在家中走丢，因冻伤住院治疗合并有脑血栓，入院时手脚均存在冻伤，护理等级为半自理。2017 年 1 月 27 日，周某某自居住的房屋内走出，通过未上锁的防火通道门至餐厅，从南门走出楼房，后走到养老院东侧道路。凌海市某老人之家于 2017 年 1 月 28 日报警，民警在凌海市大凌河桥下发现周某某已死亡。郗某某、周某四人为此诉请凌海市某老人之家赔偿经济损失 199954 元。

【裁判结果】

辽宁省凌海市人民法院认为，养老院明知周某某有离家走丢的经历且安全防火通道门不允许上锁的情况下，仍未能增加安全防护措施，无提示、警示措施，虽安装有监控设施，值班人员也未能及时发现并有效防止老人在夜间走丢。养老院未能尽到相应的注意义务，应承担经济损失的60%责任，即116972.4 元。凌海市养老院在保险公司投有养老服务机构责任保险，该公司应在责任限额内赔偿损失。故判决中国人民财产保险股份有限公司某分公司一次性赔偿郗某某、周某四人 116972.4 元，凌海市某老人之家一次性返还郗某某、周某四人养老服务费用及押金合计 2000 元。

【典型意义】

由于我国人口老龄化，老年人数量增多，且老年人选择在养老院生活、居住的情况亦有增加趋势，如何保障老年人的权益成为整个社会必须关心和思考的问题。养老院未尽到相应的注意和照管义务，致使老人发生意外死亡，应当承担相应的损害赔偿责任。本案裁判对社会上的养老机构敲响了警钟，养老机构应当尽到责任，排除危害老人生命健康的安全隐患，提高管理水平、提升护理从业人员素质和护理服务能力，充分保障老年人人身、财产安全。本案对于促进养老机构规范化、标准化运行，全面提升养老院服务质量，保证老年人晚年生活幸福具有积极意义。

于某某诉北京某旅行社及其分公司旅游合同纠纷案

《人民法院老年人权益保护十大典型案例》案例八

2021 年 2 月 24 日

关键词：老年人旅游；团体性维权

【基本案情】

2019 年 12 月，20 位老年人与案外人张某某协商组团前往福建旅游事宜，张某某负责安排签订合同及对接，于某某作为老年人团体的代表，通过微信转账向其交付旅游费用。后收到旅行社发送的电子合同，因参团人员变动多次发生修改，旅行社数次向其发送的电子合同均带有合同专用章。次年 1 月，旅行社再次发送电子合同后，原告代表 20 人签字予以确认。合同对签约双方、旅游产品名称、旅游日期、旅游费用等进行约定，并附有游客身份信息和旅游行程单。后因疫情未能出行。于某某与张某某沟通退款事宜，张某某以公司未向其退款为由拒绝退还，20 位老人均诉至法院。旅行社辩称，张某某并非其员工，与于某某沟通签约并非经其授权履行的职务行为，无权代理及收取旅游费用。

【裁判结果】

上海市静安区人民法院认为，本案中，于某某所代表的 20 位老年人向张某某支付旅游费用及多次修改合同后，均及时收到电子合同，合同均有旅行社的签章，张某某承诺减免的旅游费用也与合同一致，于某某等人有理由相信张某某系旅行社员工，其签订旅游合同及交付旅游款项系善意且无过失。张某某的行为具有已被授予代理权的外观，致使于某某等人相信其有权而支付旅游费用，应发生与有权代理同样的法律效力，故判决旅行社向张某某返还上述费用。

【典型意义】

本案系老年人在无代理人情况下涉复杂法律问题的团体性维权类案件，具有典型示范意义。随着社会的发展，老龄团体追求愉悦生活的愿望强烈，退休后，老年人闲暇时间较多，约上好友外出旅游成为常态，而在旅游中遭受损失投诉无门时只能走法律途径，维权困难成为此类案件特点。此类案件及时、妥善处理，有利于切实保护老年人权益。此案也能有效引导旅游机构依法订立合同，规范签约行为，自觉遵守市场交易秩序。同时提醒老年人在签订旅游合同时，要注意审查相对人是否有相应的代理权和签约资质，并及时通过诉讼途径维护自身权益，对老年人维权、规范旅游行业具有积极的引导作用。

常某韬诉许某、第三人马某刚网络服务合同纠纷案

［（2019）京 0491 民初 2547 号，北京互联网法院］

《互联网十大典型案例》第四号

2021 年 5 月 31 日

【基本案情】

2017 年 9 月 11 日，许某通过其微信向常某韬寻求“暗刷的流量资源”。经过沟通，双方于 2017 年 9 月 15 日就“暗刷需求”达成一致：以单价 0.9 元每千次 UV 每周结算；按许某指定的第三方后台 CNZZ 统计数据结算。常某韬于 2017 年 9 月 15 日开始为许某提供网络暗刷服务。2017 年 9 月 20 日，许某通过微信转账给常某韬结算了 229 元服务费。2017 年 10 月 9 日，双方将单价调整为 1.1 元每千次 UV。后常某韬催促许某结算付款，许某于 2017 年 10 月 23 日微信回复称“财务去弄发票了，今天能结”。但到 2017 年 11 月 3 日，许某却意图单方面变更双方商定的以“第三方后台 CNZZ 数据为结算依据”，而强行要求以其甲方提供的数据为结算依据，只同意付款 16293 元。常某韬起诉要求许某支付服务费 30743 元及利息。人民法院经审理认为，双方“暗刷流量”的行为，侵害了不特定市场竞争者和广大不特定网络用户的利益，最终损害了社会公共利益，认定双方订立的“暗刷流量”合同无效，判决驳回常某韬的诉讼请求。

【典型意义】

本案是全国首例涉及“暗刷流量”交易的案件。网络产品的真实流量能够反映网络产品的受欢迎度及质量优劣程度，流量成为网络用户选择网络产品的重要因素。本案从产业层面揭示了互联网经济的流量属性和“暗刷流量”的危害性，并在判决中明确，以“暗刷流量”交易为目的订立的合同，违背公序良俗、损害社会公共利益，应属无效；双方当事人不得基于“暗刷流量”合同获利；法院对交易双方在合同履行过程中的获利，应予收缴。该判决对“暗刷流量”的否定评价，对于构建网络诚信秩序、净化网络道德环境、提高网络治理能力具有重要意义。

【专家点评】

“流量”在网络时代已经成为一种“财富”。凭借客户的好评，电商的销量可以大幅度提高；凭借海量“粉丝”，可以获得丰厚的广告收益。于是，就有了以提供“暗刷流量”，并根据 PV 值、UV 值、IP 值明码标价不法之业。本案就是一起因“暗刷流量”合同而引起的纠纷。原告以其已按约定完成暗刷，而被告不按约定支付费用为由提起违约之诉。

众所周知，暗刷流量的结果并不反映网站的实际流量。靠暗刷制造的高流量显属虚夸网站业绩，其目的大多是欺骗、误导消费者，诱骗网民与其交易。最常见的情形是以虚假交易量吸引消费者、编造用户好评价误导公众。这种行为不仅直接损害消费者利益，而且也损害了其他合法经营商家的利益。任何人不得因损害公共利益而获利，为此而订立的合同依照法律当属无效。法律不能保护这种非法行为所生之利。故原告的请求不能支持。与此同时，被告因原告行为所获利益也不应给予保护。

（郭禾　中国人民大学教授，知识产权学院副院长）

俞某华诉广州某网络科技有限公司网络服务合同纠纷案

［（2019）粤 0192 民初 70 号，广州互联网法院］

《互联网十大典型案例》第五号

2021 年 5 月 31 日

【基本案情】

俞某华是某公司运营的 YY 直播平台的实名认证消费者。2017 年 4 月 6 日上午 10 点，俞某华账号显示在异地被登录并被盗刷了价值 1180 元的红钻券。账户被盗后，俞某华立即联系某公司客服要求提供盗刷者的账户信息及采取相关冻结措施，某公司仅要求其向公安机关报案，未应允其要求。俞某华主张 YY 软件的安全性存在问题，某公司没有履行妥善保管义务且未及时协助追回被盗的网络虚拟财产，故请求法院判令某公司赔偿其 118 万红钻券折合人民币 1180 元等。人民法院经审理认为，俞某华在上述虚拟财产被盗前，密码比较简单，且未能充分选用某公司提供的更高等级的安全保障方案，其未能妥善地保管账号、密码并采取充分措施防止财产被盗，对上述被盗结果应负主要责任；某公司向用户提供的防盗措施特别是默认状态下的防盗措施不够周密，且在俞某华通知其客服人员财产被盗后，未能提供或保存被盗财产的流向等信息，造成损失难以被追回，在技术和服务上存在一定疏漏，对俞某华的损失负有次要的责任，故判令某公司向俞某华赔偿被盗虚拟财产价值的 40% 即 472 元，驳回俞某华的其他诉讼请求。

【典型意义】

本案对网络环境下，如何合理分配用户与网络服务提供者对争议事实的举证责任进行了详细论述，并结合网络服务合同中双方的权利义务内容，确立了用户和网络服务提供者均应负有网络虚拟财产安全保护义务的规则，提出双方应当根据在履约过程中的过错程度，衡量双方过错对损害后果的原因力大小，合理分配责任比例的处理原则。本案判决为妥善调处网络虚拟财产相关纠纷、确立网络平台责任规则、完善网络侵权责任制度提供了范例，有利于提高对网络虚拟财产的保护水平，亦有助于加强用户和网络服务提供者的安全意识和责任意识，促进互联网经济的健康发展。

【专家点评】

网络用户在网络空间中形成的账号、积分、虚拟装备等均具有一定的经济价值，随着网络技术的发展与移动终端的普及，网络虚拟财产被盗案件也时有发生。《民法典》第一百二十七条规定：“法律对数据、网络虚拟财产的保护有规定的，依照其规定。”《最高人民法院关于为新时代加快完善社会主义市场经济体制提供司法服务和保障的意见》中也强调：“加强对数字货币、网络虚拟财产、数据等新型权益的保护。”

在俞某华诉广州某网络案中，法院虽没有对网络虚拟财产属性、交易规则等具有争议性的问题进行直接回答，但根据网络用户与网络服务提供者之间的合同界定了双方的权利义务。网络虚拟财产必须依托于特定的网络平台，而网络平台背后必然有相应的运营者，由此网络用户与网络平台间就存在合同关系。在发生网络虚拟财产被盗的情况下，法院只需根据合同约定的权利义务便可界定双方的责任。在针对网络虚拟财产规则缺失的背景下，个案中探索可行的保护方式则更具示范效应，这也是俞某华诉广州某网络案的典型意义之所在。

郭某诉杭州某动物世界有限公司服务合同纠纷案

《人民法院服务和保障长三角一体化发展典型案例》案例八

2021 年 11 月 2 日

【基本案情】

2019 年 4 月 27 日，郭某向杭州某动物世界有限公司（以下简称某动物世界）购买以指纹识别方式入园的双人年卡并支付卡费 1360 元。某动物世界以店堂告示形式公示指纹识别年卡的办理和使用说明，郭某与其妻子留存了姓名、身份证号码、电话号码等个人信息，并录入指纹和拍摄照片。在双方服务合同履行过程中，某动物世界将入园方式从指纹识别调整为人脸识别，并于 2019 年 10 月 7 日停用指纹识别闸机。某动物世界先后于 2019 年 7 月 12 日和 10 月 17 日向包括郭某在内的年卡消费者发送两条短信，告知年卡系统已升级，若不激活人脸识别系统，将无法正常入园。2019 年 10 月 26 日，郭某至某动物世界交涉，园方表示：原指纹识别方式已无法入园，未注册人脸识别系统将无法入园。郭某不同意接受人脸识别，要求某动物世界退卡，双方协商未果。郭某遂提起诉讼，请求判令：1. 确认某动物世界店堂告示和短信通知中涉及指纹识别和人脸识别的内容无效；2. 某动物世界赔偿年卡卡费及为解决纠纷支出的交通费等费用；3. 某动物世界删除郭某提交的全部个人信息等。

【裁判结果】

浙江省杭州市富阳区人民法院一审判决：一、某动物世界赔偿郭某合同利益损失及交通费共计 1038 元；二、某动物世界删除郭某办理指纹年卡时提交的包括照片在内的面部特征信息；三、驳回郭某的其他诉讼请求。郭某与某动物世界均提起上诉。

浙江省杭州市中级人民法院认为：生物识别信息作为敏感的个人信息，深度体现自然人的生理和行为特征，具备较强的人格属性，一旦被泄露或者非法使用，可能导致个人受到歧视或者人身、财产安全受到不测危害，故更应谨慎处理和严格保护。经营者只有在消费者知情同意的前提下方能收集和使用生物识别信息，且须遵循合法、正当、必要原则。经营者违反双方约定处理信息或者因违约而停止提供某项产品或服务，消费者有权要求经营者删除与其违约情形相对应的个人信息。某动物世界单方变更入园方式构成违约，应当赔偿郭某合同利益损失；某动物世界要求郭某激活人脸识别，超出事前收集目的，且存在侵害郭某面部特征信息之人格利益的可能与危险，故其应当删除郭某办卡时提交的包括照片在内的面部特征信息。同时，因原约定的指纹识别入园服务方式无法实现，某动物世界还应当删除指纹识别信息。该院二审判决：一、维持一审判决第一项、第二项；二、撤销一审判决第三项；三、某动物世界删除郭某办理指纹年卡时提交的指纹识别信息；四、驳回郭某的其他诉讼请求。

【典型意义】

数字经济时代，各类信息的互联互通是推进长三角地区经济社会联系和协同发展，促进长三角一体化全面提升的重要因素。信息已成为与物质、能量同样重要的资源，个人信息的利用在增进社会福祉的同时，也可能引起信息主体的权益受到威胁和侵害。人民法院在审理相关案件过程中，面对多元化和冲突化的各种利益，法律应当在无限需求与有限资源之间寻求平衡的最佳机制。

本案系数字经济背景下人脸识别纠纷第一案，依法保护了消费者对人脸等身份识别信息享有的合法权益，对生物识别信息收集加以规范。裁判结果兼顾鼓励数字产业发展与个人信息保护两大需求，有助于加强长三角地区个人信息保护和数据安全，为长三角地区打造全国数字经济创新高地提供有力保障。

网络消费格式条款中与消费者有重大利害关系内容存在例外情形，应以显著方式进行提示

——邬某诉某旅游 App 经营公司网络服务合同纠纷案

《最高人民法院发布消费者权益保护典型案例》案例 6

2022 年 3 月 15 日

【基本案情】

邬某通过 A 公司经营的旅游 App 预定境外客房，支付方式为“到店支付”，订单下单后即被从银行卡中扣除房款，后原告未入住。原告认为应当到店后付款，A 公司先行违约，要求取消订单。A 公司认为其已经在服务条款中就“到店支付”补充说明“部分酒店住宿可能会对您的银行卡预先收取全额预订费用”，不构成违约，拒绝退款。邬某将 A 公司起诉至法院，请求判令退还预扣的房款。

【裁判结果】

法院经审理认为，对“到店支付”的通常理解应为用户到酒店办理住宿时才会支付款项，未入住之前不需要支付。即使该条款后补充说明部分酒店会“预先收取全额预订费用”，但对这种例外情形应当进行特别提示和说明，如果只在内容复杂繁多的条款中规定，不足以起到提示的作用，A 公司作为预订服务的提供者应当承担责任。最终，法院支持邬某退还房款的诉讼请求。

【典型意义】

在数字经济、互联网产业飞速发展的大背景下，线上交易中企业基本都采用格式条款的方式与消费者建立契约关系。但是，在格式条款发挥其便捷、高效、积极作用的同时，因其本身具有的单方提供、内容固定的特质所带来的问题和风险，也不容忽视。法律明确赋予了格式条款提供者进行提示说明的义务，《民法典》第四百九十六条规定：“提供格式条款的一方未履行提示或者说明义务，致使对方没有注意或者理解与其有重大利害关系的条款的，对方可以主张该条款不成为合同的内容。”提供格式条款的企业应当基于公

平、诚信原则，依法、合理制定格式条款的内容，并对于履行方式等与消费者有重大利害关系的条款，向消费者进行特别的提醒和说明，从而维护交易秩序，平衡双方利益，促进行业发展。本案的裁判进一步厘清了网络服务提供者作为提供格式条款一方的责任，引导互联网交易模式更加符合契约自由和契约正义的精神。

孙某甲诉某老年公寓公司服务合同纠纷案

《最高人民法院发布老年人权益保护第二批典型案例》案例四

2022 年 4 月 8 日

关键词：养老服务；附随义务

【基本案情】

2018 年，原告孙某甲的儿子孙某乙与被告某老年公寓公司签订《入住公寓协议书》，孙某乙将原告孙某甲送养至被告某老年公寓公司，每月支付服务费 1800 元。孙某甲在上述协议上手写注明：本人有精神疾病，如有摔伤与公寓无关，自己负责。协议签订后，孙某甲入住公寓。某日 14 点左右，孙某甲于公寓卧室内摔倒在床边地上受伤。当晚 22 点 29 分，孙某甲被送往医院住院治疗。现孙某甲提起诉讼，请求被告某老年公寓公司赔偿医疗费、住院生活补助费、残疾赔偿金、护理费等费用。

【裁判结果】

重庆市江津区人民法院认为，某老年公寓公司作为专业的养老机构，应该有应对突发事件的预案措施。某老年公寓公司虽主张按协议免责，但从孙某甲在公寓房间摔伤至被送医院治疗，超过合理时间。某老年公寓公司工作人员发现后未及时将孙某甲送往医院，也未及时通知家属，导致孙某甲未得到及时治疗，系未履行合同附随的通知义务、未采取有效的应急措施，应承担相应责任，并不属于协议约定的免责事项。判决某老年公寓公司赔偿原告孙某甲医疗费、住院生活补助费、残疾赔偿金、护理费等费用。

【典型意义】

本案裁判明确，养老服务机构未履行合同的附随义务，不得以免责条款排除责任。虽然本案双方当事人约定了免责条款，但是注意、通知、协助等合同附随义务并不属于免责条款的内容。某老年公寓公司作为专业的养老服务机构，应当充分履行合同义务，不仅要按照养老服务合同约定对老年人进行悉心照顾，还应根据合同的性质就相关事宜履行注意、通知、协助等附随义务。我国养老服务行业起步较晚，目前仍存在设施配备不够完善，以及责任意识、法治意识有待提高等问题。本案对于厘清养老服务合同当事人的权利义务关系，强化养老服务行业主体责任意识，提高养老机构经营管理水平，助力机构养老发展，加强老年人权益保障，意义十分深远。

人民陪审员参加审理医疗服务合同纠纷案

《人民陪审员参审十大典型案例》案例 4

2022 年 10 月 11 日

【案件基本情况】

2016 年至 2017 年间，陈某某与丈夫李某某因不孕至江苏省无锡市某医院诊疗，要求实施“体外受精—胚胎移植”手术，成功培育胚胎，待女方身体条件具备后准备进行胚胎移植手术。2019 年，李某某意外身亡，陈某某要求医院继续完成胚胎移植手术，但医院以缺少李某某签字、按照相关规定不得实施该类手术为由予以拒绝。陈某某认为，夫妻关系存续期间双方感情较好，自己继续完成胚胎移植手术寄托了一家人的全部希望，故诉至法院，请求判令医院继续履行医疗服务合同，为其实施胚胎移植手术。江苏省无锡市梁溪区人民法院从具有医学专业知识和相关行业管理背景的人民陪审员名单中随机抽取两名人民陪审员，与一名法官组成三人合议庭审理本案。法院经审理认为，双方订立的医疗服务合同合法、有效，陈某某要求医院继续履行医疗服务合同，并未违反当事人真实意思表示和知情同意原则，医院继续实施人类辅助生殖技术亦不违反保护后代原则，判决医院继续履行医疗服务合同，为陈某某实施胚胎移植手术。双方当事人均未上诉，判决已生效。

【人民陪审员发挥的参审作用】

因现行法律对胚胎的性质无明确定义，加之医院是否有权在夫妻一方死亡的情况下继续实施胚胎移植手术这一问题存在争议，案涉家庭伦理和善良风俗，审理难度较大，社会关注度较高。本案两名人民陪审员分别来自高校生命科学与健康工程学院和民政局，在审理工作中主动作为，发挥了重要作用。一是积极协助查明案情。人民陪审员从行政服务管理角度，提出陈某某应当提供符合国家政策的证明文件，并要求陈某某的父母及公婆到庭，认真听取其对陈某某继续实施手术的意见，帮助承办法官查清涉案事实细节，提高事实认定的准确性。二是积极参与案件审理。在全面掌握案情的基础上，具有医学知识背景的人民陪审员从人类辅助生殖技术的医学发展趋势及实施胚胎移植的阶段步骤等方面着手，帮助法官了解相关医疗问题，并具体结合本案中胚胎保存条件，从专业角度指出医院并无事实上不能履行的客观困难；另一名人民陪审员则详细介绍了卫生行政管理部门关于从事人类生殖辅助技术的相关规定。三是助力裁判法理情共融。合议时，两名人民陪审员提出，司法裁判需要适当考虑民风民俗，兼顾法理人情，彰显中华民族传统美德和社会主义核心价值观，陈某某要求医院继续履行医疗服务合同为其移植胚胎的诉求，并未违反法律法规及公序良俗，应予以支持。

【典型意义】

面对因人工辅助生殖技术飞速发展带来的一系列伦理、道德和法律困境，本案人民陪审员提出了贴近社会公众朴素价值观念和道德准则的评议意见，增进了裁判的社会认可度。法院最终作出支持陈某某诉请的裁判结果，合理保障了人工辅助生殖技术下的生育权补偿性实现，案件裁判取得了良好的法律效果和社会效果。

邹某玲诉某医院医疗服务合同纠纷案

《人民法院贯彻实施民法典典型案例（第二批）》案例五

2023 年 1 月 12 日

【典型意义】

本案是依照《民法典》和《妇女权益保障法》相关规定的精神，保护丧偶妇女辅助生育权益的典型案例。审理法院结合案情和《人类辅助生殖技术规范》《人类辅助生殖技术和人类精子库伦理原则》有关“禁止给单身妇女实施人类辅助生殖技术”的规范目的，依法认定本案原告丧偶后与上述规定中的“单身妇女”有本质不同，从而确认了“丧偶妇女”继续实施人类辅助生殖技术的正当性。本案是依法保护女性生育权益的具体实践，体现了司法对妇女合法权益的有效维护，具有积极的导向意义。

【基本案情】

2020 年，邹某玲与丈夫陈某平因生育障碍问题，为实施试管婴儿辅助生育手术到被告湖南省某医院处进行助孕治疗，并于 2020 年 10 月 1 日签署了《助孕治疗情况及配子、胚胎处理知情同意书》等材料。因邹某玲的身体原因暂不宜实施胚胎移植手术，被告对符合冷冻条件的 4 枚胚胎于当日进行冷冻保存。2021 年 5 月 29 日，陈某平死亡。后邹某玲要求被告继续为其实施胚胎移植手术，但被告以不能够为单身妇女实施辅助生殖术为由拒绝。

【裁判结果】

生效裁判认为，有关行政规范性文件规定“禁止给单身妇女实施人类辅助生殖技术”，但原告是否属于条文中的“单身妇女”需要结合规范目的及本案的案情综合看待。“单身妇女”应当指未有配偶者到医院实施人类辅助生殖技术的情形，原告是已实施完胚胎培育后丧偶的妇女，与上述规定所指实施胚胎移植手术的单身妇女有本质区别。目前对于丧偶妇女要求继续移植与丈夫已受精完成的胚胎进行生育，法律并无禁止性规定。原告欲继续实施人类辅助生殖，既是为了寄托对丈夫的哀思，也是为人母的责任与担当的体现，符合人之常情和社会公众一般认知，不违背公序良俗。故判决湖南省某医院继续履行与原告的医疗服务合同。

【民法典条文指引】

第三条 民事主体的人身权利、财产权利以及其他合法权益受法律保护，任何组织或者个人不得侵犯。

第八条 民事主体从事民事活动，不得违反法律，不得违背公序良俗。

北京某清洁能源咨询公司诉某光电投资公司服务合同纠纷案

《司法积极稳妥推进碳达峰碳中和典型案例》案例六

2023 年 2 月 17 日

【基本案情】

2014 年 7 月 4 日，北京某清洁能源咨询公司与某光电投资公司签订《中国温室气体自愿减排项目开发服务协议》（以下简称《服务协议》），约定某光电投资公司委托北京某清洁能源咨询公司负责清洁能源四个项目的温室气体自愿减排项目交易的专业咨询服务，某光电投资公司于每个项目的每一阶段任务完成后分别支付相应合同价款等。《服务协议》签订后，北京某清洁能源咨询公司完成了部分项目国家核证自愿减排量（CCER）的备案审核，并向某光电投资公司请款、催款，但某光电投资公司未支付合同款项。北京某清洁能源咨询公司诉请人民法院判令解除案涉合同，并由某光电投资公司按合同约定支付服务费用及逾期付款利息。

【裁判结果】

江苏省无锡市新吴区人民法院一审认为，北京某清洁能源咨询公司与某光电投资公司签订的《服务协议》合法有效，现因双方均有解除合同的意思表示，故对于《服务协议》未履行部分予以解除。虽北京某清洁能源咨询公司未能在约定期限内完成全部项目的备案审核，但因双方在《服务协议》中约定，要在经友好协商后判定北京某清洁能源咨询公司无能力继续履行协议时才终止协议，再结合北京某清洁能源咨询公司已履行部分合同且已向某光电投资公司交付审定报告，某光电投资公司也予以接受并未提出异议的情形，一审法院判决某光电投资公司支付北京某清洁能源咨询公司已完成项目的服务费用及逾期付款利息。宣判后，各方均未上诉。

【典型意义】

国家核证自愿减排量（CCER）是指对我国境内特定项目的温室气体减排效果进行量化核证，并在国家温室气体自愿减排交易注册登记系统中登记的温室气体减排量。国家核证自愿减排量相关项目具有投资回收周期较长，技术服务专业化程度较高、程序较为复杂等特点。温室气体重点排放单位购买国家核证自愿减排量，可用于抵销碳排放配额的清缴。为了确保所交易的国家核证自愿减排量基于具体项目，并具备真实性、可测量性和额外性，减排项目业主就其获得批准、备案的项目产生减排量之后，可以在碳市场交易。本案中，人民法院区分技术服务机构已完成项目和未完成项目，依法对提供技术服务的第三方提出的已完成国家核证自愿减排量的项目服务费及利息的诉讼请求予以支持，较好地平衡了项目各方主体的利益，对鼓励温室气体自愿减排交易，引导碳市场交易活动有序开展，发挥了有力的司法保障作用。

向未成年人提供内容不健康网络服务的合同无效

——唐某诉某网络科技有限公司网络服务合同纠纷案

《第三批人民法院大力弘扬社会主义核心价值观典型民事案例》案例七

2023 年 3 月 1 日

核心价值：社风文明

【基本案情】

唐某于 2007 年出生，系未成年人。2019 年 5 月 25 日至 2020 年 12 月 19 日期间，唐某使用其微信账号向某网络科技有限公司运营的某漫画平台充值浏览漫画，共支付 1466 元，形成 25 笔订单。唐某认为，某网络科技有限公司未尽到有效识别未成年人的义务，未对其消费行为和漫画内容进行必要限制。从唐某阅读以及平台推送的内容看，某网络科技有限公司提供的漫画会对其身心造成损害，违背了公序良俗。唐某向人民法院起诉，请求认定双方订立的网络服务合同无效，判令某网络科技有限公司退还充值款 1466 元。

【裁判结果】

审理法院认为，对于未成年人这一特殊群体，在判断行为效力时，应注重对行为是否违背公序良俗的审查，并遵循最有利于未成年人的原则。某网络科技有限公司作为网络服务提供者，向未成年人提供的漫画内容中，既包含行政规章规定的互联网文化单位不得提供的文化产品，也包含大量刺激性、挑逗性语言、裸露的画面以及大量不健康内容。案涉漫画内容会对未成年人的身心健康造成损害，对未成年人价值观养成产生错误引导，诱发未成年人对漫画内容进行模仿，对未成年人本人、所在家庭和关联群体产生不良影响，与强化未成年人保护的社会共识明显相悖。案涉合同内容违背公序良俗，应属无效。故判决双方订立的网络服务合同无效，某网络科技有限公司返还唐某充值款 1466 元。

【典型意义】

强化对未成年人的保护，让未成年人健康成长，是社会共同追求的价值与目标。本案以网络文化产品内容不健康、违背公序良俗为由，认定网络服务合同无效，一方面强调网络服务提供者应当秉持诚信的核心价值观，依法完善服务内容，另一方面发挥司法引领作用，引导网络服务提供者、未成年人及其家长、社会各界共同遵循文明、友善、法治的社会主义核心价值观，将“爱幼”落实到具体生活中来，共同参与网络信息内容生态治理，为未成年人健康成长营造文明、健康、清朗的网络空间。

不正当干预搜索结果的“负面内容压制”约定无效

——某文化传播公司诉某信息技术公司网络服务合同纠纷案

《网络消费典型案例》案例1

2023年3月15日

【基本案情】

原告某文化传播公司为某新能源电池品牌提供搜索引擎优化及线上传播服务。被告某信息技术公司与原告系合作关系，双方于2020年11月签订《委托合同》，该《委托合同》附件具体列明了被告应提供的各项服务内容。其中“软文优化”服务项目中的“负面压制”条款约定：被告对某新能源电池品牌方指定的关键词搜索引擎优化，实现某搜索引擎前5页无明显关于该品牌的负面内容，以及负面压制期为30天等。后原告以被告未按约完成负面压制服务为由诉请解除合同。

【裁判结果】

审理法院认为，提供网络“负面压制”服务之约定是否有效，应当结合合同目的、行为方式、社会危害依法作出认定。从缔约目的看，负面压制目的违反诚实信用原则；从履行方式看，负面压制实质是掩饰了部分公众本可以获取的信息，影响公众对事物的客观和全面的认知；从行为危害性来看，负面压制行为损害消费者权益及市场竞争秩序，有损社会公共利益，违背公序良俗；从社会效果来看，负面压制行为扰乱互联网空间管理秩序，影响互联网公共空间的有序发展。综上，诉争“负面压制”条款具有违法性，依据《中华人民共和国民法总则》（2017年施行）第一百四十三条、《最高人民法院关于适用〈中华人民共和国民法典〉时间效力的若干规定》第一条规定，应认定为无效。

【典型意义】

互联网时代，搜索引擎是重要流量来源以及流量分发渠道，搜索结果排序是搜索引擎最核心的部分。“负面内容压制”服务以营利为目的，通过算法技术等手段人为干预搜索结果排名，以实现正面前置，负面后置，严重影响消费者正常、客观、全面地获取信息，侵害消费者知情权，破坏公平有序的市场竞争秩序，依法应认定为无效。本案裁判对于维护网络消费者知情权及互联网空间公共秩序具有积极意义。

提供酒店在线预订服务方应当履行协助退订等合同附随义务

——熊某等诉某旅行社网络服务合同纠纷案

《网络消费典型案例》案例 4

2023 年 3 月 15 日

【基本案情】

原告熊某通过某旅游 App 向被告某旅行社预订了“机票 + 酒店”自由行产品。出行前两日，因同行人员中原告儿子患病无法出行，原告遂向被告申请退订。被告就该酒店产品联系其中间供应商，中间供应商反馈“需要扣除每间每晚 200 元共计违约金 800 元，去申请且不保证结果”。但被告未将酒店取消政策告知原告，亦未继续要求供应商取消订单，而是告知原告该订单不可取消，如未实际入住将全额收取房费。熊某后未实际出行，诉至法院。审理中，经当庭拨打酒店客服电话，确认涉案订单当时的取消政策为“如自行取消要扣除每间每晚 200 元的违约金，如提供相关疾病证明则除节假日外可无损取消”。

【裁判结果】

审理法院认为，本案双方是网络服务合同关系，被告提供服务的主要内容为通过相应渠道代原告预订其指定酒店，以使原告与酒店方顺利建立住宿服务合同关系。鉴于涉案服务合同履行的特殊性，预订等事宜并非由原告直接与相应产品提供方沟通确定，故在原告因同行人员患病需取消预订时，应当认为被告依法负有及时协助原告向酒店方申请取消订单、申请退款等合同附随义务，而非一经预订成功即视为全部义务已履行完毕。本案中，案涉酒店预订事实上可以取消，至多承担 800 元违约金，但被告未将该情况如实告知原告，依据《中华人民共和国民法典》第五百零九条之规定，应认定被告未能履行附随义务导致原告损失，被告应予以赔偿。

【典型意义】

现实生活中，人们通过在线旅游平台预订酒店等服务的情况十分常见。线上预订服务提供者上游对接各类服务商或供应商，下游对接广大消费者，中间往往涉及多个环节，容易滋生侵害消费者权益的道德风险。本案裁判认定提供酒店在线预订服务方应当履行协助退订等合同附随义务，防止消费者权益被不当减损，有利于促进在线旅游平台经营模式健康发展。

未按约定提供养老养生服务应依法承担违约责任

——吴某诉某养老产业发展有限公司养老服务合同纠纷案

《人民法院老年人权益保护第三批典型案例》案例四

2023 年 4 月 27 日

关键词：养老服务；养老产业

【基本案情】

某养老产业发展有限公司是一家为老年人、残疾人提供养护服务的酒店。2019 年，吴某同该公司签订养生养老合同，约定吴某支付预订金后，即获得会员资格和相应积分，积分可以在该公司旗下任何酒店抵现使用。预付的订金如果没有额外消费，期满后还可退还。吴某支付 21 万元预订金后，该公司无法提供相应服务且不退款。吴某起诉请求解除合同，并判令该公司返还预订金及利息。

【裁判结果】

审理法院认为，《中华人民共和国民法典》第五百六十三条第一款第四项规定，当事人一方迟延履行债务或者有其他违约行为致使不能实现合同目的的，当事人可以解除合同。民事主体从事民事活动应当遵循诚信原则，秉持诚实，恪守承诺。本案中，双方签订的养生养老合同合法有效，某养老产业发展有限公司收到吴某定金后无法提供相应服务，存在根本违约，吴某享有合同解除权。判决某养老产业发展有限公司返还吴某预订金，并支付利息。法院亦将该公司涉嫌养老诈骗犯罪线索移送公安机关。

【典型意义】

随着人们生活水平的提高，老年人越来越注重生活品质。部分企业关注到养生养老服务的商机，以提供疗养服务、支付预订金获得会员资格和积分消费等名义吸引老年人签订养老合同，进行大额充值消费。司法既保护相关新兴产业的发展，引导其合法规范经营，又依法制裁其中违法犯罪行为，保护老年人财产权益，守护老年人生活安宁。本案在民事审判中依法认定养老服务机构根本违约的同时，将涉嫌犯罪线索及时依法移送公安机关，对遏制针对老年人养老消费领域的恶意诱导，打击针对老年人的侵财违法犯罪行为、净化养老产业，具有一定的示范意义。

周某某与南京市雨花台区尹某某美容美发店、洪某某、孔某、欧某某服务合同纠纷案

《人民法院高质量服务保障长三角一体化发展典型案例》案例 7

2023 年 5 月 22 日

关键词：民事；服务合同纠纷；消费者权益保护；格式条款；限制对方主要权利

【裁判要旨】

消费者有自主选择消费的权利。在美容美发、健身、餐饮等一些消费领域，经营者出于其营销手段的考虑，经常引导消费者选择预付储值的消费方式。而当服务场所无法保障原有服务质量和服务环境，或当特定服务提供者离职时，消费者的预期目的即无法实现。消费者以此诉请退款的，即使预付卡服务协议中有“不退还”“不折现”等条款，人民法院也应支持消费者解除合同的诉请。

【相关法条】

《中华人民共和国民法典》第四九十七条（本案适用的是自 1999 年 10 月 1 日起实施的《中华人民共和国合同法》第四十条、第五十二条、第九十四条）

《中华人民共和国消费者权益保护法》（2013 年 10 月 25 日修订）第九条、第二十四条

【基本案情】

2018 年 12 月 4 日、2019 年 1 月 5 日，原告周某某通过洪某某美容美发服务中心内的 POS 机刷卡转账的方式，分五笔共向名为“南京×××护肤造型××路店”的支付宝账户付款 42000 元。上述支付宝账户经实名认证的交易主体为“南京市建邺区××美容美发店”。

2019 年 1 月 5 日，洪某某美容美发服务中心工作人员与原告周某某签订《××护肤造型服务协议书》一份，第一条约定，由周某某办理消费卡一张，支付方式为“支付宝”；第二条约定，原告“持消费卡在公司所有门店通用，直接从预付费中扣除客户消费金额”；第四条约定，该协议一经签订，周某某“即成为 VIP 客户”，“享有优先体验，积分折扣等权益（详见各店宣传为准），双方不得无故解除合同，此卡为消费卡，不给予退还，不折现”。在上述协议第六条补充条款中，双方以手写方式约定，原告周某某当天消费金额共 8000 元、实际扣款 3000 元；该条另约定了“每年赠送中药泡澡 24 次”、做面部“小气泡免费”等优惠内容。

在周某某依据上述协议领取的卡号为 90×××07 的“××国际连锁机构”VIP 钻石卡上，“持卡人须知”部分载明，“拥有此卡尊享本店钻石卡优惠，购买疗程及产品七折”。周某某持此卡消费除上述 2019 年 1 月 5 日扣款 3000 元外，另在尹某某美容美发店有 7 次扣款总计 4743 元，至 2019 年 11 月 6 日最后一次消费结束时止，卡内尚有余额 34257 元。

2019 年 5 月 27 日，洪某某、案外人邹某与尹某某签订《转让合同》一份，约定由邹某、洪某某共同将×××美容美发店铺转让给尹某某，该合同约定，店铺应在 2019 年 6 月 1 日前交接完毕，洪某某应将该店目前所有会员及顾客资料移交给尹某某，尹某某承诺接受洪某某原有顾客，尹某某有义务

继续未完成的服务。

2019 年 12 月 31 日，周某某提起民事诉讼，要求解除服务协议，并退还剩余预付款。

【裁判结果】

江苏省南京市雨花台区人民法院于 2020 年 5 月 6 日作出（2019）苏 0114 民初 7536 号民事判决：一、解除原告周某某与被告南京市雨花台区尹某某美容美发店之间的服务合同；二、被告南京市雨花台区尹某某美容美发店于本判决生效后十日内，向原告周某某返还款项 27224 元；三、驳回原告周某某其他诉讼请求。一审判决后，各方当事人均未提起上诉，一审判决已发生法律效力。

【裁判理由】

法院生效裁判认为：一、原告与洪某某美容美发服务中心的工作人员签订的《×××护肤造型服务协议书》上虽然载明了“双方不得无故解除合同，此卡为消费卡，不给予退还，不折现”等内容，但原告周某某作为服务合同的特殊主体即消费者，享有自主选择服务的权利，上述合同内容系洪某某美容美发服务中心作为经营者，以格式条款方式单方作出的对消费者不公平、不合理的规定，依法应认定无效。

二、合同解除后预付费会员卡内余额返还问题。其一，关于返还数额。因原告基于办卡行为享受了相关优惠服务，现其要求退卡、解除合同，故对其已经享受的优惠服务价款应予以扣除。原告现有卡内余额 34257 元，扣除原告已实际享受的办卡优惠 7033 元，对于余款 27224 元，原告有权要求返还。其二，关于款项返还义务主体。原告周某某以预付费充值的方式在洪某某美容美发服务中心办理了会员卡后，其与洪某某美容美发服务中心形成了消费服务合同关系。在服务合同履行过程中，被告洪某某及案外人共同将店铺转让给被告尹某某美容美发店的经营者尹某某，转让双方约定由尹某某美容美发店继续为店铺转让前的会员提供服务，应认定被告尹某某美容美发店承继了洪某某美容美发服务中心在案涉消费服务合同项下的相关义务，故对于原告要求被告尹某某美容美发店承担款项返还责任的诉讼请求，应予支持。原告周某某在得知店铺实际经营者已发生变化的情况下，仍选择持卡在尹某某美容美发店继续接受服务，应视为其对合同义务主体变更已作确认。

多元化解涉众型体育行业矛盾纠纷

——朱某等二百余人与某体育公司等服务合同纠纷案

《涉体育纠纷民事典型案例》案例一

2023 年 6 月 21 日

关键词：健身房费用；多元化解

【基本案情】

某体育公司在当地经营健身房。朱某等二百余人均系健身房会员，向某体育公司交纳了金额不等的会籍费及购买课时费用。因健身房经营不善，某体育公司搬离后未确定新的经营场地，致朱某等人无法继续使用会员课程服务，某体育公司拒不退还相应费用。朱某等人陆续起诉，请求解除健身服务合同、某体育公司退还剩余会籍费及课程费用。

【裁判结果】

审理法院受理零星服务合同纠纷后，判断本案存在群体性纠纷风险，遂向相关单位发出预警信息，多部门参与化解矛盾纠纷。在核实某体育公司仍有可供执行款项的情况下，审理法院先期组织调解，对调解不成的案件迅速作出示范判决。审理法院认为，某体育公司因房屋租赁问题搬离原经营地，致使其与朱某等人之间的健身服务合同无法继续履行，判决解除健身服务合同、某体育公司退还朱某等人剩余会籍费及课程费用。示范判决作出后，对其他消费者提起的诉讼，审理法院参照示范判决促成该批案件全部调解，并迅速将执行款项发放到位。

【典型意义】

《中华人民共和国体育法》明确国家实施全民健身战略。商业化运营的休闲健身体育产业是全民健身服务体系的有机组成部分，其健康有序发展对促进体育消费规模化增长具有重要意义。本案系涉众型体育行业纠纷案件，通过党委牵头、多方参与、调解先行、示范判决、以判促调、调判结合的方式，依法及时高效化解涉众型纠纷，有效化解社会面群体性纠纷风险，依法保护体育行业消费者合法权益，推动全民健身，促进体育消费，为后续体育行业矛盾纠纷多元化解工作提供了有益实践经验。

沈阳某工程咨询有限公司与沈阳市浑南区农业农村局服务合同纠纷案

《最高人民法院发布人民法院依法保护民营企业产权和企业家权益典型案例》案例 3

2023 年 7 月 31 日

【案例索引】

辽宁省沈阳市中级人民法院（2020）辽 01 民终 15053 号

【基本案情】

沈阳某工程咨询有限公司（以下简称某咨询公司）系沈阳当地一家小微民营企业。2019 年 6 月，某咨询公司与沈阳市浑南区农业农村局（以下简称浑南农业局）双方达成合作意向：浑南农业局委托某咨询公司对沈阳市浑南区 12 个街道 118 个行政村的“农村人居环境整治行动项目”通过无人机进行查访。随后，2019 年 7 月某咨询公司开始实施查访工作。工作成果编制成查访报告，逐期交付给浑南农业局，合计交付查访报告 20 份，浑南农业局已签收，未提出异议。

2019 年 12 月 6 日，某咨询公司与浑南农业局补签《查访合同》，浑南农业局委托某咨询公司进行农村人居环境整治行动项目第三方查访，约定了查访范围、查访周期、查访目标、验收条件、付款条件、付款时间及方式等内容。

合同补签后，某咨询公司向浑南农业局送达了《浑南区第三方查访组报价详细说明》，主要载明：人员车辆费用明细：1065400 元，税金点 9%，管理费 3%，总计费用为 1193248 元。2019 年末浑南农业局收到某咨询公司开具的相应发票。浑南农业局拒绝付款，理由为：查访服务项目未经政府采购程序，双方签订的协议属于无效协议，双方未结算及未最终验收，不具备付款条件，更不符合财政性资金拨款条件。某咨询公司因此诉至沈阳市浑南区人民法院。请求法院判令浑南农业局支付服务费1125500元。

沈阳市浑南区人民法院一审判决浑南农业局支付某咨询公司服务费1125500元。一审宣判后，浑南农业局不服，向沈阳市中级人民法院提起上诉，请求撤销原判，依法改判驳回某咨询公司的诉讼请求。理由为：某咨询公司履行合同未完毕，未结算，未最终验收不具备付款条件；某咨询公司主张的数额与实际工作量不符，不能得到财政性资金认可的拨款条件；某咨询公司不具备合同服务资质，服务无法达到标准；案涉查访服务项目未经政府采购程序属于无效合同。

二审法院一是依法准确认定合同效力。认定《查访合同》系某咨询公司与浑南农业局两个平等民事主体基于意思自治原则自愿达成，不存在合同无效的法定事由，合法有效，对双方具有约束力。二是依法认定浑南农业局应当履行付款义务。查访报告的制作和交付属于分批次履行，如浑南农业局确对履行方式、履行内容及报告质量等提出异议，应当在首份报告交付后，及时对其关注问题提出整改意见，并加大力度监督检查尚未履行的合同。但浑南农业局系在某咨询公司全部合同履行完毕、所有报告交付近半年之久后，在某咨询公司向其主张服务费时，其对某咨询公司已完成查访的工作量及工作方法提出异议，实属勉为其难。浑南农业局以某咨询公司履行合同不符合要求为由拒绝支付服务费，依据不足。二审法院判决驳回上诉，维持原判。

【社会影响】

本案是发生在民营企业与机关法人之间的债权债务纠纷。每件机关法人与企业的纠纷案件，处理结果均被广大民营企业家关注，都是营商环境是否改善的试金石。法院平等保护机关法人与民营企业权益，确保主体平等、权利平等、机会平等，彰显了发挥司法职能作用优化法治化营商环境的决心和能力，让各方投资者敢于投资，安心投资，乐于投资，勇于投资，服务和保障东北振兴、民营经济健康发展。

【典型意义】

本案是民营企业与机关法人因签订、履行服务合同发生的争议。法院在审理本案中，首先明确案涉合同系机关法人与民营企业作为平等民事主体、基于意思自治原则所签订，在有大量证据证明民营企业已经适当履行了合同义务的情况下，机关法人不得以有关服务费未经政府部门确认、有关款项未向财政部门申请和审批为由拒绝支付服务费，从而支持民营企业要求机关法人支付服务费的请求。

法院在审理案件过程中，努力实现程序公正与实体公正相统一，体现了对民营企业特别是民营中小微企业发展的保护，有利于民营企业持续回笼欠款、维持造血能力，全面构建亲清政商关系，为持续优化法治化营商环境起到示范作用。

范某某诉重庆某物业管理有限公司物业服务合同纠纷案

《人民法院抓实公正与效率践行社会主义
核心价值观典型案例》案例 9
2023 年 8 月 2 日

【基本案情】

范某某系案涉车位不动产的所有权人，相应的物业服务企业是重庆某物业管理有限公司。范某某与重庆某物业管理有限公司签订物业管理服务协议，约定了双方的权利和义务、物业服务等内容，并约定未尽事宜，遵照国家有关法律、法规和规章执行。范某某购买新能源汽车后，向供电企业申请在案涉停车位安装充电桩时，被告知申请材料中应当包含小区物业服务企业出具的同意该业主在其停车位安装充电桩的证明，范某某遂要求重庆某物业管理有限公司出具但被拒绝。范某某遂向人民法院提起诉讼。

【裁判结果】

重庆市江津区人民法院认为，按照原被告双方签订的《停车位物业管理服务协议》约定，本协议中未规定的事宜，遵照国家有关法律、法规和规章执行。范某某申请在其停车位安装充电桩，按供电企业要求，需小区物业服务企业出具证明，该“出具证明”为前述协议第四条规定所涵盖，属于重庆某物业管理有限公司的合同义务，其应当履行。故判决重庆某物业管理有限公司于本判决生效后立即向原告范某某出具同意在其停车位安装新能源汽车充电桩的证明。

【典型意义】

健全推动绿色低碳循环发展的生态文明法律制度是社会主义核心价值观融入法治建设的重要内容。新能源汽车属于“绿色产品”，对于促进节能减排、防治大气污染具有重要意义，要实现新能源汽车的普及推广，配套设施建设尤其重要。《民法典》第八条、第九条规定了民事主体从事民事活动应当遵循绿色原则。国家部委、地方政府发布的行政规范性文件均要求物业服务企业在充电设施建设时予以配合，提供便利。本案通过适用绿色原则，论证协助义务与物业服务合同义务性质的一致性，进而将“协助义务”纳入“义务群”，并通过对协助义务的合法性、合理性审查，参照国家鼓励性政策对充电桩的环保性质和功能予以确定，在排除阻却事由确保客观可行性情况下，判决物业服务企业应当按照诚实信用原则履行协助安装充电桩的义务。

武某某诉上海某网络科技有限公司服务合同纠纷案

《人民法院抓实公正与效率践行社会主义
核心价值观典型案例》案例11
2023年8月2日

【基本案情】

“某某单车”系由上海某网络科技有限公司（以下简称某网络公司）运营的共享单车。根据使用规则，在用户使用前，系统会提示用户勿在服务区外还车，如用户在服务区外还车，会产生相应的调度费，还会显示服务区划分及规划的详细解释。用户骑行前扫码后，会再次弹出相应多项规则，其中，超区调度费标准为：服务区内开锁骑行至服务区外还车将收取调度费20元，服务区外开锁骑行至服务区外还车将收取调度费10元。2019年11月，武某某骑行“某某单车”至某小区门口锁车。因该处为服务区外，某网络公司遂收取武某某调度费10元，后武某某将该车辆又骑回服务区内并锁车。庭审中，武某某对10元调度费的收取表示认可，但认为自己在24小时内将车辆骑回服务区内，某网络公司没有实际产生调度的事实，故应将调度费退还。

【裁判结果】

上海市闵行区人民法院认为武某某的两次骑行系独立分开的两个合同行为，其将涉案单车骑行至服务区外上锁停放时即已经违反了使用规则，违约行为已经实际发生，在合同没有特别约定或未经某网络公司同意的情况下，所产生的违约责任不因武某某再次扫码开锁将同一辆单车骑回服务区内而免除。据此，判决驳回武某某的全部诉讼请求。上海市第一中级人民法院二审维持原判。

【典型意义】

共享单车快速发展在便利低碳出行的同时，也为城市治理带来挑战。共享单车企业通过划定区域、制定使用规则、收取相应费用等方式进行自治有利于社会公共治理，但共享单车企业收取相应费用应具有事实与法律依据。本案对于如何认定费用性质提出了详细的判定规则，即应结合诚信原则以及行为的性质和目的，从文义、合同约定、合同目的等要素综合认定。本案裁判回应社会治理中的突出问题，肯定和鼓励共享单车企业通过合同约定方式辅助社会公共治理，对于倡导消费者诚实守信、推动城市环境治理具有积极意义。

养老机构频繁变更服务地点，老年人有权解除合同

——向某某诉某公司服务合同纠纷案

《保障老年人合法权益　引导养老产业健康发展
最高人民法院发布涉养老服务民事纠纷典型案例》案例五
2024 年 2 月 20 日

【基本案情】

向某某与某公司签署《养老机构服务合同》，约定某公司为向某某提供养老服务，向某某已预交养老费 3 万余元。合同签订后，向某某至合同约定的位于重庆的养老基地居住生活。第二年，该基地暂停经营，向某某被安排至

云南、四川等地居住。之后，向某某返回重庆，没有再接受养老服务。向某某起诉请求退还未消费的养老服务费用。

【裁判理由】

审理法院认为，向某某与某公司形成的服务合同合法有效，双方当事人应依约履行。某公司频繁变更提供养老服务的地点，给向某某带来不便，亦违反合同约定，向某某有权解除合同并要求退还剩余的养老服务费用，遂判决某公司退还养老服务费1万余元。

【典型意义】

《中华人民共和国民法典》第五百零九条第一款规定："当事人应当按照约定全面履行自己的义务"。第五百六十三条第一款规定："有下列情形之一的，当事人可以解除合同：……（二）在履行期限届满前，当事人一方明确表示或者以自己的行为表明不履行主要债务"。本案中，养老机构因自身经营不善，在合同约定的养老基地暂停经营后，将老年人安排至云南、四川等地，使得老年人频繁奔波，违背老年人接受养老服务的初衷。养老机构未基于老年人身心特点和实际需求适当履行合同，老年人有权解除合同并要求退还未消费的预付款。审理法院以本案为示范，通过释法说理，诉前成功化解了同类涉众型养老服务合同纠纷百余件，实现了良好的效果。

实质化解养老服务合同纠纷助力养老产业健康发展

——赵某诉某养老服务中心服务合同纠纷案

《保障老年人合法权益　引导养老产业健康发展

最高人民法院发布涉养老服务民事纠纷典型案例》案例六

2024年2月20日

【基本案情】

张某入住某养老服务中心。某日午间，张某多次尝试自行下床未果后，自床上摔落。经同住老人告知，看护人员将张某抬至床上，当时未发现异常。晚间张某身体不适，看护人员遂联系家属并拨打急救电话。后张某于当晚死亡。经查，张某房间内呼叫器安装位置距离床位较远。张某的继承人赵某以某养老服务中心未尽合同约定义务为由，起诉请求某养老服务中心予以赔偿。

【裁判理由】

审理法院认为，张某已逾 96 周岁，自身患有糖尿病、心脏病等慢性疾病，其坠床与死亡相隔数小时，监控视频可见其跌倒后身体并无明显异常，虽《死亡医学证明（推断）书》载明死亡原因为糖尿病、猝死，但现有证据不足以证实张某坠床行为与其死亡之间存在直接的因果关系。但某养老服务中心作为专为老人提供托养、护理、康复等服务的社会养老服务机构，呼叫器安装位置较远，致使张某无法及时获得帮助，某养老服务中心在履行合同中未尽到谨慎勤勉义务，应当承担瑕疵履行的违约责任。遂判决某养老服务中心承担 10% 赔偿责任。

【典型意义】

本案办理过程中，承办法官多次前往养老院、医院、行业主管部门调查，逐帧查看监控，查明案件事实。同时多次给双方当事人做调解工作，释法明理，平缓当事人的对立情绪。判决作出后，双方均未上诉，某养老服务中心自觉履行判决。此外，审理法院还就案件中发现的问题，向当地民政局发送司法建议并收到回函，助力养老行业完善管理。本案意在实质化解养老服务合同纠纷，将司法为民落到实处，实现办理一案、治理一片的社会效果。

天津某传热设备有限公司与韩城市某热力有限公司能源管理合同纠纷案

《最高人民法院发布人民法院服务和保障新质生产力发展典型案例》二

2024 年 8 月 16 日

【基本案情】

某传热设备公司系国家高新技术企业，开发了利用钢厂生产过程中的炼钢冲渣水余热供暖的新技术，全国仅有少数几家公司拥有此项技术。某热力公司因经营需要，与某传热设备公司签订能源管理合同，约定由某传热设备公司向其安装钢铁冲渣水余热供暖的“渣水换热器”等设备并提供相关技术服务，某热力公司于每个采暖季结束后按照合同约定向某传热设备公司支付一定的节能效益分享款。后某热力公司在使用涉案换热器过程中，发现该设备因漏水与堵塞造成换热效果降低，进而影响正常供暖，便不再向某传热设备公司支付节能效益分享款。双方产生争议诉至法院，在审理过程中，因该设备涉及环保节能新技术，人民法院针对本案涉及的核心设备“渣水换热器”及其运行流程启动鉴定并对勘验全程跟进，确定勘验方案及实验方法，并协同鉴定专家在勘验现场对换热器漏水原因进行了确定，促推了某传热设备公司升级改进现有技术方案，同时在判决金额中充分考量了上述技术创新因素。

【裁判结果】

天津市第一中级人民法院认为，双方均认可某传热设备公司提供的涉案能源管理服务是利用钢厂生产过程中产生的热量为居民提供供暖，全国包括某传热设备公司在内仅有少数几家公司才能提供此项技术。该技术具有一定的环保效益以及创新性。经鉴定，渣水换热器不热的原因主要在于设计原因，运行过程中存在漏水堵塞情况，影响了整体供热效率。该技术方案是量身定制，本身具有一定的探索性和实践性。科技型公司需要在技术创新、实践改造、发现问题、解决问题的过程中不断成长，在该能源管理合同履行过程中，应对某传热设备公司的技术创新实际效果予以一定的容忍度。且某传热设备公司后期维修便利性方面存在欠妥之处，并非是故意提供质量不合格的产品，在诉讼期间某传热设备公司亦积极寻找故障原因。在充分考量上述因素下，判令某热力有限公司依约支付某传热设备公司欠付节能效益分享款及逾期付款利息，同时判令某传热设备有限公司给付某热力公司一定经济损失，并由某热力公司拆除渣水换热器进行升级改造。一审判决后，双方当事人均服判未上诉。

【典型意义】

钢铁行业生产过程中会产生大量的废气余热，将钢铁冲渣水余热等废水废气充分利用变废为宝，不仅能为企业节能降耗创造效益，而且还能满足城市供暖需要，也有利于改变城市热源单一、环境污染等问题。本案中，天津某传热设备公司开发了利用炼钢冲渣水余热供暖技术，通过技术创新、降碳减污实现了节能环保、产业提升。全国包括某天津传热设备有限公司在内仅有为数不多的几家企业能提供此项技术。人民法院在审理涉及钢铁、清洁生产技术和清洁能源开发纠纷案件中，聚焦发展新质生产力，充分考虑涉案技术方案具有一定的探索性和实践性，依法保障技术服务方享有节能效益分享合法权益，加大对生态环境科技、绿色低碳技术等创新成果的司法保护力度，大力推广合同能源管理，促进成果转化运用，推进产融结合，推动构建绿色低碳循环发展的新质生产力。

赖某某诉厦门某物业管理公司物业服务合同纠纷案

《最高人民法院发布人民法院服务和保障新质生产力发展典型案例》五

2024 年 8 月 16 日

【基本案情】

2021 年 12 月，赖某某因订购了新能源汽车，欲在其所有的三明市某新村负一层车位安装充电桩，故向小区物业公司厦门某物业管理公司三明服务部要求出具同意其安装充电桩的相关证明。厦门某物业管理公司三明服务部以在小区无法满足所有电动车充电桩电表安装，对先申请的业主出具同意书存在不公，加之在地下室安装充电桩不符合消防安全要求等为由拒绝出具相关证明。赖某某遂诉请判令厦门某物业管理公司三明服务部出具同意其安装充电桩的相关证明。

【裁判结果】

福建省三明市三元区人民法院一审认为，业主依法对其建筑物专有部分享有占有、使用、收益和处分的权利。安装充电桩时因布电线等需要使用共有部分，并非须经业主大会讨论通过事项，属于建筑物区分所有权人为提升专有部分使用价值，对共有部分的合理使用，物业服务企业无正当理由不得拒绝配合、加以阻挠，不予出具同意安装充电桩的证明材料。至于自用桩是否符合安装条件、具体应如何安装应根据用电及施工可行性勘察确定，供电企业会同用户或其委托的电动汽车企业、小区物业共同到现场进行用电及施工可行性勘察。物业公司出具同意安装充电桩证明不等于其放弃相应物业管理，车位实际安装、使用新能源汽车充电桩过程中出现侵权等不当行为时，物业公司仍可及时行使物业管理权力制止、纠正，预防及避免损害发生。故判决厦门某物业管理公司三明服务部应向赖某出具同意其安装新能源汽车充电桩的证明。宣判后，各方均未上诉。

【典型意义】

电动汽车和锂电池、光伏产品作为我国对外贸易“新三样”，代表先进生产力，不仅丰富了全球商品供给，也为积极应对气候变化作出重大贡献，成为中国新质生产力引领世界经济绿色转型的成功典范。人民法院做实服务保障新质生产力发展大局，坚持遵循诚信原则，积极回应人民群众关切的居民区安装充电桩所引发的物业服务义务范围、用电设施准入与消防安全保障等热点问题，将在小区充电设施建设时予以配合、提供出具同意安装充电桩的证明材料等便利纳入物业服务的义务范围，依法保障业主的权益，同时明确物业服务企业应当采取合理措施，协助安装、管理、维护充电基础设施，保护业主的人身及财产安全，消除安全隐患，预防损害的发生，营造了有利于经济社会绿色低碳转型的良好氛围，把在助推新质生产力发展过程中增进人民福祉落实到司法裁判全过程，是推动实现人与自然和谐共生的中国式现代化的司法范例。

胡某某诉某旅游公司旅游合同纠纷案

《最高人民法院发布人民法院依法审理旅游纠纷典型案例》案例三

2024 年 9 月 30 日

【基本案情】

2019 年 9 月 19 日，胡某某到某旅游公司试营业的某市胡杨林游玩时，租赁景区内的沙滩摩托车骑行，但某旅游公司工作人员未告知胡某某禁行路线等安全事项。胡某某在驾驶沙滩摩托车过程中，从断崖处摔落、受伤。胡某某向人民法院起诉，请求判令某旅游公司赔偿医疗费、护理费等费用。

【裁判结果】

青海省格尔木市人民法院一审认为，对于具有一定危险性的旅游项目，旅游经营者应当详尽地向游客告知注意事项及可能存在的危险，使游客对该旅游项目特别是可能发生的危险有全面了解。在胡某某骑行前，某旅游公司工作人员未详尽告知安全注意事项，未明确骑行路线，致使胡某某对该项目的潜在危险和安全注意事项未能充分了解，最终坠崖受伤，某旅游公司应当承担全部责任。判决某旅游公司赔偿胡某某各项损失 288231.2 元。宣判后，某旅游公司提出上诉。二审维持原判。

【典型意义】

本案是旅游经营者因未尽到安全保障义务而承担全部责任的典型案例。旅游景区提供的项目服务应当符合保障旅游者人身、财产安全的要求，在项目服务过程中应以明示方式详细告知游客安全须知，并及时排查风险隐患，确保尽到安全保障义务。特别是对于高风险旅游项目，旅游经营者应当承担更高的安全保障义务。本案对于旅游经营者强化安全风险意识、依法全面履行安全保障义务，促进文旅项目持续健康发展，具有警示意义。

27. 广告合同

北京某广告有限公司等与北京某数字技术有限公司广告合同纠纷案

《人民法院助推民营经济高质量发展典型民商事案例》案例 7

2021 年 9 月 3 日

【具体举措】

北京某广告有限公司（以下简称某广告公司）等因与北京某数字技术有限公司（以下简称某数字公司）合同纠纷案，向法院提出 7871 万元诉前财产保全，要求某数字公司支付 42 份广告合同款。某数字公司收到保全裁定书及起诉书后提出复议申请，称涉案42份合同款项大部分已经支付。北京市海淀区人民法院就诉前财产保全组织听证，充分了解争议焦点和双方实际诉求，虽冻结了某数字公司款项7871万元，但经过法院充分释明经营及法律风险，双方当事人达成调解意向。在调解款项支付环节，出现了某广告公司坚持先付款再解封而某数字公司因大额资金被冻结无力筹措应付款项的僵局。海淀区法院根据某数字公司支付情况，以566万元为单元、共计14次逐笔解封，相应解封款逐笔支付至某广告公司账户，前期保全资金顺利转化为和解款。

【典型意义】

司法实践中，大额资金被冻结对企业生产经营会产生非常明显的影响，特别是资金链脆弱的中小微民营企业，冻结大额资金有可能对被保全企业产生颠覆性的影响，造成原被告双方两败俱伤。本案海淀区法院虽然也对大额资金采取了保全措施，但创新了“以保促调，滚动解封”的工作机制，畅通保全、调解、执行衔接机制，加速盘活执行资金，以细致及时的司法工作助力民营企业发展。其中，“滚动解封”既保障了债权人的权利，又给债务人偿还债务以喘息机会，有效解决了大标的额被执行人无流动资金还款与申请执行人不愿承担先行解封风险的困境。

【案件案号】北京市海淀区人民法院（2021）京0108民初7185号

28. 不当得利

李某与杨某不当得利纠纷案

《最高人民法院公布49起婚姻家庭纠纷典型案例》第23号

2015年12月4日

【基本案情】

原告李某与丈夫宋某某于1998年4月10日登记结婚，婚后共同创办公司并经营。2011年5月，宋某通过朋友介绍与被告杨某发展为情人关系，原告李某一直蒙在鼓里。2011 年 11 月 8 日，宋某为履行对杨某的承诺，通过招商银行将 66 万元转账到杨某账号上，原告李某发现后，多次找杨某索要未果，故向法院起诉。原告李某起诉认为，其丈夫宋某背着自己私自将 66 万元支付给与其有不正当关系的被告杨某，不仅违反了相关法律规定，也违背了公序良俗和社会道德，被告杨某应返还其取得的财产并承担本案的诉讼费用。诉讼中，被告杨某经合法传唤，未到庭参加诉讼。

【裁判结果】

湖南省南县人民法院审理认为：夫或妻非因日常生活需要对夫妻共同财产作出的重要处理决定，夫妻双方应当平等协商，取得一致意见。宋某背着妻子将 66 万元支付给情人，违背了公序良俗和社会道德，违反了《婚姻法》的规定，其行为应认定为无效，被告杨某所得 66 万元款项没有合法依据，取得了不当利益，造成了原告的损失，属不当得利，依法应予返还。为此，法院依法判决由被告杨某将 66 万元返还给原告李某。

【典型意义】

本案是因婚外情导致的不当得利纠纷，因现实生活中有类似情况的出现，故本案的处理引起了广泛的关注。法律明确规定，夫或妻在处理夫妻共同财产上的权利是平等的。因日常生活需要而处理夫妻共同财产的，任何一方均有权决定。夫或妻非因日常生活需要对夫妻共同财产作重要处理决定，夫妻双方应当平等协商，取得一致意见。他人有理由相信其为夫妻双方共同意思表示的，另一方不得以不同意或不知道为由对抗善意第三人。本案例中，杨某接受宋某赠与的财产并没有付出相应的对价，因此不属于有偿取得，不能适用善意取得制度。另一方面因该 66 万元数额巨大，且并非日常生活需要，宋某无权单独处理，其无偿赠与杨某的行为损害了李某的合法权益，有违公平原则。并且原告丈夫与情人的关系与我国提倡的社会主义道德是相违背的，违反了公序良俗，是不受法律保护的。因此，宋某的赠与行为应认定为无效，李某作为财产所有人和利害关系人有权要求杨某全部返还。

29. 其 他

北京某旅游公司诉北京某村民委员会等合同纠纷案

《人民法院贯彻实施民法典典型案例（第二批）》案例七

2023 年 1 月 12 日

【典型意义】

本案是人民法院准确适用《民法典》关于合同权利义务关系终止和违约责任承担等制度，依法妥善化解民事纠纷的典型案例。审理法院根据案件具体情况认定所涉案件事实不构成情势变更，防止市场主体随意以构成情势变更为由逃避合同规定的义务，同时考虑到合同已经丧失继续履行的现实可行性，依法终止合同权利义务关系。本案裁判有利于指引市场主体遵循诚信原则依法行使权利、履行义务，对于维护市场交易秩序、弘扬诚实守信的社会主义核心价值观具有积极意义。

【基本案情】

2019 年 2 月 26 日，北京某村民委员会、北京某经济合作社、北京某旅游公司就北京某村域范围内旅游资源开发建设签订经营协议，经营面积 595. 88 公顷，经营范围内有河沟、山谷、民宅等旅游资源，经营期限 50 年。北京某旅游公司交纳合作费用 300 万元。2018 年年中，区水务局开始进行城市蓝线规划工作，至 2019 年底形成正式稿，将涉案经营范围内河沟两侧划定为城市蓝线。2019 年 11 月左右，北京某旅游公司得知河沟两侧被划定为城市蓝线，于 2020 年 5 月 11 日通知要求解除相关协议，后北京某旅游公司撤场。区水务局提供的城市蓝线图显示，城市蓝线沿着河沟两侧划定，大部分村民旧宅在城市蓝线范围外。区水务局陈述，城市蓝线是根据标准不同以及河道防洪等级不同划定的，开发建设必须保证不影响防洪，如果影响，需要对河道进行治理，治理验收合格后则能正常开发建设。庭审中，北京某旅游公司未提交证据证明其对经营范围内区域进行旅游开发时，曾按照政策要求报请相关审批手续，也未提交证据证明因城市蓝线的划定相关政府部门向其出具禁止开展任何活动的通知。

【裁判结果】

生效裁判认为，本案中城市蓝线的划定不属于情势变更。城市蓝线划定不属于无法预见的重大变化，不会导致一方当事人无法履约。经营协议确定的绝大部分经营区域并不在城市蓝线范围内，对于在城市蓝线范围内的经营区域，北京某旅游公司亦可在履行相应行政审批手续、符合政策文件具体要求的情况下继续进行开发活动，城市蓝线政策不必然导致其履约困难。北京某村民委员会、北京某经济合作社并不存在违约行为，北京某旅游公司明确表示不再对经营范围进行民宿及旅游资源开发，属于违约一方，不享有合同的法定解除权。本案中，北京某旅游公司已撤场，且明确表示不再对经营范围进行民宿及旅游资源开发，要求解除或终止合同，而北京某村民委员会不同意解除或终止合同，要求北京某旅游公司继续履行合同。双方签订的经营协议系具有合作性质的长期性合同，北京某旅游公司是否对民宿及旅游资源进行开发建设必将影响北京某村民委员会的后期收益，北京某旅游公司的开发建设既属权利，也系义务，该不履行属"不履行非金钱债务"情形，且该债务不适合强制履行。同时，长期性合作合同须以双方自愿且相互信赖为前提，在涉案经营协议已丧失继续履行的现实可行性情形下，如不允许双方权利义务终止，既不利于充分发挥土地等资源的价值，又不利于双方利益的平衡保护。因此，涉案经营协议履行已陷入僵局，故对于当事人依据《民法典》第五百八十条请求终止合同权利义务关系的主张，人民法院予以支持。本案中，旅游开发建设未实际开展，合同权利义务关系终止后，产生恢复原状的法律后果，但合同权利义务关系终止不影响违约责任的承担。综合考虑北京某村民委员会前期费用支出、双方合同权利义务约定、北京某旅游公司的违约情形、合同实际履行期间等因素，酌定北京某村民委员会、北京某经济合作社退还北京某旅游公司部分合作费 120 万元。

【民法典条文指引】

第七条　民事主体从事民事活动，应当遵循诚信原则，秉持诚实，恪守承诺。

第五百三十三条 合同成立后，合同的基础条件发生了当事人在订立合同时无法预见的、不属于商业风险的重大变化，继续履行合同对于当事人一方明显不公平的，受不利影响的当事人可以与对方重新协商；在合理期限内协商不成的，当事人可以请求人民法院或者仲裁机构变更或者解除合同。

人民法院或者仲裁机构应当结合案件的实际情况，根据公平原则变更或者解除合同。

第五百八十条 当事人一方不履行非金钱债务或者履行非金钱债务不符合约定的，对方可以请求履行，但是有下列情形之一的除外：

（一）法律上或者事实上不能履行；

（二）债务的标的不适于强制履行或者履行费用过高；

（三）债权人在合理期限内未请求履行。

有前款规定的除外情形之一，致使不能实现合同目的的，人民法院或者仲裁机构可以根据当事人的请求终止合同权利义务关系，但是不影响违约责任的承担。

广西某矿业公司诉内蒙古某水泥公司等合同纠纷案

《司法积极稳妥推进碳达峰碳中和典型案例》案例三

2023 年 2 月 17 日

【基本案情】

2019 年 10 月，内蒙古某水泥公司与广西某矿业公司等签订《熟料产能指标转让协议》（以下简称《转让协议一》）约定，内蒙古某水泥公司将两条水泥熟料生产线产能指标转让给广西某矿业公司，转让价为 90 元/吨，共计 1.24 亿余元。2019 年 11 月，内蒙古某水泥公司又与第三人广西某水泥公司签订《熟料产能指标转让协议》（以下简称《转让协议二》）约定，内蒙古某水泥公司将案涉产能指标转让给广西某水泥公司，转让价为 118 元/吨，共计 1.63 亿余元。截至 2019 年 8 月，广西某水泥公司的母公司为案涉项目向广西壮族自治区来宾市兴宾区人民政府申请项目用地，并支付土地使用相关费用 1.42 亿元。对于内蒙古某水泥公司与广西某水泥公司的产能指标转让事宜，来宾市工业和信息化局作为转入地主管部门同意案涉水泥产能指标跨省进入该市；内蒙古自治区工业和信息化厅作为转出地行政主管部门，对该次产能指标转让进行了公示、公告。2020 年 1 月，广西某水泥公司按合同约定支付进度款 8142 万元。因内蒙古某水泥公司表示其不再履行案涉《转让协议一》，广西某矿业公司向人民法院诉请判令内蒙古某水泥公司继续履行该协议。

【裁判结果】

广西壮族自治区来宾市中级人民法院一审认为，内蒙古某水泥公司就转让案涉产能指标先后与广西某矿业公司、广西某水泥公司签订的两份协议均不违反法律法规的强制性规定，合法有效。但从协议的履行情况看，广西某水泥公司不仅按合同约定支付了相应转让款，内蒙古某水泥公司与广西某水泥公司的水泥产能置换也得到产能转入地、转出地行政主管部门的同意，且履行了公示、公告手续，双方已实际履行了《转让协议二》。据此，内蒙古某水泥公司与广西某矿业公司所签订《转让协议一》已经无法继续履行，一审法院遂判决驳回广西某矿业公司的诉讼请求。广西某矿业公司不服，提起上诉。广西壮族自治区高级人民法院二审驳回上诉，维持原判。

【典型意义】

国务院《2030 年前碳达峰行动方案》明确提出，严禁新增钢铁、水泥等产能，现有生产实行产能置换；优化产业结构，加快退出落后产能，需要推动产能指标从高耗能、高排放企业向低耗能、低排放企业转移。实践中，为落实产业结构调整目标，转出地、转入地行政主管部门通过审批、公示和公告等程序加强对产能置换的监管。本案中，人民法院尊重当事人意思自治，依法确认前后两份转让协议均为有效合同。同时，考虑到第二份转让合同的水泥产能置换已经实际履行完毕，第一份转让合同客观上已经无法履行，遂依法驳回第一份转让合同受让人关于继续履行合同的诉讼请求，依法保障产能置换政策有效实施，避免出现合同履行“僵局”，体现了人民法院依法支持和维护产业政策，推动符合产能置换政策的合同全面履行的立场和态度，为建材等相关行业开展节能降碳改造，产业结构深度调整提供有力的司法服务。

某银行股份有限公司与某资本投资有限公司其他合同纠纷案

《人民法院高质量服务保障长三角一体化发展典型案例》案例 5

2023 年 5 月 22 日

关键词：民事；私募基金；差额补足

【裁判要旨】

差额补足协议的性质应当根据协议主体、权利义务约定等内容综合认定。差额补足义务的主体不是所涉投资资金的管理人或者销售机构的，不属于法律法规所规制的“刚性兑付”。协议双方自愿利用基金的结构化安排以及差额补足的方式就投资风险及投资收益进行分配的，不能仅以此否定行为效力。差额补足义务与被补足的债务本身不具有同一性、从属性等保证担保构成要件的，应认定构成独立合同关系。差额补足的条件及范围依合同约定确定。

【相关法条】

《中华人民共和国民法典》第五百七十七条、第五百八十四条（本案适用的是 1999 年 10 月 1 日起施行的《中华人民共和国合同法》第一百零七条、第一百一十三条）

【基本案情】

2016 年 2 月，某银行股份有限公司（以下简称某银行）通过某财富资产管理有限公司（以下简称某财富公司）与某资本投资有限公司（以下简称某资本公司）等共同发起设立上海某投资咨询合伙企业（有限合伙）（以下简称上海某基金），其中某财富公司认购优先级有限合伙份额 28 亿元，某资本公司认购劣后级有限合伙份额 6000 万元，公司为基金执行事务合伙人。2016 年 4 月，某资本公司向某银行出具《差额补足函》，载明“某银行通过某财富公司设立的专项资产管理计划，认购基金的优先级有限合伙份额 28 亿元：……我司同意在基金成立满 36 个月之内，由某集团或我司指定的其他第三方以不少于［28 亿元×（1+8.2%×资管计划存续天数/365）］的目标价格受让基金持有的某（香港）投资管理有限公司 100% 的股权，我司将对目标价格与股权实际转让价格之间的差额无条件承担全额补足义务。届时，资管计划终止日，如果 MPS 股权没有完全处置，我司同意承担全额差额补足义务”。某证券股份有限公司（以下简称某证券公司）系某资本公司唯一股东，其向某资本公司出具《关于某跨境并购基金的回复》，载明“我司已知悉并认可某资本公司对某银行的补足安排”。后因收购的 MPS 公司濒临破产，上海某基金无法顺利退出，某银行遂诉请某资本公司履行差额补足义务。

【裁判结果】

上海金融法院于 2020 年 7 月 30 日作出（2019）沪 74 民初 601 号民事判决：一、某资本投资有限公司向某银行股份有限公司支付 3115778630.04 元；二、某资本投资有限公司向某银行股份有限公司支付以 3115778630.04 元为基数，自 2019 年 5 月 6 日起至实际清偿之日止的利息损失。一审宣判后，某资本公司提起上诉。上海市高级人民法院于 2021 年 6 月 4 日作出（2020）沪民终 567 号民事判决：驳回上诉，维持原判。

【裁判理由】

法院生效裁判认为：关于《差额补足函》的效力认定问题，被告并非所涉投资资金的管理人或者销售机构，不属于《私募股权投资基金监督管理暂行办法》所规制的刚性兑付行为。上海某基金系被告与某集团公司共同发起设立的产业并购基金，原、被告分别认购上海某基金的优先级、劣后级合伙份额，被告系基于自身利益需求，自愿利用上述结构化安排以及《差额补足函》的形式，与原告就双方的投资风险及投资收益进行分配，该行为不构成法定无效情形。《差额补足函》系原、被告双方真实意思表示，不存在违反法律、法规强制性规定的情形，被告股东某证券公司对差额补足安排明确予以同意，应认定其合法有效。

关于《差额补足函》的法律性质认定，被告出具《差额补足函》的目的确系为原告投资资金的退出提供增信服务，但是否构成保证仍需根据保证法律关系的构成要件进行具体判断。本案中，原告不是《合伙协议》及 MPS 公司股权回购协议中的直接债权人，被告履行差额补足义务也不以《合伙协议》

中上海某基金的债务履行为前提。被告在《差额补足函》中承诺的是就香港某公司股权转让目标价格与实际转让价格之间的差额承担补足义务或在MPS公司股权没有完全处置时承担全额差额补足义务，与MPS公司股权回购协议的相关债务不具有同一性。因此，差额补足义务具有独立性。被告直接向原告承诺差额补足义务是为确保原告的理财资金能够在资管计划管理期限届满时及时退出。在未能按期完成股权转让交易的情况下，被告需无条件独立承担支付义务，与基金项目是否清算无关，故履行条件已成就，被告应依约承担差额补足义务。

赛事主办方应依约履行合同义务

——孙某等四十三人与某传播公司合同纠纷案

《涉体育纠纷民事典型案例》案例五

2023年6月21日

关键词：赛事奖励；合同义务

【基本案情】

某传播公司作为主办方举办了足球赛，与其他单位组成组委会，发布了赛事规程，规定：小组第一名奖励2万元及奖牌；总冠军奖励5万元、总冠军奖杯（价值10万元）及赴德交流学习（价值30万元）。孙某等四十三人组队报名参赛，经过激烈角逐，先后获得了高校组冠军和总冠军。某传播公司仅向孙某等人颁发了高校组冠军奖牌以及部分奖金，余下奖金以及赴德交流学习等赛事规程承诺的奖励迟迟不予兑现。某传播公司认为，本次赛事的实际承办方为两家案外公司，奖励费用应由两家案外公司承担。孙某等人起诉请求某传播公司承担违约责任，将比赛奖励按照标注价值金额折现予以赔偿。

【裁判结果】

审理法院认为，某传播公司是赛事的主办方，对外发布的赛事规程明确具体约定了主办方、参赛者的权利义务。孙某等人按照赛事规程规定交纳参赛费用并实际参赛，双方依法成立合同关系。即使因案外公司原因造成某传播公司无法履行合同义务，根据合同相对性原则，某传播公司也应先履行己方合同义务，而后再向案外公司追偿。经审理法院主持调解，某传播公司支付孙某等人赛事奖励 24 万元。

【典型意义】

群众性体育赛事有助于满足人民群众日益增长的多层次、多样化参赛和观赛需求，增强人民群众参与体育赛事的获得感、幸福感。群众性体育赛事在飞速发展的同时，也存在赛事管理不健全、承办机构选择不严格、赛事资金供给不足等问题，引发涉体育纠纷。体育赛事的主办方与获奖的参赛者依法成立合同关系，当事人应当诚信履行合同义务。人民法院在查明案件事实、分清责任的基础上，积极促成当事人达成调解，既提高了纠纷解决效率，又保障了体育赛事活动各方合法权益。本案裁判有助于推动体育赛事活动繁荣发展，营造良好的体育事业发展环境。

宁波某文化旅游发展集团有限公司、宁波某文旅景区管理有限公司诉宁波某商业品牌管理有限公司合同纠纷案

《最高人民法院发布人民法院依法保护民营企业产权和企业家权益典型案例》案例 1

2023 年 7 月 31 日

【案例索引】

浙江省宁波市鄞州区人民法院（2022）浙 0212 民初 671 号、浙江省宁波市中级人民法院（2022）浙 02 民终 3448 号

【基本案情】

2017 年 4 月 14 日，宁波某旅游度假区管委会办公室以主任办公会议纪要（2017）7 号文件明确，将某水上经营使用权授权给宁波某文旅景区管理有限公司（以下简称文旅公司）。2017 年底，宁波某商业品牌管理有限公司（以下简称某管理公司）、宁波某文化旅游发展集团有限公司（以下简称文旅集

团)、文旅公司就共同开发东某湖上水运动旅游特色产品展开磋商，并于2018年签订《尚水水上运动旅游体验基地项目合作协议》（以下简称合作协议），约定文旅集团、文旅公司以“上水帐篷露营地”附属配套设施及该区域的水域经营权投入，某管理公司以水上运动旅游器材和专业经营管理团队投入，双方以国家级水上运动旅游示范项目和示范基地为长期目标，共同合作创建“尚水水上运动旅游体验基地”项目；项目合作期限为5年；合作期内，如因文旅集团、文旅公司原因，双方合作需提前终止，则文旅集团、文旅公司应以某管理公司评估的价格回购其设备器材，并按合作年限补偿某管理公司最多10万元，等。上述协议签订前，某管理公司即已购买了部分水上运动器材和设备。协议签订后，某管理公司为项目运营需要聘请培训了部分员工及专业人员。其间，某管理公司把项目方案发给文旅集团、文旅公司进行审核。后某管理公司在2018年7月曾试运营一小段时间。但此后项目并未正式开始运营，也未发生运营收入。2019年5月，项目水域码头被文旅集团、文旅公司拆除，双方彻底停止项目的合作。

2021年1月，某管理公司以文旅集团、文旅公司迟迟无法落实营地所在水域的经营权，且相关附属配套设施因规划调整而被拆除，导致双方在合作项目下的合同目的已无法实现为由，主张解除合同并向文旅集团、文旅公司主张违约责任。一审法院判决解除合同，由文旅集团、文旅公司向某管理公司支付设备器材回购款105850元、补偿款8万元。文旅集团、文旅公司不服一审判决，提起上诉。

二审法院宁波市中级人民法院审理中准确认定违约责任。认为，签订案涉合作协议之目的是出于营利。尽管双方对于合作项目无法顺利开展的原因各执一词，但文旅集团、文旅公司拆除水上浮动码头的行为客观存在，且自水上浮动码头拆除之后至某管理公司提起诉讼期间，亦未见双方对此进行有效沟通。案涉微信聊天记录等已有证据显示，在协议履行之初，某管理公司并未怠于沟通，对于文旅集团、文旅公司提出的要求也予以配合，并进行了购买设备、聘用员工等相关实际投入，说明某管理公司有积极履行案涉合作协议的意愿和行动。文旅集团、文旅公司认为系某管理公司未能得到当地旅游管理部门的许可才导致案涉项目无法正常运营，然而案涉合作协议约定由文旅集团、文旅公司投入“上水帐篷露营地”的附属配套设施及该区域的水域经营权，并无证据表明还需由某管理公司出面另行办理项目审批。且若如文旅集团、文旅公司所述，该审批义务应由某管理公司承担，则文旅集团、文旅公司作为项目合作方应该尽到提示和督促义务，但却未见其已尽上述义务。故文旅集团、文旅公司在合作期间未经协商而擅自拆除设施，违反了协议约定，且客观上导致双方合作终止，应当承担相应的违约责任。

二审法院判决驳回上诉，维持原判。

【社会影响】

本案中，根据合作协议约定，水域经营权系文旅集团、文旅公司承诺投入的无形资产，更系双方合作的必备资源和前提条件，但协议履行过程中，文旅集团、文旅公司却将无法取得当地旅游管理部门许可的责任归咎于某管理公司，违反契约精神。

人民法院牢固树立平等保护司法理念，切实加强对各种所有制经济的平等保护，依法准确认定违约责任，在司法层面真正落实对民营经济平等对待的要求，坚持“两个毫不动摇”，发挥司法职能作用支持构建诚实守信的经营环境，促使国有企业恪守契约精神，诚信履约。

【典型意义】

习近平总书记多次强调，法治是最好的营商环境。[①] 人民法院要始终把优化更好发展环境、支持民营企业发展作为使命担当，聚焦依法保护民营企业和企业家的合法权益，营造“安商护企”良好生态，为民营经济发展提供更加优质高效的司法服务和保障。人民法院作为维护法治化营商环境的主力军，一方面要坚定不移捍卫法治规则。在法治环境下，才会有公平的竞争，有稳定的预期，有靠得住的信用。本案中，人民法院坚持依法公正裁判，保障合法有效的合同得以依约履行，违约方依法承担相应责任，就是注重以规则的“确定性”、法律适用的“统一性”“平等性”，来应对市场的“不确定性”。另一方面，要不偏不倚保护各类经营主体合法权益。本案的某管理公司系一家民营企业，文旅集团、文旅公司均为国有企业。文旅集团、文旅公司未尊重合同约定，欲减轻作为监管合作方的合同义务，加重对方的合同义务，试图将经营风险转嫁至民营企业，该行为当然不能得到司法的支持和保护。唯有如

① 习近平在中央全面依法治国委员会第二次会议上的讲话（2019 年 2 月 25 日）。

此，司法才能规范各类经营主体合法合规经营，确保主体平等、权利平等、机会平等，为各类所有制企业创造公平竞争、竞相发展的法治化营商环境。

某甲银行和某乙银行合同纠纷案

《最高人民法院发布民法典合同编通则司法解释相关典型案例》案例三

2023 年 12 月 5 日

【裁判要点】

案涉交易符合以票据贴现为手段的多链条融资交易的基本特征。案涉《回购协议》是双方虚假意思表示，目的是借用银行承兑汇票买入返售的形式为某甲银行向实际用资人提供资金通道，真实合意是资金通道合同。在资金通道合同项下，各方当事人的权利义务是，过桥行提供资金通道服务，由出资银行提供所需划转的资金并支付相应的服务费，过桥行无交付票据的义务，但应根据其过错对出资银行的损失承担相应的赔偿责任。

【简要案情】

票据中介王某与某甲银行票据部员工姚某等联系以开展票据回购交易的方式进行融资，2015 年 3 月至 12 月间，双方共完成 60 笔交易。交易的模式是：姚某与王某达成票据融资的合意后，姚某与王某分别联系为二者之间的交易提供资金划转服务的银行即过桥行，包括某乙银行、某丙银行、某丁银行等。所有的交易资金最终通过过桥行流入由王某控制的企业账户中；在票据的交付上，王某从持票企业收购票据后，通过其控制的村镇银行完成票据贴现，并直接向某甲银行交付。资金通道或过桥的特点是过桥行不需要见票、验票、垫资，没有资金风险，仅收取利差。票据回购到期后，由于王某与姚某等人串通以虚假票据入库，致使某甲银行的资金遭受损失，王某与姚某等人亦因票据诈骗、挪用资金等行为被判处承担刑事责任。之后，某甲银行以其与某乙银行签订的《银行承兑汇票回购合同》（以下简称《回购合同》）为据，以其与某乙银行开展票据回购交易而某乙银行未能如期交付票据为由提起诉讼，要求某乙银行承担回购合同约定的违约责任。

【判决理由】

生效判决认为，《回购合同》系双方虚假合意，该虚假合意隐藏的真实合意是由某乙银行为某甲银行提供资金通道服务，故双方之间的法律关系为资金通道合同法律关系。具体理由为：第一，某甲银行明知以票据回购形式提供融资发生在其与王某之间，亦明知是在无票据作为担保的情况下向王某融出资金，而某乙银行等过桥行仅凭某甲银行提供的票据清单开展交易，为其提供通道服务。因此，本案是以票据贴现为手段，以票据清单交易为形式的多链条融资模式，某甲银行是实际出资行，王某是实际用资人，某乙银行是过桥行。第二，某甲银行与某乙银行之间不交票、不背书，仅凭清单交易的事实可以证明，《回购合同》并非双方当事人的真实合意。第三，案涉交易存在不符合正常票据回购交易顺序的倒打款，进一步说明《回购合同》并非双方的真实意思表示。《回购合同》表面约定的票据回购系双方的虚假意思而无效；隐藏的资金通道合同违反了金融机构审慎经营原则，且扰乱了票据市场交易秩序、引发金融风险，因此双方当事人基于真实意思表示形成的资金通道合同属于违背公序良俗、损害社会公共利益的合同，依据《中华人民共和国民法总则》第一百五十三条第二款及《中华人民共和国合同法》第五十二条第四项的规定，应为无效。在《回购合同》无效的情形下，某甲银行请求某乙银行履行合同约定的义务并承担违约责任，缺乏法律依据，但某乙银行应根据其过错对某甲银行的损失承担相应的赔偿责任。

【司法解释相关条文】

《最高人民法院关于适用〈中华人民共和国民法典〉合同编通则若干问题的解释》第十五条 人民法院认定当事人之间的权利义务关系，不应当拘泥于合同使用的名称，而应当根据合同约定的内容。当事人主张的权利义务关系与根据合同内容认定的权利义务关系不一致的，人民法院应当结合缔约背景、交易目的、交易结构、履行行为以及当事人是否存在虚构交易标的等事实认定当事人之间的实际民事法律关系。

某旅游管理公司与某村村民委员会等合同纠纷案

《最高人民法院发布民法典合同编通则司法解释
相关典型案例》案例四
2023 年 12 月 5 日

【裁判要点】

当事人签订具有合作性质的长期性合同，因政策变化对当事人履行合同产生影响，但该变化不属于订立合同时无法预见的重大变化，按照变化后的政策要求予以调整亦不影响合同继续履行，且继续履行不会对当事人一方明显不公平，该当事人不能依据《中华人民共和国民法典》第五百三十三条请求变更或者解除合同。该当事人请求终止合同权利义务关系，守约方不同意终止合同，但双方当事人丧失合作可能性导致合同目的不能实现的，属于《中华人民共和国民法典》第五百八十条第一款第二项规定的“债务的标的不适于强制履行”，应根据违约方的请求判令终止合同权利义务关系并判决违约方承担相应的违约责任。

【简要案情】

2019 年初，某村村委会、村股份经济合作社（甲方）与某旅游管理有限公司（乙方）就某村村域范围内旅游资源开发建设签订经营协议，约定经营期限 50 年。2019 年底，某村所在市辖区水务局将经营范围内河沟两侧划定为城市蓝线，对蓝线范围内的建设活动进行管理。2019 年 11 月左右，某旅游管理有限公司得知河沟两侧被划定为城市蓝线。2020 年 5 月 11 日，某旅游管理有限公司书面通知要求解除相关协议。经调查，经营协议确定的范围绝大部分不在蓝线范围内，且对河道治理验收合格就能对在蓝线范围内的部分地域进行开发建设。

【判决理由】

生效判决认为，双方约定就经营区域进行民宿与旅游开发建设，因流经某村村域的河道属于签订经营协议时既有的山区河道，不属于无法预见的重大变化，城市蓝线主要是根据江、河、湖、库、渠和湿地等城市地标水体来进行地域界限划定，主要目的是为了水体保护和控制，某旅游管理有限公司可在履行相应行政手续审批或符合政策文件的具体要求时继续进行开发活动，故城市蓝线划定不构成情势变更。某村村委会、村股份经济合作社并不存在违约行为，某旅游管理有限公司明确表示不再对经营范围进行民宿及旅游资源开发，属于违约一方。某旅游管理有限公司以某村村委会及村股份经济合作社根本违约为由要求解除合同，明确表示不再对经营范围进行民宿及旅游资源开发，某村村委会及村股份经济合作社不同意解除合同或终止合同权利义务，双方已构成合同僵局。考虑到双方合同持续履行长达 50 年，须以双方自愿且相互信赖为前提，如不允许双方权利义务终止，既不利于充分发挥土地等资源的价值利用，又不利于双方利益的平衡保护，案涉经营协议已丧失继续履行的现实可行性，合同权利义务关系应当终止。

【司法解释相关条文】

《最高人民法院关于适用〈中华人民共和国民法典〉合同编通则若干问题的解释》第三十二条 合同成立后，因政策调整或者市场供求关系异常变动等原因导致价格发生当事人在订立合同时无法预见的、不属于商业风险的涨跌，继续履行合同对于当事人一方明显不公平的，人民法院应当认定合同的基础条件发生了民法典第五百三十三条第一款规定的“重大变化”。但是，合同涉及市场属性活跃、长期以来价格波动较大的大宗商品以及股票、期货等风险投资型金融产品的除外。

合同的基础条件发生了民法典第五百三十三条第一款规定的重大变化，当事人请求变更合同的，人民法院不得解除合同；当事人一方请求变更合同，对方请求解除合同的，或者当事人一方请求解除合同，对方请求变更合同的，人民法院应当结合案件的实际情况，根据公平原则判决变更或者解除合同。

人民法院依据民法典第五百三十三条的规定判决变更或者解除合同的，应当综合考虑合同基础条件发生重大变化的时间、当事人重新协商的情况以及因合同变更或者解除给当事人造成的损失等因素，在判项中明确合同变更或者解除的时间。

当事人事先约定排除民法典第五百三十三条适用的，人民法院应当认定该约定无效。

侵害集体经济组织成员合法权益的收益分配方案应当依法撤销
——蒋某某与某社区第一居民组侵害集体经济组织成员权益纠纷案

《最高人民法院发布涉农民事典型案例》案例 4

2024 年 1 月 23 日

【基本案情】

某地是实施农村集体经营性建设用地入市改革试点地区。当地某社区第一居民组所有的一块农村集体经营性建设用地被纳入入市试点范围。该地块最终采取出让方式入市交易，土地用途为工业用地，出让年限为 40 年，入市价格为 12.07 万元/亩（其中，土地流转补偿费、青苗及地上附着物补偿费 6.6 万元/亩，土地开发成本费、集体收益部分 5.47 万元/亩），确认航拍测绘面积 136.82 亩，获得入市收益 1651.42 万元。

2020 年 8 月，某社区第一居民组对入市收益中的青苗及地上附着物补偿费、土地流转补偿费制定分配方案如下：可纳入分配的费用为青苗及地上附着物补偿费、土地流转补偿费（6.6 万元/亩），以户为单位，按照每户现场实际测量的承包地面积进行计算；全体承包农户现场测量的承包地面积共计 198.97 亩，需分配的资金为 1313.2 万元。

原告蒋某某及其父母均系某社区第一居民组集体经济组织成员，但在某社区第一居民组均没有承包地。原告蒋某某认为某社区第一居民组制定的收益分配方案严重侵害其合法权益，遂提起诉讼，请求法院判决撤销某社区第一居民组于 2020 年 8 月作出的收益分配方案。

【裁判结果】

审理法院认为，《中华人民共和国物权法》第六十三条第二款规定，集体经济组织、村民委员会或者其负责人作出的决定侵害集体成员合法权益的，受侵害的集体成员可以请求人民法院予以撤销。本案中，某社区第一居民组制定的分配方案，以全体承包农户现场测量土地面积 198.97 亩为基数，按照 6.6 万元/亩的入市交易价格标准向承包农户分配青苗及地上附着物补偿费、土地流转补偿费，合计需要费用 1313.2 万元，而此次入市按照航拍面积

136.82 亩，实际获得的青苗及地上附着物补偿费、土地流转补偿费为 903.01 万元（6.6 万元/亩×136.82 亩）。依照某社区第一居民组制定的分配方案分配青苗及地上附着物补偿费、土地流转补偿费，大量占用了属于全体集体经济组织成员共同所有的土地开发成本费、集体收益部分等入市收益，必然导致包括蒋某某在内的少数没有承包地或者承包地面积较少的集体经济组织成员在另行分配集体收益时可分得的收益减少，直接损害了包括蒋某某在内的少数没有承包地或者承包地面积较少的集体经济组织成员的合法权益，故该分配方案不应作为收益分配的依据。法院依法判决撤销了某社区第一居民组作出的收益分配方案。

【典型意义】

农村集体经营性建设用地入市改革试点是党中央、国务院作出的深化农村土地制度改革的重大决策，而入市收益分配作为农村集体经营性建设用地入市改革试点工作的关键末梢，直接关乎农民能否公正、公平享有农村土地制度改革红利。农村集体经济组织虽然享有自行分配集体收益的权利，但所形成的分配集体收益的决议必须符合法律和国家政策规定，不得侵害集体经济组织成员的合法权益。本案中，人民法院依法对虽经民主议定程序作出但侵害集体经济组织成员合法权益的收益分配方案予以撤销，及时有效维护了少数无承包地以及承包地较少的集体经济组织成员的合法权益。该案裁判对于规范农村集体经济组织依法行使自治权分配集体收益具有重要指导意义，也有利于农村集体经营性建设用地入市改革试点工作的顺利推进，充分体现了人民法院为深化农村土地制度改革提供司法服务和保障的职能作用。

五、侵　权

1. 网络侵权责任

经营者未经许可不得将其掌握的消费者信息用于商业宣传
——郑某诉某公司网络侵权责任纠纷案

《最高人民法院发布消费者权益保护典型案例》案例8
2022年3月15日

【基本案情】

郑某与其配偶在某公司开设的照相馆拍摄了一组亲密照。订立合同时，郑某并未同意拍摄作品可由照相馆作商业宣传使用。2019年11月1日，某公司在其经营所用的两个微信的朋友圈，使用郑某与其配偶的亲密照宣传业务。郑某认为某公司侵害其肖像权、隐私权，向人民法院起诉要求某公司赔礼道歉、赔偿损失72000元。

【裁判结果】

法院认为，某公司未经郑某同意，在其经营所用微信的朋友圈使用郑某肖像用于商业宣传，构成利用网络侵害郑某的肖像权。案涉照片属于郑某及其配偶的亲密照，某公司亦侵害郑某的隐私权。结合郑某的合理维权开支、某公司主观过错程度等情况，法院判令某公司向郑某赔礼道歉、赔偿损失15000元。

【典型意义】

消费者在接受服务过程中留下的私人信息，如姓名、肖像、接受的服务内容等，涉及消费者的肖像权、隐私权等权利，受到法律的保护。对经营者而言，消费者信息具有经济价值，为经营者非法使用提供了利益驱动。经营者在业务活动中使用其收集到的消费者信息，应当遵循合法、正当、必要原则，且不得违反法律法规的规定和双方的约定。本案明确经营者在未经消费者同意的情况下，不得使用其掌握的消费者个人信息进行宣传，有利于指引经营者规范自身经营行为，加强消费者个人信息保护。

商家因“差评”擅自公布消费者个人信息构成侵权

——张某等人诉某商家网络侵权责任纠纷案

《网络消费典型案例》案例 2

2023 年 3 月 15 日

【基本案情】

原告张某等人因不满被告某商家的“剧本杀”游戏服务，上网发布“差评”，该商家遂在微信公众号发布与张某等人的微信群聊记录、游戏包厢监控视频录像片段、微信个人账号信息，还称“可向公众提供全程监控录像”。张某等人认为商家上述行为侵害其隐私权和个人信息权益，起诉要求商家停止侵权、赔礼道歉及赔偿精神损失等。

【裁判结果】

审理法院认为，消费者在经营者提供的包间内的活动具有私密性，商家为了澄清“差评”通过微信公众号公开消费者包间内监控录像并称可提供全程录像，构成对消费者隐私权的侵害；商家未经张某等人同意公布其微信个人账号信息，侵害了张某等人的个人信息权益。依据《中华人民共和国民法典》第一千零三十二条、第一千零三十三条、第一千零三十四条、《中华人民共和国个人信息保护法》第四条、第十三条规定，判令商家立即停止公开监控录像，删除公众号文章中“可向公众提供全程监控录像”表述及张某等人的微信个人账号信息，在微信公众号发布致歉声明，并向张某等人赔偿精神损害抚慰金。

【典型意义】

评价机制在网络消费领域的作用日益明显，消费者提出批评意见的权利应予保护。经营者对其因提供商品或服务而获取的消费者个人信息负有保护义务，经营者公开回应消费者“差评”时，应注意不得侵犯消费者隐私权和个人信息权益。本案裁判厘清了经营者澄清消费者“差评”时的行为边界，维护了消费者合法权益，为网络消费信用评价机制的有序运行提供了司法保障。

某某科技有限责任公司诉网络侵权责任纠纷案行为保全裁定

《最高人民法院发布人民法院依法保护民营企业产权和企业家权益典型案例》案例2

2023年7月31日

【案例索引】

北京互联网法院（2021）京0491民初51722号

【基本案情】

某某科技有限责任公司（以下简称某某公司）系由知名民营企业家雷某创建，并由雷某担任其法定代表人，其名下商标“某某”是驰名商标，手机、电视等产品多次获奖，所代表的某某企业是中国知名科技创新企业。被申请人是专业自媒体从业人员，专门从事科技类公司资本市场研究，在行业内具有一定影响力。被申请人在微信公众号、凤凰网、腾讯新闻等多个平台发布了多篇关于“某某”“雷某”“某某科技”的评论文章及视频，称“某某”为“……”，称其创始人“雷某”为“……”，称“某某科技”为“……”（此处隐去诸多涉贬损性言辞）。某某公司认为，被申请人的上述行为侵害了其名誉权，故诉至法院，请求法院判令被申请人停止侵权、赔礼道歉并赔偿损失。被申请人则认为，一方面某某公司并非提起诉讼的适格主体，另一方面对某某公司进行报道是其日常工作，其发表的关于某某公司的文章均根据公开信息撰写，并未侮辱或诽谤雷某和某某公司，不应承担侵权责任。

2022年3月30日，某某公司在诉讼期间向法院提出行为保全申请，请求法院裁定被申请人立即删除部分被诉侵权文章及视频。北京互联网法院于2022年4月3日就行为保全及时组织谈话。

一是依法审查案涉文章及视频内容，准确认定侵害某某公司名誉权的较高可能。法院详细审查被诉侵权文章及视频内容，识别有关内容主要是对某某公司的经营模式、企业风险、企业价值观等方面的评论以及对其法定代表人雷某的评论，查明在被申请人发布的案涉文章和视频中，含有“……”等涉贬损性言辞。法院认为案涉文章及视频已经引发了广泛社会舆论关注，且雷某为某某公司的法定代表人，针对其职务行为的言辞直接影响某某公司，依法据实认定上述言辞对某某公司具有明确的指向性，可能造成某某公司社会评价降低，存在侵害某某公司名誉权的可能。

二是依法认定行为保全的紧迫性和必要性，充分发挥保全制度在保护民营企业名誉权中的紧急救济功能。案涉文章和视频发布于互联网上，具有传播速度快、传播范围广等特征，且被申请人在诉讼中仍针对某某公司持续发文，关注度进一步提高、不良影响持续扩大。法院在谈话中当庭登录案涉文章和视频链接，及时认定如不立即停止案涉文章和视频的传播，将严重影响某某公司商誉和正常经营活动，从而造成难以弥补、无法救济的损害。在某某公司提供 100 万元担保的情况下，法院依法适用行为保全制度，准确判断采取行为保全的紧迫性和必要性，裁定被申请人立即删除被诉部分侵权文章及视频，且已于 2022 年 8 月 2 日执行完毕，消除对民营企业和民营企业家的不良影响。

【社会影响】

本案当事人诉中申请行为保全，针对企业网络名誉侵权纠纷，法院在审查后发现相关网络言论构成较高侵权可能性时，及时适用保全救济制度，依法限制网络不当言论持续发酵，避免损害后果继续扩大，缓解了受损害企业维权成本高、周期长等困难，有效地防止了民营企业因名誉持续受损而遭受难以弥补的损害。该行为禁令的发布极大地增强了企业及企业家维护自身名誉的信心，同时也警示网络自媒体在对企业经营进行舆论监督时应诚信客观发声，为企业的发展营造诚信、文明、有序的舆论环境。

【典型意义】

民营经济是推进中国式现代化的生力军，具有科技创新能力的民营企业是转变发展方式、调整产业结构、转换增长动力的重要力量，民营企业家特别是具有示范作用的民营企业家对于企业的发展至关重要。本案中，某某公司是高科技领域知名民营企业，对某某公司和其创始人、法定代表人雷某的贬损性言论不仅影响某某公司正常生产经营活动，还影响民营经济科技创新的舆论环境。相较于传统媒体，网络自媒体传播速度更快、受众人群更广，其针对企业及企业创始人发布的言论对于企业经营发展影响更大，可能使得民营企业迅速因负面评价而处于劣势地位，从而丧失投资、交易等方面公平竞争的机会，甚至影响民营经济健康发展、创新创业的舆论环境。法院认定针对企业及其创始人所发布的言论构成较高侵权可能性时，依法及时适用诉讼保全制度，强调网络自媒体在对企业经营进行舆论监督时应诚信客观发声，限制贬损性言论的发酵和损害后果的扩大，严格禁止故意误导公众认知、刻意吸引眼球的极端言论，减轻和消除影响，切实对民营企业和民营企业家名誉权提供司法保护。

2. 违反安全保障义务责任

华某某诉上海市某有限公司人身损害赔偿纠纷案

《最高人民法院发布98起未成年人审判工作典型案例》第68号

2014年11月24日

【基本案情】

2010年8月6日上午，原告华某某（1999年10月20日生）与母亲欲共同前往被告10楼的影城看电影，在乘坐自动扶梯时，原告将头探出扶梯外张望，其头部被扶梯与楼板的夹角处夹伤。原告遂向上海市浦东新区人民法院（以下简称浦东法院）提起诉讼，要求被告赔偿医药费、交通费、误工费、营养费、鉴定费、精神抚慰金等共计1万余元。

【裁判结果】

浦东法院审理认为，自动扶梯检验合格且设置提示牌不能成为免责事由，涉案提示牌仅有警示提醒作用，不具备行业规范所要求的防碰功能。从防范成本而言，提早对提示牌予以改进增强其防碰功能，支出成本微乎其微。被告亦在事发后主动更换全部自动扶梯的提示牌，增强了防碰功能。尽管被告在每个楼层都安装摄像头并配备保安进行巡岗，但对于原告探头向扶梯外张望的危险举动，保安及相关人员均未及时发现并制止，安全管理不到位。原告母亲作为法定监护人，未能尽到充分监护职责，对损害的发生负有不可推卸的责任。综合原、被告双方的过错程度后，浦东法院依法判决：被告上海市某有限公司于本判决生效之日起十日内赔偿原告华某某医疗费、交通费、护理费等损失的 40% 及精神损害抚慰金共计人民币 3198 元；对原告华某某的其他诉讼请求不予支持。

【案例评析】

司法实践中，经营者是否尽到合理限度的安全保障义务成为法院处理此类纠纷的争议焦点。本案中，法院通过对国内自动扶梯行业规范及检验标准的援引及安全管理措施执行情况的分析，明确指出大型商场应当注意自动扶梯处设置兼具警示及防碰功能挡板，应当充分注意未成年人危险举动予以及时劝阻防范，以有效避免此类未成年人伤害事件再次发生。

法院裁判充分考虑未成年人活泼好动、好奇心强的身心特点，详细阐述了大型商场作为营利性公共场应当负有比非营利场所更严格安全保障义务的理由，对于同类案件的处理具有参考借鉴价值，也起到规范大型商场安全保障义务、加强未成年人成长保护的规范指引作用。

本案系确立未成年人公共场所人身伤害纠纷裁判标准的典型案件。

村民私自上树摘果坠亡索赔案

——李某某等人诉某村委会违反安全保障义务责任纠纷案

《人民法院大力弘扬社会主义核心价值观十大典型民事案例》案例三

2020年5月13日

核心价值：公序良俗、文明出行

【基本案情】

案涉某村为国家3A级旅游景区，不收门票，该村内河堤旁边栽种有杨梅树，该村村委会系杨梅树的所有人。杨梅树仅为观赏用途，该村委会未向村民或游客提供杨梅采摘旅游项目。吴某某系该村村民，其私自上树采摘杨梅不慎从树上跌落受伤。随后，该村委会主任拨打120救助，在急救车到来之前又有村民将吴某某送往市区医院治疗，吴某某于摔倒当日抢救无效死亡。吴某某子女李某某等人以某村委会未尽安全保障义务为由起诉该村委会承担赔偿责任共计60余万元。

【裁判结果】

广州市中级人民法院再审认为，安全保障义务内容的确定应限于管理人的管理和控制能力范围之内。案涉景区属于开放式景区，未向村民或游客提供采摘杨梅的旅游项目，杨梅树本身并无安全隐患，若要求某村委会对景区内的所有树木加以围蔽、设置警示标志或采取其他防护措施，显然超过善良管理人的注意标准。吴某某作为完全民事行为能力的成年人，应当充分预见攀爬杨梅树采摘杨梅的危险性，并自觉规避此类危险行为。吴某某私自爬树采摘杨梅，不仅违反了该村村规民约中关于村民要自觉维护村集体的各项财产利益的村民行为准则，也违反了爱护公物、文明出行的社会公德，有悖公序良俗。吴某某坠落受伤系其自身过失行为所致，某村委会难以预见并防止吴某某私自爬树可能产生的后果，不应认为某村委会未尽安全保障义务。事故发生后，某村委会亦未怠于组织救治。吴某某因私自爬树采摘杨梅不慎坠亡，后果令人痛惜，但某村委会对吴某某的死亡不存在过错，不应承担赔偿责任。

【典型意义】

本案是人民法院依职权再审改判不文明出行人自行承担损害后果的案件。再审判决旗帜鲜明地表明，司法可以同情弱者，但对于违背社会公德和公序良俗的行为不予鼓励、不予保护，如果“谁闹谁有理”“谁伤谁有理”，则公民共建文明社会的道德责任感将受到打击，长此以往，社会的道德水准将大打折扣。本案再审判决明确对吴某某的不文明出行行为作出了否定性评价，改判吴某某对坠亡后果自行担责，倡导社会公众遵守规则、文明出行、爱护公物、保护环境，共建共享与新时代相匹配的社会文明，取得了良好的社会效果。

养老机构未进行适老化改造造成老年人损害，应承担相应的责任

——马某某诉某养老中心经营场所、公共场所的经营者、管理者责任纠纷案

《保障老年人合法权益　引导养老产业健康发展
最高人民法院发布涉养老服务民事纠纷典型案例》案例二
2024 年 2 月 20 日

【基本案情】

马某某入住某养老中心时，某养老中心对其进行了身体状况评估，“行走于平地”一项得分为 10 分/15 分。《莫尔斯跌倒评估量表》载明马某某近三个月内无跌倒记录，评估为“低度危险 标准防止跌倒措施”。

某日，马某某在某养老中心内通往卫生间的路上跌倒致骨折，经住院治疗后愈合。视频资料显示，该养老中心院内有一井盖，位置正对大门进出口，井盖及其下沿明显高于周边地面数公分，且处于日常通行道路上。马某某主张其系被井盖绊倒致受伤，起诉要求某养老中心承担赔偿责任。

【裁判理由】

审理法院认为，某养老中心未对其经营场所进行适老化改造，其场所内

通道上高于地面的井盖对老年人行动构成安全威胁，并导致马某某摔倒受伤，某养老中心存在过错。根据其过错程度及对损害后果的参与度，酌定由某养老中心承担60%的赔偿责任。

【典型意义】

《中华人民共和国民法典》第一千一百九十八条第一款规定：“宾馆、商场、银行、车站、机场、体育场馆、娱乐场所等经营场所、公共场所的经营者、管理者或者群众性活动的组织者，未尽到安全保障义务，造成他人损害的，应当承担侵权责任。”《中华人民共和国无障碍环境建设法》第四条规定：“无障碍环境建设应当与适老化改造相结合，遵循安全便利、实用易行、广泛受益的原则。”养老机构作为提供养老服务的经营场所的经营者，负有法定的安全保障义务，而且相较于一般经营场所而言，养老机构还应结合养老服务的特殊性、老年人的身体状况，对经营场所进行适老化改造，排查和消除可能对老年人造成危险和妨碍的安全隐患。怠于履行上述义务的，应承担与其过错相适应的侵权责任。本案充分考虑了双方当事人的过错程度，合理划分责任比例，提醒养老机构应充分尽到安全保障义务，重视对经营场所的适老化改造，充分保护老年人人身安全。

因第三人行为造成老年人损害，养老机构未尽到安全保障义务的，应当承担相应的补充责任

——李某某诉某老年公寓侵权责任纠纷案

《保障老年人合法权益　引导养老产业健康发展
最高人民法院发布涉养老服务民事纠纷典型案例》案例三
2024年2月20日

【基本案情】

尹某某、唐某某均系某老年公寓养老人员。两人因琐事发生过抓扯。某日，唐某某趁护工离开之际，从自己房间内拿了一根铁棍，在尹某某熟睡时击打其头部致其死亡。后唐某某被司法鉴定为：1. 器质性智能损害（痴呆）；2. 唐某某案发时具有限定刑事责任能力。在刑事案件审理期间，唐某某因病

死亡，刑事案件终止审理。后尹某某的继承人李某某起诉某老年公寓及唐某某的继承人，要求赔偿。

【裁判理由】

审理法院认为，唐某某采取暴力手段非法剥夺尹某某生命，应当承担刑事以及民事赔偿责任。因唐某某已经死亡，对受害人的民事赔偿应当在其遗产范围内进行。某老年公寓对入住的人员负有安全保障义务，其未尽到安全保障义务造成他人损害的，应当承担民事责任。本案中，某老年公寓未及时清理装修后遗落的铁棍等危险物品，致唐某某持有铁棍，且未对入住的存在智力障碍的老人采取专人护理措施，未尽到防范、维护的基本安全保障义务，故对于尹某某的死亡应当承担 30% 的补充责任。

【典型意义】

《中华人民共和国民法典》第一千一百九十八条第二款规定："因第三人的行为造成他人损害的，由第三人承担侵权责任；经营者、管理者或者组织者未尽到安全保障义务的，承担相应的补充责任。经营者、管理者或者组织者承担补充责任后，可以向第三人追偿。"养老机构与养老人员建立养老服务合同关系后，对养老人员存在法定和约定的安全保障义务。因第三人行为造成养老人员损害的，首先应由第三人承担侵权责任，但是如果养老机构疏于履行安全保障义务的，养老机构应承担相应的补充责任。本案中，尹某某的死亡是因唐某某所致，应由唐某某承担侵权责任，但是某老年公寓未及时清理装修后的物品等，未完全尽到安全保障义务，故审理法院根据其过错程度，酌定其承担 30% 的责任。本案适用权责匹配原则划分责任，对类案具有指导意义。

朱某欣诉某旅游公司违反安全保障义务责任纠纷案

《最高人民法院发布人民法院依法审理旅游纠纷典型案例》案例二

2024 年 9 月 30 日

【基本案情】

2020 年 5 月 31 日，朱某欣向某旅游公司购买门票，并于当日参加“摇摆桥”项目。在该项目进行过程中，某旅游公司的工作人员摇晃桥面，朱某欣从摆桥上摔落、受伤。经医院诊断，朱某欣左肱骨髁上髁间粉碎性骨折，共住院 13 天。经鉴定，朱某欣的损伤及目前后遗症评定为九级伤残。朱某欣向人民法院起诉，请求判令某旅游公司赔偿医疗费等经济损失。

【裁判结果】

福建省东山县人民法院一审认为，案涉“摇摆桥”项目具有危险性，某旅游公司作为“摇摆桥”的经营管理者，对项目参与者负有更高程度的安全保障义务；项目参与者也应当充分评估案涉项目的危险性，对自身安全负有更高程度的注意义务。某旅游公司虽然设置了提示该项目危险性的警示牌，并采取了裹置软质橡胶等防摔伤、撞伤等保护措施，但仍未对参与者提供充分有效的安全保障，且某旅游公司工作人员存在过度摇晃桥面情形，应当承担主要责任。朱某欣作为完全民事行为能力人，未对自身安全尽到必要的注意义务，对事故发生也存在一定过错，应当承担次要责任。综合考虑，酌定某旅游公司对案涉事故承担 80% 的责任，朱某欣对案涉事故承担 20% 的责任，判决某旅游公司赔偿朱某欣经济损失共计 299754. 34 元。宣判后，朱某欣、某旅游公司均提出上诉。二审维持原判。

【典型意义】

本案是旅游经营者因未完全尽到安全保障义务而根据其过错程度承担责任的典型案例。案涉“摇摆桥”系多人站在吊桥上来回摇晃桥体而达到娱乐效果的游乐设施，出现摔倒、碰撞的可能性较高，具有一定危险性，其经营者负有更高的安全保障义务和审慎注意义务，应当承担更高的风险告知责任与危险防范救助责任。人民法院坚持“治已病”和“防未病”两手抓，在案件审理中依法厘清相关主体的责任边界，在判决生效后及时向旅游经营者发出司法建议，引导其及时增配安保人员，完善项目风险说明和安全保护措施，有效降低事故发生风险。本案是法治护航旅游业高质量发展的生动司法实践，对于引导旅游经营者强化安全保障义务、旅游者提升自身安全意识，具有借鉴意义。

江某卫等诉某旅游公司经营场所、公共场所的经营者、管理者责任纠纷案

《最高人民法院发布人民法院依法审理旅游纠纷典型案例》案例四

2024 年 9 月 30 日

【基本案情】

2022 年 8 月 20 日，江某卫及其妻徐某仙携家属一行多人至浙江省江山市某景区溯溪郊游，但未购买门票。活动中，徐某仙坠崖身亡，坠亡地点不在景区游览线路范围内。江某卫、徐某仙的亲属认为，江某卫、徐某仙一行在某旅游公司开发经营的景区开展户外活动，由于景区管理不善、设施常年失修、警示标志缺失，导致意外事故发生，且无法得到及时救治，向人民法院起诉，请求判令旅游公司承担赔偿责任。

【裁判结果】

浙江省江山市人民法院一审认为，徐某仙一行未购票私自进入景区，未与经营、管理事发景区的旅游公司形成旅游服务合同关系。从公安机关勘验记录以及现场查勘情况看，徐某仙的坠亡地点位于溪谷险要、人迹罕至之处，无可通行道路或野路，远离景区正常游览范围。旅游公司不存在景区设施维护不到位、未设立禁止区域情形。溯溪系风险性较高的户外活动，活动参与者自身应当充分认识、预判并妥善管控风险。故判决驳回原告的诉讼请求。该判决已生效。

【典型意义】

本案系旅游经营者已尽到安全保障义务而不承担责任的典型案例。近年来，溯溪、跳潭、瀑降、漂流等小众野外运动热度飙升，但由于活动区域、形式的特殊性，此类户外活动往往具有较高风险，如果在没有充分准备、缺乏安全保护的情况下盲目“打卡”所谓网红线路尤其是野生线路，容易酿成险情。本案中，人民法院严格公正适用法律规定，依法判决已尽到安全保障义务的公共区域管理者不承担赔偿责任，有助于引导户外活动参与者树牢“个人是自身安全注意义务的第一责任人”的价值理念，强化自我保护意识；同时对于明晰安全保障责任边界，促进景区加强管理，具有积极意义。

3. 教育机构责任

厉某某诉盛某、盛某某、王某某、闵行区某小学责任纠纷案

《最高人民法院发布98起未成年人审判工作典型案例》第67号

2014年11月24日

【基本案情】

厉某某于2012年11月20日下午课间休息期间，与同班同学盛某玩耍时，因其脚不慎绊到盛某，双方发生轻微厮打。上课后，其回到座位，但盛某走上前将其脸部划伤。原告诉至法院，要求被告赔偿原告医疗费、营养费、护理费、交通费、鉴定费、精神损害抚慰金等合计2万元，其中由盛某及其法定代理人盛某某、王某某承担赔偿总额的80%，被告某小学承担赔偿总额的20%。

【裁判结果】

上海市闵行区人民法院经审理认为，本案中，事发之时原、被告均为无民事行为能力人，被告某小学应当对其强化安全教育，并进行适当的管理和

保护，但未能尽到教育、管理、保护的职责，对原告的损害后果负有责任。判决被告闵行区某小学赔偿原告厉某某 1743.40 元；被告盛某以其个人财产赔偿原告厉某某 1307.55 元，不足部分，由被告盛某某、王某某赔偿。

【案例评析】

学生在教育教学、体育锻炼过程中因同学而受到人身损害的案件，在教育机构责任纠纷案件中占到很大比例。在处理时，如何合理判定各方的责任，是该类案件的难点。

本案结合加害人的因素，对学校的责任承担分别实行过错推定及过错责任原则，合理地处理了纠纷，保护了未成年人的利益。

赵某诉仪征市某外国语学校人身损害赔偿纠纷案

《最高人民法院发布98起未成年人审判工作典型案例》第 74 号

2014 年 11 月 24 日

【基本案情】

江苏省仪征市某外国语学校是一所封闭式管理的寄宿制私立学校。2011 年赵某就读于该校初三 97 班，周一至周五在学校寄宿，周末回家。2011 年 5 月，赵某因作业问题被数学老师叫至办公室，用塑料教鞭打手心三下。赵某于 2011 年 10 月 1 日至 10 月 28 日到江苏省苏北人民医院住院治疗，花费医疗费 9455.3 元，诊断为抑郁症（伴精神症状）。2012 年 1 月 4 日后赵某多次到南京脑科医院就诊，诊断为精神分裂症。

赵某诉至仪征市人民法院，提出仪征市某外国语学校老师对其有体罚行为，并导致其患上精神分裂症，要求仪征市某外国语学校赔偿医疗费 9455 元。

【裁判结果】

2012 年 11 月 26 日，江苏省仪征市人民法院应原告申请，委托江苏省扬州五台山医院司法鉴定所对原告患有精神分裂症与被告老师的体罚行为是否具有因果关系进行鉴定，意见为：1. 有精神病性症状的抑郁症；2. 与事件无明确的因果关系。仪征市法院认为，原告所举证据不足以证明其主张，应承担不利后果。依照相关法律规定，判决驳回原告诉讼请求。

一审宣判后，赵某不服，向江苏省扬州市中级人民法院上诉。扬州市中级人民法院认为江苏省扬州五台山医院司法鉴定所的鉴定意见是针对赵某所患精神病性症状的抑郁症的发生与学校教师的体罚行为间是否具有因果关系的鉴定，但对学校教师的体罚行为与赵某病情发展之间是否具有因果关系未涉及。赵某于2011年4月出现精神异常症状，未引起家长和学校老师重视。2011年7月赵某在江苏省苏北人民医院治疗，同年10月1日至28日住院治疗，诊断为抑郁症（伴精神症状）。赵某在学校学习、生活期间出现精神异常症状，学校教师作为教育者，未引起必要注意，教育方法简单粗暴，体罚行为对上诉人产生不良刺激，故学校未尽教育职责与赵某本次诉讼中主张的损害后果之间存在法律上的因果关系，应承担相应的赔偿责任，酌情确定学校对赵某承担10%的赔偿责任。依照相关法律规定判决赵某的医疗费9455.3元，由被上诉人仪征市某外国语学校赔偿945.53元。

【案例评析】

本案一审依据鉴定意见判决驳回赵某诉讼请求，在法律适用上并无明显错误。但该鉴定意见是针对赵某所患精神病性症状的抑郁症的发生与学校教师的体罚行为间是否具有因果关系进行的鉴定，而未考虑学校教师体罚行为与赵某病情发展之间是否具有因果关系，因为赵某的发病是在学校老师对其体罚之前，故认定学校教师的体罚行为与赵某病情发展之间是否具有因果关系具有更重要的意义。

本案中，二审没有依据谁主张谁举证规则简单驳回原告主张，而是综合分析本案的事实和证据后，认为被上诉人的过错及该行为对上诉人造成的精神和肉体伤害十分明显，从现有证据分析，作出了上诉人学校教师的体罚行为与上诉人病情发展之间具有法律上的因果关系的认定，体现了“未成年人利益最大化”和“未成年人特殊优先保护”的少年司法原则。

汪某诉某学校校园人身损害赔偿案

《最高人民法院发布98起未成年人审判工作典型案例》第78号

2014年11月24日

【基本案情】

汪某为某学校（位于江苏省南京市栖霞区）在读五年级学生，周某之子事发时亦系该校三年级学生。某学校提供的2013年3月14日10时59分至12时16分的操场视频显示：11时25分20秒时视频第一次显示汪某在操场上活动；11时35分34秒，几个学生做老鹰抓小鸡游戏时摔倒自行爬起；11时41分许，几个学生玩游戏时再次摔倒，有五六个学生围观并有互相推搡行为；11时42分28秒，汪某亦走近前去看热闹，后自由步行至视频可见范围外；约11时42分37秒时，汪某用左手捂着右胳膊肘从上述学生群里往外走，重新回到视频可见范围内；此后，汪某一直捂着右胳膊肘继续在操场上来回走动；11时45分33秒，汪某先是捂着右胳膊后垂耷着右臂向其教室方向走去；12时15分，汪某的父母亲在接到某学校的电话后来到学校。汪某之父要求某学校派员陪同就医，校方未予同意，让其自行就医。汪某父母遂自行送汪某前往医院就诊治疗，经诊断为右尺桡骨骨折，共计花去医疗费21678.41元。后汪某诉至法院，请求依法判令：周某支付其医疗费等各项损失合计31498.41元；某学校对上述损失承担补充赔偿责任。

【裁判结果】

江苏省南京市栖霞区人民法院经审理认为，现有证据只能证实汪某在校期间受伤，而无法证明其受伤系包括周某之子在内的四个学生所致，报警证明也不能证明汪某被何人撞倒，故对汪某主张的周某作为直接侵权人之一的监护人承担全部连带赔偿责任的诉讼请求，不予支持。限制民事行为能力人在学校学习、生活期间受到人身损害，学校未尽到教育、管理职责的，应当承担责任。本案中，据某学校的操场监控视频反映，对于学生在校生活期间发生的多次以及人数较多的危险行为，某学校始终没有任何管理人员前去教育、告诫和制止；且在汪某受伤后疏于发现，也未及时采取救助措施。汪某作为限制民事行为能力人，故意前往已经发生肢体碰擦的人群密集区，对于发生意外伤害的风险性应有一定的认知和预见，故汪某自身对其损害的发生亦有一定过错。综上，某学校对于损害的发生存在主要过错，法院酌定某学校对汪某所受损害承担70%的赔偿责任。原审法院判决，某学校赔偿汪某共计18968.90元；驳回汪某对周某的诉讼请求。某学校不服一审判决，向南京市中级人民法院提起上诉。南京市中级人民法院二审认为，某学校未尽到相应的教育、管理职责。判决驳回某学校的上诉，维持原判。

【案例评析】

本案是涉及未成年人在学校学习、生活期间受到人身损害，学校承担相应赔偿责任的典型案例。对于未成年人在学校或其他教育机构学习、生活期间受伤，学校或者其他教育机构应如何承担责任，法律将在校学习、生活的未成年人区分为无民事行为能力人和限制行为能力人，在归责原则上也作出了不同的规定。无民事行为能力的儿童是一个弱势群体，不能完全表达自己的意思，法律采取过错推定原则对其予以特殊保护，符合“儿童最大利益原则”。对于限制民事行为能力的学生，因为其具有一定的认知能力，一定程度上能较好地表达自己的意思，为了衡平受害学生的利益与教育机构正常教学秩序的维护，实行过错责任原则。

未成年人有大量的时间是在校园中度过，在校期间，正常体育活动的开展为锻炼学生强健体格所必需，课间玩耍嬉闹亦是孩子天真烂漫童年不可或缺的活动，如果过分苛重学校等教育机构的责任，则会使得学校限制此类活动的开展，导致孩子无法健康快乐成长，是一种因噎废食的错误做法。学校与其他教育机构如果对在校学生的行为疏于管束、放任自流亦会大大加剧校园伤害事故的发生概率，亦不利于学校自身的管理发展需要。司法裁判应发挥其社会指引功能，在保护未成年学生的合法权益与维护校园正常教学活动开展之间寻得平衡，通过司法判决去规制教育机构更加谨慎、积极地履行教育、管理职责。

4. 性骚扰损害责任

遭受职场性骚扰有权依法请求精神损害赔偿

——王某诉傅某性骚扰损害责任纠纷案

《第三批人民法院大力弘扬社会主义核心价值观典型民事案例》案例八

2023 年 3 月 1 日

核心价值：职场文明

【基本案情】

王某与傅某系同事关系。傅某为追求王某，不断拨打王某电话，频繁向王某发送骚扰短信，内容低俗、语言污秽。王某不堪其扰，将此事告知单位。在单位要求下，傅某两次写下保证书，保证不再骚扰王某。但此后傅某仍然通过电话、短信继续骚扰王某。2020 年 5 月 26 日，王某以傅某骚扰、恐吓为由报警。2020 年 6 月 8 日，某市公安局某分局确认傅某于 2019 年 7 月至 2020 年 5 月 15 日期间，违反法律规定，多次以发送骚扰短信、拨打骚扰电话方式干扰他人正常生活，决定给予傅某行政拘留七日并处罚款 200 元。因傅某频繁骚扰，王某被医院确诊患有抑郁发作，伴精神病性症状。王某认为，傅某的行为给其造成了严重的精神损害，向人民法院起诉请求判令傅某向其书面赔礼道歉，并赔偿其精神损害赔偿金 5 万元和医疗费等其他财产损失共计 228300 元。

【裁判结果】

审理法院认为，《中华人民共和国妇女权益保障法》（2018 年修正）第四十条规定，禁止对妇女实施性骚扰。任何人不得以身体、语言、动作、文字或者图像等方式，违背妇女意愿对妇女实施性骚扰。傅某通过电话、短信等方式对王某频繁实施性骚扰，侵害了王某的人格权，并对王某造成了极大的精神负担和身体伤害，其行为背离了社会主义核心价值观的基本要求，应当依法承担相应的法律责任。故判令傅某赔偿王某精神损害抚慰金3万元及医疗费等61804.2元，并向王某书面赔礼道歉。

【典型意义】

本案明确指出性骚扰行为系对他人人格权的侵犯，严重背离了社会主义核心价值观的要求，侵权人应当依法承担赔礼道歉、赔偿精神损失等民事责任。本案判决不仅保护了受害人的合法权益，而且弘扬了文明、法治的社会主义核心价值观，有利于发挥司法裁判对社会行为的规范、引导作用，营造和谐的社会环境。

5. 产品责任

华某诉北京某仓储超市有限责任公司某分公司、北京某仓储超市有限责任公司人身权益纠纷案

《最高人民法院公布五起审理食品药品纠纷典型案例》第2号

2014年1月9日

【基本案情】

2009年5月6日，原告华某两次到被告北京某仓储超市有限责任公司某分公司（以下简称某分公司）处购买山楂片，分别付款10元和6.55元（为取证），在食用时山楂片中的山楂核将其槽牙崩裂。当日，华某到医院就诊，将受损的槽牙拔除。为此，华某共支付拔牙及治疗费421.87元，镶牙费4810元，交通费6.4元，复印费15.8元。后华某找某分公司协商处理此事时，遭到对方拒绝。华某后拨打12315进行电话投诉，经北京市朝阳区消费者协会团结湖分会（以下简称团结湖消协）组织调解，未达成一致意见。遂向北京市朝阳区人民法院起诉，要求被告赔偿拔牙及治疗费421.87元，镶牙费4810元，交通费6.4元、复印费15.8元，购物价款17元及初次购物价款10倍赔偿费共计117元，精神损害抚慰金8000元。团结湖消协向法院出具说明，证明华某所购山楂片从包装完整的情况下即可看出存在瑕疵。案件审理中，北

京某仓储超市有限责任公司（以下简称某仓储公司）提供了联销合同及山楂片生产者的相关证照及山楂片的检验报告等，证明其销售的山楂片符合产品质量要求。经法院调查，华某在本案事实发生前，曾因同一颗牙齿的问题到医院就诊，经治疗该牙齿壁变薄，容易遭受外力伤害。

【裁判结果】

北京市第二中级人民法院二审认为，根据国家对蜜饯产品的安全卫生标准，软质山楂片内应是无杂质的。某仓储公司销售的山楂片中含有硬度很高的山楂核，不符合国家规定的相关食品安全卫生标准，应认定存在食品质量瑕疵，不合格食品的销售者对其销售的不合格食品所带来的损害后果，应承担全部责任。华某自身牙齿牙壁较薄，但对于本案损害的发生并无过错，侵权人的责任并不因而减轻。从团结湖消协出具的情况说明来看，该山楂片所存在的瑕疵是在外包装完整的情况下即可发现的，因此，产品销售商是在应当知道该食品存在安全问题的情况下销售该产品，应向消费者支付价款十倍的赔偿金。鉴于华某因此遭受的精神损害并不严重，对其要求赔偿精神损失的主张，依法不予支持。据此，该院依照《食品安全法》第九十六条的规定，判决某仓储公司向华某赔偿医疗费 5231. 87 元、交通费 6. 4 元、退货价款及支付价款十倍赔偿 116. 55 元。

高效审结国际商事案件明晰产品跨境召回责任

——广东某药业集团有限公司与意大利某大药厂产品责任纠纷案

《最高人民法院发布第三批涉“一带一路”建设典型案例》案例 1

2022 年 2 月 28 日

【基本案情】

某大药厂指定香港 A 公司在中国独家销售细菌溶解物“兰菌净”。2013 年 11 月，某药业公司与 A 公司签订《独家经销协议》，从该公司进口“兰菌净”，在内地独家销售。2016 年 1 月，国家食品药品监督管理总局发布公告，要求停止进口“兰菌净”，并责令召回。因某大药厂未召回“兰菌净”，导致某药业公司尚未销售的 234719 瓶库存产品无法处理。某药业公司起诉要求某大药厂赔偿其库存产品的损失及利息等。

【裁判结果】

最高人民法院审理认为，某药业公司与某大药厂未成立合同关系，其不能向某大药厂主张合同权利。但某大药厂作为生产者，在负有召回义务的情况下，怠于采取召回措施，给某药业公司造成了损失，系不作为方式的侵权，应对某药业公司承担侵权赔偿责任。故判决某大药厂向某药业公司赔偿库存“兰菌净”的损失和利息、分销商退回“兰菌净”的损失和利息、库存的处理费用等。

【典型意义】

该案是最高人民法院第一国际商事法庭实体审理的“第一案”，也是其作出的首个国际商事判决。该案根据《最高人民法院关于设立国际商事法庭若干问题的规定》，实行一审终审制，判决一经作出即生效，以公正高效的争议解决优势极大满足了商事主体高效率解决纠纷的需求，并对国际商事法庭的运行和发展作出了有益的探索。该案系因跨境销售的缺陷产品召回而引起的赔偿纠纷。针对境内销售商能否超越合同相对性原则，直接向境外生产商索赔这一法律问题，首次明确了裁判规则，即确认境外生产商作为缺陷产品的最终责任主体，在其怠于履行产品召回责任的情况下，境内销售商可以在履行召回义务后，依据《侵权责任法》的规定向境外生产商直接主张侵权赔偿责任。该归责原则对今后类似纠纷案件的解决具有示范指导作用。

【一审案号】最高人民法院（2019）最高法商初1号

外卖平台未审核餐饮服务提供者资质应承担连带责任

——王某与甲公司产品责任纠纷案

《网络消费典型案例》案例 8

2023 年 3 月 15 日

【基本案情】

被告甲公司运营某外卖餐饮平台，提供外卖订餐服务，并向消费者郑重承诺：我平台已对入网餐饮服务提供者的食品经营许可证进行严格的实地审查，并保证入网餐饮服务提供者食品经营许可证载明的经营者名称、经营场所、主体业态、经营项目、有效期等许可信息合法、真实、准确、有效。原告王某在该平台上一家麻辣烫店铺购买了一份麻辣烫，后发现该麻辣烫店铺未取得食品经营许可证。王某诉至法院，要求甲公司与该麻辣烫店铺承担连带赔偿责任。

【裁判结果】

审理法院认为，甲公司经营的外卖餐饮平台属于网络交易第三方平台，依照《中华人民共和国食品安全法》第一百三十一条规定以及甲公司在外卖平台上作出的承诺，甲公司应对入网食品经营者进行实名登记，并审查其是否取得食品经营许可证，但甲公司未履行上述义务，使王某购买到了无食品经营资质商家制作的食品，合法权益受损，甲公司应与食品经营者承担连带赔偿责任。

【典型意义】

在数字经济背景下，互联网平台应当依法履行主体责任，尤其是涉及消费者身体健康的外卖餐饮平台，更应加强对平台内餐饮服务提供者身份及经营许可资质的审核。本案裁判明确外卖餐饮平台经营者未依法尽到资质审核义务，导致消费者合法权益受损的，应承担连带赔偿责任，确保人民群众的身体健康和生命安全不受非法侵害。

销售假冒伪劣农药的商家应依法承担损害赔偿责任

——王某某与某农资公司产品责任纠纷案

《最高人民法院发布涉农民事典型案例》案例 8

2024 年 1 月 23 日

【基本案情】

2018 年，王某某在某村种植（机采）棉花地 160 亩，同年 9 月 16 日、23 日、26 日王某某在某农资公司处购买了乙烯利及“叶落棉白”的棉花专业催熟剂。王某某喷施后，棉花出现叶片干枯和棉铃发黑、干枯的现象，导致其 2018 年种植的 160 亩棉花地减产籽棉 10080 千克。王某某向某农资公司反映未果，遂向县农业综合执法大队报案，并委托有关鉴定机构对棉花出现状况的原因及造成的损失进行鉴定。经鉴定棉花减产 10080 千克确系受到药害造成。王某某向法院起诉，要求某农资公司赔偿棉花减产损失 86608 元。

【裁判结果】

审理法院认为，《中华人民共和国产品质量法》第三十九条规定：“销售者销售产品，不得掺杂、掺假，不得以假充真、以次充好，不得以不合格产品冒充合格产品。”本案中，某农资公司销售的产品标明系外地某生物科技公司生产的“叶落棉白”，但某生物科技公司在声明中确认，其公司从未生产过任何型号的棉花专用催熟剂产品。某农资公司不能提供“叶落棉白”的来源，无法提供营销台账，也未能提供其销售的“叶落棉白”属于合格产品的证据，应对王某某的损失承担赔偿责任。法院依据司法鉴定意见及向相关部门调取的棉花价格标准判决某农资公司赔偿王某某棉花减产损失 68324.2 元。

【典型意义】

销售假冒伪劣农药、化肥等农资产品，严重危害农业生产，损害农民权益，相关生产销售单位应当依法承担赔偿责任。本案判决判令不能提供农药“叶落棉白”来源及产品合格证据的某农资公司赔偿种植户王某某棉花减产损失，有力维护了农业生产者的合法权益，彰显了人民法院护航农业生产的立场和职责。对于防范和遏制制售假冒农资坑农害农行为，规范农资市场经营秩序，具有示范指导意义。

李某诉某乳业公司产品责任纠纷案
——超范围添加食品添加剂不符合食品安全标准，
消费者有权要求十倍惩罚性赔偿

《最高人民法院发布涉未成年人食品安全司法保护典型案例》案例 1
2024 年 3 月 15 日

【基本案情】

2019 年 5 月 18 日、5 月 19 日，李某购买某乳业公司生产的固体饮料 18 罐，单价每罐 328 元，共计 5904 元。该产品配料表上标注：葡萄糖浆、植物脂肪粉、氨基酸等配料。其中，氨基酸括号内标注有 L－赖氨酸、L－蛋氨酸、L－色氨酸、L－酪氨酸等成分。李某认为 L－赖氨酸、L－蛋氨酸、L－酪氨酸、L－色氨酸等 4 种氨基酸允许使用的食品类别中不包括固体饮料，案涉产品构成超范围添加，诉请某乳业公司退回购物款 5904 元并承担十倍货款赔偿。某乳业公司抗辩认为，案涉产品中标示的 L－赖氨酸、L－蛋氨酸、L－酪氨酸、L－色氨酸系氨基酸复合物，是通过特殊工艺即蛋白质加酶制剂水解而成，系以改性形式存在而非添加的物质，配料表相关表述和食品安全符合国家标准。

【裁判结果】

法院经审理认为，根据《食品安全国家标准食品营养强化剂使用标准》（GB14880－2012）规定，L－赖氨酸允许使用的食品类别不包含固体饮料，但案涉产品系蛋白固体饮料，并非可以添加上述氨基酸的食品。某乳业公司作为食品生产者，未能举证证明另外三种氨基酸能够用于非特殊膳食用食品和其化合物来源，未能举证证明该三种氨基酸能够用于案涉食品，应承担对其不利的法律后果。原告李某购买 18 罐固体饮料的行为符合当地生活消费购买习惯，某乳业公司作为生产者，生产的产品不符合《食品安全国家标准食品营养强化剂使用标准》的规定，法院判决其支付十倍货款的惩罚性赔偿金

59040 元。

【典型意义】

食品安全是重大的基本民生问题，特别是婴幼儿食品安全事涉千万家庭，国家对婴幼儿食品安全制定了严格的标准。本案例涉及婴幼儿最常见的配方固体饮料，通过明确固体饮料中氨基酸属于超范围添加进而影响食品安全，判决生产者支付十倍惩罚性赔偿金，彰显了人民法院保护婴幼儿食品安全的坚定决心，也为同类案件提供参考。

非直接购买缺陷产品的受害人有权依法请求生产者、销售者承担赔偿责任

——奶某某诉某烟花爆竹专营店产品责任纠纷案

《最高人民法院发布涉产品质量典型案例》案例一

2024 年 9 月 29 日

基本案情

2021 年 1 月，奶某某的亲戚伍某某从某烟花爆竹专营店处购买了一批烟花爆竹。燃放过程中，其中一箱爆竹出现侧面喷射及倾倒现象，导致奶某某以及在场多人受伤。奶某某右脚被炸伤，送至医院住院治疗，住院 49 天。因赔偿事宜协商未果，奶某某遂起诉要求某烟花爆竹专营店赔偿其医疗费、护理费、营养费、伙食补助费、交通费等共计 14 万余元。

裁判结果

审理法院认为，《中华人民共和国产品质量法》第十三条规定："可能危及人体健康和人身、财产安全的工业产品，必须符合保障人体健康和人身、财产安全的国家标准、行业标准；未制定国家标准、行业标准的，必须符合保障人体健康和人身、财产安全的要求。禁止生产、销售不符合保障人体健康和人身、财产安全的标准和要求的工业产品。具体管理办法由国务院规定。"第四十三条规定："因产品存在缺陷造成人身、他人财产损害的，受害人可以向产品的生产者要求赔偿，也可以向产品的销售者要求赔偿。属于产

品的生产者的责任，产品的销售者赔偿的，产品的销售者有权向产品的生产者追偿。属于产品的销售者的责任，产品的生产者赔偿的，产品的生产者有权向产品的销售者追偿。”国家标准《烟花爆竹安全与质量》（GB10631－2013）明确规定烟花爆竹在燃放时不应产生倾倒，应符合发射偏斜角的要求。本案中，案涉烟花在燃放时存在侧面喷射和倾倒现象，不符合国家标准，具有质量缺陷。缺陷产品造成人身、财产损害时，受害人有权请求生产者和销售者承担责任。受害人既包括直接购买并使用缺陷产品的人，也包括非直接购买使用缺陷产品但受到缺陷产品损害的其他人。奶某某虽非直接购买人，但属于因产品缺陷受到损害的人，其就人身损害请求赔偿具有事实和法律依据。法院判决某烟花爆竹专营店向奶某某支付医疗费、护理费、营养费、伙食补助费、交通费等各项损失共计 13 万余元。

典型意义

产品责任是产品存在缺陷导致人身或者财产损害，生产者、销售者应当承担的赔偿责任。缺陷产品侵权纠纷中受害人既可能是产品的购买者，也可能是购买者之外的其他人。本案认定非直接购买使用缺陷产品但受到缺陷产品损害的受害人有权向产品生产者、销售者请求赔偿，符合法律规定，对于督促生产者提升产品质量、销售者销售合格产品，保护受害人权益具有积极意义。

销售有效成分含量与包装标识严重不符的化肥构成消费欺诈的，应承担惩罚性赔偿责任

——敬某诉某生物科技有限公司、魏某产品责任纠纷案

《最高人民法院发布涉产品质量典型案例》案例二

2024 年 9 月 29 日

基本案情

2022 年 3 月，敬某种植打瓜需购买化肥，在某生物科技有限公司处购买钾肥 99 吨，共计支付货款 435600 元。2023 年 3 月，敬某认为 2022 年度打瓜减产与使用该化肥有关，随即联系该公司要求对上述钾肥进行质量成分检测。

2023年3月28日，某生物科技有限公司指派人员与敬某共同委托某地产品质量监督检验研究院进行检测，检验结论为水溶性氧化钾的质量分数为27%，硫的质量分数为12%，氯离子的质量分数为13.1%，不符合国家标准《农业用硫酸钾》（GB/T20406－2017）的规定，也与包装袋上载明的硫酸钾≥51%，硫≥17%，氯离子≤1.5%的成分标识严重不符。敬某与某生物科技有限公司多次协商未果后，起诉请求某生物科技有限公司退还化肥款并支付货款三倍的赔偿金。

裁判结果

审理法院认为，《中华人民共和国产品质量法》第二十七条规定："产品或者其包装上的标识必须真实，并符合下列要求：（一）有产品质量检验合格证明；（二）有中文标明的产品名称、生产厂厂名和厂址；（三）根据产品的特点和使用要求，需要标明产品规格、等级、所含主要成份的名称和含量的，用中文相应予以标明；需要事先让消费者知晓的，应当在外包装上标明，或者预先向消费者提供有关资料；（四）限期使用的产品，应当在显著位置清晰地标明生产日期和安全使用期或者失效日期；（五）使用不当，容易造成产品本身损坏或者可能危及人身、财产安全的产品，应当有警示标志或者中文警示说明。裸装的食品和其他根据产品的特点难以附加标识的裸装产品，可以不附加产品标识。"第三十六条规定："销售者销售的产品的标识应当符合本法第二十七条的规定。"案涉钾肥有效成分含量与包装标识严重不符，违反法律规定。根据国家市场监督管理总局《侵害消费者权益行为处罚办法》第五条、第六条和第十六条规定，经营者在销售的商品中以假充真、以次充好，或以虚假的商品说明、商品标准等方式销售商品，以及夸大所提供商品的质量、性能等与消费者有重大利害关系的信息误导消费者属欺诈行为。本案中，某生物科技有限公司作为钾肥的经营者，没有向敬某提供产品的真实信息，其销售的钾肥有效成分含量等质量性能指标与外包装标识严重不符，误导消费者购买化肥，其行为已经构成欺诈。故根据《中华人民共和国消费者权益保护法》第五十五条第一款、第六十二条规定判决某生物科技有限公司退还敬某化肥款并支付货款三倍的赔偿金。

典型意义

消费欺诈惩罚性赔偿制度设立的主要目的是对经营者欺诈行为予以惩罚，

并威慑、警告其他经营者，防止欺诈行为发生，净化市场环境。化肥、农药等农资产品质量关乎农业生产和农民收入，涉及到广大农民群体的切身利益。本案中，农资经营者向农民销售的化肥产品与国家标准严重不符，化肥有效成分含量与包装标识严重不符，已构成欺诈行为，审理法院依法适用“退一赔三”惩罚性赔偿制度，判决经营者承担惩罚性赔偿责任，态度鲜明地依法打击坑农害农行为，营造健康有序的农资市场环境，切实保障农民合法权益，为推进乡村全面振兴提供有力的司法服务和保障。

经营者对于产品存在缺陷造成的损害不因产品过保修期而免责

——檀某某诉某农业机械销售有限公司产品责任纠纷案

《最高人民法院发布涉产品质量典型案例》案例四

2024 年 9 月 29 日

基本案情

2021 年 5 月 18 日，檀某某在某农业机械销售有限公司购买一台联合收割机，支付 28 万元价款，保修期为出售之日起 12 个月。2022 年 9 月 16 日，该收割机着火自燃。消防部门经勘测调查作出调查认定书，列明“起火部位为收割机后侧，起火点为收割机左后侧下方，起火原因为电气线路故障引燃周围可燃物蔓延成灾”。事故发生时该收割机已使用 16 个月。经人民法院委托鉴定机构出具评估报告认定，火灾事故给檀某某造成的损失为 202200 元。因协商无果，檀某某起诉请求依法判令某农业机械销售有限公司赔偿其车辆损失 202200 元。

裁判结果

审理法院认为，《中华人民共和国民法典》第一千二百零二条规定：“因产品存在缺陷造成他人损害的，生产者应当承担侵权责任。”第一千二百零三条规定：“因产品存在缺陷造成他人损害的，被侵权人可以向产品的生产者请求赔偿，也可以向产品的销售者请求赔偿。产品缺陷由生产者造成的，销售者赔偿后，有权向生产者追偿。因销售者的过错使产品存在缺陷的，生产者赔偿后，有权向销售者追偿。”案涉收割机发生事故时虽已购买 16 个月，但收割机电气线路故障为危害人身、财产安全的不合理危险，属于产品缺陷，不因超过 12 个月保修期而免除责任。法院判决某农业机械销售有限公司赔偿檀某某损失 202200 元。

典型意义

本案为一起涉农用机械产品缺陷引发的产品责任纠纷。妥善处理每一起涉农资产品责任纠纷，确保农机产品质量过硬、农业生产秩序良好，以司法手段护航农业生产是人民法院应尽的职责。即使产品过了保修期，如果产品存在危及人身财产安全的重大产品缺陷，生产者仍然应当依法承担责任。农业机械是农民的重要生产工具和财产，本案依法判决经营者赔偿农机产品缺陷造成的损失，对于维护农民合法权益、保护农业生产具有积极意义。

空调产品生产者对于产品缺陷造成损失应承担赔偿责任

——某奶粉店诉某空调股份有限公司产品责任纠纷案

《最高人民法院发布涉产品质量典型案例》案例六

2024 年 9 月 29 日

基本案情

某奶粉店内安装有某空调股份有限公司生产的立式空调一台。2022 年 7 月，某奶粉店发生火灾，该县消防救援大队作出火灾事故认定书，对起火原因认定如下：起火部位位于某奶粉店东北角处，起火点位于奶粉店东北角立式空调部位，认定起火原因为立式空调线路故障引发起火。某奶粉店遂诉至法院，请求判令某空调股份有限公司赔偿货物损失、房屋修复费用、停止经营期间损失、停止经营期间租金损失、赔偿他人损失等各项损失 60 余万元。

裁判结果

审理法院认为，作为火灾事故调查和处理的职能机构，某县消防救援大队作出的火灾事故认定书认定，起火原因为某奶粉店立式空调线路故障引发起火。火灾事故认定书认定的起火原因可以证明某奶粉店内的空调存在质量缺陷，该缺陷与损害事实之间具有因果关系。某空调股份有限公司作为案涉空调的生产者，应当对某奶粉店因案涉火灾事故遭受的损失承担赔偿责任。法院根据某奶粉店的实际损失情况判决某空调股份有限公司赔偿 40 余万元。

典型意义

火灾是生产生活中常见的由产品质量缺陷引发的事故，对人民群众生命财产安全和生产经营秩序造成严重危害。近年来，因电动自行车、家用电器等产品存在质量缺陷引发的火灾事故屡见报端。关于生产者应对缺陷产品造成的损失承担赔偿责任的法律制度，旨在促使生产者加强产品质量监控和管理，保护质量安全。本案判决空调生产者对缺陷产品造成损失承担赔偿责任，充分发挥了司法裁判在社会治理中的规范引导作用，对于警示违法生产经营行为、保护购买者合法权益、筑牢安全生产经营防线具有积极意义。

6. 交通事故责任

陈某某人身损害赔偿案

《最高人民法院发布四起典型案例》第 1 号

2014 年 7 月 25 日

【基本案情】

杜某某（88 岁）与陈某某（小学学生）系同村村民，2009 年 1 月 4 日在双方住房附近的街道上，陈某某将杜某某撞倒在地。杜某某被送住院治疗，经医生诊断为：1. 心房纤颤；2. 右股骨粗隆间粉碎性骨折。花费医疗费人民币 2121.85 元。半年后，卫生所再次诊断为右下肢骨折，合伴感染。同年 8 月 17 日，杜某某去世。杜某某亲属要求陈某某及其法定代理人赔偿包括死亡赔偿金在内的各项损失 94145 元。陈某某一方辩称，陈某某是要去上学时发现杜某某躺在水沟里，主动上前要把她扶起来，根本没有撞倒杜某某，其行为完全是助人为乐。法院审理查明，2009 年 1 月 8 日，被告陈某某的祖父陈某华出具一张便条交原告收执，该便条载明："经征求 × × 意见，不报警私了，一切由我自负。2009 年 1 月 8 日 陈某华"。2009 年 1 月 10 日，原告陈某权、陈某胜、陈某辉（即杜某某之子）出具一张收据交陈某华收执，该收据载明："今收到第二监护人陈某华现金壹仟伍佰元正，［因其孙撞倒杜某某造成骨折。（前收据已由某华烧掉，以本据为准）］。收款人：陈某权 陈某辉 陈某胜 二〇〇九年一月十日 "。

【裁判结果】

福建省厦门市同安区人民法院审理认为，陈某华作为陈某某的长辈，在事发当日即到现场，从其出具的"私了"便条和其提供的"收据"内容分析，可以认定陈某华确认了陈某某撞倒杜某某的事实。虽然陈某华主张该便条并非其真实意思表示，但并未提供证据证明其系受到欺骗或威胁而写下，结合其已支付1500元的事实也表明其同意承担赔偿责任。就死亡后果与此次摔伤间的因果关系看，杜某某摔倒骨折并非导致其死亡的唯一原因，结合本案实际，本院确定杜某某的摔伤在其死亡结果中占20%的原因力。陈某某对杜某某的摔伤结果存在过错，但杜某某的子女未尽好监护义务导致其在巷道里摔倒同样存在过错，故原告应承担相应的责任。本院因此酌定被告陈某某与原告各承担50%的责任。结合杜某某摔伤与其死亡结果的原因力比例，法院确定，杜某某因伤就医的损失为13321.85元，死亡造成的损失59925元。判决被告方承担杜某某受伤、死亡造成经济损失为（13321.85元+59925×20%）×50%=12655.43元。

【典型意义】

本案中，双方对侵权人是否实施侵权行为的事实各执一词，在此情况下，原告方提出的被告方在处理此事的过程中承认侵权行为的书面证据，就成了认定事实的关键。本案的典型意义在于，在被告方不能提供证据反驳案涉书面证据的情况下，法院根据书面证据认定被告的侵权事实，符合《最高人民法院关于民事诉讼证据的若干规定》第七十二条的规定。此外，在赔偿责任的负担上，法院对于侵权行为与被侵权人死亡结果之间原因力的区分和确认，以及对最终赔偿责任的合理划分，亦有借鉴意义。

吴某东、吴某芝与胡某明、戴某球交通事故人身损害赔偿纠纷案

《最高人民法院发布四起典型案例》第 2 号

2014 年 7 月 25 日

【基本案情】

2010 年 11 月 23 日，吴某东驾驶吴某芝的鲁 DK0 × × ×普通正三轮摩托车在全宽 6 米的机非混合车道超车时，与胡某明驾驶的无号牌电动自行车（搭载其妻戴某球）发生交通事故。电动自行车失控侧翻致胡某明及戴某球二人受伤，随后吴某东送二人至医院治疗。双方就吴某东是否谨慎驾驶及其所驾摩托车与胡某明所驾电动自行车是否发生刮擦及碰撞，各执一词。交管部门对事故成因及责任无法认定。超车过程中，胡某明车辆靠道路右侧行驶，距道路右边半米左右，吴某东车辆距离道路右边一米多，两车横向距离为 40 ~50 厘米。吴某东超车时为五档，迎面有一黑色轿车快速驶来，吴某东称感觉有点危险。事发现场道路平坦，事发时除黑色轿车外无其他车辆经过。事故车辆经检验均符合安全技术标准；吴某芝的车辆未投保交强险。

【裁判结果】

浙江省金华市中级人民法院二审认为，吴某东驾驶三轮摩托车超越胡某明驾驶的电动自行车时，其车速较快；结合吴某东超车前未注意到对向快速驶来的黑色轿车看，可以认定其未尽谨慎驾驶的注意义务。交管部门的事故责任证明虽未能证实两车是否发生碰撞或刮擦，但从证人证言反映的情况看，正是在吴某东超车过程中胡某明的电动自行车发生左右晃动而侧翻，结合事故现场的其他情况，根据《民事诉讼法》高度盖然性的司法原则，审理法院认为胡某明的电动自行车翻车与吴某东驾驶三轮摩托车超车中疏忽大意存在因果关系，吴某东应承担事故的主要责任；胡某明驾驶电动自行车搭载成年人违反道路交通安全法亦有过错，双方按三七比例承担胡某明等的医疗费、伤残赔偿金、误工费等人身损害赔偿责任。

【典型意义】

法律事实不同于客观事实，民事诉讼的证明标准也不同于刑事诉讼证明标准。我国民事诉讼采取的是高度盖然性标准。本案的典型意义在于，法院根据高度盖然性证明标准，结合吴某东超车前未注意到前方驶来的车辆，超车时车速较快（五档），与胡某明车辆横向距离较短（仅为40～50厘米），从而认定超车过程中胡某明的电动自行车发生左右晃动而侧翻与吴某东的超车行为之间具有因果关系。本案合理界定了超车时驾驶人的注意义务范围，在证明标准及事实认定方面具有指导意义。

许某鹤与王某芝道路交通事故人身损害赔偿纠纷案

《最高人民法院发布四起典型案例》第3号

2014年7月25日

【基本案情】

2009年10月21日中午，许某鹤驾驶未投保交强险的轿车并道时，与违法翻越中心隔离护栏的王某芝发生交通事故。王某芝倒地受伤，造成右下肢受伤。现场勘查显示，许某鹤所驾车辆停在中心隔离栏边的第一条车道，车辆左前部紧挨中心隔离栏，左前轮压着中心隔离栏桩基，车辆与隔离栏呈约45度夹角。许某鹤称王某芝属跨越护栏时被绊自行摔伤，与己无关。因无现场证人及直接证据，当地交管部门出具的交通事故证明并未对该起事故责任予以划分。王某芝起诉请求医疗费、残疾赔偿金、护理费等16万余元。二审期间，经王某芝申请并经征询双方意见，审理法院依法选择相关司法鉴定机构对王某芝的伤情成因进行了鉴定，鉴定意见为：王某芝右膝部损伤符合较大钝性外力直接作用所致，该损伤单纯摔跌难以形成，遭受车辆撞击可以形成。

【裁判结果】

天津市第一中级人民法院二审认为，根据《道路交通安全法》的相关规定，本案系许某鹤与王某芝在道路通行中因过错或意外而发生的人身伤害及财产损失事件，属交通事故人身损害赔偿纠纷范围。关于许某鹤的驾车行为是否致害王某芝的问题，二审认为虽无事故现场监控录像及目击证人等直接证据，但根据相关证据亦可认定。交管部门的现场勘查及事发时许某鹤车辆的位置，符合紧急情况下避让制动停车状态；司法鉴定意见认为王某芝的腿伤符合较大钝性外力由外向内直接作用的特征，且腿伤高度与案涉车辆制动状态下前保险杠防撞条高度吻合，符合车辆撞击特征，单纯摔跌难以形成；事故现场无致伤的第三方，从王某芝尚能从容跨越护栏亦可排除其之前被撞受伤的可能性。鉴定单位及人员具有相应的鉴定资质、接受质询分析清楚、说明充分，送检材料亦经过双方质证。二审认为，上述证据形成了完整的证据链，足以认定王某芝腿伤系许某鹤驾车行为所致；许某鹤称王某芝属自行摔伤，其停车救助的理由不能成立。许某鹤驾驶机动车未尽高度谨慎的安全注意义务，应承担 40% 的过错责任；王某芝违反《道路交通安全法》有关“行人不得跨越、倚坐道路隔离设施”的规定，应承担 60% 的过错责任。因许某鹤未履行交强险之法定投保义务，审理法院根据道路交通安全法及交强险的有关规定，判决许某鹤于交强险赔偿限额内（医疗费赔偿限额 1 万元，死亡伤残赔偿限额 11 万元）赔偿 10. 7 万余元。

【典型意义】

机动车交通事故中，对于一些无监控录像、无目击证人，且双方当事人对于事故原因又各执一词的情形，人民法院如何认定事实是一大难点，本案即具有典型意义。本案的争议焦点是王某芝的腿伤是否为许某鹤的驾车行为所致。对此，二审法院委托具有资质的鉴定机构进行伤情成因鉴定。鉴定机构经过鉴定，认为受害人伤情符合车辆撞击特征，单纯摔跌难以形成。同时，由于事发时并无第三方车辆，且受害人尚能从容跨越护栏，故可以认定王某芝的腿伤乃许某鹤的驾车行为所致。此外，由于许某鹤违反法律规定，未购买机动车交强险，故而承担了交强险项下的赔偿责任。如果其依法购买交强险，该责任原本是可以由保险机构承担的。

曾某清诉彭某洪、中国某财产保险股份有限公司成都市蜀都支公司机动车交通事故责任纠纷案

《最高人民法院发布四起典型案例》第4号

2014年7月25日

【基本案情】

2011年10月10日19时左右，未知名驾驶人驾驶未知号牌货车与横穿马路的曾某某相撞后逃逸；后有未知名驾驶人驾驶未知号牌机动车碾压倒地的曾某某后亦逃逸。19时05分许，彭某洪驾驶自有的川A×××R9号小型轿车（该车在某财保蜀都支公司投保了交强险和不计免赔限额为20万元的商业三者险）途经事发路段时，由于刹车不及，从已倒在道路中间的曾某某身上碾压过去（其自述碾压部位为曾某某胸部），随即停车报警。19时21分，医护人员到场，经现场抢救，确定曾某某已无生命体征，出具了死亡证明书，载明曾某某死亡时间为19时34分。交警部门亦对现场进行了勘验、拍照，并制作了现场图，上述材料显示：道路基本情况为城市道路，双向8车道，道路中心由双实线分隔，事故现场附近无人行横道，路上血迹、曾某某倒地位置、川A×××R9号车辆均位于靠近双实线的车道内，周围无拖拉痕迹。同月19日，四川基因格司法鉴定所出具《DNA鉴定报告》，鉴定意见为：川A×××R9轿车前保险杠下部和轮胎上提取的血痕样本属于曾某某。同月26日，成都市公安局物证鉴定所出具《尸检报告》，载明检验意见为："推断曾某某的死因为颅脑、胸腹部复合性损伤致死亡，建议进行尸体解剖明确致死方式。"但经彭某洪与曾某某亲属协商，未进行尸体解剖。2011年11月14日，交警部门出具《道路交通事故认定书》，以未知名驾驶人肇事后逃逸为由，确定未知名驾驶人均承担事故的全部责任。该《道路交通事故认定书》还载明：彭某洪驾车未确保安全，违反了《道路交通安全法》第二十二条第一款的规定；由于无法证实曾某某死亡是否因与川A×××R9号车相撞所致，故不能根据当事人的行为对发生交通事故所起的作用及过错的严重程度确定当事人的责任。由于未找到逃逸车辆，曾某某之父曾某清（系曾某某的唯一继承人）向法院起诉，请求判令彭某洪、某财保蜀都支公司赔偿因曾某某死

亡造成的各项损失合计 424576.50 元。

【裁判结果】

成都市中级人民法院二审认为，在彭某洪驾车碾压曾某某之前，有未知名驾驶人先后驾车与曾某某相撞并逃逸。未知名驾驶人与彭某洪虽无共同故意或共同过失，但每个人分别实施的加害行为都独立构成了对曾某某的侵权，最终造成了曾某某死亡的损害后果，该损害后果具有不可分性，且每个人的加害行为均是发生损害后果的直接原因，即每个人的行为都足以造成曾某某死亡。因此，原判根据《侵权责任法》第十一条“二人以上分别实施侵权行为造成同一损害，每个人的侵权行为都足以造成全部损害的，行为人承担连带责任”之规定，确定彭某洪与肇事逃逸者承担连带赔偿责任并无不当。连带责任对外是一个整体责任，连带责任中的每个人都有义务对被侵权人承担全部责任。被请求承担全部责任的连带责任人，不得以自己的过错程度等为由主张只承担自己内部责任份额内的责任。在其他肇事者逃逸的情况下，曾某清请求彭某洪承担所有侵权人应当承担的全部责任，符合法律规定。故判决：一、某财保蜀都支公司于判决生效后十日内赔偿原告曾某清 310212 元；二、彭某洪于判决生效后十日内赔偿原告曾某清 8099.60 元。

【典型意义】

本案审理之时曾广受关注，一些媒体将本案简化为“三车碾压老人致死，前两车逃逸第三车担责”的标题式报道。部分社会公众从普通情感出发，认为由第三车承担全部责任不合情理，可能助长“谁救谁倒霉”“好人没好报”的社会心理。然而，从事实层面而言，第三车碾压之时，受害人并未死亡，究竟哪一辆车的行为致受害人死亡无法确定，但根据尸检报告、勘验笔录等证据，可以确认每一辆车的碾压行为均足以造成受害人死亡的后果。这属于《侵权责任法》第十一条所规定的聚合因果关系，行为人之间需承担连带责任。彭友宏发现碾压后果及时停车报警，救助受害人，是履行公民责任的诚信行为，值得赞赏和提倡，而就事件后果而言，由于有交强险及商业三者险的分担机制，车主自身承担的赔偿责任实际上并不重。但反观肇事后逃逸车辆的未知名驾车人，一方面，在法律上其乃肇事后逃逸的刑事犯罪嫌疑人，时时有可能被抓捕归案；另一方面，逃逸之后其内心也将时时受到良心的谴责而无法安宁。与主动救助相比，逃逸的后果无疑是更为严重的。

阿某某与南昌市某某服务有限公司人身损害赔偿纠纷案

《最高人民法院公布10起残疾人权益保障典型案例》第3号

2016年5月14日

【基本案情】

原告阿某某因乘坐被告江西省南昌市某某服务有限公司的客车发生交通事故，造成腰椎骨严重受伤、双下肢完全瘫痪，司法鉴定为二级伤残。在案件审理过程中，人民法院了解到阿某某经济困难且身在四川省马边彝族自治县，阿某某家属无力到江西开庭的情况后，积极与被告方沟通，并连夜长途跋涉前往阿某某住地，就地开庭，促成双方当事人调解，被告方当场支付给阿某某28万元赔偿款。

【典型意义】

依法及时救济少数民族残疾人人身权益

事故致残往往会导致受害人致贫的后果，这种情况下受害人人身损害的及时救济就显得尤为重要。本案中，阿某某因交通事故导致严重残疾且生活困难，人民法院根据案件实际情况，不辞劳苦跋涉两千余里上门调解，促成被告当场赔付，及时救济了受害人的损失，实实在在为少数民族残疾人农民工做了一件好事，在当地群众当中引起了强烈反响，取得了良好的法律效果和社会效果。

好意同乘期间驾驶员致同乘人损害可依法减轻赔偿责任

——沈某某诉徐某、蒋某某、某保险公司机动车交通事故责任纠纷案

《第二批人民法院大力弘扬社会主义核心价值观典型民事案例》案例九

2022 年 2 月 23 日

核心价值：好意同乘、善意施惠

【基本案情】

2019 年 3 月 29 日，徐某驾驶非营运的小型汽车在某县建设西路与某大道交叉路口，与蒋某某驾驶的小型汽车发生碰撞，致两车损坏，沈某某受伤。事故发生时，沈某某无偿搭乘徐某驾驶的车辆。该事故经公安局交警部门认定：蒋某某、徐某负事故的同等责任，沈某某无责任。事故发生后，沈某某住院治疗 18 天，后经鉴定构成九级伤残。蒋某某驾驶的小型汽车在某保险公司投保了交强险和商业三者险 100 万元，事故发生在保险期限内。沈某某起诉请求判令徐某、蒋某某和某保险公司赔偿医疗费等各项费用 369477. 34 元。

【裁判结果】

人民法院认为，本案是机动车之间发生的交通事故纠纷，蒋某某、徐某负事故的同等责任，沈某某无责任，蒋某某、徐某应向沈某某承担相应赔偿责任。因蒋某某驾驶的机动车在某保险公司投保了交强险及商业三者险 100 万元，故沈某某的损失由某保险公司首先在交强险保险合同约定的范围内予以赔偿。超出交强险部分根据蒋某某在交通事故中的责任由某保险公司在商业三者险合同约定的范围内按 50% 比例予以赔偿；徐某驾驶非营运机动车允许沈某某无偿搭乘同行，发生交通事故并造成沈某某受伤，徐某在事故中虽有责任，但与沈某某系好意搭乘关系，依法应当减轻其赔偿责任，故对不属于保险范围内的损失部分酌定由徐某按 70% 比例予以赔偿。故判决某保险公司赔偿沈某某因该交通事故产生的各项损失合计 116559. 99 元，徐某按 70% 比例赔偿沈某某经济损失合计 85091. 99 元。

【典型意义】

好意同乘是指行为人出于助人的善意允许他人免费搭乘自己车辆的行为。好意同乘作为一种善意施惠、助人为乐的行为，是互帮互助的中华民族传统美德的生动体现。如果在好意同乘过程中车辆发生交通事故造成搭乘人损害，让驾驶人承担全部责任，有失公平，也不利于鼓励人民群众善意助人。《中华人民共和国民法典》第一千二百一十七条规定："非营运机动车发生交通事故造成无偿搭乘人损害，属于该机动车一方责任的，应当减轻其赔偿责任，但是机动车使用人有故意或者重大过失的除外。"本案通过溯及适用《中华人民共和国民法典》的规定，既保护了无偿搭乘人的合法权益，也弘扬了我国助人为乐的传统美德，维护了民事主体之间的信赖关系，有利于倡导友善、文明、和谐的社会主义核心价值观。

李某某诉高某某、某保险公司机动车交通事故责任纠纷案

《最高人民法院发布老年人权益保护第二批典型案例》案例五

2022 年 4 月 8 日

关键词：机动车交通事故；退休老年人误工费

【基本案情】

2017 年，高某某驾驶车辆与魏某某驾驶的电动三轮车相撞，造成两车损坏，魏某某及乘车人李某某受伤。交管部门认定，高某某负事故全部责任。李某某被医院诊断为创伤性蛛网膜下腔出血、鼻骨骨折、左侧锁骨闭合性骨折、左侧第一肋骨骨折、右手拇指骨折等，住院 31 天，并多次接受治疗。高某某驾驶的车辆在某保险公司投保了机动车第三者责任强制保险及商业保险。李某某起诉要求高某某、某保险公司赔偿医疗费、住院伙食补助费、营养费、护理费、误工费、交通费，共计 12 万余元。

【裁判结果】

北京市延庆区人民法院判决：一、某保险公司在机动车第三者责任强制

保险责任限额范围内赔偿李某某医疗费、护理费、误工费、交通费，共计 3 万余元；二、某保险公司在商业保险责任限额范围内赔偿李某某医疗费、住院伙食补助费、营养费，共计 3 万余元等。保险公司提起上诉。北京市第一中级人民法院认为，本案二审争议焦点为李某某误工费的赔偿问题。李某某于事故发生前在水泥厂工作，月收入 3000 元，虽然李某某已逾 60 周岁，但仍具有通过劳动获得报酬的能力，且其能证明事故发生前的收入状态，故李某某因本次事故导致的误工减少的收入应依法获得赔偿；一审法院结合李某某的伤情、治疗情况及医嘱情况等依法酌定的误工费金额并无不当。判决：驳回上诉，维持原判。

【典型意义】

在侵权纠纷案件中，有观点认为，已逾法定退休年龄的老年受害人不存在误工费问题，因此对该请求不应当予以支持。本案裁判明确，对于超过法定退休年龄但仍具有劳动能力并通过劳动获得报酬的老年人，其因事故导致误工的收入减少应依法获得赔偿。《中共中央、国务院关于加强新时代老龄工作的意见》明确要促进老年人社会参与，鼓励老年人继续发挥作用。本案从维护老年人合法权益的角度出发，对于超过法定退休年龄受害人的误工费予以支持，在司法实践中具有代表性和参考价值。对于维护老年人就业权益，充分发挥低龄老年人作用，推动实现老有所为、老有所养，具有一定的指导意义。

未依法投保交强险的车辆发生交通事故，由投保义务人和侵权人在交强险责任限额内共同承担赔偿责任

——李某与周某、张某机动车交通事故责任纠纷案

《促推构建良好交通秩序　护航人民群众出行安全
最高人民法院发布交通事故责任纠纷典型案例》案例 1

2024 年 12 月 2 日

【基本案情】

李某驾驶机动车在公路上掉头时，因疏于观察，与周某驾驶的电动自行

车发生碰撞，造成周某受伤和车辆损坏。公安交管部门认定，李某承担事故全部责任，周某无责任。案涉机动车登记车主为张某，事故发生时，车辆未投保交强险。周某受伤住院治疗，后被评定为十级伤残。周某诉至法院，请求驾驶人李某、车主张某赔偿其因交通事故造成的各项损失14万余元。

【裁判结果】

审理法院认为，根据《最高人民法院关于审理道路交通事故损害赔偿案件适用法律若干问题的解释》第十六条规定，未依法投保交强险的机动车发生交通事故造成损害，当事人请求投保义务人在交强险责任限额范围内予以赔偿的，人民法院应予支持。本案中，李某驾车发生交通事故导致周某受伤，李某系侵权人，依法应对周某的损失承担赔偿责任。张某作为投保义务人未依法投保交强险，导致周某不能在交强险责任限额内得到保险赔付，也应承担相应责任。因周某的损失未超出交强险责任限额，最终判决：由张某、李某在交强险责任限额内共同赔偿周某损失14万余元。

【典型意义】

交强险以救济损害为主要功能，其先予赔付的制度设计对交通事故被侵权人及时获得救济具有重要意义。投保交强险是机动车所有人、管理人的法定义务，机动车所有人、管理人未履行该义务将导致被侵权人无法获得交强险赔付进而利益受损，故投保义务人应当承担相应责任。本案中，人民法院判决投保义务人在交强险责任限额内与交通事故侵权人共同承担赔偿责任，体现了法律对投保义务人怠于履行义务的否定评价和对被侵权人权益的维护，也警示了投保义务人要依法履行为机动车投保交强险的义务，维护好自身与其他道路交通参与人的合法利益。

超过法定退休年龄的被侵权人能够证明存在因误工导致收入减少的，其误工损失应当获得赔偿

——金某诉谭某、某保险公司机动车交通事故责任纠纷案

《促推构建良好交通秩序　护航人民群众出行安全
最高人民法院发布交通事故责任纠纷典型案例》案例 2
2024 年 12 月 2 日

【基本案情】

谭某驾驶小型轿车与金某驾驶的电动自行车发生碰撞，造成两车受损、金某受伤的交通事故。公安交管部门认定，谭某负事故全部责任，金某无责任。谭某驾驶的小型轿车在某保险公司投保了交强险和商业三者险，事故发生在保险期间内。事故发生时，金某已年满 70 周岁。金某诉至法院，请求谭某、某保险公司赔偿包括误工费在内的各项损失合计 9.4 万余元。某保险公司抗辩称，金某已超过法定退休年龄，无权请求赔偿误工费。

【裁判结果】

审理法院认为，侵害他人造成人身损害的，除应当赔偿医疗费、护理费、交通费、营养费、住院伙食补助费等损失外，还应当赔偿因误工减少的收入。本案事故发生时，金某虽已超过法定退休年龄，但根据其提交的送货单、记账本、企业负责人出庭陈述等证据，可以证实金某受伤前不仅具备相应劳动能力，且持续为多家企业提供运货服务，有较为稳定的收入。故人民法院结合误工时间等事实，认定应当赔偿金某误工费损失 4.5 万余元。最终判决：某保险公司赔偿金某因交通事故造成的各项损失合计约 8 万元。

【典型意义】

当前，超过法定退休年龄的人继续工作、劳动的情形较为常见，其合法权益应当受到法律保护。超过法定退休年龄的人因交通事故受伤后是否有权请求赔偿误工费，应根据其是否存在因误工导致收入减少进行判断，而不能简单地以法定退休年龄来确定是否支持误工费。本案中，超过法定退休年龄

但仍依靠自身劳动获取收入的被侵权人请求赔偿误工费损失，人民法院予以支持，充分体现了对超龄劳动者合法权益的尊重和维护，有利于充分发挥老年人作用，推动实现老有所为。

非机动车一方存在过错的，应当依法减轻机动车一方赔偿责任

——王某与李某、某保险公司机动车交通事故责任纠纷案

《促推构建良好交通秩序　护航人民群众出行安全
最高人民法院发布交通事故责任纠纷典型案例》案例3
2024年12月2日

【基本案情】

王某驾驶电动自行车在机动车道内逆行，与李某驾驶的机动车发生交通事故，事故造成王某死亡和车辆损坏。公安交管部门认定，王某驾驶电动自行车在机动车道内逆向行驶，是造成事故的主要原因；李某对路面情况疏于观察，是造成此事故的原因之一；王某负事故主要责任，李某负事故次要责任。李某驾驶的机动车在某保险公司投保了交强险和商业三者险，事故发生在保险期间内。王某近亲属诉至法院，请求李某、某保险公司承担死亡赔偿金等损失120万余元。

【裁判结果】

审理法院认为，根据《中华人民共和国道路交通安全法》第七十六条规定，机动车与非机动车之间发生交通事故，非机动车没有过错的，由机动车一方承担赔偿责任；有证据证明非机动车驾驶人有过错的，根据过错程度适当减轻机动车一方的赔偿责任。一般而言，由于机动车行驶速度快、危险程度高，机动车一方在道路通行中应当负有较高注意义务。本案中，王某驾驶非机动车在机动车道内逆行，是造成事故的主要原因，其对自身的损害存在较大过错，应当依法减轻机动车一方的赔偿责任。同时，考虑到事发时路况、视野良好，李某如充分注意，一定程度上也能够避免发生严重事故。李某疏于观察，存在过错。最终判决：李某对超出交强险赔偿部分的损失承担40%的赔偿责任，该部分赔偿责任由某保险公司承担。

【典型意义】

非机动车驾驶人作为交通参与人，应当与机动车驾驶人同样遵守交通规则。现实生活中，一些非机动车逆行、超速、闯红灯等违章行为给道路交通安全造成隐患。本案中，在非机动车一方具有较大过错的情况下，人民法院依法判令减轻机动车一方的赔偿责任，既合理地确定了双方责任，也警示了非机动车驾驶人应当遵守交通规则，共同构建安全和谐有序的道路交通环境。

“好意同乘”情形下机动车驾驶人无故意或者重大过失的，应适当减轻其赔偿责任

——颜某与刘某、顾某、某保险公司机动车交通事故责任纠纷案

《促推构建良好交通秩序　护航人民群众出行安全

最高人民法院发布交通事故责任纠纷典型案例》案例 4

2024 年 12 月 2 日

【基本案情】

顾某驾驶小型普通客车与刘某驾驶的普通二轮摩托车发生道路交通事故，致刘某及其搭乘人颜某受伤，双方车辆不同程度损坏。公安交管部门认定，顾某、刘某负事故同等责任，颜某无事故责任。顾某驾驶的小型普通客车在某保险公司投保交强险和商业三者险，事故发生在保险期间内。颜某诉至法院，请求刘某、顾某、某保险公司赔偿各项损失合计 22 万余元。

【裁判结果】

审理法院认为，刘某无偿搭载颜某属于“好意同乘”行为。刘某作为车辆驾驶人，对搭乘人颜某负有安全方面的注意义务。《中华人民共和国民法典》第一千二百一十七条规定，非营运机动车发生交通事故造成无偿搭乘人损害，属于该机动车一方责任的，应当减轻其赔偿责任，但是机动车使用人有故意或者重大过失的除外。据此，由于并无证据证明刘某对事故的发生存在故意或者重大过失，因此应当减轻其赔偿责任。本案中，颜某的损失共计 159899 元，先由某保险公司在交强险责任限额内赔偿颜某 140965 元；其余

18934 元，由某保险公司在商业三者险保险范围内按照事故责任比例（50%）赔偿 9467 元；刘某应按照事故责任比例（50%）赔偿 9467 元，但因其系无偿搭载颜某且无故意或重大过失，应当减轻刘某的赔偿责任。最终判决：酌定刘某承担其中 30% 部分的赔偿责任，赔偿颜某 5680 元。

【典型意义】

“好意同乘”，即日常生活中的“搭便车”，是指驾驶人出于善意无偿地邀请或允许他人搭乘自己车辆的非营运行为。“好意同乘”作为助人为乐的善意利他行为，对于促进形成互助友爱社会风尚具有积极意义，也符合绿色低碳出行方式的要求，还有利于缓解公共交通压力，降低出行成本。本案判决依法合理认定“好意同乘”情形下车辆驾驶人的责任，既合理分配搭乘人损失，也有助于督促驾驶人切实负起责任和安全驾驶车辆。

避免程序空转，及时促进被侵权人权利实现

——李某诉王某等机动车交通事故责任纠纷案

《促推构建良好交通秩序　护航人民群众出行安全
最高人民法院发布交通事故责任纠纷典型案例》案例 5

2024 年 12 月 2 日

【基本案情】

王某驾驶机动车超速行驶时与驾驶电动自行车的李某相撞。事故造成李某颅脑损伤，经司法鉴定构成一级伤残、完全护理依赖。公安交管部门认定，王某负事故主要责任。李某将王某及承保王某车辆的某保险公司诉至法院，请求王某、某保险公司赔偿各项损失共计 104.5 万元。一审法院根据案涉事故责任划分及保险情况，判令某保险公司赔偿李某 74 万余元，由王某赔偿约 1000 元。一审宣判后，某保险公司提起上诉。

【纠纷化解过程及效果】

二审中，人民法院了解到，某保险公司对一审判决结果实际上并无异议，提起上诉的原因是为了跨过年底理赔率考核时点，进而提升当年的考核绩效。

为避免程序空转，保障被侵权人及时获得赔偿，人民法院加大调解工作力度，建议该保险公司客观面对事故事实和被侵权人损失，积极依照合同进行理赔；同时，综合相关情况与某保险公司积极沟通，促推树立正确的业绩导向，合理设置、规范优化考核指标。某保险公司对人民法院的工作表示认可，及时进行整改，撤回了对该案的上诉，立即向李某足额支付了赔偿款。

【典型意义】

交通事故往往造成被侵权人直接财产损失或人身损害。很大程度上讲，尽快得到损害赔偿，避免再度增加解纷负担和成本，是群众的“急难愁盼”。人民法院坚持实质解纷理念，坚决杜绝程序空转，在个案诉讼中“以案见事”，充分关注到纠纷成诉的核心原因和实质理由，因事施策、对症下药。纠纷解决中，人民法院不拘于“就案办案”，而是全面分析案件情况和相关背景，查摆诉讼关键原因，找准息诉着力点，加大工作力度，促进了纠纷高质量解决。本案是人民法院多元解纷的生动实践。

7. 医疗损害责任

余某惠、李某、李某甲与重庆某医院医疗损害赔偿纠纷再审案

《最高人民法院公布七起保障民生典型案例》第 6 号

2014 年 2 月 17 日

【基本案情】

重庆市民李某富（余某惠之夫，李某、李某甲之父）因腰部疼痛不适，于 2009 年 7 月 22 日到重庆某医院治疗，并根据医院诊断住院治疗。7 月 24 日，重庆某医院在对李某富进行手术前检查时发现患者有感染征象，遂进行抗感染、补充白蛋白等医疗措施。但李某富病情逐渐加重，发展为肺感染。7 月 31 日，李某富经全院会诊后诊断为败血症，转入感染科继续治疗，医院下达病危通知。李某富病情进一步恶化，8 月 2 日发生多器官功能障碍综合征。2009 年 8 月 9 日，李某富经抢救无效死亡，死亡诊断为：多器官功能障碍综

合征，脓毒血症，双肺肺炎，右踝软组织感染。经司法鉴定后查明，李某富的死亡原因符合脓毒败血症继发全身多器官功能衰竭，主要与其个人体质有关；重庆某医院的医疗行为存在一定过错，与患者死亡之间存在一定因果关系，属次要责任。重庆某医院对李某富死亡造成的损失应承担40%赔偿责任。

余某惠、李某、李某甲向重庆市沙坪坝区人民法院提起诉讼，请求重庆某医院支付医疗费48843.27元（含人血白蛋白16200元）、死亡赔偿金236235元等项费用，共计374953.77元。

【裁判结果】

最高人民法院再审认为，原审判决对余某惠、李某、李某甲主张的人血白蛋白费用不予支持，属认定事实错误。依据重庆某医院的医疗记录，李某富使用的人血白蛋白中有20瓶系余某惠、李某、李某甲从他处自行购买，重庆某医院对此项事实也予以认可，并提供证据证明每瓶人血白蛋白在重庆某医院的出售价格为360元。余某惠、李某、李某甲虽未能提供其购买人血白蛋白的收费凭证，但明确表示认可重庆某医院提供的明显低于其主张费用的人血白蛋白出售价格，因此，余某惠、李某、李某甲主张的16200元人血白蛋白费用中的7200元（20瓶×360元/瓶=7200元）应当计算在李某富住院期间产生的医疗费之中，李某富医疗费总额应为39843.27元，重庆某医院应按照其过错程度对上述医疗费用承担赔偿责任。本案中，重庆某医院的医疗行为并未进行医疗事故鉴定，余某惠、李某、李某甲要求重庆某医院承担死亡赔偿金，应当适用《民法通则》。《最高人民法院关于审理人身损害赔偿案件适用法律若干问题的解释》是根据《民法通则》制定的，已于2004年5月1日起施行，对死亡赔偿金的适用范围和计算标准都有明确规定。因此，应当按照规定计算死亡赔偿金，再根据重庆某医院的过错程度确定其承担数额。原审判决认为余某惠、李某、李某甲关于死亡赔偿金的诉讼请求没有法律依据，属适用法律错误，依法予以改判。最高人民法院改判重庆某医院支付余某惠、李某、李某甲死亡赔偿金236235元的40%，即94494元。

【典型意义】

本案涉及群众民生问题，任何细节都会影响权利人的合法权益能否切实得到救济，准确认定事实是正确审理案件的基础，应当全面审查证据材料，不能简单化处理，这样才能避免形式主义错误。诉讼请求能否得到支持，需要证据证明，但对证据法定构成要件的理解不能僵化。原始收费凭证确实是证明商品数量和价格的直接有力证据，但仅仅拘泥于此就不能解决复杂问题，很难做到让人民群众在每一个司法案件中感受到公平正义。原审判决对于余某惠、李某、李某甲 16200 元人血白蛋白费用的诉讼请求一概否定，就是犯了这样的错误。讼争 20 瓶人血白蛋白用药系遵重庆某医院医生之嘱，医生开出处方后交由患者家属外购，该院护士有注射记录。余某惠、李某、李某甲虽然不能提供原始收费凭证，但对此作出了合理解释，而且他们原本主张的实际购置费用远远高于重庆某医院的出售价格，但为尽快了结纠纷，在诉讼中进行了让步，同意按照重庆某医院的出售价格计算其支出费用。而且，重庆某医院也提供了证据，证明其同时期出售的人血白蛋白价格为每瓶 360 元。在这种情况下，李某富住院治疗期间自行购买人血白蛋白的费用数额，已经具备了完整的证据链可以证明，符合民事案件审理过程中认定事实的优势证据原则。所以，最高人民法院部分支持余某惠、李某、李某甲关于人血白蛋白费用的诉讼请求，纠正了原审判决在认定事实方面存在的错误。

另外，余某惠一方和重庆某医院都没有申请进行医疗事故鉴定，所以本案应当适用《民法通则》和《最高人民法院关于审理人身损害赔偿案件适用法律若干问题的解释》中关于死亡赔偿金的相关规定。原审判决适用《医疗事故处理条例》进行审理，完全不支持死亡赔偿金的诉讼请求，同样存在适用法律不当的问题，最高人民法院再审判决对此一并进行了纠正。

医疗美容机构虚假宣传和诊疗过错行为造成患者损害应予赔偿

——邹某与某医美机构侵权责任纠纷案

《最高人民法院发布消费者权益保护典型案例》案例 1

2022 年 3 月 15 日

【基本案情】

邹某曾在湖南某医院实施眼袋整形术，术后其认为自己下睑皮肤松弛，经其了解，得知北京某医美机构主刀医生师出名门，经验丰富，遂于 2015 年 12 月来到该医美机构进行了双侧下睑修复术。术后，邹某出现双侧下睑局部凹陷、疤痕畸形，外眼角畸形短小圆钝等症状。此后，邹某先后六次在其他医院进行修复，但仍无改善。邹某认为该医美机构的修复手术对其造成了损害，遂诉至法院要求该机构赔偿其医疗费、误工费、精神损害抚慰金等损失，并要求适用《消费者权益保护法》三倍赔偿其手术费。

【裁判结果】

法院认为，首先，本案属于消费型医疗美容，邹某为健康人士，为满足对美的追求的生活需要而接受美容服务，具有消费者的特征；该医美机构的经营目的为获取利润，具有经营者的特征。消费者为生活消费接受经营者提供服务的，应当受《消费者权益保护法》调整。经查，该医美机构因发布的医疗广告内容与卫生行政部门审批的广告内容不相符，广告语不真实等虚假宣传行为屡次受到行政处罚，邹某系受到上述广告误导而接受服务，故该医美机构存在虚假宣传的欺诈行为，应适用《消费者权益保护法》关于惩罚性赔偿的规定，由该医美机构三倍赔偿邹某的手术费用。其次，该医美机构的诊疗行为存在过错，但术后邹某又在其他医疗美容机构的修复行为确已改变医方的手术结果，法院遂判决该医美机构按照 60% 的过错责任比例赔偿邹某各项损失共计 74948 元。

【典型意义】

本案为典型的因医疗美容虚假宣传和诊疗不规范行为引发的侵权责任纠纷。通过该案的审理，法院充分发挥了司法裁判在社会治理中的规则引领和价值导向作用。首先，将医疗美容纠纷纳入医疗损害责任纠纷范畴，按照医疗损害责任纠纷的标准审查证据，有助于督促医美机构加强医疗文书制作及保存工作，规范其诊疗活动。其次，将消费型医疗美容纠纷纳入《消费者权益保护法》范围并适用惩罚性赔偿的规定，加大对商业欺诈行为的制裁力度，既能对医美机构起到应有的警示作用，预防、震慑其违法行为，也维护了医美市场的诚信和秩序，有利于切实保护消费者合法权益。

8. 环境污染责任

中华某联合会、贵阳某环境教育中心与贵阳市乌当区某造纸厂水污染责任纠纷案

《最高人民法院公布九起环境资源审判典型案例》第 1 号

2014 年 7 月 4 日

【基本案情】

贵阳市乌当区某造纸厂（以下简称某纸厂）自 2003 年起经常将生产废水偷偷排入南明河或超标排放锅炉废气，多次受到当地环境保护行政主管部门处罚。但该纸厂仍采取夜间偷排的方式逃避监管，向南明河排放污水。中华某联合会、贵阳某环境教育中心提起诉讼，请求判令某纸厂立即停排污水，消除危险并支付原告支出的合理费用。贵州省清镇市人民法院（以下简称清镇法院）受理案件的同时，即依原告申请采取了拍照、取样等证据保全措施，固定了证据，并裁定责令某纸厂立即停止排污。经法院委托贵阳市环境中心监测站对某纸厂排放的废水取样检测，废水中氨氮含量等指标均严重超过国家允许的排放标准，其排污口下游的南明河水属劣五类水质。经原告申请，法院协调由贵阳市两湖一库基金会从环境公益诉讼援助基金中先行垫付上述检测费用。清镇法院确定由一名审判员和两名环保专家担任人民陪审员共同组成合议庭。审理过程中，合议庭充分发挥专家作用，召开专家咨询委员会会议对被告的排污行为进行论证，依法采信了专家意见。该院还针对其他几家纸厂排污行为提出由环境保护行政主管部门对这些纸厂进行查处的司法建议，将南明河的污染问题一并解决。

【裁判结果】

清镇法院一审认为，某纸厂取得的排污许可证载明，其能够排放的污染物仅为二氧化硫、烟尘等，不包含废水。但某纸厂却采取白天储存、夜间偷排的方式，利用溶洞向南明河排放严重超标工业废水，从直观上、实质上都

对南明河产生了污染，严重危害了环境公共利益，故其应当承担侵权民事责任。清镇法院于2011年1月作出判决，判令某纸厂立即停止向南明河排放污水，消除对南明河产生的危害，并承担原告合理支出的律师费用及贵阳市两湖一库基金会垫付的检测费用。

【典型意义】

为加大环境司法保护力度，贵阳市积极探索环境保护案件集中管辖和三审合一模式，即由清镇法院生态保护法庭负责审理贵阳市辖区内所有涉及环境保护的刑事、行政、民事一审案件。本案被告地处贵阳市乌当区，清镇法院系按照上述环境污染案件跨行政区域管辖的规定受理并审理本案。本案审理中，合议庭在受理案件的同时保全证据，及时采取先予执行措施，协助原告申请环保基金垫付评估、鉴定、分析检测费用，依法采信专家意见，邀请环保专家担任人民陪审员，进行了一系列有益的探索。清镇法院还注意与环境保护行政主管部门协调联动，及时采取措施制止被告及其他纸厂的排污行为，使南明河的生态环境得到改善。

聂某等149户某村村民与平顶山某煤业股份有限公司五矿等水污染责任纠纷案

《最高人民法院公布九起环境资源审判典型案例》第2号

2014年7月4日

【基本案情】

自2003年6月起，聂某等149户某村村民因本村井水达不到饮用水标准而到附近村庄取水。聂某等人以平顶山某煤业股份有限公司五矿（以下简称五矿）、平顶山某煤业股份有限公司六矿（以下简称六矿）、某医疗集团总医院（以下简称总医院）排放的污水将地下水污染，造成井水不能饮用为由提起诉讼，请求判令三被告赔偿异地取水的误工损失等共计212.4万元。

【裁判结果】

河南省平顶山市新华区人民法院一审认为，三被告排放生产、生活污水污染了某村井水，导致聂某等 149 户村民无法饮用而到别处取水，对此产生的误工损失，三被告应承担民事责任，判决三被告共同承担赔偿责任。双方不服上诉至平顶山市中级人民法院。二审庭审中，鉴定人员出庭接受质询，证明即便三被告排放的是达标污水，也肯定会含有一定的污染因子，五矿、六矿职工及家属排放的生活污水与五矿、六矿排放的生产污水只能按主次责任划分。二审法院依据鉴定报告及专家意见，结合二审查明的生产污水与生活污水对损害发生所起的主次作用以及五矿、六矿职工及其家属所排生活污水约占致损生活污水总排量的 60% 等事实，认定三被告对因其排放生产污水造成的本案误工损失共同承担 40% 的赔偿责任；五矿、六矿就其职工及家属排放生活污水造成的其余 60% 误工损失共同承担六成的赔偿责任。二审法院于 2011 年 7 月作出判决，判令五矿、六矿、总医院因排放生产污水共同赔偿聂某等人误工费 17.65 万元，五矿、六矿因其职工及其家属排放生活污水共同赔偿聂某等人误工费 15.89 万元。

【典型意义】

本案系多方排污导致地下水污染，危害饮用水水源，严重威胁聂某等人的身心健康。被告的生产、生活污水排入地下，且不能举证证明其排污行为与聂某等人的损害之间不存在因果关系，一、二审法院认定三被告污染环境，应当承担民事责任并无不当。根据《侵权责任法》第六十五条和第六十六条的规定，污染者应对其污染行为造成的损害承担无过错责任，即使三被告排放的污染物达标，造成损害的，仍不能免除其民事责任。涉案地下水污染系多个责任主体、多个排污行为叠加所致，二审法院根据鉴定报告和专家意见，厘清了不同排污行为产生的主次责任以及被告承担责任的比例划分，进而作出了相应判决。

上海市松江区叶榭镇人民政府与蒋某祥等水污染责任纠纷案

《最高人民法院公布九起环境资源审判典型案例》第3号

2014年7月4日

【基本案情】

某车料（上海）有限公司（以下简称某车料公司）、上海某热镀锌有限公司（以下简称某热镀锌公司）与上海某化工有限公司（以下简称某化工公司）存在盐酸买卖关系，并委托某化工公司处理废酸。某化工公司委托未取得危险废物经营许可证的蒋某祥从上述两公司运输和处理废酸。2011年2月至3月间，蒋某祥多次指派其雇佣的驾驶员董某振将从三公司收集的共计6车废酸倾倒至叶榭镇叶兴路红先河桥南侧的雨水井中，导致废酸经雨水井流入红先河，造成严重污染。污染事故发生后，上海市松江区叶榭镇人民政府（以下简称叶榭镇政府）为治理污染，拨款并委托松江区叶榭水务管理站对污染河道进行治理。经审计确认红先河河道污染治理工程款、清理管道污染淤泥工程款、土地征用及迁移补偿费、勘察设计费、合同公证及工程质量监理费、审计费等合计887266元。因本次污染事故，蒋某祥、董某振分别被判处有期徒刑二年和一年三个月，某化工公司、某车料公司、某热镀锌公司分别被上海市环境保护局罚款46万元、16万元、16万元。叶榭镇政府提起诉讼，请求判令蒋某祥、董某振、某化工公司、某车料公司、某热镀锌公司连带赔偿经济损失887266元。

【裁判结果】

上海市松江区人民法院一审认为，本案中叶榭镇政府作为被污染河道的主管单位，有权对污染河道进行治理，也有权作为原告提起诉讼。蒋某祥以营利为目的，在未取得危险废物经营许可证的情况下，指派其雇员将废酸倾倒至叶榭镇政府境内通向红先河的雨水井中，造成严重污染，应当承担民事赔偿责任。董某振盲目听从蒋某祥的指派，故意将废酸倒入雨水井中导致红先河严重污染，应当与其雇主蒋某祥承担连带赔偿责任。某化工公司、某车料公司、某热镀锌公司在生产过程中所产生的废酸属于危险废物，应向当地环境保护行政主管部门申报，并移交到有相应资质的单位进行处理。但上述三公司均未办理法定手续，擅自处理废酸，与此后红先河严重污染有直接的因果关系，对本次污染事故具有重大过错，理应与蒋某祥承担连带赔偿责任，综合三公司运出并倾倒的废酸数量及某化工公司在本次事故中所起作用等因素，酌情确定各自对损害后果承担的赔偿责任比例。一审法院于 2012 年 6 月作出判决，判令蒋某祥赔偿叶榭镇政府各项经济损失 887266 元，董某振承担连带赔偿责任；某化工公司、某车料公司、某热镀锌公司分别对蒋某祥应当赔偿的款项承担 20%、65%、15%的连带赔偿责任。

【典型意义】

危险废物不但严重威胁人体健康，也会对人类赖以生存的生态环境造成巨大破坏，必须依法进行申报和处理。本案中，蒋某祥在未取得危险废物经营许可证的情况下擅自倾倒废酸，致使红先河严重污染，应承担全部赔偿责任。董某振作为蒋某祥雇佣的驾驶员，对未经处理的废酸倾倒至雨水井可能造成的危害后果应当具有预见能力，但其盲目听从蒋某祥的指派，故意将废酸倒入雨水井中，应与蒋某祥承担连带赔偿责任。某化工公司、某车料公司与某热镀锌公司未办理法定手续，擅自将废酸交由不具备资质的个人运输并排放，应根据各自违法处理危险废物的数量以及对事故发生所起作用等因素按份额与蒋某祥共同承担责任。虽然环境保护行政主管部门已对上述三公司进行了行政罚款，蒋某祥、董某振也被处以刑罚，但均不能免除或减轻其民事赔偿责任。通过刑事责任、行政责任、民事责任三种责任方式的综合运用，提高污染者的违法成本，并对潜在的污染者形成有效震慑，达到防治危险废物污染的目的。

重庆市长寿区龙河镇某村1组与蒙城县某运输有限公司等环境污染责任纠纷案

《最高人民法院公布九起环境资源审判典型案例》第4号

2014年7月4日

【基本案情】

2010年7月6日，李某驾驶杨某文所有的牵引车与某汽车运输公司（以下简称某甲公司）所有的重型罐式货车尾随相撞发生交通事故，造成杨某文死亡、财产毁损，罐式货车所载的一甲胺溶液发生泄漏，产生环境污染。李某承担此次事故的全部责任，某甲公司的驾驶员不承担责任。上述牵引车系挂靠蒙城县某运输有限公司（以下简称某乙公司）、新余市某汽车运输有限责任公司（以下简称某丙公司）经营。此次交通事故泄露一甲胺溶液5.34吨，对当地鱼塘、农田造成污染。后政府职能部门对被污染的鱼塘和农田损失情况进行了实地测查，确认了相关损失。重庆市长寿区龙河镇某村1组（以下简称某村1组）提起诉讼，请求判令某乙公司、某丙公司、李某芳等杨某文遗属、某甲公司连带赔偿因环境污染造成的财产损失7500元。

【裁判结果】

重庆市长寿区人民法院一审认为，根据《侵权责任法》第六十八条之规定，环境污染者即使因第三人的过错造成他人损失，也不能免责，故某甲公司应当承担环境污染的损害赔偿责任，其在赔偿后有权向有过错的其他责任人进行追偿。杨某文一方在交通事故中负有全部责任，对于某村1组遭受的环境污染损害具有过错，也应承担赔偿责任。现杨某文已经死亡，该债务发生在杨某文与李某芳婚姻关系存续期间，故李某芳应当对该债务承担连带责任，杨某芹等杨某文的继承人应在继承杨某文遗产的范围内承担赔偿责任。杨某文所有的车辆，挂靠在某乙公司、某丙公司名下，故该两公司应当承担补充赔偿责任。李某系杨某文雇佣的驾驶员，其在从事雇佣活动中造成他人损害的，依法应由雇主对外承担侵权责任。事故发生后，政府职能部门作出的损失情况统计表应予采纳。被告对污染行为与损害之间不存在因果关系未予举证证明，故对其辩解不予采信。一审法院于 2011 年 12 月作出判决，判令由某甲公司、李某芳赔偿某村 1 组损失 7500 元；某乙公司、某丙公司承担补充赔偿责任；杨某芹等继承人在继承杨某文遗产的范围内对前款债务承担清偿责任；驳回某村 1 组对李某的诉讼请求。

【典型意义】

本案系因交通事故导致有毒化学物质泄漏引起的环境污染责任纠纷，涉及不同法律关系的多方当事人。某甲公司因第三人杨某文方的过错造成了环境污染，被侵权人依法可以向污染者请求赔偿，也可以向第三人请求赔偿。本案中，某村 1 组同时以某甲公司、杨某文方为被告提起诉讼，一审法院予以受理并依法认定二被告应各自承担相应的责任，合法有据。污染者依法应对其污染行为造成的损害承担无过错责任，故某甲公司不得以第三人过错造成损害为由拒绝赔偿，且该公司未能举证证明其行为与损害结果之间不存在因果关系，某甲公司应当承担赔偿责任。某甲公司赔偿后，有权向第三人追偿。因杨某文方的过错发生交通事故，其过错行为与某村 1 组遭受的环境污染损害具有直接的因果关系，杨某文方也应承担赔偿责任。

朱某茂、中华环保联合会与某集装箱公司环境污染责任纠纷案

《最高人民法院公布九起环境资源审判典型案例》第 5 号

2014 年 7 月 4 日

【基本案情】

2004 年上半年，某集装箱公司（以下简称集装箱公司）未经环境保护行政主管部门环境影响评价和建设行政主管部门立项审批，自行增设铁矿石（粉）货种接卸作业。在作业过程中，该公司采用露天接卸，造成了铁矿石粉尘直接侵入周边居民住宅；采用冲洗方式处理散落在港区路面和港口外道路上的红色粉尘，形成的污水直接排入周边河道和长江水域，并在河道中积淀，造成了周边环境大气污染、水污染，严重影响了周边地区空气质量、长江水质和附近居民的生活环境。虽经朱某茂等周边居民反映情况、江阴市人民政

府召开协调会议，集装箱公司亦采取了整改措施，但仍未彻底消除污染现象。2009 年 7 月 6 日，朱某茂作为周边居民代表与中华环保联合会共同提起诉讼，请求判令集装箱公司停止侵害，使港口周围的大气环境符合环境标准，排除妨碍；对铁矿粉冲洗进行处理，消除对饮用水源地和取水口产生的危险；将港口附近的下水道恢复原状，铁矿粉泥做无害化处理。江苏省无锡市中级人民法院于受理本案的次日，进行了现场勘验，裁定责令被告立即停止污染侵害行为，并向无锡市人民政府法制办公室、江阴市人民政府发函，取得政府部门的配合和支持。该院还召集听证，责成集装箱公司在案件审结前采取切实可行的方案和措施，迅速改善环境质量状态。集装箱公司据此再次采取整改措施，并在审理过程中提出调解申请。

【裁判结果】

无锡市中级人民法院一审认为，集装箱公司自行增设铁矿石（粉）港口接卸作业，属违法行为，对周边大气环境和地表、水域造成了污染侵害，影响了周边居民的正常生活。鉴于集装箱公司在诉讼前已采取了一定的污染防治措施，在本案审理过程中又采取了一系列治理措施，并提出调解申请。经法院依法主持调解，双方当事人达成协议，由集装箱公司限期补办相关的行政许可审批手续，限期内未获得行政许可的，必须立即停止相关业务；在申办期内，必须做到无尘化装卸作业，不得向周边河流、水域排放任何影响水体质量的污染物，不得产生超过国家规定标准的噪声；每 30 天书面报告本协议履行情况，并附当地环境保护行政主管部门的环境监测报告。无锡市中级人民法院于 2009 年 9 月出具民事调解书，对上述协议依法予以确认。

【典型意义】

本案兼具私益诉讼和公益诉讼的特点。朱某茂是居民代表，同时又是环境污染的受害者，其与中华环保联合会共同作为原告起诉后，无锡市中级人民法院依法予以受理，对环境公益诉讼的原告主体资格问题进行了有益的探索和实践。鉴于环境污染具有不可逆性、地域广阔性、潜在受害人不确定性和社会公共利益受损的广泛性，无锡市中级人民法院受理案件后，依职权进行现场勘验，针对正在实施的环境污染侵害行为，先行裁定污染者立即停止侵害，防止了损害的扩大。无锡市中级人民法院在审理本案的过程中，重视与政府相关部门的对接和联动，各司其职、各尽其责，正确处理了维权与维稳的关系，鼓励污染者积极采取防治措施，修复环境，对迅速治理环境污染起到了积极作用。

张某健等 1721 人与福建省（屏南）某化工有限公司环境污染责任纠纷案

《最高人民法院公布九起环境资源审判典型案例》第 6 号

2014 年 7 月 4 日

【基本案情】

福建省（屏南）某化工有限公司（以下简称某化工公司）自 1995 年投产后，对周边地区陆续造成污染，排放的废水、废气、废渣，对环境和人体造成严重损害。特别是排放的氯气，造成大片树林、竹林、果树、庄稼枯死，鱼虾不能生存。对此，有现场勘验报告和当地乡人民政府出具的《屏城乡溪坪村受某化工公司污染情况》佐证，江西惠普会计师事务所据此提出了损失计算标准。张某健等 1721 人提起诉讼，请求判令某化工公司立即停止侵害，赔偿农作物及竹、木等损失，清除厂内及后山废渣。

【裁判结果】

宁德市中级人民法院一审认为，某化工公司虽主张排放达标，但不能证明排放不会造成损害，应推定因果关系存在，侵权责任成立。

张某健等 1721 人从 1995 年某化工公司投产后、山地陆续出现毛竹等死亡时，就陆续向有关部门反映，诉讼时效并未超过。一审判决：某化工公司立即停止侵害，清除厂内和后山工业废渣，并赔偿山场林木、果树、毛竹和农田等部分损失。双方不服上诉至福建省高级人民法院。该院二审认为，污染物排放标准不是确定排污单位是否承担侵权赔偿责任的界限，某化工公司未能提供证据证明其废气排放、废渣堆放与张某健等 1721 人的农作物受损没有因果关系，应承担举证不能的责任。二审法院于 2005 年 11 月 16 日作出判决，维持一审判决关于某化工公司立即停止侵害的判项，判令某化工公司赔偿山场林木、果树、毛竹和农作物等损失 68.42 万元，在限期内对厂内及后山的含铬废渣进行清理，并按规范进行处置，对原后山的堆场进行封场。

【典型意义】

环境污染责任的构成要件包括污染者有污染环境的行为、受害人有损害、污染者污染环境的行为与受害人的损害之间有因果关系。其中，因果关系的认定是环境污染责任纠纷中的重要问题。鉴于环境污染侵权具有致害途径复杂多样、损害证明科学技术性强以及多因一果现象频发等特性，《侵权责任法》第六十六条规定环境污染侵权实行因果关系的举证责任倒置，将污染行为与损害之间不存在因果关系的举证义务加于污染者，其举证不能时，则推定因果关系成立，从而认定环境污染责任成立，保护受害人的合法权益。此外，环境污染责任系无过错责任，污染者有污染行为并造成损害的，除其举证证明存在法律规定的不承担责任或者减轻责任的情形外，均应承担侵权责任，不得以排污达标为由提出抗辩、减免责任。再者，在认定环境污染责任成立的前提下，准确界定损害赔偿的范围，涉及化学、生物、地理等专业知识，宁德市中级人民法院经双方当事人同意委托专业人士进行现场勘验，并依据具备资产评估资格的会计师事务所提出的损失计算标准，认定赔偿数额，具有一定的指导意义。

姜某波与荆某噪声污染责任纠纷案

《最高人民法院公布九起环境资源审判典型案例》第7号

2014年7月4日

【基本案情】

2009年起荆某租用了谷某的房屋和院落，此院落与姜某波住所前后相邻，仅一墙之隔。荆某在租用的院落里对钢铁制品进行切割作业，产生的噪声使姜某波不堪忍受。姜某波先后向村委会及当地环境保护行政主管部门反映，但问题仍未得到解决，遂提起诉讼，请求判令荆某停止侵害，排除妨碍，将产生噪声污染及粉尘污染的铁制品搬离与姜某波相邻的院落，赔偿其精神损失8000元。

【裁判结果】

乌鲁木齐市米东区人民法院一审判令荆某立即停止侵权、排除妨害，将产生噪声的钢铁制品搬离与姜某波相邻的院落，并赔偿姜某波精神损害抚慰金 2000 元。荆某不服，上诉至乌鲁木齐市中级人民法院。该院二审认为，钢铁制品在装卸、运送或者加工过程中产生的声音超出一般公众普遍可忍受的程度。本案中，荆某院落与姜某波居所一墙相隔，荆某在院落中放置工具、加工材料时所产生的声音势必能传入其他居民的居室内，已成为干扰周围居民生活的环境噪声。噪声污染对人体健康可能造成损害，是为公众普遍认可的，姜某波称其因噪声无法休息导致精神受到伤害符合日常生活经验法则，应推定属实。荆某否认噪声污染给姜某波造成了实际损害，应举证证明，但荆某不能举出其院落中发出的噪声对姜某波的身体健康未产生损害的证据。一审判决根据荆某加工钢铁制品产生的噪声的时间、两家距离的远近、噪声的大小酌情支持2000 元精神损害抚慰金并无不当。二审法院于 2012 年 7 月作出判决：驳回上诉，维持原判。

【典型意义】

在工业生产、建筑施工、交通运输和社会生活中产生的严重噪声污染，侵害人们安宁生活、工作和学习的权利，导致人们身心健康受损。本案中，荆某在装卸、运送、加工钢铁制品过程中产生的噪声，超过了一般人可容忍的程度，严重干扰了周边人群的正常生活，应承担停止侵害、排除妨碍及赔偿损失的民事责任。噪声污染给受害人身心健康造成的损害具有持续性和隐蔽性等特点，受害人的症状往往不明显且暂时无法用精确的计量方法反映。二审判决适用了日常生活经验法则及事实推定规则，认为钢铁制品加工、搬卸的噪声会比较严重地影响相邻院落居民正常的生活和休息，符合一般人的认知规律，而且噪声污染对身心健康造成损害，也是为公众所普遍认可的。在荆某未举出反证证明其产生的噪声未对姜某波产生损害的情况下，即使姜某波尚未出现明显症状，其生活受到噪声侵扰而导致精神损害的事实也是客观存在的。二审法院系结合荆某加工钢铁制品产生噪声的时间、双方距离的远近、噪声的大小，酌情作出了由荆某赔偿姜某波精神损害抚慰金 2000 元的判决。

曲某全诉山东某实业股份有限公司大气污染责任纠纷案

《最高人民法院发布环境侵权典型案例》第4号

2015年12月29日

【基本案情】

1995年，曲某全承包一处集体土地种植樱桃。2001年，山东某实业股份有限公司（以下简称某实业公司）迁至曲某全樱桃园毗邻处从事铝产品生产加工。2009年4月，曲某全提起诉讼，请求某实业公司停止排放废气，赔偿其损失501万余元。为证明其主张，曲某全提交了烟台市牟平区公证处勘验笔录、烟台市农产品质量检测中心出具的樱桃叶片氟含量检测报告等证据。后经双方共同选定和取样，一审法院委托山东省农业科学院中心实验室对樱桃叶片的氟化物含量予以检测，检测报告表明：距离某实业公司厂区越近，樱桃叶片氟化物含量越高。某实业公司提供樱桃树叶氟含量检测报告、厂区大气氟化物含量检测报告、烟台市牟平区气象局出具的2008年2月至2009年5月的气候情况等证据，拟证明其不存在排污行为，曲某全樱桃园受到损害系气候原因所致。

【裁判结果】

山东省烟台市中级人民法院一审判令某实业公司停止排放氟化物，赔偿曲某全损失204万余元。曲某全、某实业公司均不服提起上诉。山东省高级人民法院二审判令某实业公司赔偿曲某全224万余元。某实业公司不服，向最高人民法院申请再审。

最高人民法院审查认为，曲某全提交的公证勘验笔录和检测报告，与相关科普资料、国家标准以及一审法院委托专业机构出具的检测报告等证据相互印证，足以证明曲某全的樱桃园受到损害，某实业公司排污，排污和损害之间具有关联性，已完成举证证明责任。某实业公司作为侵权人，其提交的樱桃树叶氟化物含量检测报告中距离厂区越近浓度越低的结论有悖常识；厂区大气氟化物含量检测报告系2010年5月7日作出，与本案待证事实不具有关联性；天气原因亦不能否定排污行为和损害之间的因果关系。考虑到确实存在天气恶劣等影响樱桃生产的原因，二审法院酌情判令某实业公司对曲某全的损失承担 70% 的赔偿责任，认定事实和适用法律均无不当。

【典型意义】

《最高人民法院关于审理环境侵权责任纠纷案件适用法律若干问题的解释》第六条规定，被侵权人根据《侵权责任法》第六十五条规定请求赔偿的，应当提供污染者排放了污染物；被侵权人的损害；污染者排放的污染物或者其次生污染物与损害之间具有关联性的证明材料。本案判决作出于上述司法解释之前，在适用《侵权责任法》第六十六条因果关系举证责任倒置原则的同时，要求被侵权人就污染行为与损害结果之间具有关联性负举证证明责任，对于细化被侵权人和污染者之间的举证责任分配，衡平双方利益具有典型意义，体现了审判实践在推进法律规则形成、探寻符合法律价值解决途径中的努力和贡献。同时，本案判决运用科普资料、国家标准以及专业机构的鉴定报告等作出事实认定，综合过错程度和原因力的大小合理划分责任范围，在事实查明方法和法律适用的逻辑、论证等方面提供了示范。

沈某俊诉机械工业某设计研究院噪声污染责任纠纷案

《最高人民法院发布环境侵权典型案例》第 5 号

2015 年 12 月 29 日

【基本案情】

沈某俊系机械工业某设计研究院（以下简称机械设计院）退休工程师，住该院宿舍。为增加院内暖气管道输送压力，机械设计院在沈某俊的住宅东墙外侧安装了增压泵。2014 年，沈某俊认为增压泵影响其休息向法院提起诉讼。后双方达成和解，沈某俊撤回起诉，机械设计院将增压泵移至沈某俊住宅东墙外热交换站的东侧。2015 年，沈某俊又以增压泵影响其睡眠、住宅需要零噪声为由，再次诉至法院，要求判令机械设计院停止侵害，拆除产生噪声的增压泵，赔偿其精神损害费 1 万元。根据沈某俊的申请，法院委托蚌埠市环境监测站对增压泵进行监测，结果显示沈某俊居住卧室室内噪声所有指标均未超过规定的限值。

【裁判结果】

安徽省蚌埠市禹会区人民法院一审认为，经监测，增压泵作为被测主要声源，在正常连续工作时，沈某俊居住卧室室内噪声所有指标均未超过规定的限值。沈某俊关于增压泵在夜间必须是零噪声的诉讼主张没有法律依据。一审法院判决驳回沈某俊的诉讼请求。安徽省蚌埠市中级人民法院二审维持了一审判决。

【典型意义】

《环境噪声污染防治法》第二条第二款规定，环境噪声污染，是指所产生的环境噪声超过国家规定的环境噪声排放标准，并干扰他人正常生活、工作和学习的现象。与一般环境侵权适用无过错责任原则不同，环境噪声侵权行为人的主观上要有过错，其外观须具有超过国家规定的噪声排放标准的违法性，才承担噪声污染侵权责任。因此，是否超过国家规定的环境噪声排放标准，是判断排放行为是否构成噪声污染侵权的依据。经委托鉴定，在增压泵正常工作过程中，沈某俊居住卧室室内噪声并未超过国家规定标准，不构成噪声污染，机械设计院不承担噪声污染侵权责任。本案判决有利于指引公众在依法保障其合法权益的同时，承担一定范围和限度内的容忍义务，衡平各方利益，促进邻里和睦，共同提升生活质量。

袁某威诉广州某房地产发展有限公司噪声污染责任纠纷案

《最高人民法院发布环境侵权典型案例》第6号

2015年12月29日

【基本案情】

袁某威购买了广州某房地产发展有限公司（以下简称某房地产公司）开发的商品房。2014年2月，袁某威委托中国科学院广州化学研究所测试分析中心对其居住的房屋进行环境质量监测。该中心作出的环境监测报告显示袁某威卧室夜间的噪声值超过了《民用建筑隔声设计规范》（GB50118－2010）规定的噪声最高限值标准。袁某威认为住宅电梯临近其房屋，电梯设备直接设置在与其住房客厅共用墙之上，且未作任何隔音处理，致使电梯存在噪声污染。向法院提起诉讼，要求判令某房地产公司承担侵权责任。某房地产公司主张案涉电梯质量合格，住宅设计和电梯设计、电梯安装均符合国家规定并经政府部门验收合格，故其不应承担侵权责任。

【裁判结果】

广东省广州市越秀区人民法院一审认为，某房地产公司主张案涉电梯在设计、建筑、安装均符合国家相关部门的规定并经验收合格才投入使用，且电梯每年均进行年检并达标，但这只能证明电梯能够安全运行。袁某威购买的房屋经监测噪声值超过国家规定标准，构成了噪声污染。某房地产公司提供的证据不足以证明其对涉案房屋超标噪声不承担责任或者存在减轻责任的情形。一审法院判令某房地产公司六十日内对案涉电梯采取相应的隔声降噪措施，使袁某威居住的房屋的噪声达到《民用建筑隔声设计规范》（GB 50118—2010）规定的噪声最高限值以下；逾期未达标准，按每日 100 元对袁某威进行补偿；支付袁某威精神抚慰金 1 万元。广东省广州市中级人民法院二审维持了一审判决。

【典型意义】

电梯是民用建筑的一部分，电梯的设计、建设与安装均应当接受《民用建筑隔声设计规范》（GB 50118—2010）的调整。经过监测，涉案电梯的噪声值已经超过国家标准，构成噪声污染。根据《侵权责任法》第六十六条规定，某房地产公司要对其行为与损害不存在因果关系或者减轻责任的情形承担举证证明责任。在某房地产公司未能提供证据证明袁某威对涉案电梯噪声超标存在过错或故意，亦不能证明噪声超标系第三人、不可抗力、正当防卫或紧急避险等原因造成，其不存在法律规定的不承担责任或者减轻责任的情形，应承担相应的侵权责任。本案的审理结果具有很好的警示作用，尤其是生产经营者要在机械设备的设计、建造、安装及日常运营过程中，关注噪声是否达标，自觉承担应有的环境保护社会责任。

梁某南诉某水泥（上思）有限公司水污染责任纠纷案

《最高人民法院发布环境侵权典型案例》第7号

2015年12月29日

【基本案情】

2011年10月5日，上思县水产畜牧兽医局接到梁某南报告，梁某南所承包的下走水库因某水泥（上思）有限公司（以下简称某水泥公司）所属某水泥厂所排入的污水污染致使大批鱼类死亡。该局与县环境监测大队、思阳镇政府等单位组成联合调查组多次前往现场调查，调查报告显示，下走水库水质发黄浑浊，水库周围靠近岸边的水面及其他水面出现死鱼；某水泥厂的排水沟有水泥、煤炭等粉灰不断排入水库。上思县渔政管理站出具的《现场检查（勘验）笔录》记载，某水泥厂位于水库上游，有水沟直接排到水库。上思县水产畜牧兽医局会同思阳镇政府、六银村、龙怀村及某水泥公司等单位到现场勘察，发现库中鱼类基本死亡。梁某南提起诉讼，主张某水泥公司承担侵权责任。经法院委托鉴定确认，梁某南的鱼类损失为11万余元。

【裁判结果】

广西壮族自治区上思县人民法院一审认为，某水泥公司有污染源进入梁某南的养殖水库，其水库中鱼类基本死亡。上思县水产畜牧兽医局出具的调查报告，是在联合调查组三次现场勘察、对周边群众进行询问后形成的，并无违法情形，调查报告得出下走水库鱼类死亡与某水泥公司排污有因果关系的结论，应予采信。某水泥公司存在污染侵权行为，其所举证据并不足以证明其行为与损害之间没有因果关系，故其应承担环境污染的侵权责任，赔偿下走水库鱼类死亡的损失。一审法院判令某水泥公司赔偿梁某南经济损失11万余元。广西壮族自治区防城港市中级人民法院二审维持了一审判决。

【典型意义】

环境污染具有易逝性、扩散性，污染事件发生后，必须尽快收集、固定相关证据。环境保护行政主管部门依职权或应当事人申请对污染者、污染物、排污设备、环境介质等进行查封、扣押、记录、检测、处罚，形成的行政文书有助于人民法院准确认定案件事实。本案污染事故发生后，政府相关部门及时介入，成立联合调查组，出具调查报告，固定、保全证据，为受案法院准确认定案件事实奠定了良好基础。受案法院根据调查报告等，认定某水泥公司有污染行为，梁某南承包的水库确有鱼类死亡的损害事实存在，水库鱼类死亡与某水泥公司排污有因果关系，本案对促进行政、司法联动，发挥行政文书的证明作用，解决环境侵权案件的举证难问题具有示范作用。《最高人民法院关于审理环境侵权责任纠纷案件适用法律若干问题的解释》第十条规定，“负有环境保护监督管理职责的部门或者其委托的机构出具的环境污染事件调查报告、检验报告、检测报告、评估报告或者监测数据等，经当事人质证，可以作为认定案件事实的根据”，进一步肯定了本案的做法。

周某诉荆门市某物流有限公司、重庆某高速公路有限公司水污染责任纠纷案

《最高人民法院发布环境侵权典型案例》第 8 号

2015 年 12 月 29 日

【基本案情】

2012 年 2 月 20 日，荆门市某物流有限公司（以下简称某物流公司）所有的油罐运输车，在重庆某高速公路有限公司（以下简称某高速公司）管理的成渝环线高速公路发生意外事故，所载变压器油泄漏。事故发生后，某高速公司及时处理交通事故，撒沙处理油污路段。经铜梁县环境保护局现场勘验，长约 1 公里、宽约 10 米的路面被泄漏的变压器油污染。泄漏的变压器油顺着高速公路边坡流入高速公路下方雨水沟，经涵洞流入周某承包的鱼塘，鱼塘水面有大面积油层漂浮。经铜梁县环境监测站监测，鱼塘挥发酚、石油类浓度均超标。经鉴定，周某损失鱼类经济价值为 35 万余元。周某提起诉讼，要求某物流公司、某高速公司承担侵权责任，赔偿其损失。

【裁判结果】

重庆市渝北区人民法院一审认为，某物流公司运输车辆在某高速公司管

理的成渝环线高速公路发生意外事故，变压器油泄露，导致周某承包的鱼塘中鱼类死亡，某物流公司应当承担侵权责任。某高速公司作为事故路段的管理者，应充分了解其控制、管理路产的周边情况，在交通事故导致变压器油大量泄漏并可能导致水污染事件的情况下，应当及时启动应急预案并采取有效措施，控制污染源，防止损害的扩大。某高速公司在事故发生后仅应急处理路面交通情况，并未对该路段周围油污进行清理，致使油污流入周某承包的鱼塘造成进一步损害，应根据其过错程度承担次要的赔偿责任。遂判令某物流公司承担70%的赔偿责任，某高速公司承担30%的赔偿责任。重庆市第一中级人民法院二审维持了一审判决。

【典型意义】

本案系在高速公路发生意外事故导致的环境污染及财产损害纠纷。随着我国高速公路的延伸和行驶车辆的增多，高速公路及两侧区域的生态环境保护问题日益突出。高速公路及其沿线的环境保护，不仅仅是环境保护行政主管部门的责任，更需要车辆所有人与使用人、高速公路建设单位与运营单位等方面的共同参与。本案中，某高速公司虽然不是污染事故的肇事者，但在高速公路意外事故造成或者可能造成水污染事件的情况下，其理应依法采取有效措施予以处置，并向有关主管部门报告。某高速公司没有履行上述义务，造成损失扩大，应当承担相应的赔偿责任。本案判决对于高速公路的运营、管理单位提高认识，完善机制，履行环境保护义务具有规范、引导作用。

吴某金诉中铁某局（集团）有限公司、中铁某局集团路桥工程有限责任公司噪声污染责任纠纷案

《最高人民法院发布环境侵权典型案例》第9号

2015年12月29日

【基本案情】

在中铁某局（集团）有限公司（以下简称中铁某局）、中铁某局集团路桥工程有限责任公司（以下简称路桥公司）施工期间，距离施工现场约20～30米的吴某金养殖场出现蛋鸡大量死亡、生产软蛋和畸形蛋等情况。吴某金

聘请三位动物医学和兽医方面的专家到养殖场进行探查，认为蛋鸡不是因为疫病死亡，而是在突然炮声或长期噪声影响下受到惊吓，卵子进入腹腔内形成腹膜炎所致。吴某金提起诉讼，请求中铁某局、路桥公司赔偿损失 150 万余元。

【裁判结果】

贵州省清镇市人民法院一审认为：吴某金养殖场蛋鸡的损失与中铁某局、路桥公司施工产生的噪声之间具有因果关系，中铁某局、路桥公司应承担相应的侵权责任。按照举证责任分配规则，吴某金应证明其具体损失数额。虽然吴某金所举证据无法证明其所受损失的具体数额，但中铁某局、路桥公司对于施工中产生的噪声造成吴某金损失的事实不持异议，表示愿意承担赔偿责任。但在此情况下，一审法院依据公平原则，借助养殖手册、专家证人所提供的基础数据，建立计算模型，计算出吴某金所受损失并判令中铁某局、路桥公司赔偿 35 万余元。贵州省贵阳市中级人民法院二审肯定了一审法院以养殖手册及专家意见确定本案实际损失的做法，终审判令中铁某局、路桥公司赔偿吴某金 45 万余元。

【典型意义】

环境损害数额的确定，往往需要通过技术手段鉴定。但在鉴定困难、鉴定成本过高或不宜进行鉴定的情况下，人民法院可以参考专家意见，结合案件具体案情，依正当程序合理确定损失数额。本案中，吴某金能够证明其开办养鸡场在先，二被告施工行为在后，在二被告施工期间其养殖的蛋鸡出现异常死亡，并提交专家论证报告及其自行记载的蛋鸡死亡数量，但是难以举证证明损害的具体数额。在此情况下，受案法院并没有机械地因吴某金证据不足，判决驳回其诉讼请求，而是充分考虑噪声污染的特殊性，在认定蛋鸡受损系与二被告施工噪声存在因果关系的基础上，通知专家就本案蛋鸡损失等专业性问题出庭作证，充分运用专家证言、养殖手册等确定蛋鸡损失基础数据，并在专家的帮助下建立蛋鸡损失计算模型，得出损失数额并判决支持了吴某金部分诉请，在确定环境损害数额问题上做了有益尝试。

李某能诉海南某实业有限公司粉尘污染责任纠纷案

《最高人民法院发布环境侵权典型案例》第10号

2015年12月29日

【基本案情】

海南某实业有限公司（以下简称某实业公司）未经依法批准，自2010年起租赁集体土地建设灰沙环保砖厂，所建厂房位于李某能羊圈及屋舍西面隔壁。李某能认为某实业公司生产经营排放的石灰粉尘、烧锅炉产生的蒸汽、废烟及设备噪声等造成了山羊和种植的菠萝蜜树叶损害，遂向法院提起诉讼，请求判令某实业公司停止侵害，停止石灰粉碎和烧锅炉生产作业，赔偿其菠萝蜜树叶及林下草地失去草料价值所致损失以及其身体健康损害、水井污染和孕羊流产等损失共计53000元。

【裁判结果】

海南省海口市琼山区人民法院受理案件后，指导李某能委托法律援助律师，并免去其需预交的案件受理费用。承办法官及时赴现场查勘，拍摄固定某实业公司污染行为的有关证据，向环境保护、国土主管部门调取某实业公司未办理环境影响评价、违法占地及排污等证据。考虑到损害鉴定费用高、周期长，而本案基本事实清楚，法律关系明晰，为依法妥善解决纠纷，一审法院在明确案件基本事实的基础上，明之以法、晓之以理，促成李某能、某实业公司自愿达成调解协议，由某实业公司一次性赔偿李某能损失53000元，并于签收调解书时当场支付赔偿款。调解书生效后，一审法院向环境保护主管部门发出司法建议，以监督某实业公司限期整改，消除污染，防止后续环境损害行为的发生。

【典型意义】

调解是贯穿民事诉讼的基本原则。在环境侵权案件审理过程中，人民法院应当统筹社会力量，健全完善调解机制，推动形成防范化解社会矛盾的整体合力，充分发挥司法在环境资源纠纷多元化解决机制中的引领、推动和保障作用。本案受案法院在查明事实、分清是非的基础上，积极探寻当事人个人利益与生态环境保护的根本利益的交汇点，在依法保障个人合法权益，促成李某能与某实业公司达成和解的同时，注重环境治理、修复，向环境保护主管部门发出司法建议，促进了司法与行政执法的有机衔接，共同强化对生态环境的保护力度。此外，受案法院依法免除原告应预交的诉讼费用，指导原告委托法律援助律师，将法律援助与司法救助对接，引导当事人依法理性表达诉求、维护环境权益的做法，亦值得肯定。

某环保联合会诉某农化有限公司等环境污染责任纠纷案

《最高人民法院公布 10 起弘扬社会主义核心价值观典型案例》第 10 号

2016 年 3 月 8 日

【基本案情】

某农化有限公司等六被告违反法律规定，将其生产过程中产生的废酸等危险废物以低价销售给无危险废物处理资质的主体，偷排进河流，导致水体污染，造成严重环境损害。某环保联合会提起环境公益诉讼，要求六被告承担相应的侵权责任。人民法院在查明案件事实的基础上，依法判决六被告支付相应的环境修复费用 1.6 亿余元和鉴定评估费用，并制定具体恢复环境的工作方案。

【典型意义】

弘扬的价值：环境公益

生态环境，是人们共同生存和生活的必要条件，良好的生态环境是全社会的共同福祉，是重要的社会公共利益。无论是日常生活，还是生产经营，都不得以破坏和牺牲生态环境为代价，否则就要依法承担法律责任。本案中，某农化有限公司等六被告长期将工业废物直接排进河道，污染了水流，造成了严重环境损害。环保组织提起环境公益诉讼，人民法院依法判决排污企业承担环境损害责任。

吕某奎等79人诉某船舶重工有限责任公司海上污染损害责任纠纷案

《最高人民法院公布环境资源刑事、民事、行政典型案例》第4号

2017年6月22日

【基本案情】

2010年8月2日上午，秦皇岛某老龙头东海域海水出现异常。秦皇岛市环境保护局的《监测报告》显示，海水悬浮物含量24mg/L、石油类0.082mg/L、铁13.1mg/L。大连海事大学海事司法鉴定中心出具《鉴定意见》，结论为：2010年8月2日某老龙头海域（靠近某船舶重工公司）存在海水异常区；海水水质中污染最严重的因子为铁，对渔业和养殖水域危害程度较大；根据某船舶重工公司系某老龙头附近临海唯一大型企业，修造船舶的刨锈污水中铁含量很高，一旦泄漏将严重污染附近海域，推测出污染海水源地系某船舶重工公司。吕某奎等79人系长期在某老龙头海域进行扇贝养殖的养殖户，诉请法院判令某船舶重工公司赔偿养殖损失20084940元。

【裁判结果】

天津海事法院一审认为：吕某奎等79人的委托诉讼代理人所作的调查笔录仅有被调查人陈述，未能提供现场的客观记录予以佐证；《鉴定意见》所依据的卫星图像不能证明养殖区域在2010年8月2日10时遭受污染，判决驳回吕某奎等79人的诉讼请求。吕某奎等79人上诉至天津市高级人民法院。天津市高级人民法院二审认为：大连海事大学海事司法鉴定中心具备相应的鉴定资质，选用卫星遥感监测技术具有科学性，《鉴定意见》与其他证据相互佐证，可以证实某船舶重工公司实施了向海水中泄漏含铁量较高污水的行为、涉案79人中的王某荣等21人从事扇贝养殖且养殖区域遭受污染，以及某船舶重工公司的污染行为和王某荣等21人损害之间可能存在着因果关系等三项事实。吕某奎等其余58人未能完成证明责任。关于某船舶重工公司提出铁物质不属于评价海水水质的标准，其行为不属于环境污染侵权行为的问题，二审法院认为，环境标准并非判断某类物质是否造成损害的唯一依据，依据环

境保护主管部门意见，鉴定人作出的涉案海域水质中铁物质对渔业和养殖水域危害程度较大的评价，可以作为确定铁物质能够致害的依据。某船舶重工公司未能完成证明本案存在法律规定的不承担责任或者减轻责任的情形以及行为与损害之间不存在因果关系的证明责任，应承担赔偿责任。综合王某荣等 21 人养殖行为不具有合法性的事实以及《鉴定意见》确定的污染物有三类，其中某船舶重工公司排放的铁物质对水质污染最严重的结论，判决某船舶重工公司对王某荣等 21 人养殖损失承担 40% 的损害赔偿责任，共计 1377696 元。宣判后，某船舶重工公司主动履行了全部判决内容。

【典型意义】

本案系海洋环境污染损害赔偿纠纷案件。近年来，伴随着经济社会的快速发展，新型污染物时有出现，由此引发的纠纷日益受到关注。在未纳入环境标准的物质导致损害结果的情况下，致害物质是否属于环境污染责任中的“污染物”以及是否构成环境污染侵权成为法院审理案件的难点。本案在正确分配举证证明责任的基础上，针对某船舶重工公司提出的铁物质不属于评价海水水质的标准，其行为不属于环境污染侵权行为的抗辩理由，综合考虑相关环境标准未及时更新和具备专业资质的鉴定人出具的鉴定意见，认定某船舶重工公司应就其污染行为承担侵权责任，确立了环境污染责任中“污染物”应界定为一切能够造成环境损害的物质，排放未纳入环境标准物质致损亦构成环境污染侵权的裁判规则，依法规范了生产企业的行为，对类似案件审理起到了较好的示范作用。

【点评专家】

邓海峰，清华大学副教授

【点评意见】

本案系海上污染损害纠纷案件。近年来，伴随着经济社会的快速发展，新类型污染物时有出现，由此引发的纠纷日益受到关注。与同类新案件相比，本案的特殊性主要体现在以下三个方面：其一是在受害人不持有海域使用权许可证及养殖许可证等实体权利存在瑕疵的情况下，是否应当提供救济及如何救济？其二是发生未纳入环境标准的物质致损，对该物质是否属于环境污染责任中的“污染物”应如何认定？其三是重要证据存在一定瑕疵时，对其证明力应当如何判断。针对上述三个问题，二审法院分别通过对法律条文的目的性解释、对环境标准内容与效力的动态评价、对证据证明力的辩证分析等严谨的方法，得出了具有公信力的结论。二审法院以成本损失为据确定海域使用权缺失情况下扇贝损失的计算方法、以“一切能够造成环境损害的物质”为基准确立的“污染物”认定规则及以相关佐证作为媒介判定“鉴定结论”等重要证据证明力的证据认定方式，均为审理海上污染损害纠纷案件探寻出了有益的裁判基准。本案的妥善处理，依法规范了企业的生产行为，有效衡平了当事人的合法利益，积极探索了涉海污染侵权案件的审理规则，对类似案件的审理起到了重要的示范作用。

倪某龙诉丹东某风力发电有限责任公司环境污染侵权纠纷案

《最高人民法院公布环境资源刑事、民事、行政典型案例》第5号

2017年6月22日

【基本案情】

倪某龙于1993年建温室养殖场养殖中华鳖。2000年3月，某风力发电公司在倪某龙养殖场周边村落建成大规模风力发电机组，其中两组发电机位于养殖场附近。一组位于养殖场东南约100米处，另一组位于养殖场西北400～500米处。2000年9月份后倪某龙养殖的中华鳖大量死亡。2001年7月25日，倪某龙自行委托监测站针对某风力发电公司对倪某龙中华鳖生产影响进行了论证，结论为：风力发电机叶轮转动投影及噪声扰乱改变了温室大棚中中华鳖所需的安静生活环境，而且这种惊扰正值中华鳖繁殖、发育和生长期间，导致了一系列不良后果。倪某龙针对所致损失，又委托评估鉴定，结论为损失总计1637966元。辽宁省丹东市中级人民法院委托渔业生态监测中心针对“丹东某风力发电厂对室内养殖中华鳖生长影响”进行现场试验鉴定，渔业生态监测中心出具鉴定报告，结论为：试验现场的噪声、电磁辐射以及转动的阴影，不会对中华鳖的存活和生长造成影响。农业部渔业局资源环保处出具证明材料认为：渔业生态监测中心“关于风车的噪声、电磁辐射、转

动阴影等因素对中华鳖的存活和生活影响的试验鉴定”已超出该局核发的《渔业污染事故调查鉴定资格证书》的业务范围。农业部渔业局针对一审法院就相关问题的咨询函答复：“渔业生态监测中心持有我局颁发的《渔业污染事故调查鉴定资格证书》（甲级），具有渔业污染事故调查资格”。倪某龙诉请某风力发电公司赔偿其养殖的中华鳖损失 1637966 元。

【裁判结果】

辽宁省东港市人民法院一审认为，因环境污染引起的损害赔偿诉讼，由加害人就法律规定的免责事由及行为与损害结果之间不存在因果关系承担举证责任。渔业生态监测中心作出的鉴定报告结论为：“试验现场的噪声、电磁辐射以及转动的阴影，不会对中华鳖的存活和生长造成影响。”倪某龙虽对此提出异议，但农业部渔业局已复函证实渔业生态监测中心具有渔业污染事故调查资格，故对该鉴定报告内容予以采信，判决驳回倪某龙的诉讼请求。二审法院维持一审判决。辽宁省高级人民法院再审认为，根据《最高人民法院关于民事诉讼证据的若干规定》第四条规定，因环境污染引起的损害赔偿诉讼，由加害人就法律规定的免责事由及行为与损害结果之间不存在因果关系承担举证责任。本案存在发生损害的事实，且某风力发电公司客观上实施风力发电所产生的噪声、光影及电磁可能会形成环境污染，某风力发电公司应当就倪某龙饲养的中华鳖死亡与其实施的风力发电行为之间不存在因果关系承担举证责任。渔业生态监测中心虽作出鉴定意见认为现场的噪声、电磁辐射以及转动的阴影，不会对中华鳖的存活和生长造成影响。但农业部渔业局资源环保处答复认为，渔业生态监测中心“关于风车的噪声、电磁辐射、转动阴影等因素对中华鳖的存活和生活影响的试验鉴定”已经超出核发的《渔业污染事故调查鉴定资格证书》的业务范围。农业部渔业局虽答复称，渔业生态监测中心具有渔业污染事故鉴定资质，但并未对本案噪声、电磁辐射、转动阴影等因素对中华鳖的影响是否系渔业生态监测中心的鉴定范围作出实质性答复。本案应当认定渔业生态监测中心不具有涉及本案环境污染因素的鉴定资质。案涉环境污染损害纠纷，是基于风力发电产生的噪声、光影及电磁造成的新类型环境污染，不属于一般意义上的渔业水域污染，仅具有渔业污染鉴定资质的机构所出具的鉴定结论不能作为定案的依据。中华鳖属于对噪声及光影敏感生物，而本案中风力发电机最近一组机组距离养殖场仅 100 米，不符合相关规范要求。《辽宁省风力发电厂生态建设管理暂行办法》可以印证中华鳖死亡与风力发电机所产生的噪声、转动阴影、电磁辐射等因素具有一定因果关系。本案某风力发电公司未完成中华鳖死亡与其实施的风力发电行为之间不存在因果关系的举证证明责任，应承担相应的民事责任。辽宁省高级人民法院再审判决撤销一审、二审判决，改判某风力发电公司承担本案损失的80%民事责任，赔偿倪某龙经济损失1310327.8元。

【典型意义】

本案系因风力发电产生的噪声、光影及电磁造成损害的新类型环境污染侵权纠纷。噪声是风力发电厂典型的污染因素。光影的影响，虽未明确作为环境污染的类别，但与光污染类似，且相关研究表明风电场光影的规律性变化和晃动可能对居民和敏感生物产生影响，是可致污染的重要因素。关于电磁波污染，由于风力发电的原理即在于利用风力使得叶片带动磁场转动，由磁场能量转化为电能，在此过程中会产生磁场或电磁波的负面影响，也是已知的可能污染源。本案再审法院根据案件系风力发电厂噪声、光影及电磁致损的新类型污染的特点，综合相关部门就鉴定资质出具的证据，对于鉴定机构的鉴定资质进行了审查判断，未予采信鉴定意见，同时依据风力发电机组与养殖场的距离、风力发电厂生态建设相关规范文件，结合中华鳖的习性，认定了风力发电产生的噪声、光影及电磁与中华鳖的死亡具有一定的因果关系，体现了环境资源审判中对于专业性问题审查判断的特殊性，对于准确认定污染行为和损害的因果关系具有一定示范意义。

【点评专家】

侯佳儒，中国政法大学教授

【点评意见】

本案的争议焦点是中华鳖死亡与某风力发电公司实施的风力发电行为之间是否存在因果关系。对此，虽一审、二审法院未予认定该因果关系，但再审法院通过对鉴定机构资质的判断以及综合案件具体情况认定该因果关系存在，是正确的。侵权法上，加害行为与损害结果间的因果关系有两个特征：一是该因果关系具有客观性，符合自然科学上的因果规律；二是该因果关系认定具有主观性，一个社会内在的文化观念、习俗伦理、立法政策都影响该因果关系的认定。法律上的因果关系认定不仅依赖自然科学知识，还依赖法学的价值判断。本案存在对鉴定机构资质出具的两份结论相悖的意见，人民法院在采信证据方面没有依赖鉴定意见，而是在审查鉴定机构资质确定不予采信鉴定意见基础上，从规范要求和侵权行为的特殊性出发，依据风力发电机最近一组机组距离养殖场仅 100 米，选址违反法律规定等因素，对于因果关系予以认定，体现了法学的价值判断对于认定因果关系成立与否的重要意义。

江西某现代生态农业发展有限公司诉江西某化工有限公司大气污染责任纠纷案

《最高人民法院公布环境资源刑事、民事、行政典型案例》第 6 号

2017 年 6 月 22 日

【基本案情】

2014 年 6 月，某化工公司在生产中因故导致生产废气泄漏，致使某农业发展公司苗木叶面受损，某农业发展公司根据资产评估报告自行按比例计算损失为 3742600.1 元，据此诉请判令某化工公司赔偿苗木损失。

【裁判结果】

江西省赣州市中级人民法院一审认为，某化工公司作为侵权人应当承担侵权责任，赔偿某农业发展公司因此造成的损失，某农业发展公司根据资产评估报告自行按比例计算损失为 3742600.1 元，因其委托资产评估机构所作的资产价格评估不属于损失鉴定，评估报告亦未对其苗木损失作出鉴定意见，不能达到其证明损失数额的证明目的，故参照当地林业部门的建议补偿标准，结合某农业发展公司受损苗木面积、品种、树龄等本案实际情况，判令酌定由某化工公司向某农业发展公司赔偿损失共计 16 万元。江西省高级人民法院二审认为，涉案资产评估报告可信程度较高，该评估报告虽未直接给出某农业发展公司的受损价值金额，但根据该评估报告确定的资产评估价值，结合会昌县林业局出具的《关于江西会昌县某化工公司废气污染林业苗木受害情

况调查报告》，可以计算出某农业发展公司的受损价值金额，会昌县林业局《2014年鹰某污染事故林业苗木受损情况调查登记表》中载明了某农业发展公司因案涉污染事故而受损苗木的树种、苗龄、面积、株数、受害程度（分轻度、中度、重度三个等级）等具体信息，评估机构的《苗木资产评估明细表》对应《2014年鹰某污染事故林业苗木受损情况调查登记表》中载明的受损苗木的树种作出了单项评估价值，二者相结合并扣除必然发生的税费和交易成本，可以计算出某农业发展公司的受损总值为1363217.29元，据此改判由某化工公司赔偿某农业发展公司因废气污染造成的苗木损失1363217.29元。某化工公司不服二审判决，向最高人民法院申请再审。最高人民法院认为，二审判决根据有资质机构作出的资产评估报告，以受损苗木的总资产价值7492147元为基础，酌定扣减涉案苗木的实际交易成本和税费，并参照林业局评估报告中林分受损等级划分标准，取75%、35%、15%三个较低数值作为重度、中度、轻度三种损害程度的计算比值，得出某农业发展公司苗木损失为1363217.29元，该计算方法公允、客观，事实依据充分。最高人民法院裁定驳回了某化工公司的再审申请。

【典型意义】

本案系环境民事侵权案件，人民法院在能动计算环境侵权损失数额方面进行了积极有益的探索。环境侵权诉讼具有举证难、损失鉴定难的特点，在环境侵权行为和损害已经实际发生，但受害人难以举证证明损失具体数额的情况下，法官应当注重适度发挥职权作用，根据已有证据进行认定，以救济受害人的合法权益，倒逼污染者强化环境保护意识，预防环境损害的发生。本案是在两次委托鉴定未果的情况下，二审法院根据评估机构的评估报告、林业部门的调查材料，秉持衡平双方当事人利益的理念确认某农业发展公司受损金额，具有公平合理性。

【点评专家】

周塞军，中华全国律师协会环境、资源与能源法专业委员会主任

【点评意见】

在比较典型的有毒气体排放导致损害赔偿的侵权案件中，案件的侵权事

实部分一般没有太大的争议，侵权的行为与结果发生的因果关系争议也不大，但是赔偿的范围和额度往往成为当事人争讼的焦点问题，各地的判决结果也存在差别。

法院如何认定和采信鉴定机构对损害赔偿的鉴定报告，是本案的核心问题。实践中，环境侵权案件的鉴定意见往往是关系到责任认定和赔偿额度的关键证据，但各级法院对鉴定意见的采信持比较慎重的态度。这是由于我国环境侵权案件的鉴定工作也是刚刚开始，鉴定机构的设置和工作开展，确保鉴定意见真实、合法、有效的鉴定规则，鉴定人资质要求，鉴定人的职业道德，鉴定的法律依据和技术标准，鉴定结果的权威性都在逐步地建立和制度完善之中，社会对环境损害赔偿也有一个逐步认识和接受的过程。此外对于法院在审判过程中审查鉴定意见的规则也需要不断完善。应该说本案鉴定报告对基本事实的范围、鉴定技术方法是有价值的，但单独的鉴定报告并没有解决全部问题。因此法院在评判鉴定报告时，将其与林业局《关于某化工公司废气污染林业苗木受害情况调查报告》和其他证据相结合，得出了赔偿范围和价值，较好地解决了案件争议。

某市自来水公司诉韩国某银行投资公司水污染损害赔偿案

《最高人民法院公布长江流域环境资源审判十大典型案例》第 6 号

2017 年 12 月 4 日

【基本案情】

2012 年 2 月 2 日 13 时，FC 轮（所有人为韩国某银行投资有限公司）靠泊江苏镇江某化工码头后开始卸货。2 月 3 日 19 时，某市自来水公司检测出自来水厂出水中挥发酚浓度超过标准值 9.4 倍。随后，某市自来水公司采取了相关应急措施。2 月 6 日至 2 月 15 日，某海事局先后对 FC 轮的船长、大副以及其他船员进行调查。某海事局作出《调查报告》称：FC 轮因违反操作规程、设备存在缺陷等原因导致在卸货作业过程中有约 44 吨苯酚通过该轮的水下排放管路直接排出了舷外造成长江水体污染。某市自来水公司起诉至武汉海事法院，要求韩国某银行投资公司赔偿损失。

【裁判结果】

武汉海事法院一审认为，FC 轮因违反操作规程、设备存在缺陷等导致在卸载作业过程中有约 44 吨苯酚直接排出舷外，造成长江水体污染，判决韩国某银行投资公司赔偿某市自来水公司经济损失。韩国某银行投资公司不服，提起上诉。湖北省高级人民法院二审维持一审判决认定的事实及赔偿金额、利息，仅改判该项赔偿款从韩国某银行投资公司设立的海事赔偿责任限制基金中受偿。

【典型意义】

长江水道被誉为“黄金水道”，但长江上港口、码头众多，通航船舶不计其数，其中，涉危险化学品码头和船舶数量多，分布广，发生危险化学品泄漏的风险持续加大，有的直接威胁长江水体和沿江地区饮用水的水质安全。人民法院要加强对港口、码头使用过程中引发的水污染案件以及船舶排放、泄漏、倾倒油类、污水或者其他有害物质造成水域污染案件的审理，保护长江水域生态环境安全。本案为船舶污染案件，存在涉外因素、社会关注度高、公众反映强烈。FC 轮在卸载苯酚过程中，因违反操作规程、设备存在缺陷等原因导致约 44 吨苯酚直接排出舷外，造成长江水体污染，人民法院依法判决韩国某银行投资公司承担赔偿责任，维护了长江水域生态环境安全及长江沿岸人民群众的生命健康权益。

重庆市长寿区某农业开发有限公司诉某盐化有限公司、四川某地质钻井大队环境污染责任纠纷案

《最高人民法院发布人民法院服务保障新时代生态文明建设典型案例》第 5 号

2018 年 6 月 4 日

【基本案情】

中盐某盐化公司系生产销售工业盐及其化工产品的公司，其所有的矿井包括长平一井、长平二井、长平三井。中盐某盐化公司与四川钻井大队签订

合同，约定由四川钻井大队负责长平三井钻井施工，施工过程中产生的含盐特征污水给距离约 30 米的某农业公司农业基地造成污染。经长寿区人民政府主持调解，某农业公司与四川钻井大队签订《协议书》，约定四川钻井大队一次性支付某农业公司 50 万元补偿款。2012 年 4 月至 5 月，因四川钻井大队处理、填埋钻井产生的污染物措施不当以及下雨等原因，致使包括某农业公司在内的数家农业基地受到污染。中盐某盐化公司所有的长平二井位于某农业公司农业基地西北侧约 100 米。2012 年 4 月，长平二井配套管道发生泄漏，亦导致包括某农业公司在内的农业基地受到污染。有关部门先后多次组织调解，并对土地污染情况、损害程度、损害费用等进行鉴定和评估。鉴定意见认定环境污染损害包括财产损失和污染修复所需费用两部分，某农业公司财产损失为 27.67 万元，污染修复所需费用为 9.848 万元。某农业公司提起诉讼，要求停止侵害、恢复原状、赔偿农产品损失、土壤修复期间损失等费用。

【裁判结果】

重庆市渝北区人民法院一审认为，中盐某盐化公司、四川钻井大队分别实施了环境污染行为，导致包含某农业公司在内的农业基地受到含盐特征污染物的污染。中盐某盐化公司、四川钻井大队的侵权行为在主观上并不具有关联性与意思联络，应当根据《侵权责任法》第十一条的规定承担连带责任。重庆市第一中级人民法院二审认为，中盐某盐化公司、四川钻井大队分别实施了侵权行为，但主观上无侵权意思联络，虽然无法详细区分各自排放污染物数量及污染范围，但单就两污染源各自的侵权行为尚不足以造成本案全部损害。根据《侵权责任法》第十二条的规定，应由中盐某盐化公司、四川钻井大队各自承担相应的责任。根据鉴定报告，结合长平三井位于案涉农业基地西侧约 30 米，长平二井位于案涉农业基地西北侧约 100 米，且长平三井共发生过两次污染事实，可判断两个污染源中长平三井的原因力较大，长平二井的原因力较小。二审法院酌定长平三井的原因力为 60%，长平二井的原因力为 40%。二审改判中盐某盐化公司、四川钻井大队恢复某农业公司被污染土地原状，如逾期未采取恢复措施，则分别按照 40%、60% 比例支付修复费用，并按比例赔偿某农业公司土壤修复期间的损失及农产品减产损失。

【典型意义】

本案系无意思联络数人环境侵权案件。在存在无意思联络多个污染行为导致同一损害后果的情况下，分析各污染行为与损害后果的原因力大小是审理的难点。本案中，两处污染源、先后三次污染行为排放的污染物在受损土壤中渗透、迁移、扩散，共同结合造成同一不可分的损害后果，由此可推知单一污染行为尚不足以造成本案全部损害后果，应适用《侵权责任法》第十二条，由各侵权人承担按份赔偿责任。本案判决结合受污染地域区位、受损环境检测数据、自然科学知识进行分析，合理确定污染行为所占原因力的大小，对于此类环境侵权案件的审理具有较好的示范作用。因环境污染不仅会导致被侵权人的财产损失，也会直接对环境造成不良影响，本案在判令侵权人赔偿损失的同时承担生态环境修复责任，体现了环境侵权救济中以修复生态环境为中心的司法理念，具有较好的示范意义。

陈某荣等诉南宁某开发有限责任公司噪音污染损害赔偿纠纷案

《最高人民法院发布人民法院服务保障新时代生态文明建设典型案例》第8号

2018年6月4日

【基本案情】

陈某荣、梁某红于2007年3月购买了某开发公司开发的某3号楼A单元×××号房。该楼房地下一层为车库和水泵房等。陈某荣、梁某红、陈某称，自2008年9月入住以来，一直受到水泵运转发出的噪声影响，导致陈某荣左耳听力下降，为此多次到医院治疗。2009年8月31日，陈某荣委托南宁市环境保护监测站在案涉房屋卧室对水泵噪声进行监测，结论为：×××号房主卧室昼间实测值为42.1分贝、夜间实测值为38.2分贝。为此，某开发公司对案涉楼房地下一层的水泵房采取了更换水泵等减噪措施。陈某荣等仍感到噪声未消除，遂再次委托监测，结论为：×××号房卧室夜间实测值为40.9分贝。此后，某开发公司未再对案涉水泵采取整改措施。陈某荣等三人提起诉讼，请求某开发公司赔偿医疗费及后续治疗费、精神抚慰金、噪声检测费、专项维修资金、房屋购置税、房屋办证费；按市场价回收案涉房屋，并支付搬迁费。

【裁判结果】

广西壮族自治区南宁市西乡塘区人民法院一审认为，某开发公司作为开发商，应确保其设置的水泵噪声符合环保要求。案涉房屋卧室的水泵噪声夜间值高于《社会生活环境噪声排放标准》规定的限值，构成环境噪声污染，陈某荣等三人主张的侵权事实成立。因案涉水泵噪声未能根本解决，一审法院判决：某开发公司按市场价格回购案涉房屋，并向陈某荣等三人赔偿搬迁费、医疗费等费用。南宁市中级人民法院二审认为，某开发公司作为开发商及案涉水泵安装地点的选定者，应确保其所选定的水泵设置位置不对业主产生噪声干扰，并有对水泵采取隔音防噪措施的义务，且该义务不能简单通过房屋买卖而转移给业主。虽然《社会生活环境噪声排放标准》的适用范围为营业性文化娱乐场所、商业经营活动，但既然上述活动中对周围环境（含住宅环境）排放的噪声超过规定限值即构成噪声污染，根据《环境噪声污染防治法》第二条的规定，案涉水泵运转声音干扰他人正常生活、工作和学习并超过国家规定的环境噪声排放标准时，亦构成噪声污染。经监测，案涉房屋卧室水泵运转所产生的噪声夜间高于《社会生活环境噪声排放标准》规定的卧室夜间噪声限值，亦高于同期《住宅设计规范》规定的住宅卧室夜间噪声标准，构成噪声污染。因某开发公司未能证明其已完全尽到隔音降噪义务或案涉水泵噪声污染系水泵自身单方原因造成，其对案涉水泵噪声给陈某荣等三人造成的损害依法应承担赔偿责任。因案涉水泵噪声未能根本解决，二审法院判决：某开发公司按市场价格回购案涉房屋，并承担相应赔偿责任。

【典型意义】

本案系商品房住宅楼内水泵噪声污染造成损害的新类型环境污染侵权纠纷。法院充分考虑住宅楼内水泵噪声污染的特殊性，基于某开发公司是开发商及案涉水泵安装地点的选定者的事实，认定其对水泵的安装有采取隔音防噪措施的义务，且该义务不能转移给业主。本案判决基于目前缺乏住宅楼内水泵运行噪声标准的现实情况，参照适用《社会生活环境噪声排放标准》，认定住宅楼内水泵运转声音干扰他人正常工作和生活并超过国家规定的环境噪声排放标准的，构成噪声污染，具有合理性。在某开发公司经整改仍无法解决水泵噪声污染的情况下，本案判决某开发公司回购案涉房屋并赔偿相应损失，对于维护人民群众宁静生活的权益，警示和督促房地产开发企业关注噪声问题，自觉承担生态环境保护社会责任，具有较好的示范引导作用。

东莞市沙田镇人民政府诉李某明固体废物污染责任纠纷案

《生态环境保护典型案例》第3号

2019年3月2日

【基本案情】

生效刑事判决认定，2016年3至5月，李某明违反国家规定向沙田镇泥洲村倾倒了约60车600吨重金属超标的电镀废料，严重污染环境，其行为已构成污染环境罪。2016年7月至9月，东莞市沙田镇人民政府（以下简称沙田镇政府）先后两次委托检测机构对污染项目进行检测，分别支出检测费用17500元、31650元。2016年8月至9月，东莞市环境保护局召开专家咨询会，沙田镇政府为此支付专家评审费13800元。沙田镇政府委托有关企业处理电镀废料共支出2941000元。2016年12月，经对案涉被污染地再次检测，确认重金属含量已符合环保要求，暂无须进行生态修复，沙田镇政府为此支付检测费用19200元。沙田镇政府委托法律服务所代理本案，支付法律服务费39957元。

【裁判结果】

广东省东莞市第二人民法院一审认为，沙田镇政府为清理沙田镇泥洲村渡口边的固体废物支出检测费用68350元、专家评审费13800元、污泥处理费2941000元，以上合计3023150元。沙田镇政府系委托具有资质的公司或个人来处理对应事务，并提交了资质文件、合同以及付款单据予以证明。李某明倾倒的固体废物数量占沙田镇政府已处理的固体废物总量的25.6%，故李某明按照比例应承担的损失数额为773926.4元。沙田镇政府为本案支出的法律服务费亦应由李某明承担。沙田镇政府对于侵权行为的发生及其损害结果均不存在过错。一审法院判决李某明向沙田镇政府赔偿电镀废料处理费、检测费、专家评审费773926.4元，法律服务费39957元。广东省东莞市中级人民法院二审判决李某明向沙田镇政府赔偿电镀废料处理费、检测费、专家评审费 773926.4 元。

【典型意义】

本案系固体废物污染责任纠纷。生态环境是人民群众健康生活的重要因素，也是需要刑事和民事法律共同保护的重要法益。生效刑事判决审理查明的事实，在无相反证据足以推翻的情况下，可以作为民事案件认定事实的根据。本案审理法院正确适用《环境保护法》，在依法惩治污染环境罪的同时，对于沙田镇政府处理环境污染产生的损失依法予以支持，体现了“谁污染、谁治理”的原则，全面反映了污染环境犯罪成本，起到了很好的震慑作用。本案对于责任的划分，特别是对地方政府是否存在监管漏洞、处理环境污染是否及时的审查判断，也起到了一定的规范、指引作用。本案的审理和判决对于教育企业和个人依法生产、督促政府部门加强监管有着较好的推动和示范作用。

韩某春与某天然气股份有限公司吉林油田分公司水污染责任纠纷案

《生态环境保护典型案例》第 4 号

2019 年 3 月 2 日

【基本案情】

韩某春与宝石村委会于 1997 年签订《承包草沟子合同书》后，取得案涉鱼塘的承包经营权，从事渔业养殖。2010 年 9 月 9 日，某天然气股份有限公司吉林油田分公司（以下简称某吉林分公司）位于韩某春鱼塘约一公里的大—119 号油井发生泄漏，泄漏的部分原油随洪水下泄流进韩某春的鱼塘。某吉林分公司于 9 月 14 日至 9 月 19 日在污染现场进行了清理油污作业。大安市渔政渔港监督管理站委托环境监测站作出的水质监测报告表明，鱼塘石油含量严重超标，水质环境不适合渔业养殖。韩某春请求法院判令某吉林分公司赔偿 3015040.36 元经济损失，包括 2010 年养鱼损失、2011 年未养鱼损失、鱼塘围坝修复及注水排污费用。

【裁判结果】

吉林省白城市中级人民法院一审认为，本案应适用一般侵权归责原则，韩某春未能证明损害事实及因果关系的存在，故判决驳回其诉讼请求。吉林省高级人民法院二审认为，韩某春未能证明三次注水排污事实的发生，未能证明鱼塘围坝修复费用、2011 年未养鱼损失与某吉林分公司污染行为之间的因果关系，故仅改判支持其 2010 年养鱼损失 1058796.25 元。最高人民法院再审认为，本案系因原油泄漏使鱼塘遭受污染引发的环境污染侵权责任纠纷。韩某春举证证明了某吉林分公司存在污染行为，鱼塘因污染而遭受损害的事实及原油污染与损害之间具有关联性，完成了举证责任；某吉林分公司未能证明其排污行为与韩某春所受损害之间不存在因果关系，应承担相应的损害赔偿责任。排放污染物行为，不限于积极的投放或导入污染物质的行为，还包括伴随企业生产活动的消极污染行为。某吉林分公司是案涉废弃油井的所有者，无论是否因其过错导致废弃油井原油泄漏流入韩某春的鱼塘，其均应对污染行为造成的损失承担侵权损害赔偿责任。洪水系本案污染事件发生的重要媒介以及造成韩某春 2010 年养鱼损失的重要原因，可以作为某吉林分公司减轻责任的考虑因素。综合本案情况，改判某吉林分公司赔偿韩某春经济损失 1678391.25 元。

【典型意义】

本案系因原油泄漏致使农村鱼塘遭受污染引发的环境污染侵权责任纠纷。司法服务保障农业农村污染治理攻坚战是司法服务保障污染防治攻坚战的重要组成部分，也是司法服务保障乡村振兴战略的重要任务，对于依法解决农业农村突出生态环境问题具有重要意义。本案重申了此类案件双方当事人的举证责任，明确了“排放污染物行为”，不限于积极的投放或导入污染物质的行为，还包括伴随企业生产活动的消极污染行为，并对多种因素造成侵权结果的规则进行了探索。本案的正确审理，体现了环境司法协调平衡保障民生与发展经济之间的关系，既保护了被侵权人的合法权益，体现了对农业水产健康养殖的司法保障，同时也对督促石油企业履行更高的注意义务具有一定的指引作用。

孟某玉诉天津某建设投资有限公司噪声污染责任纠纷案

《2019 年度人民法院环境资源典型案例》第十二号

2020 年 5 月 8 日

【基本案情】

2015 年 10 月，孟某玉购买天津某建设投资有限公司（以下简称某建设公司）开发建设的住宅楼一楼住宅一套。因某建设公司设置于该住宅楼下的地下供热管道及供热泵存在噪声，孟某玉自 2015 年 12 月 1 日起在外租房居住。天津市津南区环境监察支队对案涉房屋进行了噪音检测。检测报告显示，案涉房屋夜间室内噪声等效声级值（Leq）为：主卧 37.8，小卧 37.0，次卧 33.6，客厅 39.1。孟某玉诉至法院，要求判令某建设公司消除侵害，并赔偿其在外租房费用 6.60 万元。

【裁判结果】

天津市津南区人民法院一审认为，某建设公司作为房地产开发企业，未能依照《住宅设计规范》（GB50096－1999）的相关规定对公共用电机房进行隔声减震处理，造成案涉房屋噪声排放标准高于《社会生活环境噪声排放标准》（GB22337－2008）规定的排放限值，应对由此造成的噪声污染承担责任。一审法院判决，某建设公司在 5 个月的期间内对案涉供热设备及管道进行降噪改造达到《社会生活环境噪声排放标准》规定的标准，并赔偿孟某玉租房费用损失 2.75 万元。天津市第二中级人民法院二审维持原判。

【典型意义】

本案系商品房住宅楼内地下供热管道及供热泵噪声污染纠纷案件。本案参照《社会生活环境噪声排放标准》，认定住宅楼内供热管道、供热泵持续发出噪声，干扰居民正常生活并超过国家规定的环境噪声排放标准，构成噪声污染，具有妥当性和合理性。本案判决某建设公司进行降噪改造并赔偿相应损失，同时考虑改造措施及住房人居住需求，限定明确的改造期限，有利于裁判结果的有效执行，督促房地产开发企业自觉承担消除住宅噪声污染的社会责任，维护人民群众宁静生活的权益。

连州市连州镇某村民委员会某村民小组诉连南瑶族自治县市政局环境污染责任纠纷案

《2019 年度人民法院环境资源典型案例》第十四号

2020 年 5 月 8 日

【基本案情】

2007 年 10 月，连州市连州镇某村民委员会某村民小组（以下简称某村民小组）等与连南瑶族自治县市政局（以下简称连南市政局）签订《租赁荒地协议书》约定，连南市政局租赁某村民小组的荒地建造垃圾处理场，如因垃圾填埋场造成污染，某村民小组有权要求连南市政局做好环保工作，待处理好方可继续进行工作。此后，连南市政局运送大量垃圾至上述垃圾填埋场直接倾倒，导致所涉地块土壤和地下水资源污染。某村民小组诉至法院，请求解除《租赁荒地协议书》，消除污染，恢复原状，赔偿损失 17.21 万元。一审审理中，某村民小组提交村民小组会议决议，提出由连南市政局一次性赔偿 8 万元了结此事。

【裁判结果】

广东省连州市人民法院一审认为，连南市政局租用某村民小组土地后，将大量垃圾直接倾倒到案涉垃圾填埋场，构成环境侵权。鉴于案涉垃圾填埋场对某村民小组的土地、饮用水等造成的污染损害结果将会在相当长的时期内存在，结合连南市政局已投入整治，某村民小组铺设水管管道入户、解决食用饮水，以及某村民小组诉讼中自愿要求连南市政局一次性赔偿 8 万元了结此事等情况，一审判决连南市政局赔偿 8 万元给某村民小组。广东省清远市中级人民法院二审维持原判。

【典型意义】

本案系涉农村土壤及地下水污染的环境污染责任纠纷案件。近年来，生活垃圾处理问题日益凸显，“垃圾围城”现象不仅严重影响城市生活，也是造成农村污染的重要因素之一。本案中，连南市政局租用某村民小组农村荒地建造垃圾填埋场，本应严格遵循垃圾填埋场相关建设标准以及管理规程，却将生活垃圾直接倾倒堆放，造成农村土壤及地下水污染，严重影响了村民生产生活。案涉垃圾填埋场的污染问题成为中央环保督导组的督办案件。本案依法判决连南市政局承担环境侵权责任，对于规范垃圾填埋场的建设和管理行为，防范农村生态环境污染破坏，推动美丽乡村建设具有积极的示范意义。

中山市某有限公司与苏某新等 5 人、中山市某农业投资有限公司土壤污染责任纠纷案

《2019 年度人民法院环境资源典型案例》第十五号

2020 年 5 月 8 日

【基本案情】

中山市某有限公司（以下简称某公司）系案涉地块土地使用权人。2015 年 3 月，某公司将案涉地块租赁给中山市某农业投资有限公司（以下简称某农业投资公司）经营使用。2016 年 6 月，某农业投资公司擅自将上述地块转租给苏某新填土。2016 年 8 月，经万某均介绍，胡某勇分两次将李某祥经营的洗水场内的废弃物运输至苏某新处用于上述填土工程。胡某栋亦参与了上述运输行为。2017 年 7 月，中山市环境科学学会针对上述污染行为提起环境公益诉讼。广东省广州市第二中级人民法院 2018 年 9 月作出生效民事判决，判令李某祥等 5 人、某农业投资公司共同赔偿生态环境受到损害至恢复原状期间服务功能损失费用 205.21 万元，修复案涉地块（原为水塘）水质至地表水第Ⅲ类标准、土壤第Ⅲ类标准。某公司于本案诉至法院，请求苏某新等 5 人、某农业投资公司连带清偿因委托第三方清运、处理案涉违法倾倒的固体废物以及打井钻探取样、检测支付的费用共计 102.87 万元，并恢复案涉污染土地原状、实施案涉土地的土壤修复、周边生态环境修复和周边水体的净化处理。

【裁判结果】

广东省中山市第一人民法院一审认为，某公司作为案涉土地使用权人，可就案涉土地污染受到的人身、财产损害提起民事诉讼并就其实际损害获得赔偿。但某公司关于委托第三方清运、处理案涉违法倾倒固体废物以及打井钻探取样、检测支付费用等诉讼请求，证据不足，不予支持；关于案涉污染土地恢复原状、土壤及周边环境修复的诉讼请求，已包含在另案环境公益诉讼判决范围内。一审判决驳回某公司的诉讼请求。广东省中山市中级人民法院二审维持原判。

【典型意义】

本案系土壤（水）污染责任纠纷案件。其典型性在于，针对同一污染行为，环境公益诉讼和私益诉讼之间应如何衔接。《最高人民法院关于适用〈中华人民共和国民事诉讼法〉的解释》第二百八十八条规定："人民法院受理公益诉讼案件，不影响同一侵权行为的受害人根据民事诉讼法第一百一十九条规定提起诉讼。"本案中，某公司作为案涉地块的土地使用权人，有权就其因案涉地块污染受到的人身、财产损害提起诉讼。但应就其主张负有举证证明责任，举证不能的，应承担不利法律后果。同时，受害人在私益诉讼中亦可就与其人身、财产合法权益保护密切相关的生态环境修复提出主张。本案系因公益诉讼另案生效判决在先，该案已委托专业机构对环境损害进行鉴定评估，确定了生态环境损害费用和污染治理的可行性修复方案，受害人亦应受该案生效判决既判力约束，故对其已在公益诉讼生效判决范围之内的诉讼请求，不再重复支持。本案的正确审理，对厘清环境公益诉讼和私益诉讼之间的关系，引导当事人进行合理化诉讼安排，具有示范意义。

上海某投资集团有限公司与某船东 2008 –1 有限公司、法国某轮船有限公司、某航运有限公司船舶污染损害责任纠纷案

《2019 年度人民法院环境资源典型案例》第十六号

2020 年 5 月 8 日

【基本案情】

2013 年 3 月，某船东 2008 –1 有限公司（以下简称某公司）所有并由法国某轮船有限公司（以下简称某轮船公司）光船租赁的“达某佛罗里达”轮与某航运有限公司（以下简称某航运公司）所有的“舟某”轮发生碰撞，致使“达某”轮泄漏燃油共计 613.28 吨。上海海事行政主管部门组织包括上海某投资集团有限公司（以下简称某投资公司）在内的各清污单位进行清污作业。另案生效法律文书认定，“达某”轮与“舟某”轮对案涉碰撞事故各承担 50% 的责任。准许某航运公司设立非人身伤亡海事赔偿责任限制基金，某公司、某轮船公司设立海事赔偿责任限制基金，某投资公司在债权登记期间就案涉费用申请债权登记并得以准许。某投资公司诉至法院，请求某公司、某轮船公司、某航运公司连带支付应急处置费 2299.53 万元及利息。

【裁判结果】

宁波海事法院一审认为，某投资公司对碰撞事故引发的污染损害进行防污清污措施，有权向责任方主张由此产生的合理费用。综合全案证据材料，确认该合理费用数额为 923.40 万元。某公司、某轮船公司分别为漏油船舶的所有人和登记光船承租人，应承担上述费用。某航运公司并非漏油船舶，不应承担连带责任。一审判决某投资公司对某公司、某轮船公司享有防污清污费 923.40 万元的债权，其就上述债权可参与某公司、某轮船公司为案涉碰撞事故设立的非人身伤亡海事赔偿责任限制基金分配。浙江省高级人民法院二审维持原判。最高人民法院再审认为，原审确认的船舶使用费、作业人员费用标准过低，应予调整。除本金外，某投资公司主张的防污清污费利息亦应支持。某航运公司系具有过错的第三人，应当按照其 50% 过错承担赔偿责任。

最高人民法院改判某公司、某轮船公司支付防污清污费人民币 1580.46 万元（含已预付费用人民币 757.72 万元）及利息；某航运公司支付防污清污费人民币 790.23 万元及利息。

【典型意义】

本案系船舶污染损害责任纠纷。近年来，船舶碰撞产生的燃油泄漏事件，是造成海洋污染的重要原因，污染后果往往特别严重。传统"谁漏油，谁负责"的观点难以保障海洋生态环境的治理修复。本案判决，依法适用国际公约、国内法和司法解释，认定碰撞船舶所有人作为有过错的第三人亦应承担赔偿责任，全面反映了对污染者与第三人实行无过错责任原则、过错责任原则的基本内涵，即原则上污染者负全责，另有过错者相应负责。本案的审理对于厘清船舶污染损害责任纠纷中的责任主体、责任份额及责任承担方式，为具有海上船舶溢油清除服务等资质的第三方公司参与海洋污染治理提供了司法支持，具有积极的示范意义。

义马市朝阳某养殖场诉河南省义马市某化工有限责任公司水污染责任纠纷案

《黄河流域生态环境司法保护典型案例》第四号

2020 年 6 月 5 日

【基本案情】

义马市朝阳某养殖场（以下简称某养殖场）是 2017 年 6 月经工商登记注册的个体工商户，经营范围为鸡饲养、养殖淡水鱼。该养殖场毗邻黄河支流涧河，鱼塘用水系涧河渗入。2018 年 2 月，河南省义马市某化工有限责任公司（以下简称某化工公司）向涧河上游水域倾倒工业废水，导致位于涧河下游的某养殖场中养鱼塘、钓鱼塘水质均被污染，所饲养鱼苗全部死亡。某养殖场诉至法院，请求判令某化工公司赔偿其鱼塘死鱼损失、钓鱼经营损失、养鸡损失并承担修复鱼塘、养鸡环境修复责任及环境修复费用等。

【裁判结果】

河南省义马市人民法院一审认为，某化工公司向涧河水体排放污染物的行为以及某养殖场所养殖鱼死亡的事实均可认定，且某养殖场养殖鱼水体位于某化工公司向涧河排污的下游段，具有一定关联性，应由某化工公司就其排污行为与某养殖场养殖鱼死亡之间不存在因果关系承担举证责任。某化工公司未能举证证明其排污行为与某养殖场养殖鱼死亡之间不存在因果关系，故某化工公司作为环境污染者，依法应对某养殖场承担侵权责任。一审法院依据鉴定意见，判决某化工公司赔偿某养殖场养鱼塘及钓鱼塘损失 89600 元及律师费，承担环境修复费用 24400 元。

【典型意义】

本案系上游排污引发下游损害的典型水污染纠纷案件。环境侵权纠纷的原告需就污染行为和损害后果之间存在关联性承担初步举证责任。本案中，人民法院基于原被告在地理位置上具有上下游关系，认定关联性成立并将因果关系不存在的举证责任转移给被告承担，系对环境侵权因果关系举证责任分配规则的正确适用。同时，本案裁判明确了受害人在私益诉讼中亦可就与其人身、财产合法权益保护密切相关的生态环境修复提出主张，该修复费用必须用于修复生态环境。本案的正确审理，落实了损害担责原则，对于在私益诉讼中如何处理好与维护生态环境公共利益的衔接关系亦具有示范作用。

青海省某农垦（集团）有限公司诉格尔木市某发展有限责任公司固体废物污染责任纠纷案

《最高人民法院发布青藏高原生态保护典型案例》案例八

2023 年 5 月 5 日

【基本案情】

被告格尔木市某发展有限责任公司（以下简称某发展公司）为矿山企业，2006 年与原告青海省某农垦（集团）有限公司（以下简称某农垦公司）签订租赁合同，在案涉租赁场地堆存尾矿渣，直至 2016 年退租时仍未进行合法处置。经调查评估，上述尾矿渣为第Ⅱ类一般工业固体废物，堆放周边有枸杞种植地、耕地和地表水流经。因无法与某发展公司取得联系，格尔木市生态环境局向某农垦公司发出督办通知，将历史遗留尾矿渣交由出租人某农垦公司处置。某农垦公司委托专业公司处置后，起诉某发展公司追索由此产生的治理费用2612402.28元。

【裁判结果】

青海省格尔木市人民法院一审认为，原被告双方在租赁合同中约定，某发展公司负有不能造成环境污染及合同终止时将土地恢复原状的义务，反映出某农垦公司可以预见某发展公司在履约过程中可能造成环境污染，但其在长达10年的租赁关系存续期间，未对某发展公司持续、大量堆存尾矿渣的行为予以制止并要求其依法处置；在合同关系终止后，随即将案涉场地出租给第三人使用，其不作为导致损害结果进一步扩大。根据双方过错程度及对损害结果所起的作用，确定某农垦公司自行承担15%的责任，判令某发展公司承担剩余85%的责任。宣判后，各方均未上诉，一审判决已发生法律效力。

【典型意义】

青藏高原经济社会发展必须牢固树立和践行绿水青山就是金山银山的理念，把建设生态文明转化为各族群众的自觉行动，坚定不移走生产发展、生活富裕、生态良好的文明发展道路，努力实现人与自然和谐共生。本案中，被告在种植地、耕地和地表水流经地周边长期堆存尾矿渣，严重侵害周边生态环境。原告作为土地权利人，对场地租赁方堆存固体废物的行为未尽合理监督义务，在承租方失去联络时被行政主管部门责令先行承担土地修复治理费用。人民法院综合考虑双方过错及对损害后果所起的作用等因素，依法确定租赁双方各自分担修复治理费用的比例，对于教育民事主体从事生产经营活动时恪守《中华人民共和国民法典》绿色原则和绿色条款，避免浪费资源、污染环境和破坏生态，引导企业积极参与生态环境协同治理具有示范意义。

广州某汽修厂环境污染责任诉前化解案例

《湿地生态保护典型案例》案例十二

2023 年 5 月 31 日

【基本案情】

2022 年 3 月，广州市海珠区人民法院（以下简称海珠法院）从广州市生态环境局海珠分局（以下简称海珠生态环境分局）获悉，广州某汽修厂未设置废水废气处理装置，将车辆维修过程中喷漆调漆产生的废气、打磨产生的废水在未达到排放标准前提下排放。经调查发现，海珠生态环境分局此前已约见了该汽修厂负责人刘某，要求其在 2022 年 3 月 10 日前自行关停。为及时有效制止该汽修厂的排污行为，海珠法院协同海珠生态环境分局提前介入，协助解决。同年 4 月 8 日，海珠法院与海珠生态环境分局一同到现场调查，确认该汽修厂未设置异味和废气处理装置等污染防治设施、未设置废水处理设施。该汽修厂负责人表示，其从 2021 年底起在该处经营，期间受疫情影响停业一段时间，实际经营时间较短，将尽快整改并提交整改方案。因迟迟未收到该汽修厂的整改方案，海珠法院作出《法律风险提示》并向该汽修厂送达，详细告知污染环境可能面临的法律风险。收到《法律风险提示》后，该汽修厂承诺在 2022 年 5 月 15 日前完成整改。海珠法院向海珠生态环境分局通报了该汽修厂整改承诺，由该局督促按期完成整改。

【处理结果】

2022 年 5 月 16 日，海珠法院、海珠生态环境分局与海珠湿地管理办公室相关人员再次到现场核实该汽修厂整改情况，监督该汽修厂完成搬离喷漆房、调漆房等工作。了解到该汽修厂拟搬到新址继续经营，海珠法院告知其须完善环保设备设施及合法排放，避免再次引起环境污染、破坏生态的风险。至此，在海珠法院、海珠生态环境分局与海珠湿地管理办公室协同配合下，及时、有效地预防了海珠湿地生态服务功能受损的风险发生。

【典型意义】

海珠湿地位于广州中央城区，是全国特大城市中心区面积最大的湿地公园，是名副其实的城市“绿心”。人民法院在工作中发现湿地生态服务功能受损的风险，通过提前介入，向市场主体有针对性地发出法律风险提示，进行“点对点”环保宣传普法，敦促行为人自我检查、主动整改，提前消除生态环境污染隐患，及时有效保护生态环境。人民法院通过多方协调联动，积极融入环境治理体系，形成生态环境污染防治合力，是加强源头预防化解矛盾的创新举措，也是从“治末端、治已病”转换到“治前端、治未病”的生态环境保护新模式的有益探索。

张某某与某铁路客运专线有限公司噪声污染责任纠纷案

《人民法院服务保障京津冀协同发展典型案例》案例4

2023年10月10日

【基本案情】

某铁路客运专线于2008年11月8日开工建设，2013年3月20日全线铺通，2013年11月20日通过了初步验收，2013年12月1日全线开通试运营。某铁路客运专线从河北省秦皇岛市某县穿过，东西走向，铁路系高架形式，距离地面约25米，线路两侧安装了用于隔声降噪的声屏障。原告张某某及家人居住和经营农家乐饭店、旅馆的三处房屋位于铁路南侧，与高架铁路桥墩的距离分别约为84.4米、90.6米、117.4米。原告张某某认为，该铁路修建过程中和运营后产生的噪音污染严重影响了其正常生产、生活，请求法院判令被告某铁路客运专线有限公司排除危害、赔偿经济损失。

【裁判结果】

人民法院生效判决认为，线路两侧安装了用于隔声降噪的声屏障，依照《铁路边界噪声限值及其测量方法》（GB12525－90）对距离铁路边界外轨中心线30米处的噪声检测结果为：昼间等效声值54.3dB，夜间等效声值45.3dB；依照《声环境质量标准》（GB3096－2008）对原告张某某三所房屋处的噪声检测结果为：昼间等效声值分别为 55. 7dB、55. 6dB、54. 5dB，夜间等效声值分别为 43. 2dB、43. 5dB、42. 2dB，未超出《铁路边界噪声限值及其测量方法》和《声环境质量标准》所规定的限值。2019 年 12 月，天津铁路运输法院作出判决，驳回原告张某某全部诉讼请求。宣判后，原告张某某对判决不服提起上诉。北京市第四中级人民法院于 2021 年 3 月作出判决，驳回上诉，维持原判。本案中铁路噪声虽未超过标准，但确实对群众生活产生一定影响，且涉及面较广，为确保案结事了，为百姓带来更安宁生活，天津、北京两地法院联合当地发展和改革委员会积极敦促被告承担企业责任，出资为铁路沿线地区安装了隔声窗，从根源上化解了纠纷。

【典型意义】

本案是一起跨行政区域管辖的铁路专属民事案件，当事人分别是津冀两地企业和居民，案情复杂，时间跨度大，且涉及社会广泛关注的生态环境保护问题，司法审判工作面临较大压力。案件经过天津、北京两地法院共同努力，最终案结事了，原告服判息诉。诉讼期间，承办法官多次前往现场勘查，了解铁路沿线设施设备及隔音降噪情况，并积极与当地发展和改革委员会沟通解决方案。被告在两级法院的敦促下，与当地发展和改革委员会沟通、协商，最终成功签订了某铁路客运专线工程秦皇岛地区隔声窗措施委托实施协议，切实承担起企业的社会责任，为铁路周边居民创造了更好的生活环境，更好地服务和保障京津冀地区协同发展。

9. 生态破坏责任

中华某联合会诉无锡市蠡湖某景区管理委员会生态环境侵权案

《最高人民法院公布第二批保障民生典型案例》第 10 号

2014 年 3 月 19 日

【基本案情】

某动物园、某欢乐园（以下简称欢乐园）系由无锡市蠡湖某景区管理委员会（以下简称景区管委会）承建的市重点生态环境工程和“为民办实事”项目。在该项目建设过程中，景区管委会未经批准改变部分林地用途，其中 3677 平方米被建设成为观光电梯和消防水池。

【裁判结果】

江苏省无锡市滨湖区人民法院经审理认为，景区管委会在开发建设项目时尚未取得改变林地用途的审批手续，构成了占用林地的事实。改变林地用途对生态环境造成损害，应当承担相应的民事侵权责任。景区改变林地用途的行为，根据法律规定，应当责令限期恢复原状。但考虑到消防水池和观光电梯同时具有逃生、急救通道的功能，是欢乐园的必要组成部分，涉及较大的社会公共利益，如直接恢复原状，可能造成对社会资源的浪费。如就地恢复确有困难，可以异地恢复，以尽量达到或超过原有的生态容量水平。对异地恢复的地点的选择，按照与原被侵权地最密切联系、恢复方案经济可靠的原则确定。最终法院结合补植方案的可行性和苗木选择的合理性、林木养护的便利性等综合因素，判决无锡市滨湖区杨湾地块补植方案为本案恢复林地的最终方案，对被告提交的该处异地补植恢复方案予以确认与准许。景区管委会于 2013 年 3 月、4 月在杨湾地块，投入近 80 万元，开垦种植 7000 平方米的城市绿地，法院全程参与监督和验收，并监督景区管委会进行树木的缺陷期养护（一年）。

【典型意义】

本案是一起由中华某联合会提起的环境公益诉讼。建设工程未经批准占用并改变林地用途对生态环境造成损害的，建设单位应当承担相应的民事责任。因无法量化评估由于树木面积减少导致的生态损害赔偿数额，而原地恢复原状可能会造成较大社会财富浪费，人民法院可以判决建设单位通过异地补植的方式来恢复生态容量。

中华某联合会与无锡市蠡湖某景区管理委员会生态环境损害赔偿纠纷案

《最高人民法院公布九起环境资源审判典型案例》第 8 号

2014 年 7 月 4 日

【基本案情】

无锡市蠡湖某景区管理委员会（以下简称景区管委会）在负责开发建设动植物园和儿童乐园项目的过程中，擅自占用 2 万平方米左右的林地。涉案项目尚有 2500 平方米山体土壤裸露宕口地块，系 20 世纪 80 年代开采山石遗留状态，景区管委会未在该地块进行任何建设。中华某联合会提起诉讼，请求判令景区管委会将非法占用的林地恢复用途并赔偿损失，立即将项目区域内裸露的部分土地进行复绿固土。

【裁判结果】

无锡市滨湖区人民法院一审认为，景区管委会未经审批占用 17477 平方米林地是事实，但动植物园项目系城市绿地系统的组成部分，后期景区管委会又恢复和新增了一定数量的林地，未造成显著损害。本案审理中，景区管委会已缴纳了植被恢复费 114 万余元，应当视为已经弥补了生态损害。景区管委会擅自改变 3677 平方米林地用途，应当恢复原状。鉴于该地块建设已经被纳入立项规划范围，且建设项目中的观光电梯具有逃生、急救通道的功能，涉及较大公共利益，不宜恢复原状。在审理中，景区管委会提出了异地补植方案，得到了主管单位和中华某联合会的认可，并经咨询相关专业机构确定了杨湾异地补植恢复生态的方案。景区管委会等单位作为宕口裸露地块的使用人，有义务对该地块的状况进行持续整治，消除水土进一步流失的危险。在案件审理中，景区管委会自愿提出的复绿方案具有可行性，法院予以确认与准许。一审法院于 2012 年 12 月作出判决，判令景区管委会一个月内完成 17477 平方米林地改变用途的申报程序，将异地补植费用人民币 79.44 万元汇至指定账户并在六个月内完成杨湾地块 4500 平方米的异地补植，景区管委会及其他地块使用人六个月内完成 2500 平方米宕口地块复绿固土工作。

【典型意义】

建设单位景区管委会在建设工程中未经批准占用并改变林地用途对生态环境造成损害，理应承担恢复生态环境的民事责任。本案的特殊之处在于，涉案工程所占用土地已经纳入立项规划范围，且工程对于整个项目具有重要作用，涉及公共利益，直接恢复原状不具可行性。在此情况下，一审法院经咨询专业机构意见，采纳了异地补植的方案进行生态恢复，探索了环境污染者、生态破坏者承担民事责任的方式，避免了社会财富的浪费，又在整个区域范围内恢复了生态容量的水平，可资借鉴。

江苏省人民政府诉安徽某化工科技有限公司生态环境损害赔偿案

《生态环境保护典型案例》第 7 号

2019 年 3 月 2 日

【基本案情】

2014 年 4 月至 5 月间，安徽某化工科技有限公司（以下简称某化工公司）营销部经理杨某分三次将某化工公司生产过程中产生的 102.44 吨废碱液，以每吨 1300 元的价格交给没有危险废物处置资质的李某生等人处置，李某生等人又以每吨 500 元、600 元不等的价格转交给无资质的孙某才、丁某东等人。上述废碱液未经处置，排入长江水系，严重污染环境。其中，排入长江的 20 吨废碱液，导致江苏省靖江市城区集中式引用水源中断取水 40 多个小时；排入新通扬运河的 53.34 吨废碱液，导致江苏省兴化市城区集中式饮水源中断取水超过 14 个小时。靖江市、兴化市有关部门分别采取了应急处置措施。杨某、李某生等人均构成污染环境罪，被依法追究刑事责任。经评估，三次水污染事件共造成环境损害 1731.26 万元。

【裁判结果】

江苏省泰州市中级人民法院一审认为，某化工公司作为化工企业，对其生产经营中产生的危险废物负有法定防治责任，其营销部负责人杨某违法处置危险废物的行为系职务行为，应由某化工公司对此造成的损害承担赔偿责任。案涉长江靖江段生态环境损害修复费用，系经江苏省环境科学学会依法评估得出；新通扬运河生态环境损害修复费用，系经类比得出，亦经出庭专家辅助人认可。某化工公司污染行为必然对两地及下游生态环境服务功能造成巨大损失，江苏省人民政府主张以生态环境损害修复费用的 50% 计算，具有合理性。江苏省人民政府原诉讼请求所主张数额明显偏低，经释明后予以增加，应予支持。水体自净作用只是水体中污染物向下游的流动中浓度自然降低，不能因此否认污染物对水体已经造成的损害，不足以构成无须再行修复的抗辩。一审法院判决某化工公司赔偿环境修复费用 3637.90 万元、生态环境服务功能损失 1818.95 万元、评估鉴定费 26 万元，上述费用合计 5482.85 万元，支付至泰州市环境公益诉讼资金账户。江苏省高级人民法院二审在维持一审判决的基础上，判决某化工公司可在提供有效担保后分期履行赔偿款支付义务。

【典型意义】

本案是《生态环境损害赔偿制度改革试点方案》探索确立生态环境损害赔偿制度后，人民法院最早受理的省级人民政府诉企业生态环境损害赔偿案件之一。长江是中华民族的母亲河。目前沿江化工企业分布密集，违规排放问题突出，已经成为威胁流域生态系统安全的重大隐患。加强长江经济带生态环境司法保障，要着重做好水污染防治案件的审理，充分运用司法手段修复受损生态环境，推动长江流域生态环境质量不断改善，助力长江经济带高质量发展。本案判决明确宣示，不能仅以水体具备自净能力为由主张污染物尚未对水体造成损害以及无须再行修复，水的环境容量是有限的，污染物的排放必然会损害水体、水生物、河床甚至是河岸土壤等生态环境，根据损害担责原则，污染者应当赔偿环境修复费用和生态环境服务功能损失。本案还是《人民陪审员法》施行后，由七人制合议庭审理的案件，四位人民陪审员在案件审理中依法对事实认定和法律适用问题充分发表了意见，强化了长江流域生态环境保护的公众参与和社会监督，进一步提升了生态环境损害赔偿诉讼裁判结果的公信力。

山东省生态环境厅诉山东某重油化工有限公司、山东某新能源有限公司生态环境损害赔偿诉讼案

《人民法院保障生态环境损害赔偿制度改革典型案例》第1号

2019年6月5日

【基本案情】

2015年8月，某新能源公司委托无危险废物处理资质的人员将其生产的640吨废酸液倾倒至济南市章丘区某村的一个废弃煤井内。2015年10月20日，某化工公司采取相同手段将其生产的23.7吨废碱液倾倒至同一煤井内，因废酸、废碱发生剧烈化学反应，4名涉嫌非法排放危险废物人员当场中毒身亡。经监测，废液对井壁、井底土壤及地下水造成污染。事件发生后，原章丘市人民政府进行了应急处置，并开展生态环境修复工作。山东省人民政府指定山东省生态环境厅为具体工作部门，开展生态环境损害赔偿索赔工作。山东省生态环境厅与某化工公司、某新能源公司磋商未能达成一致，遂根据山东省环境保护科学研究设计院出具的《环境损害评估报告》向济南市中级人民法院提起诉讼，请求判令被告承担应急处置费用、生态环境服务功能损失、生态环境损害赔偿费用等共计2.3亿余元，二被告对上述各项费用承担连带责任，并请求判令二被告在省级以上媒体公开赔礼道歉。

【裁判结果】

济南市中级人民法院经审理认为，某新能源公司生产过程中产生的废酸液和某化工公司生产过程中产生的废碱液导致案涉场地生态环境损害，应依法承担生态环境损害赔偿责任。就山东省生态环境厅请求的赔偿金额，山东省生态环境厅提交了《环境损害评估报告》，参与制作的相关评估及审核人员

出庭接受了当事人的质询，环境保护部环境规划院的专家也出庭对此给出说明，某化工公司、某新能源公司未提供充分证据推翻该《环境损害评估报告》，故对鉴定评估意见依法予以采信。山东省生态环境厅主张的生态环境服务功能损失和帷幕注浆范围内受污染的土壤、地下水修复费及鉴定费和律师代理费，均是因某新能源公司的废酸液和某化工公司的废碱液造成生态环境损害引起的，故应由该两公司承担。因废酸液和废碱液属不同种类危险废液，二者在案涉场地的排放量不同，对两种危险废液的污染范围、污染程度、损害后果及其与损害后果之间的因果关系、污染修复成本等，山东省生态环境厅、某新能源公司、某化工公司、专家辅助人、咨询专家之间意见不一，《环境损害评估报告》对此也未明确区分。综合专家辅助人和咨询专家的意见，酌定某新能源公司承担 80% 的赔偿责任，某化工公司承担 20% 的赔偿责任，并据此确定二被告应予赔偿的各项费用。某新能源公司、某化工公司生产过程中产生的危险废液造成环境污染，严重损害了国家利益和社会公共利益，为警示和教育环境污染者，增强公众环境保护意识，依法支持山东省生态环境厅要求某新能源公司、某化工公司在省级以上媒体公开赔礼道歉的诉讼请求。

【典型意义】

本案系因重大突发环境事件导致的生态环境损害赔偿案件。污染事件发生后，受到社会广泛关注。因二被告排放污染物的时间、种类、数量不同，认定二被告各自行为所造成的污染范围、损害后果及相应的治理费用存在较大困难。人民法院充分借助专家专业技术优势，在查明专业技术相关事实、确定生态环境损害赔偿数额、划分污染者责任等方面进行了积极探索。一是由原、被告分别申请专家辅助人出庭从专业技术角度对案件事实涉及的专业问题充分发表意见；二是由参与《环境损害评估报告》的专业人员出庭说明并接受质询；三是由人民法院另行聘请三位咨询专家参加庭审，并在庭审后出具《损害赔偿责任分担的专家咨询意见》；四是在评估报告基础上，综合专家辅助人和咨询专家的意见，根据主观过错、经营状况等因素，合理分配二被告各自应承担的赔偿责任。人民法院还针对某化工公司应支付的赔偿款项，确定某化工公司可申请分期赔付，教育引导企业依法开展生产经营，在保障生态环境得到及时修复的同时，维护了企业的正常经营，妥善处理了经济社会发展和生态环境保护的辩证关系。同时，人民法院在受理就同一污染环境行为提起的生态环境损害赔偿诉讼和环境民事公益诉讼后，先行中止环境公益诉讼案件审理，待生态环境损害赔偿案件审理完毕后，就环境公益诉讼中未被前案涵盖的诉讼请求依法作出裁判，对妥善协调两类案件的审理进行了有益探索。

【点评专家】

吕忠梅，清华大学教授

【点评意见】

因重大突发环境事件致生态环境损害，属于《生态环境损害赔偿制度改革方案》规定的较为典型的生态环境损害赔偿案件。法院受理此案后，在案件事实认定和法律责任承担等方面都进行了有益探索。

一是本案在技术事实查明方面突出由多方专家参与，为事实认定提供了技术支撑。此案中的二被告先后倾倒污染物种类、数量和含量均不相同的危险废物，因不同物质相互作用导致生态环境损害后果的发生。对此，原告山东省生态环境厅和被告某化工公司分别向法院提交了两份不同的鉴定意见，法院如何认定和采信进而合理分配二被告的责任承担是本案的关键所在。受案法院充分发挥技术专家在查明专业事实上的功能和作用，除通知当事人申请鉴定人员、专家辅助人出庭说明外，还依职权聘请了三位咨询专家参加庭审并出具咨询意见，较为全面地调查了本案所涉专业技术问题，为鉴定意见的采信提供了技术支持。但值得注意的是，经过鉴定的专业事实和司法认定的法律事实并非完全相同。法院应运用以证据判断事实的规则，对鉴定意见是否采信及其理由进行充分阐释，在由技术判断到法律判断的转化过程中加强释法说理，制作格式统一、要素齐全、结构完整、繁简得当、逻辑严密、用语准确的规范化环境司法裁判文书。

二是本案在对责任的认定和分担方式上，具有一定的合理性。法院基于无意思联络数人侵权的责任承担，在综合全案证据的基础上，根据二被告主观过错、经营状况等因素，分配二被告各自应承担的赔偿责任。在责任的承担上，考虑到某化工公司仍在正常经营，确定某化工公司可申请分期赔付，这种妥善处理生态环境保护和经济社会发展之间的关系、力争“共赢”的探索具有一定的示范意义。但对如何分期赔付以及怎样监督该企业所应支付的每期费用足额到位，为后续执行留下了较大“悬念”。值得注意的是，生态环境损害赔偿诉讼的责任承担方式因与生态环境损害恢复的技术性、系统性、长周期性直接相关，在裁判文书中认定责任承担方式的同时制作生态环境恢复方案、明确履行方式对实现生态环境保护目标至为重要，可参考环境公益诉讼案件的有益经验，创造生态环境损害赔偿诉讼的“附生态恢复方案的判决书”方式。

此外，本案在诉讼程序上也进行了有益探索。生态环境损害事件发生后，社会组织和本案原告先后提起环境民事公益诉讼和生态环境损害赔偿诉讼，法院分别立案受理并中止环境民事公益诉讼案件的审理，待本案审理裁判后再就环境民事公益诉讼案件依法作出裁判，是衔接两类诉讼程序和规则的一种新探索。

重庆市人民政府、重庆某志愿服务发展中心诉重庆某物业管理有限公司、重庆某环保科技有限公司生态环境损害赔偿诉讼案

《人民法院保障生态环境损害赔偿制度改革典型案例》第 2 号

2019 年 6 月 5 日

【基本案情】

某物业公司的废水处理设施负责处理重庆某电镀工业园园区入驻企业产生的废水。2013 年 12 月，某物业公司与某环保公司签订为期 4 年的《委托运行协议》，由某环保公司承接废水处理项目，使用某物业公司的废水处理设备处理废水。2014 年 8 月，某物业公司将原废酸收集池改造为废水调节池，改造时未封闭池壁 120mm 口径管网，该未封闭管网系埋于地下的暗管。某环保公司自 2014 年 9 月起，在明知池中有管网可以连通外部环境的情况下，利用该管网将未经处理的含重金属废水直接排放至外部环境。2016 年 4 月、5 月，执法人员在两次现场检查某物业公司的废水处理站时发现，重金属超标的生产废水未经处理便排入外部环境。经测算 2014 年 9 月 1 日至 2016 年 5 月 5 日，违法排放废水量共计 145624 吨。受重庆市人民政府委托，重庆市环境科

学研究院以虚拟治理成本法对生态环境损害进行量化评估，二被告造成的生态环境污染损害量化数额为1441.6776万元。

2016年6月30日，重庆市环境监察总队以某物业公司从2014年9月1日至2016年5月5日将含重金属废水直接排入港城园区市政废水管网进入长江为由，对其作出行政处罚决定。2016年12月29日，重庆市渝北区人民法院作出刑事判决，认定某环保公司及其法定代表人、相关责任人员构成污染环境罪。

重庆某志愿服务发展中心对二被告提起环境民事公益诉讼并被重庆市第一中级人民法院受理后，重庆市人民政府针对同一污染事实提起生态环境损害赔偿诉讼，人民法院将两案分别立案，在经各方当事人同意后，对两案合并审理。

【判决结果】

重庆市第一中级人民法院审理认为，重庆市人民政府有权提起生态环境损害赔偿诉讼，重庆某志愿服务发展中心具备合法的环境公益诉讼主体资格，二原告基于不同的规定而享有各自的诉权，对两案分别立案受理并无不当。二被告违法排污的事实已被生效刑事判决、行政判决所确认，本案在性质上属于环境侵权民事案件，其与刑事犯罪、行政违法案件所要求的证明标准和责任标准存在差异，故最终认定的案件事实在不存在矛盾的前提条件下，可以不同于刑事案件和行政案件认定的事实。鉴于某物业公司与某环保公司构成环境污染共同侵权的证据已达到高度盖然性的民事证明标准，应当认定某物业公司和某环保公司对于违法排污存在主观上的共同故意和客观上的共同行为，二被告构成共同侵权，应当承担连带责任。遂判决二被告连带赔偿生态环境修复费用1441.6776万元，由二原告结合本区域生态环境损害情况用于开展替代修复等。

【典型意义】

本案系第三方治理模式下出现的生态环境损害赔偿案件。某物业公司是承担其所在的某电镀工业园区废水处置责任的法人，亦是排污许可证的申领主体。某环保公司通过与某物业公司签订《委托运行协议》，成为负责前述废水处理站日常运行维护工作的主体。人民法院依据排污主体的法定责任、行为的违法性、客观上的相互配合等因素进行综合判断，判定某物业公司与某环保公司之间具有共同故意，应当对造成的生态环境损害承担连带赔偿责任，有利于教育和规范企业切实遵守环境保护法律法规，履行生态环境保护的义务。同时，本案还明确了生态环境损害赔偿诉讼与行政诉讼、刑事诉讼应适用不同的证明标准和责任构成要件，不承担刑事责任或者行政责任并不当然免除生态环境损害赔偿责任，对人民法院贯彻落实习近平总书记提出的“用最严格制度最严密法治保护生态环境”的严密法治观，依法处理三类案件诉讼衔接具有重要指导意义。

【点评专家】

张梓太，复旦大学教授

【点评意见】

本案是重庆市首例、全国第二例生态环境损害赔偿诉讼案件，对全面落实生态环境损害赔偿制度，提供有益的制度经验，具有十分重要的意义。

首先，本案实现了生态环境损害赔偿诉讼与环境公益诉讼的有效衔接。两种诉讼制度在诉讼主体、适用范围上都有差别，如何实现二者的有效衔接一直是困扰理论界和实务界的一道难题。重庆市第一中级人民法院将其合并审理，既支持了政府提起生态环境损害赔偿诉讼，又鼓励了社会组织提起环境民事公益诉讼，表达了人民法院对环境公共利益保护的决心，实现了法律效果和社会效果的统一。

其次，本案明确了第三方治理模式下生态环境损害赔偿责任应当如何认定的问题。排污主体取得排污许可证后，可以委托第三方进行排污，但排污主体监督第三方的法律责任并不因民事合同约定而免除。如果排污主体未尽法定监督义务，其仍应承担相应的法律责任。

最后，本案还指明了生态环境损害赔偿诉讼的证明标准和责任标准不同于刑事诉讼和行政诉讼。不承担刑事责任或者行政责任并不必然免除生态环境损害赔偿责任，对此，可结合具体的案件情况进行更进一步的司法实践探索。

贵州省人民政府、某劳务有限公司、贵阳某化肥有限公司生态环境损害赔偿协议司法确认案

《人民法院保障生态环境损害赔偿制度改革典型案例》第3号

2019年6月5日

【基本案情】

2012年6月，某化肥公司委托某劳务公司承担废石膏渣的清运工作。按要求，污泥渣应被运送至正规磷石膏渣场集中处置。但从2012年底开始某劳务公司便将污泥渣运往大鹰田地块内非法倾倒，形成长360米，宽100米，堆填厚度最大50米，占地约100亩，堆存量约8万立方米的堆场。环境保护主管部门在检查时发现上述情况。贵州省环境保护厅委托相关机构进行评估并出具的《环境污染损害评估报告》显示，此次事件前期产生应急处置费用134.2万元，后期废渣开挖转运及生态环境修复费用约为757.42万元。2017年1月，贵州省人民政府指定贵州省环境保护厅作为代表人，在贵州省律师协会指定律师的主持下，就大鹰田废渣倾倒造成生态环境损害事宜，与某劳务公司、某化肥公司进行磋商并达成《生态环境损害赔偿协议》。2017年1月22日，上述各方向清镇市人民法院申请对该协议进行司法确认。

【裁判结果】

清镇市人民法院依法受理后，在贵州省法院门户网站将各方达成的《生态环境损害赔偿协议》、修复方案等内容进行了公告。公告期满后，清镇市人民法院对协议内容进行了审查并依法裁定确认贵州省环境保护厅、某劳务公司、某化肥公司于2017年1月13日在贵州省律师协会主持下达成的《生态环境损害赔偿协议》有效。一方当事人拒绝履行或未全部履行的，对方当事人可以向人民法院申请强制执行。

【典型意义】

本案是生态环境损害赔偿制度改革试点开展后，全国首例由省级人民政府提出申请的生态环境损害赔偿协议司法确认案件。该案对磋商协议司法确

认的程序、规则等进行了积极探索，提供了可借鉴的有益经验。人民法院在受理磋商协议司法确认申请后，及时将《生态环境损害赔偿协议》、修复方案等内容通过互联网向社会公开，接受公众监督，保障了公众的知情权和参与权。人民法院对生态环境损害赔偿协议进行司法确认，赋予了赔偿协议强制执行效力。一旦发生一方当事人拒绝履行或未全部履行赔偿协议情形的，对方当事人可以向人民法院申请强制执行，有力保障了赔偿协议的有效履行和生态环境修复工作的切实开展。本案的实践探索已为《生态环境损害赔偿制度改革方案》所认可和采纳，《最高人民法院关于审理生态环境损害赔偿案件的若干规定（试行）》也对生态环境损害赔偿协议的司法确认作出明确规定。

【点评专家】

肖建国，中国人民大学法学院教授

【点评意见】

本案的亮点在于探索生态环境损害赔偿协议的司法确认规则，化解了试点阶段磋商协议的达成及其司法确认的若干法律难题，为最高人民法院出台相关司法解释提供了实践素材。贵州法院的这一实践样本彰显了法院的司法智慧。一方面，首创了由第三方主持磋商的制度，即由省律师协会主持、赔偿权利人与义务人展开磋商程序，并促成赔偿协议的达成。双方磋商过程中的第三方介入，有助于维持程序中立、促进当事人沟通、协助当事人发现其利益需求。另一方面，首创了法院作出司法确认裁定前对生态环境损害赔偿协议进行公告的制度。鉴于生态环境损害赔偿协议涉及损害事实和程度、赔偿的责任承担方式和期限、修复启动时间与期限等内容，不仅涉及赔偿权利人与赔偿义务人之间利益的调整，也会波及不特定公众环境权益的保护问题，人民法院将赔偿协议内容公告，具有十分重要的意义。

绍兴市环境保护局、浙江某建材有限公司、诸暨市次坞镇人民政府生态环境损害赔偿协议司法确认案

《人民法院保障生态环境损害赔偿制度改革典型案例》第4号

2019年6月5日

【基本案情】

2017年4月11日，诸暨市环境保护局会同诸暨市公安局对某建材公司联合突击检查时发现，该企业存在采用在大气污染物在线监控设施监测取样管上套装管子并喷吹石灰中和后的气体等方式，达到干扰自动监测数据目的。某建材公司超标排放氮氧化物、二氧化硫等大气污染物，对周边大气生态环境造成损害。经绍兴市环保科技服务中心鉴定评估，造成生态环境损害数额110.4143万元，鉴定评估费用12万元，合计122.4143万元。某建材公司违法排放的大气污染物已通过周边次坞镇大气生态环境稀释自净，无须实施现场修复。

绍兴市环境保护局经与某建材公司、次坞镇人民政府进行磋商，达成了《生态环境损害修复协议》，主要内容为：一、各方同意某建材公司以替代修复的方式承担生态环境损害赔偿责任。某建材公司在承担生态环境损害数额110.4143万元的基础上，自愿追加资金投入175.5857万元，合计总额286万元用于生态工程修复，并于2018年10月31日之前完成修复工程。二、次坞镇人民政府对修复工程进行组织、监督管理、资金决算审计，修复后移交大院里村。三、修复工程完成后，由绍兴市环境保护局委托第三方评估机构验收评估，提交验收评估意见。四、生态环境损害鉴定评估费、验收鉴定评估费由某建材公司承担，并于工程验收通过后7日内支付给鉴定评估单位。五、如某建材公司中止修复工程，或者不按约定时间、约定内容完成修复的，绍兴市环境保护局有权向某建材公司追缴全部生态环境损害赔偿金。

【裁判结果】

绍兴市中级人民法院受理司法确认申请后，对《生态环境损害修复协议》内容进行了公告。公告期内，未收到异议或意见。绍兴市中级人民法院对协

议内容审查后认为，申请人达成的协议符合司法确认的条件，遂裁定确认协议有效。一方当事人拒绝履行或者未全部履行的，对方当事人可以向人民法院申请强制执行。

【典型意义】

本案是涉大气污染的生态环境损害赔偿案件。大气污染是人民群众感受最为直接、反映最为强烈的环境问题，打赢蓝天保卫战是打好污染防治攻坚战的重中之重。今年，世界环境日主题聚焦空气污染防治，提出“蓝天保卫战，我是行动者”的口号，显示了中国政府推动打好污染防治攻坚战的决心。本案中，某建材公司以在大气污染物在线监控设施监测取样管上套装管子并喷吹石灰中和后的气体等方式，干扰自动监测数据，超标排放氮氧化物、二氧化硫等大气污染物。虽然污染物已通过周边大气生态环境稀释自净，无须实施现场修复，但是大气经过扩散等途径仍会污染其他地区的生态环境，不能因此免除污染者应承担的生态环境损害赔偿责任。人民法院对案涉赔偿协议予以司法确认，明确由某建材公司以替代方式承担生态环境损害赔偿责任，是对多样化责任承担方式的积极探索。本案体现了环境司法对大气污染的“零容忍”，有利于引导企业积极履行生态环境保护的主体责任，自觉遵守环境保护法律法规，推动企业形成绿色生产方式。此外，经磋商，某建材公司在依法承担 110.4143 万元生态环境损害赔偿的基础上，自愿追加资金投入 175.5857 万元用于生态环境替代修复，体现了生态环境损害赔偿制度在推动企业主动承担社会责任方面起到了积极作用。

【点评专家】

王树义，上海财经大学教授

【点评意见】

因大气污染致生态环境损害的案件，均会碰到两个具有共性的问题：其一，排污者排入大气环境的污染物质，因空气的流动，通常在案发后已检测不出，或检测不到污染损害结果。怎么办？排污者有没有对生态环境造成损害，要不要修复？其二，若要修复，如何修复，是否一定要在案发地修复？本案较好地回答了这两个问题，具有一定的典型意义。首先，某建材公司排放的大气污染物虽然通过周边次坞镇大气环境本身的自净已经稀释、飘散，但并不等于大气环境没有受到损害。损害是存在的，只不过损害没有在当时当地显现出来。某建材公司排放的污染物飘散到其他地方，势必会对其他地方的生态环境造成损害。故此，某建材公司应当承担生态环境损害的赔偿责任。其次，由于大气污染所致生态环境损害案件的特殊性，对大气环境损害的赔偿责任，往往是通过对生态环境的修复来实现的。但问题是，案发后某建材公司排入周边次坞镇大气环境的污染物客观上已经自然稀释、飘散，再对其修复已无实质意义。由此产生了某建材公司以替代修复的方式承担生态环境损害赔偿责任的问题。对大气污染所致生态环境损害赔偿案件的处理，具有很好的示范作用。

贵阳市生态环境局诉贵州省六盘水某铝业有限责任公司、阮某华、田某芳生态环境损害赔偿诉讼案

《人民法院保障生态环境损害赔偿制度改革典型案例》第 5 号

2019 年 6 月 5 日

【基本案情】

贵阳市生态环境局诉称：2017 年以来，某铝业公司、田某芳、阮某华将生产过程中产生的电解铝固体废物运输至贵阳市花溪区溪董家堰村塘边寨旁进行倾倒，现场未采取防雨防渗措施。2018 年 4 月 10 日，又发现花溪区查获的疑似危险废物被被告转移至修文县龙场镇营关村一废弃洗煤厂进行非法填埋。事发后环保部门及时对该批固体废物及堆场周边水体进行采样送检，检测结果表明，送检样品中含有大量的水溶性氟化物，极易对土壤、地下水造成严重污染，该批固体废物为疑似危险废物。经委托环境损害鉴定评估显示，该生态环境损害行为所产生的危险废物处置费用、场地生态修复费用、送检化验费用、环境损害评估费用、后期跟踪检测费用、综合整治及生态修复工程监督及修复评估费合计 413.78 万元。贵阳市生态环境局与三赔偿义务人多次磋商未果，遂向贵阳市中级人民法院提起生态环境损害赔偿诉讼。

【裁判结果】

案件审理过程中，贵阳市中级人民法院多次主持调解，当事人自愿达成调解协议。主要内容包括：一、涉及边寨违法倾倒场地的危险废物处置费用、送检化验费用、鉴定费用、场地生态修复费用及后期跟踪监测费用由三被告承担。二、涉及修文县龙场镇营关村废弃洗煤厂的危险废物处置费用、送检化验费用、鉴定费用、场地生态修复费用、后期跟踪监测费用由三被告承担。三、由赔偿权利人的代表贵阳市生态环境局于 2019 年 6 月 1 日前牵头组织启动案涉两宗被污染地块后期修复及监测等工作。三被告按协议约定支付相应款项后，应于支付之日起十日内将相关单据提供给法院。贵阳市中级人民法院对调解协议进行公告，公告期内未收到异议。贵阳市中级人民法院经审查后依法制作民事调解书并送达各方当事人。现某铝业公司、阮某华、田某芳已按调解书内容履行了支付义务。

【典型意义】

本案是由生态环境保护主管部门直接提起的生态环境损害赔偿诉讼案件。人民法院在审理过程中严格遵循以生态环境修复为中心的损害救济制度，多次主持调解，力促各方当事人在充分考虑受损生态环境修复的基础上达成调解，并在调解书中明确了被污染地块修复的牵头单位、启动时限等，确保生态环境修复工作得以有效开展。同时，人民法院考虑到生态环境修复的长期性，在调解书中明确将后期修复工作的实际情况纳入法院的监管范围，要求三被告及时向法院报送相关履行单据，最大限度保障生态修复目标的实现。

【点评专家】

汪劲，北京大学教授

【点评意见】

本案系经人民法院调解结案的生态环境损害赔偿诉讼案件。构建生态环境损害赔偿制度的意义在于体现环境资源生态功能价值。为此生态环境损害赔偿制度明确了主动磋商、司法保障的原则，目的在于让赔偿权利人与赔偿义务人尽早就赔偿事项达成一致，尽快启动生态环境修复工作。在此背景下，人民法院在职权范围内积极探索多元化的纠纷解决方案，除了可以顺应当事人双方希望尽快就生态环境损害赔偿达成一致的基本愿望外，还提高了生态环境损害赔偿纠纷的解决效率，保护了亟待修复的生态环境损害。

此外，生态环境损害赔偿纠纷案件的圆满解决还涉及生态环境修复工作的实际执行，其结果具有很强的延时性。为此，人民法院在主持调解的基础上，就调解协议的实际履行所存在的实体和程序问题，包括实施费用、修复工作的行为监督与资金管理以及修复效果保障等内容都作出了具体安排，并调动参与生态环境修复工作的各方主体认真履行义务，充分体现了调解方式的优越性。

九江市人民政府诉江西某环保科技有限公司、杭州某建材有限公司、李某等7人生态环境损害赔偿责任案

《长江经济带生态环境司法保护典型案例》第10号

2020年1月9日

【基本案情】

2017年至2018年间，江西某环保科技有限公司（以下简称某环保公司）与杭州某热电有限公司等签署合同，运输、处置多家公司生产过程中产生的污泥，收取相应的污泥处理费用。某环保公司实际负责人李某将从多处收购来的污泥直接倾倒、与丰城市某材料有限公司（以下简称某材料公司）合作倾倒或者交由不具有处置资质的张某良、舒某峰等人倾倒至九江市区多处地块，杭州某建材有限公司（以下简称某建材公司）明知张某良从事非法转运污泥，仍放任其持有加盖公司公章的空白合同处置污泥。经鉴定，上述被倾倒的污泥共计1.48万吨，造成土壤、水及空气污染，所需修复费用1446.29万元。案发后，九江市浔阳区人民检察院依法对被告人舒某峰等6人提起刑事诉讼，九江市中级人民法院二审判处被告人舒某峰等6人犯污染环境罪，判处有期徒刑二年二个月至有期徒刑十个月不等，并处罚金10万元至5万元不等。九江市人民政府依据相关规定开展磋商，并与杭州某热电有限公司达成赔偿协议。因未与某环保公司、某建材公司、李某等7人达成赔偿协议，九江市人民政府提起本案诉讼，要求各被告履行修复生态环境义务，支付生

态环境修复费用、公开赔礼道歉并承担律师费和诉讼费用。

【裁判结果】

江西省九江市中级人民法院一审认为，某环保公司及其实际负责人李某直接倾倒污泥或者将污泥交付张某良、舒某峰等人转运或者倾倒，造成环境严重污染，应承担相应生态环境损害赔偿责任。张某良持有某建材公司交付的加盖公司公章的空白合同处理案涉污泥，某建材公司未履行监管义务，放任张某良非法倾倒污泥，应当承担连带责任。夏某萍作为某材料公司实际负责人，因该公司与某环保公司合作从事污泥倾倒，且其个人取得利润分成，应当承担连带责任。案涉污染地块中污泥已混同，无法分开进行修复，判决各被告共同承担倾倒污泥地块的修复责任以及不履行修复义务时应当支付的修复费用，在省级或以上媒体向社会公开赔礼道歉，共同支付环评报告编制费、风险评估费以及律师代理费。

【典型意义】

本案系在长江经济带区域内跨省倾倒工业污泥导致生态环境严重污染引发的生态环境损害赔偿案件。在依法追究被告公司及各被告人刑事责任的基础上，九江市人民政府充分发挥磋商作用，促使部分赔偿义务人达成协议并积极履行修复和赔偿义务；对于磋商不成的，则依法提起生态环境损害赔偿诉讼，实现了诉前磋商与提起诉讼的有效衔接。本案判决不仅明确了经营者虽没有直接实施倾倒行为，但放任他人非法处置的，应由经营者与非法处置人共同承担责任的规则；还明确了数人以分工合作的方式非法转运、倾倒污泥，在无法区分各侵权人倾倒污泥数量的情况下，应当共同承担责任的规则，有效落实最严格的生态环境保护法律制度。

江西省九江市人民政府诉江西某环保科技有限公司、杭州某建材有限公司、李某等7人生态环境损害赔偿责任案

《2019年度人民法院环境资源典型案例》第四十号

2020年5月8日

【基本案情】

2017年至2018年间，江西某环保科技有限公司（以下简称某环保公司）与杭州某热电有限公司等签署合同，运输、处置多家公司生产过程中产生的污泥，收取相应的污泥处理费用。某环保公司实际负责人李某将从多处收购来的污泥直接倾倒、与丰城市某新材料有限公司（以下简称某材料公司）合作倾倒或者交由不具有处置资质的张某良、舒某峰等人倾倒至九江市区多处地块，杭州某建材有限公司（以下简称某建材公司）明知张某良从事非法转运污泥，仍放任其持有加盖公司公章的空白合同处置污泥。经鉴定，上述被倾倒的污泥共计1.48万吨，造成土壤、水及空气污染，所需修复费用1446.29万元。案发后，江西省九江市浔阳区人民检察院依法对被告人舒某峰等6人提起刑事诉讼，江西省九江市中级人民法院二审判处被告人舒某峰等6人犯污染环境罪，判处有期徒刑二年二个月至有期徒刑十个月不等，并处罚金10万元至5万元不等。江西省九江市人民政府依据相关规定开展磋商，并与杭州某热电有限公司达成赔偿协议。因未与某环保公司、某建材公司、李某等7人达成赔偿协议，江西省九江市人民政府提起本案诉讼，要求各被告履行修复生态环境义务，支付生态环境修复费用、公开赔礼道歉并承担律师费和诉讼费用。

【裁判结果】

江西省九江市中级人民法院一审认为，某环保公司及其实际负责人李某直接倾倒污泥或者将污泥交付张某良、舒某峰等人转运或者倾倒，造成环境严重污染，应承担相应生态环境损害赔偿责任。张某良持有某建材公司交付的加盖公司公章的空白合同处理案涉污泥，某建材公司未履行监管义务，放

任张某良非法倾倒污泥，应当承担连带责任。夏某萍作为某材料公司实际负责人，因该公司与某环保公司合作从事污泥倾倒，且其个人取得利润分成，应当承担连带责任。案涉污染地块中污泥已混同，无法分开进行修复，判决各被告共同承担倾倒污泥地块的修复责任以及不履行修复义务时应当支付的修复费用，在省级或以上媒体向社会公开赔礼道歉，共同支付环评报告编制费、风险评估费以及律师代理费。

【典型意义】

本案系在长江经济带区域内跨省倾倒工业污泥导致生态环境严重污染引发的生态环境损害赔偿案件。在依法追究被告公司及各被告人刑事责任的基础上，江西省九江市人民政府充分发挥磋商作用，促使部分赔偿义务人达成协议并积极履行修复和赔偿义务；对于磋商不成的，则依法提起生态环境损害赔偿诉讼，实现了诉前磋商与提起诉讼的有效衔接。本案判决不仅明确了经营者虽没有直接实施倾倒行为，但放任他人非法处置的，应由经营者与非法处置人共同承担责任的规则；还明确了数人以分工合作的方式非法转运、倾倒污泥，在无法区分各侵权人倾倒污泥数量的情况下，应当共同承担责任的规则，有效落实最严格的生态环境保护法律制度。

河南省濮阳市人民政府诉聊城某化工有限公司生态环境损害赔偿诉讼案

《2020 年度人民法院环境资源典型案例》第十号

2021 年 6 月 4 日

【基本案情】

聊城某化工有限公司（以下简称某化工公司）是生产三氯乙酰氯的化工企业，副产酸为盐酸。2017 年 12 月至 2018 年 3 月，某化工公司采取补贴销售的手段将副产酸交给不具有处置资质的徐某华、徐某超等人，再由不具有处置资质的吴某勋、翟某花等人从某化工公司运输酸液共 27 车，每车装载约 13 吨，其中 21 车废酸液直接排放到濮阳县回木沟，致使回木沟及金堤河岳辛庄段严重污染。濮阳县环境保护局委托濮阳天某环保科技股份有限公司进行应急处置，应急处置费用138.90万元。经评估，确定回木沟和金堤河环境损害价值量化数额为404.74万元，评估费8万元。河南省濮阳市人民政府先后两次召开会议，与某化工公司就生态环境损害赔偿进行磋商，未达成一致意见。遂提起诉讼，请求某化工公司赔偿应急处置费用、环境损害价值和评估费用共计551.64万元。

【裁判结果】

河南省濮阳市中级人民法院一审认为，某化工公司将副产酸交由不具备处置资质的主体处置，造成生态环境受到严重损害，应当承担赔偿责任。同时，为促进市场主体积极投身生态环境保护事业，酌定某化工公司参与生态环境治理、技术改造、购买环境责任保险等事项的投入费用，可在本案环境损害赔偿费一定额度内按比例折抵。一审判决某化工公司赔偿濮阳市政府应急处置费138.90万元、评估费8万元、环境损害赔偿费404.74万元，其中环境损害赔偿费可由某化工公司以参与相关水域生态环境治理工程支出的费用、技术改造、购买环境污染责任险等方式在一定额度内予以抵扣。河南省高级人民法院二审维持原判。

【典型意义】

本案系市级人民政府提起的生态环境损害赔偿诉讼。本案中，某化工公司将其副产酸交由没有处置资质的主体非法处置，其行为与生态环境损害后果之间具有因果关系。人民法院认定涉事企业构成环境侵权、应承担生态环境损害赔偿责任的同时，判令其参与生态环境治理、技术改造、购买环境责任保险的费用在一定额度内折抵赔偿费用的裁判方式，充分体现生态环境损害赔偿诉讼以修复为主的审判理念，彰显人民法院助力企业复工复产的积极作为。本案的审理对同类化工行业规范危险副产品无害化处置具有重要的教育示范意义，对潜在违法者具有重大的警示效果，能够引领社会公众自觉参与到生态环境保护中来，在全社会形成保护环境、爱护生态的良好氛围。

莆田市秀屿区海洋与渔业局与某船贸有限公司海洋自然资源与生态环境损害赔偿纠纷案

《2020 年全国海事审判典型案例》案例 1

2021 年 8 月 17 日

【基本案情】

2018 年 9 月 22 日，希腊某船贸有限公司（以下简称某船贸公司）所有的巴拿马籍“某某”轮从福州市江阴港出港航行过程中触礁搁浅，船体破损造成燃油泄漏，致该海域的养殖业、海洋生态环境、渔业资源遭受损害。某船贸公司在厦门海事法院设立海事赔偿责任限制基金。莆田市秀屿区海洋与渔业局提起海洋自然资源与生态环境损害赔偿诉讼。遭受油污损害的 905 名渔民另案提起诉讼，索赔养殖设施和养殖收入损失。

【裁判结果】

厦门海事法院受理后，组织莆田市秀屿区海洋与渔业局、某船贸公司、渔民进行调解，促成三方达成调解协议，由某船贸公司对海洋自然资源与生态环境损害、渔民养殖设施和养殖收入损失等进行赔偿。厦门海事法院对调解协议进行公告后，作出民事调解书。某船贸公司已依约支付赔款。

【典型意义】

本案系中国海洋行政机关提起的海洋自然资源与生态环境损害赔偿纠纷。海事法院依法由三名法官和四名人民陪审员组成合议庭进行审理，邀请生态环境技术专家参与调解，公告案件的受理情况和调解协议的内容，同步扩大司法民主、保障促进公众对海洋环境治理的参与和推进案件的专业化审理，提高了海洋生态审判的公信力，全面提升、优化和夯实了对海洋生态的司法保护。本案的依法妥善处理，一方面使海洋行政机关及时获得合理的生态环境损失和修复费用的赔偿，为开展事故海域的生态环境、渔业资源修复工作提供了有力支持，守护了美丽海洋；另一方面依法平等保护中外当事人合法权益，彰显中国海洋生态司法保护的专业化和现代化水平，向国际业界充分展示、传播了海洋自然资源与生态环境保护的中国司法理念、司法制度和司法成效。

【一审案号】（2019）闽72民初969号

新乡市生态环境局与封丘县某精细化工有限公司生态环境损害赔偿司法确认案

《黄河流域生态环境司法保护典型案例》案例六

2021年11月25日

【基本案情】

2018年1月4日至2019年5月23日，封丘县某精细化工有限公司（以下简称某化工公司）违反法律规定，将该公司2000余吨化工废液（经鉴定为危险废物）交由无危险废物处理资质人员倾倒至黄河封丘段主河道内，对黄河生态系统和公众健康造成了极大危害，经郑州铁路运输中级法院审理，于2020年9月25日以污染环境罪被追究刑事责任。在郑州铁路运输中级法院的积极推动下，新乡市生态环境局与某化工公司就生态环境损害赔偿问题多次磋商，达成了《生态环境损害赔偿协议》：一、某化工公司承担生态环境损害金、评估鉴定费、专家等费用10291717元；二、采取以金钱为主，其他方式为辅方式承担赔偿责任，分三期（年）支付生态损害赔偿金；三、某化工公司为降低环境污染进行技术升级改造的资金投入，可以向生态环境部门申请资金奖补用于抵扣部分生态环境损害赔偿费用；四、某化工公司拒绝履行或未全部履行，新乡市生态环境局有权向法院申请强制执行。协议达成后，双方向郑州铁路运输中级法院申请司法确认。

【裁判结果】

郑州铁路运输中级法院受理司法确认申请后，经依法公告后审查认为，申请人达成的协议符合司法确认的条件，裁定确认协议有效；某化工公司拒绝履行或者未全部履行协议的，新乡市生态环境局可以向法院申请强制执行。该赔偿协议经司法确认后，第一批赔偿款1587515元已支付到位。

【典型意义】

本案系向黄河封丘段主河道内倾倒工业废液引发的生态环境损害赔偿司法确认案件。本案审理过程中，人民法院积极践行绿色发展理念，延伸环境资源审判职能，发挥磋商在生态环境损害赔偿工作中的积极作用，促成企业积极履行生态环境主体责任。同时，人民法院充分考虑企业经营现状，对于协议中采取灵活承担赔偿责任的方式予以确认。在人民法院的推动下，双方达成了三年分期支付赔偿款的协议，通过鼓励企业用技改资金折抵环境修复费用，促进了企业转型升级，提高了企业防范环境污染事故的技术能力，进而实现对黄河流域生态环境的保护。

上海市奉贤区生态环境局与张某新、童某勇、王某平生态环境损害赔偿诉讼案

《人民法院贯彻实施民法典典型案例（第二批）》案例十六

2023 年 1 月 12 日

【典型意义】

习近平总书记多次强调，要像保护眼睛一样保护生态环境。[①] 本案系人民法院践行习近平生态文明思想，适用《民法典》相关规定判决由国家规定的机关委托修复生态环境，所需费用由侵权人负担的典型案例。本案依法认定生态修复刻不容缓而侵权人客观上无法履行修复义务的，行政机关有权委托他人进行修复，并可根据《民法典》第一千二百三十四条直接主张费用赔偿，既有力推动了生态环境修复，也为《民法典》施行前发生的环境污染纠纷案件准确适用法律提供了参考借鉴。

【基本案情】

2018 年 4 月始，张某新、童某勇合伙进行电镀作业，含镍废液直接排入厂房内渗坑。后王某平向张某新承租案涉场地部分厂房，亦进行电镀作业，

① 习近平在云南考察工作时的讲话（2015 年 1 月 19 日 –21 日）。

含镍废液也直接排入渗坑。2018 年 12 月左右，两家电镀作坊雇人在厂房内挖了一口渗井后，含镍废液均通过渗井排放。2019 年 4 月，上海市奉贤区环境监测站检测发现渗井内镍浓度超标，严重污染环境。奉城镇人民政府遂委托他人对镍污染河水和案涉场地电镀废液进行应急处置，并开展环境损害的鉴定评估、生态环境修复、环境监理、修复后效果评估等工作。相关刑事判决以污染环境罪分别判处张某新、童某勇及案外人宋某军有期徒刑，王某平在逃。经奉贤区人民政府指定，奉贤区生态环境局启动本案的生态环境损害索赔工作。因与被告磋商无果，奉贤区生态环境局提起生态环境损害赔偿诉讼，请求判令三被告共同承担应急处置费、环境损害鉴定评估费、招标代理费、修复工程费、环境监理费、修复效果评估费等费用共计 6712571 元。上海市人民检察院第三分院支持起诉。

【裁判结果】

生效裁判认为，《民法典》第一千二百三十四条规定，国家规定的机关可以自行或者委托他人进行修复，所需费用由侵权人负担。涉案侵权行为发生在《民法典》实施之前，根据《最高人民法院关于适用〈中华人民共和国民法典〉时间效力的若干规定》第三条规定的空白溯及原则，本案可以适用《民法典》第一千二百三十四条。法院判决三被告共同赔偿原告奉贤区生态环境局应急处置费、环境损害鉴定评估费、招标代理费、修复工程费、环境监理费、修复效果评估费等费用共计 6712571 元，其中张某新、童某勇连带赔偿上述金额的 50%，王某平赔偿上述金额的 50%。

【民法典条文指引】

第一千二百三十四条　违反国家规定造成生态环境损害，生态环境能够修复的，国家规定的机关或者法律规定的组织有权请求侵权人在合理期限内承担修复责任。侵权人在期限内未修复的，国家规定的机关或者法律规定的组织可以自行或者委托他人进行修复，所需费用由侵权人负担。

甘南藏族自治州生态环境局与夏河县某矿业有限责任公司生态环境损害赔偿协议司法确认案

《最高人民法院发布司法服务黄河流域生态保护和高质量发展典型案例》案例四

2024 年 5 月 29 日

【基本案情】

2019 年 7 月，中央第五生态环境保护督察组开展现场督察时发现，甘肃省夏河县某矿业有限责任公司（以下简称某矿业公司）含氰化物危险废物堆浸处置不到位，堆放废渣总量达 900 余万吨，其中堆浸渣 400 余万吨，渣场部分区域未铺设防渗膜，也未建设截洪沟，环境风险隐患突出。根据《甘南州贯彻落实中央生态环境保护督察反馈问题整改工作方案》既定的整改目标和整改措施，某矿业公司实施了案涉矿山地质环境恢复治理工程，并通过县、州两级政府整改验收。经甘南藏族自治州人民政府授权，甘南藏族自治州生态环境局与某矿业公司就生态环境损害赔偿进行磋商，达成生态环境损害赔偿协议，共同向人民法院申请司法确认。

【裁判结果】

甘肃矿区人民法院经审查认为，甘南藏族自治州生态环境局与某矿业公司达成的生态环境损害赔偿协议，内容真实，不违反法律、行政法规强制性规定且符合社会公共利益保护要求。某矿业公司根据协议约定，已经实施了案涉矿山地质环境恢复治理工程，并通过县、州两级政府整改验收，案涉矿区生态破坏问题已由某矿业公司恢复治理完成，某矿业公司承担生态恢复工程费 4685.67 万元及堆浸渣污染治理费 1183.97 万元等全部费用，并赔偿尚未修复的生态环境服务功能损失 144.39 万元。经依法公告，期满未收到异议，符合司法确认的法定条件，遂裁定该生态环境损害赔偿协议有效。

【典型意义】

本案是一起人民法院依法支持行政主管部门通过磋商程序维护黄河生态

环境的典型案例。甘南高原是青藏高原“生态门户”，也是黄河、长江重要水源涵养区和补给区，生态功能极为重要。甘南高原海拔高、紫外线强、气候寒冷潮湿，生态环境极为脆弱，森林、草地、湿地等生态系统一旦被破坏，自我恢复能力差，自然修复周期长，人工恢复成本高。本案中，人民法院依法用好司法确认程序，对行政主管部门经磋商达成的生态环境损害赔偿协议予以确认，在确保重大生态环境治理案件及时高效处理的同时，依法支持行政主管部门与涉案企业通过生态环境损害赔偿磋商程序积极履行黄河上游污染防治和生态修复责任，共同守护好甘南高原黄河“蓄水池”生态功能，筑牢西部生态安全屏障，为实现黄河安澜，保障一泓清水向东流提供了有力司法保障。

10. 建筑物和物件损害责任

庚某娴诉黄某辉高空抛物损害责任纠纷案

《人民法院贯彻实施民法典典型案例（第一批）》案例十三

2022 年 2 月 25 日

【典型意义】

本案是人民法院首次适用《民法典》第一千二百五十四条判决高空抛物者承担赔偿责任，切实维护人民群众“头顶上的安全”的典型案例。《民法典》侵权责任编明确禁止从建筑物中抛掷物品，进一步完善了高空抛物的治理规则。本案依法判决高空抛物者承担赔偿责任，有利于通过公正裁判树立行为规则，进一步强化高空抛物、坠物行为预防和惩治工作，也有利于更好地保障居民合法权益，切实增强人民群众的幸福感、安全感。

【基本案情】

2019 年 5 月 26 日，庚某娴在位于广州杨箕的自家小区花园散步，经过黄某辉楼下时，黄某辉家小孩在房屋阳台从 35 楼抛下一瓶矿泉水，水瓶掉落到庚某娴身旁，导致其惊吓、摔倒，随后被送往医院救治。次日，庚某娴亲属与黄某辉一起查看监控，确认了上述事实后，双方签订确认书，确认矿泉水瓶系黄某辉家小孩从阳台扔下，同时黄某辉向庾某娴支付 1 万元赔偿。庾某娴住院治疗 22 天才出院，其后又因此事反复入院治疗，累计超过 60 天，且被鉴定为十级伤残。由于黄某辉拒绝支付剩余治疗费，庾某娴遂向法院提起诉讼。

【裁判结果】

生效裁判认为，庾某娴散步时被从高空抛下的水瓶惊吓摔倒受伤，经监控录像显示水瓶由黄某辉租住房屋阳台抛下，有视频及庾某娴、黄某辉签订的确认书证明。双方确认抛物者为无民事行为能力人，黄某辉是其监护人，庾某娴要求黄某辉承担赔偿责任，黄某辉亦同意赔偿。涉案高空抛物行为发生在《民法典》实施前，但为了更好地保护公民、法人和其他组织的权利和利益，根据《时间效力规定》第十九条规定，《民法典》施行前，从建筑物中抛掷物品或者从建筑物上坠落的物品造成他人损害引起的民事纠纷案件，适用《民法典》第一千二百五十四条的规定。2021 年 1 月 4 日，审理法院判决黄某辉向庾某娴赔偿医疗费、护理费、交通费、住院伙食补助费、残疾赔偿金、鉴定费合计 8.3 万元；精神损害抚慰金 1 万元。

【民法典条文指引】

第一千二百五十四条 禁止从建筑物中抛掷物品。从建筑物中抛掷物品或者从建筑物上坠落的物品造成他人损害的，由侵权人依法承担侵权责任；经调查难以确定具体侵权人的，除能够证明自己不是侵权人的外，由可能加害的建筑物使用人给予补偿。可能加害的建筑物使用人补偿后，有权向侵权人追偿。

物业服务企业等建筑物管理人应当采取必要的安全保障措施防止前款规定情形的发生；未采取必要的安全保障措施的，应当依法承担未履行安全保障义务的侵权责任。

发生本条第一款规定的情形的，公安等机关应当依法及时调查，查清责任人。

11. 其　他

王某甲诉王某乙履行调解协议纠纷案

《最高人民法院公布10起残疾人权益保障典型案例》第8号

2016年5月14日

【基本案情】

残疾人王某某（案外人）的两位监护人王某甲与王某乙之间出于一己私利签订调解协议，约定出卖残疾人个人所有的房产并将所得部分房款归两位监护人所有。人民法院认为，两位监护人这种私自签订调解协议处分被监护人王某某（残疾人）的财产并侵占房款的做法有违亲人的监护职责，更是对残疾人财产权的侵害。依照法律规定，除为被监护人的利益外，不得处理被监护人的财产。故人民法院驳回监护人王某甲要求履行调解协议分得出售残疾人王某某房屋价款的诉讼请求。判决后，双方服判息诉，取得了良好的社会效果。

【典型意义】

依法切实保障残疾人财产权

确保残疾人的财产安全，保障其财产利益不受到损害，关乎残疾人的生存状态和生活质量。如何维护智力残疾人的财产权利是社会的一个难题。大部分智力残疾人缺乏相应的民事行为能力，对于个人财产的重大变动往往缺乏足够的理解能力和认知能力，法律规定由残疾人的监护人履行监护职责，保护残疾人的财产权益。而残疾人的监护人往往是残疾人的亲属，若监护人没有履行监护职责，侵犯了被监护人的合法权益而私自处分残疾人的财产，从财产交易行为本身不容易判断。法院对于监护人侵犯残疾人作为被监护人的财产权利的做法不予支持，以保障残疾人财产权。

吃“霸王餐”逃跑摔伤反向餐馆索赔案

——马某诉佘某某、李某侵权责任纠纷案

《人民法院大力弘扬社会主义核心价值观十大典型民事案例》案例八

2020 年 5 月 13 日

核心价值：诚实守信

【基本案情】

佘某某、李某系夫妻关系，二人经营餐馆。马某等人在佘某某、李某经营的餐馆就餐，餐费约 260 元左右。李某因发现马某等人未结账即离开，于是沿路追赶。李某看到马某等人后，呼喊买单再走，马某等人遂分散走开，其中马某距离李某最近，李某便紧跟着马某，并拨打 110 报警。随后，佘某某赶到，与李某一起追赶马某，马某在逃跑过程中摔伤。经鉴定，马某损伤程度属轻伤二级，住院治疗产生医疗费等支出。马某遂诉至法院，请求判令佘某某、李某赔偿其因被追摔伤所造成的各项经济损失 4 万余元。

【裁判结果】

襄阳市中级人民法院认为，就餐后付款结账是完全民事行为能力人均应知晓的社会常理。马某等人就餐后未买单，也未告知餐馆经营人用餐费用怎么处理即离开饭店，属于吃“霸王餐”的不诚信行为，经营者李某要求马某等人付款的行为并无不当。佘某某、李某在发现马某等人逃跑后阻拦其离开，并让马某买单或者告知请客付款人的联系方式，属于正当的自助行为，不存在过错。马某在逃跑过程中因自身原因摔伤，与李某、佘某某恰当合理的自助行为之间并无直接因果关系，李某、佘某某不应对马某摔伤造成的损失承担赔偿责任。

【典型意义】

吃“霸王餐”是违反公序良俗的不文明行为，吃“霸王餐”后逃跑摔伤，反向餐馆索赔，不仅于法无据，更颠覆了社会公众的是非观。本案不支持“我伤我有理”“我闹我有理”，对吃“霸王餐”者无理的索赔请求不予支持，发挥了司法裁判匡扶正义，引领诚信、友善、文明的社会新风尚的积极作用。

周某诉龚某侵权责任纠纷案

《人民法院老年人权益保护十大典型案例》案例九

2021 年 2 月 24 日

关键词：“强行啃老”；保护老年人合法财产权益

【基本案情】

2017 年 1 月 13 日，龚某华及其女儿龚某将龚某华的母亲，92 岁的周某，带至农村信用社某营业厅，对其账户进行挂失，取出存款 24 万元并存入龚某账户。周某系文盲，上述柜台业务办理均由龚某操作，银行业务员需要周某拍照确认时，龚某将坐在轮椅上的周某推到柜台摄像头前拍照，再推回等候席，将材料让周某捺完印后再交给银行业务员。龚某、业务员均未和周某进行交流。周某诉至法院称，龚某华及龚某以帮助办理银行存款为由，将其骗至银行并转走存款，周某得知后，要求龚某返还，遭到拒绝，故诉请龚某返还上述款项。

【裁判结果】

浙江省嘉兴市南湖区人民法院认为，周某在龚某华将其存款取出并转移时对该项事实并不知情，龚某华在未取得周某同意的情况下，擅自将周某的存款转移到个人账户占有，其行为侵害了周某的财产所有权，应当返还存款。关于龚某认为案涉存款系周某赠与龚某华的抗辩，并无相关证据予以证实，且根据周某的陈述，龚某华取得其存款的行为并非出于其自愿给付，故对龚某的抗辩，不予采信。该院判决龚某返还周某 24 万元。

【典型意义】

公民对个人的财产依法享有占有、使用、收益和处分的权利。老年人由于身体状况、行动能力等原因，往往难以有效管理、处分自有财产，在此情况下，子女更不得以窃取、骗取、强行索取等方式侵犯父母的财产权益。本案体现了反对子女“强行啃老”的价值导向，符合中华民族传统美德和社会主义核心价值观。人民法院在审理此类侵犯老年人权益的案件时，应当充分查明老年人的真实意愿，坚持保障老年人合法权益，秉持保护老年人合法财产权益的原则进行判决，有效定分止争。

于某某诉某公交客运公司侵权责任纠纷案

《最高人民法院、中国残疾人联合会残疾人权益保护十大典型案例》案例六

2021 年 12 月 2 日

【基本案情】

于某某为肢体肆级残疾人，户籍甲市。2014 年 7 月，于某某在乙市乘坐某公交客运公司公交车时，出示其持有的中华人民共和国残疾人证，要求免费乘车，遭该车驾驶员拒绝，双方发生纠纷。于某某向人民法院起诉，请求判令某公交客运公司赔礼道歉、承认错误；赔偿其交通费用、住宿费、餐饮费、误工费、精神损害赔偿金等各项损失共计 45254.6 元。

【裁判结果】

江苏省南京市玄武区人民法院经审理认为，残疾人享有乘车优惠的权利受法律保护。《中华人民共和国残疾人保障法》第四十六条规定，国家保障残疾人享有各项社会保障的权利。第五十条规定，县级以上人民政府对残疾人搭乘公共交通工具，应当根据实际情况给予便利和优惠。某公交客运公司作为公共交通运营企业，应当本着保障残疾人享有各项社会福利的原则，给予外地残疾人更为简便、灵活的免费乘车手续。某公交客运公司拒绝于某某免费乘坐，侵害了残疾人的免费乘车权，应承担相应的法律责任。遂判决某公交客运公司赔偿于某某 2528 元。

【典型意义】

残疾人在政治、经济、社会、文化和家庭生活方面享有的合法权益受法律保护。但实践中，一些地方性文件仍未能有效落实相关法律规定。本案中，在地方性文件未规定非本市户籍残疾人享受乘车优惠的情况下，人民法院依据《中华人民共和国残疾人保障法》和《江苏省残疾人保障条例》的规定依法作出裁判，充分保障了残疾人参与社会生活、共享社会物质文化成果的权益，将法律法规赋予残疾人的合法权益落到实处。同时，在本案审结后，玄武区法院还向乙市公交总公司发出司法建议，建议相关职能部门根据法律规定，在兼顾公交企业经济利益的同时，牵头制定更加便利残疾人免费乘车的相关制度及政策，通过司法建议进一步延伸对残疾人的司法服务。

王某某诉某康复器具公司侵权责任纠纷案

《最高人民法院、中国残疾人联合会残疾人权益保护
十大典型案例》案例十
2021 年 12 月 2 日

【基本案情】

王某某因交通事故手术截肢，向某康复器具公司购买假肢产品。2016 年 4 月 25 日，双方签署《产品配置单》，约定由某康复器具公司为王某某提供假肢产品，并根据王某某的个人适应性提供修正装配方案以及终生免费调整、保养、维修等专业技术服务。某康复器具公司根据王某某情况先为其装配了临时假肢，王某某支付相应价款 8000 元。2017 年 4 月 18 日，王某某因左下肢残端溃烂住院治疗，支付医疗费 52725.42 元。王某某称其安装假肢后不到十天出现溃疡，向某康复器具公司业务员反映情况，对方称需磨合，慢慢会好，故未及时入院治疗。王某某起诉请求某康复器具公司赔偿其购买假肢费用 8000 元、医疗费 52725.42 元、住院伙食补助费 5500 元、营养费 11500 元、护理费 17400 元、交通费 2000 元。

【裁判结果】

北京市丰台区人民法院经审理认为，某康复器具公司未向王某某提供足够的假肢佩戴指导和跟踪服务，导致王某某在使用假肢的过程中出现残端溃烂的损害后果，应对王某某的损害后果承担侵权责任，遂判决某康复器具公司退还王某某假肢款 8000 元，赔偿王某某医疗费 52725.42 元、住院伙食补助费 5500 元、护理费 11500 元、营养费 5750 元、交通费 500 元。二审中双方调解结案。

【典型意义】

残疾辅助器具对残疾人生活具有重大影响。残疾辅助器具的质量是否合格，以及能否安全有效地使用，与辅助器具使用人的身体健康和人身、财产权益密切相关。残疾辅助器具产品除了具有物的属性外，还包含服务属性，任何一项属性存在缺陷都有可能对使用者造成损害。本案确立了残疾辅助器具侵权责任纠纷的基本裁判规则，即残疾辅助器具的经营者在向购买人出售产品后，除应保证产品质量合格外，还应根据产品性能及合同约定，为购买人提供装配、调整、使用指导、训练、查访等售后服务，若因服务缺失导致购买人产生人身损害，经营者应根据其过错程度承担相应的侵权责任。

胡某某、王某某诉某某餐厅死亡赔偿案

——向未成年人出售烟酒应依法承担相应责任

《未成年人权益司法保护典型案例》案例 7

2022 年 3 月 2 日

【基本案情】

胡小某系胡某某、王某某之子，其与蒋某某、陈某系某中学学生，均系限制民事行为能力人。某日，胡小某、陈某某来到某某餐厅为蒋某某庆祝生日，胡小某提议要喝酒庆祝，三人喝了一些啤酒。饭后，胡小某提议去湖边玩耍，在湖边泡脚戏水的过程中，胡小某不慎后仰溺水死亡。事故发生后，胡某某、王某某将某某餐厅诉至法院，请求赔偿胡小某的死亡赔偿金、丧葬

费等部分损失。

【裁判结果】

法院经审理认为，《未成年人保护法》规定，禁止向未成年人销售烟、酒。本案中某某餐厅的售酒行为违反了《未成年人保护法》的相关规定。由于酒精对于人的精神具有麻痹作用，饮酒后会导致实施危险行为的危险系数增加，某某餐厅的售酒行为，与胡小某的死亡结果之间具有因果关系，应承担相应侵权损害赔偿责任。综上，法院判决某某餐厅承担一定比例的损害赔偿责任。

【典型意义】

未成年人身心发育尚不成熟，烟酒会严重影响未成年人的健康成长。《未成年人保护法》明确规定，禁止经营者向未成年人出售烟酒。烟酒经营者应当在显著位置设置不向未成年人销售烟酒的标志；对难以判明是否是未成年人的，应当要求其出示身份证件。本案中的餐厅经营者向未成年人售酒的行为，不仅有违法律规定，还引发了未成年人溺水死亡的严重后果。法院依法认定该餐厅承担一定比例的损害赔偿责任，对于引导烟酒商家进一步强化社会责任，增强法律意识，让未成年人远离烟酒伤害，为未成年人的成长营造安全健康的环境具有重要意义。

婚礼影像资料丢失精神损害抚慰金的赔偿

——周某某、肖某诉某演绎公司合同纠纷案

《最高人民法院发布消费者权益保护典型案例》案例3

2022年3月15日

【基本案情】

2019年2月1日，周某某、肖某举行婚礼，聘请某演绎公司为其婚庆服务，二位在某演绎公司处订购了价值5500元的婚庆服务，包括主持、摄影、摄像、婚车装饰、灯光租赁、音响、花艺师、婚礼现场、运费等，其中摄影服务为600元。周某某向某演绎公司预付了定金500元，婚礼结束后，周某某、肖某支付了全部服务费。尔后，某演绎公司将婚礼过程的摄像资料丢失，无法向周某某、肖某交付该资料，周某某、肖某遂要求法院判决返还服务费 5500 元并赔偿精神抚慰金 5 万元。

【裁判结果】

法院认为，某演绎公司除摄影资料不能交付外，其余服务均已完成，且周某某、肖某未提出异议，故某演绎公司应返还的服务费应当是摄影部分的服务费 600 元，而非全部服务费用。同时，本案诉争的摄像资料记载了周某某、肖某夫妇人生中的重要时刻，有着特殊的纪念意义，由于婚礼过程是不可重复和再现的，该摄影资料记载的内容对于周某某、肖某来说，属于具有人格象征意义的特定纪念物品，某演绎公司未按照双方约定将摄像资料交付给周某某、肖某，造成记录他们婚礼现场场景的载体永久性灭失，某演绎公司的违约行为侵犯了二位新人对其具有人格象征意义的特定纪念物品的所有权，对周某某、肖某造成精神上的伤害。人民法院结合某演绎公司的过错程度、承担责任的经济能力、本地平均生活水平综合酌定精神损害抚慰金为 6000 元。

【典型意义】

婚礼是极具纪念意义的特殊经历，婚礼现场的影像资料是每一对步入婚姻殿堂的夫妇的珍贵资料，具有不可复制性，一旦毁损灭失将不具可逆性，虽影像资料的丢失未对当事人造成生理上的身体健康及完整性的损害，但此事件对当事人具有精神上的损害，本案中，某演绎公司将他们夫妇的具有人格象征意义的纪念影像丢失，给二位新人造成了不可弥补的精神损失，应当赔偿一定的精神损害抚慰金。本案的处理既维护了消费者的合法权益，又能促使经营者不断规范自己的经营活动，共同营造良好有序、值得信赖的营商环境，同时也重视了婚姻家庭文化的建设，对弘扬文明、自由、平等、诚信、友善的社会主义核心价值观具有重要的积极意义。

帆船比赛中发生的碰撞适用自甘风险规则

——某设备公司与某刀模公司等侵权责任纠纷案

《涉体育纠纷民事典型案例》案例四

2023 年 6 月 21 日

关键词：帆船竞技比赛；自甘风险规则

【基本案情】

"白鲨号"游艇、"中国杯 24 号"游艇分别属于某设备公司及某刀模公司。在帆船比赛期间，"白鲨号"游艇与"中国杯 24 号"游艇发生碰撞事故，游艇均不同程度受损。某设备公司认为"中国杯 24 号"游艇构成恶意犯规，应当承担事故的全部责任。某刀模公司确认"中国杯 24 号"游艇违反了赛事规则，但主张当时处于激烈竞赛环境中，参赛队员没有主观上的过错，并主张"白鲨号"游艇亦违反了赛事规则，应当承担事故的主要责任。某设备公司和某刀模公司对各自游艇进行了修理，但双方对事故责任和赔偿金额未能达成一致，遂诉至审理法院，主张对方赔偿已方损失。

【裁判结果】

审理法院认为，双方当事人在明知帆船比赛风险性的前提下自愿报名参加，在比赛中因对方行为遭受损害产生的争议应当适用《中华人民共和国民法典》第一千一百七十六条自甘风险规则审查认定双方当事人的责任。"中国杯 24 号"游艇作为上风船未避让处于下风的"白鲨号"游艇，在未减速的情况下左转绕标，导致触碰"白鲨号"游艇尾部，但其在竞赛中左转是为了比赛的绕标要求，当时的行动属于判断失误，现有证据不足以认定"中国杯 24 号"游艇对碰撞事故的发生具有故意或者重大过失。"白鲨号"游艇在激烈比赛突发紧急状况下未采取避让措施，亦不能认为其对碰撞事故的发生存在故意或者重大过失。双方当事人应当各自承担事故造成的损失。审理法院驳回了某设备公司的诉讼请求和某刀模公司的反诉请求。

【典型意义】

本案是明确体育赛事活动法律责任的典型案例。在比赛过程中发生的帆船碰撞事故，应当根据竞赛规则而非船舶避碰规则审查避碰义务。体育赛事竞技过程中产生的民事损害赔偿责任适用《中华人民共和国民法典》第一千一百七十六条规定的自甘风险规则。致害人违反竞赛规则造成损害并不必然承担赔偿责任，人民法院应当结合竞技项目的固有风险、竞赛实况、犯规动作意图、运动员技术等因素综合认定致害人对损害的发生是否有故意或者重大过失，进而确定致害人的民事责任。本案裁判对于人民法院积极发挥促进竞技体育发展作用、推动体育赛事活动规范有序发展、实现体育法弘扬中华体育精神及发展体育运动等立法目的，具有积极意义。

六、劳动争议、人事争议

刘某泉等十一人与内蒙古某电力有限公司、某电业局劳动争议案

《最高人民法院公布第二批保障民生典型案例》第 7 号

2014 年 3 月 19 日

【基本案情】

1993 年国务院制定《国有企业富余职工安置规定》，国有企业开始安置富余职工。2000 年至 2003 年间，某电业局与刘某泉等十一名职工签订了《离岗退养协议》，约定：职工办理离岗退养手续后不得再回工作岗位，属于在册职工，单位发给生活费；离岗退养期间，浮动工资、奖金取消，除享受普调性工资待遇外，不再享受其他增资项目的工资政策，福利按 50% 执行；养老、医疗、住房、失业等待遇按所在单位的在册职工对待，工龄连续计算，达到法定退休年龄办理正式退休手续。

某电业局改制后走出困境，对在岗职工的工资调整了结构、提高了数额。刘某泉等十一人认为他们应当按照离岗退养协议的约定，即享受该单位在岗

职工的普调性工资待遇，由于工资结构等已经变化，因此在岗职工增长的工资均应视为普调性工资待遇，遂向人民法院提起诉讼，请求判令某电业局补发年终工资、效益工资、岗位效益工资、岗位基数工资、岗位级差工资、岗位工资，共计601500元。

【裁判结果】

本案经过一审、二审和两次再审，内蒙古高级人民法院认为双方当事人之间的纠纷应由有关部门按照企业改制的政策规定统筹解决，不属于人民法院应当受理的劳动争议案件，裁定驳回起诉。最高人民检察院抗诉，最高人民法院进行了再审。

最高人民法院再审认为，本案是在我国国有企业制度改革和劳动用工制度改革过程中出现的纠纷，1993年国务院颁布《国有企业富余职工安置规定》，对于离岗退养的条件、程序、生活费等内容作出了原则规定，目的在于既要通过改革增强企业活力，提高企业经济效益；又要妥善安置国有企业富余职工，保障其基本生活。刘某泉等十一人与某电业局签订离岗退养协议，具有落实上述改革措施的性质。特别是某电业局又在离岗退养协议中作出了离岗退养人员享受普调性工资待遇等方面的具体承诺，体现了劳动者与用人单位之间的在工资待遇方面达成的一致意思表示，与《劳动法》第四十七条规定的“用人单位根据本单位的生产经营特点和经济效益，依法自主确定本单位的工资分配方式和工资水平”并不矛盾，含有劳动关系的内容，本案纠纷属于劳动争议，人民法院应当受理。当事人诉讼请求中，除岗位效益工资99840元属于奖金性质，按照离岗退养协议的约定不应享受外，其余均应视为系统内工资的普调，应予支持，故判决某电业局向刘某泉等十一人补发工资501660元。

【典型意义】

本案在如何准确认定企业改革时出现的哪些纠纷属于劳动争议，劳动关系双方均可通过诉讼方式寻求自己合法权益的保护，具有较强的典型意义。我国社会主义市场经济发展过程中，国务院制定的重要改革措施需要严格执行。离岗退养协议中就有贯彻执行国有企业改革政策性质的内容，这些方面的问题确实需要由有关部门按照企业改制的政策统筹解决；但协议中也有用人单位和劳动者之间通过协议确定工资待遇的内容，如离岗退养职工享受普调性工资待遇的约定。工资是劳动合同的重要组成部分，确定工资标准的内容具有劳动合同的性质，当事人对于是否按照劳动合同约定支付了工资发生争议，经过法定程序起诉之后，人民法院应当受理。

本案对于用人单位以法律规定其享有自主确定职工工资权利来抗辩职工关于工资的诉讼请求时，应如何妥善处理同样具有典型意义。离岗退养协议中，刘某泉等十一人享受普调性工资待遇的约定，虽然没有直接确定明确的工资数额，却是双方当事人通过协商确定下来的工资标准，这同样是单位确定工资的一种具体方式，也符合《劳动法》关于用人单位有权自主确定职工工资的精神，其实二者并不矛盾。工资标准确定了，在没有约定或者法律规定可以改变的情形发生时，就必须按照约定的工资标准履行。刘某泉等十一人为使国有企业减轻负担、增加活力，顾全大局，以离岗退养的方式为企业的发展作出了奉献和牺牲。他们在离岗退养之后长期领取基本生活费，生活存在困难，诉讼请求中大部分仅仅是协议中所约定的工资内容。在企业经营转好的情况下，应当使这些依法主张权利的职工与在岗职工共同分享改革成果，除了协议中明确约定不能享有的工资待遇外，满足其合理要求。

最高人民法院判决支持了刘某泉等十一人诉讼请求中合理合法的部分，通过审判还事实以本来面目，还职工以应得的公正，切实保护了劳动者合法权益。

孔某与北京某物业管理公司劳动争议纠纷案

《最高人民法院公布 10 起残疾人权益保障典型案例》第 4 号

2016 年 5 月 14 日

【典型意义】

依法切实保障残疾人劳动的权利

《残疾人保障法》第三十条规定，国家保障残疾人劳动的权利。第三十八条规定，在职工的招用、转正、晋级、职称评定、劳动报酬、生活福利、休息休假、社会保险等方面，不得歧视残疾人。残疾人群体自强不息、自尊自立，参加适合其自身能力的劳动，应当予以支持。本案判决表明，司法审判必须依法切实保障残疾人劳动的权利，让其能通过自身劳动创造幸福生活，切实维护残疾人合法权益。

【基本案情】

孔某系一级智力残疾人，2011 年 12 月孔某与北京某物业管理公司签订劳动合同，合同期限为 2 年，至 2013 年 11 月 30 日终止。2013 年 7 月，孔某个人在不理解签署的文件性质的情况下签署了离职申请。孔某起诉至人民法院要求北京某物业管理公司支付解除劳动合同经济补偿金。人民法院认为，因孔某不具备对签订劳动合同、签署离职申请等涉及个人重大利益的行为的判断能力和理解能力，且不能预见其行为后果，重大民事行为应由其法定代理人代理或者征得法定代理人的同意。孔某代理人对孔某签署离职申请的行为不予认可，孔某签署离职申请的行为应属无效，双方的劳动合同应继续履行至合同期限终止。北京某物业管理公司应当依照《劳动合同法》对孔某支付终止劳动合同经济补偿金。

伊春某旅游酒店有限公司诉张某某劳动争议纠纷案

《最高人民法院发布十起关于弘扬社会主义

核心价值观典型案例》第 2 号

2016 年 8 月 22 日

【基本案情】

2014 年 5 月 28 日，被告张某某受聘于原告黑龙江省伊春市某旅游酒店有限公司，从事工程员工作。至 2015 年 9 月 10 日，被告以原告公司未与其签订书面劳动合同及未给其缴纳社会保险为由，离开原告公司。后于 2015 年 9 月 14 日向带岭区劳动人事争议仲裁委员会申请仲裁，要求解除与原告公司的劳动合同关系，并要求原告公司支付其各项损失费用 66136.00 元。带岭区劳动人事争议仲裁委员会于 2015 年 11 月 6 日作出带劳人仲字〔2015〕第 4 号仲裁裁决书，裁决如下：1. 由被申请人（伊春某旅游酒店有限公司）支付申请人（张某某）未签订劳动合同的双倍工资 27958.26 元（2541.66 元 ×11）；2. 被申请人支付申请人解除劳动关系的经济补偿金 3812.49 元（2541.66 元 ×

1.5）；3. 驳回申请人请求被申请人支付其加班加点的仲裁请求；4. 驳回申请人请求被申请人支付其应当订立无固定期限劳动合同之日至工作截止日二倍工资的仲裁请求；5. 被申请人应该到社会保险经办机构为申请人办理 2014 年 5 月到 2015 年 9 月的社会保险，在办理过程中，申请人应积极配合被申请人履行相关手续；6. 被申请人应支付申请人离职前半个月未支付工资 1300.00 元。原告伊春某旅游酒店有限公司对该仲裁裁决不服，在法定期限内向本院提起诉讼，要求确认原告无须支付被告各项经济损失。被告当庭明确表示放弃在仲裁机构所提出的其他请求，要求原告方按仲裁裁决书所确认的内容支付被告各项损失。另查明，被告张某某系带岭林业实验局明月林场在职职工，自 1999 年起因单位经济环境不景气、生产任务少等原因允许被告等大部分职工自谋生路，其间，停发工资，但仍由原单位及被告个人按法律规定的数额分别缴纳社会保险费。2014 年 6 月至 2015 年 9 月被告在原告公司工作期间，双方未签订书面劳动合同。

【裁判结果】

黑龙江省伊春市带岭区人民法院生效裁判认为：原、被告之间形成了事实上的劳动合同关系，但原告公司自用工之日起超过一个月不满一年未与被告签订书面劳动合同，应当按照法律规定向被告支付二倍的工资。原告方认为被告是明月林场在职职工，与原告之间只能形成劳务关系而不能形成劳动合同关系，但按照《最高人民法院关于审理劳动争议案件适用法律若干问题的解释（三）》第八条的规定：企业停薪留职、未达到法定退休年龄的内退人员、下岗待岗人员以及企业经营性停产放长假人员，因与新的用人单位发生用工争议，依法向人民法院提起诉讼的，人民法院应当按劳动关系处理。因此原告的此项辩解理由不予支持。被告主张按照仲裁裁决所确定的数额由原告公司支付双倍工资的请求并未超过其一年内的平均工资，因此该项主张应予支持。被告所主张的 2015 年 9 月尚有半个月工资 1300.00 元原告公司未予发放的请求原告方予以承认，因此应予认定。但被告社会保险费企业应当承担部分仍由其原单位明月林场进行缴纳，其不具备再就业企业再行缴纳社会保险费的待遇，因此被告要求原告公司再行为其缴纳社会保险费的请求不予支持。同时，因原告企业无法为其缴纳社会保险费用，不存在《劳动合同法》第三十八条所规定的情形，被告自行提出要求与原告公司解除劳动合同关系且未履行告知义务，原告公司无须支付被告经济补偿金。因此判决如下：一、解除原、被告之间的劳动合同关系；二、由原告支付给被告因未签订书面劳动合同而产生的赔偿金27958.26元；三、由原告支付被告2015年9月剩余工资1300.00元。

【典型意义】

诚实守规

本案争议焦点是被告张某某系林业局在职职工，其是否能够另行与另一企业形成劳动合同关系。按照法律规定，企业停薪留职、未达到法定退休年龄的内退人员、下岗待岗人员以及企业经营性停产放长假人员，因与新的用人单位发生用工争议，依法向人民法院提起诉讼的，人民法院应当按劳动关系处理。因此，法院依照《民事诉讼法》第六十四条、《最高人民法院关于审理劳动争议案件适用法律若干问题的解释（三）》第八条、《劳动合同法》第三十七条、第八十二条、《劳动合同法实施条例》第七条的规定，作出上述判决。

劳动者拒绝违法超时加班安排，用人单位能否解除劳动合同

《劳动人事争议典型案例（第二批）》案例1

2021年8月26日

【基本案情】

张某于2020年6月入职某快递公司，双方订立的劳动合同约定试用期为3个月，试用期月工资为8000元，工作时间执行某快递公司规章制度相关规定。某快递公司规章制度规定，工作时间为早9时至晚9时，每周工作6天。2个月后，张某以工作时间严重超过法律规定上限为由拒绝超时加班安排，某快递公司即以张某在试用期间被证明不符合录用条件为由与其解除劳动合同。张某向劳动人事争议仲裁委员会（简称仲裁委员会）申请仲裁。

【申请人请求】

请求裁决某快递公司支付违法解除劳动合同赔偿金8000元。

【处理结果】

仲裁委员会裁决某快递公司支付张某违法解除劳动合同赔偿金 8000 元（裁决为终局裁决）。仲裁委员会将案件情况通报劳动保障监察机构，劳动保障监察机构对某快递公司规章制度违反法律、法规规定的情形责令其改正，给予警告。

【案例分析】

本案的争议焦点是张某拒绝违法超时加班安排，某快递公司能否与其解除劳动合同。

《中华人民共和国劳动法》第四十一条规定："用人单位由于生产经营需要，经与工会和劳动者协商后可以延长工作时间，一般每日不得超过一小时；因特殊原因需要延长工作时间的，在保障劳动者身体健康的条件下延长工作时间每日不得超过三小时，但是每月不得超过三十六小时。"第四十三条规定："用人单位不得违反本法规定延长劳动者的工作时间。"《中华人民共和国劳动合同法》第二十六条规定："下列劳动合同无效或者部分无效：……（三）违反法律、行政法规强制性规定的。"为确保劳动者休息权的实现，我国法律对延长工作时间的上限予以明确规定。用人单位制定违反法律规定的加班制度，在劳动合同中与劳动者约定违反法律规定的加班条款，均应认定为无效。

本案中，某快递公司规章制度中"工作时间为早 9 时至晚 9 时，每周工作 6 天"的内容，严重违反法律关于延长工作时间上限的规定，应认定为无效。张某拒绝违法超时加班安排，系维护自己合法权益，不能据此认定其在试用期间被证明不符合录用条件。故仲裁委员会依法裁决某快递公司支付张某违法解除劳动合同赔偿金。

【典型意义】

《中华人民共和国劳动法》第四条规定："用人单位应当依法建立和完善规章制度，保障劳动者享有劳动权利和履行劳动义务。"法律在支持用人单位依法行使管理职权的同时，也明确其必须履行保障劳动者权利的义务。用人单位的规章制度以及相应工作安排必须符合法律、行政法规的规定，否则既要承担违法后果，也不利于构建和谐稳定的劳动关系、促进自身健康发展。

劳动者与用人单位订立放弃加班费协议，能否主张加班费

《劳动人事争议典型案例（第二批）》案例2

2021年8月26日

【基本案情】

张某于2020年6月入职某科技公司，月工资2万元。某科技公司在与张某订立劳动合同时，要求其订立一份协议作为合同附件，协议内容包括“我自愿申请加入公司奋斗者计划，放弃加班费”。半年后，张某因个人原因提出解除劳动合同，并要求支付加班费。某科技公司认可张某加班事实，但以其自愿订立放弃加班费协议为由拒绝支付。张某向劳动人事争议仲裁委员会（简称仲裁委员会）申请仲裁。

【申请人请求】

请求裁决某科技公司支付2020年6月至12月加班费24000元。

【处理结果】

仲裁委员会裁决某科技公司支付张某2020年6月至12月加班费24000元。

【案例分析】

本案的争议焦点是张某订立放弃加班费协议后，还能否主张加班费。

《中华人民共和国劳动合同法》第二十六条规定：“下列劳动合同无效或者部分无效：……（二）用人单位免除自己的法定责任、排除劳动者权利的。”《最高人民法院关于审理劳动争议案件适用法律问题的解释（一）》（法释〔2020〕26号）第三十五条规定：“劳动者与用人单位就解除或者终止劳动合同办理相关手续、支付工资报酬、加班费、经济补偿或者赔偿金等达成的协议，不违反法律、行政法规的强制性规定，且不存在欺诈、胁迫或者乘人之危情形的，应当认定有效。前款协议存在重大误解或者显失公平情形，

当事人请求撤销的，人民法院应予支持。”加班费是劳动者延长工作时间的工资报酬，《中华人民共和国劳动法》第四十四条、《中华人民共和国劳动合同法》第三十一条明确规定了用人单位支付劳动者加班费的责任。约定放弃加班费的协议免除了用人单位的法定责任、排除了劳动者权利，显失公平，应认定无效。

本案中，某科技公司利用在订立劳动合同时的主导地位，要求张某在其单方制定的格式条款上签字放弃加班费，既违反法律规定，也违背公平原则，侵害了张某工资报酬权益。故仲裁委员会依法裁决某科技公司支付张某加班费。

【典型意义】

崇尚奋斗无可厚非，但不能成为用人单位规避法定责任的挡箭牌。谋求企业发展、塑造企业文化都必须守住不违反法律规定、不侵害劳动者合法权益的底线，应在坚持按劳分配原则的基础上，通过科学合理的措施激发劳动者的主观能动性和创造性，统筹促进企业发展与维护劳动者权益。

用人单位未按规章制度履行加班审批手续，能否认定劳动者加班事实

《劳动人事争议典型案例（第二批）》案例 3

2021 年 8 月 26 日

【基本案情】

吴某于 2019 年 12 月入职某医药公司，月工资为 18000 元。某医药公司加班管理制度规定：“加班需提交加班申请单，按程序审批。未经审批的，不认定为加班，不支付加班费。”吴某入职后，按照某医药公司安排实际执行每天早 9 时至晚 9 时，每周工作 6 天的工作制度。其按照某医药公司加班管理制度提交了加班申请单，但某医药公司未实际履行审批手续。2020 年 11 月，吴某与某医药公司协商解除劳动合同，要求某医药公司支付加班费，并出具了考勤记录、与部门领导及同事的微信聊天记录、工作会议纪要等。某医药公司虽认可上述证据的真实性但以无公司审批手续为由拒绝支付。吴某向劳动人

事争议仲裁委员会（简称仲裁委员会）申请仲裁。

【申请人请求】

请求裁决某医药公司支付2019年12月至2020年11月加班费5万元。

【处理结果】

仲裁委员会裁决某医药公司支付吴某2019年12月至2020年11月加班费5万元。某医药公司不服仲裁裁决起诉。一审法院判决与仲裁裁决一致，某医药公司未上诉，一审判决已生效。

【案例分析】

本案的争议焦点是某医药公司能否以无公司审批手续为由拒绝支付吴某加班费。

《中华人民共和国劳动法》第四十四条规定："有下列情形之一的，用人单位应当按照下列标准支付高于劳动者正常工作时间工资的工资报酬：（一）安排劳动者延长工作时间的，支付不低于工资的百分之一百五十的工资报酬；（二）休息日安排劳动者工作又不能安排补休的，支付不低于工资的百分之二百的工资报酬。"《工资支付暂行规定》（劳部发〔1994〕489号）第十三条规定："用人单位在劳动者完成劳动定额或规定的工作任务后，根据实际需要安排劳动者在法定标准工作时间以外工作的，应按以下标准支付工资：……"从上述条款可知，符合"用人单位安排""法定标准工作时间以外工作"情形的，用人单位应当依法支付劳动者加班费。

本案中，吴某提交的考勤记录、与部门领导及同事的微信聊天记录、工作会议纪要等证据形成了相对完整的证据链，某医药公司亦认可上述证据的真实性。某医药公司未实际履行加班审批手续，并不影响对"用人单位安排"加班这一事实的认定。故仲裁委员会依法裁决某医药公司支付吴某加班费。

【典型意义】

劳动规章制度对用人单位和劳动者都具有约束力。一方面，用人单位应严格按照规章制度的规定实施管理行为，不得滥用优势地位，侵害劳动者合法权益；另一方面，劳动者在合法权益受到侵害时，要注意保留相关证据，为维权提供依据。仲裁委员会、人民法院应准确把握加班事实认定标准，纠正用人单位规避法定责任、侵害劳动者合法权益的行为。

用人单位与劳动者约定实行包薪制，是否需要依法支付加班费

《劳动人事争议典型案例（第二批）》案例 4

2021 年 8 月 26 日

【基本案情】

周某于 2020 年 7 月入职某汽车服务公司，双方订立的劳动合同约定月工资为 4000 元（含加班费）。2021 年 2 月，周某因个人原因提出解除劳动合同，并认为即使按照当地最低工资标准认定其法定标准工作时间工资，某汽车服务公司亦未足额支付加班费，要求支付差额。某汽车服务公司认可周某加班事实，但以劳动合同中约定的月工资中已含加班费为由拒绝支付。周某向劳动人事争议仲裁委员会（简称仲裁委员会）申请仲裁。

【申请人请求】

请求裁决某汽车服务公司支付加班费差额 17000 元。

【处理结果】

仲裁委员会裁决某汽车服务公司支付周某加班费差额 17000 元（裁决为终局裁决），并就有关问题向某汽车服务公司发出仲裁建议书。

【案例分析】

本案的争议焦点是某汽车服务公司与周某约定实行包薪制，是否还需要依法支付周某加班费差额。

《中华人民共和国劳动法》第四十七条规定："用人单位根据本单位的生产经营特点和经济效益，依法自主确定本单位的工资分配方式和工资水平。"第四十八条规定："国家实行最低工资保障制度。"《最低工资规定》（劳动和社会保障部令第 21 号）第三条规定："本规定所称最低工资标准，是指劳动者在法定工作时间或依法签订的劳动合同约定的工作时间内提供了正常劳动

的前提下，用人单位依法应支付的最低劳动报酬。” 从上述条款可知，用人单位可以依法自主确定本单位的工资分配方式和工资水平，并与劳动者进行相应约定，但不得违反法律关于最低工资保障、加班费支付标准的规定。

本案中，根据周某实际工作时间折算，即使按照当地最低工资标准认定周某法定标准工作时间工资，并以此为基数核算加班费，也超出了 4000 元的约定工资，表明某汽车服务公司未依法足额支付周某加班费。故仲裁委员会依法裁决某汽车服务公司支付周某加班费差额。

【典型意义】

包薪制是指在劳动合同中打包约定法定标准工作时间工资和加班费的一种工资分配方式，在部分加班安排较多且时间相对固定的行业中比较普遍。虽然用人单位有依法制定内部薪酬分配制度的自主权，但内部薪酬分配制度的制定和执行须符合相关法律的规定。实践中，部分用人单位存在以实行包薪制规避或者减少承担支付加班费法定责任的情况。实行包薪制的用人单位应严格按照不低于最低工资标准支付劳动者法定标准工作时间的工资，同时按照国家关于加班费的有关法律规定足额支付加班费。

用人单位未与劳动者协商一致增加工作任务，劳动者是否有权拒绝

《劳动人事争议典型案例（第二批）》案例 5

2021 年 8 月 26 日

【基本案情】

张某于 2018 年 9 月入职某报刊公司从事投递员工作，每天工作 6 小时，每周工作 6 天，月工资 3500 元。2020 年 6 月，因同区域另外一名投递员离职，某报刊公司在未与张某协商的情况下，安排其在第三季度承担该投递员的工作任务。张某认为，要完成加倍的工作量，其每天工作时间至少需延长 4 小时以上，故拒绝上述安排。某报刊公司依据员工奖惩制度，以张某不服从工作安排为由与其解除劳动合同。张某向劳动人事争议仲裁委员会（简称仲裁委员会）申请仲裁。

【申请人请求】

请求裁决某报刊公司支付违法解除劳动合同赔偿金 14000 元。

【处理结果】

仲裁委员会裁决某报刊公司支付张某违法解除劳动合同赔偿金 14000 元（裁决为终局裁决）。

【案例分析】

本案的争议焦点是某报刊公司未与张某协商一致增加其工作任务，张某是否有权拒绝。

《中华人民共和国劳动合同法》第三十一条规定：“用人单位应当严格执行劳动定额标准，不得强迫或者变相强迫劳动者加班。”第三十五条第一款规定：“用人单位与劳动者协商一致，可以变更劳动合同约定的内容。”劳动合同是明确用人单位和劳动者权利义务的书面协议，未经变更，双方均应严格按照约定履行，特别是涉及工作时间等劳动定额标准的内容。

本案中，某报刊公司超出合理限度大幅增加张某的工作任务，应视为变更劳动合同约定的内容，违反了关于“协商一致”变更劳动合同的法律规定，已构成变相强迫劳动者加班。因此，张某有权依法拒绝上述安排。某报刊公司以张某不服从工作安排为由与其解除劳动合同不符合法律规定。故仲裁委员会依法裁决某报刊公司支付张某违法解除劳动合同赔偿金。

【典型意义】

允许用人单位与劳动者协商一致变更劳动合同，有利于保障用人单位根据生产经营需要合理调整用工安排的权利。但要注意的是，变更劳动合同要遵循合法、公平、平等自愿、协商一致、诚实信用的原则。工作量、工作时间的变更直接影响劳动者休息权的实现，用人单位对此进行大幅调整，应与劳动者充分协商，而不应采取强迫或者变相强迫的方式，更不得违反相关法律规定。

处理加班费争议，如何分配举证责任

《劳动人事争议典型案例（第二批）》案例6

2021年8月26日

【基本案情】

林某于2020年1月入职某教育咨询公司，月工资为6000元。2020年7月，林某因个人原因提出解除劳动合同，并向劳动人事争议仲裁委员会（简称仲裁委员会）申请仲裁。林某主张其工作期间每周工作6天，并提交了某打卡App打卡记录（显示林某及某教育咨询公司均实名认证，林某每周一至周六打卡；每天打卡两次，第一次打卡时间为早9时左右，第二次打卡时间为下午6时左右；打卡地点均为某教育咨询公司所在位置，存在个别日期未打卡情形）、工资支付记录打印件（显示曾因事假扣发工资，扣发日期及天数与打卡记录一致，未显示加班费支付情况）。某教育咨询公司不认可上述证据的真实性，主张林某每周工作5天，但未提交考勤记录、工资支付记录。

【申请人请求】

请求裁决某教育咨询公司支付加班费1万元。

【处理结果】

仲裁委员会裁决某教育咨询公司支付林某加班费1万元（裁决为终局裁决）。

【案例分析】

本案的争议焦点是如何分配林某与某教育咨询公司的举证责任。

《中华人民共和国劳动争议调解仲裁法》第六条规定："发生劳动争议，当事人对自己提出的主张，有责任提供证据。与争议事项有关的证据属于用人单位掌握管理的，用人单位应当提供；用人单位不提供的，应当承担不利后果。"《最高人民法院关于审理劳动争议案件适用法律问题的解释（一）》（法释〔2020〕26号）第四十二条规定："劳动者主张加班费的，应当就加班事实的存在承担举证责任。但劳动者有证据证明用人单位掌握加班事实存在的证据，用人单位不提供的，由用人单位承担不利后果。”从上述条款可知，主张加班费的劳动者有责任按照“谁主张谁举证”的原则，就加班事实的存在提供证据，或者就相关证据属于用人单位掌握管理提供证据。用人单位应当提供而不提供有关证据的，可以推定劳动者加班事实存在。

本案中，虽然林某提交的工资支付记录为打印件，但与实名认证的 App 打卡记录互相印证，能够证明某教育咨询公司掌握加班事实存在的证据。某教育咨询公司虽然不认可上述证据的真实性，但未提交反证或者作出合理解释，应承担不利后果。故仲裁委员会依法裁决某教育咨询公司支付林某加班费。

【典型意义】

我国劳动法律将保护劳动者的合法权益作为立法宗旨之一，在实体和程序方面都作出了相应规定。在加班费争议处理中，要充分考虑劳动者举证能力不足的实际情况，根据“谁主张谁举证”原则、证明妨碍规则，结合具体案情合理分配用人单位与劳动者的举证责任。

劳动者超时加班发生工伤，用工单位、劳务派遣单位是否承担连带赔偿责任

《劳动人事争议典型案例（第二批）》案例 7

2021 年 8 月 26 日

【基本案情】

2017 年 8 月，某服务公司（已依法取得劳务派遣行政许可）与某传媒公司签订劳务派遣协议，约定某服务公司为某传媒公司提供派遣人员，每天工作 11 小时，每人每月最低保底工时 286 小时。2017 年 9 月，某服务公司招用李某并派遣至某传媒公司工作，未为李某缴纳工伤保险。2018 年 8 月、9 月、11 月，李某月工时分别为 319 小时、293 小时、322.5 小时，每月休息日不超过 3 日。2018 年 11 月 30 日，李某工作时间为当日晚 8 时 30 分至 12 月 1 日上午 8 时 30 分。李某于 12 月 1 日凌晨 5 时 30 分晕倒在单位卫生间，经抢救无

效于当日死亡，死亡原因为心肌梗死等。2018 年 12 月，某传媒公司与李某近亲属惠某等签订赔偿协议，约定某传媒公司支付惠某等工亡待遇 42 万元，惠某等不得再就李某工亡赔偿事宜或在派遣工作期间享有的权利，向某传媒公司提出任何形式的赔偿要求。上述协议签订后，某传媒公司实际支付惠某等各项费用计 423497.80 元。此后，李某所受伤害被社会保险行政部门认定为工伤。某服务公司、惠某等不服仲裁裁决，诉至人民法院。

【原告诉讼请求】

惠某等请求判决某服务公司与某传媒公司连带支付医疗费、一次性工亡补助金、丧葬补助金、供养亲属抚恤金，共计 1193821 元。

某服务公司请求判决不应支付供养亲属抚恤金；应支付的各项赔偿中应扣除某传媒公司已支付款项；某传媒公司承担连带责任。

【裁判结果】

一审法院判决：按照《工伤保险条例》，因用人单位未为李某参加工伤保险，其工亡待遇由用人单位全部赔偿。某服务公司和某传媒公司连带赔偿惠某等医疗费、一次性工亡补助金、丧葬补助金、供养亲属抚恤金合计 766911.55 元。某传媒公司不服，提起上诉。二审法院判决：驳回上诉，维持原判。

【案例分析】

本案的争议焦点是李某超时加班发生工伤，用工单位与劳务派遣单位是否应承担连带赔偿责任。

《中华人民共和国劳动法》第三十八条规定："用人单位应当保证劳动者每周至少休息一日。"第四十一条规定："用人单位由于生产经营需要，经与工会和劳动者协商后可以延长工作时间，一般每日不得超过一小时；因特殊原因需要延长工作时间的，在保障劳动者身体健康的条件下延长工作时间每日不得超过三小时，但是每月不得超过三十六小时。"《中华人民共和国劳动合同法》第二款第九十二条规定："用工单位给被派遣劳动者造成损害的，劳务派遣单位与用工单位承担连带赔偿责任。"《国务院关于职工工作时间的规定》（国务院令第 174 号）第三条规定："职工每日工作 8 小时、每周工作 40

小时。”休息权是劳动者的基本劳动权利，即使在支付劳动者加班费的情况下，劳动者的工作时间仍然受到法定延长工作时间上限的制约。劳务派遣用工中，劳动者超时加班发生工伤，用工单位和劳务派遣单位对劳动者的损失均负有责任，应承担连带赔偿责任。劳动者与用工单位、劳务派遣单位达成赔偿协议的，当赔偿协议存在违反法律、行政法规的强制性规定、欺诈、胁迫或者乘人之危情形时，不应认定赔偿协议有效；当赔偿协议存在重大误解或者显失公平情形时，应当支持劳动者依法行使撤销权。

本案中，某服务公司和某传媒公司协议约定的被派遣劳动者每天工作时间及每月工作保底工时，均严重超过法定标准。李某工亡前每月休息时间不超过3 日，每日工作时间基本超过11 小时，每月延长工作时间超过36 小时数倍，其依法享有的休息权受到严重侵害。某传媒公司作为用工单位长期安排李某超时加班，存在过错，对李某在工作期间突发疾病死亡负有不可推卸的责任。惠某等主张某传媒公司与某服务公司就李某工伤的相关待遇承担连带赔偿责任，应予支持。惠某等虽与某传媒公司达成了赔偿协议，但赔偿协议是在劳动者未经社会保险行政部门认定工伤的情形下签订的，且赔偿协议约定的补偿数额明显低于法定工伤保险待遇标准，某服务公司和某传媒公司应对差额部分予以补足。

【典型意义】

面对激烈的市场竞争环境，个别用人单位为降低用工成本、追求利润最大化，长期安排劳动者超时加班，对劳动者的身心健康、家庭和睦、参与社会生活等造成了严重影响，极端情况下会威胁劳动者的生命安全。本案系劳动者超时加班发生工伤而引发的工伤保险待遇纠纷，是超时劳动严重损害劳动者健康权的缩影。本案裁判明确了此种情况下用工单位、劳务派遣单位承担连带赔偿责任，可以有效避免劳务派遣用工中出现责任真空的现象，实现对劳动者合法权益的充分保障。同时，用人单位应依法为职工参加工伤保险，保障职工的工伤权益，也能分散自身风险。如用人单位未为职工参加工伤保险，工伤职工工伤保险待遇全部由用人单位支付。

用人单位以规章制度形式否认劳动者加班事实是否有效

《劳动人事争议典型案例（第二批）》案例8

2021年8月26日

【基本案情】

常某于2016年4月入职某网络公司。入职之初，某网络公司通过电子邮件告知常某，公司采取指纹打卡考勤。员工手册规定："21:00之后起算加班时间；加班需由员工提出申请，部门负责人审批。"常某于2016年5月至2017年1月期间，通过工作系统累计申请加班126小时。某网络公司以公司规章制度中明确21:00之后方起算加班时间，21:00之前的不应计入加班时间为由，拒绝支付常某加班费差额。常某向劳动人事争议仲裁委员会（简称仲裁委员会）申请仲裁，请求裁决某网络公司支付其加班费差额。某网络公司不服仲裁裁决，诉至人民法院。

【原告诉讼请求】

请求判决不支付常某加班费差额。

【裁判结果】

一审法院判决：某网络公司支付常某加班费差额32000元。双方不服，均提起上诉。二审法院判决：驳回上诉，维持原判。

【案例分析】

本案的争议焦点是某网络公司以规章制度形式否认常某加班事实是否有效。

《中华人民共和国劳动合同法》第四条规定："用人单位应当依法建立和完善劳动规章制度，保障劳动者享有劳动权利、履行劳动义务。用人单位在制定、修改或者决定有关劳动报酬、工作时间、休息休假、劳动安全卫生、保险福利、职工培训、劳动纪律以及劳动定额管理等直接涉及劳动者切身利益的规章制度或者重大事项时，应当经职工代表大会或者全体职工讨论，提出方案和意见，与工会或者职工代表平等协商确定……用人单位应当将直接涉及劳动者切身利益的规章制度和重大事项决定公示，或者告知劳动者。”通过民主程序制定的规章制度，不违反国家法律、行政法规及政策规定，并已向劳动者公示的，可以作为确定双方权利义务的依据。

本案中，一方面，某网络公司的员工手册规定有加班申请审批制度，该规定并不违反法律规定，且具有合理性，在劳动者明知此规定的情况下，可以作为确定双方权利义务的依据。另一方面，某网络公司的员工手册规定21:00之后起算加班时间，并主张18:00至21:00是员工晚餐和休息时间，故自21:00起算加班。鉴于18:00至21:00时间长达3个小时，远远超过合理用餐时间，且在下班3个小时后再加班，不具有合理性。在某网络公司不能举证证实该段时间为员工晚餐和休息时间的情况下，其规章制度中的该项规定不具有合理性，人民法院依法否定了其效力。人民法院结合考勤记录、工作系统记录等证据，确定了常某的加班事实，判决某网络公司支付常某加班费差额。

【典型意义】

劳动争议案件的处理，既要保护劳动者的合法权益，亦应促进企业有序发展。合法的规章制度既能规范用人单位用工自主权的行使，又能保障劳动者参与用人单位民主管理，实现构建和谐劳动关系的目的。不合理的规章制度则会导致用人单位的社会声誉差、认同感低，最终引发人才流失，不利于用人单位的长远发展。用人单位制定的合理合法的规章制度，可以作为确定用人单位、劳动者权利义务的依据。一旦用人单位以规章制度形式规避应当承担的用工成本，侵害劳动者的合法权益，仲裁委员会、人民法院应当依法予以审查，充分保护劳动者的合法权益。用人单位应当根据单位实际，制定更为人性化的规章制度，增强劳动者对规章制度的认同感，激发劳动者的工作积极性，从而进一步减少劳动纠纷，为构建和谐劳动关系作出贡献。

劳动者在离职文件上签字确认加班费已结清，是否有权请求支付欠付的加班费

《劳动人事争议典型案例（第二批）》案例 9

2021 年 8 月 26 日

【基本案情】

2017 年 7 月，肖某与某科技公司（已依法取得劳务派遣行政许可）订立劳动合同，被派遣至某快递公司担任配送员，月工资为基本工资加提成。肖某主张某快递公司在用工期间安排其双休日及法定节假日加班，并提交了工资表。工资表加盖有某科技公司公章，某科技公司和某快递公司均认可其真实性。该工资表显示，2017 年 7 月至 2019 年 10 月期间肖某存在不同程度的双休日加班及法定节假日加班，但仅获得少则 46.15 元、多则 115.40 元的出勤补款或节假日补助。2019 年 11 月，肖某向某科技公司提出离职，当日双方签署离职申请交接表。该表“员工离职原因”一栏显示：“公司未上社会保险，工作压力大、没给加班费。”“员工确认”一栏显示：“经说明，我已知悉《劳动合同法》上的权利和义务，现单位已经将我的工资、加班费、经济补偿结清，我与单位无其他任何争议。本人承诺不再以任何理由向某科技公司及用工单位主张权利。”员工签名处有肖某本人签名。肖某对离职申请交接表的真实性认可，但认为表中“员工确认”一栏虽系其本人签字，但并非其真实意思，若不签字，某科技公司就不让其办理工作交接，该栏内容系某科技公司逃避法律责任的一种方法。肖某不服仲裁裁决，诉至人民法院。

【原告诉讼请求】

请求判决某科技公司与某快递公司支付加班费 82261 元。

【裁判结果】

一审法院判决：驳回肖某加班费的诉讼请求。肖某不服，提起上诉。二审法院改判：某科技公司与某快递公司连带支付肖某加班费 24404.89 元。

【案例分析】

本案的争议焦点是肖某是否与用人单位就支付加班费达成合法有效的协议。

《最高人民法院关于审理劳动争议案件适用法律问题的解释（一）》（法释〔2020〕26 号）第三十五条第一款规定："劳动者与用人单位就解除或者终止劳动合同办理相关手续、支付工资报酬、加班费、经济补偿或者赔偿金等达成的协议，不违反法律、行政法规的强制性规定，且不存在欺诈、胁迫或者乘人之危情形的，应当认定有效。"司法实践中，既应尊重和保障双方基于真实自愿合法原则签订的终止或解除劳动合同的协议，也应对劳动者明确持有异议的、涉及劳动者基本权益保护的协议真实性予以审查，依法保护劳动者的合法权益。

本案中，肖某认为离职申请交接表"员工确认"一栏不是其真实意思表示，上面记载的内容也与事实不符。该表中"员工离职原因"与"员工确认"两处表述确实存在矛盾。两家公司均未提供与肖某就加班费等款项达成的协议及已向肖某支付上述款项的证据，且肖某否认双方就上述款项已达成一致并已给付。因此，离职申请交接表中员工确认的"现单位已将我的工资、加班费、经济补偿结清，我与单位无其他任何争议"与事实不符，不能认定为肖某的真实意思表示。本案情形并不符合《最高人民法院关于审理劳动争议案件适用法律问题的解释（一）》第三十五条之规定，故二审法院依法支持肖某关于加班费的诉讼请求。

【典型意义】

实践中，有的用人单位在终止或解除劳动合同时，会与劳动者就加班费、经济补偿或赔偿金等达成协议。部分用人单位利用其在后续工资发放、离职证明开具、档案和社会保险关系转移等方面的优势地位，借机变相迫使劳动者在用人单位提供的格式文本上签字，放弃包括加班费在内的权利，或者在未足额支付加班费的情况下让劳动者签字确认加班费已经付清的事实。劳动者往往事后反悔，提起劳动争议仲裁与诉讼。本案中，人民法院最终依法支持劳动者关于加班费的诉讼请求，既维护了劳动者合法权益，对用人单位日后诚信协商、依法保护劳动者劳动报酬权亦有良好引导作用，有助于构建和谐稳定的劳动关系。劳动者在签署相关协议时，亦应熟悉相关条款含义，审慎签订协议，通过合法途径维护自身权益。

加班费的仲裁时效应当如何认定

《劳动人事争议典型案例（第二批）》案例10
2021年8月26日

【基本案情】

张某于2016年7月入职某建筑公司从事施工管理工作，2019年2月离职。工作期间，张某存在加班情形，但某建筑公司未支付其加班费。2019年12月，张某向劳动人事争议仲裁委员会申请仲裁，请求裁决某建筑公司依法支付其加班费，某建筑公司以张某的请求超过仲裁时效为由抗辩。张某不服仲裁裁决，诉至人民法院。

【原告诉讼请求】

请求判决某建筑公司支付加班费46293元。

【裁判结果】

一审法院判决：某建筑公司支付张某加班费18120元。张某与某建筑公司均未提起上诉，一审判决已生效。

【案例分析】

本案争议焦点是张某关于加班费的请求是否超过仲裁时效。

《中华人民共和国劳动争议调解仲裁法》第二十七条规定："劳动争议申请仲裁的时效期间为一年。仲裁时效期间从当事人知道或者应当知道其权利被侵害之日起计算……劳动关系存续期间因拖欠劳动报酬发生争议的，劳动者申请仲裁不受本条第一款规定的仲裁时效期间的限制；但是，劳动关系终止的，应当自劳动关系终止之日起一年内提出。"《中华人民共和国劳动法》第四十四条规定："有下列情形之一的，用人单位应当按照下列标准支付高于劳动者正常工作时间工资的工资报酬……"《国家统计局关于工资总额组成的规定》（国家统计局令第 1 号）第四条规定："工资总额由下列六个部分组成：……（五）加班加点工资……" 仲裁时效分为普通仲裁时效和特别仲裁时效，在劳动关系存续期间因拖欠劳动报酬发生劳动争议的，应当适用特别仲裁时效，即劳动关系存续期间的拖欠劳动报酬仲裁时效不受"知道或者应当知道权利被侵害之日起一年"的限制，但是劳动关系终止的，应当自劳动关系终止之日起一年内提出。加班费属于劳动报酬，相关争议处理中应当适用特别仲裁时效。

本案中，某建筑公司主张张某加班费的请求已经超过了一年的仲裁时效，不应予以支持。人民法院认为，张某与某建筑公司的劳动合同于 2019 年 2 月解除，其支付加班费的请求应自劳动合同解除之日起一年内提出，张某于 2019 年 12 月提出仲裁申请，其请求并未超过仲裁时效。根据劳动保障监察机构在执法中调取的工资表上的考勤记录，人民法院认定张某存在加班的事实，判决某建筑公司支付张某加班费。

【典型意义】

时效是指权利人不行使权利的事实状态持续经过法定期间，其权利即发生效力减损的制度。作为权利行使尤其是救济权行使期间的一种，时效既与当事人的实体权利密切相关，又与当事人通过相应的程序救济其权益密不可分。获取劳动报酬权是劳动权益中最基本、最重要的权益，考虑劳动者在劳动关系存续期间的弱势地位，法律对于拖欠劳动报酬争议设置了特别仲裁时效，对于有效保护劳动者权益具有重要意义。

牛某某诉某物流公司劳动合同纠纷案

《最高人民法院、中国残疾人联合会残疾人权益保护
十大典型案例》案例九
2021 年 12 月 2 日

【基本案情】

牛某某为左手大拇指缺失残疾。其 2019 年 10 月 10 日到某物流公司工作，担任叉车工。入职时提交了在有效期内的叉车证，入职体检合格。公司要求

填写员工登记表，登记表上列明有无大病病史、家族病史、工伤史、传染病史，并列了“其他”栏。牛某某均勾选“无”。2020 年 7 月 4 日，某物流公司以牛某某隐瞒持有残疾人证，不接受公司安排的工作为由解除劳动合同。2020 年 7 月 10 日，牛某某申请仲裁，要求某物流公司支付违法解除劳动合同赔偿金 3 万元。2020 年 10 月 13 日，劳动人事争议仲裁委员会裁决某物流公司支付牛某某违法解除劳动合同赔偿金 5860 元。牛某某起诉请求某物流公司支付其违法解除劳动合同赔偿金 3 万元。

【裁判结果】

上海市浦东新区人民法院经审理认为，某物流公司招聘的系叉车工，牛某某已提供有效期内的叉车证，入职时体检合格，从工作情况来看，牛某某是否持有残疾人证并不影响其从事叉车工的工作。故某物流公司以牛某某隐瞒残疾人证为由解除合同，理由不能成立，其解除劳动合同违法。遂判决某物流公司支付牛某某违法解除劳动合同赔偿金 5860 元。上海市第一中级人民法院维持一审判决。

【典型意义】

用人单位可以对劳动者进行管理，有权了解劳动者的基本情况，但该知情权应当是基于劳动合同能否履行的考量，与此无关的事项，用人单位不应享有过于宽泛的知情权。而且，劳动者身体残疾的原因不一而足，对工作的影响也不可一概而论。随着社会越来越重视对个人隐私的保护，在残疾不影响工作的情况下，劳动者可以不主动向用人单位披露其身有残疾的事实，而是作为一名普通人付出劳动，获得劳动报酬，这是现代社会应有的价值理念。用人单位本身承担着吸纳就业的社会责任，对残疾劳动者应当有必要的包容而不是歧视，更不能以此为由解除劳动合同。本案判决对维护残疾人劳动权益，保障残疾人平等参与社会生活起到了重要示范引领作用。

北京某科技公司诉台湾地区居民姜某某劳动争议纠纷案

《人民法院台胞权益保障十大典型案例》案例一

2021 年 12 月 14 日

关键词：同等劳动待遇

【基本案情】

2019 年 1 月 24 日，台湾地区居民姜某某入职北京某科技公司。姜某某入职后，在 2019 年 5 月 1 日至 8 月 31 日四个月里，该科技公司向其支付的工资低于双方约定的每月 2 万元标准。姜某某于 2019 年 9 月离职，随后以要求该科技公司支付上述四个月工资差额为由，向北京市海淀区劳动人事争议仲裁委员会申请仲裁。仲裁委员会裁决该科技公司支付姜某某工资差额 27198 元。

该科技公司不服仲裁裁决，起诉至北京市海淀区人民法院，称姜某某系台湾地区居民，未办理台港澳人员就业证，故其与姜某某不能成立劳动关系，仅构成劳务合同关系；而且，其已于 2019 年 8 月与姜某某协商降低劳务费标准，故无需向姜某某支付争议的工资差额。姜某某辩称，双方之间系劳动关系，科技公司应按约定工资标准支付工资差额。

【裁判结果】

北京市海淀区人民法院一审认为，2018 年 8 月 23 日实施的《人力资源社会保障部关于香港澳门台湾居民在内地（大陆）就业有关事项的通知》规定："2018 年 7 月 28 日起，港澳台人员在内地（大陆）就业不再需要办理《台港澳人员就业证》。"因此，姜某某具备建立劳动关系的主体资格，其自 2019 年 1 月 24 日入职北京某科技公司时，即与该科技公司建立劳动关系。就 2019 年 5 月至 8 月的争议工资差额，因该科技公司没有充分证据证明姜某某同意降薪，其应按照约定标准足额支付姜某某工资，差额部分应予补足，故判决该科技公司支付姜某某工资差额 27198 元。北京市第一中级人民法院二审维持原判。

【典型意义】

2019 年 3 月 26 日，最高人民法院印发《关于为深化两岸融合发展提供司法服务的若干措施》，其中，第 1 条即提出依法保障台湾同胞在大陆学习、创业、就业、生活逐步享有同等待遇。本案是人民法院坚持公正高效司法，依法保障台湾同胞就业权益的一个典型案例。

本案涉及的一个核心问题是台湾地区居民在大陆建立劳动关系的主体资格。国务院于 2018 年 7 月 28 日印发《关于取消一批行政许可事项的决定》（以下简称《决定》），取消港澳台居民在内地（大陆）就业许可。为贯彻落实《决定》精神，最高人民法院对有关涉劳动争议司法解释及时作出调整，反映出保障港澳台居民在内地（大陆）平等就业的司法立场。本案中，人民法院准确理解和把握取消港澳台居民内地（大陆）就业许可的法律意义，依法认定北京某科技公司与姜某某之间存在劳动关系，传达出司法维护在大陆就业台湾同胞合法劳动权益的明确信号：在《决定》实施后，用人单位不得以台湾地区居民未办理就业证为由，认为其不具备建立劳动关系主体资格，进而否认双方存在劳动关系。这有利于纠正个别用人单位在涉台就业管理中的错误理解和做法，有利于公正高效维护台湾同胞合法权益，有利于进一步鼓励台湾同胞到大陆就业。

通过享受对口支援政策入学深造，学成违约拒回原单位工作，应承担违约责任

——新疆某大学诉谢某人事争议案

《第二批人民法院大力弘扬社会主义核心价值观典型民事案例》案例六

2022 年 2 月 23 日

核心价值：诚实守信、爱岗敬业

【基本案情】

谢某于 2005 年 7 月硕士研究生毕业后，被作为人才引进到新疆某大学担任讲师。2011 年 5 月，谢某享受国家对口支援政策由新疆某大学推荐到浙江

某大学攻读博士学位。浙江某大学、新疆某大学、谢某签订《对口支援高等学校定向培养攻读博士学位研究生协议书》，约定谢某毕业后服务期 8 年。8 月，谢某与新疆某大学签订《新疆某大学在职人员攻读博士学位研究生协议书》，约定学习期限为 4 年（2011 年 6 月至 2015 年 7 月），毕业后工作不少于 8 年；如违约则需支付违约金。谢某读博期间，新疆某大学仍向其发放基本工资。4 年后，谢某顺利取得浙江某大学博士毕业证、学位证。2017 年 3 月，谢某毕业后向新疆某大学提出辞职，5 月到另一高校任教。2019 年 11 月 20 日，新疆某大学起诉谢某，要求其承担提前离职的违约金 29 万余元。

【裁判结果】

人民法院认为，根据国家政策，在为对口支援高校单独招生、定向培养人才的同时约定最低服务期，与我国现行法律法规并不相悖。谢某系利用国家对西部的倾斜照顾政策由新疆某大学推荐录取，应受其读博前签订的两份协议书所约束。其提前离职行为不仅违反了培养协议的约定，也明显有悖于诚实信用原则，判令谢某支付新疆某大学违约金 29 万余元。

【典型意义】

国家实施科教兴国战略，大力培养各类人才。人才培养，树德为先。在国家大力扶持西部偏远、落后、民族地区教育的政策背景下，很多知名高校在入学考试、人才培养等方面向对口支援地区的考生给予政策优惠。受支援地区的高校推荐学生入学后，相应地也要求考生在取得学位后为其服务一定年限。但有的考生毕业即违约，既要享受对口支援政策红利，又不愿承担相应的义务。这种不诚信行为，不值得提倡。本案对弘扬诚信、敬业的社会主义核心价值观，服务科教兴国战略具有重要示范意义。

上海某物业有限公司与王某某劳动合同纠纷案

《人民法院高质量服务保障长三角一体化发展典型案例》案例3

2023年5月22日

关键词：解除劳动合同；用工管理；公序良俗；丧假；事假

【裁判要旨】

劳动者须自觉维护用人单位劳动秩序，遵守用人单位规章制度，用人单位行使管理权的限度与方式亦当善意、宽容且合理。劳动者因直系亲属病重而提交了请假手续，其上级主管虽签字同意，但用人单位未及时审批。在此期间，该直系亲属病故，劳动者的事假性质即转化为丧假、事假并存。用人单位事后以劳动者旷工天数累计达到其规章制度规定的三天以上（含三天）为由，主张解除劳动合同，但该旷工天数的计算应扣除用人单位未及时审批的事假和劳动者法定的丧假。不符合解除条件的解除，系违法解除劳动合同。

【相关法条】

《中华人民共和国劳动合同法》第四十七条第一款、第三款，第八十七条

【基本案情】

王某某于2008年4月7日进入上海某物业有限公司（以下简称某物业公司）处从事保安工作。某物业公司员工请事假或公休需填写请假申请单，写明假别、时间、事由等。某物业公司考勤管理细则规定，员工请事假一天由主管领导审批，连续两天由行政事务部（办公室）审批，连续三天以上（含三天）由公司总裁（总经理）审批；累计旷工三天以上（含三天）者，视为严重违反公司规章制度和劳动纪律，公司有权辞退，提前解除劳动合同并依法不予支付经济补偿。王某某签名确认签收并学习了上述文件。2020年1月6日，王某某因父亲生病向其主管提交请假单后回老家，请假时间为2020年1月6日至1月13日。1月7日，王某某因某物业公司未准假而返回，途中得知其父亲去世便再次回家处理丧事直至其父于1月12日火化下葬。王某某于

2020年1月14日返回上海，并于次日起开始上班。2020年1月6日至1月14日期间，王某某应出勤日期分别为6日、8日、9日、11日、12日、14日，共计6天。2020年1月31日，某物业公司向王某某出具《解除劳动合同通知书》，主要内容为：王某某于2020年1月5日向公司提出1月6日至1月13日的事假申请需报集团公司领导审批，但王某某在未经审批同意的情况下，自1月6日起即擅自离职回安徽老家，直至1月15日才返岗，应视为旷工。即使扣除3天丧假，旷工天数也已达到累计三天以上（含三天）的标准，是严重违反公司规章制度和劳动纪律的行为，故依照公司规章制度解除双方劳动合同并不予支付经济补偿。王某某于2020年3月27日申请劳动仲裁，申请事项包括要求某物业公司支付违法解除劳动合同赔偿金10万余元等。上海市青浦区劳动人事争议仲裁委员会经审理，裁决某物业公司支付王某某违法解除劳动合同赔偿金7.5万余元。某物业公司不服该裁决，诉至法院。

【裁判结果】

上海市青浦区人民法院于2020年10月10日作出（2020）沪0118民初14509号民事判决：某物业公司支付王某某违法解除劳动合同赔偿金7.5万余元。

一审判决后，某物业公司不服提起上诉。上海市第二中级人民法院于2020年12月15日作出（2020）沪02民终10692号民事判决：驳回上诉，维持原判。

【裁判理由】

用人单位行使管理权应遵循合理、限度和善意的原则。解除劳动合同系最严厉的惩戒措施，用人单位应审慎用之。王某某因父去世回老家操办丧事，既是处理突发的家庭事务，亦属尽人子孝道，符合中华民族传统的人伦道德和善良风俗。某物业公司作为用人单位，应给予充分的尊重、理解和宽容。王某某主张其父于2020年1月7日去世、于1月12日火化下葬，并提供了村委会出具的证明，某物业公司虽不予认可，但并无相反证据予以推翻，且在包括王某某老家安徽在内的中国广大农村仍有停灵的丧葬习俗，上述丧葬期间在合理范围内，尊重民俗、体恤员工的具体困难与不幸亦是用人单位应有之义。王某某于1月6日早上提交了1月6日至1月13日的请假手续，其上级主管和物业经理予以签字同意，然迟至下午才报集团公司审批，次日才告知王某某未获批准，故王某某1月6日缺勤系因某物业公司未及时行使审批权所致，不应认定为旷工。1月7日王某某因公司未准假，返回上海途中得知父亲去世便再次回家办理丧事，至此，事假性质发生改变，转化为事假丧假并存。扣除三天丧假，王某某实际只请了两天事假，考虑到王某某老家在外地，路途时间亦耗费较多，请事假两天，属合理期间范围，某物业公司不予批准，显然不尽人情，亦有违事假制度设立之目的。至于2020年1月14日，该日不在王某某请假期间范围内，某物业公司认定该日为旷工，并无不当。因此，王某某并未达到某物业公司规章制度规定的可解除劳动合同的条件，某物业公司解除劳动合同，属罔顾事件背景缘由，机械适用规章制度，严苛施行用工管理，显然不当。故，依照王某某前12个月的平均工资并结合其工作年限，某物业公司应支付王某某违法解除劳动合同赔偿金75269.04元。

劳动者有权拒绝用人单位以虚拟货币支付工资

——沈某某诉胡某、邓某劳动争议案

《第三批人民法院大力弘扬社会主义核心价值观典型民事案例》案例九

2023年3月1日

核心价值：合法用工

【基本案情】

2019年5月20日，沈某某入职某公司并签订劳动合同，约定月工资5万元。沈某某的月工资实际以2574元人民币加一定数额某虚拟货币的方式支付。2020年10月17日，沈某某因个人原因辞职。2020年11月27日，某公司注销，胡某、邓某系公司股东。后沈某某向人民法院起诉请求胡某、邓某支付工资等人民币53万余元。

【裁判结果】

审理法院认为，用人单位应当按照劳动合同约定和国家规定，向劳动者及时足额支付劳动报酬。《中华人民共和国中国人民银行法》第十六条规定，中华人民共和国的法定货币是人民币。《工资支付暂行规定》第五条规定："工资应当以法定货币支付。不得以实物及有价证券替代货币支付。"以虚拟货币作为工资支付给劳动者违反法律规定，应认定为无效。胡某称应以虚拟货币支付工资的主张于法无据，沈某某要求以人民币支付工资符合法律规定，应予以支持。胡某、邓某办理公司注销时承诺的公司不存在未结清工资事宜与事实不符，应对某公司的债务承担责任。故判决胡某、邓某支付沈某某工资等合计人民币 278199. 74 元。

【典型意义】

根据相关规定，工资应当以法定货币支付，以虚拟货币支付劳动报酬明显违反法律规定。本案旗帜鲜明地否定了以虚拟货币支付工资行为的合法性，有利于规范企业用工，维护劳动者合法权益，增强劳动者和用人单位双方的风险防范意识和法律意识，对于构建和谐劳动关系、彰显诚信价值、优化营商环境、维护经济金融秩序和社会稳定具有积极意义，弘扬了法治、诚信的社会主义核心价值观。

劳动者请假照看病危父亲，用人单位应给予适当善意和包容

——李某与某电子商务公司劳动争议案

《第三批人民法院大力弘扬社会主义核心价值观典型民事案例》案例十

2023 年 3 月 1 日

核心价值：职场友善

【基本案情】

李某于 2021 年 2 月 26 日入职某电子商务公司，签订了劳动合同，岗位为工程师。2022 年 1 月 21 日，李某父亲患癌症晚期，李某通过微信向直属领导张某请假，又通过邮件向领导请假称，"因父亲病重需紧急返乡，特提出请假申请"，请假时间为 2022 年 1 月 24 日至 1 月 30 日。当日，李某回家照顾重病父亲。其间，公司要求李某提供有效请假材料，李某亦通过微信提交了父亲病历照片。1 月 28 日，李某父亲病重去世。当日，公司却以李某请假未批不

到岗，构成旷工为由解除了劳动合同。李某不服解除决定，申请劳动仲裁，仲裁委认定公司解除劳动合同违法。该公司不认可裁决结果，起诉至人民法院，请求不支付违法解除劳动合同赔偿金。

【裁判结果】

审理法院认为，劳动者有自觉维护用人单位劳动秩序、遵守用人单位规章制度的义务；用人单位用工管理权的行使方式亦应善意、宽容、合理。李某因父亲病重需要陪护，向公司申请事假，既是处理突发家庭事务，亦属尽人子孝道。李某父亲患重病病危，在事发紧急的情况下，李某已经向公司请假，在照顾患病父亲期间也将其父患病的相关资料传给了公司。公司在明知其父亲重病的情况下，仍以请假材料不全，未经审批为由，要求李某到岗，未体现出以人为本的发展理念，与社会主义核心价值观中友善的要求不符，亦有悖中华民族的传统孝文化，既不合情也不合理。综上，李某不构成旷工，公司属于违法解除劳动合同，故判决某电子商务公司支付李某违法解除劳动合同赔偿金 113520 元。

【典型意义】

习近平总书记指出，要把弘扬孝亲敬老纳入社会主义核心价值观宣传教育，建设具有民族特色、时代特征的孝亲敬老文化。[①] 企业作为社会成员，也应合理承担孝亲敬老的社会责任，对职工照顾父母的孝亲行为予以适当包容和鼓励。本案中，职工为了照顾病危的父亲请事假，既是履行赡养老人义务，也是一种孝亲敬老的行为。百善孝为先。企业也应以同理心加以对待，给予职工请假便利，而不是机械管理，消极应对。本案对于树立孝亲敬老的社会风尚、构建和谐劳动关系具有积极意义，有利于弘扬友善、和谐、文明、法治的社会主义核心价值观。

① 习近平在十八届中央政治局第三十二次集体学习时的讲话（2016 年 5 月 27 日）。

如何认定网约货车司机与平台企业之间是否存在劳动关系?

《劳动人事争议典型案例》 案例 1

2023 年 5 月 26 日

【基本案情】

刘某于2020 年6 月 14 日与某信息技术公司订立为期1 年的《车辆管理协议》，约定：刘某与某信息技术公司建立合作关系；刘某自备中型面包车 1 辆提供货物运输服务，须由本人通过公司平台在某市区域内接受公司派单并驾驶车辆，每日至少完成 4 单，多接订单给予加单奖励；某信息技术公司通过平台与客户结算货物运输费，每月向刘某支付包月运输服务费 6000 元及奖励金，油费、过路费、停车费等另行报销。刘某从事运输工作期间，每日在公司平台签到并接受平台派单，跑单时长均在 8 小时以上。某信息技术公司通过平台对刘某的订单完成情况进行全程跟踪，刘某每日接单量超过 4 单时按照每单 70 元进行加单奖励，出现接单量不足 4 单、无故拒单、运输超时、货物损毁等情形时按照公司制定的费用结算办法扣减部分服务费。2021 年 3 月 2 日，某信息技术公司与刘某订立《车辆管理终止协议》，载明公司因调整运营规划，与刘某协商一致提前终止合作关系。刘某认为其与某信息技术公司之间实际上已构成劳动关系，终止合作的实际法律后果是劳动关系解除，某信息技术公司应当支付经济补偿。某信息技术公司以双方书面约定建立合作关系为由否认存在劳动关系，拒绝支付经济补偿，刘某遂向劳动人事争议仲裁委员会（以下简称仲裁委员会）申请仲裁。

【申请人请求】

请求裁决某信息技术公司支付解除劳动合同经济补偿。

【处理结果】

仲裁委员会裁决：某信息技术公司向刘某支付解除劳动合同经济补偿。

【案例分析】

本案争议焦点是，刘某与某信息技术公司之间是否符合确立劳动关系的情形？

《中华人民共和国劳动合同法》第七条规定："用人单位自用工之日起即与劳动者建立劳动关系。"《关于维护新就业形态劳动者劳动保障权益的指导意见》（人社部发〔2021〕56号）第十八条规定："根据用工事实认定企业和劳动者的关系。"以上法律规定和政策精神体现出，认定劳动关系应当坚持事实优先原则。《关于确立劳动关系有关事项的通知》（劳社部发〔2005〕12号）相关规定体现出，劳动关系的核心特征为"劳动管理"，即劳动者与用人单位之间具有人格从属性、经济从属性、组织从属性。在新就业形态下，由于平台企业生产经营方式发生较大变化，劳动管理的体现形式也相应具有许多新的特点。当前，认定新就业形态劳动者与平台企业之间是否存在劳动关系，应当对照劳动管理的相关要素，综合考量人格从属性、经济从属性、组织从属性的有无及强弱。从人格从属性看，主要体现为平台企业的工作规则、劳动纪律、奖惩办法等是否适用于劳动者，平台企业是否可通过制定规则、设定算法等对劳动者劳动过程进行管理控制；劳动者是否须按照平台指令完成工作任务，能否自主决定工作时间、工作量等。从经济从属性看，主要体现为平台企业是否掌握劳动者从业所必需的数据信息等重要生产资料，是否允许劳动者商定服务价格；劳动者通过平台获得的报酬是否构成其重要收入来源等。从组织从属性看，主要体现在劳动者是否被纳入平台企业的组织体系当中，成为企业生产经营组织的有机部分，并以平台名义对外提供服务等。

本案中，虽然某信息技术公司与刘某订立《车辆管理协议》约定双方为合作关系，但依据相关法律规定和政策精神，仍应根据用工事实认定双方之间的法律关系性质。某信息技术公司要求须由刘某本人驾驶车辆，通过平台向刘某发送工作指令、监控刘某工作情况，并依据公司规章制度对刘某进行奖惩；刘某须遵守某信息技术公司规定的工作时间、工作量等要求，体现了较强的人格从属性。某信息技术公司占有用户需求数据信息，单方制定服务费用结算标准；刘某从业行为具有较强的持续性和稳定性，其通过平台获得的服务费用构成其稳定收入来源，体现了明显的经济从属性。某信息技术公司将刘某纳入其组织体系进行管理，刘某是其稳定成员，并以平台名义对外提供服务，从事的货物运输业务属于某信息技术公司业务的组成部分，体现了较强的组织从属性。综上，某信息技术公司对刘某存在明显的劳动管理行为，符合确立劳动关系的情形，应当认定双方之间存在劳动关系。某信息技术公司与刘某订立《车辆管理终止协议》，实际上构成了劳动关系的解除，因此，对刘某要求某信息技术公司支付经济补偿的仲裁请求，应当予以支持。

【典型意义】

近年来，平台经济迅速发展，创造了大量就业机会。与此同时，维护劳动者劳动保障权益面临诸多新情况新问题，其中，平台企业与劳动者之间的法律关系性质引发社会普遍关注。不同平台之间用工模式存在差异，一些平台企业占有数据信息这一新就业形态劳动者从业所必需的生产资料，通过制定规则、设定算法对劳动者的工作机会、劳动条件、劳动方式、劳动收入、进出平台自由等进行限制或施加影响，并从劳动者劳动成果中获益。此类模式下，平台企业并非提供信息中介、交易撮合等服务，而是通过对劳动者进行组织和管理，使他们按照一定模式和标准以平台名义对外提供服务，因此，其应当作为用工主体或用人单位承担相应法律义务和责任。在仲裁和司法实践中，各级劳动人事争议仲裁机构和人民法院应当注意审查平台运营方式、算法规则等，查明平台企业是否对劳动者存在劳动管理行为，据实认定法律关系性质。

如何认定网约配送员与平台企业之间是否存在劳动关系？

《劳动人事争议典型案例》案例 2

2023 年 5 月 26 日

【基本案情】

徐某于 2019 年 7 月 5 日从某科技公司餐饮外卖平台众包骑手入口注册成为网约配送员，并在线订立了《网约配送协议》，协议载明：徐某同意按照平台发送的配送信息自主选择接受服务订单，接单后及时完成配送，服务费按照平台统一标准按单结算。从事餐饮外卖配送业务期间，公司未对徐某上线接单时间提出要求，徐某每周实际上线接单天数为 3～6 天不等，每天上线接单时长为2~5小时不等。平台按照算法规则向一定区域内不特定的多名配送员发送订单信息，徐某通过抢单获得配送机会，平台向其按单结算服务费。出现配送超时、客户差评等情形时，平台核实情况后按照统一标准扣减服务费。2020年1月4日，徐某向平台客服提出订立劳动合同、缴纳社会保险费等要求，被平台客服拒绝，遂向仲裁委员会申请仲裁。

【申请人请求】

请求确认徐某与某科技公司于2019年7月5日至2020年1月4日期间存在劳动关系，某科技公司支付解除劳动合同经济补偿。

【处理结果】

仲裁委员会裁决：驳回徐某的仲裁请求。

【案例分析】

本案争议焦点是，徐某与某科技公司之间是否符合确立劳动关系的情形？

根据《关于发布智能制造工程技术人员等职业信息的通知》（人社厅发〔2020〕17号）相关规定，网约配送员是指通过移动互联网平台等，从事接收、验视客户订单，根据订单需求，按照平台智能规划路线，在一定时间内将订单物品递送至指定地点的服务人员。《关于维护新就业形态劳动者劳动保障权益的指导意见》（人社部发〔2021〕56号）根据平台不同用工形式，在劳动关系情形外，还明确了不完全符合确立劳动关系的情形及相应劳动者的基本权益。

本案中，徐某在某科技公司餐饮外卖平台上注册成为网约配送员，其与某科技公司均具备建立劳动关系的主体资格。认定徐某与某科技公司之间是否符合确立劳动关系的情形，需要查明某科技公司是否对徐某进行了较强程度的劳动管理。从用工事实看，徐某须遵守某科技公司制定的餐饮外卖平台配送服务规则，其订单完成时间、客户评价等均作为平台结算服务费的依据，但平台对其上线接单时间、接单量均无要求，徐某能够完全自主决定工作时间及工作量，因此，双方之间人格从属性较标准劳动关系有所弱化。某科技公司掌握徐某从事网约配送业务所必需的数据信息，制定餐饮外卖平台配送服务费结算标准和办法，徐某通过平台获得收入，双方之间具有一定的经济从属性。虽然徐某依托平台从事餐饮外卖配送业务，但某科技公司并未将其纳入平台配送业务组织体系进行管理，未按照传统劳动管理方式要求其承担组织成员义务，因此，双方之间的组织从属性较弱。综上，虽然某科技公司通过平台对徐某进行一定的劳动管理，但其程度不足以认定劳动关系。因此，对徐某提出的确认劳动关系等仲裁请求，仲裁委员会不予支持。

【典型意义】

近年来，网约配送员成为备受社会关注的群体，如何维护好其劳动保障权益也频频引发舆论热议。在网约配送行业中，平台企业对网约配送员存在多种组织和管理模式。在类似本案的模式中，平台向非特定配送员发送订单信息，不对配送员的上线接单时间和接单量作任何要求，但与此同时，平台企业制定统一的配送服务规则和服务费结算标准，通过设定算法对配送员的配送行为进行控制和管理，并将配送时长、客户评价等作为结算服务费的依据。一方面，劳动者工作时间、工作地点更加自由，不再受限于特定的生产经营组织体系；另一方面，平台企业借助信息技术手段打破了传统用工方式的时空限制，对劳动者实现了更加精细的用工管理。对此，《关于维护新就业形态劳动者劳动保障权益的指导意见》（人社部发〔2021〕56 号）明确不完全符合确立劳动关系的情形，并指出相关部门应指导企业与该类劳动者订立书面协议、合理确定双方权利义务，逐步推动将该类劳动者纳入最低工资、休息休假等制度保障范围。在仲裁与司法实践中，应在区分各类情形的基础上分类保障劳动者合法权益，并积极推动完善相关法律政策，进一步畅通劳动者维权渠道，充分实现平台经济良性发展与劳动者权益保护互促共进。

外卖平台用工合作企业通过劳务公司招用网约配送员，如何认定劳动关系？

《劳动人事争议典型案例》案例 3

2023 年 5 月 26 日

【基本案情】

某货运代理公司承包经营某外卖平台配送站点，负责该站点网约配送业务。2019 年 5 月 27 日，某货运代理公司与某劳务公司订立《配送业务承包协议》，约定由某劳务公司负责站点的配送员招募和管理工作。何某于 2019 年 7 月 28 日进入某外卖平台站点工作，并与某劳务公司订立了为期 1 年的《外卖配送服务协议》，约定：何某同意在某外卖平台注册为网约配送员，并进入某货运代理公司承包的配送站点从事配送业务；何某须遵守某货运代理公司制定的站点工作制度，每周经提前申请可休息 1 天，每天至少在线接单 8 小时；何某与某劳务公司之间为劳务合作关系，某劳务公司根据订单完成量向何某按月结算劳务报酬。从事配送工作期间，何某按照某货运代理公司制定的《配送员管理规则》，每天 8:30 到站点开早会，每周工作 6 ~ 7 天，每天在线接单时长为 8 ~ 11 小时不等。何某请假时，均须通过站长向某货运代理公司提出申请。某货运代理公司按照何某订单完成量向何某按月支付服务费，出现高峰时段不服从平台调配、无故拒接平台派单、超时配送、客户差评等情形时，某货运代理公司均按一定比例扣减服务费，而某劳务公司未对包含何某在内的站点配送员进行管理。2019 年 11 月 3 日，何某在执行配送任务途中摔倒受伤，其要求某货运代理公司、某劳务公司按照工伤保险待遇标准向其赔偿各项治疗费用，某货运代理公司以未与何某订立任何协议为由拒绝承担责任，某劳务公司以与何某之间系劳务合作关系为由拒绝支付工伤保险待遇。2019 年 12 月 19 日，何某以某货运代理公司、某劳务公司为共同被申请人向仲裁委员会申请仲裁。

【申请人请求】

请求确认何某与某货运代理公司、某劳务公司于 2019 年 7 月 28 日至 2019 年 12 月 19 日期间存在劳动关系。

【处理结果】

仲裁委员会裁决：何某与某货运代理公司于 2019 年 7 月 28 日至 2019 年 12 月 19 日期间存在劳动关系。

【案例分析】

本案争议焦点是，何某是否与两家公司存在劳动关系？与哪家公司存在劳动关系？

本案中，从某货运代理公司与某劳务公司订立的《配送业务承包协议》内容看，某货运代理公司将配送员招募和管理工作外包给某劳务公司，应当由某劳务公司负责具体的用工组织和管理工作。但从本案用工事实看，某劳务公司并未对何某等站点配送员进行管理，其与某货运代理公司之间的《配送业务承包协议》并未实际履行；某货运代理公司虽然未与何某订立书面协议，却对其进行了劳动管理。因此，应当根据某货运代理公司对何某的劳动管理程度，认定双方之间是否存在劳动关系。何某须遵守某货运代理公司制定的《配送员管理规则》，按时到站点考勤；某货运代理公司对何某执行配送任务的情况进行监督，通过扣减服务费等方式对何某的工作时间、接单行为、服务质量等进行管理，双方之间存在较强的人格从属性。某货运代理公司根据单方制定的服务费结算办法向何某按月结算服务费，双方之间存在明显的经济从属性。何某虽以平台名义从事配送任务，但某货运代理公司将其纳入站点的配送组织体系进行管理，双方之间存在较强的组织从属性。综上，某货运代理公司对何某进行了较强程度的劳动管理，应当认定双方之间存在劳动关系。

【典型意义】

《关于维护新就业形态劳动者劳动保障权益的指导意见》（人社部发〔2021〕56 号）对平台企业采取合作用工方式组织劳动者完成平台工作的情形作出了规定。在新就业形态劳动争议处理中，一些平台用工合作企业也以外包或劳务派遣等灵活方式组织用工。部分配送站点承包经营企业形式上将配送员的招募和管理工作外包给其他企业，但实际上仍直接对配送员进行劳动管理，在劳动者主张相关权益时通常否认与劳动者之间存在劳动关系，将“外包”当成了规避相应法律责任的“挡风板”“防火墙”，增加了劳动者的维权难度。在仲裁和司法实践中，应当谨慎区分劳动关系与各类民事关系，对于此类“隐蔽劳动关系”，不能简单适用“外观主义”审查，应当根据劳动管理事实和从属性特征明确劳动关系主体，依法确定各方权利义务。

劳动者注册个体工商户与平台企业或其用工合作企业订立合作协议，能否认定劳动关系?

《劳动人事争议典型案例》案例 4

2023 年 5 月 26 日

【基本案情】

孙某于 2019 年 6 月 11 日进入某外卖平台配送站点工作，该站点由某物流公司承包经营。某物流公司与孙某订立了自 2019 年 6 月 11 日起至 2021 年 6 月 10 日止的书面劳动合同。从事配送工作期间，孙某按照某物流公司要求在规定时间、指定区域范围内执行某外卖平台派发的配送任务，某物流公司根据孙某出勤及订单完成情况向其按月支付劳动报酬。某物流公司于 2020 年 8 月 21 日与某商务信息咨询公司订立《服务协议》，约定将含孙某在内的部分配送员委托给某商务信息咨询公司管理。在某商务信息咨询公司安排下，孙某注册了名为“某配送服务部”的个体工商户，并于 2020 年 9 月 6 日与某物流公司订立了为期 1 年的《项目承包协议》，约定：某配送服务部与某物流公司建立合作关系，某配送服务部承接某外卖平台配送站点的部分配送业务，某物流公司按照配送业务完成量向某配送服务部按月结算费用。此后，孙某仍然在某外卖平台站点从事配送工作，接受某物流公司管理，管理方式未发生任何变化。2020 年 12 月 10 日，某物流公司单方面终止《项目承包协议》，孙某要求某物流公司支付违法解除劳动合同赔偿金。某物流公司认为订立《项目承包协议》后，双方之间已从劳动关系变为合作关系，劳动合同自动终止，并以此为由拒绝支付违法解除劳动合同赔偿金。孙某遂向仲裁委员会申请仲裁。

【申请人请求】

请求确认孙某与某物流公司于 2020 年 9 月 6 日至 2020 年 12 月 10 日期间存在劳动关系，某物流公司支付违法解除劳动合同赔偿金。

【处理结果】

仲裁委员会裁决：孙某与某物流公司于 2020 年 9 月 6 日至 2020 年 12 月 10 日期间存在劳动关系，某物流公司向孙某支付违法解除劳动合同赔偿金。

【案例分析】

本案争议焦点是，在孙某以个体工商户名义订立《项目承包协议》情况下，其与某物流公司之间是否存在劳动关系？

从法律主体资格看，劳动者注册为个体工商户后，既可以作为自然人与其他用人单位建立劳动关系，也有权以个体工商户名义开展市场经营活动。在第一种情形下，劳动者与企业之间存在“管理—从属”关系，即企业对劳动者实施劳动管理，劳动者向企业提供从属性劳动，双方之间市场主体地位不平等，法律关系呈现明显的从属性；在第二种情形下，个体工商户与企业均具有平等的市场主体法律地位，个体工商户可以依照约定向企业提供服务并获取对价，但服务内容和方式、对价形式及多少等事项由双方协商确定，企业与个体工商户背后的自然人之间不具有“管理—从属”关系。

本案中，在某商务信息咨询公司安排下，孙某注册个体工商户，并以个体工商户名义与某物流公司书面约定建立合作关系，但从用工事实看，某物流公司与孙某之间完全延续了此前的劳动管理方式，孙某仍然向某物流公司提供从属性劳动，双方之间并未作为法律地位平等的市场主体开展经营活动。因此，某物流公司关于双方之间由劳动关系变为合作关系、劳动合同自动终止的主张，与事实不符，应当认定在 2020 年 9 月 6 日之后双方之间仍然存在劳动关系，对孙某要求某物流公司支付违法解除劳动合同赔偿金的仲裁请求，应当予以支持。

【典型意义】

在新就业形态下，劳动关系与合作关系之间的边界更加模糊，劳动者的劳动形式、劳动时间、工作场所、取酬方式等更加灵活多样。一些平台企业及其用工合作企业利用这一特点，一方面诱导或强迫劳动者注册成为个体工商户，并与之订立合作协议；另一方面仍对劳动者进行较强程度的劳动管理，单方确定劳动规则、报酬标准等事项，以合作之名行劳动用工之实，严重损害了劳动者劳动保障权益。对此，国务院印发的《促进个体工商户发展条例》第三十条第二款规定："任何单位和个人不得诱导、强迫劳动者登记注册为个体工商户。"在仲裁和司法实践中，应当重点审查企业与劳动者之间是否存在劳动管理和从属性劳动，坚决防止"去劳动关系化"规避用工责任，充分保障劳动者各项劳动保障权益。

如何认定网络主播与文化传播公司之间是否存在劳动关系?

《劳动人事争议典型案例》案例 5

2023 年 5 月 26 日

【基本案情】

李某于 2018 年 11 月 29 日与某文化传播公司订立为期 2 年的《艺人独家合作协议》，约定：李某聘请某文化传播公司为其经纪人，某文化传播公司为李某提供网络主播培训及推广宣传，将其培养成为知名的网络主播；在合同期内，某文化传播公司为李某提供整套直播设备和直播室，负责安排李某的全部直播工作及直播之外的商业或非商业公众活动，全权代理李某涉及直播、出版、演出、广告、录音、录像等与演艺有关的商业或非商业公众活动，可在征得李某同意后作为其委托代理人签署有关合同；李某有权参与某文化传播公司安排的商业活动的策划过程、了解直播收支情况，并对个人形象定位等事项提出建议，但一经双方协商一致，李某必须严格遵守相关约定；李某直播内容和时间均由其自行确定，其每月获得各直播平台后台礼物累计价值 5000 元，可得基本收入 2600 元，超过 5000 元部分由公司和李某进行四六分成，超过 9000 元部分进行三七分成，超过 12000 元部分进行二八分成。从事直播活动后，李某按照某文化传播公司要求入驻 2 家直播平台，双方均严格履行协议约定的权利义务。李某每天直播时长、每月直播天数均不固定，月收入均未超过 3500 元。2019 年 3 月 31 日，李某因直播收入较低，单方解除《艺人独家合作协议》，并以公司未缴纳社会保险费为由要求某文化传播公司向其支付解除劳动合同经济补偿。某文化传播公司以双方之间不存在劳动关系为由拒绝支付。李某向仲裁委员会申请仲裁，仲裁委员会裁决双方之间不存在劳动关系。李某不服仲裁裁决，诉至人民法院。

【原告诉讼请求】

请求确认与某文化传播公司之间于 2018 年 11 月 29 日至 2019 年 3 月 31 日期间存在劳动关系，某文化传播公司支付解除劳动合同经济补偿。

【处理结果】

一审法院判决：李某与某文化传播公司之间不存在劳动关系。李某不服一审判决，提起上诉。二审法院判决：驳回上诉，维持原判。

【案例分析】

本案争议焦点是，某文化传播公司对李某的管理是否属于劳动管理？

在传统演艺领域，企业以经纪人身份与艺人订立的合同通常兼具委托合同、中介合同、行纪合同等性质，并因合同约定产生企业对艺人的“管理”行为，但此类管理与劳动管理存在明显差异：从“管理”的主要目的看，企业除安排艺人从事演艺活动为其创造经济收益之外，还要对艺人进行培训、包装、宣传、推广等，使之获得相对独立的公众知名度和市场价值；而在劳动关系中，企业通过劳动管理组织劳动者进行生产经营活动，并不以提升劳动者独立的公众知名度和市场价值为目的。从“管理”事项的确定看，企业对艺人的管理内容和程度通常由双方自主协商约定，艺人还可以就自身形象设计、发展规划和收益分红等事项与企业进行协商；而在订立劳动合同时，单个劳动者与企业之间进行个性化协商的空间一般比较有限，劳动纪律、报酬标准、奖惩办法等规章制度通常由企业统一制定并普遍适用于企业内部的劳动者。此外，从劳动成果分配方式看，企业作为经纪人，一般以约定的分成方式获取艺人创造的经济收益；而在劳动关系中，企业直接占有劳动者的劳动成果，按照统一标准向劳动者支付报酬及福利，不以约定分成作为主要分配方式。综上，企业作为经纪人与艺人之间的法律关系体现出平等协商的特点，而存在劳动关系的用人单位与劳动者之间则体现出较强的从属性特征，可据此对两种法律关系予以区分。

本案中，通过《艺人独家合作协议》内容及履行情况可以看出，某文化传播公司作为李某的经纪人，虽然也安排李某从事为其创造直接经济收益的直播活动，但其主要目的是通过培训、包装、宣传、推广等手段使李某成为知名的网络主播；李某的直播时间及内容由其自主决定，其他相关活动要求等由双方协商确定，李某对其个人包装、活动参与等事项有协商权，对其创造的经济收益有知情权；双方以李某创造的经济收益为衡量标准，约定了“阶梯式”的收益分成方式。因此，双方之间的法律关系体现出平等协商的特点，并未体现出《关于确立劳动关系有关事项的通知》（劳社部发〔2005〕12号）规定的劳动管理及从属性特征，应当认定为民事关系。李某提出确认劳动关系并支付解除劳动合同经济补偿的诉求，与事实不符，不予支持。

【典型意义】

近年来，随着网红经济的迅速发展，大量网络主播经纪公司也应运而生。与传统演艺业相比，网络主播行业具有更强的灵活性、互动性、可及性和价值多元性，经纪公司“造星”周期和“投资—回报”周期也相应缩短。一些经纪公司沿袭传统方式与主播建立民事合作关系，以培养知名主播、组织主播参加各类商业或非商业公众活动为主业，通过平等协商确定双方权利义务，以约定的分成方式进行收益分配；但与此同时，一些企业招用网络主播的主要目的是开展“直播带货”业务，以网络直播手段推销各类产品，主播对个人包装、直播内容、演艺方式、收益分配等没有协商权，双方之间体现出较强的从属性特征，更加符合确立劳动关系的情形。因此，在仲裁和司法实践中，应当加强对法律关系的个案分析，重点审查企业与网络主播之间的权利义务内容及确定方式，综合认定双方之间的法律关系性质。

如何认定网约家政服务人员与家政公司之间是否存在劳动关系？

《劳动人事争议典型案例》案例6

2023年5月26日

【基本案情】

宋某，出生日期为1976年10月7日，于2019年10月26日到某员工制家政公司应聘家政保洁员，双方订立了《家政服务协议》，约定：某家政公司为宋某安排保洁业务上岗培训（初级），培训费用由公司承担，宋某经培训合格后须按照公司安排为客户提供入户保洁服务，合作期限为2年；宋某须遵守公司统一制定的《家政服务人员行为规范》，合作期限内不得通过其他平台从事家政服务工作；某家政公司为宋某配备工装及保洁用具，并购买意外险，费用均由公司承担；宋某每周须工作 6 天，工作期间某家政公司通过本公司家政服务平台统一接收客户订单，并根据客户需求信息匹配度向宋某派发保洁类订单，工作日无订单任务时宋某须按照公司安排从事其他工作；某家政公司按月向宋某结付报酬，报酬计算标准为底薪 1600 元/月，保洁服务费 15 元/小时，全勤奖 200 元/月；如宋某无故拒接订单或收到客户差评，某家政公司将在核实情况后扣减部分服务费。2019 年 11 月 1 日，宋某经培训合格后上岗。从事保洁工作期间，宋某每周工作 6 天，每天入户服务 6～8 小时。2020 年 1 月 10 日，宋某在工作中受伤，要求某家政公司按照工伤保险待遇标准向其赔偿各类治疗费用，某家政公司以双方之间不存在劳动关系为由拒绝支付。宋某于 2020 年 1 月 21 日向仲裁委员会申请仲裁，请求确认与某家政公司于 2019 年 11 月 1 日至 2020 年 1 月 21 日期间存在劳动关系。仲裁委员会裁决宋某与某家政公司之间存在劳动关系。某家政公司不服仲裁裁决，诉至人民法院。

【原告诉讼请求】

请求确认某家政公司与宋某之间不存在劳动关系。

【处理结果】

一审法院判决：宋某与某家政公司于 2019 年 11 月 1 日至 2020 年 1 月 21 日期间存在劳动关系。某家政公司不服一审判决，提起上诉。二审法院判决：驳回上诉，维持原判。

【案例分析】

本案争议焦点是，宋某与某家政公司之间是否符合订立劳动合同的情形？

认定家政企业与家政服务人员是否符合订立劳动合同的情形，应当根据《劳动和社会保障部关于确立劳动关系有关事项的通知》（劳社部发〔2005〕12 号）第一条之规定，重点审查双方是否均为建立劳动关系的合法主体，双方之间是否存在较强程度的劳动管理。

本案中，宋某未达法定退休年龄，其与某家政公司均是建立劳动关系的合法主体。在劳动管理方面，某家政公司要求宋某遵守其制定的工作规则，通过平台向宋某安排工作，并通过发放全勤奖、扣减服务费等方式对宋某的工作时间、接单行为、服务质量等进行控制和管理，双方之间存在较强的人格从属性。某家政公司掌握宋某从事家政服务业所必需的用户需求信息，统一为宋某配备保洁工具，并以固定薪资结构向宋某按月支付报酬，双方之间存在较强的经济从属性。宋某以某家政公司名义对外提供家政服务，某家政公司将宋某纳入其家政服务组织体系进行管理，并通过禁止多平台就业等方式限制宋某进入其他组织，双方之间存在明显的组织从属性。综上，某家政公司对宋某存在较强程度的劳动管理，符合订立劳动合同的情形，虽然双方以合作为名订立书面协议，但根据事实优先原则，应当认定双方之间存在劳动关系。

【典型意义】

在传统家政企业运营模式中，家政企业主要在家政服务人员与客户之间起中介作用，通过介绍服务人员为客户提供家政服务收取中介费；家政企业与服务人员之间建立民事合作关系，企业不对服务人员进行培训和管理、不支付劳动报酬，家政服务工作内容及服务费用由服务人员与客户自行协商确定。为有效解决传统家政行业发展不规范等问题，《关于促进家政服务业提质扩容的意见》（国办发〔2019〕30 号）指出，员工制家政企业应依法与招用的家政服务人员签订劳动合同，按月足额缴纳城镇职工社会保险费；家政服务人员不符合签订劳动合同情形的，员工制家政企业应与其签订服务协议，家政服务人员可作为灵活就业人员按规定自愿参加城镇职工社会保险或城乡居民社会保险。各地落实该意见要求积极支持发展员工制家政企业。在此类企业中，家政企业与客户直接订立服务合同，与家政服务人员依法签订劳动合同或服务协议，统一安排服务人员为客户提供服务，直接支付或代发服务人员不低于当地最低工资标准的劳动报酬，并对服务人员进行持续培训管理。在仲裁与司法实践中，对于家政企业与家政服务人员之间发生的确认劳动关系争议，应当充分考虑家政服务行业特殊性，明确企业运营模式，查明企业与家政服务人员是否具备建立劳动关系的法律主体资格，严格审查双方之间是否存在较强程度的劳动管理，以此对签订劳动合同和签订服务协议的情形作出区分，据实认定劳动关系。

未成年运动员劳动关系的认定
——雷某与某体育公司合同纠纷案

《涉体育纠纷民事典型案例》案例三

2023 年 6 月 21 日

关键词：未成年运动员；确认劳动关系

【基本案情】

雷某（未满 16 周岁）之父代其与某体育公司签订《合约书》，约定：雷某成为某体育公司的台球合约选手，某体育公司承担雷某在培训基地的教育培训、比赛交通等费用及运动器材；雷某不得与其他公司、团体签订类似合约，参加所有赛事及活动必须由某体育公司统一安排，并佩戴指定的产品标识，使用某体育公司提供的球杆等产品，所获奖金双方各占 50%，如违约则退还所有费用。后某体育公司与案外人解除了培训基地的投资合作协议，雷某未再参加任何培训及公司安排的比赛活动。雷某以无法享受培训、某体育公司无法继续履行合同义务为由，起诉请求判令解除合同、某体育公司支付违约金。某体育公司以雷某未经同意擅自离开、违约在先为由，反诉请求判令雷某返还学费、住宿费等费用，平均分配雷某自行参赛所获奖金。

【裁判结果】

审理法院认为，雷某签订合同时系未满 16 周岁的未成年人，具备受体育单位招用的资格。某体育公司作为招用单位，应当遵守国家有关规定，并保障雷某接受义务教育的权利。雷某与某体育公司签订的合同性质及履行状况均符合劳动关系建立的组织性、从属性、有偿性等条件，双方已建立劳动关系。本案不属于合同纠纷，属于劳动争议，应当适用劳动法律法规确定双方权利义务。

【典型意义】

国家促进和规范职业体育市场化、职业化发展。运动员与其接受训练、代表参赛的单位之间的法律关系性质引发社会普遍关注。未满16周岁的未成年人可以被文艺、体育和特种工艺单位招用，只要招用单位与未满16周岁的未成年人之间的法律关系具备人身、经济从属性等劳动关系特征，应当认定双方建立劳动关系。人民法院结合案件情况，不简单适用“外观主义”审查，重点审查未成年运动员与招用单位之间是否存在劳动管理事实和从属性特征，有利于充分保障未成年运动员的合法权利，打牢竞技体育人才培养的根基，促进职业体育行业健康有序发展。

运动员持工资欠条起诉可作为普通民事纠纷处理

——李某与某俱乐部追索劳动报酬纠纷案

《涉体育纠纷民事典型案例》案例八

2023年6月21日

关键词：受案范围；运动员劳动报酬

【基本案情】

某俱乐部向李某出具欠条，载明某俱乐部欠李某赛季绩效工资及奖金，并承诺于两个月之内支付。因某俱乐部逾期未支付，李某向审理法院提起诉讼，请求某俱乐部支付所欠工资及奖金。

【裁判结果】

审理法院认为，某俱乐部与李某之间属于劳动关系。李某以欠条为据直接向审理法院提起民事诉讼，诉讼请求不涉及劳动关系其他争议，视为拖欠劳动报酬争议，无需经过劳动争议仲裁前置程序，应当按照普通民事纠纷受理。审理法院判决某俱乐部向李某支付欠付工资及奖金。

【典型意义】

《中华人民共和国体育法》明确国家建立体育仲裁制度，及时、公正解决体育纠纷。该法第九十二条第二款将《中华人民共和国仲裁法》规定的可仲裁纠纷和《中华人民共和国劳动争议调解仲裁法》规定的劳动争议排除在体育仲裁范围之外，明晰了体育仲裁的范围。劳动争议案件实行“一调一裁两审”程序。为及时、有效地维护劳动者的合法权益，《最高人民法院关于审理劳动争议案件适用法律问题的解释（一）》第十五条规定，劳动者持用人单位的工资欠条直接提起诉讼，诉讼请求不涉及劳动关系其他争议的，无需经过仲裁前置程序。本案裁判依法将运动员追索劳动报酬纠纷纳入人民法院民事案件受案范围，支持运动员关于劳动报酬的诉讼请求，及时有效保障运动员劳动权益，有助于运动员人才队伍稳定，促进人才强国战略的实施。

罗某 1 诉某环卫公司侵权责任纠纷案

《人民法院抓实公正与效率践行社会主义
核心价值观典型案例》案例 3
2023 年 8 月 2 日

【基本案情】

罗某 2 就职于某环卫公司，从事环卫工作。2015 年 6 月 29 日，罗某 2 因突发脑溢血入住荆州某医院治疗。2015 年 10 月 13 日，某环卫公司以病情较为稳定为由，为罗某 2 办理了出院手续，出院诊断为：脑出血、左侧肌体偏瘫。2015 年 10 月 13 日至 15 日，荆州市某救助管理站护送罗某 2 返乡，接收单位为四川省某救助站。该站接收罗某 2 后即安排罗某 2 入住岳池某医院治疗，入院诊断为：1. 脑梗塞后遗症期；2. 急性支气管炎。2016 年 10 月 1 日，罗某 2 因脑出血、中枢性呼吸衰竭死亡。某司法鉴定中心出具了鉴定意见，认为罗某 2 再次突发脑出血是导致其死亡的主要因素，尚未治疗痊愈，长途遣送回乡的做法与导致其治疗迁延、病情加重也有一定的因果关系。罗某 2 之子罗某 1 起诉称，其父在工作时受伤入院治疗，某环卫公司在尚未治疗痊愈时就将其遣送回乡的行为构成侵权，应当承担赔偿责任。

【裁判结果】

湖北省荆州市沙市区人民法院认为，被告某环卫公司在罗某 2 的病情尚未治愈、未查清罗某 2 亲属的情况下，将行动不便的罗某 2 护送返乡的行为是对劳动者健康权不尊重的行为。该行为虽未直接导致损害结果的发生，但导致了治疗延误、病情加重，应当按其过错承担相应的侵权赔偿责任。遂判决被告某环卫公司承担相应侵权赔偿责任。湖北省荆州市中级人民法院二审维持原判。

【典型意义】

劳动关系和谐是社会和谐的重要基础，事关广大职工和企业的切身利益以及经济社会发展。劳动者应当在用人单位的管理下认真工作、辛勤劳动，用人单位应当依法保障劳动者的权益，尤其是对于劳动者的生命权、健康权等人格权利，用人单位应当给予充分的尊重和保护。本案中，用人单位无视劳动者的身体健康状况，将其从重症监护室接出，并以不符合实际的理由申请救助，将劳动者长途遣返，是对劳动者健康权的不尊重。本案的审理兼顾了法理与人情，向被用人单位“甩包袱”的患病劳动者传递出最真诚的司法温暖。案件引导用人单位需充分尊重患病劳动者的健康权，为患病劳动者办理出院时，应当遵医嘱并及时通知住院劳动者的家属。本案裁判结果蕴含着社会主义核心价值观“以人为本”的理念，对构建劳动者爱岗敬业、用人单位诚信守法的和谐劳动关系具有积极的示范作用。

张某某诉祁阳县某清洁有限公司劳动争议纠纷案

《人民法院抓实公正与效率践行社会主义
核心价值观典型案例》案例 4
2023 年 8 月 2 日

【基本案情】

原告张某某于 2006 年 4 月份应聘至被告单位祁阳县某清洁有限公司，在合同期间被安排在祁阳县政府机关事务局从事保洁工作，但被告未为其缴纳社会保险费。2018 年 9 月 28 日，祁阳县劳动社会保障中心通知被告祁阳县某清洁有限公司补缴 2006 年 4 月至 2012 年 12 月包括原告在内的十余名保洁员的职工基本养老保险断档补缴及滞纳金。被告在员工微信群里发消息称，自己可以买或等政府批了再买。原告于是从被告处拿《职工基本养老保险断档补缴（含滞纳金）通知单》到祁阳县劳动社会保险中心缴纳了应补缴的社会保险费。之后，原告要求被告返还其补缴的社会保险费，双方协商未果。原告向祁阳县劳动仲裁委员会申请仲裁，祁阳县劳动仲裁委员会以不属于仲裁受理范围为由，决定不予受理。原告与其他十余名保洁员遂向湖南省祁阳县人民法院提起诉讼。

【裁判结果】

湖南省祁阳县人民法院认为，用人单位未为劳动者缴纳社会保险，劳动者自行缴纳后请求用人单位返还的，依法属于人民法院应当受理的案件范围。用人单位之间的劳务派遣合同法律关系不改变用人单位的法定义务，被告某清洁有限公司系劳务派遣单位，应当为原告张某某承担社会保险费，判决被告祁阳县某清洁有限公司返还原告张某某垫付的社会养老保险断档补缴及滞纳金共计 5 万余元。湖南省永州市中级人民法院二审维持原判。

【典型意义】

社会保险作为社会保障制度的核心内容之一，在维护社会稳定、促进社会公平、保证经济平稳健康运行方面发挥着重要作用。为劳动者及时足额缴纳社会保险费是用人单位的法定义务。劳务派遣单位作为劳动者的用人单位，无论用工单位是否按照约定及时、足额支付社会保险费，都应当依法及时为劳动者向社会保险经办机构缴纳社会保险费。用人单位因与用工单位之间的劳务派遣协议约定不明导致某一时间段未为劳动者缴纳社会保险，用人单位不能以此为由将风险转嫁给劳动者。本案中，用人单位未依法为劳动者缴纳社会保险，劳动者自行缴纳后请求用人单位返还垫付的社会保险费用的，不属于一般的社会保险纠纷。本案原告虽然以劳动争议案由起诉，但一审法院根据查明的法律关系，按照不当得利纠纷予以审理，没有要求原告另行提起诉讼，极大地减轻了当事人的诉累。本案从维护劳动者合法权益角度出发，依法判决被告祁阳县某清洁有限公司返还原告张某某垫付的社会养老保险断档补缴及滞纳金，兼顾事理、法理与情理，妥善地化解了矛盾纠纷，实现了法律效果与社会效果的有机统一。

以司法建议助推欠薪纠纷源头治理

——王某等114名农民工诉余某、某工程技术公司、某电器公司、某市公路总公司等劳务合同纠纷案

《最高人民法院、人力资源社会保障部、中华全国总工会发布涉欠薪纠纷典型案例》案例二

2024年1月25日

【基本案情】

某工程技术公司、某电器公司、某市公路总公司自愿组成联合体中标案涉交通工程项目，某工程技术公司为牵头单位。余某从某工程技术公司分包部分施工项目。施工过程中，余某雇佣王某等114名农民工提供劳务，余某拖欠王某等人工资共计3404085元。王某等人因工资长期未付提起诉讼，要求余某、某工程技术公司、某电器公司、某市公路总公司等支付剩余工资280余万元。

【裁判结果】

审理法院认为，余某雇佣王某等114名农民工在其承包项目工程上施工，双方存在劳务合同关系，王某等人按约施工完毕后，余某应向王某等人足额支付工资。某工程技术公司、某电器公司、某市公路总公司自愿组成联合体，由作为牵头单位的某工程技术公司将案涉项目违法分包给不具备用工主体资格的余某，应对余某所欠付的工资承担共同清偿责任，判决余某、某工程技术公司、某电器公司、某市公路总公司共同向王某等人支付工资。114名农民工的工资于20天内全部执行完毕。审理法院针对本案中反映出的未依法存储农民工工资保证金的违法行为向行政主管部门发出司法建议，主管部门收到建议后高度重视并及时回复，取得良好效果。

【典型意义】

工资是农民工的重要生活保障。保障农民工工资支付，不仅关系广大农民工的切身利益，更事关社会公平正义与和谐稳定。本案中，人民法院运用

“立＋审＋执”一体化纠纷解决机制，判令中标联合体对拖欠农民工工资共同承担清偿责任，20 天内全部执行完毕，高效兑现百余名农民工的合法权益。《保障农民工工资支付条例》第三十二条第一款规定：“施工总承包单位应当按照有关规定存储工资保证金，专项用于支付为所承包工程提供劳动的农民工被拖欠的工资。”在审理过程中发现企业存在违法行为后，人民法院以司法建议“小切口”参与社会治理“大文章”，将司法建议融入欠薪治理工作，敦促行政机关依法履职尽责，责令企业依法及时存储农民工工资保证金。本案立足源头预防、前端治理，人民法院积极与行政部门对接，增强矛盾纠纷化解合力，妥善化解欠薪纠纷，实现政治效果、法律效果、社会效果的有机统一。

“支付令＋调解”构建劳动者维权“快车道”

——尹某等 10 人诉某单位劳务合同纠纷案

《最高人民法院、人力资源社会保障部、中华全国总工会发布涉欠薪纠纷典型案例》案例三

2024 年 1 月 25 日

【基本案情】

尹某等 10 人为退休返聘的老年人，退休后在某单位工作。某单位未足额给付尹某等 10 人劳务报酬，欠薪金额从数千元至数万元不等，总欠薪金额达 36 万余元。尹某等 10 人起诉请求某单位支付欠付的劳务报酬。

【裁判结果】

审理法院认为，某单位未按时给付劳务报酬已构成违约，应当向尹某等 10 人支付拖欠的劳务报酬。为促进矛盾纠纷就地实质化解，减少当事人诉累，该系列案件以审理法院向某单位发布支付令、“诉前调解＋司法确认”、诉讼调解等方式，确认某单位给付劳务报酬数额。

【典型意义】

法律规定督促程序的目的是简化程序，尽快稳定社会关系和经济关系。

督促程序专门用于解决债权债务关系明确而债务人无正当理由拒不偿还债务的非讼案件。支付令是在督促程序中人民法院应债权人的申请作出的要求债务人向债权人给付一定的金钱或者有价证券的命令。债务人在法定期间内没有提出异议，支付令生效，债权人可申请人民法院强制执行；债务人在法定期间内提出书面异议，支付令则失效。本案中，人民法院通过发布支付令、“诉前调解＋司法确认”等举措，发挥督促程序简便迅速、调解成本低、效果好的优势，以司法确认赋予调解协议法律强制执行效力，有力地维护了劳动者的合法权益，满足了人民群众多元司法需求。

“挂靠”施工导致欠薪的清偿责任

——卢某诉刘某、某建设公司、某置业公司劳务合同纠纷案

《最高人民法院、人力资源社会保障部、中华全国总工会发布涉欠薪纠纷典型案例》案例四

2024 年 1 月 25 日

【基本案情】

郭某等借用某建设公司资质与建设单位某置业公司签订合同，约定某置业公司将案涉工程土建、安装工程承包给某建设公司。刘某以某劳务公司名义与郭某等签订劳务施工协议。刘某雇佣农民工卢某从事砌墙劳务工作。刘某向卢某出具 8120 元工资欠条。后刘某支付卢某 3000 元，某建设公司支付卢某 1012 元，尚欠工资 4108 元未付。某置业公司已按合同约定的比例向某建设公司支付工程款。卢某提起诉讼，请求刘某、某建设公司共同支付欠付工资，某置业公司在欠付工程款范围内承担付款责任。

【裁判结果】

审理法院认为，某建设公司为案涉工程施工单位。刘某承包了部分劳务，卢某受刘某雇佣提供劳务，卢某与刘某之间存在劳务合同关系，刘某应支付欠付卢某的工资 4108 元。根据《保障农民工工资支付条例》第三十六条第二款的规定，某建设公司允许郭某等以公司名义对外承揽建设工程，对于拖欠的农民工卢某的工资应承担清偿责任。某置业公司作为建设单位，其将工程

承包给某建设公司，且已按合同约定支付工程款，不应承担清偿责任。判令刘某、某建设公司支付卢某欠付工资。

【典型意义】

《保障农民工工资支付条例》对工程建设领域欠薪以专章形式作出规定，为农民工按时足额获得工资提供特别保护。法律法规明确规定工程建设领域禁止挂靠行为。《保障农民工工资支付条例》第三十六条第二款规定："施工单位允许其他单位和个人以施工单位的名义对外承揽建设工程，导致拖欠农民工工资的，由施工单位清偿。"本案中，人民法院准确适用法律法规规定，对于施工单位出借资质允许其他单位或个人以施工单位名义对外承揽工程项目导致拖欠农民工工资的，判令承包劳务项目的个人和被挂靠施工单位共同承担清偿责任，避免各方主体互相推诿转嫁风险，既明晰了违法挂靠情形下拖欠农民工工资的清偿责任主体认定规则，又有利于倒逼施工单位依法依规参加建设活动，切实规范工程建设、劳动用工等行为。

用人单位变更工资支付方式应与劳动者协商一致
——杨某诉某培训中心劳动争议案

《最高人民法院、人力资源社会保障部、中华全国总工会发布涉欠薪纠纷典型案例》案例五

2024 年 1 月 25 日

【基本案情】

某培训中心通过银行转账、微信转账或者支付宝转账形式向杨某发放工资。后某培训中心通过某购物平台向杨某支付工资，杨某只能按照比例从某购物平台提取部分工资。杨某认为某培训中心存在通过某购物平台发放工资未征得其同意且未足额支付工资等违法行为，申请劳动争议仲裁。后杨某不服仲裁裁决，提出要求某培训中心支付未足额发放的工资 14981.76 元等诉讼请求。

【裁判结果】

审理法院认为，鉴于通过某购物平台支付工资导致杨某每月实得工资低于应得工资，某培训中心应当就改变工资支付方式与杨某协商一致。杨某无法通过某购物平台足额领取工资，已多次向某培训中心表示不希望通过某购物平台发放工资，某培训中心作为用人单位负有向劳动者及时足额支付劳动报酬的义务，判令某培训中心补足杨某的工资差额。

【典型意义】

用人单位负有向劳动者及时足额支付工资的法定义务。近年来，伴随经济与社会发展，部分用人单位选择通过第三方软件或者网络平台支付工资致使劳动者提取工资时存在不便，甚至被扣除部分费用，客观上导致劳动者收入水平降低。劳动者作为劳动关系中相对弱势方，无法自行选择劳动报酬的支付方式。本案明确了用人单位变更工资支付方式应与劳动者协商一致，且不应违反强制性法律规定；因用人单位的原因导致劳动者收入减少的，用人单位负有支付欠付工资义务等规则，引导用人单位依法行使经营自主权，全面维护劳动者的合法权益。

工资标准、工作内容等因素认定

——李某诉某文化传媒公司劳动争议案

《最高人民法院、人力资源社会保障部、中华全国总工会发布涉欠薪纠纷典型案例》案例六

2024 年 1 月 25 日

【基本案情】

李某于 2020 年 4 月入职某文化传媒公司，担任短视频运营总监，双方签订了期限自 2020 年 4 月 8 日至 2023 年 4 月 7 日的劳动合同，约定了三个月的试用期，试用期工资标准为每月 2 万元。李某在 2020 年 4 月 8 日至 2020 年 5 月 28 日任职期间，在非工作时间完成了回复设计方案、方案改进等工作。2020 年 5 月 28 日，某文化传媒公司以李某试用期不符合录用条件为由解除劳

动关系，未支付李某加班费。李某认为某文化传媒公司存在未支付加班费等违法行为，申请劳动争议仲裁。后李某不服仲裁裁决，提出要求某文化传媒公司支付延时加班费 19670.5 元、双休日加班费 26331 元等诉讼请求。

【裁判结果】

审理法院认为，加班费数额应当综合劳动者岗位工作情况、用人单位业务特点及报酬给付标准等予以认定。因李某的工作无需在用人单位工作场所完成，且工作时间较为分散，难以量化考勤和进行科学的统计，审理法院根据李某提交的微信内容、自述公司的考勤时间及工资标准，酌情确定某文化传媒公司支付延时加班费 1 万元；根据微信内容等确定李某存在三天休息日到岗事实，判令某文化传媒公司支付休息日加班工资 5517.24 元。

【典型意义】

“线上加班”发生在非工作时间、非工作地点，工作安排及成果提交由线下转向线上，具有居家化、碎片化特点，不同于传统意义上在用人单位的加班，存在用人单位难以对劳动者进行实时监督管理、劳动者亦难以举证证明其加班时长等难题。本案中，人民法院在认定“线上加班”加班费时，以劳动者提供的劳动占用其休息时间为认定标准，综合考虑劳动者的加班频率、时长、工资标准、工作内容等因素，酌情认定劳动者的加班费，依法保护劳动者的合法权益。

用人单位对农民工工资支付情况负有举证责任

——唐某诉某建筑劳务公司追索劳动报酬纠纷案

《最高人民法院、人力资源社会保障部、中华全国总工会发布涉欠薪纠纷典型案例》案例七

2024 年 1 月 25 日

【基本案情】

唐某与某建筑劳务公司签订书面劳动合同，工作岗位为木工。后唐某在工作中受伤，被认定为工伤并进行了伤残等级评定。因双方对唐某受伤当月

工资支付发生争议，唐某向劳动人事争议仲裁委员会申请仲裁，要求某建筑劳务公司支付其受伤当月工资。

【裁决结果】

劳动人事争议仲裁委员会认为，《中华人民共和国劳动争议调解仲裁法》第六条规定，“发生劳动争议，当事人对自己提出的主张，有责任提供证据。与争议事项有关的证据属于用人单位掌握管理的，用人单位应当提供；用人单位不提供的，应当承担不利后果”，《保障农民工工资支付条例》第五十条规定，“农民工与用人单位就拖欠工资存在争议，用人单位应当提供依法由其保存的劳动合同、职工名册、工资支付台账和清单等材料；不提供的，依法承担不利后果”。某建筑劳务公司虽然主张唐某受伤当月仅工作十余天并已结清其工资，但未提供工资支付台账和清单等相应证据，应当承担举证不能的不利后果，遂认定唐某受伤当月全勤（唐某受伤日为当月最后一天），并根据双方均认可的唐某日工资标准，裁决某建筑劳务公司支付唐某受伤当月工资5000余元。

【典型意义】

我国劳动法律将保护劳动者的合法权益作为立法宗旨之一，在相关规定中充分考虑了劳动者特别是农民工举证能力不足的实际情况。在劳动争议案件中，工资支付台账和清单是认定用人单位是否依法履行工资支付义务的重要依据。《保障农民工工资支付条例》第十五条规定：“用人单位应当按照工资支付周期编制书面工资支付台账，并至少保存3年。书面工资支付台账应当包括用人单位名称，支付周期，支付日期，支付对象姓名、身份证号码、联系方式，工作时间，应发工资项目及数额，代扣、代缴、扣除项目和数额，实发工资数额，银行代发工资凭证或者农民工签字等内容。用人单位向农民工支付工资时，应当提供农民工本人的工资清单。”用人单位应当严格落实上述要求，编制、保存好农民工工资支付台账和清单，清晰记录工作时间、工资项目及数额等要素，避免在劳动争议仲裁及诉讼过程中承担举证不能的不利后果。

劳动保障监察机构依法调取的证据可作为仲裁证据使用

——赖某诉某房地产公司追索劳动报酬纠纷案

《最高人民法院、人力资源社会保障部、中华全国总工会发布涉欠薪纠纷典型案例》案例八

2024 年 1 月 25 日

【基本案情】

某房地产公司拖欠赖某工资，当地劳动保障监察大队通过约谈公司负责人，督促其支付了赖某部分工资。赖某对工资支付数额存在异议，向劳动人事争议仲裁委员会申请仲裁，要求某房地产公司支付其余工资。

【裁决结果】

劳动人事争议仲裁委员会认为，《保障农民工工资支付条例》第三条第一款规定，“农民工有按时足额获得工资的权利。任何单位和个人不得拖欠农民工工资”。劳动人事争议仲裁委员会经开庭审理并结合劳动保障监察大队调查笔录认定工资支付数额，裁决某房地产公司支付赖某工资 5000 余元。

【典型意义】

劳动保障监察、劳动人事争议仲裁均为劳动者法定维权渠道。履行职能的机构加强协作配合，对于统筹发挥劳动保障监察行政执法优势和劳动人事争议仲裁的准司法作用，提升农民工维权便利度，化解讨薪难问题具有积极意义。人力资源社会保障部与最高人民法院等五部门联合印发的《关于实施“护薪”行动全力做好拖欠农民工工资争议处理工作的通知》（人社部发〔2019〕80 号）规定“根据劳动争议仲裁、劳动保障监察职责特点和优势，按照有利于及时有效维护农民工合法权益原则，引导农民工依法理性选择维权方式。仲裁机构要与劳动保障监察机构加强协调配合，完善信息共享、事实互认、情况会商、协调处置等联动工作机制”；《人力资源社会保障部办公厅关于开展农民工工资争议速裁庭建设专项行动的通知》（人社厅函〔2023〕69 号）规定“对已经劳动保障监察机构行政处理意见认定的事实，除当事人

已申请行政复议、提起行政诉讼外，速裁庭予以认可”，对推进两个机构联动工作机制建设提出了明确要求。各级劳动保障监察机构与劳动人事争议仲裁机构要立足职能职责，根据农民工维权需求及办案实践需要不断创新联动模式，更好维护农民工的劳动报酬权益。

发挥多元处理机制作用化解集体劳动争议

——李某等48人诉某制造公司追索劳动报酬纠纷案

《最高人民法院、人力资源社会保障部、中华全国总工会发布涉欠薪纠纷典型案例》案例九

2024年1月25日

【基本案情】

某制造公司因经营困难，拖欠李某等48名劳动者工资，并与部分劳动者协商解除劳动合同，导致双方矛盾激化。李某等人向劳动人事争议仲裁委员会申请仲裁，要求某制造公司支付工资、经济补偿等。

【处理结果】

案件所在地劳动人事争议仲裁委员会、法院、工会、司法、信访等部门立足法定职能，建立“五方联调机制”，常态化开展矛盾纠纷预防化解工作。区总工会征求劳动者意见，协调提供多个匹配工作岗位，率先促成12名申请人撤诉。劳动人事争议仲裁委员会坚持调解优先，与双方当事人多轮沟通、对争议焦点解疑释惑；司法局选派律师参与调解，了解劳动者需求、提供专业咨询。最终32名劳动者与某制造公司签订调解协议，劳动人事争议仲裁委员会现场制作调解书，某制造公司当场支付工资、经济补偿等共计183万余元。对于4名未签订调解协议的劳动者，劳动人事争议仲裁委员会开通农民工工资争议速裁“绿色通道”，及时有效保障其合法权益。

【典型意义】

集体劳动争议涉及劳动者人数多、社会影响大，办理效果直接关系劳动关系和谐与社会稳定。近年来，各地积极探索，不断完善党委领导、政府负

责、人力资源社会保障部门牵头和有关部门参与、司法保障、科技支撑的劳动争议多元处理机制，发挥部门优势、形成调处合力。各部门通过劳动争议多元处理机制第一时间了解当事人诉求、问题，减少重复沟通和部门衔接环节，对于防范化解劳动关系风险、维护劳动者合法权益发挥了积极作用，推动矛盾纠纷得到快速柔性化解。

工会积极协调检察机关支持起诉助力劳动者维权

——牛某等 14 人诉某餐饮公司追索劳动报酬纠纷案

《最高人民法院、人力资源社会保障部、中华全国总工会发布涉欠薪纠纷典型案例》案例十

2024 年 1 月 25 日

【基本案情】

牛某等 14 人均系务工人员，于 2021 年 1 月前后在某餐饮公司工作。2021 年 5 月，某餐饮公司歇业后未结清牛某等人的劳动报酬。同年 9 月，牛某等人向某餐饮公司所在区总工会寻求帮助。区总工会指派职工法律援助律师提供法律援助并代为提起劳动争议仲裁。因主要证据为电子证据，来源和真实性难以固定，牛某等人的请求事项未获劳动人事争议仲裁委员会支持。区总工会评估案情后，认为劳动者举证能力不足导致败诉，仅依靠工会维权律师调查取证存在较大难度，遂积极协调联系检察机关启动民事支持起诉机制。

【处理结果】

检察机关会同区总工会，共同前往留存电子证据的公司调查取证，核实案件关键证据真实性。在取得关键证明并固定证据后，检察机关向审理法院发出支持起诉书，为支持起诉调查取得的证据随支持起诉书一并提交给审理法院。因关键证据得到查证及固定，审理法院判决支持了牛某等人的诉讼请求。

【典型意义】

作为弱势群体的劳动者维护自身权益时常面临自身维权意识不足、证据

收集能力较弱等难题。工会具有依法开展劳动法律监督，为劳动者提供法律援助等职能。本案中，工会收到劳动者求助信息后，第一时间指派援助律师提供法律援助，帮助劳动者追索劳动报酬。面临取证难题时，工会积极协调，启动“工会+检察机关”职工劳动权益保障协同工作机制，联系检察机关支持起诉。检察机关行使调查核实权协助劳动者收集、固定证据，提出支持起诉意见。通过工会职工法律援助、劳动法律监督与检察机关依法支持起诉职能的有机联动，充分保护了劳动者的合法权益。

多部门协同化解欠薪纠纷

——肖某等9名农民工欠薪纠纷案

《最高人民法院、人力资源社会保障部、中华全国总工会发布涉欠薪纠纷典型案例》案例十一

2024年1月25日

【基本案情】

某装修公司与某装饰公司签订工程施工装修项目合同。某装修公司招用了多名农民工开展施工，后因资金周转问题，拖欠肖某等9名农民工工资。肖某等人作为代表到某镇职工法律服务一体化基地反映问题，寻求帮助。

【处理结果】

按照职工法律服务一体化基地部门职责分工，某镇总工会劳动法律监督委员会受理案件后，启动“园区枫桥”机制，第一时间通报镇政府、司法所、劳动保障所、人民调解委员会案件情况。随后，镇总工会劳动法律监督委员会指派工会劳动法律监督员对农民工反映的情况进行调查取证，核实相关情况，并向某装修公司发出《工会劳动法律监督提示函》，提示其要遵守劳动法律法规。镇总工会联合镇司法所、劳动保障所、人民调解委员会，多次组织相关当事人协商，最终促使当事人达成和解，农民工已领取工资。

【典型意义】

职工法律服务一体化基地以职工法援室、调解工作室、劳动争议仲裁庭、

劳动法庭等设置为基础，汇集工会、法院、司法行政、人力资源社会保障等部门调解、法律援助、仲裁、诉讼等职能作用，主要为职工提供“一体化、一站式”法律服务。基地解决了过去矛盾纠纷化解渠道单一等问题，有利于就近、从快解决矛盾纠纷。地方工会联合多部门共同推动建设职工法律服务一体化基地，创建劳动关系领域“园区枫桥”机制，力争做到“小事不出企业、大事不出园区、矛盾不上交”，把劳动纠纷化解在基层、解决在萌芽状态。本案中，职工法律服务一体化基地及时启动“园区枫桥”机制，工会及时向企业发出《工会劳动法律监督提示函》，引导当事人知法、用法、守法，积极履行法律责任，多方联动通过调解方式及时为农民工追回拖欠的工资，实现了纠纷的实质性化解。

“法院＋工会”诉调对接促进矛盾纠纷实质化解

——颜某等 11 名农民工欠薪纠纷案

《最高人民法院、人力资源社会保障部、中华全国总工会
发布涉欠薪纠纷典型案例》案例十二

2024 年 1 月 25 日

【基本案情】

颜某等 11 名农民工在承包商商某的维修改造项目中承担涂料工作。工程完工后，商某拖欠颜某等人工资 6 万余元。颜某等人多次要求商某支付工资，商某以各种理由一直拒付。颜某等人到某县“法院＋工会”诉调对接工作室请求帮助。

【处理结果】

工会调解员了解到商某因不履行其他案件判决已被人民法院拘留后，立即与人民法院沟通联系，促成商某向人民法院出具该案的还款计划。后经工会调解员调解，颜某等 8 名农民工当场与商某达成协议并签字。因另 3 名农民工在外地，工会调解员通过法院网上调解平台，组织当事人调解达成协议。调解协议达成后，人民法院及时对调解协议进行了司法确认。目前，调解协议已经履行完毕。

【典型意义】

工会充分履行化解劳动关系矛盾纠纷的职能，联合人民法院积极打造协调联动、便民高效的“法院＋工会”诉调对接模式，有效实现了一站式受理、一揽子调处、全链条化解。人民法院强化信息化平台建设，开展矛盾纠纷在线咨询、分流、调解、反馈、司法确认，确保案件网上流转顺畅，信息数据互通共享。本案中，当地工会发挥组织优势，认真听取劳动者的意见和诉求，找准解纷“切入口”，依托法院调解平台，通过线下线上调解结案，充分展现了“法院＋工会”诉调对接快速便民的优势，为农民工解决追索欠薪的烦心事，让人民群众的幸福感和获得感更真实、更充实。

发挥12351热线功能维护劳动者合法权益

——某楼盘项目承建商欠薪纠纷案

《最高人民法院、人力资源社会保障部、中华全国总工会发布涉欠薪纠纷典型案例》案例十三

2024年1月25日

【基本案情】

某省总工会12351服务职工热线接到陈某来电，称某楼盘项目工地拖欠30多人的工资，希望工会介入协调、跟进处理，协助职工追讨被拖欠的工资。12351职工热线平台及时向属地工会派发工单，要求限期办理。

【处理结果】

经涉事企业所在镇总工会调查核实，楼盘项目承建商某建设公司欠付百余名工程装修工人的工资。经镇总工会、人力资源社会保障、综治办、公安、社区工联会等部门与某建设公司、劳动者双方协商，某建设公司于当天支付120名工人的工资。镇总工会、住建部门等多部门联合居中协调后续欠付工资维权事宜，某建设公司支付了全部剩余工资。

【典型意义】

12351 服务职工热线是职工维护自身合法权益的重要渠道。12351 职工热线平台实行全省来电统一接听、律师和客服分类解答、工单逐级交办，为职工提供 7×24 小时、全年无休的服务。职工向 12351 职工热线平台提出需求后，平台通过工单系统派发给承办单位，由其签收并办理。工单的办理及结果报送工作，遵守“属地管理、分级负责，谁主管、谁负责”“依法、及时、就地解决问题与疏导教育相结合”的原则。承办单位安排专人对工单进行协调处理，在规定期限内办结，实施回访制度，确保职工诉求得到及时回应。本案中，12351 服务职工热线接到投诉举报以后，及时交办属地工会进行调查核实。当地工会协调有关部门合力做好劳动争议协商调处工作，发挥多部门联动机制作用，及时依法维护职工合法权益，维护社会和谐稳定。

用人单位不能通过订立承包合同规避劳动关系

——某高纤公司与崔某劳动合同纠纷案

《最高人民法院发布劳动争议典型案例》案例一

2024 年 4 月 30 日

【基本案情】

2022 年 2 月，崔某到某高纤公司的车间工作。2022 年 3 月，某高纤公司与该车间全体人员（含崔某）签订车间承包协议。承包协议约定，崔某等要遵守某高纤公司的各项安全制度、本协议视为某高纤公司与该车间全体人员（含崔某）签订的集体劳动合同。某高纤公司于 2022 年 3 月、4 月、5 月分别向崔某支付报酬。2022 年 6 月，崔某在工作中受伤。崔某向某劳动人事争议仲裁委员会申请仲裁，请求确认其与某高纤公司存在劳动关系。某劳动人事争议仲裁委员会予以支持。某高纤公司不服，诉至人民法院，请求确认其与崔某之间不存在劳动关系。

【裁判结果】

审理法院认为，崔某具备劳动者主体资格，某高纤公司具备用工主体资格。崔某自2022年2月至6月一直在某高纤公司的生产线工作，所从事的工作是公司业务的组成部分，按月领取劳动报酬。双方签订的承包协议载明该协议视为某高纤公司与崔某等人签订的集体劳动合同，崔某需遵守公司各项安全制度等约定亦证实某高纤公司的相关规章制度适用于崔某，崔某接受公司的劳动管理。审理法院判令崔某与某高纤公司之间存在劳动关系。

【典型意义】

随着市场经济的转型和发展，劳动密集型企业出于降低成本、提高效益等考虑，采取种类多样的经营模式。实践中存在部分企业滥用承包经营方式，通过与劳动者签订内部承包合同规避订立劳动合同的情形。用人单位以已经签订承包合同为由否认与劳动者之间的劳动关系，转嫁用工风险。人民法院在判断用人单位与劳动者之间是否存在劳动关系时，不仅要审查双方签订合同的名称，更要通过合同的内容和实际履行情况实质性审查双方之间的法律关系是否具备劳动关系的从属性特征，准确认定双方之间的法律关系，纠正通过签订承包合同等规避用人单位义务的违法用工行为，切实维护劳动者的合法权益。

劳动者对于是否订立无固定期限劳动合同具有单方选择权

——张某与某公交公司劳动合同纠纷案

《最高人民法院发布劳动争议典型案例》案例二

2024年4月30日

【基本案情】

张某与某公交公司连续订立二次固定期限劳动合同，其中第二次订立的劳动合同期限至2020年7月31日止。2020年6月10日，某公交公司通知张某等人续订劳动合同。2020年6月12日，张某在某平台实名投诉公司不按规定配发口罩。同日，某公交公司通知张某劳动合同到期终止，办理离职手续并交接工作。此后，张某多次要求某公交公司与其订立无固定期限劳动合同。2020年7月，某公交公司通知张某，双方于2020年7月31日终止劳动合同，并通过转账方式向张某支付终止劳动合同的经济补偿。张某在某公交公司工作至2020 年7 月31 日。张某向某劳动人事争议仲裁委员会申请仲裁，要求某公交公司于2020 年8 月1 日起依法与其订立无固定期限劳动合同。某劳动人事争议仲裁委员会裁决驳回张某的仲裁请求。张某不服，诉至人民法院。

【裁判结果】

审理法院认为，张某与某公交公司已连续订立二次固定期限劳动合同，张某不存在《劳动合同法》第三十九条规定的过失性辞退情形，亦不存在第四十条第一项规定的“因劳动者患病或者非因工负伤，在规定的医疗期满后不能从事原工作，也不能从事由用人单位另行安排的工作”及第二项规定的“劳动者不能胜任工作，经过培训或者调整工作岗位，仍不能胜任工作”的情形，张某提出与某公交公司订立无固定期限劳动合同符合法定条件，某公交公司应依法与张某订立无固定期限劳动合同。某公交公司单方作出终止劳动合同通知不符合法律规定。审理法院判令某公交公司与张某订立无固定期限劳动合同。

【典型意义】

无固定期限劳动合同强制缔约制度的立法初衷在于解决劳动合同短期化问题，从而保障劳动者的就业权。《劳动合同法》第十四条第二款第三项规定了连续二次订立固定期限劳动合同后的强制缔约义务。强制用人单位缔约虽然对合同自由、意思自治有所限制，但这种限制的根本目的是实现处于弱势地位的劳动者与用人单位的实质平等。本案中，劳动者投诉用人单位不属于过失性辞退情形，亦不符合无过失性辞退中因劳动者自身原因用人单位可以不续订无固定期限劳动合同的情形，只要劳动者符合续订无固定期限劳动合同的条件，其就具有单方选择权，用人单位无权拒绝续订。人民法院依法判令用人单位与劳动者订立无固定期限劳动合同，既符合立法目的，又有助于构建和谐稳定的劳动关系。

竞业限制协议不能限制非负有保密义务的劳动者的自主择业权

——某公司与李某竞业限制纠纷案

《最高人民法院发布劳动争议典型案例》案例三

2024 年 4 月 30 日

【基本案情】

2017 年 1 月 10 日，李某入职某公司从事推拿师工作，双方签订员工保密协议，约定李某离职后两年内不得从事同类产品或同类企业的相关服务，否则应当一次性向某公司支付不低于 5 万元的违约金。2017 年 11 月，李某取得高级小儿推拿职业培训师证书。2021 年 5 月，李某从该公司离职，7 月入职某社区卫生服务中心中药房工作。某公司主张李某掌握该公司的客户资料、产品报价方案、培训课程等信息，属于其他负有保密义务的人员，向某劳动人事争议仲裁委员会申请仲裁，要求李某支付违反竞业限制义务违约金 5 万元，某劳动人事争议仲裁委员会未予支持。某公司不服，诉至人民法院。

【裁判结果】

审理法院认为，李某系某公司的推拿师及培训师，不属于公司的高级管理人员及高级技术人员。李某掌握的客户资料是提供服务过程中必然接触到的基本信息，例如客户名称、联系方式等；李某接触到的产品报价方案对服务的客户公开，潜在的客户经过咨询即可获得；某公司提供的培训课程虽然为自己制作的课件，但课件内的知识多为行业内中医小儿推拿的常识性内容。此外，李某在公司工作期间通过培训获取的按摩推拿知识及技能也是该行业通用的专业知识及技能。某公司提供的证据仅能证明李某在日常工作中接触到该公司的一般经营信息，而非核心经营信息。在正常履职期间仅接触用人单位一般经营信息的劳动者不属于《劳动合同法》第二十四条第一款规定的其他负有保密义务的人员。某公司主张李某属于负有保密义务的竞业限制人员，证据不足。审理法院判令驳回某公司要求李某支付竞业限制违约金的诉讼请求。

【典型意义】

《劳动合同法》规定竞业限制制度的主要目的在于保护用人单位的商业秘密和与知识产权相关的保密事项，规制不正当竞争，而非限制人才在企业间的正常流动。实践中，竞业限制条款存在适用主体泛化等滥用现象。部分用人单位不区分劳动者是否属于掌握本单位商业秘密、与知识产权相关保密事项的人员，无差别地与劳动者签订竞业限制协议，并约定高额违约金。劳动者往往囿于用人单位的优势地位，无法拒绝签订竞业限制协议。不负有保密义务的劳动者离职后进入有竞争关系的新用人单位，原用人单位要求劳动者承担高额违约金，侵害了劳动者的合法权益。本案中，人民法院认定不负有保密义务的劳动者即使签订了竞业限制协议，也无需承担竞业限制义务。审判实践中，人民法院不仅要审理新用人单位与原用人单位之间是否存在竞争关系，更要审理劳动者是否属于应当承担竞业限制义务的人员，旗帜鲜明地否定侵害劳动者自主择业权的违法竞业限制行为，畅通劳动力资源的社会性流动渠道。

劳动者的配偶投资、经营与劳动者原用人单位存在竞争关系的企业属于违反竞业限制的行为

——张某与某体育公司劳动争议案

《最高人民法院发布劳动争议典型案例》案例四

2024 年 4 月 30 日

【基本案情】

2018 年 7 月 31 日，张某入职某体育公司，任教学研发中心总经理，负责教学教研管理。双方签订竞业限制协议，约定张某在劳动关系存续期间及二年的竞业限制期间，不得实施违反竞业限制的相关行为，同时约定竞业限制期间某体育公司向张某支付经济补偿，张某违约应支付违约金，违约金金额为双方劳动关系终止或解除前 12 个月张某自某体育公司及关联公司取得收入的 10 倍。张某于 2021 年 7 月 31 日离职，离职前 12 个月的平均工资为 34097.44 元。某体育公司向张某支付了 5 个月的竞业限制经济补偿。张某之

妻于2021年12月变更为某公司的投资人（持有95%的股份），经营业务与某体育公司存在竞争关系。张某之妻设立的某公司的关联公司为张某缴纳社会保险。某体育公司认为张某违反竞业限制约定，应返还竞业经济补偿并承担违约责任，向某劳动人事争议仲裁委员会申请仲裁。某劳动人事争议仲裁委员会裁决，张某返还某体育公司竞业经济补偿、支付违约金。张某不服，诉至人民法院，请求无需返还竞业经济补偿及支付违约金。

【裁判结果】

审理法院认为，张某任教学研发中心总经理，负责管理工作，对某体育公司的经营管理有决策权，应按照竞业限制协议等约定履行竞业限制义务。张某之妻作为投资人的某公司，在经营业务上与某体育公司存在竞争关系，属于竞业限制单位。考虑到张某与配偶之间具有紧密的人身和财产关系，经济利益上具有一致性，且其配偶的投资行为基本发生在张某从某体育公司离职后，故认定张某违反了竞业限制约定。综合考量劳动者给用人单位造成的损害、劳动者的主观过错程度、工资收入水平、职务、在职时间、违约期间、用人单位应支付的经济补偿数额以及当地的经济水平等因素，审理法院酌定张某支付某体育公司违反竞业限制违约金的数额，并判令返还竞业限制经济补偿。

【典型意义】

在市场经济条件下，市场主体的生存发展与劳动人才竞争密切相关，构成了既相互促进又相互制约的关系。用人单位预先通过竞业限制约定等形式约束劳动者再就业的工作单位及就业方向，保护企业经济利益和竞争优势。本案中，作为高级管理人员的劳动者采取通过配偶实际经营竞争企业的方式实施竞业限制行为，违反竞业限制约定的方式更为隐蔽。人民法院在查明事实的基础上，准确认定劳动者违反竞业限制约定，判令其承担违约责任，秉持适当惩戒与维持劳动者生存的标准合理确定违约金数额，最大限度发挥制度优势，衡平劳动者自主择业与市场公平竞争之间的关系，为构建公平、合理、有序的良性市场竞争环境提供了有力支撑。

研发人员辞职后拒不交接工作给用人单位造成损失的，应承担赔偿责任

——某公司与李某劳动争议案

《最高人民法院发布劳动争议典型案例》案例五

2024 年 4 月 30 日

【基本案情】

2020 年 12 月 1 日，某公司与李某订立劳动合同，约定李某担任研发岗位工作，合同期限 3 年；离职应当办理工作交接手续，交还工具、技术资料等，造成损失据实赔偿等内容。2022 年 2 月 15 日，李某向某公司提出辞职，随即离开且拒不办理工作交接手续。某公司通过启动备用方案、招聘人员、委托设计等措施补救研发项目，因研发设计进度延误、迟延交付样机承担了违约责任。某公司向某劳动人事争议仲裁委员会申请仲裁，提出李某赔偿损失等请求。某劳动人事争议仲裁委员会不予受理。某公司诉至人民法院。

【裁判结果】

审理法院认为，劳动合同解除或者终止后，劳动者应当按照双方约定，办理工作交接手续。劳动者未履行前述义务给用人单位造成损失的，应当承担赔偿责任。李某作为某公司的研发人员，未提前三十日通知某公司即自行离职，且拒绝办理交接手续，其行为违反了《劳动合同法》第三十七条规定的劳动者提前三十日以书面形式通知用人单位，可以解除劳动合同的规定，应当按照第九十条有关劳动者赔偿责任的规定对某公司的损失承担赔偿责任。审理法院综合考量李某参与研发的时间、离职的时间、本人工资水平等因素，酌定李某赔偿某公司损失 5 万元。

【典型意义】

党的十八大以来，以习近平同志为核心的党中央高度重视科技创新。党的二十大报告在“完善科技创新体系”部分提出，“坚持创新在我国现代化建设全局中的核心地位”。创新型企业竞争力的重要来源之一为研发人员。研发

人员掌握着项目重要资料，主动解除劳动合同时，应秉持诚信原则，遵守劳动合同约定和法律规定，提前通知用人单位，办理交接手续，便于用人单位继续开展研究工作。本案中，人民法院在劳动者拒不履行工作交接义务给用人单位造成损失的情况下，依法判令其承担赔偿责任，为科技创新提供优质的法治保障。

男职工在妻子生育子女后依法享受护理假

——李某与某服饰公司劳动争议案

《最高人民法院发布劳动争议典型案例》案例六

2024 年 4 月 30 日

【基本案情】

2021 年 5 月 5 日，李某至某服饰公司从事摄影工作。因妻子待产，李某于 2021 年 7 月 2 日起回家陪产未再出勤。李某之子于 2021 年 7 月 3 日出生。2021 年 7 月 20 日，李某回到某服饰公司继续工作至 2021 年 11 月 17 日。2021 年 11 月 18 日，李某至某服饰公司结算工资时发生冲突。李某向某劳动人事争议仲裁委员会申请仲裁，提出某服饰公司支付护理假工资等请求。某劳动人事争议仲裁委员会终结案件审理。李某诉至人民法院。

【裁判结果】

审理法院认为，根据《江苏省人口与计划生育条例》第二十四条规定，符合本条例规定生育子女的夫妻，女方在享受国家规定产假的基础上，延长产假不少于三十天，男方享受护理假不少于十五天，假期视为出勤，在规定假期内照发工资。李某在护理假期间视为出勤，某服饰公司应当发放工资。审理法院支持李某要求某服饰公司支付十五天护理假工资等诉讼请求。

【典型意义】

近年来，各地落实《中共中央、国务院关于优化生育政策促进人口长期均衡发展的决定》，出台支持优化生育的政策措施。在家庭中，丈夫和妻子共同承担着生儿育女的责任。陪产护理假是男职工在妻子生育期间享有的看护、照料妻子与子女的权利。本案中，人民法院判令用人单位支付男职工护理假期间的工资，有助于引导用人单位严格执行国家相关规定，发挥男性在生育中不可或缺的丈夫和父亲的角色作用，强化两性在生育事务中的平等合作，有利于下一代的健康成长、生育支持政策体系的进一步完善及人口的高质量发展。